ENGINEERING MATHEMATICS – III

(With Large Number of MCQ's & Solved Problems)

FOR

S.E. SEMESTER – II

COMPUTER ENGINEERING & INFORMATION TECHNOLOGY

ACCORDING TO NEW REVISED SYLLABUS OF SAVITRIBAI PHULE PUNE UNIVERSITY

(EFFECTIVE FROM ACADEMIC YEAR – 2013)

Dr. M. Y. GOKHALE
M. Sc. (Pure Maths.), M. Sc. (App. Maths.)
Ph. D. (I. I. T., Mumbai)
Professor and Head, Deptt. of Mathematics,
Maharashtra Institute of Technology,
PUNE.

Dr. N. S. MUJUMDAR
M. Sc., M. Phil., Ph. D. (Maths.)
Professor in Mathematics,
JSPM's Rajarshi Shahu
College of Engineering,
Tathawade, PUNE.

Prof. S. S. KULKARNI
M. Sc. (Maths.) (I. I. T. Mumbai)
Associate Professor, Deptt. of Mathematics,
SRTTC, faculty of Engineering,
Kamshet, PUNE

Prof. A. N. SINGH
M. A. (Mathematics Gold Medalist)
Formerly Head of Mathematics, Deptt.
D. Y. Patil College of Engineering,
Pimpri, PUNE.

Prof. K. R. ATAL
M. Sc. (Mathematics)
Lecturer (Selection Grade) Deptt. of Applied Sciences,
Pune Institute of Computer Technology,
Dhankawdi, PUNE

N2871

ENGINEERING MATHEMATICS-III (Comp. Engg. & IT Group) ISBN 978-93-83750-43-6
Second Edition : January 2015 (C.T.P.)
© : Authors

The text of this publication, or any part thereof, should not be reproduced or transmitted in any form or stored in any computer storage system or device for distribution including photocopy, recording, taping or information retrieval system or reproduced on any disc, tape, perforated media or other information storage device etc., without the written permission of Authors with whom the rights are reserved. Breach of this condition is liable for legal action.

Every effort has been made to avoid errors or omissions in this publication. In spite of this, errors may have crept in. Any mistake, error or discrepancy so noted and shall be brought to our notice shall be taken care of in the next edition. It is notified that neither the publisher nor the authors or seller shall be responsible for any damage or loss of action to any one, of any kind, in any manner, therefrom.

Published By :
NIRALI PRAKASHAN
Abhyudaya Pragati, 1312, Shivaji Nagar,
Off J.M. Road, PUNE – 411005
Tel - (020) 25512336/37/39, Fax - (020) 25511379
Email : niralipune@pragationline.com

Printed By :
REPRO INDIA LTD.
Mumbai

DISTRIBUTION CENTRES

PUNE

Nirali Prakashan
119, Budhwar Peth, Jogeshwari Mandir Lane
Pune 411002, Maharashtra
Tel : (020) 2445 2044, 66022708, Fax : (020) 2445 1538
Email : bookorder@pragationline.com

Nirali Prakashan
S. No. 28/27, Dhyari,
Near Pari Company, Pune 411041
Tel : (020) 24690204 Fax : (020) 24690316
Email : dhyari@pragationline.com
           bookorder@pragationline.com

MUMBAI
Nirali Prakashan
385, S.V.P. Road, Rasdhara Co-op. Hsg. Society Ltd.,
Girgaum, Mumbai 400004, Maharashtra
Tel : (022) 2385 6339 / 2386 9976, Fax : (022) 2386 9976
Email : niralimumbai@pragationline.com

DISTRIBUTION BRANCHES

NAGPUR
Pratibha Book Distributors
Above Maratha Mandir, Shop No. 3, First Floor,
Rani Jhanshi Square, Sitabuldi, Nagpur 440012,
Maharashtra, Tel : (0712) 254 7129

BENGALURU
Pragati Book House
House No. 1, Sanjeevappa Lane, Avenue Road Cross,
Opp. Rice Church, Bengaluru – 560002.
Tel : (080) 64513344, 64513355,
Mob : 9880582331, 9845021552
Email:bharatsavla@yahoo.com

JALGAON
Nirali Prakashan
34, V. V. Golani Market, Navi Peth, Jalgaon 425001,
Maharashtra, Tel : (0257) 222 0395
Mob : 94234 91860

KOLHAPUR
Nirali Prakashan
New Mahadvar Road,
Kedar Plaza, 1st Floor Opp. IDBI Bank
Kolhapur 416 012, Maharashtra. Mob : 9855046155

CHENNAI
Pragati Books
9/1, Montieth Road, Behind Taas Mahal, Egmore,
Chennai 600008 Tamil Nadu, Tel : (044) 6518 3535,
Mob : 94440 01782 / 98450 21552 / 98805 82331, Email : bharatsavla@yahoo.com

RETAIL OUTLETS

PUNE

Pragati Book Centre
157, Budhwar Peth, Opp. Ratan Talkies,
Pune 411002, Maharashtra
Tel : (020) 2445 8887 / 6602 2707, Fax : (020) 2445 8887

Pragati Book Centre
Amber Chamber, 28/A, Budhwar Peth,
Appa Balwant Chowk, Pune : 411002, Maharashtra,
Tel : (020) 20240335 / 66281669
Email : pbcpune@pragationline.com

Pragati Book Centre
676/B, Budhwar Peth, Opp. Jogeshwari Mandir,
Pune 411002, Maharashtra
Tel : (020) 6601 7784 / 6602 0855

PBC Book Sellers & Stationers
152, Budhwar Peth, Pune 411002, Maharashtra
Tel : (020) 2445 2254 / 6609 2463

MUMBAI
Pragati Book Corner
Indira Niwas, 111 - A, Bhavani Shankar Road, Dadar (W), Mumbai 400028, Maharashtra
Tel : (022) 2422 3526 / 6662 5254, Email : pbcmumbai@pragationline.com

PREFACE TO THE SECOND EDITION

We are very glad and excited to announce that the First Edition of this book received an overwhelming response from the engineering student community, compelling us to release its Second Edition within a very short period of time.

This thoroughly revised Second Edition has been updated with additional matter, many solved problems, including solutions to all University Examination Problems, Numerous Exercises for Practice and recent University Question Papers (May 2013 & Dec. 2014).

Special care has been taken to maintain high degree of accuracy in the Theory and Numericals throughout the book.

We sincerely hope that this " Second Edition" will also be warmly received by all concerned as in the past.

Valuable suggestions from our esteemed readers to improve the book are most welcome and highly appreciated.

Pune **Authors**

PREFACE TO FIRST EDITION

Our text books on **Engineering Mathematics-III** have occupied place of pride among engineering student's community for more than fifteen years now. All the teachers of this group of authors have been teaching mathematics in engineering colleges for the past several years. Difficulties of engineering students are well understood by the authors and that is reflected in the text material.

As per the policy of the University, Engineering Syllabi is revised every five years. Last revision was in the year 2009. New revision is coming little earlier, as university has introduced **online** system of examination from year 2012.

As per the new system, the **online** examinations (Phase-I will be conducted based on first & second units & Phase-II on third and fourth units). The **Online** examinations will have objective types of questions with multiple choices. End semester examination will be based on all the six units and that will be conducted in traditional way.

New text book is written for Second Year Degree Course in Computer Engineering & Information Technology, taking in to account all the new features that have been introduced. All the entrants to the engineering field will definitely find this book, complete in all respect. Students will find the subject matter presentation quite lucid. There are large number of illustrative examples and well graded exercises. **Addition of multiple choice questions will be very useful to the students**, especially for **online** examinations.

We take this opportunity to express our sincere thanks to Shri. Dineshbhai Furia of Nirali Prakashan, pioneer in all fields of education. Thanks are also due to Shri. Jignesh Furia, whose dynamic leadership is helpful to all the authors of Nirali Prakashan.

We specially appreciate the efforts of Shri. M. P. Munde and entire staff of Nirali Prakashan for making the publication of this book possible, well in time.

We also thankful to Mr. Santosh Bare for DTP and Mrs. Angha Kaware for proof reading.

We have no doubt that like our earlier texts, student's community will respond favourably to this new venture.

The advice and suggestions of our esteemed readers to improve the text are most welcomed, and will be highly appreciated.

Pune   Authors

SYLLABUS

Section - I

Unit I : Linear Differential Equations (LDE) and Applications : (09 Hrs.)

LED of nth order with constant coefficients, Method of variation of parameters, Cauchy's and Legendre's DE, Simultaneous and Symmetric simultaneous DE. Modelling of Electrical circuits.

Unit II : Transformers (09 Hrs.)

Fourier Transform (FT) : Complex exponential form of Fourier series, Fourier integral theorem, Sine and Cosine integrals, Fourier transform, Fourier sine and cosine transform and their inverses.

Z-Transform (ZT) : Introduction, Definition, Standard properties, ZT of standard sequences and their inverse. Solution of difference equations.

Unit III : Statistics and Probability (09 Hrs.)

Measures of central tendency, Standard deviation, Coefficient of variation, Moments, Skewness and Kurtosis, Correlation and Regression, Reliability of Regression Estimates.

Probability, Probability density function, Probability distributions : Binomial, Poisson, Normal and Hypergeometric. Test of Hypothesis : Chi-square test.

Section - II

Unit IV : Vector Differential Calculus (09 Hrs.)

Physical interpretation of Vector differentiation, Vector differential operator, Gradient, Divergence and Curl, Directional derivative, Solenoidal, Irrotational and Conservative fields, Scalar potential, Vector identities.

Unit V : Vector Integral Calculus and Applications (09 Hrs.)

Line, Surface and Volume integrals, Work-done, Green's Lemma, Gauss's Divergence theorem, Stoke's theorem. Applications to problems in Electro-magnetic fields.

Unit VI : Complex Variables (09 Hrs.)

Functions of complex variables, Analytic functions, Cauchy-Riemann equations, Conformal mapping, Bilinear transformation, Cauchy's integral theorem, Cauchy's integral formula, Laurent's series, Residue theorem.

•••

CONTENTS

Unit-I

1. Linear Differential Equations with Constant Coefficients — 1.1 – 1.84
2. Simultaneous Linear Differential Equations, Symmetrical Simultaneous D.E. and Applications of Differential Equations — 2.1 – 2.42

Unit-II

3. Fourier Transform — 3.1 – 3.60
4. The Z-Transform — 4.1 – 4.100

Unit-III

5. Statistics, Correlation and Regression — 5.1 – 5.76
6. Probability and Probability Distributions — 6.1 – 6.68

Unit-IV

7. Vector Algebra — 7.1 – 7.10
8. Vector Differentiation — 8.1 – 8.76

Unit-V

9. Vector Integration — 9.1 – 9.44
10. Applications of Vectors to Electromagnetic Fields — 10.1 – 10.14

Unit-VI

11. Complex Differentiation — 11.1 – 11.28
12. Complex Integration and Conformal Mapping — 12.1 – 12.44

- **Model Question Paper : Online Examination** — P.1-P.6
- **Model Question Paper : Theory Examination** — T.1-T.2
- **University Question Papers (May 2014 & Nov. 2014)** — P.1-P.4

•••

UNIT - I : LINEAR DIFFERENTIAL EQUATIONS AND APPLICATIONS
CHAPTER ONE

LINEAR DIFFERENTIAL EQUATIONS WITH CONSTANT COEFFICIENTS

1.1 INTRODUCTION

Differential equations are widely used in fields of Engineering and Applied Sciences. Mathematical formulations of most of the physical problems are in the forms of differential equations. Use of differential equations is most prominent in subjects like Circuit Analysis, Theory of Structures, Vibrations, Heat Transfer, Fluid Mechanics etc. Differential equations are of two types : Ordinary and Partial Differential Equations. In ordinary equations, there is one dependent variable depending for its value on one independent variable. Partial differential equations will have more than one independent variables.

In what follows, we shall discuss ordinary and partial differential equations, which are of common occurrence in engineering fields. Applications to some areas will also be dealt.

1.2 PRELIMINARIES

I. Second Degree Polynomials and Their Factorization :

(a)

(i) $D^2 - 2D - 3 = (D+1)(D-3)$ (ii) $D^2 + 5D + 6 = (D+2)(D+3)$
(iii) $D^2 + 2D + 1 = (D+1)^2$ (iv) $D^2 - 5D + 6 = (D-2)(D-3)$
(v) $D^2 + 3D + 2 = (D+2)(D+1)$ (vi) $D^2 - D - 2 = (D-2)(D+1)$
(vii) $D^2 - 4D + 4 = (D-2)^2$ (viii) $D^2 - a^2 = (D-a)(D+a)$
(ix) $D^2 + a^2 = (D+ia)(D-ia)$

(b) The roots of $ax^2 + bx + c = 0$ are $x = \dfrac{-b \pm \sqrt{b^2 - 4ac}}{2a}$, these roots are imaginary if $b^2 - 4ac < 0$.

(i) $D^2 + 2D + 2 = 0 \Rightarrow D = \dfrac{-2 \pm \sqrt{4-8}}{2} = -1 \pm i$

(ii) $D^2 + D + 1 = 0 \Rightarrow D = \dfrac{-1 \pm \sqrt{1-4}}{2} = \dfrac{-1}{2} \pm \dfrac{\sqrt{3}}{2} i$

If $D = \dfrac{-1}{2} \pm i\dfrac{\sqrt{3}}{2} = \alpha \pm i\beta$ then $\alpha = -\dfrac{1}{2}$, $\beta = \dfrac{\sqrt{3}}{2}$, β is always positive; α may be positive, negative or zero.

(iii) $D^2 + 1 = 0 \Rightarrow D^2 = -1$ i.e. $D = \pm i$ $\therefore \alpha = 0, \beta = 1$.
(iv) $D^2 + 4 = 0 \Rightarrow D^2 = -4$ i.e. $D = \pm 2i$ $\therefore \alpha = 0, \beta = 2$.

II. Third Degree Polynomials and Their Factorization :
(a) (i) $D^3 - a^3 = (D - a)(D^2 + aD + a^2)$ (iii) $D^3 + a^3 = (D + a)(D^2 - aD + a^2)$
    (ii) $D^3 + 3D^2 + 3D + 1 = (D + 1)^3$ (iv) $D^3 - 3D^2 + 3D - 1 = (D - 1)^3$

(b) Use of synthetic division :

(i) $f(D) = D^3 - 7D - 6 = 0$; for $D = -1$, $f(-1) = 0$ $\therefore$ $(D + 1)$ is one of the factors.

-1	1	0	-7	-6
		-1	1	6
	1	-1	-6	$\underline{|0}$

$\therefore$ $D^3 - 7D - 6 = 0 \Rightarrow (D + 1)(D^2 - D - 6) = 0$

$(D + 1)(D - 3)(D + 2) = 0 \Rightarrow D = -1, -2, 3$.

(ii) For $D^3 - 2D + 4 = 0$; $D = -2$ $\therefore$ $f(-2) = 0$ $\therefore$ $(D + 2)$ is one of the factors.

-2	1	0	-2	4
		-2	4	-4
	1	-2	2	$\underline{|0}$

$\therefore$ $D^3 - 2D + 4 = 0 \Rightarrow (D + 2)(D^2 - 2D + 2) = 0$

$D = -2$ and $D = 1 \pm i$, $\alpha = 1$, $\beta = 1$.

III. Fourth Degree Polynomials and Their Factorization :
(a) $D^4 - a^4 = (D^2 - a^2)(D^2 + a^2) = (D - a)(D + a)(D + ia)(D - ia)$

(b) Making a perfect square by introducing a middle term :

(i) For $D^4 + a^4 = 0$; consider $(D^2 + a^2)^2 = D^4 + 2a^2 D^2 + a^4$

$$D^4 + a^4 = (D^4 + 2a^2 D^2 + a^4) - (2a^2 D^2) = (D^2 + a^2)^2 - (\sqrt{2}\, a D)^2$$

$$D^4 + a^4 = (D^2 - \sqrt{2}\, a D + a^2)(D^2 + \sqrt{2}\, a D + a^2)$$

(ii) For $D^4 + 1 = D^4 + 2D^2 + 1 - 2D^2 = (D^2 + 1)^2 - (\sqrt{2}\, D)^2$

$D^4 + 1 = (D^2 - \sqrt{2}\, D + 1)(D^2 + \sqrt{2}\, D + 1)$

(c) $D^4 + 8D^2 + 16 = (D^2 + 4)^2$, $D^4 + 2D^2 + 1 = (D^2 + 1)^2 = (D + i)^2 (D - i)^2$

     $D^4 + 10D^2 + 9 = (D^2 + 9)(D^2 + 1) = (D + 3i)(D - 3i)(D + i)(D - i)$

(d) (i) $f(D) = D^4 - 2D^3 - 3D^2 + 4D + 4 = 0$, for $D = -1$, $f(-1) = 0$

-1	1	-2	-3	4	4
		-1	3	0	-4
-1	1	-3	0	4	$\underline{|0}$
		-1	4	-4	
2	1	-4	4	$\underline{|0}$	
		2	-4		
	1	-2	$\underline{|0}$		

$\therefore$ Factors are $(D + 1)^2 (D - 2)^2 = 0$.

On a similar line,

(ii) $D^4 - D^3 - 9D^2 - 11D - 4 = (D + 1)^3 (D - 4)$

(e) Perfect square of the type $(a + b + c)^2$

(i) $D^4 + 2D^3 + 3D^2 + 2D + 1 = (D^2)^2 + 2 \cdot D^2 \cdot D + D^2 + 2D^2 + 2D + 1$
$= (D^2 + D)^2 + 2(D^2 + D) + 1$
$= [(D^2 + D) + 1]^2 = (D^2 + D + 1)^2$

(ii) $D^4 - 4D^3 + 8D^2 - 8D + 4 = (D^2)^2 - 2D^2 \cdot 2D + (2D)^2 + 4D^2 - 8D + 4$
$= (D^2 - 2D)^2 + 4(D^2 - 2D) + 4$
$= [(D^2 - 2D) + 2]^2 = (D^2 - 2D + 2)^2$

IV. Fifth Degree Polynomials and Their Factorization :

(i) $D^5 - D^4 + 2D^3 - 2D^2 + D - 1 = D^4(D - 1) + 2D^2(D - 1) + 1(D - 1)$
$= (D^4 + 2D^2 + 1)(D - 1) = (D - 1)(D^2 + 1)^2$
$= (D - 1)(D + i)^2(D - i)^2$

1.3 THE nth ORDER LINEAR DIFFERENTIAL EQUATION WITH CONSTANT COEFFICIENTS

A differential equation which contains the differential coefficients and the dependent variable in the first degree, does not involve the product of a derivative with another derivative or with dependent variable, and in which the coefficients are constants is called a *linear differential equation with constant coefficients*.

The general form of such a differential equation of order "n" is

$$a_0 \frac{d^n y}{dx^n} + a_1 \frac{d^{n-1} y}{dx^{n-1}} + a_2 \frac{d^{n-2} y}{dx^{n-2}} + \ldots + a_{n-1} \frac{dy}{dx} + a_n y = f(x) \qquad \ldots (1)$$

Here $a_0, a_1, a_2 \ldots$ are constants. Equation (1) is a nth order linear differential equation with constant coefficients.

e.g. Put $n = 3$ in equation (1), we get $a_0 \frac{d^3 y}{dx^3} + a_1 \frac{d^2 y}{dx^2} + a_2 \frac{dy}{dx} + a_3 y = f(x)$ which is a 3rd order linear differential equation with constant coefficients.

Using the differential operator D to stand for $\frac{d}{dx}$ i.e. $Dy = \frac{dy}{dx}$; $D^2 y = \frac{d^2 y}{dx^2}$, ... $D^n y = \frac{d^n y}{dx}$, the equation (1) will take the form

$a_0 D^n y + a_1 D^{n-1} y + a_2 D^{n-2} y + \ldots + a_{n-1} Dy + a_n y = f(x)$

OR $\quad (a_0 D^n + a_1 D^{n-1} + a_2 D^{n-2} + \ldots + a_{n-1} D + a_n) y = f(x) \qquad \ldots (2)$

in which each term in the parenthesis is operating on y and the results are added.

Let $\phi(D) \equiv a_0 D^n + a_1 D^{n-1} + a_2 D^{n-2} + \ldots + a_{n-1} D + a_n$, $\phi(D)$ is called as n^{th} order polynomial in D.

∴ Equation (2) can be written as $\boxed{\phi(D) \, y = f(x)}$ ... (3)

Note : In equation (1), if $a_0, a_1, \ldots a_n$ are functions of x then it is called n^{th} order linear differential equation.

1.4 THE NATURE OF DIFFERENTIAL OPERATOR "D"

It is convenient to introduce the symbol D to represent the operation of differentiation with respect to x. i.e. $D \equiv \dfrac{d}{dx}$, so that

$$\dfrac{dy}{dx} = Dy; \quad \dfrac{d^2 y}{dx^2} = D^2 y; \quad \dfrac{d^3 y}{dx^3} = D^3 y; \quad \ldots ; \quad \dfrac{d^n y}{dx^n} = D^n y \text{ and } \dfrac{dy}{dx} + ay = (D + a) y$$

The differential operator D or (D^n) obeys the laws of Algebra.

Properties of the operator D :

If y_1 and y_2 are differentiable functions of x and "a" is a constant and m, n are positive integer then

(i) $D^m (D^n) y = D^n (D^m) y = D^{m+n} y$

(ii) $(D - m_1)(D - m_2) y = (D - m_2)(D - m_1) y$

(iii) $(D - m_1)(D - m_2) y = [D^2 - (m_1 + m_2) D + m_1 m_2] y$

(iv) $D(au) = a \cdot D(u); \quad D^n(au) = a \cdot D^n(u)$

(v) $D(y_1 + y_2) = D(y_1) + D(y_2); \quad D^n(y_1 + y_2) = D^n(y_1) + D^n(y_2)$.

1.5 LINEAR DIFFERENTIAL EQUATION $\phi(D) y = 0$

Consider $\quad \phi(D) y = 0$ ... (4)

where, $\phi(D) = a_0 D^n + a_1 D^{n-1} + a_2 D^{n-2} + a_3 D^{n-3} + \ldots + a_{n-1} D + a_n$ is n^{th} order polynomial in D and D obeys the laws of algebra, we can in general factorise $\phi(D)$ in n linear factors as $\phi(D) = (D - m_1)(D - m_2)(D - m_3) \ldots (D - m_n)$ where $m_1, m_2, m_3, \ldots m_n$ are the roots of the algebraic equation $\phi(D) = 0$

∴ Equation (4) can be written as

$\phi(D) y = (D - m_1)(D - m_2)(D - m_3) \ldots (D - m_n) y = 0$ ... (5)

Note : These factors can be taken in any sequence.

1.6 AUXILIARY EQUATION (A.E.)

The equation $\phi(D) = 0$ is called as an *auxiliary equation* (A.E.) for equations (3), (4).

e.g. $\quad \dfrac{d^2 y}{dx^2} - 5 \dfrac{dy}{dx} + 6y = 0$

By using operator D for $\dfrac{d}{dx}$, we have $(D^2 - 5D + 6) y = 0$

∴ $\quad \phi(D) = D^2 - 5D + 6 = 0$ is the A.E.

∴ $(D^2 - 5D + 6) y = (D - 3)(D - 2) y = (D - 2)(D - 3) y$.

1.7 SOLUTION OF φ(D) y = 0

Being n^{th} order DE, equation (4) or (5) will have exactly n arbitrary constants in its general solution.

The equation (5) will be satisfied by the solution of the equation $(D - m_n) y = 0$

i.e. $\dfrac{dy}{dx} - m_n y = 0$

On solving this 1st order 1st degree DE by separting variables, we get $y = c_n e^{m_n x}$, where, c_n is an arbitrary constant.

Similarly, since the factors in equation (5) can be taken in any order, the equation will be satisfied by the solution of each of the equations $(D - m_1) y = 0$, $(D - m_2) y = 0$ ... etc., that is by $y = c_1 e^{m_1 x}$, $y = c_2 e^{m_2 x}$ .... etc.

It can, therefore, easily be proved that the sum of these individual solutions, i.e.

$$y = c_1 e^{m_1 x} + c_2 e^{m_2 x} + \ldots + c_n e^{m_n x} \qquad \ldots (6)$$

also satisfies the equation (5) and as it contains n arbitrary constants, and the equation (4) is of the nth order, (6) constitutes the general solution of the equation (4).

∴ **The general solution of the equation φ(D) y = 0 is**

$$y = c_1 e^{m_1 x} + c_2 e^{m_2 x} + \ldots + c_n e^{m_n x}$$

where $m_1, m_2, \ldots m_n$ are the roots of the auxiliary equation φ(D) = 0.

Ex. 1 : Solve $\dfrac{d^3 y}{dx^3} - 6\dfrac{d^2 y}{dx^2} + 11\dfrac{dy}{dx} - 6y = 0$.

Sol. : Let D stand for $\dfrac{d}{dx}$ and the given equation can be written as

$(D^3 - 6D^2 + 11D - 6) y = 0$.

Here auxiliary equation is $D^3 - 6D^2 + 11D - 6 = 0$

i.e. $(D - 1)(D - 2)(D - 3) = 0 \Rightarrow m_1 = 1, m_2 = 2, m_3 = 3$, are roots of AE.

∴ The general solution is $y = c_1 e^x + c_2 e^{2x} + c_3 e^{3x}$.

2. For $(4D^2 - 8D + 1) y = 0$, $D = 1 \pm \dfrac{\sqrt{3}}{2} \Rightarrow y = c_1 e^{\left(1 + \frac{\sqrt{3}}{2}\right)x} + c_2 e^{\left(1 - \frac{\sqrt{3}}{2}\right)x}$.

1.8 DIFFERENT CASES DEPENDING UPON THE NATURE OF ROOTS OF THE AUXILIARY EQUATION φ(D) = 0.

A. The Case of Real and Different Roots :

If roots of φ (D) = 0 be $m_1, m_2, m_3 \ldots m_n$, all are real and different, then the solution of φ (D) y = 0 will be

$$\boxed{y = c_1 e^{m_1 x} + c_2 e^{m_2 x} + c_3 e^{m_3 x} + \ldots + c_n e^{m_n x}}$$

B. The Case of Real and Repeated Roots (The Case of Multiple Roots) :

Let $m_1 = m_2, m_3, m_4 \ldots m_n$ be the roots of $\phi(D) = 0$, then the part of solution corresponding to m_1 and m_2 will look like

$$c_1 e^{m_1 x} + c_2 e^{m_1 x} \; (m_1 = m_2) = (c_1 + c_2) e^{m_1 x} = c' e^{m_1 x}$$

But this means that number of arbitrary constants now in the solution will be $n - 1$ instead of n. Hence it is no longer the general solution. The anomaly can be rectified as under.

Pertaining to $m_1 = m_2$, the part of the equation will be $(D - m_1)(D - m_1) y = 0$

Put $(D - m_1) y = z$, temporarily, then we have $(D - m_1) z = 0 \quad \therefore \; z = c_1 e^{m_1 x}$

Hence putting value of z in $(D - m_1) y = z$, we have

$$(D - m_1) y = c_1 e^{m_1 x} \quad \text{or} \quad \frac{dy}{dx} - m_1 y = c_1 e^{m_1 x}$$

which is a linear differential equation. Its I.F. $= e^{-\int m_1 dx} = e^{-m_1 x}$ and hence solution is

$$y\left(e^{-m_1 x}\right) = \int c_1 e^{m_1 x} \cdot e^{-m_1 x} \, dx + c_2 = c_1 x + c_2$$

$$\therefore \quad y = (c_1 x + c_2) e^{m_1 x}$$

If $m_1 = m_2$ are real, and the remaining roots $m_3, m_4, m_5, \ldots, m_n$ are real and different then solution of $\phi(D) y = 0$ is

$$\boxed{y = (c_1 x + c_2) e^{m_1 x} + c_3 e^{m_3 x} + c_4 e^{m_4 x} + \ldots + c_n e^{m_n x}}$$

Similarly, when three roots are repeated. i.e. if $m_1 = m_2 = m_3$ are real, and the remaining roots $m_4, m_5, \ldots m_n$ are real and different then solution of $\phi(D) y = 0$ is

$$\boxed{y = (c_1 x^2 + c_2 x + c_3) e^{m_1 x} + c_4 e^{m_4 x} + \ldots + c_n e^{m_n x}}$$

If $m_1 = m_2 = m_3 = \ldots = m_n$ i.e. n roots are real and equal then solution of $\phi(D) y = 0$ is

$$\boxed{y = (c_1 x^{n-1} + c_2 x^{n-2} + \ldots + c_{n-1} x + c_n) e^{m_1 x}}$$

Ex. 1. For $(D^2 - 6D + 9) y = 0$ A.E. $= (D - 3)^2 = 0$ and solution is $y = (c_1 x + c_2) e^{3x}$
2. For $(D - 1)^3 (D + 1) y = 0$, solution is $y = (c_1 x^2 + c_2 x + c_3) e^x + c_4 e^{-x}$
3. For $(D - 1)^2 (D + 1)^2 y = 0$, solution is $y = (c_1 x + c_2) e^x + (c_3 x + c_4) e^{-x}$.

C. The Case of Imaginary (Complex) Roots

For practical problems in engineering, this case has special importance. Since the coefficients of the auxiliary equation are real, the imaginary roots (if exists) will occur in conjugate pairs. Let $\alpha \pm i\beta$ be one such pair. Therefore $m_1 = \alpha + i\beta$, $m_2 = \alpha - i\beta$

The corresponding part of the solution of the equation $\phi(D) y = 0$, then takes the form

$$y = A e^{(\alpha + i\beta) x} + B e^{(\alpha - i\beta) x}$$
$$= e^{\alpha x} \left[A e^{i\beta x} + B e^{-i\beta x} \right]$$

$$= e^{\alpha x} [A (\cos \beta x + i \sin \beta x) + B (\cos \beta x - i \sin \beta x)]$$
$$= e^{\alpha x} [(A + B) \cos \beta x + i (A - B) \sin \beta x]$$
$$\boxed{y = e^{\alpha x} [c_1 \cos \beta x + c_2 \sin \beta x]}$$

where, $c_1 = A + B$ and $c_2 = i (A - B)$ are arbitrary constants.

Using $c_1 = C \cos \theta$, $c_2 = - \sin \theta$, this can also be put sometimes into the form as given below (recall SHM).

$$\boxed{y = C e^{\alpha x} \cos (\beta x + \theta) \text{ where } C, \theta \text{ are arbitrary constants.}}$$

ILLUSTRATIONS

Ex. 1 : Solve $(D^2 + 2D + 5) y = 0$.

Sol. : The auxiliary equation is $D^2 + 2D + 5 = 0$ whose roots are $D = -1 \pm 2i$ which are both imaginary. Here $\alpha = -1$, $\beta = 2$. Hence the solution is

$$y = e^{-x} [A \cos 2x + B \sin 2x]$$

Ex. 2 : Solve $\dfrac{d^4y}{dx^4} - 5 \dfrac{d^2y}{dx^2} + 12 \dfrac{dy}{dx} + 28y = 0$.

Sol. : The auxiliary equation is $D^4 - 5D^2 + 12D + 28 = 0$ having roots $D = -2, -2, 2 \pm \sqrt{3} i$.

(Here $\alpha = 2$, $\beta = \sqrt{3}$). Hence the solution is

$$y = (c_1 x + c_2) e^{-2x} + e^{2x} [A \cos \sqrt{3} x + B \sin \sqrt{3} x]$$

Ex. 3 : For $(D^2 + 4) y = 0$, $D = 0 \pm 2i$ (Here $\alpha = 0$, $\beta = 2$) $\Rightarrow y = A \cos 2x + B \sin 2x$.

D. The Case of Repeated Imaginary Roots :

If the imaginary roots $m_1 = \alpha + i\beta$ and $m_2 = \alpha - i\beta$ occur twice, then the part of solution of $\phi (D) y = 0$ will be

$$y = (A x + B) e^{m_1 x} + (C x + D) e^{m_2 x} \qquad \ldots \text{(by using case B)}$$
$$= (A x + B) e^{(\alpha + i\beta) x} + (C x + D) e^{(\alpha - i\beta) x}$$
$$= e^{\alpha x} [(A x + B) e^{i\beta x} + (C x + D) e^{-i\beta x}]$$
$$= e^{\alpha x} [(A x + B) \{\cos \beta x + i \sin \beta x\} + (C x + D) \{\cos \beta x - i \sin \beta x\}]$$
$$= e^{\alpha x} [(A x + B + C x + D) \cos \beta x + i (A x + B - C x - D) \sin \beta x]$$
$$\boxed{y = e^{\alpha x} [(c_1 x + c_2) \cos \beta x + (c_3 x + c_4) \sin \beta x]}$$

with proper changes in the constants c_1, c_2, c_3 and c_4.

ILLUSTRATIONS

Ex. 1 : Solve $\dfrac{d^6y}{dx^6} + 6\dfrac{d^4y}{dx^4} + 9\dfrac{d^2y}{dx^2} = 0$.

Sol. : The auxiliary equation $D^6 + 6D^4 + 9D^2 = 0$ has roots $D = 0, 0, \pm i\sqrt{3}, \pm i\sqrt{3}$ where the imaginary roots $\pm i\sqrt{3}$ are repeated. Hence the solution is
$$y = c_1 x + c_2 + (c_3 x + c_4)\cos\sqrt{3}\, x + (c_5 x + c_6)\sin\sqrt{3}\, x$$

Ex. 2 : $(D^4 + 2D^2 + 1)y = 0$.

Sol. : The auxiliary equation $D^4 + 2D^2 + 1 = 0$ has roots $D = \pm i, \pm i$, repeated imaginary roots. Hence the solution is
$$y = (c_1 x + c_2)\cos x + (c_3 x + c_4)\sin x$$

Now we will summarise the four cases for ready reference.

Case 1 : Real & Distinct Roots : A.E. $\Rightarrow (D - m_1)(D - m_2)(D - m_3)\ldots(D - m_n) = 0$

∴ **Solution is** $y = c_1 e^{m_1 x} + c_2 e^{m_2 x} + c_3 e^{m_3 x} + \ldots + c_n e^{m_n x}$

Case 2 : Repeated Real Roots :

For $m_1 = m_2 \Rightarrow$ A.E. $\Rightarrow (D - m_1)(D - m_1)(D - m_3) \ldots (D - m_n) = 0$

Solution is $y = (c_1 x + c_2) e^{m_1 x} + c_3 e^{m_3 x} + \ldots + c_n e^{m_n x}$

For $m_1 = m_2 = m_3 \Rightarrow$ A.E. $\Rightarrow (D - m_1)(D - m_1)(D - m_1)(D - m_4) \ldots (D - m_n) = 0$

Solution is $y = (c_1 x^2 + c_2 x + c_3) e^{m_1 x} + c_4 e^{m_4 x} + \ldots + c_n e^{m_n x}$

Case 3 : Imaginary Roots : For $D = \alpha \pm i\beta$

Solution is $y = e^{\alpha x}[c_1 \cos \beta x + c_2 \sin \beta x]$

Case 4 : Repeated Imaginary Roots : For $D = \alpha \pm i\beta$ be repeated twice

Solution is $y = e^{\alpha x}[(c_1 x + c_2)\cos \beta x + (c_3 x + c_4)\sin \beta x]$

ILLUSTRATIONS

1. Solve $\dfrac{d^2 x}{dt^2} + 4x = 0$. Let D stand for $\dfrac{d}{dt}$.

∴ A.E. : $D^2 + 4 = 0 \Rightarrow D = 0 \pm 2i$

∴ The solution is $x = c_1 \cos 2t + c_2 \sin 2t$.

2. Solve $\dfrac{d^4 y}{dz^2} - 16y = 0$. Let D stand for $\dfrac{d}{dz}$.

∴ A.E. : $D^4 - 16 = 0$, $(D - 2)(D + 2)(D^2 + 4) = 0$.

∴ The solution is $y = c_1 e^{2z} + c_2 e^{-2z} + c_3 \cos 2z + c_4 \sin 2z$.

Special Case : If the two real roots of $\phi(D)y = 0$ be m and $-m$ [e.g. $D^2 - m^2 = 0$], then the corresponding part of the solution is
$$y = A e^{mx} + B e^{-mx}$$

OR $y = A(\cosh mx + \sinh mx) + B(\cosh mx - \sinh mx)$
OR $y = (A+B)\cosh mx + (A-B)\sinh mx$
i.e. $\boxed{y = c_1 \cosh mx + c_2 \sinh mx}$

We note here that (in some particular cases) solution of $D^2 - m^2 = 0$ can be written as
$$y = c_1 e^{mx} + c_2 e^{-mx} \quad \text{or} \quad y = c_1 \cosh mx + c_2 \sinh mx.$$

e.g. 1. $(D^2 - 1)y = 0 \Rightarrow y = c_1 \cosh x + c_2 \sinh x.$
      2. $(D^2 - 4)y = 0 \Rightarrow y = c_1 \cosh 2x + c_2 \sinh 2x.$

EXERCISE 1.1

Solve the following differential equations :

1. $\dfrac{d^2y}{dx^2} - 5\dfrac{dy}{dx} - 6y = 0.$
   Ans. $y = c_1 e^{-x} + c_2 e^{6x}$

2. $2\dfrac{d^2y}{dx^2} - \dfrac{dy}{dx} - 10y = 0.$
   Ans. $y = c_1 e^{-2x} + c_2 e^{(5/2)x}$

3. $\dfrac{d^3y}{dx^3} + 2\dfrac{d^2y}{dx^2} + \dfrac{dy}{dx} = 0.$
   Ans. $y = c_1 + e^{-x}(c_2 x + c_3)$

4. $(D^4 - 2D^3 + D^2)y = 0.$
   Ans. $y = c_1 x + c_2 + (c_3 x + c_4)e^x$

5. $(D^6 - 6D^5 + 12D^4 - 6D^3 - 9D^2 + 12D - 4)y = 0.$
   Ans. $y = (c_1 x^2 + c_2 x + c_3)e^x + (c_4 x + c_5)e^{2x} + c_6 e^{-x}$

6. $(D^3 + 6D^2 + 11D + 6)y = 0.$
   Ans. $y = c_1 e^{-x} + c_2 e^{-2x} + c_3 e^{-3x}$

7. $4y'' - 8y' + 7y = 0.$
   Ans. $y = e^x \left[A \cos\left(\dfrac{\sqrt{3}}{2}x\right) + B \sin\left(\dfrac{\sqrt{3}}{2}x\right) \right]$

8. $\dfrac{d^2x}{dt^2} + 2\dfrac{dx}{dt} + 5x = 0,\ x(0) = 2,\ x'(0) = 0.$
   Ans. $x = e^{-t}(2\cos 2t + \sin 2t)$

9. $\dfrac{d^2s}{dt^2} = -16\dfrac{ds}{dt} - 64s,\ s = 0,\ \dfrac{ds}{dt} = -4 \text{ when } t = 0.$
   Ans. $s = -4e^{8t}\, t$

10. $(D^3 + D^2 - 2D + 12)y = 0.$
    Ans. $y = c_1 e^{-3x} + e^x[A\cos\sqrt{3}x + B\sin\sqrt{3}x]$

11. $(D^2+1)^3(D^2+D+1)^2 y = 0.$
    Ans. $y = (c_1 + c_2 x + c_3 x^2)\cos x + (c_4 + c_5 x + c_6 x^2)\sin x$
    $+ e^{-x/2}\left[(c_7 + c_8 x)\cos\left(\dfrac{\sqrt{3}}{2}x\right) + (c_9 + c_{10}x)\sin\left(\dfrac{\sqrt{3}}{2}x\right)\right]$

12. $\dfrac{d^4y}{dx^4} + m^4 y = 0.$
    Ans. $y = e^{(mx/\sqrt{2})}\left[A\cos\left(\dfrac{mx}{\sqrt{2}}\right) + B\sin\left(\dfrac{mx}{\sqrt{2}}\right)\right]$
    $+ e^{-(mx/\sqrt{2})}\left[C\cos\left(\dfrac{mx}{\sqrt{2}}\right) + D\sin\left(\dfrac{mx}{\sqrt{2}}\right)\right]$

13. $4\dfrac{d^2s}{dt^2} = -9s.$
    Ans. $s = c_1 \sin\dfrac{3t}{2} + c_2 \cos\dfrac{3t}{2}$

14. The equation for the bending of a strut is $EI \dfrac{d^2y}{dx^2} + Py = 0$. If $y = 0$ when $x = 0$ and $y = a$ when $x = \dfrac{l}{2}$, find y.

Ans. $y = \dfrac{a \sin \sqrt{\dfrac{P}{EI}} x}{\sin \sqrt{\dfrac{P}{EI}} \cdot \dfrac{l}{2}}$

MULTIPLE CHOICE QUESTIONS (MCQ's)

Type I : Complementary Functions :

1. If the roots $m_1, m_2, m_3, \ldots, m_n$ of auxiliary equation $\phi(D) = 0$ are real and distinct, then solution of $\phi(D) y = 0$ is (1)

    (A) $c_1 e^{m_1 x} + c_2 e^{m_2 x} + \ldots + c_n e^{m_n x}$

    (B) $c_1 \cos m_1 x + c_2 \cos m_2 x + \ldots + c_n \cos m_n x$

    (C) $m_1 e^{c_1 x} + m_2 e^{c_2 x} + \ldots + m_n^{c_n x}$

    (D) $c_1 \sin m_1 x + c_2 \sin m_2 x + \ldots + c_n \sin m_n x$

2. The roots $m_1, m_2, m_3 \ldots, m_n$ of auxiliary equation $\phi(D) = 0$ are real. If two of these roots are repeated say $m_1 = m_2$ and the remaining roots $m_3, m_4, \ldots, m_n$ are distinct then solution of $\phi(D) y = 0$ is (1)

    (A) $c_1 e^{m_1 x} + c_2^{m_2 x} + \ldots + c_n^{m_n x}$

    (B) $(c_1 x + c_2) \cos m_1 x + c_3 \cos m_3 x + x \ldots + c_n \cos m_n x$

    (C) $(c_1 x + c_2) e^{m_1 x} + c_3 e^{m_3 x} + \ldots + c_n e^{m_n x}$

    (D) $(c_1 x + c_2) \sin m_1 x + c_3 \sin m_3 x + \ldots + c_n \sin m_n x$

3. The roots $m_1, m_2, m_3 \ldots, m_n$ of auxiliary equation $\phi(D) = 0$ are real. If three of these roots are repeated, say, $m_1 = m_2 = m_3$ and the remaining roots $m_4, m_5, \ldots m_n$ are distinct then solution of $\phi(D) y = 0$ is (1)

    (A) $c_1 e^{m_1 x} + c_2^{m_2 x} + \ldots + c_n e^{m_n x}$

    (B) $(c_1 x^2 + c_2 x + c_3) e^{m_1 x} + c_4 e^{m_4 x} + \ldots + c_n e^{m_n x}$

    (C) $(c_1 x^2 + c_2 x + c_3) \cos m_1 x + c_4 \cos m_4 x + \ldots + c_n \cos m_n x$

    (D) $(c_1 x^2 + c_2 x + c_3) \sin m_1 x + c_4 \sin m_4 x + \ldots + c_n \sin m_n x$

4. If $m_1 = \alpha + i\beta$ and $m_2 = \alpha - i\beta$ are two complex roots of auxiliary equation of second order DE $\phi(D) y = 0$ then it's solution is (1)

    (A) $e^{\beta x} [c_1 \cos \alpha x + c_2 \sin \alpha x]$

    (B) $e^{\alpha x} [(c_1 x + c_2) \cos \beta x + (c_3 x + c_4) \sin \beta x]$

    (C) $c_1 e^{\alpha x} + c_2 e^{\beta x}$

    (D) $e^{\alpha x} [c_1 \cos \beta x + c_2 \sin \beta x]$

5. If the complex roots $m_1 = \alpha + i\beta$ and $m_2 = \alpha - i\beta$ of auxiliary equation of fourth order DE $\phi(D)y = 0$ are repeated twice then it's solution is (1)

   (A) $e^{\beta x}[c_1 \cos \alpha x + c_2 \sin \alpha x]$
   (B) $e^{\alpha x}[(c_1 x + c_2) \cos \beta x + (c_3 x + c_4) \sin \beta x]$
   (C) $(c_1 x + c_2) e^{\alpha x} + (c_3 x + c_4) e^{\beta x}$
   (D) $e^{\alpha x}[c_1 \cos \beta x + c_2 \sin \beta x]$

6. The solution of differential equation $\frac{d^2 y}{dx^2} - 5 \frac{dy}{dx} + 6y = 0$ is (1)

   (A) $c_1 e^{2x} + c_2 e^{-3x}$
   (B) $c_1 e^{-2x} + c_2 e^{3x}$
   (C) $c_1 e^{-2x} + c_2 e^{-3x}$
   (D) $c_1 e^{2x} + c_2 e^{3x}$

7. The solution of differential equation $\frac{d^2 y}{dx^2} - 5 \frac{dy}{dx} - 6y = 0$ is (1)

   (A) $c_1 e^{-x} + c_2 e^{6x}$
   (B) $c_1 e^{-2x} + c_2 e^{-3x}$
   (C) $c_1 e^{3x} + c_2 e^{2x}$
   (D) $c_1 e^{-3x} + c_2 e^{-2x}$

8. The solution of differential equation $2 \frac{d^2 y}{dx^2} - \frac{dy}{dx} - 10y = 0$ is (1)

   (A) $c_1 e^{2x} + c_2 e^{\frac{5}{2} x}$
   (B) $c_1 e^{-2x} + c_2 e^{-\frac{5}{2} x}$
   (C) $c_1 e^{-2x} + c_2 e^{\frac{5}{2} x}$
   (D) $c_1 e^{-2x} + c_2 e^{\frac{3}{2} x}$

9. The solution of differential equation $\frac{d^2 y}{dx^2} - 4y = 0$ is (1)

   (A) $(c_1 x + c_2) e^{2x}$
   (B) $c_1 e^{4x} + c_2 e^{-4x}$
   (C) $c_1 \cos 2x + c_2 \sin 2x$
   (D) $c_1 e^{2x} + c_2 e^{-2x}$

10. The solution of differential equation $\frac{d^2 y}{dx^2} - \frac{dy}{dx} - 2y = 0$ is (1)

    (A) $c_1 e^{2x} + c_2 e^{x}$
    (B) $c_1 e^{2x} + c_2 e^{-x}$
    (C) $c_1 e^{-2x} + c_2 e^{x}$
    (D) $c_1 e^{-2x} + c_2 e^{-x}$

11. The solution of differential equation $2 \frac{d^2 y}{dx^2} - 5 \frac{dy}{dx} + 3y = 0$ is (1)

    (A) $c_1 e^{x} + c_2 e^{\frac{3}{2} x}$
    (B) $c_1 e^{2x} + c_2 e^{-3x}$
    (C) $c_1 e^{-x} + c_2 e^{\frac{3}{2} x}$
    (D) $c_1 e^{\frac{x}{2}} + c_2 e^{\frac{3}{2} x}$

12. The solution of differential equation $\dfrac{d^2y}{dx^2} + 2\dfrac{dy}{dx} + y = 0$ is (1)

    (A) $c_1 e^{2x} + c_2 e^{x}$
    (B) $c_1 e^{x} + c_2 e^{-x}$
    (C) $(c_1 x + c_2) e^{-x}$
    (D) $(c_1 x + c_2) e^{x}$

13. The solution of differential equation $4\dfrac{d^2y}{dx^2} - 4\dfrac{dy}{dx} + y = 0$ is (1)

    (A) $c_1 e^{\frac{x}{2}} + c_2 e^{-\frac{x}{2}}$
    (B) $(c_1 + c_2 x) e^{-2x}$
    (C) $c_1 \cos 2x + c_2 \sin 2x$
    (D) $(c_1 + c_2 x) e^{\frac{x}{2}}$

14. The solution of differential equation $\dfrac{d^2y}{dx^2} - 4\dfrac{dy}{dx} + 4y = 0$ is (1)

    (A) $(c_1 x + c_2) e^{2x}$
    (B) $(c_1 x + c_2) e^{-2x}$
    (C) $c_1 e^{4x} + c_2 e^{-4x}$
    (D) $c_1 e^{2x} + c_2 e^{-2x}$

15. The solution of differential equation $\dfrac{d^2y}{dx^2} + 6\dfrac{dy}{dx} + 9y = 0$ is (1)

    (A) $c_1 e^{-6x} + c_2 e^{-9x}$
    (B) $(c_1 x + c_2) e^{-3x}$
    (C) $(c_1 x + c_2) e^{3x}$
    (D) $c_1 e^{3x} + c_2 e^{2x}$

16. The solution of differential equation $\dfrac{d^2y}{dx^2} + y = 0$ is (1)

    (A) $c_1 e^{x} + c_2 e^{-x}$
    (B) $(c_1 x + c_2) e^{-x}$
    (C) $c_1 \cos x + c_2 \sin x$
    (D) $e^{x}(c_1 \cos x + c_2 \sin x)$

17. The solution of differential equation $\dfrac{d^2y}{dx^2} + 9y = 0$ is (1)

    (A) $c_1 \cos 2x + c_2 \sin 2x$
    (B) $(c_1 x + c_2) e^{-3x}$
    (C) $c_1 e^{3x} + c_2 e^{-3x}$
    (D) $c_1 \cos 3x + c_2 \sin 3x$

18. The solution of differential equation $\dfrac{d^2y}{dx^2} + 6\dfrac{dy}{dx} + 10y = 0$ is (1)

    (A) $e^{-3x}(c_1 \cos x + c_2 \sin x)$
    (B) $e^{x}(c_1 \cos 3x + c_2 \sin 3x)$
    (C) $c_1 e^{5x} + c_2 e^{2x}$
    (D) $e^{x}(c_1 \cos x + c_2 \sin x)$

19. The solution of differential equation $\dfrac{d^2y}{dx^2} + \dfrac{dy}{dx} + y = 0$ is (1)

    (A) $e^{x}(c_1 \cos x + c_2 \sin x)$
    (B) $e^{x/2}\left[c_1 \cos\left(\dfrac{3}{2}\right)x + c_2 \sin\left(\dfrac{3}{2}\right)x\right]$
    (C) $e^{-\frac{1}{2}x}\left[c_1 \cos\left(\dfrac{\sqrt{3}}{2}\right)x + c_2 \sin\left(\dfrac{\sqrt{3}}{2}\right)x\right]$
    (D) $c_1 e^{x} + c_2 e^{-x}$

20. The solution of differential equation $4\dfrac{d^2y}{dx^2} + 4\dfrac{dy}{dx} + 5y = 0$ is (1)

(A) $e^{-x}(c_1 \cos 2x + c_2 \sin 2x)$
(B) $e^{-x/2}[c_1 \cos x + c_2 \sin x]$
(C) $e^{-2x}(c_1 \cos x + c_2 \sin x)$
(D) $c_1 e^{-4x} + c_2 e^{-5x}$

21. The solution of differential equation $\dfrac{d^3y}{dx^3} + 6\dfrac{d^2y}{dx^2} + 11\dfrac{dy}{dx} + 6y = 0$ is (2)

(A) $c_1 e^x + c_2 e^{2x} + c_3 e^{3x}$
(B) $c_1 e^{-x} + c_2 e^{2x} + c_3 e^{-3x}$
(C) $c_1 e^{-x} + c_2 e^{-2x} + c_3 e^{-3x}$
(D) $c_1 e^x + c_2 e^{-2x} + c_3 e^{3x}$

22. The solution of differential equation $\dfrac{d^3y}{dx^3} - 7\dfrac{dy}{dx} - 6y = 0$ is (2)

(A) $c_1 e^x + c_2 e^{2x} + c_3 e^{3x}$
(B) $c_1 e^{-x} + c_2 e^{-2x} + c_3 3^{6x}$
(C) $c_1 e^{-x} + c_2 e^{2x} + c_3 e^x$
(D) $c_1 e^{-x} + c_2 e^{-2x} + c_3 e^{3x}$

23. The solution of differential equation $\dfrac{d^3y}{dx^3} + 2\dfrac{d^2y}{dx^2} + \dfrac{dy}{dx} = 0$ is (2)

(A) $c_1 + e^x(c_2 x + c_3)$
(B) $c_1 + e^{-x}(c_2 x + c_3)$
(C) $e^{-x}(c_2 x + c_3)$
(D) $c_1 + c_2 e^x + c_3 e^{-x}$

24. The solution of differential equation $\dfrac{d^3y}{dx^3} - 5\dfrac{d^2y}{dx^2} + 8\dfrac{dy}{dx} - 4y = 0$ is (2)

(A) $c_1 e^x + (c_2 x + c_3) e^{2x}$
(B) $c_1 e^x + c_2 e^{2x} + c_3 e^{3x}$
(C) $(c_2 x + c_3) e^{2x}$
(D) $c_1 e^{-x} + (c_2 x + c_3) e^{-2x}$

25. The solution of differential equation $\dfrac{d^3y}{dx^3} - 4\dfrac{dy}{dx} = 0$ is (2)

(A) $c_1 e^{2x} + c_2 e^{-2x}$
(B) $c_1 + c_2 \cos 2x + c_3 \sin 2x$
(C) $c_1 e^x + c_2 e^{-2x} + c_3 e^{-3x}$
(D) $c_1 + c_2 e^{2x} + c_3 e^{-2x}$

26. The solution of differential equation $\dfrac{d^3y}{dx^3} + y = 0$ is (2)

(A) $c_1 e^x + e^x\left(c_2 \cos \dfrac{\sqrt{3}}{2}x + c_3 \sin \dfrac{\sqrt{3}}{2}x\right)$
(B) $c_1 e^{-x} + e^{\frac{1}{2}x}\left(c_2 \cos \dfrac{1}{2}x + c_3 \sin \dfrac{1}{2}x\right)$
(C) $c_1 e^{-x} + e^{\frac{1}{2}x}\left(c_2 \cos \dfrac{\sqrt{3}}{2}x + c_3 \sin \dfrac{\sqrt{3}}{2}x\right)$
(D) $(c_1 + c_2 x + c_3 x^2) e^{-x}$

27. The solution of differential equation $\dfrac{d^3y}{dx^3} + 3\dfrac{dy}{dx} = 0$ is (2)

(A) $c_1 + c_2 \cos x + c_3 \sin x$
(B) $c_1 + c_2 \cos \sqrt{3}x + c_3 \sin \sqrt{3}x$
(C) $c_1 + c_2 e^{\sqrt{3}x} + c_3 e^{-\sqrt{3}x}$
(D) $c_1 \cos x + c_2 \sin x$

28. The solution of differential equation $\dfrac{d^3y}{dx^3} + \dfrac{d^2y}{dx^2} - 2\dfrac{dy}{dx} + 12y = 0$ is (2)

(A) $c_1e^{-3x} + e^x(c_2 \cos\sqrt{3}x + c_3 \sin\sqrt{3}x)$
(B) $c_1e^{-3x} + (c_2 \cos 3x + c_3 \sin 3x)$
(C) $c_1e^{3x} + e^{-x}(c_2 \cos\sqrt{3}x + c_3 \sin\sqrt{3}x)$
(D) $c_1e^{-x} + c_2e^{-\sqrt{3}x} + c_3e^{\sqrt{3}x}$

29. The solution of differential equation $(D^3 - D^2 + 3D + 5)y = 0$ where $D = \dfrac{d}{dx}$ is (2)

(A) $c_1e^{-x} + e^x(c_2 \cos 2x + c_3 \sin 2x)$
(B) $c_1e^{-x} + (c_2 \cos 3x + c_3 \sin 3x)$
(C) $c_1e^x + e^{-x}(c_2 \cos 2x + c_3 \sin 2x)$
(D) $c_1e^{-x} + c_2e^{-2x} + c_3e^{-3x}$

30. The solution of differential equation $\dfrac{d^3y}{dx^3} - \dfrac{d^2y}{dx^2} + 4\dfrac{dy}{dx} - 4y = 0$ is (2)

(A) $(c_1 + c_2x)e^{-2x} + c_3e^{-x}$
(B) $c_1e^x + c_2 \cos 4x + c_3 \sin 4x$
(C) $c_1e^x + c_2 \cos 2x + c_3 \sin 2x$
(D) $c_1e^x + c_2e^{2x} + c_3e^{-2x}$

31. The solution of differential equation $\dfrac{d^4y}{dx^4} - y = 0$ is (2)

(A) $(c_1x + c_2)e^{-x} + c_3 \cos x + c_4 \sin x$
(B) $(c_1x + c_2)\cos x + (c_3x + c_4)\sin x$
(C) $(c_1 + c_2x + c_3x^2 + c_4x^3)e^x$
(D) $c_1e^x + c_2e^{-x} + c_3 \cos x + c_4 \sin x$

32. The solution of differential equation $(D^4 + 2D^2 + 1)y = 0$ where $D = \dfrac{d}{dx}$ is (2)

(A) $(c_1x + c_2)e^x + (c_3x + c_4)e^{-x}$
(B) $(c_1x + c_2)\cos x + (c_3x + c_4)\sin x$
(C) $c_1e^x + c_2e^{-x} + c_3 \cos x + c_4 \sin x$
(D) $(c_1x + c_2)\cos 2x + (c_3x + c_4)\sin 2x$

33. The solution of differential equation $(D^2 + 9)^2 y = 0$, where $D = \dfrac{d}{dx}$ is (2)

(A) $(c_1x + c_2)e^{3x} + (c_3x + c_4)e^{-3x}$
(B) $(c_1x + c_2)\cos 3x + (c_3x + c_4)\sin 3x$
(C) $(c_1x + c_2)\cos 9x + (c_3x + c_4)\sin 9x$
(D) $(c_1x + c_2)\cos x + (c_3x + c_4)\sin x$

34. The solution of differential equation $\dfrac{d^4y}{dx^4} + 8\dfrac{d^2y}{dx^2} + 16y = 0$ is (2)

(A) $c_1e^{2x} + c_2e^{-x} + c_3e^x + c_4e^{-2x}$
(B) $(c_1x + c_2)e^{2x} + (c_3x + c_4)e^{-2x}$
(C) $(c_1x + c_2)\cos 4x + (c_3x + c_4)\sin 4x$
(D) $(c_1x + c_2)\cos 2x + (c_3x + c_4)\sin 2x$

35. The solution of differential equation $\dfrac{d^6y}{dx^6} + 6\dfrac{d^4y}{dx^4} + 9\dfrac{d^2y}{dx^2} = 0$ is (2)

(A) $c_1x + c_2 + (c_3x + c_4)\cos\sqrt{3}x + (c_3x + c_6)\sin\sqrt{3}x$
(B) $c_1x + c_2 + (c_3x + c_4)\cos 3x + (c_5x + c_6)\sin 3x$
(C) $(c_1x + c_2)\cos\sqrt{3}x + (c_3x + c_4)\sin\sqrt{3}x$
(D) $c_1x + c_2 + (c_3x + c_4)e^{\sqrt{3}x}$.

Answers

1. (A)	2. (C)	3. (B)	4. (D)	5. (B)	6. (D)	7. (A)	8. (C)
9. (D)	10. (B)	11. (A)	12. (C)	13. (D)	14. (A)	15. (B)	16. (C)
17. (D)	18. (A)	19. (C)	20. (B)	21. (C)	22. (D)	23. (B)	24. (A)
25. (D)	26. (C)	27. (B)	28. (A)	29. (A)	30. (C)	31. (D)	32. (B)
33. (B)	34. (D)	35. (A)					

1.9 THE GENERAL SOLUTION OF THE LINEAR DIFFERENTIAL EQUATION $\phi(D) y = f(x)$

The general solution of the equation $\phi(D)y = f(x)$ can be written as $\boxed{y = y_c + y_p}$ where,

1. y_c is the solution of the given equation with $f(x) = 0$, that is of equation $\phi(D) y = 0$ (which is known as Associated equation or Reduced equation) and is called the *complimentary function* (C.F.). It involves n arbitrary constants and is denoted by C.F. then $\boxed{\phi(D) y_c = 0}$.

2. y_p is any function of x, which satisfies the equation $\phi(D) y = f(x)$, so that

$$\boxed{\phi(D) y_p = f(x)}$$

y_p is called the particular integral and is denoted by P.I. It does not contain any arbitrary constant.

Thus, on substituting $y = y_c + y_p$ in $\phi(D) y$,

$$\phi(D) [y_c + y_p] = \phi(D) y_c + \phi(D) y_p = 0 + f(x) = f(x)$$

∴ $y = y_c + y_p$ satisfies the equation $\phi(D) y = f(x)$ and as it contains exactly n arbitrary constants, is the general (or complete) solution of the equation.

Note : 1. The complete solution of $\phi(D) y = f(x)$ is $y = $ C.F. + P.I. $= y_c + y_p$.

2. The general solution of $\phi(D) y = f(x)$ has *arbitrary constants equal in number to the order of the differential equation.*

1.10 THE INVERSE OPERATOR $\frac{1}{\phi(D)}$ AND THE SYMBOLIC EXPRESSION FOR THE PARTICULAR INTEGRAL

We define $\frac{1}{\phi(D)} f(x)$ as that function of x which when acted upon by the differential operator $\phi(D)$ gives $f(x)$.

Thus by this definition, $\phi(D)\left\{\dfrac{1}{\phi(D)} f(x)\right\} = f(x)$ and so $\left\{\dfrac{1}{\phi(D)} f(x)\right\}$ satisfies the equation $\phi(D) y = f(x)$ and so is the P.I. of the equation $\phi(D) y = f(x)$.

Thus the P.I. of the equation $\phi(D) y = f(x)$ is symbolically given by

$$\boxed{\text{P.I.} = y_p = \dfrac{1}{\phi(D)} f(x)}$$

e.g. 1. $(D^2 - 1) y = x^2 \therefore y_p = \dfrac{1}{D^2 - 1} x^2$

2. $(D^2 - 3D + 2) y = \sin e^x \therefore y_p = \dfrac{1}{D^2 - 3D + 2} \sin e^x$.

1.11 METHODS OF OBTAINING PARTICULAR INTEGRAL

There are three methods to evaluate the particular integral $y_p = \dfrac{1}{\phi(D)} f(x)$.

(A) General method

(B) Short-cut methods

(C) Method of variation of parameters.

Now we will discuss these methods in detail.

(A) General Method

This method is useful when the short-cut methods given in (B) are not applicable. This method involves integration.

(i) $\dfrac{1}{D - m} f(x)$: By definition of the P.I., $\dfrac{1}{D - m} f(x)$ will be the P.I. of the equation $(D - m) y = f(x)$ i.e. the part in the solution of this equation which does not contain the arbitrary constant. We have, $\dfrac{dy}{dx} - my = f(x)$ (linear)

$\quad$ I.F. $= e^{-mx}$ and the general solution is

$\quad y\, e^{-mx} = \int f(x) \cdot e^{-mx}\, dx + c_1$

$\therefore \quad y = (c_1 e^{mx}) + \left(e^{mx} \int e^{-mx} f(x) \cdot dx\right)$

i.e. $\quad y = y_c + y_p$

Here $c_1 e^{mx}$ is the C.F. and $e^{mx} \int e^{-mx} f(x)\, dx$ must be the P.I.

$\therefore \quad \boxed{y_p = \text{P.I.} = \dfrac{1}{D - m} f(x) = e^{mx} \int e^{-mx} f(x)\, dx}$

Similarly, $\quad \boxed{y_p = \text{P.I.} = \dfrac{1}{D + m} f(x) = e^{-mx} \int e^{mx} f(x)\, dx}$

Put m = 0

$$y_p = \frac{1}{D} f(x) = \int f(x)\, dx$$

Also,

$$y_p = \frac{1}{D^2} f(x) = \frac{1}{D}\left[\frac{1}{D} f(x)\right]$$

$$= \frac{1}{D}\left[\int f(x)\, dx\right] = \int\left[\int f(x)\, dx\right] dx$$

∴

$$y_p = \frac{1}{D^2} f(x) = \int\left[\int f(x)\, dx\right] dx$$

Similarly,

$$y_p = \frac{1}{D^3} f(x) = \int\left\{\int\left[\int f(x)\, dx\right] dx\right\} dx \quad \text{... and so on.}$$

(ii) $\dfrac{1}{(D-m_1)(D-m_2)} f(x)$:

$$y_p = \frac{1}{(D-m_1)(D-m_2)} f(x) = \frac{1}{(D-m_1)} e^{m_2 x} \int e^{-m_2 x} f(x)\, dx$$

$$y_p = e^{m_1 x} \int e^{-m_1 x} \left[e^{m_2 x} \int e^{-m_2 x} f(x)\, dx\right] dx$$

(iii) Use of Partial Fraction :

$$y_p = \frac{1}{(D-m_1)(D-m_2)} f(x)$$

$$= \frac{1}{(m_1-m_2)}\left[\frac{1}{D-m_1} - \frac{1}{D-m_2}\right] f(x)$$

$$= \frac{1}{m_1-m_2}\left\{\frac{1}{D-m_1} f(x) - \frac{1}{D-m_2} f(x)\right\}$$

$$y_p = \frac{1}{m_1-m_2}\left\{e^{m_1 x} \int e^{-m_1 x} f(x)\, dx - e^{m_2 x} \int e^{-m_2 x} f(x)\, dx\right\}$$

ILLUSTRATIONS ON GENERAL METHOD

Ex. 1 : Solve $\dfrac{d^2y}{dx^2} + 3\dfrac{dy}{dx} + 2y = e^{e^x}$ **(Dec. 2010, May 2011)**

Sol. : For C.F., A.E. is $D^2 + 3D + 2 = 0 \Rightarrow (D+2)(D+1) = 0$
Hence $D = -1, -2$ and C.F. $= c_1 e^{-x} + c_2 e^{-2x}$

Here

$$\text{P.I.} = y_p = \frac{1}{(D+2)(D+1)} (e^{e^x})$$

$$= \frac{1}{D+2}\left[\frac{1}{D+1} e^{e^x}\right]$$

$$= \frac{1}{D+2} \left[e^{-x} \int e^x \, e^{e^x} \, dx \right] \qquad [\text{put } e^x = t \therefore e^x \, dx = dt]$$

$$= \frac{1}{D+2} \left[e^{-x} \int e^t \, dt \right]$$

$$= \frac{1}{D+2} \left[e^{-x} \, e^{e^x} \right]$$

$$= e^{-2x} \int e^{2x} \, e^{-x} \, e^{e^x} \, dx$$

$$\text{P.I.} = e^{-2x} \int e^x \, e^{e^x} \, dx = e^{-2x} \, e^{e^x}$$

Hence the complete solution will be

$$y = c_1 e^{-x} + c_2 e^{-2x} + e^{-2x} \, e^{e^x}$$

Ex. 2 : Solve $\dfrac{d^2y}{dx^2} + \dfrac{dy}{dx} = \dfrac{1}{1+e^x}.$ (Dec. 2008, 2010, 2012, May 2012)

Sol. : We have $(D^2 + D) y = \dfrac{1}{1+e^x}$, here $D \equiv \dfrac{d}{dx}$

$\therefore \quad \text{AE} \Rightarrow D(D+1) = 0 \quad \therefore \quad D = 0, -1.$

$\therefore \quad \text{C.F.} = y_c = c_1 + c_2 e^{-x}$

$$\text{P.I.} = \frac{1}{D(D+1)} \left(\frac{1}{1+e^x} \right)$$

$$= \left(\frac{1}{D} - \frac{1}{D+1} \right) \left(\frac{1}{1+e^x} \right) \qquad \text{by partial fraction}$$

$$= \frac{1}{D} \left(\frac{1}{1+e^x} \right) - \frac{1}{D+1} \left(\frac{1}{1+e^x} \right)$$

$$= \int \frac{1}{1+e^x} \, dx - e^{-x} \int e^x \frac{dx}{1+e^x}$$

$$= \int \frac{e^x \, dx}{e^x(1+e^x)} - e^{-x} \int e^x \frac{dx}{1+e^x} \qquad \begin{bmatrix} \text{put } 1 + e^x = t \\ e^x \, dx = dt \end{bmatrix}$$

$$= \int \frac{dt}{t(t-1)} - e^{-x} \int \frac{dt}{t}$$

$$= \int \left(\frac{1}{t-1} - \frac{1}{t} \right) dt - e^{-x} \log(e^x + 1)$$

$$= \log(t-1) - \log t - e^{-x} \log(e^x + 1)$$

$$= \log(e^x) - \log(1+e^x) - e^{-x} \log(e^x + 1)$$

$$= x - \log(1+e^x) - e^{-x} \log(e^x + 1)$$

Hence the complete solution is

$$y = c_1 + c_2 e^{-x} + x - \log(1+e^x) - e^{-x} \log(1+e^x)$$

Ex. 3 : *Solve* $(D^2 + 5D + 6) y = e^{-2x} \sec^2 x (1 + 2 \tan x)$ (Dec. 05, May 08, 11)

Sol. : $D^2 + 5D + 6 = 0$ gives $(D + 2)(D + 3) = 0 \Rightarrow D = -2, -3$

$$\text{C.F.} = c_1 e^{-2x} + c_2 e^{-3x}$$

$$\text{P.I.} = \frac{1}{(D+3)(D+2)} [e^{-2x} \sec^2 x (1 + 2 \tan x)]$$

$$= \frac{1}{D+3} \left[e^{-2x} \int e^{2x} \cdot e^{-2x} \sec^2 x (1 + 2 \tan x) \, dx \right]$$

$$= \frac{1}{D+3} \left[e^{-2x} \int \sec^2 x (1 + 2 \tan x) \, dx \right] \quad \text{put } \tan x = t, \sec^2 x \, dx = dt$$

$$= \frac{1}{D+3} \left[e^{-2x} \int (1 + 2t) \, dt \right]$$

$$= \frac{1}{D+3} [e^{-2x} (t + t^2)]$$

$$= \frac{1}{D+3} [e^{-2x} (\tan x + \tan^2 x)]$$

$$= e^{-3x} \int e^{3x} \cdot e^{-2x} [(\tan x - 1) + \sec^2 x] \, dx$$

$$= e^{-3x} \int e^x [(\tan x - 1) + \sec^2 x] \, dx$$

$$= e^{-3x} [e^x (\tan x - 1)] \qquad \because \int e^x [f(x) + f'(x)] \, dx = e^x f(x)$$

$$= e^{-2x} (\tan x - 1)$$

Hence the complete solution is

$$y = c_2 e^{-3x} + e^{-2x} [c_1 + \tan x - 1]$$

$$= c_2 e^{-3x} + e^{-2x} [c_3 + \tan x]$$

Ex. 4 : *Solve* $\dfrac{d^2y}{dx^2} + 9y = \sec 3x$ (May 2008)

Sol. : A.E. is $D^2 + 9 = 0$, or $D = \pm 3i$

$$\text{C.F.} = c_1 \cos 3x + c_2 \sin 3x \text{ and}$$

$$\text{P.I.} = \frac{1}{D^2 + 9} (\sec 3x) = \frac{1}{(D + 3i)(D - 3i)} \sec 3x$$

$$= \frac{1}{6i} \left[\frac{1}{D - 3i} - \frac{1}{D + 3i} \right] \sec 3x$$

$$= \frac{1}{6i} \frac{1}{D - 3i} \sec 3x - \frac{1}{6i} \frac{1}{D + 3i} \sec 3x \qquad \ldots (1)$$

Now, $\dfrac{1}{D - 3i} \sec 3x = e^{3ix} \int e^{-3ix} \sec 3x \, dx$

$$= e^{3ix} \int \frac{\cos 3x - i \sin 3x}{\cos 3x} \, dx$$

$$= e^{3ix} \int [1 - i \tan 3x] \, dx$$

$$= e^{3ix} \left[x + \frac{i}{3} \log (\cos 3x) \right]$$

Changing i to $-i$ in this, we have

$$\frac{1}{D + 3i} (\sec 3x) = e^{-3ix} \left[x - \frac{i}{3} \log (\cos 3x) \right]$$

Putting values in (1), we have

$$\text{P.I.} = \frac{1}{6i} \left[e^{3ix} \left\{ x + \frac{i}{3} \log (\cos 3x) \right\} - e^{-3ix} \left\{ x - \frac{i}{3} \log (\cos 3x) \right\} \right]$$

$$= \frac{x}{6i} \cdot e^{3ix} + \frac{e^{3ix} \log (\cos 3x)}{18} - \frac{x \, e^{-3ix}}{6i} + \frac{e^{-3ix} \log (\cos 3x)}{18}$$

Combining the like terms, we get

$$= \frac{x}{3} \left[\frac{e^{3ix} - e^{-3ix}}{2i} \right] + \frac{1}{9} \left[\frac{e^{3ix} + e^{-3ix}}{2} \right] \log (\cos 3x)$$

$$\text{P.I.} = \frac{x}{3} \sin 3x + \frac{1}{9} \cos 3x \log (\cos 3x)$$

Hence the general solution will be

$$y = c_1 \cos 3x + c_2 \sin 3x + \frac{x}{3} \sin 3x + \frac{1}{9} \cos 3x \cdot \log (\cos 3x)$$

Ex. 5 : Solve $\dfrac{d^2 y}{dx^2} - \dfrac{dy}{dx} - 2y = 2 \log x + \dfrac{1}{x} + \dfrac{1}{x^2}$ (May 2006, Dec. 2012)

Sol. : $(D^2 - D - 2) y = 2 \log x + \dfrac{1}{x} + \dfrac{1}{x^2}$

A.E. : $D^2 - D - 2 = 0$ $\therefore$ $(D - 2)(D + 1) = 0$

$\therefore \quad y_c = c_1 e^{2x} + c_2 e^{-x}$

$$y_p = \frac{1}{(D - 2)(D + 1)} \left(2 \log x + \frac{1}{x} + \frac{1}{x^2} \right)$$

$$= \frac{1}{D - 2} \left[e^{-x} \int e^x \left(2 \log x + \frac{1}{x} + \frac{1}{x^2} \right) dx \right]$$

$$= \frac{1}{D - 2} \left[e^{-x} \int e^x \left\{ 2 \log x + \frac{2}{x} - \frac{1}{x} + \frac{1}{x^2} \right\} dx \right]$$

$$= \frac{1}{D-2}\left\{e^{-x}\int e^x\left[\left(2\log x - \frac{1}{x}\right) + \left(\frac{2}{x} + \frac{1}{x^2}\right)\right]dx\right\}$$

$$= \frac{1}{D-2} e^{-x} \cdot e^x\left(2\log x - \frac{1}{x}\right) = \frac{1}{D-2}\left(2\log x - \frac{1}{x}\right)$$

$$= e^{2x}\int e^{-2x}\left(2\log x - \frac{1}{x}\right)dx$$

$$= e^{2x}\left\{\int 2\log x \cdot e^{-2x}\,dx - \int e^{-2x}\frac{1}{x}\,dx\right\}$$

$$= e^{2x}\left\{2\log x\left(\frac{e^{-2x}}{-2}\right) - \int \frac{2}{x}\cdot\left(\frac{e^{-2x}}{-2}\right)dx - \int e^{-2x}\cdot\frac{1}{x}\,dx\right\}$$

$$= e^{2x}\left\{-\log x \cdot e^{-2x} + \int e^{-2x}\frac{1}{x}\,dx - \int e^{-2x}\frac{1}{x}\,dx\right\}$$

$$= e^{2x}\{-\log x\, e^{-2x}\} = -\log x$$

$\therefore \quad y = $ C.F. + P.I. $= y_c + y_p$

$\quad y = c_1 e^{2x} + c_2 e^{-x} - \log x$

Ex. 6 : Solve $(D^2 - 1)y = e^{-x}\sin e^{-x} + \cos e^{-x}$.

Sol. : AE : $D^2 - 1 = 0$ or $(D-1)(D+1) = 0 \Rightarrow D = -1, +1$ $\therefore y_c = c_1 e^x + c_2 e^{-x}$

$$y_p = \frac{1}{(D-1)(D+1)}(e^{-x}\sin e^{-x} + \cos e^{-x})$$

$$= \frac{1}{D-1}\left\{e^{-x}\int e^x(\cos e^{-x} + e^{-x}\sin e^{-x})\,dx\right\} \quad \left\{\text{Use }\int e^x[f+f']\,dx = e^x\cdot f\right\}$$

$$= \frac{1}{D-1}\{e^{-x}\cdot e^x \cos e^{-x}\} = \frac{1}{D-1}\cdot\cos e^{-x}$$

$$= e^x\int e^{-x}\cos e^{-x}\,dx = -e^x\int \cos e^{-x}(-e^{-x}\,dx) \qquad \{\text{Use } e^{-x} = t\}$$

$$= -e^x \sin e^{-x}$$

$\therefore \quad y = c_1 e^x + c_2 e^{-x} - e^x \sin e^{-x}$.

Ex. 7 : Solve $(D^2 - 1)y = (1 + e^{-x})^{-2}$.

Sol. :   A.E. : $D^2 - 1 = 0$

      C.F. $= c_1 e^x + c_2 e^{-x}$

      P.I. $= \dfrac{1}{(D+1)(D-1)}(1 + e^{-x})^{-2}$

$$= \frac{1}{D+1} e^x \int e^{-x}(1 + e^{-x})^{-2}\,dx$$

$$= \frac{1}{D+1}(-e^x)\int (1+e^{-x})^{-2}(-e^{-x}\,dx)$$

$$= \frac{-1}{D+1}\left[-e^x(1+e^{-x})^{-1}\right]$$

$$= e^{-x}\int \frac{e^x \cdot e^x}{1+e^{-x}}\,dx$$

$$= e^{-x}\int \frac{e^{2x}\cdot(e^x\,dx)}{1+e^x}\qquad (1+e^x = t)$$

$$= e^{-x}\int \frac{(t-1)^2}{t}\,dt$$

$$= e^{-x}\left[\frac{t^2}{2} - 2t + \log t\right]$$

$$= e^{-x}\left[\frac{(1+e^x)^2}{2} - 2(1+e^x) + \log(1+e^x)\right]$$

$$\therefore\quad y = c_1 e^x + c_2 e^{-x} + \frac{e^{-x}}{2}(1+e^x)^2 + e^{-x}\log(1+e^x) - 2e^{-x} - 2$$

or $\quad y = A e^x + B e^{-x} + e^{-x}\left[\dfrac{(1+e^x)^2}{2} + \log(1+e^x)\right] - 2$

Ex. 8 : *Solve* $(D^2 + 3D + 2)y = e^{e^x} + \cos e^x$. **(Dec. 2007)**

Sol. : A.E. : $D^2 + 3D + 2 = (D+2)(D+1) = 0$

C.F. $= c_1 e^{-2x} + c_2 e^{-x}$

P.I. $= \dfrac{1}{(D+2)(D+1)}(e^{e^x} + \cos e^x)$

$= \dfrac{1}{D+2}\, e^{-x}\int e^x (e^{e^x} + \cos e^x)\,dx$

$= \dfrac{1}{D+2}\, e^{-x}(e^{e^x} + \sin e^x)$

$= e^{-2x}\int e^{2x}\, e^{-x}(e^{e^x} + \sin e^x)\,dx$

$= e^{-2x}\int e^x (e^{e^x} + \sin e^x)\,dx$

$= e^{-2x}(e^{e^x} - \cos e^x)$

$\therefore\quad y = c_1 e^{-2x} + c_2 e^{-x} + e^{-2x}(e^{e^x} - \cos e^x)$

Ex. 9 : *Solve* $(D^2 + 3D + 2)y = \sin e^x$. **(May 2012, Dec. 2012)**

Sol. : A.E. : $D^2 + 3D + 2 = (D+2)(D+1) = 0 \Rightarrow D = -2, -1$.

C.F. $= c_1 e^{-2x} + c_2 e^{-x}$

P.I. $= \dfrac{1}{(D+2)(D+1)}\sin e^x = \dfrac{1}{D+2} e^{-x}\int e^x \sin e^x\,dx$

$$= \frac{1}{D+2} e^{-x} (-\cos e^x) = -e^{-2x} \int e^x \cos e^x \, dx$$

$$= -e^{-2x} \sin e^x$$

$$\therefore \quad y = c_1 e^{-2x} + c_2 e^{-x} - e^{-2x} \sin e^x$$

Ex. 10 : Solve $\dfrac{d^2y}{dx^2} + y = \operatorname{cosec} x$.

Sol. : A.E. : $D^2 + 1 = (D+i)(D-i) = 0 \Rightarrow D = \pm i$.

C.F. $= c_1 \cos x + c_2 \sin x$

$$\text{P.I.} = \frac{1}{D^2+1} \operatorname{cosec} x = \frac{1}{2i}\left(\frac{1}{D-i} - \frac{1}{D+i}\right) \operatorname{cosec} x$$

$$= \frac{1}{2i}\left[\frac{1}{D-i} \operatorname{cosec} x - \frac{1}{D+i} \operatorname{cosec} x\right]$$

$$= \frac{1}{2i}\left[e^{ix} \int e^{-ix} \operatorname{cosec} x \, dx - e^{-ix} \int e^{ix} \operatorname{cosec} x \, dx\right]$$

$$= \frac{1}{2i}\left[e^{ix} \int (\cos x - i \sin x) \operatorname{cosec} x \, dx - e^{-ix} \int (\cos x + i \sin x) \operatorname{cosec} x \, dx\right]$$

$$= \frac{1}{2i}\left[e^{ix} \int (\cot x - i) \, dx - e^{-ix} \int (\cot x + i) \, dx\right]$$

$$= \frac{1}{2i} [e^{ix} (\log \sin x - ix) - e^{-ix} (\log \sin x + ix)]$$

$$= \frac{1}{2i} [\log \sin x) (e^{ix} - e^{-ix}) - ix (e^{ix} + e^{-ix})]$$

$$= \sin x \log \sin x - x \cos x$$

$$\therefore \quad y = c_1 \cos x + c_2 \sin x + \sin x \log \sin x - x \cos x$$

(B) Short-cut Methods for Finding P.I. in Certain Standard Cases

Although the general method (A) discussed in the previous article will always work in the theory, it many a times leads to laborious and difficult integration. To avoid this, short methods of finding P.I. without actual integration are developed depending upon the particular form of function f(x).

Case I : P.I. when $f(x) = e^{ax}$, a is any constant.

To obtain $y_p = \dfrac{1}{\phi(D)} e^{ax}$, we have $D e^{ax} = a e^{ax}$, $D^2 e^{ax} = a^2 e^{ax}$ ...... $D^n e^{an} = a^n e^{ax}$

$\therefore \quad (a_0 D^n + a_1 D^{n-1} + \ldots + a_n) e^{ax} = (a_0 a^n + a_1 a^{n-1} + \ldots + a_n) e^{ax}$

or $\quad \phi(D) e^{ax} = \phi(a) e^{ax}$

Operating on both sides by $\dfrac{1}{\phi(D)}$, we have

$$\dfrac{1}{\phi(D)}[\phi(D)\,e^{ax}] = \dfrac{1}{\phi(D)}[\phi(a)\,e^{ax}]$$

or $\quad e^{ax} = \phi(a)\,\dfrac{1}{\phi(D)}(e^{ax}),\qquad (\because \dfrac{1}{\phi(D)}$ is a linear operator$)$

Dividing by $\phi(a)$, we have the formula

$$\boxed{\dfrac{1}{\phi(D)}e^{ax} = \dfrac{1}{\phi(a)}e^{ax} \text{ provided } \phi(a)\neq 0}\qquad \ldots (A)$$

Case of failure : If $\phi(a) = 0$, above rule fails and we proceed as under.

Since $\phi(a) = 0$, $D - a$ must be a factor of $\phi(D)$ (by Factor Theorem).

Let $\qquad \phi(D) = (D-a)\,\psi(D)$ where, $\psi(a) \neq 0$. Then

$$\dfrac{1}{\phi(D)}(e^{ax}) = \dfrac{1}{D-a}\,\dfrac{1}{\psi(D)}e^{ax}$$

$$= \dfrac{1}{D-a}\,\dfrac{e^{ax}}{\psi(a)} \qquad\ldots \text{from (A)}$$

$$= \dfrac{1}{\psi(a)}\,\dfrac{1}{D-a}e^{ax}$$

$$= \dfrac{1}{\psi(a)}\,e^{ax}\int e^{-ax}\,e^{ax}\,dx \qquad \ldots \text{(refer 1.11-A (i))}$$

$$= \dfrac{1}{\psi(a)}\,e^{ax}\int dx$$

$$= x\cdot\dfrac{1}{\psi(a)}\,e^{ax},\ \text{where } \psi(a) = \phi'(a) \neq 0.$$

i.e. $\qquad \boxed{\dfrac{1}{\phi(D)}e^{ax} = x\cdot\dfrac{1}{\phi'(a)}e^{ax} \text{ provided } \phi'(a)\neq 0}\qquad\ldots (B)$

If $\phi'(a) = 0$ then we shall apply (B) again to get

$$\boxed{\dfrac{1}{\phi(D)}(e^{ax}) = x^2\,\dfrac{1}{\phi''(a)}e^{ax},\ \text{provided } \phi''(a)\neq 0}\ ,\text{ and so on.}$$

Remark 1 : Since $\phi(D) = (D-a)\,\psi(D)$

$\qquad\qquad\qquad\quad \phi'(D) = (D-a)\,\psi'(D) + \psi(D)$

$\therefore \qquad\qquad\qquad \phi'(a) = 0 + \psi(a)$

or $\qquad\qquad\qquad\ \phi'(a) = \psi(a)$

Remark 2 : It can also be established that

$$\frac{1}{(D-a)^r \psi(D)} e^{ax} = \frac{1}{\psi(a)} \frac{x^r}{r!} e^{ax}, \text{ provided } \psi(a) \neq 0.$$

Remark 3 : Any constant k can be expressed as $k = k \cdot e^{0x}$

$$\therefore \quad y_p = \frac{1}{\phi(D)}(k) = \frac{1}{\phi(D)} k \cdot e^{0x} = k \cdot \frac{1}{\phi(D)} e^{0x}$$

$$= k \cdot \frac{1}{\phi(0)}, \quad \phi(0) \neq 0$$

Remark 4 : If $f(x) = a^x$ then we use $a^x = e^{x \log a}$

$$\therefore \quad y_p = \frac{1}{\phi(D)} a^x = \frac{1}{\phi(D)} e^{x \log a}$$

$$= \frac{1}{\phi(\log a)} a^x \qquad \text{Replace D with log a.}$$

If $f(x) = a^{-x}$ then we use $a^{-x} = e^{x \log 1/a} = e^{x(-\log a)}$

$$\therefore \quad y_p = \frac{1}{\phi(D)} a^{-x} = \frac{1}{\phi(D)} e^{x(-\log a)}$$

$$= \frac{1}{\phi(-\log a)} a^{-x}. \qquad \text{Replace D with } - \log a.$$

Formulae for Ready Reference :

1. $\dfrac{1}{D-a} e^{ax} = x \cdot e^{ax}$ 2. $\dfrac{1}{(D-a)^2} e^{ax} = \dfrac{x^2}{2!} e^{ax}$ 3. $\dfrac{1}{(D-a)^3} e^{ax} = \dfrac{x^3}{3!} e^{ax}$

4. $\dfrac{1}{(D-a)^r} e^{ax} = \dfrac{x^r}{r!} e^{ax}$

5. $\dfrac{1}{(D-a)^r \psi(D)} e^{ax} = \dfrac{1}{\psi(a)} \dfrac{1}{(D-a)^r} e^{ax} = \dfrac{1}{\psi(a)} \dfrac{x^r}{r!} e^{ax}, \quad \psi(a) \neq 0$

ILLUSTRATIONS

Ex. 1 : *Find the Particular Integral of $(D^2 - 5D + 6) y = 3 e^{5x}$.*

Sol. : $\quad \text{P.I.} = \dfrac{3}{D^2 - 5D + 6} (e^{5x})$

$$= \dfrac{3 e^{5x}}{5^2 - 5 \cdot 5 + 6} = \dfrac{e^{5x}}{2}$$

Ex. 2 : *Find the Particular Integral of $\dfrac{d^2y}{dx^2} + 4\dfrac{dy}{dx} + 3y = e^{-3x}$*

Sol. : Here $\quad \text{P.I.} = \dfrac{1}{D^2 + 4D + 3} (e^{-3x}), \quad \phi(D) = D^2 + 4D + 3$

But $\quad \phi(-3) = 9 - 12 + 3 = 0$ hence $\phi(-3) = 0$ and case I fails.

$$\therefore \qquad \text{P.I.} = \frac{x\,e^{-3x}}{\phi'(a)} = x \cdot \frac{1}{2D+4} \cdot e^{-3x}, \ D \to a = -3$$

$$= \frac{x\,e^{-3x}}{2(-3)+4} = \frac{x\,e^{-3x}}{-2}$$

Ex. 3 : *Find the Particular Integral of* $(D-1)^3 y = e^x + 2^x - \dfrac{3}{2}$.

Sol. :
$$y_p = \frac{1}{(D-1)^3} e^x + \frac{1}{(D-1)^3} 2^x - \frac{3}{2} \frac{1}{(D-1)^3} e^{0x}$$

$$= \frac{x^3}{3!} e^x + \frac{1}{(\log 2 - 1)^3} 2^x - \frac{3}{2} \frac{1}{(0-1)^3}$$

$$= \frac{x^3}{6} e^x + \frac{1}{(\log 2 - 1)^3} 2x + \frac{3}{2}$$

Ex. 4 : *Find the Particular Integral of* $(D-2)^2 (D+1) y = e^{2x} + 2^{-x}$.

Sol. :
$$y_p = \frac{1}{(D-2)^2 (D+1)} e^{2x} + \frac{1}{(D-2)^2 (D+1)} 2^{-x}$$

$$= \frac{1}{(D-2)^2} \cdot \frac{1}{(2+1)} e^{2x} + \frac{2^{-x}}{(-\log 2 - 2)^2 (-\log 2 + 1)}$$

$$= \frac{1}{3} \cdot \frac{x^2}{2!} e^{2x} + \frac{2^{-x}}{(-\log 2 - 2)^2 (-\log 2 + 1)}$$

Case II : P.I. when $f(x) = \sin(ax+b)$ or $\cos(ax+b)$.

To obtain $y_p = \dfrac{1}{\phi(D^2)} \sin(ax+b)$ or $\dfrac{1}{\phi(D^2)} \cos(ax+b)$, we have

$$\begin{aligned}
D \sin(ax+b) &= a \cos(ax+b) \\
D^2 \sin(ax+b) &= -a^2 \sin(ax+b) \\
D^3 \sin(ax+b) &= -a^3 \cos(ax+b) \\
D^4 \sin(ax+b) &= a^4 \sin(ax+b) \\
(D^2)^2 \sin(ax+b) &= (-a^2)^2 \sin(ax+b)
\end{aligned}$$

or
Similarly $(D^2)^p \sin(ax+b) = (-a^2)^p \sin(ax+b)$
and we may generalise that

$$\phi(D^2) \sin(ax+b) = \phi(-a^2) \sin(ax+b)$$

Operating on both sides by $\dfrac{1}{\phi(D^2)}$, we have

$$\frac{1}{\phi(D^2)} [\phi(D^2) \sin(ax+b)] = \frac{1}{\phi(D^2)} [\phi(-a^2) \sin(ax+b)]$$

$$\sin(ax+b) = \phi(-a^2) \frac{1}{\phi(D^2)} \sin(ax+b)$$

Dividing now by $\phi(-a^2)$, we have

$$\boxed{\frac{1}{\phi(D^2)} \sin(ax+b) = \frac{1}{\phi(-a^2)} \sin(ax+b), \text{ provided } \phi(-a^2) \neq 0}$$

Case of failure : But if $\phi(-a^2) = 0$, above rule fails and we proceed as under :
We know by Euler's Theorem that $\cos(ax+b) + i\sin(ax+b) = e^{i(ax+b)}$ hence

$$\frac{1}{\phi(D^2)} \sin(ax+b) = \text{Imag. Part of } \frac{1}{\phi(D^2)} e^{i(ax+b)}$$

$$= \text{I.P. of } \frac{1}{\phi(D^2)} e^{i(ax+b)}$$

$$= \text{I.P. of } x \frac{1}{\phi'(D^2)} e^{i(ax+b)}, \quad (D^2 = -a^2)$$

Hence $\boxed{\dfrac{1}{\phi(D^2)} \sin(ax+b) = x \dfrac{1}{\phi'(-a^2)} \sin(ax+b) \text{ provided } \phi'(-a^2) \neq 0}$

Add if $\phi'(-a^2) \neq 0$, we have

$$\boxed{\frac{1}{\phi(D^2)} \sin(ax+b) = x^2 \frac{1}{\phi''(-a^2)} \sin(ax+b), \text{ provided } \phi''(-a^2) \neq 0}$$

Similarly formulae for $\cos(ax+b)$ viz.

$$\boxed{\frac{1}{\phi(D^2)} \cos(ax+b) = \frac{1}{\phi(-a^2)} \cos(ax+b), \text{ provided } \phi(-a^2) \neq 0}$$

But if $\phi(-a^2) = 0$, we have

$$\boxed{\frac{1}{\phi(D^2)} \cos(ax+b) = x \frac{1}{\phi'(-a^2)} \cos(ax+b), \text{ provided } \phi'(-a^2) \neq 0}$$

And if $\phi'(-a^2) = 0$, we have

$$\boxed{\frac{1}{\phi(D^2)} \cos(ax+b) = x^2 \frac{1}{\phi''(-a^2)} \cos(ax+b), \text{ provided } \phi''(-a^2) \neq 0}$$

and so on and so forth.

Additional Results :

$$\frac{1}{\phi(D^2)} \sin ax = \frac{1}{\phi(-a^2)} \sin ax, \quad \phi(-a^2) \neq 0 \quad (\text{Replace } D^2 \text{ with } -a^2)$$

$$\frac{1}{\phi(D^2)} \cos ax = \frac{1}{\phi(-a^2)} \cos ax, \quad \phi(-a^2) \neq 0, \quad (\text{Replace } D^2 \text{ with } -a^2)$$

For the case of failure, it can also be established that

$$\boxed{\frac{1}{D^2 + a^2} \sin(ax+b) = -\frac{x}{2a} \cos(ax+b)}$$

$$\boxed{\frac{1}{D^2+a^2}\cos(ax+b) = \frac{x}{2a}\sin(ax+b)}$$

$$\boxed{\frac{1}{(D^2+a^2)^r}\sin(ax+b) = \left(\frac{-x}{2a}\right)^r \frac{1}{r!}\sin\left(ax+b+\frac{r\pi}{2}\right)}$$

$$\boxed{\frac{1}{(D^2+a^2)^r}\cos(ax+b) = \left(\frac{-x}{2a}\right)^r \frac{1}{r!}\cos\left(ax+b+\frac{r\pi}{2}\right)}$$

Useful Formulae :

$$\sin^2 x = \frac{1-\cos 2x}{2} = \frac{e^{0x}}{2} - \frac{\cos 2x}{2}$$

$$\cos^2 x = \frac{1+\cos 2x}{2} = \frac{e^{0x}}{2} + \frac{\cos 2x}{2}$$

$$\sin A \sin B = \frac{1}{2}[\cos(A-B) - \cos(A+B)]$$

$$\sin A \cos B = \frac{1}{2}[\sin(A+B) + \sin(A-B)]$$

$$\cos A \cos B = \frac{1}{2}[\cos(A+B) + \cos(A-B)]$$

$$\sin x = 2\sin\frac{x}{2}\cos\frac{x}{2}; \quad \sin 2x = 2\sin x \cos x.$$

Note : Write $D^3 = D^2 \cdot D$; $D^4 = (D^2)^2$; $D^5 = (D^2)^2 \cdot D$. Always replace D^2 by $-a^2$ and *keep D as it is.* To get D^2 in the denominator, rationalise the denominator and then replace D^2 by $-a^2$. Now numerator will contain an operator in D, therefore open the bracket.

ILLUSTRATIONS

Ex. 1 : *Solve $(D^2 + 2D + 1)y = 4\sin 2x$.*

Sol. : A.E. is $D^2 + 2D + 1 = 0 \Rightarrow D = -1, -1.$

$$\text{C.F.} = (c_1 x + c_2)e^{-x}$$

$$\text{P.I.} = \frac{1}{D^2 + 2D + 1}(4\sin 2x)$$

$$= \frac{1}{-4 + 2D + 1}(4\sin 2x) \qquad \text{(putting } D^2 = -2^2 = -4\text{)}$$

$$= \frac{4}{2D - 3}(\sin 2x)$$

$$= \frac{4(2D+3)}{4D^2 - 9}(\sin 2x)$$

[(Multiply numerator and denominator by $(2D+3)$]

$$= \frac{4(2D+3)}{4(-4) - 9}(\sin 2x) \qquad \text{(replace } D^2 \text{ with } -4\text{)}$$

$$= -\frac{4}{25}(2D+3)(\sin 2x)$$

$$= -\frac{4}{25}[4\cos 2x + 3\sin 2x]$$

∴ General solution is

$$y = (c_1 x + c_2)e^{-x} - \frac{4}{25}[4\cos 2x + 3\sin 2x]$$

Ex. 2 : Solve $\frac{d^3y}{dx^3} + 4\frac{dy}{dx} = \sin 2x.$ (Dec. 2010)

Sol. : A.E. will be $D^3 + 4D = 0 \Rightarrow D(D^2 + 4) = 0$

Hence $D = 0$ and $D = \pm 2i$.

$\quad$ C.F. = Complementary Function $= c_1 + c_2 \cos 2x + c_3 \sin 2x$

$$\text{P.I.} = \frac{1}{D(D^2+4)}(\sin 2x) \qquad [\because D^2+4=0, \text{ for } D^2 = -2^2 = -4]$$

$$= x\frac{1}{3D^2+4}(\sin 2x), \left[\frac{d}{dD}(D^3+4D) = 3D^2+4, \text{ then put } D^2 = -4\right]$$

$$= x \cdot \frac{1}{3(-4)+4}(\sin 2x)$$

$$= -\frac{x}{8}\sin 2x.$$

Hence the solution is

$$y = c_1 + c_2 \cos 2x + c_3 \sin 2x - \frac{x \sin 2x}{8}$$

Ex. 3 : Solve $(D^2 + 1)y = \sin x \sin 2x.$

Sol. : A.E. is $D^2 + 1 = 0 \Rightarrow D = \pm i$

∴ $\quad$ C.F. $= c_1 \cos x + c_2 \sin x$

We have $\quad$ P.I. $= \frac{1}{D^2+1}(\sin x \sin 2x)$

$$= \frac{1}{D^2+1}\left[\frac{1}{2}(\cos x - \cos 3x)\right]$$

$$= \frac{1}{2}\frac{1}{D^2+1}\cos x - \frac{1}{2}\frac{1}{D^2+1}\cos 3x$$

$\qquad\qquad\qquad\qquad (D^2 \to -9 \text{ in 2nd term, case fails for 1st term})$

$$= \frac{1}{2}x \cdot \frac{1}{2D}\cos x - \frac{1}{2}\frac{1}{-9+1}\cos 3x$$

$$= x \cdot \frac{1}{4} \frac{D}{D^2} \cos x + \frac{1}{16} \cos 3x, \quad (D^2 \to -1)$$

$$= \frac{1}{4} x \cdot \frac{D(\cos x)}{-1} + \frac{1}{16} \cos 3x$$

$$= \frac{1}{4} x \sin x + \frac{1}{16} \cos 3x$$

Hence the solution is

$$y = c_1 \cos x + c_2 \sin x + \frac{1}{4} x \sin x + \frac{1}{16} \cos 3x$$

Case III : P.I when $f(x) = \cosh(ax+b)$ or $\sinh(ax+b)$.

To find $y_p = \dfrac{1}{\phi(D^2)} \cosh(ax+b)$ or $\dfrac{1}{\phi(D^2)} \sinh(ax+b)$

As earlier on the similar line, we can prove that

$$\frac{1}{\phi(D^2)} \cosh(ax+b) = \frac{1}{\phi(a^2)} \cosh(ax+b), \quad \phi(a^2) \neq 0$$

and $\quad \dfrac{1}{\phi(D^2)} \sinh(ax+b) = \dfrac{1}{\phi(a^2)} \sinh(ax+b), \quad \phi(a^2) \neq 0$

ILLUSTRATION

Ex. 1 : Solve $\dfrac{d^3y}{dx^3} - 4\dfrac{dy}{dx} = 2 \cosh 2x$

Sol. : A.E. is $D^3 - 4D = 0 \Rightarrow D(D^2 - 4) = 0, \ D = 0, \pm 2$

Hence $\quad$ C.F. $= c_1 + c_2 e^{2x} + c_3 e^{-2x}$

$$\text{P.I.} = \frac{1}{(D^2-4)} \left[\frac{1}{D} (2 \cosh 2x) \right]$$

$$= \frac{1}{D^2 - 4} \int 2 \cosh 2x \, dx$$

$$= \frac{2}{D^2 - 4} \left(\frac{\sinh 2x}{2} \right)$$

$$= \frac{1}{D^2 - 4} (\sinh 2x) \quad \text{[case of failure, hence differentiate } \phi(D)]$$

$$= \frac{x(\sinh 2x)}{2D} = \frac{xD(\sinh 2x)}{2D^2}$$

$$= \frac{x}{2} \frac{D(\sinh 2x)}{(4)} = \frac{x}{8} D(\sinh 2x)$$

$$= \frac{x}{4} \cosh 2x$$

$\therefore$ Solution is $\quad y = c_1 + c_2 e^{2x} + c_3 e^{-2x} + \dfrac{x}{4} \cosh 2x$

Case IV : P.I. when $f(x) = x^m$

To find $y_p = \dfrac{1}{\phi(D)} x^m$, we write $\dfrac{1}{\phi(D)}(x^m) = [\phi(D)]^{-1} x^m$.

We shall now expand $[\phi(D)]^{-1}$ in ascending powers of D as far as the term in D^m and operate on x^m term by term. Since $(m+1)^{th}$ and higher derivatives of x^m will be zero, we need not consider terms beyond D^m.

Important Formulae :

$$\dfrac{1}{1+x} = (1+x)^{-1} = 1 - x + x^2 - x^3 + \ldots$$

$$\dfrac{1}{1-x} = (1-x)^{-1} = 1 + x + x^2 + x^3 + \ldots$$

$$(1+x)^n = 1 + nx + \dfrac{n(n-1)}{2!} x^2 + \ldots$$

Also note that $D^n(x^n) = n!$ and $D^{n+1}(x^n) = 0$.

Note : To find $y_p = \dfrac{1}{\phi(D)} x^m$

(i) we always take constant term common from the denominator and use the formulae $(1+x)^{-1}, (1-x)^{-1}, (1+x)^n, (1-x)^n$.

(ii) if constant term is absent in the denominator then the minimum power of D is taken common from the denominator.

e.g. $\quad \dfrac{1}{D^2 - 3D - 2} x^m = \dfrac{1}{-2\left[1 - \left(\dfrac{D^2 - 3D}{2}\right)\right]} x^m$

$\dfrac{1}{D^2 - 3D + 3} x^m = \dfrac{1}{3\left[1 + \left(\dfrac{D^2 - 3D}{3}\right)\right]} x^m$

$\dfrac{1}{D^3 - 3D^2 + 2D} x^m = \dfrac{1}{2D\left[1 + \left(\dfrac{D^2 - 3D}{2}\right)\right]} x^m$

ILLUSTRATION

Ex. 1 : *Find the particular solution of* $\dfrac{d^2y}{dx^2} - \dfrac{dy}{dx} + y = x^3 - 3x^2 + 1$.

Sol. : It can be put as $(D^2 - D + 1) y = x^3 - 3x^2 + 1$.

$$\text{P.I.} = \dfrac{1}{(1 - D + D^2)} (x^3 - 3x^2 + 1)$$

$$= [1 - (D - D^2)]^{-1} (x^3 - 3x^2 + 1)$$

Expanding by Binomial theorem upto D^3 terms

$$= [1 + (D - D^2) + (D - D^2)^2 + (D - D^2)^3 + \ldots] (x^3 - 3x^2 + 1)$$

$$= [1 + D - D^2 + D^2 - 2D^3 + \ldots + D^3 + \ldots] (x^3 - 3x^2 + 1)$$

$$= (1 + D - D^3)(x^3 - 3x^2 + 1)$$
$$= x^3 - 6x - 5$$
Hence P.I. $= x^3 - 6x - 5$.

Case V : P.I. when $f(x) = e^{ax} V$, where V is any function of x.

To find $y_p = \dfrac{1}{f(D)} e^{ax} V$, we have

$$D(e^{ax} V) = e^{ax} DV + a e^{ax} V = e^{ax}(D + a) V$$

and
$$D^2(e^{ax} V) = e^{ax} D^2 V + 2a\, e^{ax} DV + a^2 e^{ax} V$$
$$= e^{ax}(D + a)^2 V$$

and proceeding similarly, we may have in general
$$D^n(e^{ax} V) = e^{ax}(D + a)^n V$$

Hence $\phi(D)(e^{ax} V) = e^{ax} \phi(D + a) V$ ... (I)

Now, let $\phi(D + a) V = V_1 \Rightarrow V = \dfrac{1}{\phi(D + a)} V_1$

If we put value of V in (I), we have

$$\phi(D)\left[e^{ax} \dfrac{1}{\phi(D + a)} V_1 \right] = e^{ax} V_1$$

Operating on both sides by $\dfrac{1}{\phi(D)}$ now, we get

$$e^{ax} \dfrac{1}{\phi(D + a)} V_1 = \dfrac{1}{\phi(D)} (e^{ax} V_1)$$

Here V_1 is any function of x, and hence, we have the formula

$$\boxed{\dfrac{1}{\phi(D)}(e^{ax} V) = e^{ax} \dfrac{1}{\phi(D + a)}(V)}$$

ILLUSTRATION

Ex. 1 : *Solve $(D^2 - 4D + 3) y = x^3 e^{2x}$.*

Sol. : A.E. $= D^2 - 4D + 3 = (D - 1)(D - 3) \Rightarrow D = 1, 3.$

Hence C.F. $= c_1 e^x + c_2 e^{3x}$

$$\text{P.I.} = \dfrac{1}{D^2 - 4D + 3}(x^3 e^{2x})$$

$$= e^{2x} \dfrac{1}{(D + 2)^2 - 4(D + 2) + 3}(x^3) \qquad \ldots (D \to D + 2)$$

$$= e^{2x} \dfrac{1}{D^2 + 4D + 4 - 4D - 8 + 3}(x^3)$$

$$= e^{2x} \dfrac{1}{D^2 - 1}(x^3) = -e^{2x}(1 - D^2)^{-1}(x^3) \qquad \text{(by case IV)}$$

$$= -e^{2x}[1 + D^2 + D^4 + \ldots](x^3) = -e^{2x}[x^3 + 6x]$$

Hence solution is $y = c_1 e^x + c_2 e^{3x} - e^{2x}(x^3 + 6x)$

Case VI : P.I. when $f(x) = x^m \sin ax$, or $x^m \cos ax$.

To find $y_p = \dfrac{1}{f(D)} x^m \sin ax$ or $\dfrac{1}{f(D)} x^m \cos ax$, we have

$$\dfrac{1}{\phi(D)} x^m [\cos ax + i \sin ax] = \dfrac{1}{\phi(D)} x^m e^{iax}$$

$$= e^{iax} \dfrac{1}{\phi(D + ia)} x^m$$

Now $\dfrac{1}{\phi(D + ia)} x^m$, can be evaluated by method of case IV and equating the Real and Imaginary parts, we get the required results.

ILLUSTRATION

Ex. 1 : Solve $(D^4 + 2D^2 + 1) y = x^2 \cos x$.

Sol. : A.E. is $(D^2 + 1)^2 = 0 \Rightarrow D = \pm i, \pm i$.

$\therefore$ C.F. $= (c_1 x + c_2) \cos x + (c_3 x + c_4) \sin x$

For Particular Integral, we have

$$\dfrac{1}{(D^2 + 1)^2} [x^2 (\cos x + i \sin x)] = \dfrac{1}{(D^2 + 1)^2} x^2 \cdot e^{ix}$$

$$= e^{ix} \dfrac{1}{[(D + i)^2 + 1]^2} (x^2) = e^{ix} \dfrac{1}{(D^2 + 2iD)^2} (x^2)$$

$$= e^{ix} \dfrac{1}{-4 D^2 \left(1 - \dfrac{iD}{2}\right)^2} (x^2) \qquad \left(\because \dfrac{1}{i} = -i\right)$$

$$= -\dfrac{e^{ix}}{4} \dfrac{1}{D^2} \left(1 - \dfrac{iD}{2}\right)^{-2} (x^2)$$

$$= -\dfrac{e^{ix}}{4} \dfrac{1}{D^2} \left(1 + iD - \dfrac{3}{4} D^2 + \ldots\right)(x^2)$$

$$= -\dfrac{e^{ix}}{4} \dfrac{1}{D^2} \left[x^2 + 2ix - \dfrac{3}{2}\right]$$

$$= -\dfrac{e^{ix}}{4} \left[\dfrac{x^4}{12} + \dfrac{ix^3}{3} - \dfrac{3}{4} x^2\right] \text{ Integrating twice}$$

$$= -\dfrac{1}{4} [\cos x + i \sin x] \left[\dfrac{x^4}{12} + \dfrac{ix^3}{3} - \dfrac{3}{4} x^2\right]$$

Equating the real parts on both sides,

$$\dfrac{1}{(D^2 + 1)^2} (x^2 \cos x) = -\dfrac{1}{4} \left(\dfrac{x^4}{12} - \dfrac{3}{4} x^2\right) \cos x + \dfrac{1}{12} x^3 \sin x$$

Hence the general solution is

$$y = (c_1 x + c_2) \cos x + (c_3 x + c_4) \sin x + \dfrac{x^3 \sin x}{12} - \dfrac{(x^4 - 9x^2)}{48} \cos x$$

Case VII : P.I. when $f(x) = xV$, V being any function of x.

To find $\dfrac{1}{f(D)} xV$ we have by successive differentiations

$$D(xV) = x\,DV + V$$
$$D^2(xV) = x\,D^2V + 2DV$$
$$D^3(xV) = x\,D^3V + 3D^2V$$

and so on, we may have

$$D^n(xV) = x\,D^n V + n\,D^{n-1}(V)$$

Or $$D^n(xV) = x\,D^n V + \dfrac{d}{dD}(D^n)\,V \qquad \ldots (A)$$

Since $\phi(D)$ is a polynomial in D, we may write in general from (A) using $\phi'(D) = \dfrac{d}{dD}\phi(D)$

$$\phi(D)(xV) = x\,\phi(D)V + \phi'(D)V \qquad \ldots (B)$$

Now, put $\phi(D)V = V_1$ so that $V = \dfrac{1}{\phi(D)} V_1$ in equation (B), we have

$$\phi(D)\left[x\,\dfrac{1}{\phi(D)} V_1\right] = x\,V_1 + \phi'(D)\dfrac{1}{\phi(D)} V_1$$

Operating on both sides by $\dfrac{1}{\phi(D)}$, we get

$$x \cdot \dfrac{1}{\phi(D)} V_1 = \dfrac{1}{\phi(D)}[xV_1] + \dfrac{1}{\phi(D)}\phi'(D)\dfrac{1}{\phi(D)} V_1$$

and if we adjust the terms on both sides, we get

$$\dfrac{1}{\phi(D)}[xV_1] = \left[x - \dfrac{1}{\phi(D)}\phi'(D)\right]\dfrac{1}{\phi(D)} V_1$$

But here V_1 is any function of x, hence we have the formula

$$\boxed{\dfrac{1}{\phi(D)}[xV] = \left[x - \dfrac{1}{\phi(D)}\phi'(D)\right]\dfrac{1}{\phi(D)} V}$$

Remark : 1. The rule xV is applied if
(i) power of x is one
(ii) $\dfrac{1}{\phi(D)} V$ is not a case of failure.

2. If power of x is one and $\dfrac{1}{\phi(D)} V$ is a case of failure then do not apply xV rule. In this case, apply rule given by case (VI).

e.g. $$y_p = \dfrac{1}{D^2+1} x \sin x$$

Here $\dfrac{1}{D^2+1} \sin x$ is a case of failure. Therefore use case (VI) method.

ILLUSTRATIONS

Ex. 1 : Solve $\dfrac{d^2y}{dx^2} + 4y = x \sin x$.

Sol. : A.E. : $D^2 + 4 = 0 \Rightarrow D = \pm 2i$

∴ C.F. $= c_1 \cos 2x + c_2 \sin 2x$,

and P.I. $= \dfrac{1}{D^2 + 4} (x \sin x)$

$= \left[x - \dfrac{2D}{D^2 + 4} \right] \dfrac{1}{D^2 + 4} (\sin x)$ [by case (VII)]

$= \left[x - \dfrac{2D}{D^2 + 4} \right] \dfrac{1}{-1 + 4} (\sin x)$

$= \dfrac{1}{3} \left[x - \dfrac{2D}{D^2 + 4} \right] \sin x = \dfrac{1}{3} \left[x \sin x - \dfrac{2D}{D^2 + 4} \sin x \right]$

$= \dfrac{1}{3} \left[x \sin x - \dfrac{2D (\sin x)}{-1 + 4} \right] = \dfrac{1}{3} \left[x \sin x - \dfrac{2}{3} (\cos x) \right]$

$= \dfrac{1}{3} x \sin x - \dfrac{2}{9} \cos x$.

Hence the complete solution is

$$y = c_1 \cos 2x + c_2 \sin 2x + \dfrac{x \sin x}{3} - \dfrac{2}{9} \cos x$$

Ex. 2 : Solve $(D^2 - 2D + 1) y = x e^x \sin x$ **(May 2007, Dec. 2010)**

Sol. : A.E. : $D^2 - 2D + 1 = 0$

$\Rightarrow (D - 1)^2 = 0, \ D = 1, 1.$

Hence C.F. $= (c_1 x + c_2) e^x$

P.I. $= \dfrac{1}{(D - 1)^2} [x e^x \sin x]$

$= e^x \dfrac{1}{(D + 1 - 1)^2} (x \sin x)$ (by case V)

$= e^x \dfrac{1}{D^2} (x \sin x)$

$= e^x \left[x - \dfrac{2D}{D^2} \right] \dfrac{1}{D^2} (\sin x)$ (by case VII)

$= e^x \left[x - \dfrac{2}{D} \right] (- \sin x) = - e^x \left[x \sin x - \dfrac{2}{D} \sin x \right]$

$= - e^x [x \sin x + 2 \cos x]$

Hence the complete solution is

$$y = (c_1 x + c_2) e^x - e^x [x \sin x + 2 \cos x]$$

Now, we will summarise the short-cut methods of P.I. and the corresponding formulae :

Case I : $\dfrac{1}{\phi(D)} e^{ax} = \dfrac{e^{ax}}{\phi(a)}$, $\phi(a) \neq 0$

Case of failure : If $\phi(a) = 0$, $\dfrac{1}{\phi(D)} e^{ax} = x \cdot \dfrac{1}{\phi'(a)} e^{ax}$, $\phi'(a) \neq 0$

$\dfrac{1}{(D-a)^r} e^{ax} = \dfrac{x^r}{r!} e^{ax}$; $\dfrac{1}{\phi(D)}(k) = k \cdot \dfrac{1}{\phi(0)}$, $\phi(0) \neq 0$

$\dfrac{1}{\phi(D)} a^x = \dfrac{a^x}{\phi(\log a)}$

Case II : $\dfrac{1}{\phi(D^2)} \sin(ax+b) = \dfrac{1}{\phi(-a^2)} \sin(ax+b)$, $\phi(-a^2) \neq 0$

$\dfrac{1}{\phi(D^2)} \cos(ax+b) = \dfrac{1}{\phi(-a^2)} \cos(ax+b)$, $\phi(-a^2) \neq 0$

Case of failure : If $\phi(a^2) = 0$, $\dfrac{1}{\phi(D^2)} \sin(ax+b) = x \cdot \dfrac{1}{\phi'(-a)^2} \sin(ax+b)$, $\phi'(-a)^2 \neq 0$

If $\phi(a^2) = 0$, $\dfrac{1}{\phi(D^2)} \cos(ax+b) = x \cdot \dfrac{1}{\phi'(-a^2)} \cos(ax+b)$, $\phi'(-a^2) \neq 0$

Case of failure formulae :

$\dfrac{1}{D^2+a^2} \sin ax = -\dfrac{x}{2a} \cos ax$; $\dfrac{1}{D^2+a^2} \cos ax = \dfrac{x}{2a} \sin ax$

$\dfrac{1}{(D^2+a^2)^r} \sin(ax+b) = \left(-\dfrac{x}{2a}\right)^r \dfrac{1}{r!} \sin\left(ax+b+r\dfrac{\pi}{2}\right)$ and

$\dfrac{1}{(D^2+a^2)^r} \cos(ax+b) = \left(-\dfrac{x}{2a}\right)^r \dfrac{1}{r!} \cos\left(ax+b+r\dfrac{\pi}{2}\right)$

Case III : $\dfrac{1}{\phi(D^2)} \sinh ax = \dfrac{1}{\phi(a^2)} \sinh ax$, $\phi(a^2) \neq 0$ and

$\dfrac{1}{\phi(D^2)} \cosh ax = \dfrac{1}{\phi(a^2)} \cosh ax$, $\phi(a^2) \neq 0$

Case IV : $\dfrac{1}{\phi(D)} x^m = [\phi(D)]^{-1} x^m$, expand by using Binomial theorem.

Case V : $\dfrac{1}{\phi(D)} e^{ax} V = e^{ax} \boxed{\dfrac{1}{\phi(D+a)}} V$

Case VI : $\dfrac{1}{\phi(D)} x^m \sin ax = $ I.P. of $\dfrac{1}{\phi(D)} x^m e^{iax} = $ I.P. of $e^{iax} \dfrac{1}{\phi(D+ia)} x^m$

$\dfrac{1}{\phi(D)} x^m \cos ax = $ R.P. of $\dfrac{1}{\phi(D)} x^m e^{iax} = $ R.P. of $e^{iax} \dfrac{1}{\phi(D+ia)} x^m$

Case VII : $\dfrac{1}{\phi(D)} xV = \left[x - \dfrac{\phi'(D)}{\phi(D)}\right] \dfrac{1}{\phi(D)} V$

ILLUSTRATIONS ON SHORT-CUT METHODS

Ex. 1 : *Solve* $(D^2 + 2D + 1) y = 2 \cos x + 3x + 2 + 3e^x$.

Sol. : Here AE is $(D + 1)^2 = 0 \Rightarrow D = -1, -1$

∴ C.F. $= (c_1 x + c_2) e^{-x}$

and P.I. $= 2 \dfrac{1}{D^2 + 2D + 1} \cos x + \dfrac{1}{[1 + (2D + D^2)]} (3x + 2) + 3 \dfrac{1}{(D + 1)^2} e^x$

$= \dfrac{1}{-1 + 2D + 1} 2 \cos x + [1 + (2D + D^2)]^{-1} (3x + 2) + \dfrac{3e^x}{4}$

$= \int \cos x \, dx + [1 - 2D - D^2 + \ldots] (3x + 2) + \dfrac{3}{4} e^x$

$= \sin x + 3x + 2 - 6 + \dfrac{3e^x}{4}$

$= \dfrac{3e^x}{4} + \sin x + 3x - 4$

Hence the complete solution is

$$y = (c_1 x + c_2) e^{-x} + \dfrac{3e^x}{4} + \sin x + 3x - 4$$

Ex. 2 : *Solve* $\dfrac{d^2y}{dx^2} + a^2 y = \dfrac{a^2 R}{p} (l - x)$ *where a, R, p and l are constants, subject to the conditions* $y = 0, \dfrac{dy}{dx} = 0$ *at* $x = 0$.

Sol. : Given equation is

$$(D^2 + a^2) y = \dfrac{a^2 R}{p} (l - x)$$

A.E. $= D^2 + a^2 = 0$ or $D = \pm ia$

C.F. $= c_1 \cos ax + c_2 \sin ax$

P.I. $= \dfrac{1}{D^2 + a^2} \dfrac{a^2 R}{p} (l - x) = \dfrac{a^2 R}{p} \cdot \dfrac{1}{a^2} \dfrac{1}{\left(1 + \dfrac{D^2}{a^2}\right)} (l - x)$

$= \dfrac{R}{p} \left(1 + \dfrac{D^2}{a^2}\right)^{-1} (l - x) = \dfrac{R}{p} \left[1 - \dfrac{D^2}{a^2}\right] (l - x) = \dfrac{R}{p} (l - x)$

Hence the general solution is

$$y = c_1 \cos ax + c_2 \sin ax + \dfrac{R}{p} (l - x) \qquad \ldots (1)$$

For initial conditions, now put $y = 0$ when $x = 0$ in (1), we get

$$0 = c_1 + \dfrac{R}{p} l \Rightarrow c_1 = \dfrac{-Rl}{p}$$

If we differentiate equation (1),

$$\frac{dy}{dx} = -ac_1 \sin ax + ac_2 \cos ax - \frac{R}{p}$$

Putting $x = 0$ and $\frac{dy}{dx} = 0$ in this, we get

$$0 = ac_2 - \frac{R}{p}, \text{ hence } c_2 = \frac{R}{ap}$$

Now put values of c_1 and c_2 in A, then the required particular solution is

$$y = \frac{R}{p}\left[\frac{\sin ax}{a} - l\cos ax + l - x\right]$$

Ex. 3 : Solve $(D^3 - 1)y = (1 + e^x)^2$.

Sol. : A.E. : $D^3 - 1 = 0$ or $(D-1)(D^2 + D + 1) = 0$ $\therefore D = 1, -\frac{1}{2} \pm i\frac{\sqrt{3}}{2}$

$$y_c = c_1 e^x + e^{(-1/2)x}[c_2 \cos(\sqrt{3}/2)x + c_3 \sin(\sqrt{3}/2)x]$$

$$y_p = \frac{1}{D^3 - 1}(1 + e^x)^2 = \frac{1}{D^3 - 1}(1 + 2e^x + e^{2x})$$

$$= \frac{1}{D^3 - 1}e^{0x} + 2\frac{1}{D^3 - 1}e^x + \frac{1}{D^3 - 1}e^{2x}$$

$$= -1 + \frac{2}{3}xe^x + \frac{1}{7}e^{2x}$$

$\therefore \quad y = c_1 e^x + e^{(-1/2)x}[c_2 \cos(\sqrt{3}/2)x + c_3 \sin(\sqrt{3}/2)x] - 1 + \frac{2}{3}xe^x + \frac{1}{7}e^{2x}$

Ex. 4 : Solve $(D-1)^2(D^2+1)^2 y = \sin^2 \frac{x}{2}$.

Sol. : A.E. : $(D-1)^2(D^2+1)^2 = 0$, $D = 1, 1, \pm i, \pm i$.

$$y_c = (c_1 x + c_2)e^x + (c_3 x + c_4)\cos x + (c_5 x + c_6)\sin x.$$

$$y_p = \frac{1}{(D-1)^2(D^2+1)^2}\sin^2\frac{x}{2} = \frac{1}{(D-1)^2(D^2+1)^2}\left(\frac{1-\cos x}{2}\right)$$

$$= \frac{1}{2}\left[\frac{1}{(D-1)^2(D^2+1)^2}e^{0x} - \frac{1}{(D-1)^2(D^2+1)^2}\cos x\right]$$

$$= \frac{1}{2}\left[1 - \frac{1}{(D^2+1)^2(-1-2D+1)}\cos x\right]$$

$$= \frac{1}{2}\left[1 + \frac{1}{2}\frac{1}{(D^2+1)^2}\sin x\right]$$

$$= \frac{1}{2}\left[1 + \frac{1}{2}x^2 \frac{1}{-8} \sin x\right]$$

$$\left\{\frac{d^2}{dD^2}(D^2+1)^2 = \frac{d}{dD} 2(D^2+1) 2D = 4(3D^2+1), \text{ then put } D^2 = -1\right\}$$

$$= \frac{1}{2} - \frac{1}{32} x^2 \sin x$$

$$y = (c_1 x + c_2) e^x + (c_3 x + c_4) \cos x + (c_5 x + c_6) \sin x + \frac{1}{2} - \frac{1}{32} x^2 \sin x$$

Ex. 5 : Solve $(D^4 - 2D^3 - 3D^2 + 4D + 4) y = x^2 e^x$.

Sol. :   A.E. : $(D-2)^2 (D+1)^2 = 0$

$$y_c = (c_1 x + c_2) e^{2x} + (c_3 x + c_4) e^{-x}$$

$$y_p = \frac{1}{(D^2 - D - 2)^2} e^x \cdot x^2 = e^x \frac{1}{[(D+1)^2 - (D+1) - 2]^2} x^2$$

$$= e^x \frac{1}{(D^2 + D - 2)^2} x^2 = \frac{e^x}{4} \frac{1}{\left[1 - \left(\frac{D^2 + D}{2}\right)\right]^2} x^2$$

$$= \frac{e^x}{4} \left[1 + (D^2 + D) + \frac{3}{4}(D^2 + D)^2 + \ldots\right] x^2$$

$$= \frac{e^x}{4} \left[1 + D + \frac{7}{4} D^2 + \ldots\right] x^2 = \frac{e^x}{4} \left[x^2 + 2x + \frac{7}{2}\right]$$

$$\therefore \quad y = (c_1 x + c_2) e^{2x} + (c_3 x + c_4) e^{-x} + \frac{e^x}{4}\left(x^2 + 2x + \frac{7}{2}\right).$$

Ex. 6 : Solve $(D^4 - 1) y = \cos x \cosh x$ **(Dec. 2006)**

Sol. :   A.E. : $(D-1)(D+1)(D+i)(D-i) = 0$

$$y_c = c_1 e^x + c_2 e^{-x} + c_3 \cos x + c_4 \sin x.$$

$$y_p = \frac{1}{D^4 - 1} \cos x \left(\frac{e^x + e^{-x}}{2}\right)$$

$$= \frac{1}{2} \frac{1}{D^4 - 1} e^x \cos x + \frac{1}{2} \cdot \frac{1}{D^4 - 1} e^{-x} \cos x$$

$$= \frac{e^x}{2} \frac{1}{(D+1)^4 - 1} \cos x + \frac{e^{-x}}{2} \frac{1}{(D-1)^4 - 1} \cos x$$

$$= \frac{e^x}{2} \cdot \frac{1}{D^4 + 4D^3 + 6D^2 + 4D + 1 - 1} \cos x +$$

$$\frac{e^{-x}}{2} \frac{1}{D^4 - 4D^3 + 6D^2 - 4D + 1 - 1} \cos x$$

$$= \frac{e^x}{2} \frac{1}{1-4D-6+4D} \cos x + \frac{e^{-x}}{2} \frac{1}{1+4D-6-4D}$$

$$= \frac{e^x}{2} \cdot \frac{\cos x}{-5} + \frac{e^{-x}}{2} \frac{\cos x}{-5} = \frac{\cos x}{-5} \cosh x$$

$$\therefore \quad y = c_1 e^x + c_2 e^{-x} + c_3 \cos x + c_4 \sin x - \frac{\cos x \cosh x}{5}$$

Ex. 7 : *Solve* $(D^4 + 1) y = 2 \sinh x \sin x$. **(Dec. 2004)**

Sol. : A.E. : $D^4 + 1 = 0 \quad \therefore \quad D^4 + 2D^2 + 1 - 2D^2 = 0$

or $(D^2+1)^2 - (\sqrt{2} D)^2 = 0$ or $(D^2 - \sqrt{2} D + 1)(D^2 + \sqrt{2} D + 1) = 0$

$$\therefore \quad D = \frac{1}{\sqrt{2}} \pm \frac{1}{\sqrt{2}} i, \qquad D = \frac{-1}{\sqrt{2}} \pm \frac{1}{\sqrt{2}} i$$

$$y_c = e^{x/\sqrt{2}} \left[c_1 \cos \frac{x}{\sqrt{2}} + c_2 \sin \frac{x}{\sqrt{2}} \right] + e^{-x/\sqrt{2}} \left[c_3 \cos \frac{x}{\sqrt{2}} + c_4 \sin \frac{x}{\sqrt{2}} \right]$$

$$y_p = \frac{1}{D^4+1} \, 2 \sinh x \sin x$$

$$= \frac{1}{D^4+1} (e^x - e^{-x}) \sin x$$

$$= \frac{1}{D^4+1} e^x \sin x - \frac{1}{D^4+1} e^{-x} \sin x$$

$$= e^x \frac{1}{(D+1)^4+1} \sin x - e^{-x} \frac{1}{(D-1)^4+1} \sin x$$

$$= e^x \cdot \frac{1}{D^4+4D^3+6D^2+4D+2} \sin x - e^{-x} \frac{1}{D^4-4D^3+6D^2-4D+2} \sin x$$

$$= e^x \frac{1}{(-1)^2 + 4D(-1) + 6(-1) + 4D + 2} \sin x$$

$$- e^{-x} \frac{1}{(-1)^2 - 4D(-1) + 6(-1) - 4D + 2} \sin x$$

$$= e^x \left(\frac{\sin x}{-3} \right) - e^{-x} \left(\frac{\sin x}{-3} \right)$$

$$= \frac{-2}{3} \sin x \cdot \left(\frac{e^x - e^{-x}}{2} \right) = -\frac{2}{3} \sin x \sinh x$$

$$\therefore \quad y = C.F. + P.I.$$

$$y = e^{x/\sqrt{2}} \left[c_1 \cos \frac{x}{\sqrt{2}} + c_2 \sin \frac{x}{\sqrt{2}} \right] + e^{-x/\sqrt{2}} \left[c_3 \cos \frac{x}{\sqrt{2}} + c_4 \sin \frac{x}{\sqrt{2}} \right] - \frac{2}{3} \sin x \sinh x$$

Ex. 8 : Solve $\dfrac{d^3y}{dx^3} - 7\dfrac{dy}{dx} - 6y = e^{2x}(1+x)$. (Dec. 2004)

Sol. : Given D.E. is written as

$$(D^3 - 7D - 6)\, y = e^{2x}(1+x) \quad \text{where } D \equiv \dfrac{d}{dx}$$

A.E. : $D^3 - 7D - 6 = 0 \quad \therefore \quad (D+1)(D+2)(D-3) = 0$

$\therefore \qquad \text{C.F.} = c_1 e^{-x} + c_2 e^{-2x} + c_3 e^{3x}$

$$\begin{aligned}
\text{P.I.} &= \dfrac{1}{D^3 - 7D - 6} e^{2x}(1+x) \\
&= e^{2x} \dfrac{1}{(D+2)^3 - 7(D+2) - 6} (1+x), \qquad \text{by } D \to D+2 \\
&= e^{2x} \dfrac{1}{D^3 + 6D^2 + 5D - 12} (1+x) \\
&= \dfrac{-e^{2x}}{12} \left[1 - \dfrac{D^3 + 6D^2 + 5D}{12} \right]^{-1} (1+x) \\
&= \dfrac{-e^{2x}}{12} \left[1 + \dfrac{5D}{12} + \ldots \right] (1+x) \\
&= \dfrac{-e^{2x}}{12} \left(1 + x + \dfrac{5}{12} \right) = \dfrac{-e^{2x}}{12} \left(x + \dfrac{17}{12} \right)
\end{aligned}$$

$\therefore \quad y = \text{C.F.} + \text{P.I.} = c_1 e^{-x} + c_2 e^{-2x} + c_3 e^{3x} - \dfrac{e^{2x}}{12}\left(x + \dfrac{17}{12} \right)$

Ex. 9 : Solve $(D^2 - 1)\, y = x \sin x + (1 + x^2) e^x$. (Dec. 2010)

Sol. : A.E. : $D^2 - 1 = 0$

$(D-1)(D+1) = 0 \qquad \therefore \quad \text{C.F.} = c_1 e^x + c_2 e^{-x}$

$$\begin{aligned}
\text{P.I.} &= \dfrac{1}{D^2 - 1} x \sin x + \dfrac{1}{D^2 - 1} e^x (1+x^2) \\
&= x \dfrac{1}{D^2 - 1} \sin x - \dfrac{2D}{(D^2 - 1)^2} \sin x + e^x \dfrac{1}{(D+1)^2 - 1} (1+x^2) \\
&= \dfrac{x \sin x}{-2} - \dfrac{2D}{4} \sin x + e^x \dfrac{1}{D^2 + 2D} (1+x^2) \\
&= -\dfrac{x}{2} \sin x - \dfrac{\cos x}{2} + e^x \dfrac{1}{2D} \left(1 - \dfrac{D}{2} + \dfrac{D^2}{4} + \ldots \right)(1+x^2) \\
&= -\dfrac{x}{2} \sin x - \dfrac{\cos x}{2} + \dfrac{e^x}{2} \dfrac{1}{D} \left(1 + x^2 - x + \dfrac{1}{2} \right) \\
&= -\dfrac{x}{2} \sin x - \dfrac{\cos x}{2} + \dfrac{e^x}{2} \left(\dfrac{x^3}{3} - \dfrac{x^2}{2} + \dfrac{3x}{2} \right)
\end{aligned}$$

$$y = c_1 e^x + c_2 e^{-x} - \dfrac{1}{2}(x \sin x + \cos x) + \dfrac{e^x}{12}(2x^3 - 3x^2 + 9x)$$

Ex. 10 : $(D^2 - 4D + 4) y = e^x \cos^2 x.$ **(May 2011)**

Sol. : A.E. is $D^2 - 4D + 4 = 0$ ∴ $D = 2, 2$

$$y_c = (c_1 x + c_2) e^{2x}$$

$$y_p = \frac{1}{(D-2)^2} e^x \cos^2 x = e^x \frac{1}{(D-1)^2} \cos^2 x$$

$$= e^x \frac{1}{(D-1)^2} \left(\frac{1 + \cos 2x}{2}\right) = 0$$

$$= \frac{e^x}{2} \left[\frac{1}{(D-1)^2} e^{0x} + \frac{1}{D^2 - 2D + 1} \cos 2x\right]$$

$$= \frac{e^x}{2} \left[1 - \frac{1}{(2D+3)} \cos 2x\right] = \frac{e^x}{2} \left[1 - \frac{(2D-3)}{4D^2 - 9} \cos 2x\right]$$

$$= \frac{e^x}{2} \left[1 + \frac{1}{25} (2D - 3) \cos 2x\right] = \frac{e^x}{2} \left[1 - \frac{1}{25} (4 \sin 2x + 3 \cos 2x)\right]$$

$$y = (c_1 x + c_2) e^{2x} + \frac{e^x}{2} \left[1 - \frac{1}{25} (4 \sin 2x + 3 \cos 2x)\right]$$

Ex. 11 : Solve $(D^2 + 1) y = x^2 \sin 2x.$

Sol. : A.E. is $D^2 + 1 = 0$ ∴ $D = \pm i.$

$$y_c = c_1 \cos x + c_2 \sin x$$

$$y_p = \frac{1}{D^2 + 1} x^2 \sin 2x = \text{I.P. of } \frac{1}{D^2 + 1} e^{i2x} x^2$$

$$= \text{I.P. of } e^{i2x} \frac{1}{(D + 2i)^2 + 1} x^2 = \text{I.P. of } e^{i2x} \frac{1}{D^2 + 4iD - 4 + 1} x^2$$

$$= \text{I.P. of } \frac{e^{i2x}}{(-3) \left[1 - \frac{1}{3}(4iD + D^2)\right]} x^2 = \text{I.P. of } \frac{e^{i2x}}{(-3)} \left[1 - \frac{1}{3}(4iD + D^2)\right]^{-1} x^2$$

$$= \text{I.P. of } \frac{e^{i2x}}{(-3)} \left[1 + \frac{1}{3}(4iD + D^2) + \frac{1}{9}(-16D^2 + 8iD^3 + D^4) + \ldots\right] x^2$$

$$= \text{I.P. of } \frac{e^{i2x}}{(-3)} \left[1 + \frac{4}{3}iD - \frac{13}{9}D^2 + \ldots\right] x^2$$

$$= \text{I.P. of } \frac{(\cos 2x + i \sin 2x)}{(-3)} \left[\left(x^2 - \frac{26}{9}\right) + i\frac{8}{3}x\right]$$

$$= -\frac{1}{3} \left(x^2 - \frac{26}{9}\right) \sin 2x - \frac{8}{9} x \cos 2x$$

∴ $y = c_1 \cos x + c_2 \sin x - \frac{1}{3}\left(x^2 - \frac{26}{9}\right) \sin 2x - \frac{8}{9} x \cos 2x$

Ex. 12 : $(D^2 + D + 1) y = x \sin x.$ **(May 2011)**

Sol. : A.E. is $D^2 + D + 1 = 0$ ∴ $D = -\dfrac{1}{2} \pm i\dfrac{\sqrt{3}}{2}$.

$y_c = e^{(-1/2)x} [c_1 \cos (\sqrt{3}/2) x + c_2 \sin (\sqrt{3}/2) x]$

$y_p = \dfrac{1}{D^2 + D + 1} x \sin x = \left[x - \dfrac{2D + 1}{D^2 + D + 1} \right] \dfrac{1}{D^2 + D + 1} \sin x$

$= \left[x - \dfrac{2D + 1}{D^2 + D + 1} \right] \dfrac{1}{D} \sin x = \left[x - \dfrac{2D + 1}{D^2 + D + 1} \right] (-\cos x)$

$= -x \cos x + (2D + 1) \dfrac{1}{D} \cos x$

$= -x \cos x + (2D + 1) \sin x$

$= -x \cos x + 2 \cos x + \sin x$

∴ $y = e^{(-1/2)x} [c_1 \cos (\sqrt{3}/2) x + c_2 \sin (\sqrt{3}/2) x] - x \cos x + 2 \cos x + \sin x$

Ex. 13 : $(D^2 + 2D + 1) y = x e^{-x} \cos x.$

Sol. : A.E. is $D^2 + 2D + 1 = 0$ ∴ $D = -1, 1.$

$y_c = (c_1 x + c_2) e^{-x}$

$y_p = \dfrac{1}{(D + 1)^2} e^{-x} x \cos x = e^{-x} \dfrac{1}{D^2} x \cos x$

$= e^{-x} \left[x - \dfrac{2D}{D^2} \right] \dfrac{1}{D^2} \cos x = e^{-x} \left[x - \dfrac{2}{D} \right] (-\cos x)$

$= e^{-x} (-x \cos x + 2 \sin x)$

$y = (c_1 x + c_2) e^{-x} + e^{-x} (-x \cos x + 2 \sin x)$

Ex. 14 : Solve $(D^2 + 4) y = x \sin^2 x.$

Sol. : A.E. : $D^2 + 4 = 0$ ∴ $D = \pm 2i$

$y_c = c_1 \cos 2x + c_2 \sin 2x$

$y_p = \dfrac{1}{D^2 + 4} x \cdot \left(\dfrac{1 - \cos 2x}{2} \right) = \dfrac{1}{2} \cdot \dfrac{1}{D^2 + 4} x - \dfrac{1}{2} \dfrac{1}{D^2 + 4} x \cos 2x.$

$= y_{p_1} + y_{p_2}$

$y_{p_1} = \dfrac{1}{2} \cdot \dfrac{1}{D^2 + 4} x = \dfrac{1}{8} \dfrac{1}{1 + \dfrac{D^2}{4}} x = \dfrac{1}{8} \left(1 - \dfrac{D^2}{4} + \ldots \right) x = \dfrac{x}{8}$

$y_{p_2} = -\dfrac{1}{2} \cdot \dfrac{1}{D^2 + 4} x \cos 2x.$

Here we can not apply "xV" rule (case VII) because $\dfrac{1}{D^2 + 4} \cos 2x$ is a case of failure.

$$\therefore \quad \frac{1}{D^2+4} \, x \, e^{i2x} = e^{i2x} \frac{1}{(D+2i)^2+4} \, x$$

$$= e^{i2x} \frac{1}{D^2+4iD} \, x = \frac{e^{i2x}}{4iD} \left(\frac{1}{1-\frac{Di}{4}} \right) x$$

$$= -\frac{e^{i2x} \, i}{4D} \left(1+\frac{iD}{4} \right) x = \frac{-e^{i2x} \, i}{4D} \left(x+\frac{i}{4} \right)$$

$$= -\frac{e^{i2x} \, i}{4} \left(\frac{x^2}{2}+\frac{ix}{4} \right)$$

$$= -\frac{1}{16} (\cos 2x + i \sin 2x)(-x + i \, 2x^2)$$

Taking real parts on both sides,

$$\frac{1}{D^2+4} \, x \cos 2x = -\frac{1}{16} (-x \cos 2x - 2x^2 \sin 2x)$$

$$\therefore \quad y_{p_2} = -\frac{1}{2} \left[\frac{1}{16} (x \cos 2x + 2x^2 \sin 2x) \right]$$

$$y_p = \frac{x}{8} - \frac{1}{32} (x \cos 2x + 2x^2 \sin 2x)$$

$$y = c_1 \cos 2x + c_2 \sin 2x + \frac{x}{8} - \frac{1}{32} (x \cos 2x + 2x^2 \sin 2x)$$

EXERCISE 1.2

Solve the following differential equations :

(A) On General Method :

1. $(D^2 + 5D + 6) y = e^{e^x}$.   **Ans.** $y = c_1 e^{-2x} + c_2 e^{-3x} + (e^{-2x} - 2e^{-3x}) e^{e^x}$.

2. $\dfrac{d^2y}{dx^2} + a^2 y = \tan ax$ **Ans.** $y = c_1 \cos ax + c_2 \sin ax - \dfrac{1}{a^2} \cos ax \log [\sec ax + \tan ax]$

3. $(D^2 - 3D + 2) y = \dfrac{1}{e e^{-x}} + \cos \left(\dfrac{1}{e^x} \right)$ **Ans.** $y = c_1 e^{2x} + c_2 e^x + e^{2x} \left[e^{-e^{-x}} - \cos (e^{-x}) \right]$

(Dec. 2005, 2008)

4. $(D^2 - 9D + 18) y = e^{e^{-3x}}$ **Ans.** $y = c_1 e^{6x} + c_2 e^{3x} + \dfrac{e^{6x}}{9} e^{e^{-3x}}$

5. $(D^2 - 2D - 3) y = 3 e^{-3x} \sin (e^{-3x}) + \cos(e^{-3x})$ **Ans.** $y = c_1 e^{3x} + c_2 e^{-x} - \dfrac{e^{3x}}{3} \sin e^{-3x}$

(B) On Short Methods :

1. $\dfrac{d^2y}{dx^2} - 7 \dfrac{dy}{dx} + 6y = e^{2x}$ **Ans.** $y = c_1 e^{6x} + c_2 e^x - \dfrac{e^{2x}}{4}$

2. $\dfrac{d^2y}{dx^2} - 4y = (1 + e^x)^2 + 3$ **Ans.** $y = c_1 e^{2x} + c_2 e^{-2x} - 1 - \dfrac{2}{3} e^x + \dfrac{x e^{2x}}{4}$

3. $(D^3 - 5D^2 + 8D - 4) y = e^{2x} + 2e^x + 3e^{-x} + 2$

   Ans. $y = c_1 e^x + (c_2 + c_3 x) e^{2x} + \dfrac{e^{2x} x^2}{2} + 2xe^x - \dfrac{e^{-x}}{6} - \dfrac{1}{2}$

4. $(D^4 - 4D^3 + 6D^2 - 4D + 1) y = e^x + 2^x + \dfrac{1}{3}.$ (Dec. 2005, May 2007)

   Ans. $y = (c_1 x^3 + c_2 x^2 + c_3 x + c_4) e^x + \dfrac{x^4}{24} e^x + \dfrac{1}{(\log 2 - 1)^4} 2^x + \dfrac{1}{3}$

5. $\dfrac{d^2 y}{dx^2} + 4y = \cos x \cdot \cos 2x \cdot \cos 3x$ (May 2014_

   Ans. $y = A \cos 2x + B \sin 2x + \dfrac{1}{16} + \dfrac{x \sin 2x}{16} - \dfrac{1}{48} \cos 4x - \dfrac{1}{128} \cos 6x$

6. $(D^5 - D^4 + 2D^3 - 2D^2 + D - 1) y = \cos x$ (May 2007, 2008)

   Ans. $y = c_1 e^x + (c_2 x + c_3) \cos x + (c_4 x + c_5) \sin x + \dfrac{1}{16} [(x^2 + 2x) \cos x - x^2 \sin x]$

7. $(D^4 - m^4) y = \sin mx$

   Ans. $y = c_1 e^{mx} + c_2 e^{-mx} + c_3 \cos mx + c_4 \sin mx + \dfrac{x}{4m^3} \cos mx$

8. $(D^3 + D) y = \cos x$ (Dec. 2008) **Ans.** $c_1 + c_2 \cos x + c_3 \sin x - \dfrac{x \cos x}{2}$

9. $\operatorname{cosec} x \dfrac{d^4 y}{dx^4} + y \operatorname{cosec} x = \sin 2x$

   Ans. $y = e^{\frac{x}{\sqrt{2}}} \left[c_1 \cos \dfrac{x}{\sqrt{2}} + c_2 \sin \dfrac{x}{\sqrt{2}} \right] + e^{-\frac{x}{\sqrt{2}}} \left[c_3 \cos \dfrac{x}{\sqrt{2}} + c_4 \sin \dfrac{x}{\sqrt{2}} \right] + \dfrac{1}{2} \left(\dfrac{\cos x}{2} - \dfrac{\cos 3x}{82} \right)$

10. $\dfrac{d^2 x}{dt^2} + 9x = 4 \cos \left(\dfrac{\pi}{3} + t \right)$, given that $x = 0$ at $t = 0$ and $x = 2$ at $t = \dfrac{\pi}{6}$.

    Ans. $x = \dfrac{1}{4} \cos 3t + 2 \sin 3t + \dfrac{1}{2} \cos \left(\dfrac{\pi}{3} + t \right)$

11. $\dfrac{d^2 y}{dt^2} + 2 \dfrac{dy}{dt} + 5y = \sin^2 t$

    Ans. $y = e^{-t} [A \cos 2t + b \sin 2t] + \dfrac{1}{10} - \dfrac{1}{34} [4 \sin 2t + \cos 2t]$

12. $\dfrac{d^2 y}{dx^2} + 2 \dfrac{dy}{dx} + 2y = \sin 2x - 2 \cos 2x$, given that $y = 0$ and $\dfrac{dy}{dx} = 0$ when $x = 0$.

    Ans. $y = e^{-x} \sin x - \dfrac{1}{2} \sin 2x$

13. $\dfrac{d^2 y}{dx^2} + n^2 y = h \sin px$, where h, p and n are constants satisfying the condition $y = 0$,
    $\dfrac{dy}{dx} = b$ for $x = 0$. **Ans.** $y = a \cos nx + \left[\dfrac{b}{n} - \dfrac{ph}{n (n^2 - p^2)} \right] \sin nx + \dfrac{h \sin px}{(n^2 - p^2)}$

14. $(D^3 + 1)y = \cos(2x - 1) - \cos^2 \dfrac{x}{2}$

Ans. $y = c_1 e^{-x} + e^{x/2}\left[c_2 \cos \dfrac{\sqrt{3}}{2}x + c_3 \sin \dfrac{\sqrt{3}}{2}x\right]$
$+ \dfrac{1}{65}[\cos(2x-1) - 8\sin(2x-1)] - \dfrac{1}{2} - \dfrac{1}{4}(\cos x - \sin x)$

15. $\dfrac{d^2y}{dx^2} - 2\dfrac{dy}{dx} + 5y = 10 \sin x$.

Ans. $y = e^x(A \cos x + B \sin x) + 2 \sin x + \cos x$

16. $(D^4 + 10D^2 + 9)y = 96 \sin 2x \cos x$
Given that at $x = 0$, $y = 0$, $y' = -2$, $y'' = -8$, $y''' = -18$.

Ans. $y = \cos 3x - \cos x + x(\cos 3x - 3\cos x)$

17. $(D^4 + 6D^2 + 8)y = \sin^2 x \cos 2x$

Ans. $y = c_1 \cos 2x + c_2 \sin 2x + c_3 \cos \sqrt{2}\, x + c_4 \sin \sqrt{2}\, x - \dfrac{x \sin 2x}{16} - \dfrac{1}{32} - \dfrac{\cos 4x}{672}$

18. $(D^3 + 3D)y = \cosh 2x \sinh 3x$.

Ans. $y = c_1 + \left(c_2 \cos \sqrt{3}\, x + c_3 \sin \sqrt{3}\, x\right) + \dfrac{\cosh 5x}{280} + \dfrac{\cosh x}{8}$

19. $(D^3 - 25D)y = \cosh 2x \sinh 3x$.

Ans. $y = c_1 + c_2 e^{5x} + c_3 e^{-5x} + \dfrac{x}{100} \sinh 5x - \dfrac{1}{48} \cosh x$

20. $(D^4 - 1)y = \cosh x \sinh x$ Ans. $y = c_1 e^x + c_2 e^{-x} + c_3 \cos x + c_4 \sin x + \dfrac{1}{30} \sinh 2x$

21. $(D^2 + 13D + 36)y = e^{-4x} + \sinh x$.

Ans. $y = c_1 e^{-9x} + c_2 e^{-4x} + \dfrac{x}{5} e^{-4x} - \dfrac{1}{1200}(13 \cosh x - 37 \sinh x)$

22. $(D^3 + 1)y = \sin(2x + 3) + e^{-x} + 2^x$.

Ans. $y = c_1 e^{-x} + e^{(1/2)x}[c_2 \cos(\sqrt{3}/2)x + c_3 \sin(\sqrt{3}/2)x]$
$+ \dfrac{1}{65}[\sin(2x+3) + 8\cos(2x+3)] + \dfrac{x}{3} e^{-x} + \dfrac{2^x}{(\log 2)^3 + 1}$

23. $\dfrac{d^2y}{dx^2} + 6\dfrac{dy}{dx} + 10y = 50x$ with $y = 0$, $\dfrac{dy}{dx} = 1$ at $x = 0$

Ans. $y = 5x - 3 + e^{-3x}(3 \cos x + 5 \sin x)$

24. $(D^2 - 2D + 5)y = 25x^2$.   Ans. $y = e^x[c_1 \cos 2x + c_2 \sin 2x] + 5x^2 + 4x - \dfrac{2}{5}$

25. $(D^4 + D^2 + 1)y = 53x^2 + 17$ **(Dec. 2008)**

Ans. $y = e^{-x/2}\left[c_1 \cos \dfrac{\sqrt{3}}{2}x + c_2 \sin \dfrac{\sqrt{3}}{2}x\right] + e^{x/2}\left[c_3 \cos \dfrac{\sqrt{3}}{2}x + c_4 \sin \dfrac{\sqrt{3}}{2}x\right] + 53x^2 - 89$

26. $(D^2 + 5D + 4)y = x^2 + 7x + 9$.   **(May 2006)**

Ans. $y = c_1 e^{-4x} + c_2 e^{-x} + \dfrac{1}{4}\left(x^2 + \dfrac{9x}{2} + \dfrac{23}{8}\right)$

27. $(D^4 + 6D^2 + 25)y = x^4 + x^2 + 1$.

Ans. $y = e^x[c_1 \cos 2x + c_2 \sin 2x] + e^{-x}[c_3 \cos 2x + c_4 \sin 2x] + \dfrac{1}{25}\left[x^4 - \dfrac{47}{25}x^2 + \dfrac{589}{625}\right]$

28. $(D^2 - D + 1)y = x^3 - 3x^2 + 1$

Ans. $y = e^{x/2}\left[c_1 \cos \dfrac{\sqrt{3}}{2}x + c_2 \sin \dfrac{\sqrt{3}}{2}x\right] + x^3 - 6x - 5$

29. $(D^3 - 3D^2 + 3D - 1)y = 2x^3 - 3x^2 + 1$.

Ans. $y = (c_1 x^2 + c_2 x + c_3)e^x - (2x^3 + 15x^2 + 54x + 85)$

30. $(D^3 - 2D + 4)y = 3x^2 - 5x + 2$. **(Dec. 2012)**

Ans. $c_1 e^{-2x} + e^x(c_2 \cos x + c_3 \sin x) + \dfrac{1}{4}(3x^2 - 2x + 1)$

31. $\dfrac{d^3 y}{dx^3} + 8y = x^4 + 2x + 1$.

Ans. $y = c_1 e^{-2x} + e^x[A \cos \sqrt{3}x + B \sin \sqrt{3}x] + \dfrac{1}{8}(x^4 - x + 1)$

32. $(D^2 - 3D + 2)y = x^2 + \sin x$.

Ans. $y = c_1 e^x + c_2 e^{2x} + \dfrac{1}{2}\left(x^2 + 3x + \dfrac{7}{2}\right) + \dfrac{1}{10}\sin x + \dfrac{3}{10}\cos x$

33. $(D^3 + 3D^2 - 4)y = 6e^{-2x} + 4x^2$. **Ans.** $y = c_1 e^x + (c_2 x + c_3)e^{-2x} - x^2 e^{-2x} - x^2 - \dfrac{3}{2}$

34. $(D^3 + 6D^2 + 12D + 8)y = e^{-2x} + x^2 + 3^x + \cos 2x$.

Ans. $y = (c_1 x^2 + c_2 x + c_3)e^{-2x} + \dfrac{x^3}{6}e^{-2x} + \dfrac{1}{8}(x^2 - 3x + 3)$
$+ \dfrac{1}{(\log 3 + 2)^3}3^x + \dfrac{1}{32}(\sin 2x - \cos 2x)$

35. $(D^2 - 4D + 4)y = 8(e^{2x} + \sin 2x + x^2)$. **(May 2006)**

Ans. $y = (c_1 x + c_2)e^{2x} + 4x^2 e^{2x} + \cos 2x + 2\left(x^2 + 2x + \dfrac{3}{2}\right)$

36. $(D^5 - D)y = 12 e^x + 8 \sin x - 2x$

Ans. $y = c_1 + c_2 e^{-x} + c_3 e^x + A \cos x + B \sin x + 3x e^x + 2x \sin x + x^2$

37. $(D^2 - 1)y = e^x + x^3$. **Ans.** $y = c_1 e^x + c_2 e^{-x} + \dfrac{1}{2}xe^x - x^3 - 6x$

38. $(D^2 - 4D + 4)y = e^{2x} + x^3 + \cos 2x$

Ans. $y = (c_1 + c_2 x)e^{2x} + \dfrac{1}{2}x^2 e^{2x} - \dfrac{1}{8}\sin 2x + \dfrac{1}{8}[2x^3 + 6x^2 + 9x + 6]$

39. $(D^5 - D)y = 12e^x + 85mx + 2^x$ **(May 2008)**

Ans. $y = c_1 + c_2 e^x + c_3 e^{-x} + c_4 \cos x + c_5 \sin x + 3x e^x - 35m\dfrac{x^2}{2} + \dfrac{2^x}{(\log 2)^5 - \log 2}$

40. $(D^2 - 4)y = e^{3x}x^2$. **Ans.** $y = c_1 e^{2x} + c_2 e^{-2x} + \dfrac{e^{3x}}{125}(125x^2 - 60x + 62)$

41. $\dfrac{d^3y}{dx^3} - 7\dfrac{dy}{dx} - 6y = e^{2x}(1 + x^2)$ **Ans.** $y = c_1 e^{-x} + c_2 e^{-2x} + c_3 e^{3x} - \dfrac{e^{2x}}{12}\left[\dfrac{169}{72} + x^2 + \dfrac{5x}{6}\right]$

42. $(D^3 - 3D^2 + 3D - 1) y = \sqrt{x}\, e^x$. **Ans.** $y = (c_1 x^2 + c_2 x + c_3) e^x + \dfrac{8 e^x x^{7/2}}{105}$

43. $(D^2 - 4D + 4) y = e^{2x} \sin 3x$ **Ans.** $y = (c_1 + c_2 x) e^{2x} - \dfrac{1}{9} e^{2x} \sin 3x$

44. $(D^3 - D^2 + 3D + 5) y = e^x \cos 3x$

Ans. $y = c_1 e^{-x} + e^x (c_2 \cos 2x + c_3 \sin 2x) - \dfrac{e^x}{65} (3 \sin 3x + 2 \cos 3x)$

45. $(D^2 + 2D + 1) y = \dfrac{e^{-x}}{x + 2}$ **(Dec. 2007)**

Ans. $y = (c_1 + c_2 x) e^{-x} - e^{-x} [x \log (x + 2) + 2 \log (x + 2) - x]$

46. $(D^2 + 6D + 9) y = \dfrac{1}{x^3} e^{-3x}$ **(Nov. 2014) Ans.** $y = (c_1 x + c_2) e^{-3x} + \dfrac{e^{-3x}}{2x}$

47. $(D^4 - 3D^3 - 2D^2 + 4D + 4) y = x^2 e^x$.

Ans. $y = (c_1 x + c_2) e^{-x} + (c_3 x + c_4) e^{2x} + \dfrac{e^x}{4}\left(x^2 + 2x + \dfrac{7}{2}\right)$

48. $(D^3 - 3D - 2) y = 540 x^3 e^{-x}$.

Ans. $y = (c_1 x + c_2) e^{-x} + c_3 e^{2x} - 180 e^{-x} \left(\dfrac{x^5}{20} + \dfrac{x^4}{12} + \dfrac{x^3}{9} + \dfrac{x^2}{9}\right)$

49. $\dfrac{d^2y}{dx^2} + 2\dfrac{dy}{dx} + 2y = e^{-x} \sec^3 x$ **Ans.** $y = e^{-x}\left[c_1 \cos x + c_2 \sin x + \dfrac{\sin x}{2} \tan x\right]$

50. $(D^2 + 2D + 1) y = e^{-x} \log x$. **Ans.** $y = (c_1 x + c_2) e^{-x} + \dfrac{e^{-x} x^2}{4} (2 \log x - 3x^2)$

51. $(D^4 + D^2 + 1) y = e^{-x/2} \cos\left(\dfrac{\sqrt{3}}{2} x\right)$

Ans. $y = e^{x/2}\left[c_1 \cos \dfrac{\sqrt{3}}{2} x + c_2 \sin \dfrac{\sqrt{3}}{2} x\right] + e^{-x/2}\left[c_3 \cos \dfrac{\sqrt{3}}{2} x + c_4 \sin \dfrac{\sqrt{3}}{2} x\right]$

$+ \dfrac{1}{4\sqrt{3}} \times e^{-x/2} \left[\sin x \dfrac{\sqrt{3}}{2} + \sqrt{3} \cos x \dfrac{\sqrt{3}}{2}\right]$

52. $(D^3 - D^2 - D + 1) y = \cosh x \sin x$.

Ans. $y = (c_1 x + c_2) e^x + c_3 e^{-x} + \dfrac{e^x}{10} (\cos x - 2 \sin x) - \dfrac{e^{-x}}{50} (3 \cos x - 4 \sin x)$

53. $\dfrac{d^2y}{dx^2} - y = \cosh x \cos x$ **Ans.** $y = c_1 e^x + c_2 e^{-x} + \dfrac{1}{5} (2 \sinh x \sin x - \cosh x \cos x)$

54. $(D^2 + 40D + 8) y = 12 e^{-2x} \sin x \sin 3x$. **(Dec. 2004)**

Ans. $y = e^{-2x} (c_1 \cos 2x + c_2 \sin 2x) + \dfrac{3}{2} x\, e^{-2x} \sin 2x + \dfrac{1}{2} e^{-2x} \cos 4x$

55. $(D^3 - 6D^2 + 11D - 6) y = e^x x + \sin x + \cos x$.

Ans. $y = c_1 e^x + c_2 e^{2x} + c_3 e^{3x} + \dfrac{e^x}{2}\left(\dfrac{x^2}{3} + \dfrac{3}{2} x\right) - \dfrac{1}{10} \cos x + \dfrac{1}{10} \sin x$

56. $\dfrac{d^2y}{dx^2} + 5\dfrac{dy}{dx} + 6y = e^{-2x}\sin 2x + 4x^2 e^x$ **(May 2011)**

Ans. $y = c_1 e^{-2x} + c_2 e^{-3x} - \dfrac{e^{-2x}}{10}(\cos 2x + 2\sin 2x) + \dfrac{e^x}{3}\left(x^2 - \dfrac{7}{6}x + \dfrac{37}{72}\right)$

57. $\dfrac{d^3y}{dx^3} - \dfrac{d^2y}{dx^2} = 3x + x e^x$. Ans. $y = c_1 + c_2 x + c_3 e^x - 2x e^x + \dfrac{x^2 e^x}{2} - \dfrac{x^3}{2} - \dfrac{3x^2}{2}$

58. $\dfrac{d^2y}{dx^2} - 3\dfrac{dy}{dx} + 2y = x e^{3x} + \sin 2x$.

Ans. $y = c_2 e^x + c_1 e^{2x} + e^{3x}\left(\dfrac{x}{2} - \dfrac{3}{4}\right) + \dfrac{1}{20}(3\cos 2x - \sin 2x)$

59. $(D^2 - 6D + 13)y = 8 e^{3x}\sin 4x + 2^x$

Ans. $y = e^{3x}(A\cos 2x + B\sin 2x) - \dfrac{2e^{3x}\sin 4x}{3} + \dfrac{2^x}{(\log 2)^2 - 6\log 2 + 13}$

60. $(D^4 + D^2 + 1)y = ax^2 + b e^{-x}\sin 2x$.

Ans. $y = e^{(-1/2)x}[c_1 \cos(\sqrt{3}/2)x + c_2 \sin(\sqrt{3}/2)x]$
$+ e^{(1/2)x}[c_3 \cos(\sqrt{3}/2)x + c_4 \sin(\sqrt{3}/2 x] + a(x^2 - 2) - \dfrac{b}{481} e^{-x}(20\cos 2x + 9\sin 2x)$

61. $(D^2 - 4)y = x \sinh x$ **(May 2006)**

Ans. $y = c_1 e^{2x} + c_2 e^{-2x} - \dfrac{1}{3}[x \sinh x + \dfrac{2}{3}\cosh x]$

62. $(D^2 - 20D + 1)y = x^2 e^x \sin x$. Ans. $y = (c_1 x + c_2) e^x - e^x [4x \cos x + (x^2 - 6)\sin x]$

63. $\dfrac{d^2y}{dx^2} - 4\dfrac{dy}{dx} + 4y = 8x^2 \cdot e^{2x}\sin 2x$. **(Dec. 2004)**

Ans. $y = e^{2x}[c_1 + c_2 x + 3\sin 2x - 2x^2 \sin 2x - 4x \cos 2x]$

64. $(D^2 + 2D + 1)y = x \cos x$ Ans. $y = (c_1 x + c_2) e^{-x} + \dfrac{1}{2}(x \sin x + \cos x - \sin x)$

65. $\dfrac{d^2y}{dx^2} + 3\dfrac{dy}{dx} + 2y = x \sin 2x$

Ans. $y = c_1 e^{-2x} + c_2 e^{-x} + \left(\dfrac{7 - 30x}{200}\right)\cos 2x + \left(\dfrac{12 - 5x}{100}\right)\sin 2x$

66. $(D^4 + 2D^2 + 1)y = x \cos x$. **(May 2012, Dec. 2012)**

Ans. $y = (c_1 x + c_2)\cos x + (c_3 x + c_4)\sin x - \dfrac{x^3}{24}\cos x + \dfrac{x^2}{2}\sin x$

67. $(D^2 + 1)^2 y = 24x \cos x$.

Ans. $y = (c_1 x + c_2)\cos x + (c_3 x + c_4)\sin x - x^3 \cos x + 3x^2 \sin x$

68. $(D^2 + 2D + 5)^2 y = x e^{-x}\cos 2x$.

Ans. $y = e^{-x}[(c_1 x + c_2)\cos 2x + (c_3 x + c_4)\sin 2x] - \dfrac{e^{-x}}{32}\left[(x^3 - x^2)\cos 2x - \dfrac{2}{3}x^3 \sin 2x\right]$

69. $(D^2 - 2D + 4)^2 y = xe^x \cos[\sqrt{3}\,x + \alpha]$

Ans. $y = e^x\left[(c_1 + c_2 x)\cos\sqrt{3}\,x + (c_3 + c_4 x)\sin\sqrt{3}\,x\right]$

$-\dfrac{e^x}{12}\left[\dfrac{x^3}{6}\cos(\sqrt{3}\,x + \alpha) + \dfrac{x^2}{2\sqrt{3}}\sin(\sqrt{3}\,x + \alpha)\right]$

70. $(D^2 - 4D + 4) y = x\,e^{2x}\sin 2x.$ (Dec. 2005, 208)

Ans. $y = (c_1 x + c_2) e^{2x} - \dfrac{e^{2x}}{4}[x\sin 2x + \cos 2x]$

MULTIPLE CHOICE QUESTIONS (MCQ's)

Type : Particular Integral :

1. Particular Integral of linear differential equation with constant coefficient $\phi(D)\, y = f(x)$ is given by (1)

   (A) $\dfrac{1}{\phi(D)} f(x)$ (B) $\dfrac{1}{\phi(D)\, f(x)}$

   (C) $\phi(D)\dfrac{1}{f(x)}$ (D) $\dfrac{1}{\phi(D^2)} f(x)$

2. $\dfrac{1}{D - m} f(x)$, where $D \equiv \dfrac{d}{dx}$ and m is constant, is equal to (1)

   (A) $e^{mx}\int e^{-mx}\, dx$ (B) $\int e^{-mx} f(x)\, dx$

   (C) $e^{mx}\int e^{-mx} f(x)\, dx$ (D) $e^{-mx}\int e^{mx} f(x)\, dx$

3. $\dfrac{1}{D + m} f(x)$, where $D \equiv \dfrac{d}{dx}$ and m is constant, is equal to (1)

   (A) $e^{-mx}\int e^{mx}\, dx$ (B) $\int e^{mx} f(x)\, dx$

   (C) $e^{mx}\int e^{-mx} f(x)\, dx$ (D) $e^{-mx}\int e^{mx} f(x)\, dx$

4. Particular Integral $\dfrac{1}{\phi(D)} e^{ax}$, where $D \equiv \dfrac{d}{dx}$ and $\phi(a) \neq 0$ is (1)

   (A) $\dfrac{1}{\phi(-a)} e^{ax}$ (B) $x\dfrac{1}{\phi(a)} e^{ax}$

   (C) $\dfrac{1}{\phi(a^2)} e^{ax}$ (D) $\dfrac{1}{\phi(a)} e^{ax}$

5. Particular Integral $\dfrac{1}{(D - a)^r} e^{ax}$ where $D \equiv \dfrac{d}{dx}$ is (1)

   (A) $\dfrac{1}{r!} e^{ax}$ (B) $\dfrac{x^r}{r} e^{ax}$

   (C) $\dfrac{x^r}{r!} e^{ax}$ (D) $x^r e^{ax}$

6. Particular Integral $\dfrac{1}{\phi(D^2)} \sin(ax+b)$, where $D \equiv \dfrac{d}{dx}$ and $\phi(-a^2) \neq 0$ is (1)

   (A) $\dfrac{1}{\phi(-a^2)} \cos(ax+b)$
   (B) $\dfrac{1}{\phi(-a^2)} \sin(ax+b)$
   (C) $x \dfrac{1}{\phi(-a^2)} \sin(ax+b)$
   (D) $\dfrac{1}{\phi(a^2)} \sin(ax+b)$

7. Particular Integral $\dfrac{1}{\phi(D^2)} \sin(ax+b)$, where $D \equiv \dfrac{d}{dx}$ and $\phi(-a^2) = 0$, $\phi'(-a^2) \neq 0$ is (1)

   (A) $x \dfrac{1}{\phi'(-a^2)} \cos(ax+b)$
   (B) $x \dfrac{1}{\phi'(-a^2)} \sin(ax+b)$
   (C) $\dfrac{1}{\phi(-a^2)} \sin(ax+b)$
   (D) $\dfrac{1}{\phi'(-a^2)} \sin(ax+b)$

8. Particular Integral $\dfrac{1}{\phi(D^2)} \cos(ax+b)$, where $D \equiv \dfrac{d}{dx}$ and $\phi(-a^2) \neq 0$ is (1)

   (A) $\dfrac{1}{\phi(-a^2)} \cos(ax+b)$
   (B) $\dfrac{1}{\phi(-a^2)} \sin(ax+b)$
   (C) $x \dfrac{1}{\phi'(-a^2)} \cos(ax+b)$
   (D) $\dfrac{1}{\phi(a^2)} \cos(ax+b)$

9. Particular Integral $\dfrac{1}{\phi(D^2)} \cos(ax+b)$, where $D \equiv \dfrac{d}{dx}$ and $\phi(-a^2) = 0$, $\phi'(-a^2) \neq 0$ is (1)

   (A) $\dfrac{1}{\phi'(-a^2)} \cos(ax+b)$
   (B) $\dfrac{1}{\phi'(-a^2)} \cos(ax+b)$
   (C) $x \dfrac{1}{\phi'(-a^2)} \sin(ax+b)$
   (D) $x \dfrac{1}{\phi'(-a^2)} \cos(ax+b)$

10. Particular Integral $\dfrac{1}{\phi(D^2)} \sinh(ax+b)$, where $D \equiv \dfrac{d}{dx}$ and $\phi(a^2) \neq 0$ is (1)

    (A) $\dfrac{1}{\phi(a^2)} \cosh(ax+b)$
    (B) $x \dfrac{1}{\phi'(a^2)} \sinh(ax+b)$
    (C) $\dfrac{1}{\phi(a^2)} \sinh(ax+b)$
    (D) $\dfrac{1}{\phi(-a^2)} \sinh(ax+b)$

11. Particular Integral $\dfrac{1}{\phi(D^2)} \cosh(ax+b)$, where $D \equiv \dfrac{d}{dx}$ and $\phi(a^2) \neq 0$ is (1)

    (A) $\dfrac{1}{\phi(a^2)} \cosh(ax+b)$
    (B) $x \dfrac{1}{\phi'(a^2)} \cosh(ax+b)$
    (C) $\dfrac{1}{\phi(a^2)} \sinh(ax+b)$
    (D) $\dfrac{1}{\phi(-a^2)} \cosh(ax+b)$

12. Particular Integral $\dfrac{1}{\phi(D)} e^{ax} V$ where V is any function of x and $D \equiv \dfrac{d}{dx}$ is (1)

(A) $e^{ax} \dfrac{1}{\phi(D-a)} V$
(B) $e^{ax} \dfrac{1}{\phi(a)} V$
(C) $e^{ax} \dfrac{1}{\phi(D+a)} V$
(D) $\dfrac{1}{\phi(D+a)} V$

13. Particular Integral $\dfrac{1}{\phi(D)} xV$ where V is a function of x and $D \equiv \dfrac{d}{dx}$ is (1)

(A) $\left[x - \dfrac{1}{\phi(D)}\right] \dfrac{1}{\phi(D)} V$
(B) $\left[x - \dfrac{\phi'(D)}{\phi(D)}\right] \phi(D) V$
(C) $\left[x + \dfrac{\phi'(D)}{\phi(D)}\right] V$
(D) $\left[x - \dfrac{\phi'(D)}{\phi(D)}\right] \dfrac{1}{\phi(D)} V$

14. Particular integral $\dfrac{1}{D+1} e^{e^x}$, where $D \equiv \dfrac{d}{dx}$ is (2)

(A) $e^{-x} e^{e^x}$
(B) e^{e^x}
(C) $e^x e^{e^x}$
(D) $e^{-2x} e^{e^x}$

15. Particular Integral $\dfrac{1}{D+2} e^{-x} e^{e^x}$ where $D \equiv \dfrac{d}{dx}$ is (2)

(A) $e^{2x} e^{e^x}$
(B) $e^{-2x} e^{e^x}$
(C) e^{e^x}
(D) $e^{-x} e^{e^x}$

16. particular Integral $\dfrac{1}{D+1} \sin e^x$, where $D \equiv \dfrac{d}{dx}$ is (2)

(A) $-e^{-x} \sin e^x$
(B) $e^x \cos e^x$
(C) $-e^{-x} \cos e^x$
(D) $e^{-x} \cos e^x$

17. Particular Integral $\dfrac{1}{D+2} e^{-x} \cos e^x$, where $D \equiv \dfrac{d}{dx}$ is (2)

(A) $e^{-x} \cos e^x$
(B) $e^{-x} \sin e^x$
(C) $e^{-2x} \cos e^x$
(D) $e^{-2x} \sin e^x$

18. Particular Integral $\dfrac{1}{D+2} e^{-2x} \sec^2 x (1 + 2 \tan x)$, (use $\tan x = t$ and $D \equiv \dfrac{d}{dx}$) is (2)

(A) $e^{-2x}(1 + 2 \tan^2 x)$
(B) $e^{-2x}(\tan x + \tan^2 x)$
(C) $e^{2x}(\tan x + 2 \tan^2 x)$
(D) $e^{-2x}(\tan x + \sec x)$

19. Particular Integral $\dfrac{1}{D+1}\left(\dfrac{1}{1+e^x}\right)$ where $D \equiv \dfrac{d}{dx}$ is (2)

(A) $e^x \log(1-e^x)$ (B) $\log(1+e^x)$
(C) $e^x \log(1+e^x)$ (D) $e^{-x} \log(1+e^x)$

20. Particular Integral of differential equation $\dfrac{d^2y}{dx^2} - 7\dfrac{dy}{dx} + 6y = e^{2x}$ is (2)

(A) $-\dfrac{xe^{2x}}{3}$ (B) $-\dfrac{e^{2x}}{4}$
(C) $\dfrac{e^{2x}}{4}$ (D) $\dfrac{e^{2x}}{24}$

21. Particular Integral of differential equation $(D^2 - 5D + 6)y = 3e^{5x}$ is (2)

(A) $\dfrac{e^{5x}}{2}$ (B) $\dfrac{e^{5x}}{6}$
(C) $-\dfrac{e^{5x}}{14}$ (D) $-\dfrac{e^{2x}}{2}$

22. Particular Integral of differential equation $(D^2 - 9)y = e^{3x} + 1$ is (2)

(A) $\dfrac{3x}{2}e^{3x} - \dfrac{1}{9}$ (B) $x\dfrac{e^{3x}}{6} + \dfrac{3}{8}$
(C) $x\dfrac{e^{3x}}{6} - \dfrac{1}{9}$ (D) $xe^{3x} + \dfrac{1}{8}$

23. Particular Integral differential equation $(D^2 + 4D + 3)y = e^{-3x}$ is (2)

(A) xe^{-3x} (B) $-\dfrac{1}{2}e^{-3x}$
(C) $-\dfrac{x}{10}e^{-3x}$ (D) $-\dfrac{x}{2}e^{-3x}$

24. Particular Integral of differential equation $(D-2)^3 y = e^{2x} + 3^x$ is (2)

(A) $\dfrac{x^3}{3!}e^{2x} + \dfrac{1}{(\log 3 - 2)^3}3^x$ (B) $\dfrac{x^3}{3!}e^{2x} + \dfrac{1}{(e^3 - 2)^3}3^x$
(C) $\dfrac{x}{3!}e^{2x} + \dfrac{1}{(\log 3 - 2)^3}3^x$ (D) $\dfrac{x^3}{3!}e^{2x} + \dfrac{1}{(\log 3 - 2)^3}$

25. Particular Integral of differential equation $(D^5 - D)y = 12e^x$ is (2)

(A) $3e^x$ (B) $\dfrac{12}{5}xe^x$
(C) $12xe^x$ (D) $3xe^x$

26. Particular Integral of differential equation $(D^2 + 1)(D - 1)y = e^x$ is (2)

(A) xe^x (B) $\dfrac{1}{2}x^2 e^x$
(C) $\dfrac{1}{2}xe^x$ (D) $x^2 e^x$

27. Particular Integral of differential equation $(D^2 - 4D + 4)y = \sin 2x$ is (2)

(A) $-\dfrac{\cos 2x}{8}$ (B) $\dfrac{\cos 2x}{8}$ (C) $\dfrac{\sin 2x}{8}$ (D) $x\dfrac{\cos 2x}{8}$

28. Particular Integral of differential equation $(D^3 + D) y = \cos x$ is (2)

(A) $-\dfrac{x}{2} \sin x$ (B) $\dfrac{x}{4} \cos x$

(C) $-\dfrac{1}{2} \cos x$ (D) $-\dfrac{x}{2} \cos x$

29. Particular Integral of differential equation $(D^2 + 1) y = \sin x$ is (2)

(A) $-\dfrac{x}{2} \cos x$ (B) $-\dfrac{x}{4} \cos x$

(C) $-\dfrac{x}{2} \sin x$ (D) $-\dfrac{1}{2} \cos x$

30. Particular Integral of differential equation $(D^3 + 9D) y = \sin 3x$ is (2)

(A) $-\dfrac{x}{18} \cos 3x$ (B) $-\dfrac{x}{18} \sin 3x$

(C) $-x \sin 3x$ (D) $-\dfrac{1}{18} \sin 3x$

31. Particular integral of differential equation $(D^4 + 10D^2 + 9) y = \sin 2x + \cos 4x$ is (2)

(A) $-\dfrac{1}{23} \sin 2x - \dfrac{1}{105} \cos 4x$ (B) $\dfrac{1}{15} \sin 2x + \cos 4x$

(C) $-\dfrac{1}{15} \sin 2x + \dfrac{1}{105} \cos 4x$ (D) $-\dfrac{1}{15} \sin 2x + \dfrac{1}{87} \cos 4x$

32. Particular Integral of differential equation $\dfrac{d^2y}{dx^2} - 2\dfrac{dy}{dx} + 5y = 10 \sin x$ is (2)

(A) $\dfrac{8}{3} \sin x$ (B) $\sin x - 2 \cos x$

(C) $4 \sin x + 2 \cos x$ (D) $2 \sin x + \cos x$

33. Particular Integral of differential equation $(D^4 - m^4) y = \cos mx$ is (2)

(A) $\dfrac{-x}{4m^3} \cos mx$ (B) $\dfrac{x}{m^3} \sin mx$

(C) $-x \sin mx$ (D) $\dfrac{-x}{4m^3} \sin mx$

34. Particular Integral of differential equation $\dfrac{d^3y}{dx^3} - 4\dfrac{dy}{dx} = 2 \cosh 2x$ is (2)

(A) $\dfrac{1}{4} \cosh 2x$ (B) $\dfrac{x}{8} \cosh 2x$

(C) $\dfrac{x}{4} \cosh 2x$ (D) $\dfrac{x}{4} \sinh 2x$

35. Particular Integral of differential equation $(D^2 + 6D - 9) y = \sinh 3x$ is (2)

(A) $\dfrac{1}{18} \cosh 3x$ (B) $\dfrac{1}{2} \cosh 3x$

(C) $\dfrac{1}{18} \sinh 3x$ (D) $-\dfrac{1}{18} \cosh 3x$

36. Particular Integral of differential equation $\frac{d^3y}{dx^3} + 8y = x^4 + 2x + 1$ is (2)

    (A) $\frac{1}{8}(x^4 + 5x + 1)$
    (B) $\frac{1}{8}(x^3 - 3x^2 + 1)$
    (C) $x^4 - x + 1$
    (D) $\frac{1}{8}(x^4 - x + 1)$

37. Particular Integral of differential equation $(D^4 + D^2 + 1) y = 53x^2 + 17$ is (2)

    (A) $53x^2 + 17$
    (B) $53x^2 - 89$
    (C) $53x^2 + 113$
    (D) $3x^2 - 17$

38. Particular integral of differential equation $(D^2 - D + 1) y = 3x^2 - 1$ is (2)

    (A) $3x^2 + 6x + 5$
    (B) $x^2 - 6x + 1$
    (C) $3x^2 + 6x - 1$
    (D) $x^2 + 18x - 11$

39. Particular Integral of differential equation $(D^2 - 1) y = x^3$ is (2)

    (A) $-x^3 + 6x$
    (B) $x^2 + 6$
    (C) $x^3 + 6x$
    (D) $-x^3 - 6x$

40. Particular Integral of differential equation $(D^3 + 3D^2 - 4) y = x^2$ is (2)

    (A) $-\frac{1}{4}\left(x^2 + \frac{3}{2}\right)$
    (B) $\frac{1}{4}\left(x^2 + \frac{3}{2}x\right)$
    (C) $\left(x^2 + \frac{3}{2}\right)$
    (D) $-\frac{1}{4}\left(x^2 - \frac{3}{2}\right)$

41. Particular Integral of differential equation $(D^4 + 25) y = x^4 + x^2 + 1$ is (2)

    (A) $\left(x^4 + x^2 - \frac{1}{25}\right)$
    (B) $\left(x^4 + x^2 + \frac{49}{25}\right)$
    (C) $\frac{1}{25}(x^4 + x^2 + 24x + 1)$
    (D) $\frac{1}{25}\left(x^4 + x^2 + \frac{1}{25}\right)$

42. Particular Integral of differential equation $(D^2 - 4D + 4) y = e^{2x} x^4$ is (2)

    (A) $\frac{x^6}{120} e^{2x}$
    (B) $\frac{x^6}{60} e^{2x}$
    (C) $\frac{x^6}{30} e^{2x}$
    (D) $\frac{x^5}{20} e^{2x}$

43. Particular Integral of differential equation $\frac{d^2y}{dx^2} + 2\frac{dy}{dx} + y = e^{-x} \cos x$ is (2)

    (A) $e^x \cos x$
    (B) $-e^{-x} \sin x$
    (C) $-e^{-x} \cos x$
    (D) $(c_1 x + c_2) e^{-x}$

44. Particular integral of differential equation $(D^2 + 6D + 9) y = e^{-3x} x^{-3}$ is (2)

    (A) $\frac{e^{-3x}}{2x}$
    (B) $e^{-3x} x$
    (C) $\frac{e^{-3x}}{12x}$
    (D) $(c_1 x + c_2) e^{-3x}$

45. Particular Integral of differential equation $(D^2 + 2D + 1) y = e^{-x} (1 + x^2)$ is (2)

(A) $e^{-x} \left(\dfrac{x^2}{2} - \dfrac{x^4}{12} \right)$

(B) $e^{-x} \left(x + \dfrac{x^3}{3} \right)$

(C) $e^{-x} \left(\dfrac{x^2}{2} + \dfrac{x^4}{12} \right)$

(D) $\left(\dfrac{x^2}{2} + \dfrac{x^4}{12} \right)$

46. Particular Integral of differential equation $(D - 1)^3 y = e^x \sqrt{x}$ is (2)

(A) $\dfrac{4}{15} e^x x^{5/2}$

(B) $\dfrac{8}{105} e^x x^{7/2}$

(C) $e^x x^{7/2}$

(D) $\dfrac{3}{8} e^x x^{-5/2}$

47. Particular integral of differential equation $\dfrac{d^2 y}{dx^2} - 2 \dfrac{dy}{dx} + y = xe^x \sin x$ is (2)

(A) $-e^x (x \sin x + 2 \cos x)$

(B) $e^x (x \sin x - 2 \cos x)$

(C) $(x \sin x + 2 \cos x)$

(D) $-e^x (x \cos x + 2 \sin x)$

48. Solution of differential equation $\dfrac{d^2 y}{dx^2} + \dfrac{dy}{dx} + y = e^{2x}$ is (2)

(A) $e^x \left(c_1 \cos \dfrac{\sqrt{3}}{2} x + c_2 \sin \dfrac{\sqrt{3}}{2} x \right) - \dfrac{1}{7} e^{2x}$

(B) $e^{\frac{1}{2} x} \left(c_1 \cos \dfrac{\sqrt{3}}{2} x + c_2 \sin \dfrac{\sqrt{3}}{2} x \right) + \dfrac{1}{5} e^{2x}$

(C) $e^{-\frac{1}{2} x} \left(c_1 \cos \dfrac{1}{2} x + c_2 \sin \dfrac{1}{2} x \right) + \dfrac{1}{7} e^x$

(D) $e^{-\frac{1}{2} x} \left(c_1 \cos \dfrac{\sqrt{3}}{2} x + c_2 \sin \dfrac{\sqrt{3}}{2} x \right) + \dfrac{1}{7} e^{2x}$

49. Solution of differential equation $(D^2 + 1) y = x$ is (2)

(A) $c_1 \cos x + c_2 \sin x - x$

(B) $c_1 \cos x + c_2 \sin x + x$

(C) $c_1 \cos x + c_2 \sin x + 2x$

(D) $c_1 \cos x + c_2 \sin x - 2x$

Answers

1. (A)	2. (C)	3. (D)	4. (D)	5. (C)	6. (B)	7. (B)	8. (A)
9. (D)	10. (C)	11. (A)	12. (C)	13. (D)	14. (A)	15. (B)	16. (C)
17. (D)	18. (B)	19. (D)	20. (B)	21. (A)	22. (C)	23. (D)	24. (A)
25. (D)	26. (C)	27. (B)	28. (D)	29. (A)	30. (B)	31. (C)	32. (D)
33. (D)	34. (C)	35. (A)	36. (D)	37. (B)	38. (C)	39. (D)	40. (A)
41. (D)	42. (C)	43. (C)	44. (A)	45. (C)	46. (B)	47. (A)	48. (D)
49. (B)							

(C) Method of Variation of Parameters

When the short-cut methods (Art. 1.13) fail to determine the particular integral then one has to make use of general method. But this method involves laborious integration and in such cases other methods are available. One such method is the method of variation of parameters. This method is due to a great Mathematician named Lagrange. To explain the rigours of this method, let us start with a simple differential equation

$$\frac{d^2y}{dx^2} + y = \tan x \qquad \ldots (1)$$

Here C.F. is very simple but the P.I. will be difficult to obtain even by general method because it is not of those special cases discussed before.

The complementary function is

$$A \cos x + B \sin x \qquad \ldots (2)$$

where, A and B are Arbitrary constants. Here Lagrange has shown his ingenuity by evolving the Particular Integral from this C.F. only by assuming that (temporarily) the constants A and B are some functions of x say A (x) and B (x) (of course it looks ridiculous).

Since the method assumes that the quantities A and B vary, this method is called *The Method of Variation of Parameters or Variation of Constants*.

Since two functions A (x) and B (x) are to be determined, they must satisfy two conditions. First is that the assumed solution (P.I.)

$$y = A(x) \cos x + B(x) \sin x \qquad \ldots (3)$$

must satisfy the differential equation. When determined, (3) actually will deliver to us the Particular Integral. The second condition is at our disposal and we shall choose it at proper time so as to evaluate A (x) and B (x) and thereby solving the equation.

If we differentiate equation (3), we get

$$y' = -A(x) \sin x + B(x) \cos x + A'(x) \cos x + B'(x) \sin x \ldots (4)$$

Since further differentiation will involve higher differentials of unknown functions A(x) and B(x), we apply our choice of second condition here only and that is what we assume

$$A'(x) \cos x + B'(x) \sin x = 0 \qquad \ldots (5)$$

and then (4) becomes simpler as

$$y' = -A(x) \sin x + B(x) \cos x \qquad \ldots (6)$$

One further differentiation will give

$$y'' = -A(x) \cos x - B(x) \sin x - A'(x) \sin x + B'(x) \cos x \ldots (7)$$

Substituting from (3) and (7) in the given differential equation, we find that

$$-A'(x) \sin x + B'(x) \cos x = \tan x \qquad \ldots (8)$$

Now, if we solve equations (5) and (8) simultaneously, we get

$$A'(x) = -\frac{\sin^2 x}{\cos x} \quad \text{and} \quad B'(x) = \sin x$$

and hence by integration, we get

$$A(x) = \int \frac{\cos^2 x - 1}{\cos x} \, dx = \int (\cos x - \sec x) \, dx$$

$$= \sin x - \log(\sec x + \tan x)$$

and $\quad B(x) = -\cos x$

We are not using here constants of integration because it is P.I. part.

Now we frame our P.I. as follows :

$$y = A(x) \cos x + B(x) \sin x$$

$$\text{P.I.} = \cos x \,[\sin x - \log(\sec x + \tan x)] - \sin x \cos x$$

$$= -[\log(\sec x + \tan x)] \cos x$$

Hence the complete solution is

$$y = y_c + y_p$$

$$y = c_1 \cos x + c_2 \sin x - \cos x \log(\sec x + \tan x)$$

Note : Lagrange's method may be extended to higher order linear differential equations too, as may be seen by further exercises.

SECOND METHOD OF VARIATION OF PARAMETERS

When we have to solve equation of the type $a\dfrac{d^2y}{dx^2} + b\dfrac{dy}{dx} + cy = X$

where, a, b, c are constants and X, any function of x, we also have an alternative method of variation of parameters.

Let the complementary function = $Ay_1 + By_2$ then the particular integral = $uy_1 + vy_2$

where $\quad u = \int \dfrac{-y_2 X}{W} \, dx, \quad v = \int \dfrac{y_1 X}{W} \, dx$

where $\quad W = \begin{vmatrix} y_1 & y_2 \\ y_1' & y_2' \end{vmatrix} = $ called "WRONSKIAN" = $(y_1 y_2' - y_1' y_2)$

ILLUSTRATIONS ON METHOD OF VARIATION OF PARAMETERS

Ex. 1 : *Solve the equation $(D^2 + 4)y = \sec 2x$ by the method of variation of parameters.* **(Dec. 2012)**

Sol. : $\quad$ C.F. = $A \cos 2x + B \sin 2x$ $\qquad \ldots (1)$

Let $\quad$ P.I. = $y = A(x) \cos 2x + B(x) \sin 2x$ $\qquad \ldots (2)$

Differentiating (2), we have

$$y' = -2A(x) \sin 2x + 2B(x) \cos 2x + A'(x) \cos 2x + B'(x) \sin 2x \ldots (3)$$

Assume here that

$$A'(x) \cos 2x + B'(x) \sin 2x = 0 \qquad \ldots (4)$$

Then equation (3) will become

$$y' = -2A(x) \sin 2x + 2B(x) \cos 2x \qquad \ldots (5)$$

If we differentiate (5) again, we get
$$y'' = -4A\cos 2x - 4B\sin 2x - 2A'\sin 2x + 2B'\cos 2x \quad \ldots (6)$$
[Briefly $A(x) = A$, $A' = A'(x)$, $B(x) = B$, $B' = B'(x)$]
Putting values of y, y' and y'' in the differential equation
$$\frac{d^2y}{dx^2} + 4y = \sec 2x, \text{ we have}$$
$(-4A\cos 2x - 4B\sin 2x - 2A'\sin 2x + 2B'\cos 2x) + (4A\cos 2x + 4B\sin 2x) = \sec 2x$
$$\Rightarrow -2A'\sin 2x + 2B'\cos 2x = \sec 2x \quad \ldots (7)$$

Solving (4) and (7) simultaneously, we have
$$A'\cos 2x + B'\sin 2x = 0$$
$$-A'\sin 2x + B'\cos 2x = \frac{1}{2}\sec 2x$$
$$B' = \frac{1}{2} \Rightarrow B = \frac{1}{2}x \text{ and}$$
$$A' = \frac{-1}{2}\tan 2x \Rightarrow A = \frac{1}{4}\log(\cos 2x)$$

Hence P.I. $= A\cos 2x + B\sin 2x$
$$= \frac{1}{4}\cos 2x \log(\cos 2x) + \frac{x}{2}\sin 2x$$

Hence the complete solution is
$$y = c_1\cos 2x + c_2\sin 2x + \frac{x}{2}\sin 2x + \frac{1}{4}\cos 2x \log \cos 2x$$

Alternative Method :
$$(D^2 + 4)y = \sec 2x$$
$$\text{C.F.} = A\cos 2x + B\sin 2x = Ay_1 + By_2$$
Here $y_1 = \cos 2x$ and $y_2 = \sin 2x$
Let   P.I. $= u(x)y_1 + v(x)y_2$
$$W = \begin{vmatrix} y_1 & y_2 \\ y_1' & y_2' \end{vmatrix} = \begin{vmatrix} \cos 2x & \sin 2x \\ -2\sin 2x & 2\cos 2x \end{vmatrix} = 2(\cos^2 2x + \sin^2 2x) = 2$$
$$u = \int \frac{-y_2 X}{W} dx = \int \frac{-\sin 2x \sec 2x}{2} = -\frac{1}{2}\int \tan 2x \, dx$$
$$= \frac{1}{4}\log(\cos 2x)$$
$$v = \int \frac{y_1 X}{W} dx = \int \frac{\cos 2x \sec 2x}{2} dx = \frac{1}{2}\int dx = \frac{1}{2}x$$
$\therefore$ P.I. $= \left\{\frac{1}{4}\log(\cos 2x)\right\}\cos 2x + \left\{\frac{1}{2}x\right\}\sin 2x$

Hence the general solution is
$$y = A\cos 2x + B\sin 2x + \frac{1}{4}\cos 2x \log(\cos 2x) + \frac{1}{2}x\sin 2x$$

Ex. 2 : *Solve by method of variation of parameters* $\dfrac{d^2y}{dx^2} + y = \csc x$.

(Dec. 2004)

Sol. : A.E. is $D^2 + 1 = 0$ ∴ $D = \pm i$

$$\text{C.F.} = A \cos x + B \sin x$$
$$= Ay_1 + By_2$$

Here $y_1 = \cos x$ and $y_2 = \sin x$

Let $\text{P.I.} = uy_1 + vy_2$

$$W = \begin{vmatrix} y_1 & y_2 \\ y_1' & y_2' \end{vmatrix} = \begin{vmatrix} \cos x & \sin x \\ -\sin x & \cos x \end{vmatrix} = 1$$

$$u = \int \dfrac{-y_2 X}{W} dx = \int \dfrac{-\sin x \csc x}{1} dx = \int - dx$$
$$= -x$$

and $\quad v = \int \dfrac{y_1 X}{W} dx = \int \dfrac{\cos x \csc x}{1} dx = \int \cot x \, dx$

$$= \log(\sin x)$$

∴ $\quad \text{P.I.} = (-x) \cos x + \{\log(\sin x)\} \sin x$

Hence the general solution is

$$y = A \cos x + B \sin x - x \cos x + \sin x \log(\sin x)$$

Ex. 3 : *Solve by method of variation of parameters* $\dfrac{d^2y}{dx^2} - y = \dfrac{2}{1 + e^x}$.

Sol. : A.E. is $D^2 - 1 = 0$ ∴ $D = \pm 1$ **(Dec. 2005, 2006)**

$$\text{C.F.} = c_1 e^x + c_2 e^{-x}$$
$$= c_1 y_1 + c_2 y_2$$

Here $y_1 = e^x$ and $y_2 = e^{-x}$, then

$$W = \begin{vmatrix} y_1 & y_2 \\ y_1' & y_2' \end{vmatrix} = \begin{vmatrix} e^x & e^{-x} \\ e^x & -e^{-x} \end{vmatrix} = -2$$

$$u = \int \dfrac{-y_2 X}{W} dx = -\int \dfrac{y_2 X}{-2} = -\int \dfrac{e^{-x}}{-2} \left(\dfrac{2}{1+e^x}\right) dx$$

$$= \int \dfrac{e^{-x}}{1+e^x} dx = \int \dfrac{dx}{e^x(1+e^x)} = \int \left(\dfrac{1}{e^x} - \dfrac{1}{1+e^x}\right) dx$$

$$u = \int e^{-x} dx - \int \dfrac{e^{-x} dx}{e^{-x}+1} = -e^{-x} + \log(1+e^{-x})$$

$$v = \int \frac{y_1 X}{W} dx = \int \frac{e^x}{-2}\left(\frac{2}{1+e^x}\right) dx$$

$$= -\int \frac{e^x\, dx}{1+e^x} = -\log(1+e^x)$$

∴   P.I. $= u y_1 + v y_2 = [-e^{-x} + \log(1+e^{-x})]\, e^x - \{\log(1+e^x)\}\, e^{-x}$

$$= -1 + e^x \log(e^{-x}+1) - e^{-x}\log(e^x+1)$$

∴ Hence the general solution is

$$y = c_1 e^x + c_2 e^{-x} - 1 + e^x \log(e^{-x}+1) - e^{-x}\log(e^x+1)$$

Ex. 4 : *Solve by method of variation of parameters*

$$(D^2 - 6D + 9)\, y = \frac{e^{3x}}{x^2}.$$ **(May 2009, 2014 Dec. 2010)**

Sol. : A.E. is $D^2 - 6D + 9 = 0$ ∴ $D = 3, 3$

$$\text{C.F.} = (c_1 x + c_2)\, e^{3x}$$

$$= c_1 y_1 + c_2 y_2$$

Here $y_1 = x e^{3x}$ and $y_2 = e^{3x}$

Let   P.I. $= u y_1 + v y_2$

$$W = \begin{vmatrix} y_1 & y_2 \\ y_1' & y_2' \end{vmatrix} = \begin{vmatrix} x e^{3x} & e^{3x} \\ (3x+1)e^{3x} & 3e^{3x} \end{vmatrix} = -e^{6x}$$

$$u = \int \frac{-y_2 X}{W} dx = \int \frac{-e^{3x}(e^{3x}/x^2)}{-e^{6x}} dx = \int \frac{1}{x^2} dx$$

$$= -\frac{1}{x}$$

and $v = \int \frac{y_1 X}{W} dx = \int \frac{x e^{3x}(e^{3x}/x^2)}{-e^{6x}} dx = \int -\frac{1}{x} dx$

$$= -\log x$$

∴   P.I. $= -\frac{1}{x}(x e^{3x}) - \log x\, (e^{3x}) = -e^{3x}(1 + \log x)$

Hence the general solution is

$$y = (c_1 x + c_2)\, e^{3x} - e^{3x}(1 + \log x)$$

Ex. 5 : *Use method of variation of parameters to solve* $(D^2 - 2D + 2)\, y = e^x \tan x.$

Sol. : A.E. is $D^2 - 2D + 2 = 0$ ∴ $D = 1 \pm i.$ **(May 2007, 2008, 2011, Nov. 2014)**

$$\text{C.F.} = e^x (c_1 \cos x + c_2 \sin x)$$

$$= c_1 y_1 + c_2 y_2$$

Here, $y_1 = e^x \cos x$ and $y_2 = e^x \sin x$

Let P.I. $= uy_1 + vy_2$

$$W = \begin{vmatrix} y_1 & y_2 \\ y_1' & y_2' \end{vmatrix} = \begin{vmatrix} e^x \cos x & e^x \sin x \\ e^x (\cos x - \sin x) & e^x (\sin x + \cos x) \end{vmatrix} = e^{2x}$$

$$u = \int \frac{-y_2 X}{W} dx = \int \frac{-e^x \sin x \cdot e^x \tan x}{e^{2x}} dx$$

$$= \int \frac{-\sin^2 x}{\cos x} dx = -\int \frac{(1 - \cos^2 x)}{\cos x} dx$$

$$= -\log(\sec x + \tan x) + \sin x$$

$$v = \int \frac{y_1 X}{W} dx = \int \frac{e^x \cos x \cdot e^x \tan x}{e^{2x}} dx = \int \sin x \, dx = -\cos x$$

∴ P.I. $= (-\log \sec x + \tan x + \sin x) e^x \cos x + (-\cos x) e^x \sin x$

Hence the general solution is

$$y = e^x (c_1 \cos x + c_2 \sin x) - e^x \cos x \log(\sec x + \tan x)$$

Ex. 6 : *Solve by method of variation of parameters* $(D^2 + 9) y = \dfrac{1}{1 + \sin 3x}$

Sol. : A.E. is $D^2 + 9 = 0$ ∴ $D = \pm i3$.   **(Dec. 2008)**

C.F. $= c_1 \cos 3x + c_2 \sin 3x$

$= c_1 y_1 + c_2 y_2$

Here, $y_1 = \cos 3x$ and $y_2 = \sin 3x$

Let P.I. $= uy_1 + vy_2$

$$W = \begin{vmatrix} y_1 & y_2 \\ y_1' & y_2' \end{vmatrix} = \begin{vmatrix} \cos 3x & \sin 3x \\ -3 \sin 3x & 3 \cos 3x \end{vmatrix} = 3$$

$$u = \int \frac{-y_2 X}{W} dx = \int \frac{-\sin 3x \, (1/1 + \sin 3x)}{3} dx$$

$$= -\frac{1}{3} \int \frac{\sin 3x \, (1 - \sin 3x)}{(1 + \sin 3x)(1 - \sin 3x)} dx$$

$$= -\frac{1}{3} \int \frac{\sin 3x - \sin^2 3x}{\cos^2 3x} dx = -\frac{1}{3} \int (\sec 3x \tan 3x - \tan^2 3x) dx$$

$$= -\frac{1}{3} \int (\sec 3x \tan 3x - \sec^2 3x + 1) dx$$

$$= \frac{1}{3} \left(-\frac{1}{3} \sec 3x + \frac{1}{3} \tan 3x - x \right)$$

$$v = \int \frac{y_1 X}{W} dx = \int \frac{\cos 3x \, (1/1 + \sin 3x)}{3} dx = \frac{1}{3} \int \frac{\cos 3x}{1 + \sin 3x} dx$$

$$= \frac{1}{9} \log (1 + \sin 3x)$$

$\therefore$ P.I. $= \left\{\frac{1}{9}(-\sec 3x + \tan 3x - 3x)\right\} \cos 3x + \left\{\frac{1}{9} \log (1 + \sin 3x)\right\} \sin 3x$

Hence the general solution is

$$y = (c_1 \cos 3x + c_2 \sin 3x) + \frac{1}{9}(-1 + \sin 3x - 3x \cos 3x)$$

$$+ \frac{1}{9} \sin 3x \log (1 + \sin 3x)$$

Ex. 7 : *Solve by method of variation of parameters*

$$\frac{d^2y}{dx^2} - y = e^{-x} \sin (e^{-x}) + \cos (e^{-x}) \qquad \ldots (1)$$

Sol. :   C.F. $= A e^x + B e^{-x}$

Let   P.I. $= y = A(x) e^x + B(x) e^{-x} \qquad \ldots (2)$

$A(x)$ and $B(x)$ are functions to be determined.

Differentiating (2), we have

$$y' = A e^x - B e^{-x} + A' e^x + B' e^{-x} \qquad \ldots (3)$$

Put $A' e^x + B' e^{-x} = 0, \qquad \ldots (4)$

then (3) will become $y' = A e^x - B e^{-x}$

Differentiating again

$$y'' = A e^x + B e^{-x} + A' e^x - B' e^{-x} \qquad \ldots (5)$$

Putting values of y'' and y in (1), we have

$$A e^x + B e^{-x} + A' e^x - B' e^{-x} - Ae^x - Be^{-x} = e^{-x} \sin (e^{-x}) + \cos (e^{-x})$$

$\therefore$ $A' e^x - B' e^{-x} = e^{-x} \sin (e^{-x}) + \cos (e^{-x}) \qquad \ldots (6)$

Solving (4) and (6) simultaneously for A', B',

$$A' e^x + B' e^{-x} = 0$$

$$A' e^x - B' e^{-x} = e^{-x} \sin (e^{-x}) + \cos (e^{-x}) \qquad \ldots (7)$$

Adding the equations in (7), we have

$$2 A' e^x = e^{-x} \sin (e^{-x}) + \cos (e^{-x})$$

$\therefore$ $A' = \frac{1}{2} e^{-x} [e^{-x} \sin (e^{-x}) + \cos (e^{-x})] \qquad \ldots (8)$

and similarly, $B' = -\frac{1}{2} e^{x} [e^{-x} \sin (e^{-x}) + \cos (e^{-x})] \qquad \ldots (9)$

Integrating (8)

$$A = \frac{1}{2}\int e^{-x}[e^{-x}\sin(e^{-x}) + \cos(e^{-x})]\,dx \quad [\text{put } e^{-x} = t,\ -e^{-x}\,dx = dt]$$

$$A = -\frac{1}{2}\int [t\sin t + \cos t]\,dt = -\frac{1}{2}[-t\cos t + \sin t + \sin t]$$

$$= \frac{1}{2}t\cos t - \sin t$$

Hence $\quad A(x) = \frac{1}{2}e^{-x}\cos(e^{-x}) - \sin(e^{-x})$ ... (10)

If we integrate (9),

$$B = -\frac{1}{2}\int e^x(e^{-x}\sin e^{-x} + \cos e^{-x})\,dx = -\frac{1}{2}e^x \cdot \cos e^{-x}$$

$B(x) = -\frac{1}{2}e^x \cos e^{-x}$, hence P.I. will be given by

$$y = e^x\left[\frac{1}{2}e^{-x}\cos e^{-x} - \sin e^{-x}\right] - \frac{1}{2}e^x \cos(e^{-x}) \cdot e^{-x}$$

$$= \frac{1}{2}\cos(e^{-x}) - e^x\sin(e^{-x}) - \frac{1}{2}\cos e^{-x} = -e^x\sin(e^{-x})$$

Hence the complete solution is

$$y = A e^x + B e^{-x} - e^x\sin(e^{-x})$$

Ex. 8 : *By the method of variation of parameters, solve*

$$(D^3 + D)\,y = \operatorname{cosec} x \qquad \ldots (I)$$

Sol. : $\quad$ C.F. $= A + B\cos x + C\sin x$

Let the $\quad$ P.I. $= y_p = A(x) + B(x)\cos x + C(x)\sin x \qquad \ldots (II)$

where $A(x), B(x)$ and $C(x)$ are the parameters to be determined. For brevity, take $A(x) = A, B(x) = B, C(x) = C$.

Hence $\quad$ P.I. $= y = A + B\cos x + C\sin x$

$\quad y' = A' + (B'\cos x - B\sin x) + (C'\sin x + C\cos x)$

Put $A' + B'\cos x + C'\sin x = 0 \qquad \ldots (III)$

So that the new value of y' becomes

$\quad y' = -B\sin x + C\cos x$

∴ $\quad y'' = -B'\sin x - B\cos x + C'\cos x - C\sin x$

Choose B' and C' such that

$-B'\sin x + C'\cos x = 0 \qquad \ldots (IV)$

hence $\quad y'' = -B\cos x - C\sin x$

and $\quad y''' = -B'\cos x + B\sin x - C'\sin x - C\cos x$

Substituting in (I) values of y, y' and y''', we get

$-B'\cos x - C'\sin x = \operatorname{cosec} x \qquad \ldots(V)$

Solving simultaneously (III), (IV) and (V), we get

$\quad A' = \operatorname{cosec} x,\ B' = -\cot x \text{ and } C' = -1$

and integration yields
$$A = \log[\operatorname{cosec} x - \cot x]$$
$$B = -\log \sin x$$
$$C = -x$$
$\therefore$ $\quad$ P.I. $= \log(\operatorname{cosec} x - \cot x) - \cos x \log \sin x - x \sin x$

Hence the complete solution is
$$y = A + B \cos x + C \sin x + \log[\operatorname{cosec} x - \cot x] - \cos x \log(\sin x) - x \sin x$$

EXERCISE 1.3

Solve the following differential equations by the method of variation of parameters.

1. $\dfrac{d^2y}{dx^2} + 4y = \tan 2x$ $\quad$ **Ans.** $y = A \cos 2x + B \sin 2x - \dfrac{1}{4} \cos 2x \log(\sec 2x + \tan 2x)$
$$\text{(May 2007)}$$

2. $\dfrac{d^2y}{dx^2} + y = x \sin x.$ $\quad$ **(Dec. 2010) Ans.** $y = A \cos x + B \sin x + \dfrac{x}{2} \sin x - \dfrac{x^2}{4} \cos x$

3. $(D^2 + 3D + 2)y = \sin e^x$ $\quad$ **Ans.** $y = c_1 e^{-x} + c_2 e^{-2x} - e^{-2x} \sin e^x$

4. $\dfrac{d^2y}{dx^2} - 2\dfrac{dy}{dx} = e^x \cdot \sin x$ $\quad$ **Ans.** $y = A + B e^{2x} - \dfrac{e^x}{2} \sin x$

5. $(D^2 + 4)y = 4 \sec^2 2x.$ $\quad$ **(May 2005)**
$\quad$ **Ans.** $y = A \cos 2x + B \sin 2x - 1 + \sin 2x \log(\sec 2x + \tan 2x)$

6. $(D^2 - 1)y = (1 + e^{-x})^{-2}$ $\quad$ **(May 06, 08) Ans.** $y = A e^x + B e^{-x} - 1 + e^{-x} \log(1 + e^x)$

7. $\dfrac{d^2y}{dx^2} + 3\dfrac{dy}{dx} + 2y = e^{e^x}$ $\quad$ **(Dec. 2005, 2006) Ans.** $y = Ae^{-x} + B e^{-2x} + e^{-2x} e^{e^x}$

8. $(D^2 + 1)y = 3x - 8 \cot x.$ $\quad$ **(Dec. 2005, 2006)**
$\quad$ **Ans.** $y = c_1 \cos x + c_2 \sin x + 3x - 8 \sin x \log(\operatorname{cosec} x - \cot x)$

9. $(D^2 - 4D + 4)y = e^{2x} \sec^2 x$ $\quad$ **(May 2010) Ans.** $y = [c_1 + c_2 x + \log(\sec x)] e^{2x}$

10. $\dfrac{d^2y}{dx^2} + y = \tan x.$ $\quad$ **(Dec. 2004) Ans.** $y = A \cos x + B \sin x - \cos x \log(\sec x + \tan x)$

11. $\dfrac{d^2y}{dx^2} + y = \sec x \tan x$
$\quad$ **Ans.** $y = A \cos x + B \sin x + x \cos x - \sin x + \sin x \log(\sec x)$

12. $y'' + y = \sec x$ $\quad$ **(Dec. 2004)**
$\quad$ **Ans.** $y = A \cos x + B \sin x + x \sin x + \cos x \log \cos x$

13. $(D^2 + D)y = (1 + e^x)^{-1}$ $\quad$ **Ans.** $y = c_1 + c_2 e^{-x} + x - \log(1 + e^x) - e^{-x} \log(1 + e^x)$

14. $(D^2 + 4)y = \dfrac{1}{1 + \cos 2x}$

$\quad$ **Ans.** $y = c_1 \cos 2x + c_2 \sin 2x + \dfrac{1}{4}(\cos 2x) \log(1 + \cos 2x)$
$$+ \dfrac{1}{2}\left(x - \dfrac{1}{2}\tan x\right)\sin 2x$$

MULTIPLE CHOICE QUESTIONS (MCQ's)

Type : Method of Variation of Parameter :

1. Complimentary function of differential equation $a_0 \frac{d^2y}{dx^2} + a_1 \frac{dy}{dx} + a_2 y = f(x)$ is $c_1 y_1 + c_2 y_2$. Then by method of variation of parameters, particular integral is $u(x, y) y_1 + v(x, y) y_2$ where u is obtained from (1)

   (A) $\int \frac{f(x)}{y_1 y'_2 + y_2 y'_1} dx$
   (B) $\int \frac{y_1 f(x)}{y_1 y'_2 - y_2 y'_1} dx$
   (C) $\int \frac{y_2 f(x)}{y_1 y'_2 - y_2 y'_1}$
   (D) $\int \frac{-y_2 f(x)}{y_1 y'_2 - y_2 y'_1} dx$

2. Complementary function of differential equation $a_0 \frac{d^2y}{dx^2} + a_1 \frac{dy}{dx} + a_2 y = f(x)$ is $c_1 y_1 + c_2 y_2$. Then by method of variation of parameters, particular integral is $u(x, y) y_1 + v(x, y) y_2$ where v is obtained from (1)

   (A) $\int \frac{y_1 f(x)}{y_1 y'_2 - y_2 y'_1} dx$
   (B) $\int \frac{-y_1 f(x)}{y_1 y'_2 - y_2 y'_1} dx$
   (C) $\int \frac{-y_2 f(x)}{y_1 y'_2 - y_2 y'_1} dx$
   (D) $\int \frac{f(x)}{y_1 y'_2 + y_2 y'_1} dx$

3. In solving differential equation $\frac{d^2y}{dx^2} + y = \operatorname{cosec} x$ by method of variation of parameters, complimentary function $= c_1 \cos x + c_2 \sin x$,
   Particular Integral $= u \cos x + v \sin x$ then u is equal to (2)
   (A) $-\log \sin x$
   (B) x
   (C) $-x$
   (D) $\log \sin x$

4. In solving differential equation $\frac{d^2y}{dx^2} + 4y = \sec 2x$ by method of variation of parameters, complimentary function $= c_1 \cos 2x + c_2 \sin 2x$,
   Particular Integral $= u \cos 2x + v \sin 2x$ then u is equal to (2)
   (A) $-\frac{1}{2} x$
   (B) $\frac{1}{4} \log (\cos 2x)$
   (C) $-\frac{1}{4} \log (\cos 2x)$
   (D) $\left(\frac{1}{2}\right) x$

5. In solving differential equation $\frac{d^2y}{dx^2} - y = (1 + e^{-x})^{-2}$ by method of variation of parameters, complimentary function $= c_1 e^x + c_2 e^{-x}$, Particular Integral $= u e^x + v e^{-x}$ then u is equal to (2)
   (A) $\frac{1}{(1 + e^{-x})}$
   (B) $\frac{1}{2(1 + e^{-x})^2}$
   (C) $\log (1 + e^x)$
   (D) $\frac{1}{2(1 + e^{-x})}$

6. In solving differential equation $\frac{d^2y}{dx^2} + 3\frac{dy}{dx} + 2y = \sin e^x$ by method of variation of parameters, complimentary function $= c_1 e^{-x} + c_2 e^{-2x}$, Particular Integral $= u e^{-x} + v e^{-2x}$ then u is equal to (2)

(A) $-e^x \cos(e^x) + \sin(e^x)$
(B) $-\cos(e^x)$
(C) $\cos(e^x)$
(D) $e^x \sin(e^x) + \cos(e^x)$

7. In solving differential equation $\frac{d^2y}{dx^2} - 6\frac{dy}{dx} + 9y = \frac{e^{3x}}{x^2}$ by method of variation of parameters, complimentary function $= c_1 x e^{3x} + c_2 e^{3x}$, Particular Integral $= u x e^{3x} + v e^{3x}$ then u is equal to (2)

(A) $-\frac{2}{x^3}$
(B) $\frac{1}{x}$
(C) $-\frac{1}{x}$
(D) $-\log x$

8. In solving differential equation $\frac{d^2y}{dx^2} + y = \tan x$ by method of variation of parameters, complimentary function $= c_1 \cos x + c_2 \sin x$, Particular Integral $= u \cos x + v \sin x$ then v is equal to (2)

(A) $-\cos x$
(B) $[\log(\sec x + \tan x)] - \sin x$
(C) $-[\log(\sec x + \tan x)] + \sin x$
(D) $\cos x$

9. In solving differential equation $\frac{d^2y}{dx^2} + 9y = \frac{1}{1 + \sin 3x}$ by method of variation of parameters, complimentary function $= c_1 \cos 3x + c_2 \sin 3x$, Particular Integral $= u \cos 3x + v \sin 3x$ then v is equal to (2)

(A) $\frac{1}{3}\left(-\frac{1}{3}\sec 3x + \frac{1}{3}\tan 3x - x\right)$
(B) $-\frac{1}{9}\log(1 + \sin 3x)$
(C) $\frac{1}{9}\log(1 + \sin 3x)$
(D) $\frac{1}{3}\log \cos x$

10. In solving differential equation $\frac{d^2y}{dx^2} - y = \frac{2}{1 + e^x}$ by method of variation of parameters, complimentary function $= c_1 e^x + c_2 e^{-x}$, particular integral $= u e^x + v e^{-x}$ then v is equal to (2)

(A) $e^{-x} - \log(1 + e^{-x})$
(B) $-\log(1 + e^x)$
(C) $\log(1 + e^x)$
(D) $-e^{-x} + \log(1 + e^{-x})$

11. In solving differential equation $\frac{d^2y}{dx^2} + 3\frac{dy}{dx} + 2y = e^{e^x}$ by method of variation of parameters, complimentary function $c_1 e^{-2x} + c_2 e^{-x}$, Particular Integral = $ue^{-2x} + ve^{-x}$ then v is equal to (2)
    (A) $-e e^{e^x}$
    (B) $e^{-2x} e^{e^x}$
    (C) $e^x e^{e^x}$
    (D) e^{e^x}

12. In solving differential equation $\frac{d^2y}{dx^2} + 4y = 4\sec^2 2x$ by method of variation of parameters, complimentary function = $c_1 \cos 2x + c_2 \sin 2x$, Particular Integral = $u \cos 2x + v \sin 2x$ then v is equal to (2)
    (A) $\log(\sec 2x + \tan 2x)$
    (B) $-\sec 2x$
    (C) $\sec 2x + \tan 2x$
    (D) $\log(\tan 2x)$

Answers

1. (D)	2. (A)	3. (C)	4. (B)	5. (D)	6. (B)	7. (C)	8. (A)
9. (C)	10. (B)	11. (D)	12. (A)				

1.12 EQUATIONS REDUCIBLE TO LINEAR WITH CONSTANT COEFFICIENTS

We shall now study two types of linear differential equations with *variable coefficients* which can be reduced to the case of linear differential equation with constant coefficients by suitable transformations of variables.

1.13 CAUCHY'S OR EULER'S HOMOGENEOUS LINEAR DIFFERENTIAL EQUATION

An equation of the type
$$(a_0 x^n D^n + a_1 x^{n-1} D^{n-1} + \ldots + a_{n-1} x D + a_n) y = F(x)$$
where $a_0, a_1, a_2 \ldots\ldots a_n$ are constants is called Cauchy's Homogeneous Equation. It is sometimes attributed to Euler also. It may also be written as

$$a_0 x^n \frac{d^n y}{dx^n} + a_1 x^{n-1} \frac{d^{n-1} y}{dx^{n-1}} + \ldots + a_{n-1} x \frac{dy}{dx} + a_n y = F(x) \qquad \ldots (1)$$

It can be reduced to linear differential equation with constant coefficients by putting
$$x = e^z \text{ or } z = \log x \qquad \ldots (2)$$

Now
$$\frac{dy}{dx} = \frac{dy}{dz}\frac{dz}{dx} = \frac{1}{x}\frac{dy}{dz}$$

or
$$x\frac{dy}{dx} = \frac{dy}{dz} = Dy, \text{ here we took } D \equiv \frac{d}{dz}$$

Also,
$$\frac{d^2y}{dx^2} = \frac{d}{dx}\left(\frac{1}{x}\frac{dy}{dz}\right) = -\frac{1}{x^2}\frac{dy}{dz} + \frac{1}{x}\frac{d}{dz}\left(\frac{dy}{dz}\right)\frac{dz}{dx}$$
$$= -\frac{1}{x^2}\frac{dy}{dz} + \frac{1}{x}\left(\frac{d^2y}{dz^2}\right)\frac{1}{x}$$
$$= -\frac{1}{x^2}\frac{dy}{dz} + \frac{1}{x^2}\frac{d^2y}{dz^2}$$

Hence $x^2 \dfrac{d^2y}{dx^2} = -Dy + D^2y = D(D-1)y$

Similarly, we can show that

$x^3 \dfrac{d^3y}{dx^3} = D(D-1)(D-2)y$ and so on.

....
....

$x^r \dfrac{d^r y}{dx^r} = D(D-1)(D-2)\ldots\ldots(D-r+1)y$ ... (3)

Making these substitutions in (1) it can be reduced to linear differential equation with constant coefficients. The following examples can clarify further.

ILLUSTRATIONS

Ex. 1 : *Solve* $x^2 \dfrac{d^2y}{dx^2} - x \dfrac{dy}{dx} + 4y = \cos(\log x) + x \sin(\log x)$ **(Dec. 04, May 05)**

Sol. : Given equation is Cauchy's homogeneous linear differential equation. We use substitution $z = \log x$ or $x = e^z$ and let $D \equiv \dfrac{d}{dz}$.

Then we note from article (1.18),

$$x^2 \dfrac{d^2y}{dx^2} = D(D-1)y, \quad x \dfrac{dy}{dx} = Dy, \text{ where } D \equiv \dfrac{d}{dz}$$

and equation is transformed into

$D(D-1)y - Dy + 4y = \cos(z) + e^z \sin z$

or $(D^2 - D - D + 4)y = \cos(z) + e^z \sin z$

or $(D^2 - 2D + 4)y = \cos(z) + e^z \sin z$

which is linear with constant coefficients in y and z. Now

A.E. is $D^2 - 2D + 4 = 0 \Rightarrow D = 1 \pm i\sqrt{3}$

Hence C.F. $= e^z [A \cos \sqrt{3} z + B \sin \sqrt{3} z]$

and P.I. $= \dfrac{1}{D^2 - 2D + 4} \cos z + \dfrac{1}{D^2 - 2D + 4} e^z \sin z$

$= \dfrac{1}{-1 - 2D + 4} \cos z + e^z \dfrac{1}{(D+1)^2 - 2(D+1) + 4} \sin z$

$= \dfrac{1}{3 - 2D} \cos z + e^z \dfrac{1}{D^2 + 3} \sin z$

$= -\dfrac{2D + 3}{4D^2 - 9} \cos z + e^z \dfrac{1}{-1 + 3}(\sin z)$

$= -\dfrac{(2D + 3) \cos z}{-4 - 9} + e^z \dfrac{1}{2} \sin z$

$= \dfrac{1}{13}[-2 \sin z + 3 \cos z] + \dfrac{1}{2} e^z \sin z$

Hence the general solution in terms of y and z is

$$y = e^z \left[A \cos (\sqrt{3}\, z) + B \sin (\sqrt{3}\, z)\right] + \frac{1}{13} [3 \cos z - 2 \sin z] + \frac{1}{2} e^z \sin z$$

Changing to y and x, we have

$$y = x \left[A \cos \sqrt{3} (\log x) + B \sin \sqrt{3} (\log x)\right]$$

$$+ \frac{1}{13} [3 \cos (\log x) - 2 \sin (\log x)] + \frac{1}{2} x \sin (\log x)$$

Ex. 2 : *Find the equation of the curve, which satisfies the differential equation* $4x^2 \dfrac{d^2y}{dx^2} - 4x \dfrac{dy}{dx} + y = 0$ *and crosses the x-axis at an angle of $60°$ at $x = 1$.*

Sol. : Given equation is Cauchy's homogeneous linear differential equation. The solution will be the equation of the curve.

Put $x = e^z \Rightarrow z = \log x$, and $\dfrac{d}{dz} \equiv D$, then the given equation is transformed into

$$[4 D (D - 1) - 4 D + 1]\, y = 0$$

A.E. is $4D^2 - 8D + 1 = 0 \therefore D = 1 \pm \dfrac{\sqrt{3}}{2}$

C.F. $= c_1 e^{\left(1 + \frac{\sqrt{3}}{2}\right) z} + c_2 e^{\left(1 - \frac{\sqrt{3}}{2}\right) z}$ and solution is

$$y = c_1 x^{\left(1 + \frac{\sqrt{3}}{2}\right)} + c_2 x^{\left(1 - \frac{\sqrt{3}}{2}\right)} \qquad \ldots (1)$$

But initially when $x = 1,\; y = 0$ and $\dfrac{dy}{dx} = \sqrt{3}$

$$\therefore \quad 0 = c_1 + c_2 \Rightarrow c_1 = - c_2 \qquad \ldots (2)$$

Differentiating (1) w.r.t. x

$$\dfrac{dy}{dx} = \left(1 + \dfrac{\sqrt{3}}{2}\right) c_1 x^{\frac{\sqrt{3}}{2}} + \left(1 - \dfrac{\sqrt{3}}{2}\right) c_2 x^{-\frac{\sqrt{3}}{2}}$$

Put $x = 1$ and $\dfrac{dy}{dx} = \sqrt{3}$ in this

$$\sqrt{3} = \left(1 + \dfrac{\sqrt{3}}{2}\right) c_1 + \left(1 - \dfrac{\sqrt{3}}{2}\right) c_2$$

Solving with (2), we get $c_1 = 1,\; c_2 = - 1$

∴ Solution or the equation of the curve will be

$$y = x^{\left(1 + \frac{\sqrt{3}}{2}\right)} - x^{\left(1 - \frac{\sqrt{3}}{2}\right)}$$

Ex. 3 : *Solve* $x^3 \cdot \dfrac{d^3y}{dx^3} + 2x^2 \cdot \dfrac{d^2y}{dx^2} + 2y = 10 \left(x + \dfrac{1}{x}\right)$ **(May 2012, 2014 Dec. 2012)**

Sol. : The given equation is Cauchy's homogeneous linear differential equation.

Put $x = e^z$, $\Rightarrow z = \log x$ and $\dfrac{d}{dz} \equiv D$ then equation is transformed into

[D (D – 1) (D – 2) + 2 D (D – 1) + 2] y = 10 ($e^z + e^{-z}$)

A.E. is $D^3 - D^2 + 2 = 0$ ∴ $D = -1, 1 \pm i$

$$\text{C.F.} = c_1 e^{-z} + e^z [c_2 \cos z + c_3 \sin z]$$

$$= \frac{c_1}{x} + x [c_2 \cos (\log x) + c_3 \sin (\log x)]$$

$$\text{P.I.} = 10 \frac{1}{D^3 - D^2 + 2} (e^z + e^{-z})$$

$$= 10 \left[\frac{1}{D^3 - D^2 + 2} e^z + \frac{1}{D^3 - D^2 + 2} e^{-z} \right]$$

$$= 10 \left[\frac{1}{1 - 1 + 2} e^z + z \frac{1}{3D^2 - 2D} e^{-z} \right] = 10 \left[\frac{e^z}{2} + \frac{1}{5} z e^{-z} \right]$$

$$= 5 e^z + 2 z e^{-z} = 5x + \frac{2}{x} \log x$$

Hence the general solution will be

$$y = \frac{c_1}{x} + x [c_2 \cos (\log x) + c_3 \sin (\log x)] + 5x + \frac{2}{x} \log x$$

Ex. 4 : Solve $x^2 \dfrac{d^2y}{dx^2} - 3x \dfrac{dy}{dx} + 5y = x^2 \sin (\log x)$. **(May 2009, 2011, Nov. 2014)**

Sol. : Given equation is Cauchy's homogeneous linear differential equation.

Put $z = \log x$ or $x = e^z$ and $\dfrac{d}{dz} \equiv D$, then equation is transformed into

[D (D – 1) – 3D + 5] y = e^{2z} sin z
($D^2 - 4D + 5$) y = e^{2z} sin z

A.E. is $D^2 - 4D + 5 = 0$ ∴ $D = 2 \pm i$.

$$\text{C.F.} = e^{2z} (c_1 \cos z + c_2 \sin z)$$

$$\text{P.I.} = \frac{1}{D^2 - 4D + 5} e^{2z} \sin z = e^{2z} \frac{1}{(D+2)^2 - 4(D+2) + 5} \sin z$$

$$= e^{2z} \frac{1}{D^2 + 1} \sin z = - e^{2z} \frac{z}{2} \cos z$$

$$= -\frac{1}{2} e^{2z} z \cos z$$

General solution in terms of y and z is

$$y = e^{2z} (c_1 \cos z + c_2 \sin z) - \frac{1}{2} e^{2z} z \cos z$$

General solution in terms of y and x is

$$y = x^2 [c_1 \cos (\log x) + c_2 \sin (\log x)] - \frac{1}{2} x^2 (\log x) \cos (\log x)$$

Ex. 5 : *Solve* $u = r\dfrac{d}{dr}\left(r\dfrac{du}{dr}\right) + r^3.$

Sol. : Given equation is $u = r\left\{r\dfrac{d^2u}{dr^2} + \dfrac{du}{dr}\right\} + r^3$ or $r^2\dfrac{d^2u}{dr^2} + r\dfrac{du}{dr} - u = -r^3$

which is a homogeneous equation.

Put $z = \log r$ or $r = e^z$ and using D for $\dfrac{d}{dz}$, equation is transformed into

$$[D(D-1) + D - 1]\,u = -e^{3z} \quad \text{or} \quad (D^2 - 1)\,u = -e^{3z}.$$

A.E. is $D^2 - 1 = 0$ $\therefore$ $D = \pm 1$

$$\text{C.F.} = c_1 e^z + c_2 e^{-z}$$

$$\text{P.I.} = \dfrac{1}{D^2 - 1}(-e^{3z}) = -\dfrac{1}{8}e^{3z}$$

$\therefore \qquad u = c_1 e^z + c_2 e^{-z} - \dfrac{1}{8}e^{3z}$

The general solution in u and r is

$$u = c_1 r + \dfrac{c_2}{r} - \dfrac{r^3}{8}$$

1.14 LEGENDRE'S LINEAR EQUATION

An equation of the type

$$a_0(ax+b)^n \dfrac{d^n y}{dx^n} + a_1(ax+b)^{n-1} \dfrac{d^{n-1} y}{dx^{n-1}} + \ldots + a_n y = F(x)$$

where, $a_0, a_1, a_2 \ldots \ldots a_n$ are constants is called *Legendre's Linear Equation*.

In case of such equations, we put $ax + b = e^z$ to reduce it to linear with constant coefficients.

If we put $\quad ax + b = e^z \Rightarrow z = \log(ax+b)$

then $\qquad \dfrac{dy}{dx} = \dfrac{dy}{dz} \cdot \dfrac{dz}{dx} = \left(\dfrac{a}{ax+b}\right)\dfrac{dy}{dz}$

$\Rightarrow \qquad (ax+b)\dfrac{dy}{dx} = a\dfrac{dy}{dx} = a\,Dy \qquad\qquad \left[\because \dfrac{d}{dz} = D\right]$

$\qquad \dfrac{d^2y}{dx^2} = \dfrac{d}{dx}\left(\dfrac{a}{ax+b}\cdot\dfrac{dy}{dz}\right)$

$\qquad\qquad = \dfrac{-a^2}{(ax+b)^2}\dfrac{dy}{dz} + \dfrac{a}{ax+b}\dfrac{d}{dz}\left(\dfrac{dy}{dz}\right)\dfrac{dz}{dx}$

$\qquad\qquad = -\dfrac{a^2}{(ax+b)^2}\dfrac{dy}{dz} + \dfrac{a^2}{(ax+b)^2}\dfrac{d^2y}{dz^2}$

$\qquad\qquad = \dfrac{a^2}{(ax+b)^2}\left[\dfrac{d^2y}{dz^2} - \dfrac{dy}{dz}\right]$

$\Rightarrow \quad (ax+b)^2 \dfrac{d^2y}{dx^2} = a^2[D^2-D]\,y = a^2 D(D-1)\,y$

Similarly, we shall get

$$(ax+b)^3 \dfrac{d^3y}{dx^3} = a^3 D(D-1)(D-2)\,y \text{ and so on.}$$

If we make these substitutions in the differential equation (Legendre's), we shall see that it has been transformed into one with constant coefficients.

ILLUSTRATIONS

Ex. 6 : *Solve* $(2x+1)^2 \dfrac{d^2y}{dx^2} - 2(2x+1)\dfrac{dy}{dx} - 12y = 6x$ (Dec. 2005)

Sol. : Put $2x+1 = e^z \Rightarrow z = \log(2x+1)$, $\dfrac{dz}{dx} = \dfrac{2}{2x+1}$, $\dfrac{d}{dz} \equiv D$.

Then we shall have

$$(2x+1)^2 \dfrac{d^2y}{dx^2} = 4 \cdot D(D-1)\,y, \quad (2x+1)\dfrac{dy}{dx} = 2Dy$$

and the equation is transformed into

$$4D(D-1)y - 4(Dy) - 12y = 6\left(\dfrac{e^z-1}{2}\right)$$

$\Rightarrow \quad [4(D^2-D) - 4D - 12]\,y = 3e^z - 3$

$\Rightarrow \quad (4D^2 - 8D - 12)\,y = 3e^z - 3$

$\Rightarrow \quad (D^2 - 2D - 3)\,y = \dfrac{3}{4}(e^z - 1)$

which is now linear with constant coefficient in y, z.

$$\text{A.E.} : D^2 - 2D - 3 = 0 \Rightarrow D = 3, -1$$

$$\text{C.F.} = c_1 e^{3z} + c_2 e^{-z}$$

$$\text{P.I.} = \dfrac{1}{D^2 - 2D - 3} \cdot \dfrac{3}{4}(e^z - e^{0z})$$

$$\text{P.I.} = \dfrac{3}{4}\left[\dfrac{1}{D^2 - 2D - 3} e^z - \dfrac{1}{D^2 - 2D - 3} e^{0z}\right]$$

$$= \dfrac{3}{4}\left[\dfrac{e^z}{1-2-3} - \dfrac{e^{0z}}{0-0-3}\right] = \dfrac{3}{4}\left[\dfrac{e^z}{-4} + \dfrac{1}{3}\right]$$

$$= \dfrac{3e^z}{-16} + \dfrac{1}{4}$$

Hence the complete solution in terms of y and z is

$$y = c_1 e^{3z} + c_2 e^{-z} - 3\dfrac{e^z}{16} + \dfrac{1}{4}$$

Changing back to y and x, we have

$$y = c_1(2x+1)^3 + c_2(2x+1)^{-1} - \dfrac{3}{16}(2x+1) + \dfrac{1}{4}$$

Ex. 7 : Solve $(1 + x)^2 \dfrac{d^2y}{dx^2} + (1 + x) \dfrac{dy}{dx} + y = 2 \sin [\log (1 + x)]$ **(Dec. 2007)**

Sol. : Put $(1 + x) = e^z \Rightarrow z = \log (1 + x)$, $\dfrac{d}{dz} \equiv D$

Then the equation will become

$$D(D - 1)y + Dy + y = 2 \sin z$$

$\Rightarrow \qquad (D^2 + 1)y = 2 \sin z$

Here $\quad$ A.E. : $D^2 + 1 = 0$, $D = \pm i$, hence

$\qquad$ C.F. $= A \cos z + B \sin z$

$$\text{P.I.} = \dfrac{2 \sin z}{D^2 + 1} = \dfrac{2 \sin z}{-1 + 1} \quad \text{(case of failure)}$$

$\therefore \qquad$ P.I. $= z \dfrac{1}{2D} 2 \sin z = z \int \sin z \, dz = - z \cos z$

General solution in terms of y and z is

$\qquad y = A \cos z + B \sin z - z \cos z$

$\therefore \qquad y = A \cos [\log (1 + x)] + B \sin [\log (1 + x)] - \log (1 + x) \cos [\log (1 + x)]$

Ex. 8 : Solve $(3x + 2)^2 \dfrac{d^2y}{dx^2} + 3(3x + 2) \dfrac{dy}{dx} - 36y = 3x^2 + 4x + 1$.

(May 07, 11, 12, Dec. 2012)

Sol. : Given equation is Legendre's linear differential equation.

Put $z = \log (3x + 2)$ or $(3x + 2) = e^z$ and let $\dfrac{d}{dz} \equiv D$ then the equation is transformed

into $[9D(D - 1) + 3.3D - 36] y = \dfrac{1}{3} (e^{2z} - 1)$ or $(D^2 - 4) y = \dfrac{1}{27} (e^{2z} - 1)$

A.E. is $D^2 - 4 = 0$ $\therefore$ $D = \pm 2$.

$\qquad$ C.F. $= c_1 e^{2z} + c_2 e^{-2z}$

$$\text{P.I.} = \dfrac{1}{27} \dfrac{1}{D^2 - 4} (e^{2z} - 1) = \dfrac{1}{27} \left[\dfrac{1}{D^2 - 4} e^{2z} - \dfrac{1}{D^2 - 4} e^{0z} \right]$$

$$= \dfrac{1}{27} \left[\dfrac{z\, e^{2z}}{4} + \dfrac{1}{4} \right] = \dfrac{1}{108} [z e^{2z} + 1]$$

The general solution in y and z is

$$y = c_1 e^{2z} + c_2 e^{-2z} + \dfrac{1}{108} [z e^{2z} + 1]$$

The general solution in y and x is

$$y = c_1 (3x + 2)^2 + c_2 (3x + 2)^{-2} + \dfrac{1}{108} [(3x + 2)^2 \log (3x + 2) + 1]$$

EXERCISE 1.4

Solve following differential equations with variable coefficients.

1. $x^2 \dfrac{d^2y}{dx^2} - 4x \dfrac{dy}{dx} + 6y = x^5$

    Ans. $y = c_1 x^2 + c_2 x^3 + \dfrac{x^5}{6}$

2. $x^2 \dfrac{d^2y}{dx^2} - 2x \dfrac{dy}{dx} - 4y = x^2 + 2 \log x$ (Dec. 2007)

    Ans. $y = c_1 x^4 + \dfrac{c_2}{x} - \dfrac{x^2}{6} - \dfrac{1}{2} \log x + \dfrac{3}{8}$

3. $x^2 \dfrac{d^3y}{dx^3} + 3x \dfrac{d^2y}{dx^2} + \dfrac{dy}{dx} + \dfrac{y}{x} = \log x$

    Ans. $y = \dfrac{c_1}{x} + \sqrt{x}\left[c_2 \cos (\sqrt{3}/2) \log x + c_3 \sin (\sqrt{3}/2) \log x\right] + \dfrac{x}{2}\left(\log x - \dfrac{3}{2}\right)$

4. $x^3 \dfrac{d^3y}{dx^3} + x^2 \dfrac{d^2y}{dx^2} - 2y = x^2 + x^{-3}$. (May 2008)

    Ans. $y = c_1 x^2 + c_2 \cos (\log x) + c_3 \sin (\log x) + \dfrac{x^2}{5} \log x - \dfrac{1}{50} x^{-3}$

5. $(x^3 D^3 + x^2 D^2 - 2) y = x + x^{-3}$

    Ans. $y = c_1 x^2 + c_2 \cos (\log x) + c_3 \sin (\log x) - \dfrac{x}{2} - \dfrac{1}{50} x^{-3}$

6. $\dfrac{d^2y}{dx^2} + \dfrac{1}{x} \dfrac{dy}{dx} = A + B \log x$

    Ans. $y = (c_1 + c_2 \log x) + \dfrac{A}{4} x^2 + \dfrac{B}{4} x^2 (\log x - 1)$

7. $\left(\dfrac{d^2}{dx^2} - \dfrac{2}{x^2}\right)^2 y = 0$

    Ans. $y = c_1 x^4 + c_2 x^2 + c_3 x + \dfrac{c_4}{x}$

8. $\left(\dfrac{d^2}{dx^2} - \dfrac{2}{x^2}\right)^2 y = x^2$

    Ans. $y = c_3 x^2 + \dfrac{c_4}{x} + c_5 x^4 + c_6 x + \dfrac{x^6}{280}$

9. $(x^2 D^2 - xD + 1) y = x \log x$ (Dec. 2010)

Ans. $y = x [A \log x + B] + \dfrac{x}{6} (\log x)^3$

10. $x^2 \dfrac{d^2y}{dx^2} - 3x \dfrac{dy}{dx} + 5y = x^2 \log x.$ (Dec. 2005)

Ans. $y = x^2 [c_1 \cos (\log x) + c_2 \sin (\log x)] + x^2 \log x$

11. $x^3 \dfrac{d^2y}{dx^2} + 3x^2 \dfrac{dy}{dx} + xy = \sin (\log x)$ (May 2008; Dec. 2008, 2012)

Ans. $y = \dfrac{1}{x} \{c_1 + c_2 \log x - \sin (\log x)\}$

12. The radial displacement 'u' in a rotating disc at a distance 'r' from axis is given by

$\dfrac{d^2u}{dr^2} + \dfrac{1}{r} \dfrac{du}{dr} - \dfrac{u}{r^2} + kr = 0$

Find the displacement if $u = 0$ for $r = 0, r = a$

Ans. $u = \dfrac{kr}{8} (a^2 - r^2)$

13. $x^2 \dfrac{d^2y}{dx^2} + x \dfrac{dy}{dx} - y = \dfrac{x^3}{1 + x^2}$

Ans. $y = Ax + \dfrac{B}{x} + \dfrac{x}{4} \log (1 + x^2) - \dfrac{x}{4} + \dfrac{1}{4x} \log (x^2 + 1)$

14. $u = r \dfrac{d}{dr} \left[r \dfrac{du}{dr} \right] + ar^3$

Ans. $u = Ar + \dfrac{B}{r} - \dfrac{a}{8} r^3$

15. $x \dfrac{d^2y}{dx^2} + \dfrac{dy}{dx} + x = 0$

[Hint : Multiply by x] Ans. $y = A + B \log x - \dfrac{x^2}{4}$

16. $(x^3 D^3 + 2 x^2 D^2 + 3 x D - 3) y = x^2 + x$

Ans. $y = c_1 x + c_2 \cos (\log x) + c_3 \sin (\log x) + \dfrac{x}{7} + \dfrac{x}{4} \log x$

17. $x^2 \dfrac{d^2y}{dx^2} + 3x \dfrac{dy}{dx} + y = \dfrac{1}{(1 - x)^2}$

Ans. $y = \dfrac{1}{x} \left[c_1 \log x + c_2 + \log \left(\dfrac{x}{x - 1} \right) \right]$

18. $x^2 \dfrac{d^2y}{dx^2} + x \dfrac{dy}{dx} + y = \sin(\log x^2)$ **(Dec. 2004)**

Ans. $y = c_1 \cos(\log x) + c_2 \sin(\log x) - \dfrac{1}{3} \sin(\log x^2)$

19. $x^3 \dfrac{d^3y}{dx^3} + 3x^2 \dfrac{d^2y}{dx^2} + x \dfrac{dy}{dx} + 8y = 65 \cos(\log x)$.

Ans. $y = c_1 x^{-2} + x(c_2 \cos\sqrt{(3)} \log x + c_3 \sin(\sqrt{3}) \log x)$
$- \sin(\log x) + 8 \cos(\log x)$

20. $(x^2 D^2 + 5xD + 3)y = \left(1 + \dfrac{1}{x}\right)^2 \log x$

21. $(x^2 D^2 - 3xD + 1)y = \log x + \left[\dfrac{\sin(\log x) + 1}{x}\right]$

22. $\left(D^3 - \dfrac{4}{x} D^2 + \dfrac{5}{x^2} D - \dfrac{2}{x^3}\right) y = 1$

Ans. $y = c_1 x^2 + c_2 x^{\left(\dfrac{5-\sqrt{21}}{2}\right)} + c_3 x^{\left(\dfrac{5-\sqrt{21}}{2}\right)} - \dfrac{x^3}{5}$

23. $(x^2 D^2 - 4xD + 6)y = -x^4 \sin x$

Ans. $y = c_1 x^2 + c_2 x^3 + x^2 \sin x$

24. $(2x+3)^2 \dfrac{d^2y}{dx^2} - 2(2x+3) \dfrac{dy}{dx} - 12y = 6x$ **(May 2009)**

Ans. $y = c_1 (2x+3)^3 + c_2 (2x+3)^{-1} - \dfrac{3}{16}(2x+3) + \dfrac{3}{4}$

25. $(x+a)^2 \dfrac{d^2y}{dx^2} - 4(x+a) \dfrac{dy}{dx} + 6y = x$ **(Dec. 2008)**

Ans. $y = A(x+a)^3 + B(x+a)^2 + \dfrac{3x + 2a}{6}$

26. $7(2+x)^2 \dfrac{d^2y}{dx^2} + 8(2+x) \dfrac{dy}{dx} + y = 4 \cos[\log(2+x)]$

27. $(1+x)^2 \dfrac{d^2y}{dx^2} + (1+x) \dfrac{dy}{dx} + y = 4 \cos[\log(1+x)]$

Ans. $y = c_1 \cos[\log(x+1)] + c_2 \sin[\log(1+x)]$

28. $(x+2)^2 \dfrac{d^2y}{dx^2} - (x+2) \dfrac{dy}{dx} + y = 3x + 4$

Ans. $y = (x+2)[c_1 + c_2 \log(x+2)] + \dfrac{3}{2}(x+2)[\log(x+2)]^2 - 2$

29. $(x+2)^2 \dfrac{d^2y}{dx^2} + 3(x+2)\dfrac{dy}{dx} + y = 4\sin[\log(x+2)]$ **(May 2010)**

Ans. $y = [\{c_1 + c_2 \log(x+2)\}(x+2)^{-1} - 2\cos[\log(x+2)]$

30. $(2x+1)^2 \dfrac{d^2y}{dx^2} - 6(2x+1)\dfrac{dy}{dx} + 16y = 8(2x+1)^2$.

Ans. $y = [c_1 + c_2 \log(2x+1)](2x+1)^2 + (2x+1)^2 [\log(2x+1)]^2$

31. $(x+1)^2 \dfrac{d^2y}{dx^2} + (x+1)\dfrac{dy}{dx} = (2x+3)(2x+4)$.

Ans. $y = c_1 + c_2 \log(x+1) + (x+1)^2 + 6(x+1) + [\log(x+1)]^2$

32. $(4x+1)^2 \dfrac{d^2y}{dx^2} + 2(4x+1)\dfrac{dy}{dx} + y = 2x+1$.

Ans. $y = [c_1 + c_2 \log(4x+1)](4x+1)^{1/4} + \dfrac{1}{18}(4x+1) + \dfrac{1}{2}$

33. $(x+1)^2 \dfrac{d^2y}{dx^2} + (x+1)\dfrac{dy}{dx} - y = 2\log(x+1) + x - 1$.

Ans. $y = c_1(x+1) + c_2(x+1)^{-1} - 2\log(x+1) + \dfrac{1}{2}(x+1)\log(x+1) + 2$

34. $(x-1)^3 \dfrac{d^3y}{dx^3} + 2(x-1)^2 \dfrac{d^2y}{dx^2} - 4(x-1)\dfrac{dy}{dx} + 4y = 4\log(x-1)$

Ans. $y = c_1 + c_2(x-1)^2 + c_3(x-1)^{-2} - \dfrac{4}{3}(x-1)\log(x-1)$

MULTIPLE CHOICE QUESTIONS (MCQ's)

Type : Cauchy's and Legendre's Linear Differential Equations :

1. The general form of Cauchy's linear differential equation is (1)

(A) $a_0 \dfrac{d^n y}{dx^n} + a_1 \dfrac{d^{n-1}y}{dx^{n-1}} + a_2 \dfrac{d^{n-2}y}{dx^{n-2}} + \ldots + a_n y = f(x)$, where $a_0, a_1, a_2, \ldots, a_n$ are constants.

(B) $\dfrac{dx}{P} = \dfrac{dy}{Q} = \dfrac{dz}{R}$, where P, Q, R are functions of x, y, z.

(C) $a_0 x^n \dfrac{d^n y}{dx^n} + a_1 x^{n-1} \dfrac{d^{n-1}y}{dx^{n-1}} + a_2 x^{n-2} \dfrac{d^{n-2}y}{dx^{n-2}} + \ldots + a_n y = f(x)$, where $a_0, a_1, a_2 \ldots a_n$ are constants

(D) $a_0 (ax+b)^n \dfrac{d^n y}{dx^n} + a_1 (ax+b)^{n-1} \dfrac{d^{n-1}y}{dx^{n-1}} + a_2 (ax+b)^{n-2} \dfrac{d^{n-2}y}{dx^{n-2}} + \ldots + a_n y = f(x)$, where $a_0, a_1, a_2 \ldots, a_n$ are constant.

2. Cauchy's linear differential equation $a_0 x^n \dfrac{d^n y}{dx^n} + a_1 x^{n-1} \dfrac{d^{n-1} y}{dx^{n-1}} + a_2 x^{n-2} \dfrac{d^{n-2} y}{dx^{n-2}} + \ldots + a_n y = f(x)$ can be reduced to linear differential equation with constant coefficients by using substitution (1)

   (A) $x = e^z$　　　　(B) $y = e^z$
   (C) $x = \log z$　　　　(D) $x = e^{z^2}$

3. The general form of Legendre's linear differential equation is (1)

   (A) $a_0 \dfrac{d^n y}{dx^n} + a_1 \dfrac{d^{n-1} y}{dx^{n-1}} + a_2 \dfrac{d^{n-2} y}{dx^{n-2}} + \ldots + a_n y = f(x)$, where $a_0, a_1, a_2 \ldots, a_n$ are constant.

   (B) $\dfrac{dx}{P} = \dfrac{dy}{Q} = \dfrac{dz}{R}$, where P, Q, R are functions of x, y, z.

   (C) $a_0 x^n \dfrac{d^n y}{dx^n} + a_1 x^{n-1} \dfrac{d^{n-1} y}{dx^{n-1}} + a_2 x^{n-2} \dfrac{d^{n-2}}{dx^{n-2}} + \ldots + a_n y = f(x)$, where $a_0, a_1, a_2 \ldots, a_n$ are constant

   (D) $a_0 (ax+b)^n \dfrac{d^n y}{dx^n} + a_1 (ax+b)^{n-1} \dfrac{d^{n-1} y}{dx^{n-1}} + a_2 (ax+b)^{n-2} \dfrac{d^{n-2} y}{dx^{n-2}} + \ldots + a_n y = f(x)$, where $a_0, a_1, a_2, \ldots, a_n$ are constant.

4. Legendre's linear differential equation $a_0 (ax+b)^n \dfrac{d^n y}{dx^n} + a_1 (ax+b)^{n-1} \dfrac{d^{n-1} y}{dx^{n-1}} + a_2 (ax+b)^{n-2} \dfrac{d^{n-2} y}{dx^{n-2}} + \ldots + a_n y = f(x)$ can be reduced to linear differential equation with constant coefficients by using substitution (1)

   (A) $x = e^z$　　　　(B) $ax + b = e^z$
   (C) $ax + b = \log z$　　　　(D) $ax + b = e^{z^2}$

5. To reduce the differential equation $x^2 \dfrac{d^2 y}{dx^2} - 4x \dfrac{dy}{dx} + 6y = x^4$ to linear differential equation with constant coefficients, substitutions is (1)

   (A) $x = z^2 + 1$　　　　(B) $x = e^z$
   (C) $x = \log z$　　　　(D) $x^2 = \log z$

6. To reduce the differential equation $(x+2)^2 \dfrac{d^2 y}{dx^2} - (x+2) \dfrac{dy}{dx} + y = 4x + 7$ to linear differential equation with constant coefficients, substitution is (1)

   (A) $x + 2 = e^{-z}$　　　　(B) $x = z + 1$
   (C) $x + 2 = e^z$　　　　(D) $x + 2 = \log z$

7. To reduce the differential equation $(3x + 2)^2 \frac{d^2y}{dx^2} + 3(3x + 2)\frac{dy}{dx} - 36y = x^2 + 3x + 1$ to linear differential equation with constant coefficients, substitution is (1)

(A) $3x + 2 = e^z$
(B) $3x + 2 = z$
(C) $x = e^z$
(D) $3x + 2 = \log z$

8. On putting $x = e^z$ and using $D \equiv \frac{d}{dz}$ the differential equation $x^2 \frac{d^2y}{dx^2} + x\frac{dy}{dx} + y = x$ is transformed into (1)

(A) $(D^2 - 1)y = e^z$
(B) $(D^2 + 1)y = e^z$
(C) $(D^2 + 1)y = x$
(D) $(D^2 + D + 1)y = e^z$

9. The differential equation $x^2 \frac{d^2y}{dx^2} - x\frac{dy}{dx} + 4y = \cos(\log x) + x \sin(\log x)$, on putting $x = e^z$ and using $D \equiv \frac{d}{dz}$ is transformed into (1)

(A) $(D^2 - D + 4)y = \sin z + e^z \cos z$
(B) $(D^2 - 2D + 4)y = \cos(\log x) + x \sin(\log x)$
(C) $(D^2 + 2D + 4)y = \cos z + e^{-z} \sin z$
(D) $(D^2 - 2D + 4)y = \cos z + e^z \sin z$

10. On putting $x = e^z$ the transformed differential equation of $x^2 \frac{d^2y}{dx^2} - 3x\frac{dy}{dx} + 5y = x^2 \sin(\log x)$ using $D \equiv \frac{d}{dz}$ is (1)

(A) $(D^2 - 4D + 5)y = e^{2z} \sin z$
(B) $(D^2 - 4D + 5)y = x^2 \sin(\log x)$
(C) $(D^2 - 4D - 4)y = e^z \sin z$
(D) $(D^2 - 3D + 5)y = e^{z^2} \sin z$

11. The differential equation $x^2 \frac{d^2y}{dx^2} + x\frac{dy}{dx} - y = \frac{x^3}{1 + x^2}$, on putting $x = e^z$ and using $D \equiv \frac{d}{dz}$ is transformed into (1)

(A) $(D^2 - 1)y = \frac{x^3}{1 + x^2}$
(B) $(D^2 - 2D - 1)y = \frac{e^{3z}}{1 + e^{2z}}$
(C) $(D^2 - 1)y = \frac{e^{3z}}{1 + e^{2z}}$
(D) $(D^2 - 1)y = \frac{e^{z^3}}{1 + e^{z^2}}$

12. The differential equation $x^2 \dfrac{d^2y}{dx^2} - 5x \dfrac{dy}{dx} + 5y = x^2 \log x$, on putting $x = e^z$ and using $D \equiv \dfrac{d}{dz}$ is transformed into (1)

   (A) $(D^2 - 5D + 5) y = z \, e^{z^2}$
   (B) $(D^2 - 5D - 5) y = e^{2z} z$
   (C) $(D^2 - 6D + 5) y = x^2 \log x$
   (D) $(D^2 - 6D + 5) y = z \, e^{2z}$

13. The differential equation $(2x + 1)^2 \dfrac{d^2y}{dx^2} - 2(2x + 1) \dfrac{dy}{dx} - 12y = 6x$, on putting $2x + 1 = e^z$ and putting $D \equiv \dfrac{d}{dz}$ is transformed into (1)

   (A) $(D^2 - 2D - 3) y = \dfrac{3}{4}(e^z - 1)$
   (B) $(D^2 + 2D + 3) y = 3(e^z - 1)$
   (C) $(D^2 + 2D - 12) y = \dfrac{3}{4}(e^z - 1)$
   (D) $(D^2 - 2D - 3) y = 6x$

14. The differential equation $(3x + 2)^2 \dfrac{d^2y}{dx^2} + 3(3x + 2) \dfrac{dy}{dx} - 36y = \dfrac{1}{3}[(3x+2)^2 - 1]$. On putting $3x + 2 = e^z$ and using $D \equiv \dfrac{d}{dz}$ is transformed into (1)

   (A) $(D^2 + 3D - 36) y = \dfrac{1}{27}(e^{2z} - 1)$
   (B) $(D^2 + 4) y = \dfrac{1}{9}(e^{2z} - 1)$
   (C) $(D^2 - 4) y = \dfrac{1}{27}(e^{2z} - 1)$
   (D) $(D^2 - 9) y = (e^{2z} - 1)$

15. The differential equation $(1 + x)^2 \dfrac{d^2y}{dx^2} + 3(1 + x) \dfrac{dy}{dx} - 36y = 4 \cos [\log (1 + x)]$ on putting $1 + x = e^z$ and using $D \equiv \dfrac{d}{dz}$ is transformed into (1)

   (A) $(D^2 + 2D - 36) y = 4 \cos [\log (1+ x)]$
   (B) $(D^2 + 2D - 36) y = 4 \cos z$
   (C) $(D^2 + 3D - 36) y = 4 \cos z$
   (D) $(D^2 - 2D - 36) y = 4 \cos (\log z)$

16. The differential equation $(4x + 1)^2 \dfrac{d^2y}{dx^2} + 2(4x + 1) \dfrac{dy}{dx} + 2y = 2x + 1$ on putting $4x + 1 = e^z$ and using $D \equiv \dfrac{d}{dz}$ is transformed into (1)

   (A) $(D^2 + D + 2) y = \dfrac{1}{2}(e^z + 1)$
   (B) $(16D^2 + 8D + 2) y = (e^z + 1)$
   (C) $(16D^2 - 8D + 2) y = \dfrac{1}{2}(e^z + 1)$
   (D) $(D^2 + 2D + 2) y = (e^z - 1)$

17. The differential equation $(x+2)^2 \frac{d^2y}{dx^2} + 3(x+2)\frac{dy}{dx} + y = 4\sin[\log(x+2)]$ on putting $x+2 = e^z$ and using $D \equiv \frac{d}{dz}$ is transformed into (1)

(A) $(D^2 + 3D + 1)y = 4\sin(\log z)$
(B) $(D^2 + 1)y = 4\sin z$
(C) $(D^2 + 2D + 1)y = 4\sin[\log(x+2)]$
(D) $(D^2 + 2D + 1)y = 4\sin z$

18. For the differential equation $x^2 \frac{d^2y}{dx^2} + x\frac{dy}{dx} + y = x^2 + x^{-2}$, complimentary function is given by (2)

(A) $c_1 x + c_2$
(B) $c_1 \log x + c_2$
(C) $c_1 \cos x + c_2 \sin x$
(D) $c_1 \cos(\log x) + c_2 \sin(\log x)$

19. For the differential equation $\frac{d^2y}{dx^2} + \frac{1}{x}\frac{dy}{dx} = A + B\log x$, complimentary function is given by (2)

(A) $c_1 x + c_2$
(B) $c_1 x^2 + c_2$
(C) $c_1 \log x + c_2$
(D) $\frac{c_1}{x} + c_2$

20. For the differential equation $x^2 \frac{d^2y}{dx^2} - 4x\frac{dy}{dx} + 6y = x^5$, complimentary function is given by (2)

(A) $c_1 x^2 + c_2 x^3$
(B) $c_1 x^2 + c_2 x$
(C) $c_1 x^{-2} + c_2 x^{-3}$
(D) $c_1 x^5 + c_2 x$

21. For the differential equation $x^2 \frac{d^2y}{dx^2} - x\frac{dy}{dx} + 4y = \cos(\log x) + x\sin(\log x)$, complimentary function is given by (2)

(A) $\left[c_1 \cos\sqrt{3}(\log x) + c_2 \sin\sqrt{3}(\log x)\right]$
(B) $x\left[c_1 \cos\sqrt{2}(\log x) + c_2 \sin\sqrt{2}(\log x)\right]$
(C) $x\left[c_1 \cos(\log x) + c_2 \sin(\log x)\right]$
(D) $x\left[c_1 \cos\sqrt{3}(\log x) + c_2 \sin\sqrt{3}(\log x)\right]$

22. For the differential equation $r^2 \frac{d^2u}{dr^2} + r\frac{du}{dr} - u = -kr^3$, complimentary function is given by

(A) $(c_1 \log r + c_2) r$
(B) $c_1 r + \frac{c_2}{r}$
(C) $[c_1 \cos(\log r) + c_2 \sin(\log r)]$
(D) $c_1 r^2 + \frac{c_2}{r^2}$

23. For the differential equation $x^2 \dfrac{d^2y}{dx^2} + x \dfrac{dy}{dx} + y = x$, particular integral is given by (2)

(A) x

(B) $\dfrac{x}{2}$

(C) $\dfrac{x}{3}$

(D) $2x$

24. For the differential equation $x^2 \dfrac{d^2y}{dx^2} - 4x \dfrac{dy}{dx} + 6y = x^5$, particular integral is given by (2)

(A) $\dfrac{x^5}{6}$

(B) $\dfrac{x^5}{56}$

(C) $\dfrac{x^4}{6}$

(D) $-\dfrac{x^5}{44}$

25. Solution of differential equation $x \dfrac{d^2y}{dx^2} + \dfrac{dy}{dx} = x$ is (2)

(A) $(c_1 x + c_2) - \dfrac{x^2}{4}$

(B) $(c_1 x^2 + c_2) + \dfrac{x^2}{4}$

(C) $(c_1 \log x + c_2) - \dfrac{x^2}{4}$

(D) $(c_1 \log x + c_2) + \dfrac{x^2}{4}$

26. Solution of differential equation $x^2 \dfrac{d^2y}{dx^2} + 2x \dfrac{dy}{dx} = \dfrac{1}{x^2}$ is (2)

(A) $(c_1 x + c_2) - \dfrac{x^2}{4}$

(B) $(c_1 x^2 + c_2) + \dfrac{x^2}{4}$

(C) $c_1 + c_2 \dfrac{1}{x} + \dfrac{1}{2x^2}$

(D) $(c_1 \log x + c_2) + \dfrac{x^2}{4}$

27. For the differential equation $(x+1)^2 \dfrac{d^2y}{dx^2} + (x+1) \dfrac{dy}{dx} + y = 2 \sin[\log(x+1)]$, complimentary function is given by (2)

(A) $c_1 (x+1) + c_2 (x+1)^{-1}$
(B) $c_1 \cos[\log(x+1)] + c_2 \sin[\log(x+1)]$
(C) $[c_1 \log(x+1) + c_2](x+1)$
(D) $c_1 \cos(\log x) + c_2 \sin(\log x)$

28. For the differential equation $(2x+3)^2 \dfrac{d^2y}{dx^2} - 2(2x+3) \dfrac{dy}{dx} - 12y = 6x$, complimentary function is given by (2)

(A) $c_1 (2x+3)^3 + c_2 (2x+3)^{-1}$
(B) $c_1 (2x+3)^{-3} + c_2 (2x+3)$
(C) $c_1 (2x+3)^3 + c_2 (2x+3)^2$
(D) $c_1 (2x-3)^2 + c_2 (2x-3)^{-1}$

29. For the differential equation $(3x + 2)^2 \frac{d^2y}{dx^2} + 3(3x + 2)\frac{dy}{dx} - 36y = (3x + 2)^2$, complimentary function is given by (2)

(A) $c_1 (3x + 2)^3 + c_2 (3x + 2)^{-3}$
(B) $[c_1 \log (3x + 2) + c_2] (3x + 2)^{-2}$
(C) $c_1 (3x + 2)^2 + c_2 (3x + 2)^{-2}$
(D) $c_1 (3x - 2)^2 + c_2 (3x - 2)^{-2}$

30. For the differential equation $(x + 2)^2 \frac{d^2y}{dx^2} - (x + 2)\frac{dy}{dx} + y = (3x + 6)$, complimentary function is given by (2)

(A) $c_1 (x + 2) + c_2 (x + 2)^{-1}$
(B) $c_1 \log (x + 2) + c_2$
(C) $c_1 (x - 2) + c_2 (x - 2)^{-1}$
(D) $[c_1 \log (x + 2) + c_2] (x + 2)$

Answers

1. (C)	2. (A)	3. (D)	4. (B)	5. (B)	6. (C)	7. (A)	8. (B)
9. (D)	10. (A)	11. (C)	12. (D)	13. (A)	14. (C)	15. (B)	16. (C)
17. (D)	18. (D)	19. (C)	20. (A)	21. (D)	22. (B)	23. (B)	24. (A)
25. (D)	26. (C)	27. (B)	28. (A)	29. (C)	30. (D)		

CHAPTER TWO

SIMULTANEOUS LINEAR DIFFERENTIAL EQUATIONS, SYMMETRIC SIMULTANEOUS D.E. AND APPLICATIONS

2.1 INTRODUCTION

Sometimes in applications we come across equations, containing one independent but two or more dependent variables. For example :

$$\frac{dx}{dt} + 3\frac{dy}{dt} + y = t$$

$$\frac{dy}{dt} - x - y = t^2$$

Here t is single independent and x and y are the two dependent variables. Such equations are called *Simultaneous Linear Differential Equations*. The number of equations is the same as the number of dependent variables.

2.2 METHOD OF SOLUTION

Method of solution is analogous to that of solving two linear simultaneous equations in algebra; either by Elimination or by Substitution. The equations of the system are so combined as to get a simple equation containing only one of the dependent variables and its derivatives. Then by integration, a relation between this dependent and the independent variable is found. Then either in a similar way or by substitution, a relation between the second dependent variable and the independent variable can be easily obtained. Examples will explain more.

ILLUSTRATIONS ON SIMULTANEOUS LINEAR DIFFERENTIAL EQUATIONS

Ex. 1 : *Solve* $\quad \frac{dx}{dt} + 2x - 3y = t$

$$\frac{dy}{dt} - 3x + 2y = e^{2t} \qquad \text{(May 2012, Dec. 2012)}$$

Sol. : Writing in terms of operator $D = \frac{d}{dt}$, we have

$\quad$ Dx + 2x − 3y = t $\quad$ or $\quad$ (D + 2) x − 3y = t $\qquad$ ... (1)

$\quad$ Dy − 3x + 2y = e^{2t} $\quad$ or $\quad$ (D + 2) y − 3x = e^{2t} $\qquad$ ... (2)

Solving for x (i.e. eliminating y) :

Operating (1) by (D + 2), we have

$\quad$ (D + 2)² x − 3 (D + 2) y = (D + 2) t

(2.1)

or $(D+2)^2 x - 3(D+2) y = 1 + 2t$ ... (3)

Multiplying (2) by 3, we have
$$3(D+2) y - 9x = 3e^{2t} \quad ... (4)$$

Adding (3) and (4), we have
$$(D^2 + 4D - 5) x = 1 + 2t + 3e^{2t} \quad ... (5)$$

This is a linear differential equation with constant coefficients.

AE : $D^2 + 4D - 5 = 0$ gives $D = -5, 1$

$$C.F. = c_1 e^{-5t} + c_2 e^t$$

$$P.I. = \frac{1}{D^2 + 4D - 5}(1 + 2t) + \frac{3e^{2t}}{D^2 + 4D - 5}$$

$$= -\frac{1}{5}\left[1 - \frac{4D + D^2}{5}\right]^{-1}(1 + 2t) + \frac{3e^{2t}}{4 + 8 - 5}$$

$$= -\frac{1}{5}\left(1 + \frac{4D}{5}\right)(1 + 2t) + \frac{3}{7} e^{2t}$$

$$= -\frac{1}{5}\left(\frac{13}{5} + 2t\right) + \frac{3e^{2t}}{7}$$

Hence the general solution for x is
$$x = c_1 e^{-5t} + c_2 e^t - \frac{13}{25} - \frac{2t}{5} + \frac{3e^{2t}}{7} \quad ... (6)$$

Next, the general solution for y :

Differentiating (6) with respect to t,
$$\frac{dx}{dt} = -5 c_1 e^{-5t} + c_2 e^t - \frac{2}{5} + \frac{6}{7} e^{2t}$$

Putting values of x and $\frac{dx}{dt}$ in equation (1), we have

$$y = \frac{1}{3}\left[\frac{dx}{dt} + 2x - t\right]$$

$$= \frac{1}{3}\left[-5 c_1 e^{-5t} + c_2 e^t - \frac{2}{5} + \frac{6}{7} e^{2t} + 2 c_1 e^{-5t} + 2 c_2 e^t - \frac{26}{25} - \frac{4t}{5} + \frac{6e^{2t}}{7} - t\right]$$

Simplifying, we get
$$y = -c_1 e^{-5t} + c_2 e^t - \frac{12}{25} - \frac{3t}{5} + \frac{4e^{2t}}{7} \quad ... (7)$$

Hence (6) and (7) together constitute the general solution.

Ex. 2 : *Solve the simultaneous linear differential equations with given conditions.*

$$\frac{du}{dx} + v = \sin x$$

$$\frac{dv}{dx} + u = \cos x$$

Given that when $x = 0$, then $u = 1$ and $v = 0$. **(Dec. 2006)**

Sol. : In terms of operator $D \equiv \dfrac{d}{dx}$, the equations become :

$$Du + v = \sin x \qquad \ldots (1)$$

$$Dv + u = \cos x \qquad \ldots (2)$$

On differentiating (1), we get

$$D^2 u + Dv = \cos x \qquad \ldots (3)$$

Now subtracting (2) from (3), we get

$$D^2 u - u = 0 \Rightarrow (D^2 - 1) u = 0,$$

whose solution is $\quad u = c_1 e^x + c_2 e^{-x} \qquad \ldots (4)$

and $\quad \dfrac{du}{dx} = c_1 e^x - c_2 e^{-x} \qquad \ldots (5)$

Now if we put value of $\dfrac{du}{dx}$ from (5) in (1), we get v, as

$$v = \sin x - c_1 e^x + c_2 e^{-x} \qquad \ldots (6)$$

Hence (4) and (6) together constitute the general solution.

To find c_1, c_2, we apply initial condition at $x = 0$, $u = 1$ and $v = 0$, hence

$$c_1 + c_2 = 1 \quad \text{and} \quad c_2 - c_1 = 0$$

Solving for c_1 and c_2, we obtain $c_1 = c_2 = \dfrac{1}{2}$

Hence $\quad u = \dfrac{1}{2}(e^x + e^{-x}) \text{ and } v = \sin x - \dfrac{1}{2}(e^x - e^{-x}) \qquad \ldots (7)$

or $\quad u = \cosh x \quad \text{and} \quad v = \sin x - \sinh x \qquad \ldots (8)$

Hence the solution of equations are given by equation (7) and (8).

Ex. 3 : *Solve simultaneously* **(Dec. 2008)**

$$\dfrac{dx}{dt} - 3x - 6y = t^2 \qquad \ldots (1)$$

$$\dfrac{dy}{dt} + \dfrac{dx}{dt} - 3y = e^t \qquad \ldots (2)$$

Sol. : Using $D \equiv \dfrac{d}{dx}$, equations (1) and (2) can be written as

$$(D - 3) x - 6y = t^2 \qquad \ldots (3)$$

$$Dx + (D - 3) y = e^t \qquad \ldots (4)$$

To eliminate x from (3) and (4), operating (3) by D and (4) by $(D - 3)$, we get

$$D(D - 3) x - 6Dy = 2t \qquad \ldots (5)$$

$$D(D-3)x + (D-3)^2 y = (D-3)e^t = e^t - 3e^t = -2e^t \qquad \ldots (6)$$

Subtracting (5) from (6), we have

$$(D^2 + 9) y = -2e^t - 2t$$

whose general solution is

$$y = c_1 \cos 3t + c_2 \sin 3t - \frac{e^t}{5} - \frac{2t}{9} \qquad \ldots (7)$$

To eliminate y from (3) and (4), operate (3) by $(D-3)$ and multiply (4) by 6 and subtract, we obtain

$$(D^2 + 9) x = 6e^t - 3t^2 + 2t$$

whose general solution is

$$x = c_3 \cos 3t + c_4 \sin 3t + \frac{3e^t}{5} - \frac{t^2}{3} + \frac{2t}{9} + \frac{2}{27} \qquad \ldots (8)$$

We have too many constants. To deal with this problem (i.e. to obtain relation between c_1, c_2 and c_3, c_4), we put values of x and y in (3) to find

$$(\sin 3t)(-3c_3 - 3c_4 - 6c_2) + \cos 3t\,(3c_4 - 3c_3 - 6c_1) + t^2 = t^2$$

This must be identity, hence

$$-3c_3 - 3c_4 - 6c_2 = 0 \qquad \text{and} \qquad 3c_4 - 3c_3 - 6c_1 = 0$$

Solving and simplifying these, we get

$$c_1 = \frac{c_4}{2} - \frac{c_3}{2} \qquad \text{and} \qquad c_2 = -\frac{c_3}{2} - \frac{c_4}{2}$$

Hence on substituting c_1, c_2 in (8) the required solutions are

$$x = c_3 \cos 3t + c_4 \sin 3t + \frac{3}{5} e^t - \frac{1}{3} t^2 + \frac{2t}{9} + \frac{2}{27}$$

and

$$y = \left(\frac{c_4}{2} - \frac{c_3}{2}\right) \cos 3t + \left(-\frac{c_3}{2} - \frac{c_4}{2}\right) \sin 3t - \frac{e^t}{5} - \frac{2t}{9}$$

Remark : Alternatively, we note that in equation (1), coefficient of y is constant. Hence, we can solve the system for x first and then using this solution we can obtain y. Thus we can avoid obtaining a relation between constants c_1, c_2 and c_3, c_4 in the solutions for x and y.

Ex. 4 : *The currents x and y in the coupled circuits are given by*

$$L\frac{dx}{dt} + Rx + R(x-y) = E$$

$$L\frac{dy}{dt} + Ry - R(x-y) = 0$$

Find x and y in terms of t, given that $x = y = 0$ at $t = 0$. **(Dec. 2005, Nov. 2014)**

Sol. : In terms of operator $D \equiv \dfrac{d}{dt}$, the equations are :

$$(LD + 2R)\, x - Ry = E \qquad \ldots (1)$$
$$(LD + 2R)\, y - Rx = 0 \qquad \ldots (2)$$

To eliminate y, operating (1) by $(LD + 2R)$, we have

$$(LD + 2R)^2 x - R(LD + 2R) y = (LD + 2R) E = 0 + 2RE$$

or $\quad (LD + 2R)^2 x - R(Rx) = 2RE$ (since from (2), we have $(LD + 2R)y = Rx$)

or $\quad (LD + 2R)^2 x - R^2 x = 2RE$

i.e. $\quad L^2 \dfrac{d^2 x}{dt^2} + 4RL \dfrac{dx}{dt} + 3R^2 x = 2RE$

A.E. is $\quad L^2 D^2 + 4RLD + 3R^2 = 0 \quad$ or $\quad (LD + 3R)(LD + R) = 0$

$\therefore \qquad\qquad D = -\dfrac{3R}{L}, -\dfrac{R}{L}$

$$\text{C.F.} = c_1 e^{-(Rt/L)} + c_2 e^{-(3Rt/L)}$$

$$\text{P.I.} = 2RE \dfrac{1}{L^2 D^2 + 4RLD + 3R^2} e^{0t}$$

$$= 2RE \dfrac{1}{0 + 0 + 3R^2} e^{0t} = \dfrac{2E}{3R}$$

Hence the general solution for x is

$$x = c_1 e^{-(Rt/L)} + c_2 e^{-(3Rt/L)} + \dfrac{2E}{3R} \qquad \ldots(3)$$

To find y, from (1), we have $\quad y = \dfrac{1}{R}[(LD + 2R) x - E] \qquad \ldots (4)$

Now, $(LD + 2R) x = L \cdot \dfrac{dx}{dt} + 2Rx$

$$= L \left[-\dfrac{c_1 R}{L} e^{-(Rt/L)} - \dfrac{3R}{L} c_2 e^{-(3Rt/L)} \right]$$

$$+ 2R \left[c_1 e^{-(Rt/L)} + c_2 e^{-(3Rt/L)} + \dfrac{2E}{3R} \right]$$

$$= -c_1 R e^{-(Rt/L)} - 3R c_2 e^{-(3Rt/L)} + 2R c_1 e^{-(Rt/L)} + 2R c_2 e^{-(3Rt/L)} + \dfrac{4E}{3}$$

$\therefore \quad (LD + 2R) x = c_1 R e^{-(Rt/L)} - c_2 R\, e^{-(3Rt/L)} + \dfrac{4E}{3} \qquad \ldots (5)$

Putting value of $(LD + 2R)x$ from (5) in (4), we obtain

$$y = \frac{1}{R}\left[c_1 Re^{-(Rt/L)} - c_2 Re^{-(3Rt/L)} + \frac{4E}{3} - E\right]$$

$$\therefore \qquad y = c_1 e^{-(Rt/L)} - c_2 e^{-(3Rt/L)} + \frac{E}{3R} \qquad \ldots (6)$$

Initially, at $t = 0$, $x = 0$ and $y = 0$, hence

$$0 = c_1 + c_2 + \frac{2E}{3R} \quad \text{and} \quad 0 = c_1 - c_2 + \frac{E}{3R}$$

Solving for c_1 and c_2, we get

$$c_1 = -\frac{E}{2R} \quad \text{and} \quad c_2 = -\frac{E}{6R}$$

Putting these values of c_1 and c_2 in (3) and (6) for x and y,

$$x = \frac{E}{R}\left[\frac{2}{3} - \frac{1}{2}e^{-(Rt/L)} - \frac{1}{6}e^{-(3Rt/L)}\right]$$

$$y = \frac{E}{R}\left[\frac{1}{3} - \frac{1}{2}e^{-(Rt/L)} + \frac{1}{6}e^{-(3Rt/L)}\right]$$

Ex. 5 : *The equations of motion of an electron under certain conditions are :*

$$m\frac{d^2x}{dt^2} + eH\frac{dy}{dt} = eE$$

$$m\frac{d^2y}{dt^2} - eH\frac{dx}{dt} = 0 \qquad \ldots (I)$$

with condition $x = \frac{dx}{dt} = y = \frac{dy}{dt} = 0$ when $t = 0$, find the path of the electron.

Sol. : Multiply the second equation of (I) by an arbitrary constant k and add to the first of equation (I).

$$m\frac{d^2}{dt^2}(x + ky) + eH\frac{d}{dt}(y - kx) = eE$$

or $\qquad m\dfrac{d^2}{dt^2}(x + ky) - eH\,k\dfrac{d}{dt}\left(x - \dfrac{1}{k}y\right) = eE \qquad \ldots (II)$

Herein choose k such that :

$$x - \frac{1}{k}y = x + ky \Rightarrow k = -\frac{1}{k}$$

or $\qquad k^2 + 1 = 0$, hence $k = \pm i \qquad \ldots (III)$

Now put $x + ky = u$, then from (II),

$$m\frac{d^2u}{dt^2} - eHk\frac{du}{dt} = eE$$

$$\Rightarrow \quad \frac{d^2u}{dt^2} - wk\frac{du}{dt} = \frac{eE}{m} \quad \text{where,} \quad w = \frac{eH}{m} \quad \ldots \text{(IV)}$$

If we solve equation (IV) as linear with constant coefficients, we get

$$u = x + ky = A + B\,e^{wkt} - \frac{Et}{Hk} \quad \ldots \text{(V)}$$

Also,

$$\frac{du}{dt} = -\frac{E}{Hk}\,Bwk\,e^{wkt} \quad \ldots \text{(VI)}$$

$$= Bwk\,e^{wkt}$$

But initially $x = y = \dfrac{dx}{dt} = \dfrac{dy}{dt} = 0$ at $t = 0$ and $x + ky = u$, we can easily get

$$u = \frac{du}{dt} = 0 \text{ at } t = 0 \text{ and from (V) and (VI), we have at } t = 0$$

$$A + B = 0 \quad \text{and} \quad wkB = \frac{E}{Hk}$$

Solving these two, we get

$$A = -\frac{E}{Hwk^2} \quad \text{and} \quad B = \frac{E}{Hwk^2}$$

Putting for A and B in (V),

$$u = x + ky = -\frac{E}{Hwk^2} + \frac{E}{Hwk^2}\cdot e^{wkt} - \frac{Et}{Hk} \quad \ldots \text{(VII)}$$

But $k = i$ and $-i$.

when $(k = i)$, $\quad x + iy = \dfrac{E}{Hw} - \dfrac{E}{Hw}e^{iwt} + \dfrac{iEt}{H} \quad \ldots$ (VIII)

and $(k = -i)$, $\quad x - iy = \dfrac{E}{Hw} - \dfrac{E}{Hw}e^{-iwt} - \dfrac{iEt}{H} \quad \ldots$ (IX)

If we add and subtract (VIII) and (IX), we can easily get

$$x = \frac{E}{Hw}(1 - \cos wt) \qquad \left[w = \frac{eH}{m}\right]$$

$$y = \frac{E}{Hw}(wt - \sin wt)$$

Alternative Method :

System (I) can also be written as

$$\frac{d^2x}{dt^2} + a\frac{dy}{dt} = b \quad \ldots \text{(1)}$$

$$\frac{d^2y}{dt^2} - a\frac{dx}{dt} = 0 \quad \text{where } a = \frac{eH}{m} \text{ and } b = \frac{eE}{m} \quad \ldots \text{(2)}$$

Integrating (2) with respect to t, we get

$$\frac{dy}{dt} - ax = c_1$$

Initially, $x = \frac{dy}{dt} = 0$ at $t = 0$ $\therefore$ $c_1 = 0$

$\therefore$ $\frac{dy}{dt} - ax = 0$ ... (3)

Next, integrating (1) with respect to t, we get

$$\frac{dx}{dt} + ay = bt + c_2$$

Initially, $\frac{dx}{dt} = y = 0$ at $t = 0$ $\therefore$ $c_2 = 0$

$\therefore$ $\frac{dx}{dt} + ay = bt$ ... (4)

From (3), substituting $x = \frac{1}{a}\frac{dy}{dt}$ in (4), we get

$$\frac{1}{a}\frac{d^2y}{dt^2} + ay = bt$$

or $\frac{d^2y}{dt^2} + a^2y = abt$ ... (5)

which is a linear differential equation.

A.E. is $D^2 + a^2 = 0$ $\therefore$ $D = \pm ia$

$$\text{C.F.} = c_1 \cos at + c_2 \sin at$$

$$\text{P.I.} = \frac{1}{D^2 + a^2} abt = \frac{ab}{a^2}\left[1 + \frac{D^2}{a^2}\right]^{-1} t = \frac{b}{a}\left(1 - \frac{D^2}{a^2}\right)t = \frac{b}{a}t$$

$\therefore$ $y = c_3 \cos at + c_4 \sin at + \frac{b}{a}t$ ... (6)

Again initially, $y = 0$, $t = 0$ $\therefore$ $c_3 = 0$

$\therefore$ $y = c_4 \sin at + \frac{b}{a}t$

and $\frac{dy}{dt} = a c_4 \cos at + \frac{b}{a}$

Also, given $\frac{dy}{dt} = 0, t = 0$ $\therefore$ $c_4 = -\frac{b}{a^2}$

$\therefore$ $y = -\frac{b}{a^2}\sin at + \frac{b}{a}t = \frac{b}{a^2}(at - \sin at)$ ... (7)

From (3), $$x = \frac{1}{a}\frac{dy}{dt}$$

$$x = \frac{1}{a}\left[\frac{b}{a^2}(a - a\cos at)\right] = \frac{b}{a^2}(1 - \cos at) \qquad \ldots (8)$$

where $a = \frac{eH}{m}$, $b = \frac{eE}{m}$

Hence, (7) and (8) constitute the solution.

Ex. 6 : *Solve*
$$t\,dx = (t - 2x)\,dt$$
$$t\,dy = (tx + ty + 2x - t)\,dt \qquad \ldots (I)$$

Sol. : From first of equation (I), we have

$$\frac{dx}{dt} + \frac{2}{t}x = 1 \text{ which is linear in } x.$$

its solution is $$x = \frac{t}{3} + \frac{c_1}{t^2} \qquad \ldots (II)$$

If we add the two equations in (I), we get,

$$t(dx + dy) = [t - 2x + tx + ty + 2x - t]\,dt = t(x+y)\,dt$$

or $$\frac{dx + dy}{x + y} = dt$$

Integrating, $$\int \frac{dx + dy}{x + y} = \int dt$$

we get, $\log(x + y) = t + c_2'$

or $x + y = c_2\,e^t$ \hfill $(c_2' = \log c_2)$

$\therefore$ $y = c_2\,e^t - x$

or $$y = c_2\,e^t - \frac{t}{3} - \frac{c_1}{t^2}$$

Hence the general solution is

$$x = \frac{t}{3} + \frac{c_1}{t^2}$$

$$y = c_2\,e^t - \frac{t}{3} - \frac{c_1}{t^2} \qquad \ldots \textbf{Ans.}$$

EXERCISE 2.1

Solve the following simultaneous equations :

1. $\quad \dfrac{dx}{dt} + y = e^t$ \hfill **Ans.** $x = c_1 \cos t + c_2 \sin t + \dfrac{1}{2}(e^t - e^{-t})$

$\quad \dfrac{dy}{dt} - x = e^{-t}$ \hfill $y = c_1 \sin t - c_2 \cos t + \dfrac{1}{2}(e^t - e^{-t})$

2. $(D + 2) x + (D + 1) y = t$
       $5x + (D + 3) y = t^2$

    Ans. $x = \left(\dfrac{c_1 - 3c_2}{5}\right) \sin t - \left(\dfrac{3c_1 + c_2}{5}\right) \cos t - t^2 + t + 3$

    $y = c_1 \cos t + c_2 \sin t + 2 t^2 - 3 t - 4$

3. $\dfrac{dx}{dt} + 5x - 2y = t$

    $\dfrac{dy}{dt} + 2x + y = 0$

    having been given that $x = y = 0$ at $t = 0$.   **(Dec. 2010)**

    Ans. $x = -\dfrac{1}{27} (1 + 6t) e^{-3t} + \dfrac{1}{27} (1 + 3t)$

    $y = -\dfrac{2}{27} (2 + 3t) e^{-3t} + \dfrac{2}{27} (2 - 3t)$

4.   If $\dfrac{dx}{dt} - wy = a \cos pt$ **(May 2007, 2010; Dec. 2012)**

    and $\dfrac{dy}{dt} + wx = a \sin pt$

    Show that $x = A \cos wt + B \sin wt + \dfrac{a \sin pt}{p + w}$

    $y = B \cos wt - A \sin wt - \dfrac{a \cos pt}{p + w}$

5.   In a heat exchange, the temperatures u and v of two liquids, satisfy the equations

    $4\dfrac{du}{dx} = v - u = 2 \dfrac{dv}{dx}$ **(May 2009)**

    Solve the equations for u and v, given that   **Ans.** $u = -60 + 80\ e^{x/4}$
    $u = 20$ and $v = 100$ when $x = 0$. $v = -60 + 160\ e^{x/4}$

6.   The equations of motion of a particle are given by

    $\dfrac{dx}{dt} + wy = 0,\ \dfrac{dy}{dt} - wx = 0$ **Ans.** $x = A \cos wt + B \sin wt$

    Find the path of the particle. $y = A \sin wt - B \cos wt$

7.   Solve the simultaneous equations for r and θ.

    $\dfrac{dr}{dt} - 2r - \theta = 0$

    $\dfrac{d\theta}{dt} + r - 4\theta = 0$ **Ans.** $r = 3\ (e^{3t} - te^{3t})$

    given that $\theta (0) = 0$ and $r'(0) = 6$ $\theta = -3t\ e^{3t}$

8. Solve the simultaneous equations

$$2\frac{dx}{dt} - x + 3y = \sin t,$$ and obtain x and y if $x = \frac{1}{4}$ and $y = -\frac{1}{20}$ at $t = 0$.

$$2\frac{dy}{dt} + 3x - y = \cos t$$

Ans. $x = \frac{1}{10}[e^{2t} + e^{-t}] + \frac{1}{20}[\cos t + 2\sin t]$

$y = -\frac{1}{10}e^{2t} + \frac{1}{10}e^{-t} + \frac{2}{5}\sin t - \frac{1}{20}\cos t$

9. Solve $(D + 5)x + (D + 7)y = 2$

$(2D + 1)x + (3D + 1)y = \sin t$

Ans. $x = -\frac{4}{3}e^t + \frac{4}{3}e^{-2t} - 1 + \cos t + 2\sin t$

under conditions $x = y = 0$, when $t = 0$ $y = -e^t + \frac{4}{5}e^{-2t} + 1 - \frac{4}{5}\cos t - \frac{7}{5}\sin t$

10. $(D - 2)x + (D - 1)y = e^t$ Ans. $x = c_1 \cos t + c_2 \sin t - \frac{1}{2}e^t$

$(D + 3)x + y = 0$ $y = (c_1 - 3c_2)\sin t - (3c_1 + c_2)\cos t + 2e^t$

11. $(D - 1)x + Dy = t$ (May 2011) Ans. $x = -2c_1 e^{2t} - \frac{2}{3}c_2 e^{-2t} - \frac{1}{4} - \frac{1}{2}t$

$3x + (D + 4)y = t^2$ $y = c_1 e^{2t} + c_2 e^{-2t} + \frac{1}{4}t + \frac{1}{4}t^2 + \frac{1}{8}$

12. $(5D + 4)y - (2D + 1)z = e^x$ Ans. $y = c_1 e^x + c_2 e^{-2x} - \frac{1}{2}x e^x + \frac{5}{4}e^{-x}$

$(D + 8)y - 3z = 5e^{-x}$ $z = 3c_1 e^x + 2c_2 e^{-2x} - \frac{1}{6}e^x - \frac{3}{2}x e^x + \frac{5}{4}e^{-x}$

13. $\frac{dx}{dt} + x - y = te^t$

$2y - \frac{dx}{dt} + \frac{dy}{dt} = e^t$ Ans. $x = (A \cos t + B \sin t)e^{-t} + \frac{1}{25}(15t - 2)e^t$

given that $x = y = 0$ when $t = 0$. $y = (B \cos t - A \sin t)e^{-t} + \frac{1}{25}(5t + 11)e^t$

14. $4\frac{dx}{dt} + 9\frac{dy}{dt} + 44x + 49y = t$ Ans. $x = Ae^{-t} + Be^{-6t} + \frac{19}{3}t - \frac{56}{9} - \frac{29}{7}e^t$

$3\frac{dx}{dt} + 7\frac{dy}{dt} + 34x + 38y = e^t$ $y = -Ae^{-t} + 4Be^{-6t} - \frac{17}{3}t + \frac{55}{9} + \frac{24}{7}e^t$

15. $\frac{d^2x}{dt^2} + 4x + 5y = t^2$

$\frac{d^2y}{dt^2} + 5x + 4y = t + 1$

Ans. $x = c_1 e^t + c_2 e^{-t} + c_3 \cos 3t + c_4 \sin 3t - \frac{1}{9}\left(4t^2 - 5t + \frac{37}{9}\right)$

$y = -c_1 e^t - c_2 e^{-t} + c_3 \cos 3t + c_4 \sin 3t + \frac{1}{9}\left(5t^2 - 4t + \frac{44}{9}\right)$

16. A mechanical system with two degrees of freedom satisfies the equations

$$2\frac{d^2x}{dt^2} + 3\frac{dy}{dt} = 4$$

$$2\frac{d^2y}{dt^2} - 3\frac{dx}{dt} = 0$$

Obtain the expressions for x and y in terms of t, given x, y, $\frac{dx}{dt}$, $\frac{dy}{dt}$ all vanish at t = 0.

Ans. $x = \frac{8}{9}\left(1 - \cos\frac{3t}{2}\right)$, $y = \frac{t}{3} - \frac{8}{9}\sin\frac{3t}{2}$

17. $\frac{d^2x}{dt^2} - y = 0$

$\frac{d^2y}{dt^2} - x - 1 = 0$

Ans. $x = c_1 e^x + c_2 e^{-x} + c_3 \cos x + c_4 \sin x - 1$

$y = c_1 e^x + c_2 e^{-x} - c_3 \cos x - c_4 \sin x$

18. The small oscillations of a certain system with two degrees of freedom are given by two simultaneous equations

$D^2 x + 3x - 2y = 0$

$D^2 x + D^2 y - 3x + 5y = 0$

If $x = 0 = y$ and $Dx = 3$, $Dy = 2$ when $t = 0$, find x and y when $t = \frac{1}{2}$.

Ans. $x = \frac{11}{4}\sin\frac{1}{2} + \frac{1}{12}\sin\frac{3}{2}$

$y = \frac{11}{4}\sin\frac{1}{2} - \frac{1}{4}\sin\frac{3}{2}$

19. The acceleration components of a particle moving in a plane are given by

$$\frac{d^2x}{dt^2} = b\frac{dy}{dt}$$

and $$\frac{d^2y}{dt^2} = a - b\frac{dx}{dt}$$

where, a and b are constants, if the particle is initially at rest at the origin then show that the path of the particle is the cycloid.

$b^2 x = a(bt - \sin bt)$

$b^2 y = a(1 - \cos bt)$

MULTIPLE CHOICE QUESTIONS (MCQ's)

Type : Simultaneous Linear Differential Equations :

1. For the simultaneous linear differential equations

$\frac{dx}{dt} + 2x - 3y = t$, $\frac{dy}{dx} - 3x + 2y = e^{2t}$ solution of x using $D \equiv \frac{d}{dt}$ is obtain from (2)

(A) $(D^2 + 4D - 5)x = 1 + 2t + 3e^{2t}$

(B) $(D^2 - 4D - 5)x = 1 + 2t - 3e^{2t}$

(C) $(D^2 + 4D - 5)x = 3t + 3e^{2t}$

(D) $(D^2 + 4D - 5)y = 3t + 4e^{2t}$

2. For the system of linear differential equations $\frac{dx}{dt} + 2x - 3y = t$, $\frac{dy}{dt} - 3x + 2y = e^{2t}$ elimination of x results in (use $D \equiv \frac{d}{dt}$) (2)

(A) $(D^2 + 4D - 5) x = 1 + 2t + 3e^{2t}$
(B) $(D^2 - 4D - 5) y = t - 4e^{2t}$
(C) $(D^2 - 4D + 5) y = 3t - 2e^{2t}$
(D) $(D^2 + 4D - 5) y = 3t + 4e^{2t}$

3. For the simultaneous Linear DE $\frac{du}{dx} + v = \sin x$, $\frac{dv}{dx} + u = \cos x$ solution of u using $D \equiv \frac{d}{dx}$ is obtain from (2)

(A) $(D^2 + 1) u = 2 \cos x$
(B) $(D^2 - 1) u = 0$
(C) $(D^2 - 1) u = \sin x - \cos x$
(D) $(D^2 - 1) v = -2 \sin x$

4. For the simultaneous Linear DE $\frac{du}{dx} + v = \sin x$, $\frac{dv}{dx} + u = \cos x$ eliminating u results in (use $D \equiv \frac{d}{dx}$) (2)

(A) $(D^2 + 1) v = 0$
(B) $(D^2 - 1) u = 0$
(C) $(D^2 - 1) v = -2 \sin x$
(D) $(D^2 + 1) v = \sin x + \cos x$

5. For the simultaneous Linear DE $\frac{dx}{dt} - 3x - 6y = t^2$, $\frac{dy}{dt} + \frac{dx}{dt} - 3y = e^t$ solution of x using $D \equiv \frac{d}{dt}$ is obtain from (2)

(A) $(D^2 + 9) x = 6e^t - 3t^2 + 2t$
(B) $(D^2 + 9) y = -2e^t - 2t$
(C) $(D^2 - 9) x = 6e^t - 3t^2$
(D) $(D^2 + 12D + 9) x = 6e^t + 3t^2 + 2t$

6. For the simultaneous Linear DE $L\frac{dx}{dt} + Rx + R(x - y) = E$, $L\frac{dy}{dt} + Ry - R(x - y) = 0$ where L, R and E are constants, solution of x using $D \equiv \frac{d}{dt}$ is obtain from (2)

(A) $(L^2D^2 + 4RLD + 5R^2) x = 2RE + 2R$
(B) $(L^2D^2 + 4RLD + 3R^2) y = RE$
(C) $(L^2D^2 + 4RLD + 3R^2) x = 2RE$
(D) $(L^2D^2 + 2RLD + 5R^2) x = 2RE$

7. For the simultaneous Liner DE $L\frac{dx}{dt} + Rx + R(x - y) = E$, $L\frac{dy}{dt} + Ry - R(x - y) = 0$ where L, R and E are constants, solution of y using $D \equiv \frac{d}{dt}$ is obtain from (2)

(A) $(L^2D^2 + 4RLD + 5R^2) y = RE + 2R$
(B) $(L^2D^2 + 4RLD + 3R^2) y = RE$
(C) $(L^2D^2 + 4RLD + 3R^2) x = 2RE$
(D) $(L^2D^2 + 2RLD + 5R^2) y = 2RE$

8. For the simultaneous Linear DE $\frac{dx}{dt} + y = e^t$, $\frac{dy}{dt} + x = e^{-t}$ solution of x using $D \equiv \frac{d}{dt}$ is obtain from (2)

   (A) $(D^2 - 1)x = 2e^t$ (B) $(D^2 - 1)y = -e^t - e^{-t}$
   (C) $(D^2 + 1)x = e^{-t} + e^t$ (D) $(D^2 - 1)x = e^t - e^{-t}$

9. From the simultaneous Linear DE $\frac{dx}{dt} + y = e^t$, $\frac{dy}{dt} + x = e^{-t}$, solution of y using $D \equiv \frac{d}{dt}$ is obtain from (2)

   (A) $(D^2 - 1)y = 2e^t$ (B) $(D^2 - 1)y = -e^t - e^{-t}$
   (C) $(D^2 + 1)y = e^{-t} + e^t$ (D) $(D^2 - 1)x = e^t - e^{-t}$

10. For the simultaneous Linear DE $\frac{dx}{dt} + 5x - 2y = t$, $\frac{dy}{dt} + 2x + y = 0$, solution of x using $D \equiv \frac{d}{dt}$ is obtain from (2)

    (A) $(D^2 + 6D + 9)x = 1 + t$ (B) $(D^2 - 6D + 9)x = 2t$
    (C) $(D^2 + 6D + 1)x = t$ (D) $(D^2 + 6D + 9)y = 2t$

11. For the simultaneous Linear DE $\frac{dx}{dt} + 5x - 2y = t$, $\frac{dy}{dt} + 2x + y = 0$, solution of y using $D \equiv \frac{d}{dt}$ is obtain from (2)

    (A) $(D^2 - 6D - 9)y = 2t$ (B) $(D^2 + 6D + 9)x = 1 + t$
    (C) $(D^2 + 6D + 1)y = t$ (D) $(D^2 + 6D + 9)y = -2t$

Answers

1. (A)	2. (D)	3. (B)	4. (C)	5. (A)	6. (C)	7. (B)	8. (D)
9. (B)	10. (A)	11. (D)					

2.3 SYMMETRICAL SIMULTANEOUS DIFFERENTIAL EQUATIONS

Definition : Equations of the type : $\dfrac{dx}{P} = \dfrac{dy}{Q} = \dfrac{dz}{R}$ ...(1)

where P, Q, R are the functions of x, y and z, are said to be *symmetrical simultaneous differential equations*.

There are mainly two methods of solving such equations. The solutions of such a system consist of two independent relations of the type :

$$F_1(x, y, z) = c_1 \text{ and } F_2(x, y, z) = c_2$$

(A) METHOD OF COMBINATION OR GROUPING

If we can observe that z is missing from first group $\frac{dx}{P} = \frac{dy}{Q}$ or, may be cancelled from this equation, then it becomes a differential equation in x and y only. Solution of this will give one relation in the solution of simultaneous equations. Then we consider the second group $\frac{dy}{Q} = \frac{dz}{R}$. If it does not contain x, it is most ideal otherwise we cancel x (if possible) and if not try to eliminate x by the help of first relation just reached. It will then be a differential equation in y and z only and after integration yields the second relation in the solution of the system of simultaneous equations. Following examples will illustrate this method.

ILLUSTRATIONS ON SYMMETRICAL SIMULTANEOUS DIFFERENTIAL EQUATIONS

Ex. 1 : *Solve* $\quad \dfrac{dx}{y^2} = \dfrac{dy}{x^2} = \dfrac{dz}{x^2 y^2 z^2}$

Sol. : Consider $\quad \dfrac{dx}{y^2} = \dfrac{dy}{x^2}$

or $\quad x^2 \, dx = y^2 \, dy$

On integration $\quad x^3 = y^3 + c_1$

$\Rightarrow \quad x^3 - y^3 = c_1 \quad \ldots (1)$

which is the first solution.

Now consider $\quad \dfrac{dy}{x^2} = \dfrac{dz}{x^2 y^2 z^2}$

Cancelling the common factors, we have

$\dfrac{dy}{1} = \dfrac{dz}{y^2 z^2} \Rightarrow y^2 \, dy = \dfrac{dz}{z^2}$

On integration $\quad \dfrac{1}{3} y^3 = -\dfrac{1}{z} + c'_2 \quad$ or $\quad y^3 = -\dfrac{3}{z} + c_2$

$\Rightarrow \quad y^3 + \dfrac{3}{z} = c_2 \quad \ldots (2)$

Equations (1) and (2) taken together constitute the answer.

Note : Here in this question, we could have considered $\dfrac{dx}{y^2} = \dfrac{dz}{x^2 y^2 z^2}$ either and after cancelling y^2, got the equation $\dfrac{dx}{1} = \dfrac{dz}{x^2 z^2}$ which would have yielded the solution $x^3 + \dfrac{3}{z} = c_2 \quad \ldots (3)$

But (2) and (3) are actually the same in the light of solution (1).

Ex. 2 : Solve $\dfrac{dx}{y^2} = \dfrac{dy}{-xy} = \dfrac{dz}{x(z-2y)}$.

Sol. : Consider first two terms,

$$\dfrac{dx}{y^2} = \dfrac{dy}{-xy} \quad \text{or} \quad x\,dx + y\,dy = 0$$

On integrating, $\quad x^2 + y^2 = c_1$ ... (1)

Next, consider second and third terms,

$$\dfrac{dy}{-xy} = \dfrac{dz}{x(z-2y)} \quad \text{or} \quad z\,dy + y\,dz - 2y\,dy = 0$$

On integrating, $\quad yz - y^2 = c_2$ ... (2)

Hence, (1) and (2) together constitute the solution.

Ex. 3 : Solve $\dfrac{dx}{2x} = \dfrac{dy}{-y} = \dfrac{dz}{4xy^2 - 2z}$. **(Dec. 2005)**

Sol. : Consider first two terms together.

$$\dfrac{dx}{2x} = \dfrac{dy}{-y} \quad \text{or} \quad \dfrac{dx}{x} + 2\dfrac{dy}{y} = 0$$

On integrating,

$$\log x + 2\log y = \log c_1$$
$$xy^2 = c_1 \quad ...(1)$$

Next, consider first and last terms together.

$$\dfrac{dx}{2x} = \dfrac{dz}{4xy^2 - 2z}$$

Using the solution (1), we remove y from this equation and obtain

$$\dfrac{dx}{2x} = \dfrac{dz}{4c_1 - 2z} \quad \text{or} \quad \dfrac{dx}{x} - \dfrac{dz}{2c_1 - z} = 0$$

On integrating,

$$\log x + \log(2c_1 - z) = \log c_2$$
$$x(2c_1 - z) = c_2$$

Putting back the expression for $c_1 = xy^2$, we have

$$x(2xy^2 - z) = c_2 \quad ...(2)$$

Hence, (1) and (2) constitute the solution of given symmetrical equations.

Ex. 4 : Solve $\quad \dfrac{dx}{x} = \dfrac{dy}{y} = \dfrac{dz}{z - a\sqrt{x^2 + y^2 + z^2}}$

Sol. : First group of equations gives :

$$\dfrac{dx}{x} = \dfrac{dy}{y}$$

$\Rightarrow \quad \log x = \log y + \log c_1$

$\Rightarrow \quad \log\left(\dfrac{x}{y}\right) = \log c_1 \Rightarrow x = c_1 y \Rightarrow y = c_2 x$

We shall put value of y in third ratio and eliminate it from 1st and 3rd ratios, to yield

$$\frac{dx}{x} = \frac{dz}{z - a\sqrt{x^2 + z^2 + c_2^2 x^2}}$$

$\Rightarrow \quad \dfrac{dz}{dx} = \dfrac{z - a\sqrt{x^2(1 + c_2^2) + z^2}}{x}$

which is homogeneous, we now put $z = vx$ and $\dfrac{dz}{dx} = v + x\dfrac{dv}{dx}$

$\Rightarrow \quad v + x\dfrac{dv}{dx} = \dfrac{vx - a\sqrt{x^2(1 + c_2^2) + v^2 x^2}}{x}$

$\qquad \qquad = v - a\sqrt{v^2 + (1 + c_2^2)}$

$\Rightarrow \quad x\dfrac{dv}{dx} = -a\sqrt{v^2 + (1 + c_2^2)}$

$\Rightarrow \quad \displaystyle\int \dfrac{dv}{\sqrt{(1 + c_2^2 + v^2)}} = -a \int \dfrac{dx}{x}$ (variable separable)

$\Rightarrow \log\left[v + \sqrt{1 + c_2^2 + v^2}\right] + a \log x = \log c_3$

$\Rightarrow \quad \left(v + \sqrt{1 + v^2 + c_2^2}\right)(x^a) = c_3$

Now, put $v = \dfrac{z}{x}$ and $c_2 = \dfrac{y}{x}$

$\Rightarrow \quad z + \sqrt{x^2 + y^2 + z^2} = c_3\, x^{1-a}$

Hence the required solution is given by :

$$y = c_2 x \text{ and } z + \sqrt{x^2 + y^2 + z^2} - c_3 x^{1-a} = 0$$

(B) METHOD OF MULTIPLIERS

Sometimes we select one or two sets of multipliers say l, m, n or l', m', n', not necessarily constants to find a fourth ratio by which we come to solutions viz. if the equation is

$$\frac{dx}{P} = \frac{dy}{Q} = \frac{dz}{R}$$

then choose multipliers l, m, n such that

$$\frac{dx}{P} = \frac{dy}{Q} = \frac{dz}{R} = \frac{l\,dx + m\,dy + n\,dz}{lP + mQ + nR} \qquad \ldots (1)$$

Now, suppose the choice of l, m, n such that
$lP + mQ + nR = 0$ then $l\,dx + m\,dy + n\,dz = 0$

and if it is exact we may find its integral as

$$F_1(x, y, z) = c_1 \qquad \ldots (2)$$

which is the first solution of the system.

If it is further possible to find the other set of multipliers say l', m', n' such that :

$$\frac{dx}{P} = \frac{dy}{Q} = \frac{dz}{R} = \frac{l'dx + m'dy + n'dz}{l'P + m'Q + n'R}$$

and also if $\quad l'P + m'Q + n'R = 0$, then $l'dx + m'dy + n'dz = 0$
and solving we get another solution like

$$F_2(x, y, z) = c_2 \qquad \ldots (3)$$

Thus (2) and (3) constitute the solution of the given set of symmetrical equations.

ILLUSTRATIONS

Ex. 5 : *Solve* $\quad \dfrac{dx}{y-z} = \dfrac{dy}{z-x} = \dfrac{dz}{x-y}$

Sol. : If we take the first set of multipliers as 1, 1, 1 we have

$$\frac{dx}{y-z} = \frac{dy}{z-x} = \frac{dz}{x-y} = \frac{dx + dy + dz}{1(y-z) + 1(z-x) + 1(x-y)}$$

$$= \frac{dx + dy + dz}{0}$$

$$dx + dy + dz = 0$$

and by integration we get

$$x + y + z = c_1 \qquad \ldots (1)$$

as first solution.

Next the question itself suggests that even x, y, z may be a set of multipliers, then

$$\frac{dx}{y-z} = \frac{dy}{z-x} = \frac{dz}{x-y} = \frac{x\,dx + y\,dy + z\,dz}{x(y-z) + y(z-x) + z(x-y)}$$

$\Rightarrow \quad x\,dx + y\,dy + z\,dz = 0$

On integration, it yields

$$x^2 + y^2 + z^2 = c_3 \qquad \ldots (2)$$

Thus the equations (1) and (2) together constitute the required solutions of the set.

Ex. 6 : *Solve* $\dfrac{dx}{mz - ny} = \dfrac{dy}{nx - lz} = \dfrac{dz}{ly - mx}$ **(Dec. 2006)**

Sol. : The equation suggests that (x, y, z) may be the first set of multipliers, hence

$$\frac{dx}{mz - ny} = \frac{dy}{nx - lz} = \frac{dz}{ly - mx}$$

$$= \frac{x\,dx + y\,dy + z\,dz}{x(mz - ny) + y(nx - lz) + z(ly - mx)}$$

$$= \frac{x\,dx + y\,dy + z\,dz}{0}$$

$\Rightarrow \quad x\,dx + y\,dy + z\,dz = 0$

On integrating,

$$x^2 + y^2 + z^2 = c_1 \qquad \ldots (1)$$

Let l, m, n be second set of multipliers, then each ratio equals

$$= \frac{l\,dx + m\,dy + n\,dz}{l(mz - ny) + m(nx - lz) + n(ly - mx)}$$

$$= \frac{l\,dx + m\,dy + n\,dz}{0}$$

$\Rightarrow\ l\,dx + m\,dy + n\,dz = 0$

On integration, it gives

$$lx + my + nz = c_2 \qquad \ldots (2)$$

Equations (1) and (2) together constitute the solution.

Note : In some cases, the 4th term $\dfrac{l\,dx + m\,dy + n\,dz}{lP + mQ + nR}$ turns out to be a more convenient ratio than the previous three ratios and in such a case numerator often turns out to be differential of the denominator. By this fact and by opting one or two given ratios, we are able to solve the system. Examples will strengthen this method further.

Ex. 7 : *Solve* $\quad \dfrac{dx}{3z - 4y} = \dfrac{dy}{4x - 2z} = \dfrac{dz}{2y - 3x}$

Sol. : Let us choose multipliers x, y, z then each ratio equals $\dfrac{x\,dx + y\,dy + z\,dz}{0}$

$\Rightarrow \qquad x\,dx + y\,dy + z\,dz = 0$, on integration, we get

$$x^2 + y^2 + z^2 = c_1 \qquad \ldots (1)$$

Second set of multipliers may be conveniently chosen as 2, 3, 4 and then each ratio equals $\dfrac{2\,dx + 3\,dy + 4\,dz}{0}$, from where

$$2\,dx + 3\,dy + 4\,dz = 0$$

$\Rightarrow \qquad 2x + 3y + 4z = c_2 \qquad \ldots (2)$

Equations (1) and (2) constitute the answer.

Ex. 8 : *Solve* $\dfrac{dx}{x(2y^4 - z^4)} = \dfrac{dy}{y(z^4 - 2x^4)} = \dfrac{dz}{z(x^4 - y^4)}$ **(May 06, 07, 08; Dec. 2010)**

Sol. : First set of multipliers may be x^3, y^3, z^3 which will equal each ratio to

$$\frac{x^3\,dx + y^3\,dy + z^3\,dz}{0}$$

$\Rightarrow \qquad x^3\,dx + y^3\,dy + z^3\,dz = 0$

On integration, this yields

$$x^4 + y^4 + z^4 = c_1 \qquad \ldots (1)$$

If we choose conveniently the second set of multipliers as $\dfrac{1}{x}, \dfrac{1}{y}, \dfrac{2}{z}$, then each ratio will be equal to

$$\dfrac{\dfrac{dx}{x} + \dfrac{dy}{y} + \dfrac{2 \cdot dz}{z}}{0}$$

$$\Rightarrow \quad \dfrac{dx}{x} + \dfrac{dy}{y} + \dfrac{2 \cdot dz}{z} = 0$$

On integration, we have

$$\log x + \log y + 2 \log z = \log c_2$$

$$\Rightarrow \quad x\, y\, z^2 = c_2 \qquad \ldots (2)$$

Here equations (1) and (2) constitute the answer.

Ex. 9 : Solve $\dfrac{a\, dx}{(b-c)\, yz} = \dfrac{b\, dy}{(c-a)\, xz} = \dfrac{c\, dz}{(a-b)\, xy}$

Sol. : Use multipliers x, y, z, then each ratio equals

$$\dfrac{ax\, dx + by\, dy + cz\, dz}{0} \Rightarrow ax\, dx + by\, dy + cz\, dz = 0$$

Integration yields, $\quad ax^2 + by^2 + cz^2 = c_1 \qquad \ldots (1)$

Next we shall use multipliers ax, by, cz then each ratio equals

$$\dfrac{a^2 x\, dx + b^2 y\, dy + c^2 z\, dz}{0} \Rightarrow a^2 x\, dx + b^2 y\, dy + c^2 z\, dz = 0$$

Integration will yield,

$$a^2 x^2 + b^2 y^2 + c^2 z^2 = c_2 \qquad \ldots (2)$$

Equations (1) and (2) constitute the answer.

Ex. 10 : Solve $\dfrac{dx}{y + zx} = \dfrac{dy}{-x - yz} = \dfrac{dz}{x^2 - y^2}.$

Sol. : Using the first set of multipliers y, x, 1,

$$\text{each term} = \dfrac{y\, dx + x\, dy + dz}{0}$$

$$\therefore \quad y\, dx + x\, dy + dz = 0$$

On integration, $\quad xy + z = c_1 \qquad \ldots (1)$

Again using second set of multipliers $x, y, -z$,

$$\text{each term} = \frac{x\,dx + y\,dy - z\,dz}{0}$$

$\therefore \quad x\,dx + y\,dy - z\,dz = 0$

On integration, $x^2 + y^2 - z^2 = c^2$ ... (2)

Thus (1) and (2) are solutions of the given equations.

Ex. 11 : *Solve* $\quad \dfrac{dx}{1} = \dfrac{dy}{1} = \dfrac{dz}{(1 + 2xy + 3x^2 y^2)(x + y)z}$

Sol. : From the first two ratios, we have

$$\frac{dx}{1} = \frac{dy}{1}$$

On integration, $\quad x - y = c_1$ ... (1)

Also, $\quad \text{each ratio} = \dfrac{y\,dx + x\,dy}{y + x}\quad$ and hence

$$\frac{y\,dx + x\,dy}{y + x} = \frac{dz}{(1 + 2xy + 3x^2 y^2)(x + y)z}$$

$\Rightarrow \quad \dfrac{y\,dx + x\,dy}{1} = \dfrac{dz}{(1 + 2xy + 3x^2 y^2)z}$

$\Rightarrow \quad \dfrac{d(xy)}{1} = \dfrac{dz}{(1 + 2xy + 3x^2 y^2)z}$

$\Rightarrow \quad (1 + 2xy + 3x^2 y^2)\,d(xy) = \dfrac{dz}{z}$

For convenience, put $\quad xy = v$

$\Rightarrow \quad x\,dy + y\,dx = dv$

$\Rightarrow \quad d(xy) = dv$

$\Rightarrow \quad (1 + 2v + 3v^2)\,dv = \dfrac{dz}{z}$ (from where variables are separable)

$\Rightarrow \quad v + v^2 + v^3 = \log z + c_2$

$\Rightarrow \quad xy + (xy)^2 + (xy)^3 - \log z = c_2$ ... (2)

Hence equations (1) and (2) together represent the solution set of the system.

Ex. 12 : *Solve* $\quad \dfrac{dx}{1} = \dfrac{dy}{1} = \dfrac{dz}{(x + y)[e^{xy} + \sin xy + x^2 y^2]}$

Sol. : Consider the first group $\dfrac{dx}{1} = \dfrac{dy}{1}$, which yields

$\Rightarrow \quad x - y = c_1$ ... (1)

Now each ratio equals $\dfrac{y\,dx + x\,dy}{y + x}$, hence

$$\dfrac{y\,dx + x\,dy}{y + x} = \dfrac{dz}{(x + y)[e^{xy} + \sin xy + (xy)^2]}$$

$\Rightarrow \quad [e^{xy} + \sin xy + (xy)^2](y\,dx + x\,dy) = dz$

Put $xy = v$, then $x\,dy + y\,dx = dv$

$\Rightarrow \quad (e^v + \sin v + v^2)\,dv = dz$

On integration, we get $e^v - \cos v + \dfrac{v^3}{3} = z + c_2$

$\Rightarrow \quad 3e^v - 3\cos v + v^3 = 3z + c_3$

$\Rightarrow \quad 3e^{xy} - 3\cos(xy) + (xy)^3 - 3z = c_3$ ... (2)

Equations (1) and (2) constitute the answer.

Ex. 13 : *Solve* $\dfrac{dx}{x^2 - yz} = \dfrac{dy}{y^2 - zx} = \dfrac{dz}{z^2 - xy}$ ... (1)

Sol. : Each ratio equals

$$\dfrac{dx - dy}{(x + y + z)(x - y)} = \dfrac{dy - dz}{(x + y + z)(y - z)} = \dfrac{dz - dx}{(x + y + z)(z - x)}$$

$\Rightarrow \quad \dfrac{dx - dy}{x - y} = \dfrac{dy - dz}{y - z} = \dfrac{dz - dx}{z - x}$ ... (2)

Consider the first two ratios in (2)

$$\dfrac{dx - dy}{x - y} = \dfrac{dy - dz}{y - z}$$

Each being exact, we may integrate to get

$\log(x - y) = \log(y - z) + \log c_1$

$\Rightarrow \quad \dfrac{x - y}{y - z} = c_1$ ... (3)

Next we shall select two sets of multipliers say x, y, z and $(1, 1, 1)$ and obtain by their help the second relation. Each ratio in (1) equals

$$\dfrac{x\,dx + y\,dy + z\,dz}{x^3 + y^3 + z^3 - 3xyz} \text{ as well as } \dfrac{dx + dy + dz}{x^2 + y^2 + z^2 - yz - zx - xy}$$

Equating these two, we have

$$\dfrac{x\,dx + y\,dy + z\,dz}{(x + y + z)(x^2 + y^2 + z^2 - xy - yz - zx)} = \dfrac{dx + dy + dz}{x^2 + y^2 + z^2 - yz - zx - xy}$$

Cancelling factor $x^2 + y^2 + z^2 - xy - yz - zx$, we get

$$\dfrac{x\,dx + y\,dy + z\,dz}{x + y + z} = \dfrac{dx + dy + dz}{1}$$

$\Rightarrow \quad x\,dx + y\,dy + z\,dz = (x + y + z)(dx + dy + dz)$

Integration yields

$x^2 + y^2 + z^2 = (x + y + z)^2 + c_2$ ... (4)

$\therefore$ Equations (3) and (4) constitute the solution of the system.

Ex. 14 : *Solve* $\dfrac{dx}{x^2 - y^2 - z^2} = \dfrac{dy}{2xy} = \dfrac{dz}{2xz}$ ... (1)

Sol. : Here it is convenient to consider the later two ratios to yield $\dfrac{dy}{y} = \dfrac{dz}{z}$ which on integration gives $\log y = \log z + \log c_1$.

$\Rightarrow \quad \dfrac{y}{z} = c_1 \Rightarrow y = c_1 z$ ... (2)

Next we shall use multipliers x, y, z then each ratio in (1) equals

$$\dfrac{x\,dx + y\,dy + z\,dz}{x(x^2 - y^2 - z^2) + 2xy^2 + 2xz^2} = \dfrac{x\,dx + y\,dy + z\,dz}{x^3 + xy^2 + xz^2} = \dfrac{x\,dx + y\,dy + z\,dz}{x[x^2 + y^2 + z^2]}$$

If we consider this with the second ratio in (1)

$$\dfrac{dy}{2xy} = \dfrac{x\,dx + y\,dy + z\,dz}{x(x^2 + y^2 + z^2)}$$

$\Rightarrow \quad \dfrac{dy}{y} = \dfrac{2(x\,dx + y\,dy + z\,dz)}{x^2 + y^2 + z^2}$

Hence its integration yields

$$\log y = \log(x^2 + y^2 + z^2) + \log c_2$$

$\Rightarrow \quad \dfrac{y}{x^2 + y^2 + z^2} = c_2$ ... (3)

Equations (2) and (3) constitute the answer.

EXERCISE 2.2

Solve the following system of symmetrical simultaneous equations :

1. $\dfrac{dx}{y^2 z} = \dfrac{dy}{x^2 z} = \dfrac{dz}{y^2 x}$ **(May 2010)** Ans. $x^3 - y^3 = c_1$ and $x^2 - z^2 = c_2$

2. $\dfrac{x\,dx}{y^3 z} = \dfrac{dy}{x^2 z} = \dfrac{dz}{y^3}$ Ans. $x^4 - y^4 = c_1$, $x^2 - z^2 = c_2$

3. $\dfrac{dx}{y} = \dfrac{dy}{-x} = \dfrac{dz}{x\,e^{x^2+y^2}}$ **(Dec. 04)** Ans. $x^2 + y^2 = c_1$, $y\,e^{x^2+y^2} + z = c_2$

4. $\dfrac{dx}{x(z - 2y^2)} = \dfrac{dy}{y(z - y^2 - 2x^3)} = \dfrac{dz}{z(z - y^2 - 2x^3)}$

   Ans. $\dfrac{y}{z} = c_1$, $\dfrac{z}{x} - \dfrac{y^2}{x} + x^2 = c_2$

   Hint : Use solution $y_1 = c_1 z$ to find second solution.

5. $\dfrac{dx}{x} = \dfrac{dy}{y} = \dfrac{dz}{-(x+z)}$. Ans. $x = c_1 y$, $\dfrac{1}{2}xy + yz = c_2$

   Hint : Use solution $x = c_1 y$ to find second solution.

6. $\dfrac{dx}{1} = \dfrac{dy}{3} = \dfrac{dz}{5z + \tan(y - 3x)}$. Ans. $y - 3x = c_1$,

   $5x = \log[5z + \tan(y - 3x)] + c_2$

7. $\dfrac{dx}{x(y^2+z)} = \dfrac{dy}{-y(x^2+z)} = \dfrac{dz}{z(x^2-y^2)}$ **Ans.** $xyz = c_1$, $x^2 + y^2 - 2z = c_2$

   Hint : Use the multipliers $1/x$, $1/y$, $1/z$ and x, y, -1.

8. $\dfrac{dx}{x^2(y-z)} = \dfrac{dy}{y^2(z-x)} = \dfrac{dz}{z^2(x-y)}$ **Ans.** $\dfrac{1}{x} + \dfrac{1}{y} + \dfrac{1}{z} = c_1$, $xyz = c_2$

   Hint : Use the multipliers $1/x^2$, $1/y^2$, $1/z^2$ and $1/x$, $1/y$, $1/z$.

9. $\dfrac{dx}{y} = \dfrac{dy}{-x} = \dfrac{dz}{2x-3y}$ **Ans.** $x^2 + y^2 = c_1$, $3x + 2y + z = c_2$

   Hint : Use the multipliers 3, 2, 1.

10. $\dfrac{dx}{z(x+y)} = \dfrac{dy}{z(x-y)} = \dfrac{dz}{x^2+y^2}$ **Ans.** $x^2 - y^2 - 2xy = c_1$, $x^2 - y^2 - z^2 = c_2$

11. $\dfrac{dx}{y^3x - 2x^4} = \dfrac{dy}{2y^4 - x^3y} = \dfrac{dz}{9z(x^3-y^3)}$ **Ans.** $x^3 y^3 z = c_1$, $(x^3 + y^3) z^2 = c_2$

   Hint : Use the multipliers $1/x$, $1/y$, $1/3z$ and then x^2, y^2 for the first two terms.

12. $\dfrac{x\,dx}{z^2 - 2yz - y^2} = \dfrac{dy}{y+z} = \dfrac{dz}{y-z}$ (Dec. 10) **Ans.** $x^2 + y^2 + z^2 = c_1$, $y^2 - 2yz - z^2 = c_2$

   Hint : Use the multipliers 1, y, z and then consider last two terms.

13. $\dfrac{dx}{x(y^2-z^2)} = \dfrac{dy}{-y(z^2+x^2)} = \dfrac{dz}{z(x^2+y^2)}$ **Ans.** $\dfrac{yz}{x} = c_2$, $x^2 + y^2 + z^2 = c_1$

14. $\dfrac{x^2\,dx}{y^3} = \dfrac{y^2\,dy}{x^3} = \dfrac{dz}{z}$ **Hint :** each ratio $= \dfrac{x^2\,dx + y^2\,dy}{y^3 + x^3}$ etc.

   (Dec. 2004, 12; May 2011) **Ans.** $x^6 - y^6 = c_1$, $x^3 + y^3 = c_2 z^3$

15. $\dfrac{dx}{1} = \dfrac{dy}{1} = \dfrac{dx}{(x+y)e^{xy} + \sin xy + x^2 y^2}$

   Ans. $x - y = c_1$, $3e^{xy} - 3\cos xy + (xy)^3 - 3z = c_2$

16. $\dfrac{dx}{x^2+y^2} = \dfrac{dy}{2xy} = \dfrac{dz}{(x+y)^3 z}$ (Dec. 13) **Ans.** $(x+y)^2 - 2\log z = c_1$, $c_2 y = x^2 - y^2$

   Hint : $\dfrac{dx+dy}{(x+y)^2} = \dfrac{dz}{(x+y)^3 z}$ and $\dfrac{dx+dy}{(x+y)^2} = \dfrac{dx-dy}{(x-y)^2}$

17. $\dfrac{dx}{y+z} = \dfrac{dy}{z+x} = \dfrac{dz}{x+y}$ **Ans.** $\dfrac{x-y}{y-z} = c_1$, $(x-y)^2(x+y+z) = c_2$

   Hint : $\dfrac{dx-dy}{x-y} = \dfrac{dy-dz}{y-z}$ and $\dfrac{dx-dy}{x-y} = \dfrac{dx+dy+dz}{2(x+y+z)}$

18. $dx + dy + (x+y)\,dz = 0$,
    $z(dx+dy) + (x+y)\,dz = 0$ **Ans.** $x + y = c_1 e^{-z}$, $x + y = c_2/z$

19. $(x-z)\,dx + 2(x+z)\,dy + (z-x)\,dz = 0$
    $x(z-x)\,dx + 4y(x+z)\,dy - z(z-x)\,dz = 0$

   Ans. $x + z = c_1 (2y+z) = c_2 (x-2y)$

MULTIPLE CHOICE QUESTIONS (MCQ's)

Type : Symmetrical Simultaneous Differential Equations :

1. The general form of symmetric simultaneous DE is (1)

   (A) $a_0 \dfrac{d^n y}{dx^n} + a_1 \dfrac{d^{n-1} y}{dx^{n-1}} + a_2 \dfrac{d^{n-2} y}{dx^{n-2}} + \ldots + a_n y = f(x)$, where $a_0, a_1, a_2 \ldots, a_n$ are constant

   (B) $\dfrac{dx}{P} = \dfrac{dy}{Q} = \dfrac{dz}{R}$, where P, Q, R are function of x, y, z

   (C) $a_0 x^n \dfrac{d^n y}{dx^n} + a_1 x^{n-1} \dfrac{d^{n-1} y}{dx^{n-1}} + a_2 x^{n-2} \dfrac{d^{n-2} y}{dx^{n-2}} + \ldots + a_n y = f(x)$, where $a_0, a_1, a_2 \ldots, a_n$ are constant

   (D) $a_0 (ax+b)^n \dfrac{d^n y}{dx^n} + a_1 (ax+b)^{n-1} \dfrac{d^{n-1} y}{dx^{n-1}} + a_2 (ax+b)^{n-2} \dfrac{d^{n-2} y}{dx^{n-2}} + \ldots + a_n y = f(x)$, where $a_0, a_1, a_2 \ldots, a_n$ are constant

2. Solution of symmetric simultaneous DE $\dfrac{dx}{1} = \dfrac{dy}{1} = \dfrac{dz}{1}$ is (1)

   (A) $x + y = 0,\ y + z = 0$
   (B) $x - y = c_1,\ y + z = c_2$
   (C) $x + y = c_1,\ y - z = c_2$
   (D) $x - z = c_1,\ y - z = c_2$

3. Solution of symmetric simultaneous DE $\dfrac{dx}{x} = \dfrac{dy}{y} = \dfrac{dz}{z}$ is (1)

   (A) $x = c_1 y,\ y = c_2 z$
   (B) $xy = c_1 z,\ yz = c_2 x$
   (C) $x + y = c_1,\ y + z = c_2$
   (D) $x + y = c_1,\ y - z = c_2$

4. Considering the first two ratio of the symmetrical simultaneous DE $\dfrac{dx}{y^2} = \dfrac{dy}{x^2} = \dfrac{dz}{x^2 y^2 z^2}$, one of the relation in the solution is DE is (1)

   (A) $\dfrac{1}{x} - \dfrac{1}{y} = c$
   (B) $x - y = c$
   (C) $x^2 - y^2 = c$
   (D) $x^3 - y^3 = c$

5. Considering the first two ratio of the symmetrical simultaneous DE $\dfrac{dx}{y^2} = \dfrac{dy}{-xy} = \dfrac{dz}{x(z-2y)}$, one of the relation in the solution of DE is (2)

   (A) $x^2 + y^2 = c$
   (B) $x^3 + y^3 = c$
   (C) $-\dfrac{x^2}{2} = \dfrac{y^3}{3} + c$
   (D) $x^2 - y^2 = c$

6. Considering the first two ratio of the symmetrical simultaneous DE $\dfrac{dx}{y^2 z} = \dfrac{dy}{x^2 z} = \dfrac{dz}{y^2 x}$, one of the relation in the solution of DE is (2)

   (A) $x^2 - y^2 = c$
   (B) $x - y = c$
   (C) $x^3 - y^3 = c$
   (D) $x^3 + y^3 = c$

7. Considering the first and third ratio of the symmetrical simultaneous DE $\dfrac{xdx}{y^3z} = \dfrac{dy}{x^2z} = \dfrac{dz}{y^3}$, one of the relation in the solution of DE is (2)
   (A) $x^2 - z^2 = c$
   (B) $x^4 - y^4 = c$
   (C) $x^3 - z^3 = c$
   (D) $x - z = c$

8. Considering the second and third ratio of the symmetrical simultaneous DE $\dfrac{dx}{x^2 - y^2 - z^2} = \dfrac{dy}{2xy} = \dfrac{dz}{2xz}$, one of the relation in the solution of DE is (2)
   (A) $\dfrac{1}{y^2} - \dfrac{1}{z^2} = c$
   (B) $y^2 - z^2 = c$
   (C) $y = cz$
   (D) $x - z = c$

9. Using a set of multiplier as 1, 1, 1 the solution of DE $\dfrac{dx}{y-z} = \dfrac{dy}{z-x} = \dfrac{dz}{x-y}$ is (2)
   (A) $x^2 + y^2 + z^2 = c$
   (B) $x - y - z = c$
   (C) $x + y + z = c$
   (D) $-x + y - z = c$

10. Using a set of multiplier as x, y, z the solution of DE $\dfrac{dx}{3z - 4y} = \dfrac{dy}{4x - 2z} = \dfrac{dz}{2y - 3x}$ is (2)
    (A) $x^3 + y^3 + z^3 = c$
    (B) $\dfrac{1}{x} + \dfrac{1}{y} + \dfrac{1}{z} = c$
    (C) $x + y + z = c$
    (D) $x^2 + y^2 + z^2 = c$

11. Using a set of multiplier as x^3, y^3, z^3 the solution of DE $\dfrac{dx}{x(2y^4 - z^4)} = \dfrac{dy}{y(z^4 - 2x^4)} = \dfrac{dz}{z(x^4 - y^4)}$ is (2)
    (A) $x^3 + y^3 + z^3 = c$
    (B) $x^4 + y^4 + z^4 = c$
    (C) $x + y + z = c$
    (D) $xyz = c$

12. Using a set of multiplier as 3, 2, 1 the solution of DE $\dfrac{dx}{y} = \dfrac{dy}{-x} = \dfrac{dz}{2x - 3y}$ is (2)
    (A) $3x^2 + 2y^2 + z^2 = c$
    (B) $\dfrac{3}{x} + \dfrac{2}{y} + \dfrac{1}{z} = c$
    (C) $3x - 2y - z = c$
    (D) $3x + 2y + z = c$

13. Using a set of multiplier as 1, y, z the solution of DE $\dfrac{dx}{z^2 - 2yz - y^2} = \dfrac{dy}{y + z} = \dfrac{dz}{y - z}$ is (2)
    (A) $x^2 + y^2 + z^2 = c$
    (B) $x + \dfrac{y^2}{2} + \dfrac{z^2}{2} = c$
    (C) $x + y + z = c$
    (D) $x + y^2 + z^2 = c$

Answers

| 1. (B) | 2. (D) | 3. (A) | 4. (D) | 5. (A) | 6. (C) | 7. (A) | 8. (C) |
| 9. (C) | 10. (D) | 11. (B) | 12. (D) | 13. (B) | | | |

APPLICATIONS OF DIFFERENTIAL EQUATIONS (ELECTRICAL CIRCUITS)

2.4 INTRODUCTION

As mechanics is governed by Newton's laws, Electrical circuits are governed by the laws known as *Kirchhoff's Laws*, which we shall study in this section. The simplest Electric circuit is a series circuit in which we have an e.m.f. (electromotive force) which acts as a source of energy such as a Battery or Generator and a *Resistor*, which uses energy, such as an electric bulb or toaster.

As stated in Physics, the e.m.f. is related to the current flow in the circuit. The law says that the instantaneous current I (in a circuit containing only an e.m.f. E and a resistor) is directly proportional to the e.m.f.. Symbolically, we have

$$I \propto E \Rightarrow E \propto I \Rightarrow E = IR \qquad \ldots (1)$$

where, R is a constant of proportion called the *coefficient of resistance* or simply *resistance*. The units used are : E is in *volts*, I in *amperes* and R is in *ohms*. Equation (1) is called *Ohm's law*.

More complicated circuits contain few more elements such as *inductors* and *capacitors*. An *inductor* opposes a change in current. It has an *inertia effect* in electricity in much the same way as mass has an inertia effect in mechanics. A *capacitor* is an element which stores energy. In physics, we speak of a *voltage drop* across an element. In practice, we can determine this voltage drop or sometimes known as *potential drop* or *potential difference*, by using a *voltmeter*. Experimentally, the following laws are found to hold.

1. **The voltage drop across a resistor is proportional to the current passing through the resistor :**

   If E_R is the voltage drop across the resistor and I is the current then

   $$E_R \propto I \Rightarrow E_R = RI$$

   where, R is the resistance (constant of proportion).

2. **The voltage drop across an inductor is proportional to the instantaneous time rate of change of the current :**

   If E_L is the voltage drop across the inductor,

   $$E_L \propto \frac{dI}{dt} \Rightarrow E_L = L\frac{dI}{dt}$$

   where, L is inductance.

3. **The voltage drop across a capacitor is proportional to the instantaneous electric charge on a capacitor :**

   If E_C is the voltage drop across the capacitor and Q is the instantaneous charge then

   $$E_C \propto Q \Rightarrow E_C = \frac{Q}{C}$$

   where, C is capacitance.

Units : The following is the summary of the important electrical quantities and their units, symbols and abbreviations.

Quantity	Symbol	Unit	Abbreviation
Voltage, e.m.f. or Potential	E or V	Volt	V
Resistance	R	Ohm	w or Ω
Inductance	L	Henry	h
Capacitance	C	Farad	f
Current	I	Ampere	amp.
Charge	Q	Coulomb	none

The unit of current, the ampere, corresponds to a coulomb of charge passing a given point in the circuit per second.

$$\left[I = \frac{dQ}{dt} \right]$$

Kirchhoff's Law

The Algebraic sum of all the Voltage Drops around an Electric Loop or Circuit is Zero : (The voltage supplied (e.m.f.) is equal to the sum of the voltage drops).

2.5 L–R–C CIRCUITS

We shall now consider the following cases :

Case I : Electrical circuit consists of inductance L and capacitance C in series (without applied e.m.f.).

Differential equation of the circuit is given by

$$L\frac{dI}{dt} + \frac{Q}{C} = 0$$

Or

$$L\frac{d^2Q}{dt^2} + \frac{Q}{C} = 0$$

$$\frac{d^2Q}{dt^2} + \omega^2 Q = 0 \qquad \left(\because \omega^2 = \frac{1}{LC} \right)$$

Case II : Electrical circuit consists of inductance L, capacitance C and applied e.m.f. $E_0 \sin nt$. Differential equation of the circuit is given by

$$L\frac{dI}{dt} + \frac{Q}{C} = E_0 \sin nt$$

Or

$$L\frac{d^2Q}{dt^2} + \frac{Q}{C} = E_0 \sin nt$$

$$\frac{d^2Q}{dt^2} + \omega^2 Q = E \sin nt \qquad \left(\because \omega^2 = \frac{1}{LC}, E = \frac{E_0}{L} \right)$$

Case III : Electrical circuit consists of inductance L, resistance R and capacitance C in series without applied e.m.f. Differential equation of the circuit is given by

$$L\frac{dI}{dt} + RI + \frac{Q}{C} = 0$$

Or
$$L\frac{d^2Q}{dt^2} + R\frac{dQ}{dt} + \frac{Q}{C} = 0$$

$$\frac{d^2Q}{dt^2} + k_1\frac{dQ}{dt} + \omega^2 Q = 0 \qquad \left(\because k_1 = \frac{R}{L},\ \omega^2 = \frac{1}{LC}\right)$$

Case IV : Electrical circuit consists of inductance L, resistance R and capacitance C in series with applied e.m.f. Differential equation of the given circuit is

$$L\frac{dI}{dt} + RI + \frac{Q}{C} = E_0 \sin nt$$

or
$$\frac{d^2Q}{dt^2} + \frac{R}{L}\frac{dQ}{dt} + \frac{Q}{LC} = E_0 \sin nt$$

$$\frac{d^2Q}{dt^2} + k_1\frac{dQ}{dt} + \omega^2 Q = E \sin nt \qquad \left(\because k_1 = \frac{R}{L},\ \omega^2 = \frac{1}{LC},\ E = \frac{E_0}{L}\right)$$

ILLUSTRATIONS

Ex. 1 : *An inductor of 0.5 henries is connected in series with a resistor of 6 ohms, a capacitor of 0.02 farads, a generator having alternative voltage given by 24 sin 10 t, t > 0 and a switch k.*

(a) Set-up a differential equation for the instantaneous charge on the condenser.

(b) Find the charge and the current at time t if the charge on the capacitor is zero when the switch k is closed at t = 0. **(Dec. 2004)**

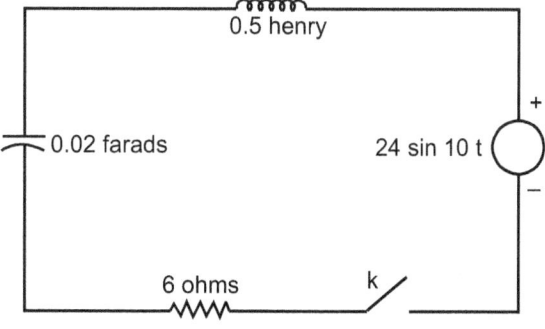

Fig. 2.1

Sol. : Voltage drop across resistor is 6I, voltage drop across inductor is $0.5 \dfrac{dI}{dt}$ and voltage drop across capacitor is $\dfrac{Q}{0.02} = 50 Q$. Hence by Kirchhoff's law, we have

$$6I + 0.5 \dfrac{dI}{dt} + 50 Q = 24 \sin 10 t.$$

$\Rightarrow \qquad 0.5 \dfrac{d^2Q}{dt^2} + 6 \dfrac{dQ}{dt} + 50 Q = 24 \sin 10 t \qquad \left[\because I = \dfrac{dQ}{dt}\right]$

$\Rightarrow \qquad \dfrac{d^2Q}{dt^2} + 12 \dfrac{dQ}{dt} + 100 Q = 48 \sin 10 t \qquad \ldots (1)$

The conditions are $Q = 0$, and $I = \dfrac{dQ}{dt} = 0$, at $t = 0$

If we solve equation (1),

A.E. $D^2 + 12 D + 100 = 0$

$\Rightarrow \qquad D = -6 \pm 8 i$

Hence $\qquad$ C.F. $= e^{-6t} [A \cos 8t + B \sin 8t]$ and P.I. given by

$$\text{P.I.} = \dfrac{48 \sin 10 t}{D^2 + 12 D + 100} = \dfrac{48 \sin 10 t}{-100 + 12 D + 100}$$

$$= \dfrac{4}{D} \sin 10 t = 4 \int \sin 10 t \, dt$$

$$= -\dfrac{4}{10} \cos 10 t = -\dfrac{2}{5} \cos 10t$$

Hence the general solution of (1) is

$$Q = e^{-6t} [A \cos 8t + B \sin 8t] - \dfrac{2}{5} \cos 10 t \qquad \ldots (2)$$

If we apply initial conditions, we get

$$A = \dfrac{2}{5}, \; B = \dfrac{3}{10}, \text{ hence}$$

$$Q = \dfrac{e^{-6t}}{10} [4 \cos 8t + 3 \sin 8t] - \dfrac{2}{5} \cos 10 t \qquad \ldots (3)$$

Here e^{-6t} is associated with *transient solution* and soon becomes negligible. The term $-\dfrac{2}{5} \cos 10t$ is the *steady-state solution* and remains after the *transient* term has virtually vanished.

Ex. 2 : *For an electric circuit with circuit constants L–R–C, the charge Q on the plate of the condenser is given by*

$$L \dfrac{d^2Q}{dt^2} + R \dfrac{dQ}{dt} + \dfrac{1}{C} Q = E \sin \omega t$$

and the current by $I = \dfrac{dQ}{dt}$. The current is tuned to resonance, so that $\omega^2 = \dfrac{1}{LC}$. If $R^2 > \dfrac{4L}{C}$ and $Q = I = 0$ at $t = 0$, show that

$$Q = \dfrac{E}{R\omega}\left[-\cos\omega t + e^{-(Rt/2L)}\left(\cos pt + \dfrac{R}{2Lp}\sin pt\right)\right]$$

where $\quad p^2 = \dfrac{1}{LC} - \dfrac{R^2}{4L^2}$

Sol. : Equation can be put as :

$$\left(D^2 + \dfrac{R}{L}D + \dfrac{1}{LC}\right)Q = \dfrac{E}{L}\sin\omega t$$

A.E. is $D^2 + \dfrac{R}{L}D + \dfrac{1}{LC} = 0$

Hence $\quad D = \dfrac{1}{2}\left[-\dfrac{R}{L} \pm \sqrt{\dfrac{R^2}{L^2} - \dfrac{4}{LC}}\right]$

$\quad = \dfrac{1}{2}\left[-\dfrac{R}{L} \pm 2\sqrt{-\left(\dfrac{1}{LC} - \dfrac{R^2}{4L^2}\right)}\right] = -\dfrac{R}{2L} \pm ip.$

C.F. $= e^{-(Rt/2L)}(C_1\cos pt + C_2\sin pt)$

$$\text{P.I.} = \dfrac{\dfrac{E}{L}\sin\omega t}{D^2 + \dfrac{R}{L}D + \dfrac{1}{LC}}$$

$$= \dfrac{\dfrac{E}{L}\sin\omega t}{-\omega^2 + \dfrac{1}{LC} + \dfrac{RD}{L}} = \dfrac{E}{R}\dfrac{\sin\omega t}{D} \quad\quad \left(\because \omega^2 = \dfrac{1}{LC}\right)$$

$$= -\dfrac{E\cos\omega t}{R\omega}, \text{ hence}$$

$$Q = e^{-(Rt/2L)}(C_1\cos pt + C_2\sin pt) - \dfrac{E\cos\omega t}{R\omega} \text{ and}$$

$$\dfrac{dQ}{dt} = I = e^{-(Rt/2L)}(-C_1 \cdot p\sin pt + C_2 p\cos pt)$$

$$-\dfrac{R}{2L}e^{-(Rt/2L)}(C_1\cos pt + C_2\sin pt) + \dfrac{E\sin\omega t}{R}$$

Putting $t = 0$, $I = 0 = Q$, we get

$$C_1 = \dfrac{E}{R\omega}, \quad C_2 = \dfrac{E}{2\omega pL}$$

Hence, $\quad Q = \dfrac{E}{R\omega}\left[-\cos\omega t + e^{-(Rt/2L)}\left(\cos pt + \dfrac{R}{2Lp}\sin pt\right)\right]$ **... Proved**

Ex. 3 : *A resistance R in series with inductance L is shunted by an equal resistance R with capacity C. An alternating e.m.f. sin pt produces I_1 and I_2 in two branches. If I_1 and I_2 are zero when t = 0, determine I_1 and I_2 from the equations :*

$$L \frac{dI_1}{dt} + RI_1 = E \sin pt$$

$$\frac{I_2}{C} + R \frac{dI_2}{dt} = p \cdot E \cos pt$$

Verify that if $R^2C = L$, the total current $I_1 + I_2$ will be equal to $\frac{E}{R} \sin pt$.

Sol. : $\quad L \frac{dI_1}{dt} + RI_1 = E \sin pt$

$\Rightarrow \quad \frac{dI_1}{dt} + \frac{R}{L} I_1 = \frac{E}{L} \sin pt$, which is linear.

Hence $\quad$ I.F. $= e^{(Rt/L)}$ and solution will be

$$I_1 e^{(Rt/L)} = \int e^{(Rt/L)} \cdot \frac{E}{L} \cdot \sin pt \, dt + C$$

$$= \frac{\frac{E}{L}}{p^2 + \frac{R^2}{L^2}} \left[\frac{R}{L} e^{(Rt/L)} \sin pt - p \cdot e^{(Rt/L)} \cos pt \right] + C_1$$

Initially at t = 0, $I_1 = 0$, $C_1 = \dfrac{\frac{Ep}{L}}{\left(p^2 + \frac{R^2}{L^2}\right)}$

$\Rightarrow \quad I_1 = \dfrac{\left[\frac{ER}{L^2} \sin pt - \frac{Ep}{L} \cos pt + \frac{Ep}{L} e^{-(Rt/L)}\right]}{\left(p^2 + \frac{R^2}{L^2}\right)} \quad \ldots (1)$

Again $\quad R \frac{dI_2}{dt} + \frac{I_2}{C} = pE \cos pt$

$$\frac{dI_2}{dt} + \frac{I_2}{RC} = \frac{pE}{R} \cos pt, \quad \text{I.F.} = e^{\frac{t}{RC}}$$

Solution will be

$$I_2 \cdot e^{t/RC} = \int e^{t/RC} \cdot \frac{pE}{R} \cos pt \, dt + C_2$$

$$= \frac{\frac{pE}{R}}{p^2 + \frac{1}{R^2C^2}} \left[e^{t/RC} \left\{ \frac{1}{RC} \cos pt + p \sin pt \right\} \right] + C_2$$

But $I_2 = 0$ at $t = 0$, $\quad C_2 = \dfrac{-\dfrac{pE}{R^2C}}{\left(p^2 + \dfrac{1}{R^2C^2}\right)}$

$$\Rightarrow \quad I_2 = \dfrac{\left[\dfrac{pE}{R^2C}\cos pt + \dfrac{p^2E}{R}\sin pt - \dfrac{pE}{R^2C}e^{-t/RC}\right]}{\left(p^2 + \dfrac{1}{R^2C^2}\right)} \quad \ldots (2)$$

But if $R^2 C = L$,

then total current $= I_1 + I_2 = \dfrac{\left(\dfrac{ER}{L^2} + \dfrac{p^2E}{R}\right)\sin pt}{\left(p^2 + \dfrac{R^2}{L^2}\right)} = \dfrac{E}{R}\sin pt$ ... **Proved**

Ex. 4 : *An uncharged condenser of capacity C charged by applying an e.m.f. of value $E \sin \dfrac{t}{\sqrt{LC}}$ through the leads of inductance L and of negligible resistance. The charge Q on the plate of condenser satisfies the differential equation $\dfrac{d^2Q}{dt^2} + \dfrac{Q}{LC} = \dfrac{E}{L}\sin\dfrac{t}{\sqrt{LC}}$. Prove that the charge at any time t is given by $Q = \dfrac{EC}{2}\left[\sin\dfrac{t}{\sqrt{LC}} - \dfrac{t}{\sqrt{LC}}\cos\dfrac{t}{\sqrt{LC}}\right]$.*

(**May 2005, 12; Dec. 2010, 12**)

Sol. : For the sake of brevity, we put $\dfrac{1}{LC} = \omega^2 \Rightarrow \dfrac{1}{\sqrt{LC}} = \omega$, the differential equation becomes :

$$\dfrac{d^2Q}{dt^2} + \omega^2 Q = \dfrac{E}{L}\sin \omega t$$

Or $\quad (D^2 + \omega^2) Q = \dfrac{E}{L}\sin \omega t \quad \ldots (1)$

For C.F., A.E. is $\quad D^2 + w^2 = 0$ i.e. $D = \pm i\omega$

$\therefore \quad$ C.F. $= C_1 \cos \omega t + C_2 \sin \omega t$

$$\text{P.I.} = \dfrac{E}{L}\dfrac{1}{D^2 + \omega^2}(\sin \omega t) = \dfrac{E}{L}\left(-\dfrac{t \cos \omega t}{2\omega}\right)$$

Hence, G.S. is $\quad Q = C_1 \cos \omega t + C_2 \sin \omega t - \dfrac{Et}{2\omega L}\cos \omega t \quad \ldots (2)$

Initially assume that :

$$Q = 0 \text{ when } t = 0 \text{ and } i = \dfrac{dQ}{dt} = 0$$

Then $\quad 0 = C_1 + 0 + 0 \Rightarrow C_1 = 0$, hence

$$Q = C_2 \sin \omega t - \frac{E}{2\omega L} t \cos \omega t \qquad \ldots (3)$$

But $\quad i = \dfrac{dQ}{dt} = $ the current at time t

∴ Differentiating (3), we have

$$i = \frac{dQ}{dt} = \omega C_2 \cos \omega t - \frac{E}{2\omega L}[\cos \omega t - \omega t \sin \omega t]$$

∴ $\quad 0 = \omega C_2 - \dfrac{E}{2\omega L}[1-0]$

$$C_2 = \frac{E}{2\omega^2 L} \qquad \ldots (4)$$

Putting value of C_2 in (3), we have

$$Q = \frac{E}{2L\omega^2} \sin \omega t - \frac{E}{2\omega L} t \cos \omega t$$

$$= \frac{E}{2L\omega^2}[\sin \omega t - \omega t \cos \omega t]$$

$$Q = \frac{EC}{2}\left[\sin \frac{t}{\sqrt{LC}} - \frac{t}{\sqrt{LC}} \cos \frac{t}{\sqrt{LC}}\right] \qquad \ldots \textbf{Proved}$$

Ex. 5 : *An e.m.f. E sin pt is applied at t = 0 to a circuit containing a condenser C and inductance L in series. The current x satisfies the equation*

$$L\frac{dx}{dt} + \frac{1}{C}\int x\, dt = E \sin pt, \text{ where } x = -\frac{dq}{dt}$$

If $p^2 = \dfrac{1}{LC}$ and initially the current x and the charge q are zero then show that the current in the circuit at time t is given by, $\dfrac{E}{2L} t \sin pt$ **(May 2006, 2008, 2011, 2014)**

Sol. : Given that $\quad x = -\dfrac{dq}{dt},\ p^2 = \dfrac{1}{LC}$

$$L\frac{dx}{dt} + \frac{1}{C}\int x\, dt = E \sin pt, \text{ becomes}$$

$$-L\frac{d^2q}{dt^2} - \frac{q}{C} = E \sin pt$$

$$\frac{d^2q}{dt^2} + \frac{q}{CL} = -\frac{E}{L} \sin pt$$

$$(D^2 + p^2)q = -\frac{E}{L} \sin pt \qquad \ldots (1)$$

A.E. = $D^2 + p^2 = 0$, hence $D = \pm ip$

$$\text{C.F.} = C_1 \cos pt + C_2 \sin pt, \text{ and}$$

$$\text{P.I.} = \frac{E}{L} \cdot \frac{1}{D^2 + p^2} \sin pt = \frac{E}{2 Lp} (t \cos pt)$$

Complete solution is $q = C_1 \cos pt + C_2 \sin pt + \frac{E}{2 Lp} (t \cos pt)$ ... (2)

But initially at $t = 0$, $q = 0$, hence

$$0 = C_1 + \frac{E}{2 pL} (0) \Rightarrow C_1 = 0$$

∴ $q = C_2 \sin pt + \frac{E}{2 Lp} t \cos pt$

Differentiating, we have

$$x = -\frac{dq}{dt} = -p C_2 \cos pt - \frac{E}{2 Lp} (\cos pt - pt \sin pt)$$

But $x = 0$ at $t = 0 \Rightarrow 0 = -p \cdot C_2 - \frac{E}{2 Lp} \Rightarrow C_2 = -\frac{E}{2 Lp^2}$

$$x = -p\left(-\frac{E}{2 Lp^2}\right) \cos pt - \frac{E}{2 Lp} [\cos pt - tp \sin pt]$$

$$= \frac{E}{2L} t \sin pt$$

$$x = \frac{E}{2L} t \sin pt. \quad \ldots \textbf{Proved}$$

Ex. 6 : *An electric current consists of an inductance 0.1 henry, a resistance R of 20 ohms and a condenser of capacitance C of 25 microfarads. If the differential equation of electric circuit is* $L\frac{d^2q}{dt^2} + R\frac{dq}{dt} + \frac{q}{C} = 0$ *then find the charge q and current i at any time t, given that, at t = 0, q = 0.05 coulombs, $i = \frac{dq}{dt} = 0$ when t = 0.*

(Dec. 2006, 2008)

Sol. : Circuit equation is

$$L \frac{d^2q}{dt^2} + R \frac{dq}{dt} + \frac{q}{c} = 0$$

Or $\quad 0.1 \frac{d^2q}{dt^2} + 20 \frac{dq}{dt} + \frac{q}{25 \times 10^{-6}} = 0 \quad$ [because 1 microfarad = 10^{-6} farad]

∴ $\quad \frac{d^2q}{dt^2} + 200 \frac{dq}{dt} + 4,00,000\, q = 0 \quad$ ... (1)

A.E. is $\quad D^2 + 200 D + 400000 = 0$

Solving $D = -100 \pm 100\sqrt{39}\, i$, hence solution is

$$q = e^{-100t}\left[C_1 \cos(100\sqrt{39}\, t) + C_2 \sin(100\sqrt{39}\, t)\right] \qquad \ldots (2)$$

Differentiating, we get

$$\frac{dq}{dt} = -100\, e^{-100t}\left[C_1 \cos(100\sqrt{39}\, t) + C_2 \sin(100\sqrt{39})\, t\right]$$

$$+ e^{-100t}\left[-100\sqrt{39}\, C_1 \sin(100\sqrt{39}\, t)\right.$$

$$\left. + 100\sqrt{39}\, C_2 \cos(100\sqrt{39}\, t)\right] \qquad \ldots (3)$$

Since $q = 0.05$, when $t = 0$ from (2), then $C_1 = 0.05$.

Also, $\dfrac{dq}{dt} = 0$ when $t = 0$ ∴ from (3)

$$0 = -100\, C_1 + 100\sqrt{39}\, C_2$$

∴ $\quad C_2 = 0.008$

Hence, $q = e^{-100t}[0.05 \cos(624.5\, t) + 0.008 \sin(624.5\, t)]$

and $i = \dfrac{dq}{dt}$

$$= -100\, e^{-100t}\left[C_1 - (\sqrt{39}\, C_2)\cos 624.5\, t + (\sqrt{39}\, C_1 + C_2)\sin 624.5\, t\right]$$

$i = -0.32\, e^{-100t} \sin(624.5\, t)$

because $\sqrt{39}\, C_2 = C_1$ ... **Ans.**

Ex. 7 : *A circuit consists of an inductance L and condenser of capacity C in series. An alternating e.m.f. E sin nt is applied to it at time t = 0, the initial current and charge on the condenser being zero, find the current flowing in the circuit at any time for (i) $\omega \neq n$, (ii) $\omega = n$.* **(Dec. 2005)**

Sol. : The circuit equation is

$$L\frac{d^2q}{dt^2} + \frac{q}{C} = E \sin nt$$

$$\frac{d^2q}{dt^2} + \frac{q}{LC} = \frac{E}{L} \sin nt. \text{ Let } \omega^2 = \frac{1}{LC},$$

$$(D^2 + \omega^2)\, q = \frac{E}{L} \sin nt$$

C.F. $= C_1 \cos \omega t + C_2 \sin \omega t$

P.I. $= \dfrac{E}{L}\dfrac{1}{D^2 + \omega^2} \sin nt = \dfrac{E}{L}\dfrac{\sin nt}{\omega^2 - n^2}$

If $\omega \neq n$ then $\quad q = C_1 \cos \omega t + C_2 \sin \omega t + \dfrac{E \sin nt}{L(\omega^2 - n^2)}$

But $q = 0$ at $t = 0 \Rightarrow C_1 = 0$.

$\therefore \quad q = C_2 \sin \omega t + \dfrac{E \sin nt}{L(\omega^2 - n^2)}$

$$i = \dfrac{dq}{dt} = \omega C_2 \cos \omega t + \dfrac{nE \cos nt}{L(\omega^2 - n^2)}$$

But $i = 0$ at $t = 0 \Rightarrow 0 = \omega C_2 + \dfrac{nE}{L(\omega^2 - n^2)}$

$$C_2 = -\dfrac{nE}{L\omega(\omega^2 - n^2)}$$

$\therefore \quad i = \dfrac{nE}{L(\omega^2 - n^2)}[\cos nt - 1]$ when $\omega \neq n$.

If $\omega = n$ then $\quad$ P.I. $= \dfrac{E}{L}\dfrac{1}{D^2 + n^2}\sin nt$

$$= \dfrac{E}{L}\left(-\dfrac{t \cdot \cos nt}{2n}\right) = -\dfrac{Et \cos nt}{2Ln}$$

$\therefore \quad q = C_1 \cos nt + C_2 \sin nt - \dfrac{Et \cos nt}{2Ln}$

Now $q = 0$, $t = 0 \Rightarrow C_1 = 0$

$$q = C_2 \sin nt - \dfrac{Et \cos nt}{2Ln}$$

$$i = \dfrac{dq}{dt} = nC_2 \cos nt - \dfrac{E \cos nt}{2Ln} + \dfrac{Et \sin nt}{2L}$$

Now $i = 0$, $t = 0 \Rightarrow 0 = nC_2 - \dfrac{E}{2Ln}$

$$C_2 = \dfrac{E}{2Ln^2}$$

$\therefore \quad i = \dfrac{E}{2Ln}\cos nt - \dfrac{E \cos nt}{2Ln} + \dfrac{Et \sin nt}{2L}$

$\therefore \quad i = \dfrac{E}{2L}(t \sin nt) \quad$ (when $\omega = n$)

2.6 COUPLED ELECTRICAL CIRCUITS

Ex. 8 : *Two coils of a transformer are identical with resistance R, inductance L, mutual inductance M and voltage E is impressed on the primary. Determine the currents in the coils at any instant, assuming that there is no current in either initially.*

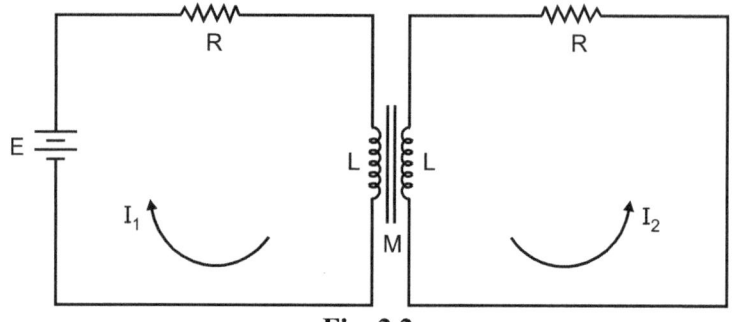

Fig. 2.2

Sol. : If I_1, I_2 be the currents flowing through the primary and secondary coils at time t secs, then by Kirchhoff's law, we must have for the primary,

$$L\frac{dI_1}{dt} + RI_1 + M\frac{dI_2}{dt} = E$$

and for secondary,

$$L\frac{dI_2}{dt} + RI_2 + M\frac{dI_1}{dt} = 0$$

Replacing D for $\frac{d}{dt}$ the equations are :

$$(LD + R)\, I_1 + MDI_2 = E \qquad \ldots (1)$$

$$MDI_1 + (LD + R)\, I_2 = 0 \qquad \ldots (2)$$

Eliminating I_2, we get

$$[(LD + R)^2 - M^2 D^2]\, I_1 = (LD + R)\, E$$

$$\Rightarrow \quad [(L^2 - M^2)\, D^2 + 2\, LRD + R^2]\, I_1 = RE \qquad \ldots (3)$$

whose A.E. is $(L^2 - M^2)\, D^2 + 2\, LRD + R^2 = 0$

where
$$D = \frac{-R}{L+M},\ \frac{-R}{L-M}$$

As L is usually > M, both values of D are negative and real. Hence,

$$\text{C.F.} = C_1\, e^{-(Rt/L\, +\, M)} + C_2\, e^{-(Rt/L\, -\, M)}$$

and
$$\text{P.I.} = \text{R.E.}\, \frac{1}{(L^2 - M^2)\, D^2 + 2\, LRD + R^2}\, e^{0t} = \frac{E}{R}$$

Thus the complete solution of (3) is

$$I_1 = C_1 e^{-(Rt/L + M)} + C_2 e^{-(Rt/L - M)} + \frac{E}{R} \qquad \ldots (4)$$

and from (2), we have

$$I_2 = -\frac{MD}{LD + R}(I_1)$$

$$= -\frac{MD}{LD + R}[C_1 e^{-(Rt/L + M)} + C_2 e^{-(Rt/L - M)}] - \frac{MD}{LD + R}\left(\frac{E}{R}\right)$$

$$= -\frac{MC_1}{L\left(\frac{-R}{L+M}\right) + R} \cdot D e^{-(Rt/L + M)} - \frac{MC_2}{L\left(\frac{-R}{L-M}\right) + R} \cdot D e^{-(Rt/L - M)}$$

$$\therefore \quad I_2 = C_1 e^{-(Rt/L + M)} - C_2 e^{-(Rt/L - M)} \qquad \ldots (5)$$

But initially at $t = 0$, $I_1 = 0 = I_2$, hence

$$C_1 + C_2 = -\frac{E}{R} \text{ and } C_1 - C_2 = 0$$

Hence, $\quad C_1 = C_2 = -\frac{E}{2R}$

Putting the values of C_1 and C_2 in (4) and (5) we get,

$$I_1 = \frac{E}{2R}[2 - e^{-(Rt/L + M)} - e^{-(Rt/L - M)}]$$

$$I_2 = \frac{E}{2R}[e^{-(Rt/L - M)} - e^{-(Rt/L + M)}] \qquad \text{...Ans.}$$

EXERCISE 2.3

1. An e.m.f. of 200 V is in series with a 10 ohm resistor, a 1 henry inductor and a 0.02 farad capacitor. At $t = 0$, the charge Q and the current I are zero.
   (a) Find Q and I at any time $t = 0$.
   (b) Indicate the transient and steady-state terms in Q and I.
   (c) Find the charge and current after a long time.

   Ans. (a) $Q = 4 - 2 e^{-(5t/2)}(2 \cos 5t + \sin 5t)$, $I = 25 e^{-(5t/2)} \sin 5t$
   (b) Transient terms of Q and I are : $-2e^{-(5t/2)}(2 \cos 5t + \sin 5t)$ and $25 e^{-(5t/2)} \sin 5t$ respectively. Steady-state term of Q is 4.
   (c) $Q = 4$, $I = 0$.

2. A capacitor of 10^{-3} farads is in series with an e.m.f. of 20 volts and an inductor of 0.4 henries at $t = 0$, $Q = 0$ and $I = 0$. **(Dec. 2007)**
   (a) Find the natural frequency and period of the electric oscillations.
   (b) Find the maximum charge and current.

   Ans. (a) Period $= \dfrac{\pi}{20}$ sec; Frequency $= \dfrac{25}{\pi}$ cycles.
   (b) 0.04 coulombs, 1 amp.

3. A 0.1 henry inductor, a 4 microfarad capacitor and a generator having e.m.f. given by $180 \cos 40 t$, $t \geq 0$ are connected in series. Find the instantaneous charge Q and current I if $I = Q = 0$ at $t = 0$.
   Ans. $Q = 2 [\cos 40 t - \cos 50 t]$, $I = 20 [5 \sin 50 t - 4 \sin 40 t]$

4. A resistance of 50 ohms, an inductor of 2 henries and a 0.005 farad capacitor are in series with an e.m.f. of 40 volts and an open switch. Find the instantaneous charge and current after the switch is closed at $t = 0$, assuming that at that time the charge on the capacitor is 4 coulomb.

   Ans. $Q = 5.07\ e^{-5t} - 1.27\ e^{-20t} + 0.20$
   $I = 25.4\ (e^{-20t} - e^{-5t})$ approximately.

5. A condenser of capacity C is discharged through the inductance L and a resistor R, in series and the charge Q at any time t satisfies the equation
   $$L\frac{d^2Q}{dt^2} + R\frac{dQ}{dt} + \frac{Q}{C} = 0$$
   Given that $L = 0.25$ henry, $R = 250$ ohms, $C = 2 \times 10^{-6}$ farads and that when $t = 0$, charge $Q = 0.02$ coulombs and current $\dfrac{dQ}{dt} = 0$. Find Q in terms of t.

   Ans. $Q = e^{-500 t} [0.002 \cos 1323 t + 0.0008 \sin 1323 t]$

6. An e.m.f. $E \sin pt$ is applied at $t = 0$, to a circuit containing a capacitance C and inductance L. The current I satisfies the equation
   $$L\frac{dI}{dt} + \frac{1}{C}\int I\ dt = E \sin pt.$$
   If $p^2 = \dfrac{1}{LC}$ and initially the current I and the charge Q are zero, then show that the current at time t is $\dfrac{Et}{2L} \sin pt$, where $I = \dfrac{dQ}{dt}$.

7. A series circuit in which $Q_0 = I_0 = 0$ contains the elements $L = 0.02$, $R = 250$ and $C = 2 \times 10^{-6}$. A constant voltage $E = 28$ is suddenly switched into the circuit. Find the time it takes to reach the peak value of the current.

   Ans. 0.0002 sec.

8. An inductor L, capacitor C and resistor R are connected in series. At t = 0, the charge on the capacitor is Q_o, while the current is zero. Show that the charge Q and current I will be oscillatory if :

$$R = 2\sqrt{\frac{L}{C}} \text{ and will be given by}$$

$$Q = \frac{Q_o}{2\omega L} e^{-(Rt/2L)} \sqrt{R^2 + 4\omega^2 L^2} \sin(\omega t + \phi)$$

$$I = -Q_o \frac{(R^2 + 4\omega^2 L^2)}{4\omega L^2} e^{-Rt/2L} \sin \omega t$$

where, $\omega = \sqrt{\frac{1}{LC} - \frac{R^2}{4L^2}}$ and $\phi = \arctan\left(\frac{2\omega L}{R}\right)$

What is the quasi–period of the oscillations ?

9. An electric circuit consists of an inductance L, a condenser of capacitance C and an e.m.f. force $E = E_o \cos \omega t$, so that the charge q satisfies the differential equation

$$\frac{d^2q}{dt^2} + \frac{q}{LC} = \frac{E_o}{L} \cos \omega t$$

If $\omega = \frac{1}{\sqrt{LC}}$ and initially at t = 0

$q = q_o$ and the current $i = i_o$

Show that the charge q at time t is given by

$$q = q_o \cos \omega t + \frac{i_o}{\omega} \sin \omega t + \frac{E_o}{2L\omega} t \sin \omega t$$

10. The charge Q of a condenser of capacity C, discharged in a circuit of resistance R and self-inductance L satisfies the equation :

$$L\frac{d^2Q}{dt^2} + R\frac{dQ}{dt} + \frac{Q}{C} = 0$$

Solve the equation, given that $Q = Q_o$ and $\frac{dQ}{dt} = 0$ when t = 0 and that $CR^2 < 4L$.

Ans. $Q = e^{-\frac{Rt}{2L}} \left[Q_o \cos \frac{\lambda}{2L\sqrt{c}} t + \frac{Q_o R\sqrt{c}}{\lambda} \sin \frac{\lambda}{2L\sqrt{c}} t \right]$ where, $\lambda = \sqrt{4L - CR^2}$.

11. Two resistanceless circuits L_1, C_1 and L_2, C_2 are coupled by mutual inductance M. If at t = 0, the currents and charges are zero, a battery of e.m.f. E_0 is applied in the primary, find the current in the secondary.

$$\text{Ans. } I = \frac{\left[\left(E_0 - \frac{Q_1}{C_1}\right)L_2 + \left(\frac{Q_2}{C_2}\right)M\right]t}{(L_1 L_2 - M^2)}$$

12. Currents I_1 and I_2 in two coupled circuits are given by

$$L \frac{dI_1}{dt} + RI_1 + R(I_1 - I_2) = E$$

$$L \frac{dI_2}{dt} + RI_2 - R(I_1 - I_2) = 0$$

where L, R, E are constants. Find I_1 and I_2 in terms of t given that $I_1 = I_2 = 0$ at $t = 0$.

Ans. $I_1 = \frac{E}{R}\left[\frac{2}{3} - \frac{1}{2}e^{-(Rt/L)} - \frac{1}{6}e^{-(3Rt/L)}\right]$

$I_2 = \frac{E}{R}\left[\frac{1}{3} - \frac{1}{2}e^{-(Rt/L)} + \frac{1}{6}e^{-(3Rt/L)}\right]$

13. The motion of a particle is governed by the equation

$$\ddot{x} - ny = 0, \qquad \ddot{y} + nx = n^2 a$$

when $x = y = \dot{x} = \dot{y} = 0$ at $t = 0$.

Find x and y in terms of t.

Ans. $x = a(nt - \sin nt)$
$y = a(1 - \cos nt)$

14. If the charges q_1 and q_2 in the coupled circuits are given by :

$$\frac{d^2 q_1}{dt^2} + 9 q_1 - 6(q_2 - q_1) = 0$$

$$\frac{d^2 q_2}{dt^2} + 6(q_2 - q_1) = 0$$

find q_1, q_2 in terms of t, given that $q_1(0) = 2$, $q_2(0) = 1$, $\dot{q}_1(0) = 0$ and $\dot{q}_2(0) = 0$.

15. Solve the following system of differential equations which governs the vertical motion of the mechanical system of coupled masses, subject to the initial conditions $y_1(0) = -2$, $y_2(0) = 1$.

$$\dot{y}_1(0) = 0 \text{ and } \dot{y}_2(0) = 0$$

$$\frac{d^2 y_1}{dt^2} = 9 y_1 + 6(y_2 - y_1)$$

$$\frac{d^2 y_2}{dt^2} = -6(y_2 - y_1)$$

UNIT - II : FOURIER AND Z-TRANSFORMS

CHAPTER THREE

FOURIER TRANSFORM

3.1 INTRODUCTION

Transformation is an operation which converts a mathematical expression into a different form with the help of which problems are either solved easily or methods of solution become simple. For example, Logarithmic transformation reduces multiplication, division and one expression raised to power another expression into addition, subtraction and simple multiplication. Transfer of origin and/or axes convert equations of curves and surfaces in simple or standard forms from which useful informations and important properties can be obtained. Similarly, elementary transformations in matrices are useful in solving various problems by simple methods.

Fourier series are powerful tools in treating various problems involving periodic functions. However, in many practical problems, the impressed force or voltage is non-periodic rather than periodic, a single unrepeated pulse, for instance. A suitable representation for non-periodic functions can be obtained by considering the limiting form of Fourier series when the fundamental period is made infinite. We shall find that in such a case, the Fourier series becomes a Fourier integral. Using symmetry, Fourier integral can conveniently be expressed in terms of Fourier transform which transforms a non-periodic function, say $f(t)$ in time domain, into a function $F(\lambda)$ in frequency domain.

The Fourier integrals and transforms are useful in solving boundary value problems arising in science and engineering e.g. Conduction of Heat, Wave Propagation, Theory of Communication, etc.

3.2 COMPLEX EXPONENTIAL FORM OF FOURIER SERIES

If $f(x)$ is a periodic function of period $2L$, defined in the interval $-L < x < L$, and satisfies Dirichlet's conditions then $f(x)$ can be represented by Fourier series :

$$f(x) = \frac{a_0}{2} + \sum_{n=1}^{\infty} \left(a_n \cos \frac{n\pi x}{L} + b_n \sin \frac{n\pi x}{L} \right) \qquad \ldots \text{(i)}$$

where

$$\left.\begin{array}{l} a_n = \dfrac{1}{L} \displaystyle\int_{-L}^{L} f(u) \cos \dfrac{n\pi u}{L} \, du \\[2ex] b_n = \dfrac{1}{L} \displaystyle\int_{-L}^{L} f(u) \sin \dfrac{n\pi u}{L} \, du \end{array}\right\} \qquad \ldots \text{(ii)}$$

(3.1)

Using exponential equivalent of cosine and sine terms

$$\cos\theta = \frac{e^{i\theta}+e^{-i\theta}}{2} \quad \text{and} \quad \sin\theta = \frac{e^{i\theta}-e^{-i\theta}}{2i} = \frac{-i}{2}(e^{i\theta}-e^{-i\theta})$$

result (i) can be expressed as

$$f(x) = \frac{a_0}{2} + \sum_{n=1}^{\infty}\left[a_n\frac{1}{2}(e^{in\pi x/L}+e^{-in\pi x/L}) + b_n\left(-\frac{i}{2}\right)(e^{in\pi x/L}-e^{-in\pi x/L})\right]$$

$$= \frac{a_0}{2} + \sum_{n=1}^{\infty}\left[\left(\frac{a_n-ib_n}{2}\right)e^{in\pi x/L} + \left(\frac{a_n+ib_n}{2}\right)e^{-in\pi x/L}\right]$$

If we now define $c_0 = \frac{a_0}{2}$, $c_n = \frac{a_n-ib_n}{2}$, $c_{-n} = \frac{a_n+ib_n}{2}$

then the above series can be written in more symmetric form

$$f(x) = \sum_{n=-\infty}^{\infty} c_n e^{in\pi x/L} \qquad \ldots \text{(iii)}$$

where $c_0 = \frac{a_0}{2}$

$$c_n = \frac{1}{2}(a_n-ib_n) = \frac{1}{2}\left[\frac{1}{L}\int_{-L}^{L}f(u)\cos\frac{n\pi u}{L}du - i\frac{1}{L}\int_{-L}^{L}f(u)\sin\frac{n\pi u}{L}du\right]$$

$$= \frac{1}{2L}\int_{-L}^{L}f(u)\left[\cos\frac{n\pi u}{L} - i\sin\frac{n\pi u}{L}\right]du$$

$$= \frac{1}{2L}\int_{-L}^{L}f(u)\,e^{-in\pi u/L}\,du.$$

Similarly, $c_{-n} = \frac{1}{2L}\int_{-L}^{L}f(u)\,e^{in\pi u/L}\,du.$

Clearly, the index n is positive, negative or zero, c_n is correctly given by the single formula

$$c_n = \frac{1}{2L}\int_{-L}^{L}f(u)\,e^{-in\pi u/L}\,du \qquad \ldots \text{(iv)}$$

Thus the complex exponential form of a Fourier series is given by

$$\boxed{\begin{array}{c} f(x) = \sum_{n=-\infty}^{\infty} c_n e^{in\pi x/L} \\ \text{where} \quad c_n = \frac{1}{2L}\int_{-L}^{L}f(u)\,e^{-in\pi u/L}\,du \end{array}} \qquad \ldots \text{(1)}$$

3.3 FOURIER INTEGRAL

We shall now consider the limiting form of Fourier series for periodic function of period 2 L, when $L \to \infty$.

For convenience, we start with the complex exponential form of a Fourier series

[result (1)]
$$f(x) = \sum_{n=-\infty}^{\infty} c_n e^{in\pi x/L} \qquad \ldots (i)$$

where,
$$c_n = \frac{1}{2L} \int_{-L}^{L} f(u) e^{-in\pi u/L} \, du \qquad \ldots (ii)$$

Substituting for c_n from (ii) in (i), we obtain

$$f(x) = \sum_{n=-\infty}^{\infty} \left[\frac{1}{2L} \int_{-L}^{L} f(u) e^{-in\pi u/L} \, du \right] e^{in\pi x/L}$$

$$= \sum_{n=-\infty}^{\infty} \left[\frac{1}{2\pi} \int_{-L}^{L} f(u) e^{-in\pi (u-x)/L} \, du \right] \left(\frac{\pi}{L} \right) \qquad \ldots (iii)$$

Now, let us denote $\lambda = \dfrac{n\pi}{L}$ (frequency of general term)

$\therefore \qquad \Delta\lambda = \dfrac{(n+1)\pi}{L} - \dfrac{n\pi}{L} = \dfrac{\pi}{L}$ $\left(\begin{array}{l} \text{difference in frequency between} \\ \text{successive terms} \end{array} \right)$

Then $f(x)$ can be written as

$$f(x) = \sum_{n=-\infty}^{\infty} \left[\frac{1}{2\pi} \int_{-L}^{L} f(u) e^{-i\lambda(u-x)} \, du \right] \Delta\lambda \qquad \ldots (iv)$$

Now if $L \to \infty$, then $\Delta\lambda \to 0$ and the expression (iv) gives

$$f(x) = \lim_{L \to \infty} \sum_{n=-\infty}^{\infty} \left[\frac{1}{2\pi} \int_{-L}^{L} f(u) e^{-i\lambda(u-x)} \, du \right] \Delta\lambda$$

$$= \lim_{\Delta\lambda \to 0} \sum_{n=-\infty}^{\infty} \left[\frac{1}{2\pi} \int_{-\infty}^{\infty} f(u) e^{-i\lambda(u-x)} \, du \right] \Delta\lambda$$

$$= \frac{1}{2\pi} \int_{-\infty}^{\infty} \left[\int_{-\infty}^{\infty} f(u) e^{-i\lambda(u-x)} \, du \right] d\lambda$$

[By definition of integral as limit of sum]

Thus the Fourier integral representation of f(x), where $-\infty < x < \infty$ is given by

$$f(x) = \frac{1}{2\pi} \int_{\lambda=-\infty}^{\lambda=\infty} \int_{u=-\infty}^{u=\infty} f(u)\, e^{-i\lambda(u-x)}\, du\, d\lambda \qquad \ldots (2)$$

The result (2) is also known as **Fourier integral theorem.**

The limitations on f(x) for validity of the result (2) are as follows :

(i) In every finite interval, f(x) satisfies the Dirichlet's conditions.

(ii) The integral $\int_{-\infty}^{\infty} |f(x)|\, dx$ exists.

Note that the above conditions are sufficient but not necessary.

Remark 1 : The result (2) holds if x is a point of continuity of f(x). At a point of discontinuity $x = x_0$, the value of the Fourier integral equals the average value of the left-hand and right-hand limit of f(x) at $x = x_0$ i.e. at $f(x_0) = \frac{1}{2}[f(x_0 + 0) + f(x_0 - 0)]$ as in the case of Fourier series.

Remark 2 : The result (2) can also be written as

$$f(x) = \frac{1}{2\pi} \int_{-\infty}^{\infty} e^{i\lambda x}\, d\lambda \int_{-\infty}^{\infty} f(u)\, e^{-i\lambda u}\, du \qquad \ldots (2\text{ a})$$

Remark 3 : Example of a periodic function f(x) of period T and the limiting non-periodic function whose period becomes infinite.

Consider the function

$$f_T(x) = \begin{cases} 0, & -T/2 < x < -1 \\ 1, & -1 < x < 1 \\ 0, & 1 < x < T/2 \end{cases}$$

having period T > 2. For $T \to \infty$, we obtain a function which is no longer periodic [See Fig. 3.1]. Non-periodic function could be assumed to have infinite period.

$$f(x) = \lim_{T \to \infty} f_T(x) = \begin{cases} 1, & -1 < x < 1 \\ 0, & \text{otherwise} \end{cases}$$

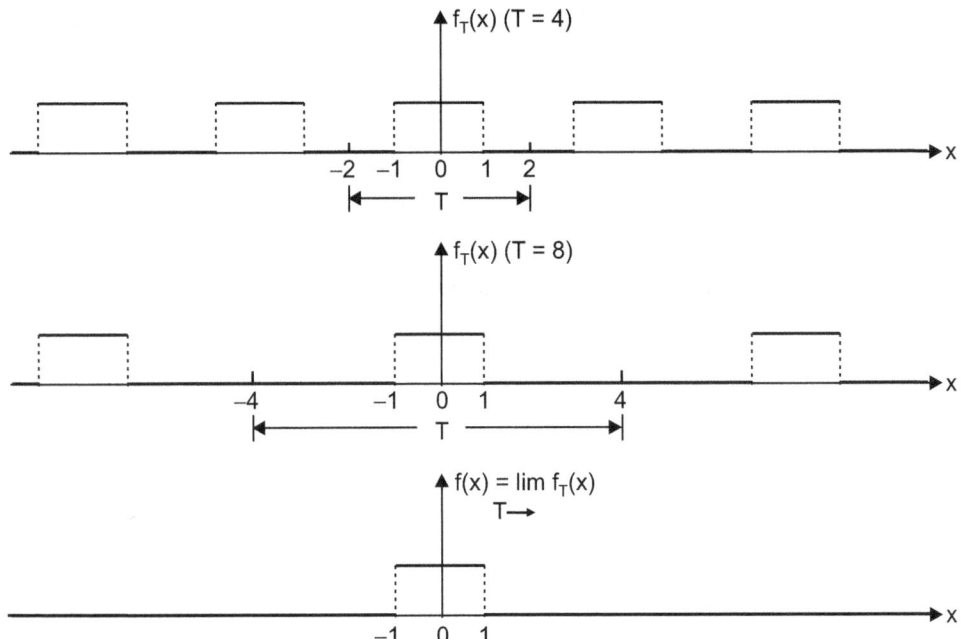

Fig. 3.1 : The Non-Periodic Limit of Sequence of Periodic Function Whose Period Becomes Infinite

Remark 4 : We note that when we extend a function into Fourier series in certain range then the function is defined by the series outside this range in a periodic manner. However, by the Fourier integral, we obtain analytical expression for functions that represent the function throughout the infinite range $-\infty < x < \infty$.

3.4 EQUIVALENT FORMS OF FOURIER INTEGRAL

The Fourier integral can be written in various forms :

From result (2), we have

$$f(x) = \frac{1}{2\pi} \int_{-\infty}^{\infty} \int_{-\infty}^{\infty} f(u)\, e^{-i\lambda(u-x)}\, du\, d\lambda \qquad \ldots \text{(i)}$$

Replacing the exponential by its trigonometric equivalent, we get

$$= \frac{1}{2\pi} \int_{-\infty}^{\infty} \int_{-\infty}^{\infty} f(u)\, [\cos \lambda(u-x) - i \sin \lambda(u-x)]\, du\, d\lambda$$

$$= \frac{1}{2\pi} \int_{-\infty}^{\infty} \int_{-\infty}^{\infty} f(u) \cos \lambda(u-x)\, du\, d\lambda - i\frac{1}{2\pi} \int_{-\infty}^{\infty} \int_{-\infty}^{\infty} f(u) \sin \lambda(u-x)\, du\, d\lambda \ldots \text{(ii)}$$

Since $\sin \lambda (u - x)$ is an odd function of λ in $-\infty < \lambda < \infty$, we have $\int_{-\infty}^{\infty} \sin \lambda (u - x) \, d\lambda = 0$ and second integral is always zero. Then the expression (ii) gives equivalent form of result (2) as

$$f(x) = \frac{1}{2\pi} \int_{-\infty}^{\infty} \int_{-\infty}^{\infty} f(u) \cos \lambda (u - x) \, du \, d\lambda \qquad \ldots (3)$$

Again since the $\cos \lambda (u - x)$ of result (3) is even function of λ in $-\infty < \lambda < \infty$, we have

$$\int_{-\infty}^{\infty} \cos \lambda (u - x) \, d\lambda = 2 \int_{0}^{\infty} \cos \lambda (u - x) \, d\lambda$$

and we get modified form of the result (3) as

$$f(x) = \frac{1}{\pi} \int_{\lambda=0}^{\lambda=\infty} \int_{u=-\infty}^{u=\infty} f(u) \cos \lambda (u - x) \, du \, d\lambda \qquad \ldots (4)$$

Expanding the factor $\cos \lambda (u - x)$ in the integrand of the result (4), we obtain

$$f(x) = \frac{1}{\pi} \int_{\lambda=0}^{\lambda=\infty} \int_{u=-\infty}^{u=\infty} f(u) [\cos \lambda u \cos \lambda x + \sin \lambda u \sin \lambda x] \, du \, d\lambda$$

Hence another equivalent form of the result (4) is

$$f(x) = \int_{0}^{\infty} [A(\lambda) \cos \lambda x + B(\lambda) \sin \lambda x] \, d\lambda$$

where

$$A(\lambda) = \frac{1}{\pi} \int_{-\infty}^{\infty} f(u) \cos \lambda u \, du \qquad \ldots (5)$$

$$B(\lambda) = \frac{1}{\pi} \int_{-\infty}^{\infty} f(u) \sin \lambda u \, du$$

3.5 SINE AND COSINE INTEGRALS

If a function defined in the interval $-\infty < x < \infty$ is either an even function or an odd function, then the Fourier integral representation becomes simpler than in the case of arbitrary function.

Case 1 : When f(x) is an even function, then in the result (5), we have

$$B(\lambda) = \frac{1}{\pi} \int_{-\infty}^{\infty} f(u) \sin \lambda u \, du = 0 \qquad \text{[product f(u) sin } \lambda u \text{ is odd]}$$

and $$A(\lambda) = \frac{1}{\pi} \int_{-\infty}^{\infty} f(u) \cos \lambda u \, du = \frac{2}{\pi} \int_{0}^{\infty} f(u) \cos \lambda u \, du$$

[product f(u) cos λu is even]

Hence result (5) reduces to the following simpler form

$$\boxed{f(x) = \frac{2}{\pi} \int_{0}^{\infty} \int_{0}^{\infty} f(u) \cos \lambda u \cos \lambda x \, du \, d\lambda} \qquad \ldots (6)$$

The result (6) is called the **Fourier cosine integral** of f(x).

Case 2 : When f(x) is an odd function, then in the result (5), we have

$$A(\lambda) = \frac{1}{\pi} \int_{-\infty}^{\infty} f(u) \cos \lambda u \, du = 0 \qquad \text{[product f(u) cos } \lambda u \text{ is odd]}$$

and $$B(\lambda) = \frac{1}{\pi} \int_{-\infty}^{\infty} f(u) \sin \lambda u \, du = \frac{2}{\pi} \int_{0}^{\infty} f(u) \sin \lambda u \, du \quad \text{[product f(u) sin } \lambda u \text{ is even]}$$

Hence result (5) reduces to the following simpler form

$$\boxed{f(x) = \frac{2}{\pi} \int_{0}^{\infty} \int_{0}^{\infty} f(u) \sin \lambda u \sin \lambda x \, du \, d\lambda} \qquad \ldots (7)$$

The result (7) is called the **Fourier sine integral** of f(x).

Note : If a function f(x) is defined in the interval $0 < x < \infty$, then considering f(x) to be either an even or an odd function of x in $-\infty < x < \infty$, we can express f(x) as a Fourier cosine integral or Fourier sine integral respectively.

These simplifications are quite similar to half range cosine and half range sine expansions of even and odd periodic functions respectively.

3.6 FOURIER TRANSFORMS

From result (2), we have

$$f(x) = \frac{1}{2\pi} \int_{-\infty}^{\infty} \int_{-\infty}^{\infty} f(u) \, e^{-i\lambda(u-x)} \, du \, d\lambda$$

$$= \frac{1}{2\pi} \int_{-\infty}^{\infty} \left[\int_{-\infty}^{\infty} f(u) \, e^{-i\lambda u} \, du \right] e^{i\lambda x} \, d\lambda \qquad \ldots (i)$$

If we write
$$F(\lambda) = \int_{-\infty}^{\infty} f(u)\, e^{-i\lambda u}\, du \qquad \ldots \text{(ii)}$$

then from (i), we get
$$f(x) = \frac{1}{2\pi} \int_{-\infty}^{\infty} F(\lambda)\, e^{i\lambda x}\, d\lambda \qquad \ldots \text{(iii)}$$

The function $F(\lambda)$ is called the *Fourier transform* of $f(x)$ (and is written as $F(\lambda) = F[f(x)]$), while the function $f(x)$ is the *inverse Fourier transform* of $F(\lambda)$.

Hence Fourier transform of $f(x)$ is defined as

$$\boxed{F(\lambda) = \int_{-\infty}^{\infty} f(u)\, e^{-i\lambda u}\, du} \qquad \ldots \text{(8)}$$

and Inverse Fourier transform is given by

$$\boxed{f(x) = \frac{1}{2\pi} \int_{-\infty}^{\infty} F(\lambda)\, e^{i\lambda x}\, d\lambda} \qquad \ldots \text{(9)}$$

Note 1 : It is sometimes convenient to associate the factor $\dfrac{1}{2\pi}$ with the integral for $F(\lambda)$ instead with the integral for $f(x)$. It is also possible to achieve more symmetric form by associating the factor $1/\sqrt{2\pi}$ with each of the integrals.

Hence the results (8) and (9) can be written as :

$$\boxed{F(\lambda) = \frac{1}{\sqrt{2\pi}} \int_{-\infty}^{\infty} f(u)\, e^{-i\lambda u}\, du} \qquad \ldots \text{(8 a)}$$

and
$$\boxed{f(x) = \frac{1}{\sqrt{2\pi}} \int_{-\infty}^{\infty} F(\lambda)\, e^{i\lambda x}\, d\lambda} \qquad \ldots \text{(9 a)}$$

Note 2 : To find Fourier integral representation of a function $f(x)$, first find $F(\lambda)$ from result (8) and then substitute this value of $F(\lambda)$ in (9).

Note 3 : Symmetrical expressions $f(x)$ and its corresponding function $F(\lambda)$ constitute a *Fourier Transform pair*.

3.7 FOURIER SINE AND COSINE TRANSFORMS

1. Fourier cosine transform :

If a function f(x) defined in the interval $-\infty < x < \infty$ is an *even function*, then from Fourier cosine integral [result (6)], we have

$$f(x) = \frac{2}{\pi} \int_0^\infty \int_0^\infty f(u) \cos \lambda u \cos \lambda x \, du \, d\lambda$$

$$= \frac{2}{\pi} \int_0^\infty \left[\int_0^\infty f(u) \cos \lambda u \, du \right] \cos \lambda x \, d\lambda \qquad \ldots \text{(i)}$$

If we write $F_c(\lambda) = \int_0^\infty f(u) \cos \lambda u \, du \qquad \ldots \text{(ii)}$

then from (i), it follows that

$$f(x) = \frac{2}{\pi} \int_0^\infty F_c(\lambda) \cos \lambda x \, d\lambda \qquad \ldots \text{(iii)}$$

We call $F_c(\lambda)$ the Fourier cosine transform of f(x), while f(x) is the *Inverse Fourier cosine transform* of $F_c(\lambda)$.

Hence the Fourier cosine transform of f(x) is defined as

$$\boxed{F_c(\lambda) = \int_0^\infty f(u) \cos \lambda u \, du} \qquad \ldots \text{(10)}$$

and the Inverse Fourier cosine transform of $F_c(\lambda)$ is given by

$$\boxed{f(x) = \frac{2}{\pi} \int_0^\infty F_c(\lambda) \cos \lambda x \, d\lambda} \qquad \ldots \text{(11)}$$

2. Fourier sine transform :

If a function f(x) defined in the interval $-\infty < x < \infty$ is an *odd function*, then from Fourier sine integral [result (7)], we have

$$f(x) = \frac{2}{\pi} \int_0^\infty \int_0^\infty f(u) \sin \lambda u \sin \lambda x \, du \, d\lambda$$

$$= \frac{2}{\pi} \int_0^\infty \left[\int_0^\infty f(u) \sin \lambda u \, du \right] \sin \lambda x \, d\lambda \qquad \ldots \text{(i)}$$

If we write $F_s(\lambda) = \int_0^\infty f(u) \sin \lambda u \, du$ ... (ii)

then from (i), it follows that

$$f(x) = \frac{2}{\pi} \int_0^\infty F_s(\lambda) \sin \lambda x \, d\lambda \quad \text{... (iii)}$$

We call $F_s(\lambda)$ the *Fourier sine transform* of $f(x)$, while $f(x)$ is the *Inverse Fourier sine transform* of $F_s(\lambda)$.

Hence the Fourier sine transform of $f(x)$ is defined as

$$\boxed{F_s(\lambda) = \int_0^\infty f(u) \sin \lambda u \, du} \quad \text{... (12)}$$

and the Inverse Fourier sine transform of $F_s(\lambda)$ is given by

$$\boxed{f(x) = \frac{2}{\pi} \int_0^\infty F_s(\lambda) \sin \lambda x \, d\lambda} \quad \text{... (13)}$$

Note :

1. If a function $f(x)$ is defined in the interval $0 < x < \infty$, then we can extend $f(x)$ in the interval $-\infty < x < 0$ so that $f(x)$ becomes an even function in the interval $-\infty < x < \infty$. Thus for even function defined in $-\infty < x < \infty$, Fourier cosine transform and Inverse Fourier cosine transform are given by results (10) and (11) respectively.

2. If a function $f(x)$ is defined in the interval $0 < x < \infty$, then we can also extend $f(x)$ in the interval $-\infty < x < 0$, so that $f(x)$ becomes an odd function in the interval $-\infty < x < \infty$. Thus for odd function defined in $-\infty < x < \infty$, Fourier sine transform and Inverse Fourier sine transform are given by results (12) and (13) respectively.

3. These simplifications are quite similar to those in the case of Fourier series.

4. Results (10) and (11) of Fourier cosine transform and Inverse Fourier cosine transform can be written in more symmetric forms as

$$\boxed{F_c(\lambda) = \sqrt{\frac{2}{\pi}} \int_0^\infty f(u) \cos \lambda u \, du} \quad \text{... (10 (a))}$$

and

$$\boxed{f(x) = \sqrt{\frac{2}{\pi}} \int_0^\infty F_c(\lambda) \cos \lambda x \, d\lambda} \quad \text{... (11 (a))}$$

Similarly, results (12) and (13) of Fourier sine transform and Inverse Fourier sine transform can be written in more symmetrical forms as

$$\boxed{F_s(\lambda) = \sqrt{\frac{2}{\pi}} \int_0^\infty f(u) \sin \lambda u \, du}$$ ... (12 (a))

and

$$\boxed{f(x) = \sqrt{\frac{2}{\pi}} \int_0^\infty F_s(\lambda) \sin \lambda x \, d\lambda}$$ ... (13 (a))

In the following table, we have listed Fourier transform pairs for ready reference.

Table 3.1
Table of Fourier Transforms and Inverse Transforms

Sr. No.	Name of the transform	Interval	Expression for the transform	Inverse transform
1.	Fourier	$-\infty < x < \infty$	$F(\lambda) = \int_{-\infty}^{\infty} f(u) e^{-i\lambda u} du$	$f(x) = \frac{1}{2\pi} \int_{-\infty}^{\infty} F(\lambda) e^{i\lambda x} d\lambda$
2.	Fourier cosine (for even function)	$-\infty < x < \infty$	$F_c(\lambda) = \int_0^\infty f(u) \cos \lambda u \, du$	$f(x) = \frac{2}{\pi} \int_0^\infty F_c(\lambda) \cos \lambda x \, d\lambda$
3.	Fourier sine (for odd function)	$-\infty < x < \infty$	$F_s(\lambda) = \int_0^\infty f(u) \sin \lambda u \, du$	$f(x) = \frac{2}{\pi} \int_0^\infty F_s(\lambda) \sin \lambda x \, d\lambda$
4.	Fourier cosine	$0 < x < \infty$	$F_c(\lambda) = \int_0^\infty f(u) \cos \lambda u \, du$	$f(x) = \frac{2}{\pi} \int_0^\infty F_c(\lambda) \cos \lambda x \, d\lambda$
5.	Fourier sine	$0 < x < \infty$	$F_s(\lambda) = \int_0^\infty f(u) \sin \lambda u \, du$	$f(x) = \frac{2}{\pi} \int_0^\infty F_s(\lambda) \sin \lambda x \, d\lambda$

3.8 USEFUL RESULTS FOR EVALUATING THE INTEGRALS IN FOURIER TRANSFORMS

The following results are quite useful in evaluating the integrals :

1. $B(m, n) = \dfrac{\overline{|m|} \, \overline{|n|}}{\overline{|m+n|}}$

2. $\overline{|n+1|} = n \overline{|n|}$, $\overline{|n+1|} = n!$ if n is positive integer, $\overline{|1/2|} = \sqrt{\pi}$

3. Rule of differentiation under the integral sign (DUIS):

   If $I(\alpha) = \int_a^b f(x, \alpha)\, dx$, where a and b are constants, then

   $$\frac{d\, I(\alpha)}{d\alpha} = \frac{d}{d\alpha} \int_a^b f(x, \alpha)\, dx = \int_a^b \frac{\partial}{\partial \alpha} f(x, \alpha)\, dx$$

4. $e^{ix} = \cos x + i \sin x$ and $e^{-ix} = \cos x - i \sin x$

5. $|x| \leq a \Rightarrow -a \leq x \leq a$ and $|x| \geq a \Rightarrow x \geq a$ and $x \leq -a$

6. $\int e^{ax} \sin bx\, dx = \dfrac{e^{ax}}{a^2 + b^2}(a \sin bx - b \cos bx)$

   $\int e^{ax} \cos bx\, dx = \dfrac{e^{ax}}{a^2 + b^2}(a \cos bx + b \sin bx)$

7. $\int_0^\infty \dfrac{\sin ax}{x}\, dx = \begin{cases} \pi/2 & \text{if } a \text{ is positive} \\ -\pi/2 & \text{if } a \text{ is negative} \end{cases}$

ILLUSTRATIONS ON FOURIER INTEGRALS AND FOURIER TRANSFORMS

Type 1 : Problems on Fourier integral representation

Ex. 1 : *Find the Fourier integral representation of the function*

$$f(x) = \begin{cases} 1, & |x| < 1 \\ 0, & |x| > 1 \end{cases}$$

and hence

(a) evaluate $\displaystyle\int_0^\infty \dfrac{\sin \lambda \cos \lambda x}{\lambda}\, d\lambda$

(b) deduce the value of $\displaystyle\int_0^\infty \dfrac{\sin \lambda}{\lambda}\, d\lambda.$

(c) Find the value of above integrals at $|x| = 1$, which are points of discontinuity of f(x). **(Dec. 2005)**

Sol. : Here the given function f(x) is

$$f(x) = \begin{cases} 1, & -1 < x < 1 \\ 0, & |x| > 1 \end{cases} \qquad \ldots (i)$$

This shows that f(−x) = f(x) i.e. f(x) is an even function in the interval − ∞ < x < ∞ [See Fig. 3.2].

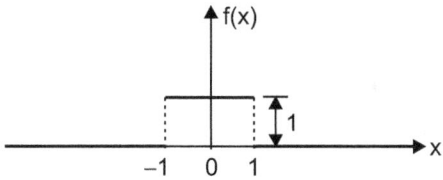

Fig. 3.2

Hence by result (10), the Fourier cosine transform for even function f(x) in the interval − ∞ < x < ∞ is given by

$$F_c(\lambda) = \int_0^\infty f(u) \cos \lambda u \, du = \int_0^1 \cos \lambda u \, du \quad \text{[from (i)]}$$

$$= \left[\frac{\sin \lambda u}{\lambda}\right]_0^1 = \frac{\sin \lambda}{\lambda} \qquad \ldots \text{(ii)}$$

By using inverse transform [result (11)], the Fourier integral representation is given by

$$f(x) = \frac{2}{\pi} \int_0^\infty F_c(\lambda) \cos \lambda x \, d\lambda = \frac{2}{\pi} \int_0^\infty \frac{\sin \lambda}{\lambda} \cos \lambda x \, d\lambda \quad \text{[substituting } F_c(\lambda) \text{ from (ii)]}$$

$$= \frac{2}{\pi} \int_0^\infty \frac{\sin \lambda \cos \lambda x}{\lambda} \, dx \qquad \ldots \text{(iii)}$$

which is the required Fourier integral representation.

The result (iii) can be expressed as

$$\int_0^\infty \frac{\sin \lambda \cos \lambda x}{\lambda} \, d\lambda = \frac{\pi}{2} f(x), \text{ where } f(x) = \begin{cases} 1, & |x| < 1 \\ 0, & |x| > 1 \end{cases}$$

$$\therefore \int_0^\infty \frac{\sin \lambda \cos \lambda x}{\lambda} \, d\lambda = \begin{cases} \frac{\pi}{2}, & |x| < 1 \\ 0, & |x| > 1 \end{cases} \qquad \ldots \text{(iv)}$$

Now, if we put x = 0 (which lies in − 1 < x < 1) in (iv), we have

$$\int_0^\infty \frac{\sin \lambda}{\lambda} \, d\lambda = \frac{\pi}{2} \qquad \ldots \text{(v)}$$

At |x| = 1, which are points of discontinuity, the value of the Fourier integral equals to average of left-hand and right-hand limit of f(x) at |x| = 1.

Thus,

$$\left[\int_0^\infty \frac{\sin \lambda \cos \lambda x}{\lambda} dx\right]_{|x|=1} = \frac{\frac{\pi}{2}+0}{2} = \frac{\pi}{4}.$$

Note 1 : We note that the integral in (v) is the limit of the so-called *sine integral*

$$S_i(t) = \int_0^t \frac{\sin \lambda}{\lambda} d\lambda \quad \text{as} \quad t \to \infty.$$

Note 2 : The Fourier integral representation can also be obtained directly by using result (4) in section 3.4. Thus,

$$f(x) = \frac{1}{\pi} \int_{\lambda=0}^{\lambda=\infty} \int_{u=-\infty}^{u=\infty} f(u) \cos \lambda (u-x) \, du \, d\lambda$$

$$= \frac{1}{\pi} \int_{\lambda=0}^{\lambda=\infty} \left[\int_{u=-1}^{u=1} \cos \lambda (u-x) \, du \right] d\lambda \quad (\because f(u) = 1 \text{ for } -1 < u < 1)$$

$$= \frac{1}{\pi} \int_{\lambda=0}^{\lambda=\infty} \left[\frac{\sin \lambda (u-x)}{\lambda} \right]_{-1}^{1} d\lambda$$

$$= \frac{1}{\pi} \int_{\lambda=0}^{\lambda=\infty} \left[\frac{\sin \lambda (1-x) + \sin \lambda (1+x)}{x} \right] d\lambda$$

$$= \frac{2}{\pi} \int_{\lambda=0}^{\lambda=\infty} \frac{\sin \lambda \cos \lambda x}{\lambda} d\lambda. \left\{ \because \sin A + \sin B = 2 \sin \frac{A+B}{2} \cos \frac{A-B}{2} \right\}$$

Ex. 2 : *Find the Fourier integral for the function*

$$f(x) = \begin{cases} 0, & x < 0 \\ e^{-x}, & x > 0 \\ 1/2, & x = 0 \end{cases}$$

Sol. : Note that the given function f(x) is neither an even function nor an odd function. Hence the Fourier integral representation can be obtained by first finding Fourier transform F(λ) using result (8) and then substituting this value of F(λ) in result (9).

Thus from result (8), we have

$$F(\lambda) = \int_{-\infty}^{\infty} f(u)\, e^{-i\lambda u}\, du = \int_{-\infty}^{0} f(u)\, e^{-i\lambda u}\, du + \int_{0}^{\infty} f(u)\, e^{-i\lambda u}\, du$$

$$= \int_{-\infty}^{0} (0)\, e^{-i\lambda u}\, du + \int_{0}^{\infty} e^{-u}\, e^{-i\lambda u}\, du$$

$$= \int_{0}^{\infty} e^{-(1+i\lambda)u}\, du = \left[\frac{e^{-(1+i\lambda)u}}{-(1+i\lambda)}\right]_{0}^{\infty}$$

$$= \frac{1}{1+i\lambda} = \frac{1-i\lambda}{1+\lambda^{2}} \qquad \ldots (i)$$

By using inverse transform [result (9)], the Fourier integral representation of $f(x)$ is given by,

$$f(x) = \frac{1}{2\pi} \int_{-\infty}^{\infty} F(\lambda)\, e^{i\lambda x}\, d\lambda = \frac{1}{2\pi} \int_{-\infty}^{\infty} \frac{1-i\lambda}{1+\lambda^{2}} [\cos\lambda x + i\sin\lambda x]\, d\lambda$$

$$= \frac{1}{2\pi} \int_{-\infty}^{\infty} \left[\frac{\cos\lambda x + \lambda\sin\lambda x}{1+\lambda^{2}} + i\frac{-\lambda\cos\lambda x + \sin\lambda x}{1+\lambda^{2}}\right] d\lambda \qquad \ldots (ii)$$

If $\phi_1(\lambda) = \dfrac{\cos\lambda x + \lambda\sin\lambda x}{1+\lambda^2}$, then since $\phi_1(-\lambda) = \phi_1(\lambda)$, $\phi_1(\lambda)$ is an even function of λ and hence, we have

$$\int_{-\infty}^{\infty} \frac{\cos\lambda x + \lambda\sin\lambda}{1+\lambda^{2}}\, d\lambda = 2 \int_{0}^{\infty} \frac{\cos\lambda x + \lambda\sin\lambda x}{1+\lambda^{2}}\, d\lambda \qquad \ldots (iii)$$

and if $\phi_2(\lambda) = \dfrac{-\lambda\cos\lambda x + \sin\lambda x}{1+\lambda^2}$, then since $\phi_2(-\lambda) = -\phi_2(\lambda)$, $\phi_2(\lambda)$ is an odd function of λ, we have

$$\int_{-\infty}^{\infty} \frac{-\lambda\cos\lambda x + \lambda\sin\lambda x}{1+\lambda^{2}}\, d\lambda = 0 \qquad \ldots (iv)$$

Substituting (iii) and (iv) in (ii), we get

$$f(x) = \frac{1}{\pi} \int_{0}^{\infty} \frac{\cos\lambda x + \lambda\sin\lambda x}{1+\lambda^{2}}\, d\lambda$$

which is the required Fourier integral representation.

Ex. 3 : *By considering Fourier sine and cosine integrals of e^{-mx} ($m > 0$), prove that*

(a) $\int_0^\infty \dfrac{\lambda \sin \lambda x}{\lambda^2 + m^2} d\lambda = \dfrac{\pi}{2} e^{-mx}, \quad m > 0, \ x > 0;$ and

(b) $\int_0^\infty \dfrac{\cos \lambda x}{\lambda^2 + m^2} d\lambda = \dfrac{\pi}{2m} e^{-mx}, \quad m > 0, \ x > 0.$ **(Nov. 2014)**

Sol. : Let $f(x) = e^{-mx}$, $m > 0$, $x > 0$, then since $f(x)$ is defined in the half range $0 < x < \infty$, the function $f(x)$ can have either a Fourier sine transform or a Fourier cosine transform.

(a) Taking Fourier sine transform [using result (12)] of $f(x) = e^{-mx}$, we have

$$F_s(\lambda) = \int_0^\infty f(u) \sin \lambda u \, du = \int_0^\infty e^{-mu} \sin \lambda u \, du$$

$$= \left[\dfrac{e^{-mu}}{m^2 + \lambda^2} (-m \sin \lambda u - \lambda \cos \lambda u) \right]_0^\infty = \dfrac{\lambda}{m^2 + \lambda^2} \qquad \ldots (i)$$

Using result (13), inverse sine transform of $F_s(\lambda)$ is given by

$$f(x) = \dfrac{2}{\pi} \int_0^\infty F_s(\lambda) \sin \lambda x \, d\lambda = \dfrac{2}{\pi} \int_0^\infty \dfrac{\lambda}{m^2 + \lambda^2} \sin \lambda x \, d\lambda$$

$$= \dfrac{2}{\pi} \int_0^\infty \dfrac{\lambda \sin \lambda x}{m^2 + \lambda^2} d\lambda \qquad \ldots (ii)$$

The result (ii) can be expressed as

$$\int_0^\infty \dfrac{\lambda \sin \lambda x}{\lambda^2 + m^2} d\lambda = \dfrac{\pi}{2} f(x) = \dfrac{\pi}{2} e^{-mx}, \quad x > 0, \ m > 0 \qquad \ldots (iii)$$

(b) Taking Fourier cosine transform [using result (10)] of $f(x) = e^{-mx}$, we have

$$F_c(\lambda) = \int_0^\infty f(u) \cos \lambda u \, du = \int_0^\infty e^{-mu} \cos \lambda u \, du$$

$$= \left[\dfrac{e^{-mu}}{m^2 + \lambda^2} (-m \cos \lambda u + \lambda \sin \lambda u) \right]_0^\infty = \dfrac{m}{m^2 + \lambda^2} \qquad \ldots (iv)$$

Using result (11), inverse cosine transform of $F_c(\lambda)$ is given by

$$f(x) = \dfrac{2}{\pi} \int_0^\infty F_c(\lambda) \cos \lambda x \, d\lambda = \dfrac{2}{\pi} \int_0^\infty \dfrac{m}{m^2 + \lambda^2} \cos \lambda x \, d\lambda$$

$$= \dfrac{2m}{\pi} \int_0^\infty \dfrac{\cos \lambda x}{m^2 + \lambda^2} d\lambda \qquad \ldots (v)$$

The result (v) can be expressed as

$$\int_0^\infty \frac{\cos \lambda x}{\lambda^2 + m^2} \, d\lambda = \frac{\pi}{2m} f(x) = \frac{\pi}{2m} e^{-mx}.$$

Ex. 4 : If $f(x) = \begin{cases} \sin x, & \text{when } 0 < x < \pi \\ 0, & \text{when } x < 0 \text{ or } x > \pi \end{cases}$ (May 2009)

then prove that

$$f(x) = \frac{1}{\pi} \int_0^\infty \frac{\cos \lambda x + \cos[\lambda(\pi - x)]}{1 - \lambda^2} \, d\lambda.$$

Hence deduce that $\int_0^\infty \frac{\cos \lambda \pi/2}{1 - \lambda^2} \, d\lambda = \frac{\pi}{2}$.

Sol. : Here f(x) is defined over the interval $-\infty < x < \infty$ and is neither an even function nor an odd function, hence the Fourier transform of f(x) is given by [result (8)],

$$F(\lambda) = \int_{-\infty}^\infty f(u) \, e^{-i\lambda u} \, du = \int_0^\pi \sin u \, e^{-i\lambda u} \, du$$

$$= \left[\frac{e^{-i\lambda u}}{(-i\lambda)^2 + 1}(-i\lambda \sin u - \cos u)\right]_0^\pi$$

$$= \left[\frac{e^{-i\lambda \pi}}{-\lambda^2 + 1}(-\cos \pi) - \frac{1}{-\lambda^2 + 1}(-\cos 0)\right]$$

$$= \frac{e^{-i\lambda \pi} + 1}{1 - \lambda^2} = \frac{(1 + \cos \lambda \pi) - i \sin \lambda \pi}{1 - \lambda^2} \qquad \ldots \text{(i)}$$

Using result (9), inverse transform of $F(\lambda)$ is given by

$$f(x) = \frac{1}{2\pi} \int_{-\infty}^\infty F(\lambda) \, e^{i\lambda x} \, d\lambda$$

$$= \frac{1}{2\pi} \int_{-\infty}^\infty \left[\frac{(1 + \cos \lambda \pi) - i \sin \lambda \pi}{1 - \lambda^2}\right] (\cos \lambda x + i \sin \lambda x) \, d\lambda$$

$$= \frac{1}{2\pi} \left[\int_{-\infty}^{\infty} \left[\frac{1+\cos\lambda\pi}{1-\lambda^2} \right] \cos\lambda x \, d\lambda + i \int_{-\infty}^{\infty} \left[\frac{1+\cos\lambda\pi}{1-\lambda^2} \right] \sin\lambda x \, d\lambda \right.$$

$$\left. - i \int_{-\infty}^{\infty} \frac{\sin\lambda\pi \cos\lambda x}{1-\lambda^2} \, d\lambda + \int_{-\infty}^{\infty} \frac{\sin\lambda\pi \sin\lambda x}{1-\lambda^2} \, d\lambda \right]$$

$$= \frac{1}{2\pi} \left[2\int_0^{\infty} \left(\frac{1+\cos\lambda\pi}{1-\lambda^2} \right) \cos\lambda x \, d\lambda + 2\int_0^{\infty} \frac{\sin\lambda\pi \sin\lambda x}{1-\lambda^2} \, d\lambda \right]$$

$$\begin{cases} \because \left(\frac{1+\cos\lambda\pi}{1-\lambda^2} \right) \cos\lambda x \text{ is an even function of } \lambda, \sin\lambda\pi \cos\lambda x \text{ is an odd function of } \lambda \\ \text{and } \left(\frac{1+\cos\lambda\pi}{1-\lambda^2} \right) \sin\lambda x \text{ is an odd function of } \lambda, \sin\lambda\pi \sin\lambda x \text{ is an even function of } \lambda \end{cases}$$

$$= \frac{1}{\pi} \int_0^{\infty} \frac{\cos\lambda x + \cos\lambda\pi \cos\lambda x + \sin\lambda\pi \sin\lambda x}{1-\lambda^2} \, d\lambda$$

$$\therefore \qquad f(x) = \frac{1}{\pi} \int_0^{\infty} \frac{\cos\lambda x + \cos[\lambda(\pi-x)]}{1-\lambda^2} \, d\lambda \qquad \ldots \text{(ii)}$$

Putting $x = \frac{\pi}{2}$ in (ii), we obtain

$$f\left(\frac{\pi}{2}\right) = \frac{1}{\pi} \int_0^{\infty} \frac{\cos\lambda\pi/2 + \cos[\lambda(\pi-\pi/2)]}{1-\lambda^2} \, d\lambda$$

$$\sin\frac{\pi}{2} = \frac{1}{\pi} \int_0^{\infty} \frac{2\cos\lambda\pi/2}{1-\lambda^2} \, d\lambda \quad \therefore \int_0^{\infty} \frac{\cos\lambda\pi/2}{1-\lambda^2} \, d\lambda = \frac{\pi}{2}$$

which is the required deduction.

Ex. 5 : *Find the Fourier cosine integral representation for the function*

$$f(x) = \begin{cases} x^2, & 0 < x < a \\ 0, & x > a \end{cases}$$

Sol. : Using result (10), Fourier cosine transform of $f(x)$ is given by

$$F_c(\lambda) = \int_0^{\infty} f(u) \cos\lambda u \, du = \int_0^a u^2 \cos\lambda u \, du$$

$$= \left[u^2 \left(\frac{\sin\lambda u}{\lambda} \right) - (2u)\left(-\frac{\cos\lambda u}{\lambda^2} \right) + (2)\left(-\frac{\sin\lambda u}{\lambda^3} \right) \right]_0^a$$

(using generalised rule of integration by parts)

$$= \frac{a^2 \sin\lambda a}{\lambda} + \frac{2a \cos\lambda a}{\lambda^2} - \frac{2\sin\lambda a}{\lambda^3}$$

and using result (11), corresponding inverse transform is given by

$$f(x) = \frac{2}{\pi} \int_0^\infty F_c(\lambda) \cos \lambda x \, d\lambda$$

$$= \frac{2}{\pi} \int_0^\infty \left[\frac{a^2 \sin a\lambda}{\lambda} + \frac{2a \cos a\lambda}{\lambda^2} - \frac{2 \sin a\lambda}{\lambda^3} \right] \cos \lambda x \, d\lambda.$$

Ex. 6 : *Using Fourier integral representation, show that*

(a) $\int_0^\infty \frac{\lambda^3 \sin \lambda x}{\lambda^4 + 4} d\lambda = \frac{\pi}{2} e^{-x} \cos x$, where $x > 0$ **(May 2005)**

(b) $\int_0^\infty \frac{\cos \frac{\pi \lambda}{2} \cos \lambda x}{1 - \lambda^2} d\lambda = \begin{cases} \frac{\pi}{2} \cos x, & |x| \leq \frac{\pi}{2} \\ 0, & |x| > \frac{\pi}{2} \end{cases}$ **(May 2011, Dec. 2012)**

(c) $\int_0^\infty \frac{\cos \lambda x + \lambda \sin \lambda x}{1 + \lambda^2} d\lambda = \begin{cases} 0, & x < 0 \\ \frac{\pi}{2}, & x = 0 \\ \pi e^{-x}, & x > 0 \end{cases}$ **(Dec. 2006, 2012)**

(d) $\int_0^\infty \frac{1 - \cos \pi\lambda}{\lambda} \sin \lambda x \, d\lambda = \begin{cases} \frac{\pi}{2}, & 0 < x < \pi \\ 0, & x > \pi \end{cases}$ **(May 2006)**

Sol. : (a) To prove the result, consider R.H.S. which defines the function

$$f(x) = \frac{\pi}{2} e^{-x} \cos x, \quad x > 0 \qquad \ldots (i)$$

Here the function $f(x)$ is defined in the half range $0 < x < \infty$ and since the integral on L.H.S. involves a term $\sin \lambda x$, indicates that, we are required to find the Fourier sine transform of $f(x)$.

Thus from result (12), we have

$$F_s(\lambda) = \int_0^\infty f(u) \sin \lambda u \, du = \int_0^\infty \frac{\pi}{2} e^{-u} \cos u \sin \lambda u \, du \qquad \text{[from (i)]}$$

$$= \frac{\pi}{4} \int_0^\infty e^{-u} [\sin(\lambda + 1)u + \sin(\lambda - 1)u] \, du$$

$$= \frac{\pi}{4} \left[\int_0^\infty e^{-u} \sin(\lambda+1)u \, du + \int_0^\infty e^{-u} \sin(\lambda-1)u \, du \right]$$

$$= \frac{\pi}{4} \left[\frac{e^{-u}}{1+(\lambda+1)^2} \{-\sin(\lambda+1)u - (\lambda+1)\cos(\lambda+1)u\} \right.$$

$$\left. + \frac{e^{-u}}{1+(\lambda-1)^2} \{-\sin(\lambda-1)u - (\lambda-1)\cos(\lambda-1)u\} \right]_0^\infty$$

$$= \frac{\pi}{4} \left[\frac{\lambda+1}{\lambda^2+2\lambda+2} + \frac{\lambda-1}{\lambda^2-2\lambda+2} \right] = \frac{\pi}{4} \left[\frac{2\lambda^3}{(\lambda^2+2)^2 - 4\lambda^2} \right]$$

$$= \frac{\pi}{2} \frac{\lambda^3}{\lambda^4+4} \qquad \ldots \text{(ii)}$$

Now using result (13), inverse sine transform of $F_s(\lambda)$ is given by

$$f(x) = \frac{2}{\pi} \int_0^\infty F_s(\lambda) \sin \lambda x \, d\lambda = \frac{2}{\pi} \int_0^\infty \frac{\pi}{2} \frac{\lambda^3}{\lambda^4+4} \sin \lambda x \, d\lambda$$

$$= \int_0^\infty \frac{\lambda^3 \sin \lambda x}{\lambda^4+4} d\lambda \qquad \ldots \text{(iii)}$$

The result (iii) can be expressed as

$$\int_0^\infty \frac{\lambda^3 \sin \lambda x}{\lambda^4+4} = f(x) = \frac{\pi}{2} e^{-x} \cos x \qquad \text{[from (i)]}$$

which is the required result.

(b) To prove the result, consider the function

$$f(x) = \begin{cases} \frac{\pi}{2} \cos x, & |x| \leq \frac{\pi}{2} \\ 0, & |x| > \frac{\pi}{2} \end{cases} \qquad \ldots \text{(i)}$$

Here $f(x)$ is an even function of x defined in the interval $-\infty < x < \infty$ and since cosine terms are present in the integral, we find Fourier cosine transform.

Thus from result (10), we have

$$F_c(\lambda) = \int_0^\infty f(u) \cos \lambda u \, du = \int_0^{\pi/2} \frac{\pi}{2} \cos u \cos \lambda u \, du + \int_{\pi/2}^\infty (0) \cos \lambda u \, du$$

$$= \frac{\pi}{4} \int_0^{\pi/2} [\cos(\lambda+1)u + \cos(\lambda-1)u] \, du$$

$$= \frac{\pi}{4}\left[\frac{\sin(\lambda+1)u}{\lambda+1} + \frac{\sin(\lambda-1)u}{\lambda-1}\right]_0^{\pi/2}$$

$$\{\because 2\cos A \cos B = \cos(A+B) + \cos(A-B)\}$$

$$= \frac{\pi}{4}\left[\frac{\sin(\lambda+1)\pi/2}{\lambda+1} + \frac{\sin(\lambda-1)\pi/2}{\lambda-1}\right]$$

$$= \frac{\pi}{4}\left[\frac{\cos\lambda\pi/2}{\lambda+1} - \frac{\cos\lambda\pi/2}{\lambda-1}\right] \qquad \left\{\because \sin\frac{(\lambda+1)\pi}{2} = \cos\frac{\lambda\pi}{2}\right\}$$

$$= \frac{\pi}{4}\left[\frac{2\cos\lambda\pi/2}{1-\lambda^2}\right] = \frac{\pi}{2}\frac{\cos\lambda\pi/2}{1-\lambda^2} \qquad \ldots (ii)$$

Using inverse Fourier cosine transform given by result (11), we have

$$f(x) = \frac{2}{\pi}\int_0^\infty F_c(\lambda)\cos\lambda x\, d\lambda = \frac{2}{\pi}\int_0^\infty \frac{\pi}{2}\frac{\cos\lambda\pi/2}{1-\lambda^2}\cos\lambda x\, d\lambda$$

$$= \int_0^\infty \frac{\cos\frac{\lambda\pi}{2}\cos\lambda x}{1-\lambda^2}\, d\lambda \qquad \ldots (iii)$$

The result (iii) can be expressed as

$$\int_0^\infty \frac{\cos\frac{\lambda\pi}{2}\cos\lambda x}{1-\lambda^2}\, d\lambda = f(x) = \begin{cases} \frac{\pi}{2}\cos x, & |x| \leq \frac{\pi}{2} \\ 0, & |x| > \frac{\pi}{2} \end{cases}$$

which is the required result.

(c) To prove the result, consider the function

$$f(x) = \begin{cases} 0, & x < 0 \\ \pi e^{-x}, & x > 0 \end{cases} \qquad \ldots (i)$$

This function is defined in $-\infty < x < \infty$ and since the terms $\sin\lambda x$ and $\cos\lambda x$ are present in the integrand, we find general Fourier transform. Also note that $f(x)$ is neither an even function nor an odd function.

Thus from result (8), we have

$$F(\lambda) = \int_{-\infty}^\infty f(u)e^{-i\lambda u}\, du = \int_{-\infty}^0 0\cdot e^{-i\lambda u}\, du + \int_0^\infty \pi e^{-u} e^{-i\lambda u}\, du$$

$$= \pi\int_0^\infty e^{-(1+i\lambda)u}\, du = \pi\left[\frac{e^{-(1+i\lambda)u}}{-(1+i\lambda)}\right]_0^\infty$$

$$= \pi\left[\frac{1}{1+i\lambda}\right] = \pi\left[\frac{1-i\lambda}{1+\lambda^2}\right] \qquad \ldots (ii)$$

Now using result (9), inverse Fourier transform of $F(\lambda)$ is given by

$$f(x) = \frac{1}{2\pi} \int_{-\infty}^{\infty} F(\lambda) e^{i\lambda x} d\lambda = \frac{1}{2\pi} \int_{-\infty}^{\infty} \pi \left(\frac{1-i\lambda}{1+\lambda^2}\right) [\cos \lambda x + i \sin \lambda x] d\lambda$$

$$= \frac{1}{2} \int_{-\infty}^{\infty} \left[\frac{\cos \lambda x + \lambda \sin \lambda x}{1+\lambda^2} + i \frac{-\lambda \cos \lambda x + \sin \lambda x}{1+\lambda^2}\right] d\lambda$$

$$= \frac{1}{2} \left[2 \int_{0}^{\infty} \frac{\cos \lambda x + \lambda \sin \lambda x}{1+\lambda^2} d\lambda \right] \quad \begin{cases} \because \int_{-\infty}^{\infty} \frac{\lambda \cos \lambda x + \sin \lambda}{1+\lambda^2} = 0 \\ \text{since integrand is odd} \\ \text{function of } \lambda \text{ (refer Ex. 2)} \end{cases}$$

$$= \int_{0}^{\infty} \frac{\cos \lambda x + \lambda \sin \lambda x}{1+\lambda^2} d\lambda \qquad \ldots \text{(iii)}$$

The result (iii) can be expressed as

$$\int_{0}^{\infty} \frac{\cos \lambda x + \lambda \sin \lambda x}{1+\lambda^2} d\lambda = f(x) = \begin{cases} 0, & x < 0 \\ \pi e^{-x}, & x > 0 \end{cases} \qquad \ldots \text{(iv)}$$

To find the value of the integral at $x = 0$ i.e. $f(0)$, put $x = 0$ in (iv), we get

$$f(0) = \int_{0}^{\infty} \frac{1}{1+\lambda^2} d\lambda = \left[\tan^{-1} \lambda\right]_{0}^{\infty} = \frac{\pi}{2} \qquad \ldots \text{(v)}$$

Hence from (iv) and (v), we get

$$\int_{0}^{\infty} \frac{\cos \lambda x + \lambda \sin \lambda x}{1+\lambda^2} d\lambda = \begin{cases} 0, & x < 0 \\ \pi/2, & x = 0 \\ \pi e^{-x}, & x > 0 \end{cases}$$

which is the required result.

(d) To prove the result, consider the function

$$f(x) = \begin{cases} \frac{\pi}{2}, & 0 < x < \pi \\ 0, & x > \pi \end{cases} \qquad \ldots \text{(i)}$$

Here the function is defined in $0 < x < \infty$ and since the integral on L.H.S. involves a term $\sin \lambda x$, we find Fourier sine transform of $f(x)$.

Thus from result (12), we have

$$F_s(\lambda) = \int_0^\infty f(u) \sin \lambda u \, du = \int_0^\pi \frac{\pi}{2} \sin \lambda u \, du + \int_\pi^\infty (0) \sin \lambda u \, du$$

$$= \frac{\pi}{2} \left[\frac{-\cos \lambda u}{\lambda} \right]_0^\pi = \frac{\pi}{2} \left[\frac{1 - \cos \lambda \pi}{\lambda} \right] \quad \ldots \text{(ii)}$$

Now using result (13), inverse sine transform of $F_s(\lambda)$ is given by

$$f(x) = \frac{2}{\pi} \int_0^\infty F_s(\lambda) \sin \lambda x \, d\lambda = \frac{2}{\pi} \int_0^\infty \frac{\pi}{2} \left[\frac{1 - \cos \lambda \pi}{\lambda} \right] \sin \lambda x \, d\lambda$$

$$= \int_0^\infty \frac{1 - \cos \lambda \pi}{\lambda} \sin \lambda x \, d\lambda \quad \ldots \text{(iii)}$$

Result (iii) can be expressed as

$$\int_0^\infty \frac{1 - \cos \lambda \pi}{\lambda} \sin \lambda x \, d\lambda = f(x) = \begin{cases} \dfrac{\pi}{2}, & 0 < x < \pi \\ 0, & x > \pi \end{cases}$$

which is the required result.

Type 2 : Problems on Fourier Transforms

Ex. 7 : *Find the Fourier transforms of*

$$f(x) = \begin{cases} 1, & |x| < a \\ 0, & |x| > a \end{cases}$$

Also graph f(x) and its Fourier transform for a = 3.

Sol. : The Fourier transform of $f(x)$ is [refer result (8)]

$$F(\lambda) = \int_{-\infty}^\infty f(u) e^{-i\lambda u} \, du = \int_{-a}^a (1) e^{-i\lambda u} \, du = \left[\frac{e^{-i\lambda u}}{-i\lambda} \right]_{-a}^a$$

$$= \frac{e^{i\lambda a} - e^{-i\lambda a}}{i\lambda} = \frac{2 \sin \lambda a}{\lambda}, \quad \lambda \neq 0. \quad \ldots \text{(i)}$$

For $\lambda = 0$, we obtain $F(\lambda) = 2a$.

The graphs of f(x) and F(λ) for a = 3 are shown in Figs. 3.3 and 3.4 respectively.

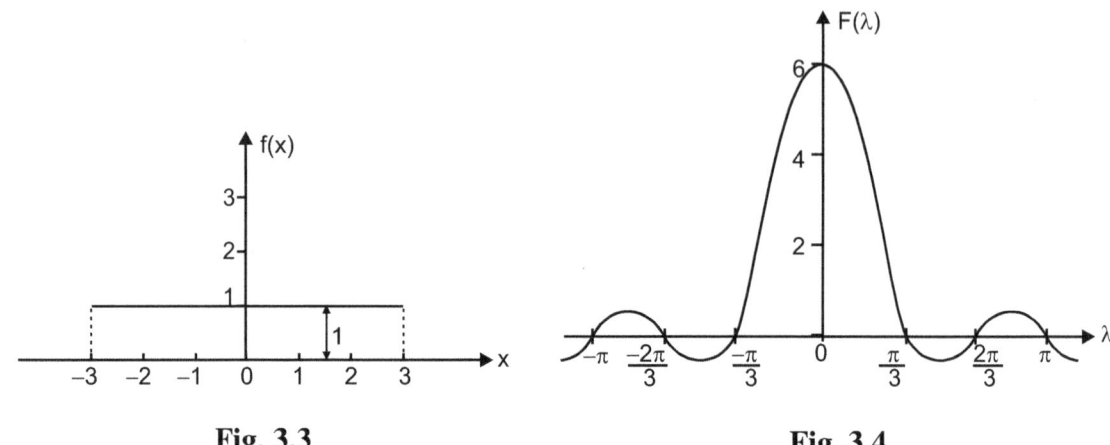

Fig. 3.3   Fig. 4

Ex. 8 : *Find the Fourier transform of*

$$f(x) = \begin{cases} 1 - x^2, & |x| \leq 1 \\ 0, & |x| > 1 \end{cases}$$

and hence evaluate $\int_0^\infty \left(\dfrac{x \cos x - \sin x}{x^3} \right) \cos \dfrac{x}{2} \, dx$ **(Dec. 04, 06, 10, 12; May 08, 12)**

Sol. : The function f(x) is given by

$$f(x) = \begin{cases} 1 - x^2, & -1 \leq x \leq 1 \\ 0, & |x| > 1 \end{cases} \qquad \ldots (i)$$

This shows that f(–x) = f(x) i.e. f(x) is an even function in the interval $-\infty < x < \infty$. Hence by result (10), the Fourier cosine transform of f(x) is

$$F_c(\lambda) = \int_0^\infty f(u) \cos \lambda u \, du = \int_0^1 (1 - u^2) \cos \lambda u \, du + \int_1^\infty (0) \cos \lambda u \, du$$

[from (i)]

$$= \left[(1 - u^2) \left(\dfrac{\sin \lambda u}{\lambda} \right) - (-2u) \left(\dfrac{-\cos \lambda u}{\lambda^2} \right) + (-2) \left(\dfrac{-\sin \lambda u}{\lambda^3} \right) \right]_0^1$$

$$= 2 \left(\dfrac{\sin \lambda - \lambda \cos \lambda}{\lambda^3} \right) \qquad \ldots (ii)$$

By using inverse transform [result (11)], the Fourier integral representation is given by

$$f(x) = \frac{2}{\pi} \int_0^\infty F_c(\lambda) \cos \lambda x \, d\lambda = \frac{2}{\pi} \int_0^\infty 2\left(\frac{\sin \lambda - \lambda \cos \lambda}{\lambda^3}\right) \cos \lambda x \, d\lambda$$

$$= \frac{4}{\pi} \int_0^\infty \left(\frac{\sin \lambda - \lambda \cos \lambda}{\lambda^3}\right) \cos \lambda x \, d\lambda \qquad \ldots \text{(iii)}$$

The result (iii) can be expressed as

$$\int_0^\infty \left(\frac{\sin \lambda - \lambda \cos \lambda}{\lambda^3}\right) \cos \lambda x \, d\lambda = \frac{\pi}{4} f(x) = \begin{cases} \frac{\pi}{4}(1 - x^2), & |x| \leq 1 \\ 0, & |x| > 1 \end{cases} \qquad \ldots \text{(iv)}$$

Putting $x = \frac{1}{2}$, which lies in $-1 \leq x \leq 1$ i.e. in $|x| \leq 1$, we get

$$\int_0^\infty \left(\frac{\sin \lambda - \lambda \cos \lambda}{\lambda^3}\right) \cos \frac{\lambda}{2} \, d\lambda = \frac{\pi}{4}\left(1 - \frac{1}{4}\right) = \frac{3\pi}{16} \qquad \ldots \text{(v)}$$

Since variable of integration in definite integral is of no importance, replacing λ by x in (v), we have

$$\int_0^\infty \left(\frac{\sin x - x \cos x}{x^3}\right) \cos \frac{x}{2} \, dx = \frac{3\pi}{16}$$

or
$$\int_0^\infty \left(\frac{x \cos x - \sin x}{x^3}\right) \cos \frac{x}{2} \, dx = -\frac{3\pi}{16}.$$

Ex. 9 : *Find the Fourier cosine transform of the function*

$$f(x) = \begin{cases} \cos x, & 0 < x < a \\ 0, & x > a \end{cases}$$

Sol. : Using result (10), cosine transform of $f(x)$ is

$$F_c(\lambda) = \int_0^\infty f(u) \cos \lambda u \, du = \int_0^a \cos u \cos \lambda u \, du + \int_a^\infty (0) \cos \lambda u \, du$$

$$= \frac{1}{2} \int_0^a [\cos(\lambda + 1)u + \cos(\lambda - 1)u] \, du$$

$$= \frac{1}{2} \left[\frac{\sin(\lambda + 1)u}{\lambda + 1} + \frac{\sin(\lambda - 1)u}{\lambda - 1}\right]_0^a$$

$$= \frac{1}{2} \left[\frac{\sin(\lambda + 1)a}{\lambda + 1} + \frac{\sin(\lambda - 1)a}{\lambda - 1}\right]$$

Note : If we use result [10 (a)] for Fourier cosine transform,

$$F_c(\lambda) = \sqrt{\frac{2}{\pi}} \int_0^\infty f(u) \cos \lambda u \, du$$

we get the result

$$F_c(\lambda) = \sqrt{\frac{2}{\pi}} \cdot \frac{1}{2} \left[\frac{\sin(\lambda+1)a}{\lambda+1} + \frac{\sin(\lambda-1)a}{\lambda-1} \right].$$

Ex. 10 : *Show that :*

(a) *the Fourier transform of* $f(x) = e^{-|x|}$ *is* $\dfrac{2}{1+\lambda^2}$.

(b) *the Fourier transform of* $f(x) = e^{-x^2/2}$ *is* $e^{-\lambda^2/2}$ **(Dec. 2008)**

(c) *the Fourier cosine transform of* $f(x) = e^{-x^2}$ *is* $\dfrac{1}{\sqrt{2}} e^{-\lambda^2/4}$ **(May 2008)**

(d) *the Fourier cosine transform of* $f(x) = e^{-x} + e^{-2x}$ $(x > 0)$ *is* $\dfrac{6+3\lambda^2}{4+5\lambda^2+\lambda^4}$

Sol. : (a) Fourier transform of $f(x) = e^{-|x|}$ in the interval $-\infty < x < \infty$ is given by

$$F(\lambda) = \int_{-\infty}^{\infty} f(u) e^{-i\lambda u} du = \int_{-\infty}^{\infty} e^{-|u|} e^{-i\lambda u} du$$

$$= \int_{-\infty}^{\infty} e^{-|u|} (\cos \lambda u - i \sin \lambda u) du$$

$$= \int_{-\infty}^{\infty} e^{-|u|} \cos \lambda u \, du - i \int_{-\infty}^{\infty} e^{-|u|} \sin \lambda u \, du$$

Since the integrand in the second integral is odd and hence integral is zero.

$$\therefore \quad F(\lambda) = 2 \int_0^\infty e^{-u} \cos \lambda u \, du = 2 \left[\frac{e^{-u}}{1+\lambda^2} (-\cos \lambda u + \lambda \sin \lambda u) \right]_0^\infty$$

$$= \frac{2}{1+\lambda^2}$$

Note : We can also obtain Fourier cosine transform of f(x) directly, since it is an even function.

(b) Here $f(x) = e^{-x^2/2}$ is an even function of x defined in the interval $-\infty < x < \infty$, hence to obtain the required result, we use formula (10 a) for the Fourier cosine transform.

$$F_c(\lambda) = \sqrt{\frac{2}{\pi}} \int_0^\infty f(u) \cos \lambda u \, du = \sqrt{\frac{2}{\pi}} \int_0^\infty e^{-u^2/2} \cos \lambda u \, du \qquad \ldots \text{(i)}$$

Let $\quad I(\lambda) = \int_0^\infty e^{-u^2/2} \cos \lambda u \, du \quad \ldots$ (ii)

$\therefore \quad \dfrac{dI(\lambda)}{d\lambda} = \int_0^\infty \dfrac{\partial}{\partial \lambda} e^{-u^2/2} \cos \lambda u \, du \quad$ $\begin{bmatrix}\text{Using rule of differentiation}\\\text{under the integral sign}\end{bmatrix}$

$$= \int_0^\infty -(u\, e^{-u^2/2}) \sin \lambda u \, du$$

Integrating by parts, we have

$$= [e^{-u^2/2} \sin \lambda u]_0^\infty - \int_0^\infty e^{-u^2/2} \lambda \cos \lambda u \, du \quad \begin{cases}\because \int - u\, e^{-u^2/2} du,\ [u^2/2 = t]\\= -\int e^{-t} dt = + e^{-t} = + e^{-u^2/2}\end{cases}$$

$$= 0 - \lambda \int_0^\infty e^{-u^2/2} \cos \lambda u \, du.$$

$$= -\lambda\, I(\lambda), \qquad \text{where, } I(\lambda) = \int_0^\infty e^{-u^2/2} \cos \lambda u \, du \quad \ldots \text{(iii)}$$

$\therefore \quad \dfrac{dI}{d\lambda} = -\lambda I \qquad\qquad$ (In variable separable form)

$\therefore \quad I = A\, e^{-\lambda^2/2} \qquad \ldots$ (iv)

To find constant A, put $\lambda = 0$ in (iv), then

$$[I(\lambda)]_{\lambda=0} = A\, e^0 = A \quad \ldots \text{(v)}$$

The value of $[I(\lambda)]$ at $\lambda = 0$ is obtained by putting $\lambda = 0$ in (ii),

$$[I(\lambda)]_{\lambda=0} = \int_0^\infty e^{-u^2/2} du, \text{ putting } u^2 = 2t \text{ or } u = \sqrt{2}\, t^{1/2}$$

$$= \int_0^\infty e^{-t} \dfrac{1}{\sqrt{2}} t^{-1/2} dt = \dfrac{1}{\sqrt{2}} \int_0^\infty e^{-t} t^{-1/2} dt$$

$$= \dfrac{1}{\sqrt{2}} \overline{|1/2|} = \dfrac{1}{\sqrt{2}} \sqrt{\pi} = \sqrt{\dfrac{\pi}{2}}.$$

Thus from (v), we have $A = \sqrt{\dfrac{\pi}{2}}$ and hence from (iv) and (ii), we have

$$I(\lambda) = \int_0^\infty e^{-u^2/2} \cos \lambda u = \sqrt{\dfrac{\pi}{2}}\, e^{-\lambda^2/2} \quad \ldots \text{(vi)}$$

Substituting (vi) in (i), we get

$$F(\lambda) = \sqrt{\frac{2}{\pi}} \sqrt{\frac{\pi}{2}} e^{-\lambda^2/2} = e^{-\lambda^2/2}$$

Note : If we use result (10) for finding Fourier cosine transform, we get

$$F(\lambda) = \sqrt{\frac{\pi}{2}} e^{-\lambda^2/2}$$

(c) Here $f(x) = e^{-x^2}$ is defined in the interval $-\infty < x < \infty$. To obtain required result, we use formula (10 a) for Fourier cosine transform.

$$F_c(\lambda) = \sqrt{\frac{2}{\pi}} \int_0^\infty f(u) \cos \lambda u \, du = \sqrt{\frac{2}{\pi}} \int_0^\infty e^{-u^2} \cos \lambda u \, du \quad \ldots \text{(i)}$$

Let
$$I(\lambda) = \int_0^\infty e^{-u^2} \cos \lambda u \, du \quad \ldots \text{(ii)}$$

$$I'(\lambda) = \int_0^\infty \frac{\partial}{\partial \lambda} e^{-u^2} \cos \lambda u \, du = \int_0^\infty (-u \, e^{-u^2}) \sin \lambda u \, du$$

[Using the rule of differentiation under the integral sign]

Integrating by parts, we have

$$= \left[\frac{1}{2} e^{-u^2} \sin \lambda u\right]_0^\infty - \int_0^\infty \frac{1}{2} e^{-u^2} \lambda \cos \lambda u \, du \quad \begin{cases} \because \int -u \, e^{-u^2} du \; [-u^2 = t] \\ = \int \frac{1}{2} e^t \, dt = \frac{1}{2} e^{-u^2} \end{cases}$$

$$= 0 - \frac{\lambda}{2} \int_0^\infty e^{-u^2} \cos \lambda u \, du$$

$$= -\frac{\lambda}{2} I(\lambda), \qquad \text{where, } I(\lambda) = \int_0^\infty e^{-u^2} \cos \lambda u \, du \quad \ldots \text{(iii)}$$

$$\therefore \quad \frac{dI}{I} = -\frac{\lambda}{2} d\lambda \qquad \text{(In variable separable form)}$$

Integrating, we have

$$I = A \, e^{-\lambda^2/4} \quad \ldots \text{(iv)}$$

To find the constant A, put $\lambda = 0$ in (iv), then

$$[I(\lambda)]_{\lambda = 0} = A \quad \ldots \text{(v)}$$

The value of $[I(\lambda)]_{\lambda = 0}$ is obtained by putting $\lambda = 0$ in (ii),

$$[I(\lambda)]_{\lambda = 0} = \frac{\sqrt{\pi}}{2}, \qquad \text{(refer to similar part of previous example)}$$

Thus from (v), we have $A = \dfrac{\sqrt{\pi}}{2}$; and hence from (iv) and (ii), we have

$$I(\lambda) = \int_0^\infty e^{-u^2} \cos \lambda u \, du = \dfrac{\sqrt{\pi}}{2} e^{-\lambda^2/4} \qquad \ldots \text{(vi)}$$

Substituting (iv) in (i), we get

$$F(\lambda) = \sqrt{\dfrac{2}{\pi}} \dfrac{\sqrt{\pi}}{2} e^{-\lambda^2/4} = \dfrac{1}{\sqrt{2}} e^{-\lambda^2/4}.$$

Note : If we use result (10) for finding Fourier cosine transform, we get

$$F(\lambda) = \dfrac{\sqrt{\pi}}{2} e^{-\lambda^2/4}$$

(d) Here $f(x) = e^{-x} + e^{-2x}$, $0 < x < \infty$.
The Fourier cosine transform of $f(x)$ is

$$F_c(\lambda) = \int_0^\infty f(u) \cos \lambda u \, du = \int_0^\infty (e^{-u} + e^{-2u}) \cos \lambda u \, du$$

$$= \left[\dfrac{e^{-u}}{1 + \lambda^2} (-\cos \lambda u + \lambda \sin \lambda u) + \dfrac{e^{-2u}}{4 + \lambda^2} (-2\cos \lambda u + \lambda \sin \lambda u) \right]_0^\infty$$

$$= \dfrac{1}{1 + \lambda^2} + \dfrac{2}{4 + \lambda^2} = \dfrac{6 + 3\lambda^2}{4 + 5\lambda^2 + \lambda^4}.$$

Ex. 11 : *Find the Fourier sine transform of* $\dfrac{1}{x}$. **(Dec. 2010)**

Sol. : Using result (12), we have

$$F_s(\lambda) = \int_0^\infty f(u) \sin \lambda u \, du = \int_0^\infty \dfrac{1}{u} \sin \lambda u \, du$$

$$= \int_0^\infty \dfrac{\lambda}{t} (\sin t) \dfrac{dt}{\lambda}, \text{ putting } \lambda u = t \text{ or } u = \dfrac{t}{\lambda} \text{ and } du = \dfrac{dt}{\lambda}.$$

$$= \int_0^\infty \dfrac{\sin t}{t} \, dt = \dfrac{\pi}{2}.$$

Note : If we use result 12 (a), we would get

$$F_s(\lambda) = \sqrt{\frac{2}{\pi}} \int_0^\infty f(u) \sin \lambda u \, du = \sqrt{\frac{2}{\pi}} \cdot \frac{\pi}{2} = \sqrt{\frac{\pi}{2}}.$$

Ex. 12 : *Find the Fourier sine transform of* $\dfrac{e^{-ax}}{x}$ *& hence evaluate* $\int_0^\infty \tan^{-1}\dfrac{x}{a} \sin x \, dx.$

(May 2006)

Sol. : Using result (12), we have

$$F_s(\lambda) = \int_0^\infty f(u) \sin \lambda u \, du = \int_0^\infty \frac{e^{-au}}{u} \sin \lambda u \, du \qquad \ldots (i)$$

Let
$$I(\lambda) = \int_0^\infty \frac{e^{-au}}{u} \sin \lambda u \, du \qquad \ldots (ii)$$

$$\therefore \quad \frac{dI}{d\lambda} = \int_0^\infty \frac{\partial}{\partial \lambda} \frac{e^{-au}}{u} \sin \lambda u \, du \qquad \text{[Using DUIS rule]}$$

$$= \int_0^\infty \frac{e^{-au}}{u} (u \cos \lambda u) \, du = \int_0^\infty e^{-au} \cos \lambda u \, du$$

$$= \left[\frac{e^{-au}}{a^2 + \lambda^2} (-a \cos \lambda u + \lambda \sin \lambda u) \right]_0^\infty = \frac{a}{\lambda^2 + a^2}$$

$$\therefore \quad \frac{dI}{d\lambda} = \frac{a}{\lambda^2 + a^2} \qquad \ldots (iii)$$

Integrating, we have

$$I(\lambda) = \int \frac{a}{\lambda^2 + a^2} \, d\lambda + A = \tan^{-1} \frac{\lambda}{a} + A \qquad \ldots (iv)$$

To find constant A, we put $\lambda = 0$ in (iv), we get

$$[I(\lambda)]_{\lambda = 0} = 0 + A$$

or $\quad \left[\int_0^\infty \dfrac{e^{-au}}{u} \sin \lambda u \, du \right]_{\lambda = 0} = 0 + A \quad \Rightarrow \quad \boxed{A = 0} \qquad \ldots \text{(by (ii))}$

$\therefore$ (iv) $\Rightarrow \quad I(\lambda) = \int_0^\infty \dfrac{e^{-au}}{u} \sin \lambda u \, du = \tan^{-1} \dfrac{\lambda}{a} \qquad \ldots (v)$

Substituting (v) in (i), we get

$$F_s(\lambda) = \tan^{-1}\frac{\lambda}{a} \qquad \ldots \text{(vi)}$$

Using result (13), inverse sine transform is given by

$$f(x) = \frac{2}{\pi}\int_0^\infty F_s(\lambda)\sin\lambda x\, d\lambda = \frac{2}{\pi}\int_0^\infty \tan^{-1}\frac{\lambda}{a}\sin\lambda x\, d\lambda$$

$$\therefore \int_0^\infty \tan^{-1}\frac{\lambda}{a}\sin\lambda x\, d\lambda = \frac{\pi}{2} f(x) = \frac{\pi}{2}\frac{e^{-ax}}{x} \qquad \ldots \text{(vii)}$$

Putting $x = 1$ in (vii), we get

$$\int_0^\infty \tan^{-1}\frac{\lambda}{a}\sin\lambda\, d\lambda = \frac{\pi}{2} e^{-a}$$

or

$$\int_0^\infty \tan^{-1}\frac{x}{a}\sin x\, dx = \frac{\pi}{2} e^{-a}.$$

Ex. 13 : *Find the Fourier sine and cosine transforms of the function* $f(x) = e^{-x}$ *and hence show that* $\int_0^\infty \frac{\cos mx}{1+x^2}dx = \frac{\pi}{2}e^{-m}$ *and* $\int_0^\infty \frac{x\sin mx}{1+x^2}dx = \frac{\pi}{2}e^{-m}.$ **(May 2009)**

Sol. : Fourier Cosine Transform : Using result (10), we have

$$F_c(\lambda) = \int_0^\infty f(u)\cos\lambda u\, du = \int_0^\infty e^{-u}\cos\lambda u\, du$$

$$= \left[\frac{e^{-u}}{1+\lambda^2}(-\cos\lambda u + \lambda\sin\lambda u)\right]_0^\infty$$

$$= \frac{1}{1+\lambda^2} \qquad \ldots \text{(i)}$$

Now using result (11), inverse cosine transform is given by

$$f(x) = \frac{2}{\pi}\int_0^\infty F_c(\lambda)\cos\lambda x\, d\lambda = \frac{2}{\pi}\int_0^\infty \frac{1}{1+\lambda^2}\cos\lambda x\, d\lambda$$

$$\therefore \int_0^\infty \frac{\cos\lambda x}{1+\lambda^2}d\lambda = \frac{\pi}{2}f(x) = \frac{\pi}{2}e^{-x} \qquad \ldots \text{(ii)}$$

Putting $x = m$ in (ii), we have

$$\int_0^\infty \frac{\cos\lambda m}{1+\lambda^2}d\lambda = \frac{\pi}{2}e^{-m} \qquad \ldots \text{(iii)}$$

Since variable of integration is immaterial in the definite integral,

hence, $\quad \int_0^\infty \dfrac{\cos mx}{1 + x^2} \, dx = \dfrac{\pi}{2} e^{-m}.$

Fourier Sine Transform: Using result (12), we have

$$F_s(\lambda) = \int_0^\infty f(u) \sin \lambda u \, du = \int_0^\infty e^{-u} \sin \lambda u \, du$$

$$= \left[\dfrac{e^{-u}}{1 + \lambda^2} (-\sin \lambda u - \lambda \cos \lambda u) \right]_0^\infty$$

$$= \dfrac{\lambda}{1 + \lambda^2} \qquad \ldots \text{(i)}$$

Now using result (13), inverse sine transform is given by

$$f(x) = \dfrac{2}{\pi} \int_0^\infty F_s(\lambda) \sin \lambda x \, d\lambda = \dfrac{2}{\pi} \int_0^\infty \dfrac{\lambda}{1 + \lambda^2} \sin \lambda x \, d\lambda$$

$$\therefore \quad \int_0^\infty \dfrac{\lambda \sin \lambda x}{1 + \lambda^2} \, d\lambda = \dfrac{\pi}{2} f(x) = \dfrac{\pi}{2} e^{-x} \qquad \ldots \text{(ii)}$$

Putting $x = m$ in (ii), we have

$$\int_0^\infty \dfrac{\lambda \sin \lambda m}{1 + \lambda^2} \, d\lambda = \dfrac{\pi}{2} e^{-m} \qquad \ldots \text{(iii)}$$

Since variable of integration is immaterial in the definite integral,

hence $\quad \int_0^\infty \dfrac{x \sin mx}{1 + x^2} \, dx = \dfrac{\pi}{2} e^{-m}.$

Ex. 14: *Find the Fourier sine and cosine transforms of the following function*

$$f(x) = \begin{cases} x, & 0 \le x \le 1 \\ 2 - x, & 1 \le x \le 2 \\ 0, & x > 2 \end{cases}$$

(May 2011)

Sol. : **Fourier Cosine Transform** : Using result (10), we have

$$F_c(\lambda) = \int_0^\infty f(u) \cos \lambda u \, du$$

$$= \int_0^1 (u) \cos \lambda u \, du + \int_1^2 (2 - u) \cos \lambda u \, du + \int_2^\infty (0) \cos \lambda u \, du$$

$$= \left[u \dfrac{\sin \lambda u}{\lambda} + \dfrac{\cos \lambda u}{\lambda^2} \right]_0^1 + \left[(2 - u) \dfrac{\sin \lambda u}{\lambda} - \dfrac{\cos \lambda u}{\lambda^2} \right]_1^2$$

$$= \left[\frac{\sin\lambda}{\lambda} + \frac{\cos\lambda}{\lambda^2} - \frac{1}{\lambda^2}\right] + \left[-\frac{\cos 2\lambda}{\lambda^2} - \frac{\sin\lambda}{\lambda} + \frac{\cos\lambda}{\lambda^2}\right]$$

$$= \frac{2\cos\lambda - (1 + \cos 2\lambda)}{\lambda^2} = \frac{2\cos\lambda\,(1 - \cos\lambda)}{\lambda^2}.$$

Fourier Sine Transform : Using result (12), we have

$$F_s(\lambda) = \int_0^\infty f(u)\sin\lambda u\, du$$

$$= \int_0^1 (u)\sin\lambda u\, du + \int_1^2 (2-u)\sin\lambda u\, du + \int_2^\infty (0)\sin\lambda u\, du$$

$$= \left[-u\frac{\cos\lambda u}{\lambda} + \frac{\sin\lambda u}{\lambda^2}\right]_0^1 + \left[-(2-u)\frac{\cos\lambda u}{\lambda} - \frac{\sin\lambda u}{\lambda^2}\right]_1^2$$

$$= \left[-\frac{\cos\lambda}{\lambda} + \frac{\sin\lambda}{\lambda^2}\right] + \left[-\frac{\sin 2\lambda}{\lambda^2} + \frac{\cos\lambda}{\lambda} + \frac{\sin\lambda}{\lambda^2}\right]$$

$$= \frac{2\sin\lambda - \sin 2\lambda}{\lambda^2} = \frac{2\sin\lambda\,(1 - \cos\lambda)}{\lambda^2}.$$

Ex. 15 : *Find the Fourier sine and cosine transforms of the function* $f(x) = x^{m-1}$.

(Dec. 2004, May 2005)

Sol. : The given function $f(x) = x^{m-1}$ using results (10) and (12), Fourier cosine and sine transforms are given by

$$F_c(\lambda) = \int_0^\infty f(u)\cos\lambda u\, du = \int_0^\infty u^{m-1}\cos\lambda u\, du \qquad \ldots (i)$$

$$F_s(\lambda) = \int_0^\infty f(u)\sin\lambda u\, du = \int_0^\infty u^{m-1}\sin\lambda u\, du \qquad \ldots (ii)$$

Now by definition of Gamma function, we have

$$\overline{m} = \int_0^\infty e^{-x}\, x^{m-1}\, dx$$

Putting $x = i\lambda u$, $i = \cos\frac{\pi}{2} + i\sin\frac{\pi}{2} = e^{i\pi/2}$, we get

$$\overline{m} = \int_0^\infty e^{-i\lambda u}(i\lambda u)^{m-1}(i\lambda)\, du = (e^{i\pi/2})^m\,\lambda^m \int_0^\infty u^{m-1}\, e^{-i\lambda u}\, du$$

$$\therefore \quad \int_0^\infty u^{m-1} e^{-i\lambda u} \, du = \frac{\sqrt{m}}{\lambda^m} e^{-im\pi/2}$$

$$\therefore \quad \int_0^\infty u^{m-1} (\cos \lambda u - i \sin \lambda u) \, du = \frac{\sqrt{m}}{\lambda^m} \left(\cos \frac{m\pi}{2} - i \sin \frac{m\pi}{2} \right)$$

Equating real and imaginary parts on both sides, we get

$$F_c(\lambda) = \int_0^\infty u^{m-1} \cos \lambda u \, du = \frac{\sqrt{m}}{\lambda^m} \cos \frac{m\pi}{2}$$

and $\quad F_s(\lambda) = \int_0^\infty u^{m-1} \sin \lambda u \, du = \frac{\sqrt{m}}{\lambda^m} \sin \frac{m\pi}{2}.$

Ex. 16 : *Find the Fourier cosine transform of $f_1(x) = \frac{1}{1+x^2}$ and hence find the Fourier sine transform of $f_2(x) = \frac{x}{1+x^2}$.*

Sol. : We know that Fourier cosine transform of $f_1(x) = \frac{1}{1+x^2}$ is given by [result (10)],

$$F_c(\lambda) = \int_0^\infty f_1(u) \cos \lambda u \, du = \int_0^\infty \frac{1}{1+u^2} \cos \lambda u \, du \qquad \ldots (i)$$

Let $\quad I(\lambda) = \int_0^\infty \frac{1}{1+u^2} \cos \lambda u \, du \qquad \ldots (ii)$

Differentiating both sides w.r.t. λ using the rule of DUIS, we get

$$\frac{dI}{d\lambda} = I'(\lambda) = \int_0^\infty \frac{\partial}{\partial \lambda} \frac{1}{1+u^2} \cos \lambda u \, du = \int_0^\infty -\frac{u}{1+u^2} \sin \lambda u \, du$$

$$= \int_0^\infty -\frac{u^2}{u(1+u^2)} \sin \lambda u \, du = \int_0^\infty \frac{-(u^2+1-1)}{u(1+u^2)} \sin \lambda u \, du$$

$$= \int_0^\infty \left(\frac{1}{u(1+u^2)} - \frac{1}{u} \right) \sin \lambda u \, du = \int_0^\infty \frac{\sin \lambda u}{u(1+u^2)} \, du - \int_0^\infty \frac{\sin \lambda u}{u} \, du$$

$$= \int_0^\infty \frac{\sin \lambda u}{u(1+u^2)} \, du - \int_0^\infty \frac{\sin t}{t} \, dt, \qquad \left\{ \begin{array}{l} \text{Putting } \lambda u = t \text{ in the} \\ \text{second integral} \end{array} \right\}$$

$$= \int_0^\infty \frac{\sin \lambda u}{u(1+u^2)} \, du - \frac{\pi}{2}, \qquad \left(\because \int_0^\infty \frac{\sin t}{t} \, dt = \frac{\pi}{2} \right) \quad \ldots (iii)$$

Again differentiating both sides w.r.t. λ using the rule of DUIS, we get

$$I''(\lambda) = \int_0^\infty \frac{\partial}{\partial \lambda} \frac{\sin \lambda u}{u(1+u^2)} du - 0 = \int_0^\infty \frac{u \cos \lambda u}{u(1+u^2)} du$$

$$= \int_0^\infty \frac{\cos \lambda u}{1+u^2} du = I(\lambda) \qquad \text{[from (i)]}$$

$$\therefore \quad I''(\lambda) - I(\lambda) = 0 \qquad \ldots \text{(iv)}$$

General solution of (iv) is given by

$$I(\lambda) = A e^\lambda + B e^{-\lambda} \qquad \ldots \text{(v)}$$

Now to evaluate constants A and B, differentiating (v), w.r.t. λ, we get

$$I'(\lambda) = A e^\lambda - B e^{-\lambda} \qquad \ldots \text{(vi)}$$

Putting $\lambda = 0$ in (v) and (vi), we obtain

$$I(0) = \left[\int_0^\infty \frac{\cos \lambda u}{1+u^2} du \right]_{\lambda=0} = A + B \qquad \text{[from (ii)]} \ldots \text{(vii)}$$

and

$$I'(0) = \left[\int_0^\infty \frac{\sin \lambda u}{u(1+u^2)} du - \frac{\pi}{2} \right]_{\lambda=0} = A - B \qquad \text{[from (iii)]} \ldots \text{(viii)}$$

From (vii) and (viii), we obtain

$$A + B = \frac{\pi}{2} \qquad \left\{ \because \int_0^\infty \frac{1}{1+u^2} du = [\tan^{-1} u]_0^\infty = \frac{\pi}{2} \right\}$$

and

$$A - B = -\frac{\pi}{2} \qquad \left\{ \because \int_0^\infty \frac{\sin \lambda u}{u(1+u^2)} du = 0 \text{ at } \lambda = 0 \right\}$$

Solving for A and B, we get $A = 0$ and $B = \frac{\pi}{2}$ and substituting these values of A and B in result (v), we have

$$I(\lambda) = \frac{\pi}{2} e^{-\lambda}$$

$$\therefore \quad F_c(\lambda) = \int_0^\infty f_1(u) \cos \lambda u \, du = \int_0^\infty \frac{1}{1+u^2} \cos \lambda u \, du = \frac{\pi}{2} e^{-\lambda} \qquad \ldots \text{(ix)}$$

Now to find Fourier sine transform of $f_2(x) = \frac{x}{1+x^2}$, we differentiate result (ix) with respect to λ, we get $-\int_0^\infty \frac{u}{1+u^2} \sin \lambda u \, du = -\frac{\pi}{2} e^{-\lambda}$

$$\therefore \quad F_s(\lambda) = \int_0^\infty f_2(u) \sin \lambda u \, du = \int_0^\infty \frac{u}{1+u^2} \sin \lambda u \, du = \frac{\pi}{2} e^{-\lambda}$$

Type 3 : Problems on Inverse Fourier transforms

Ex. 17 : *Using inverse sine transform, find f(x) if*

$$F_s(\lambda) = \frac{1}{\lambda} e^{-a\lambda}$$

(Dec. 2004, 2005, 2012; May 2007, 2008)

Sol. : By result (13), inverse sine transform of $F_s(\lambda)$ is given by

$$f(x) = \frac{2}{\pi} \int_0^\infty F_s(\lambda) \sin \lambda x \, d\lambda = \frac{2}{\pi} \int_0^\infty \frac{1}{\lambda} e^{-a\lambda} \sin \lambda x \, d\lambda \qquad \ldots \text{(i)}$$

Let

$$I(x) = \int_0^\infty \frac{e^{-a\lambda}}{\lambda} \sin \lambda x \, d\lambda \qquad \ldots \text{(ii)}$$

$\therefore$

$$I'(x) = \int_0^\infty \frac{\partial}{\partial x} \frac{e^{-a\lambda}}{\lambda} \sin \lambda x \, d\lambda \qquad \text{[Using DUIS rule]}$$

$$= \int_0^\infty e^{-a\lambda} \cos \lambda x \, d\lambda = \left[\frac{e^{-a\lambda}}{a^2 + x^2} (-a \cos \lambda x + x \sin \lambda x) \right]_0^\infty$$

$$= \frac{a}{a^2 + x^2} \qquad \ldots \text{(iii)}$$

Integrating, we get

$$I(x) = \int \frac{a}{x^2 + a^2} \, dx + A = \tan^{-1} \frac{x}{a} + A \qquad \ldots \text{(iv)}$$

Putting x = 0, we get

$$[I(x)]_{x=0} = A \qquad \ldots \text{(v)}$$

The value of $[I(x)]_{x=0}$ is obtained from (ii), when x = 0.

$$[I(x)]_{x=0} = \left[\int_0^\infty \frac{e^{-a\lambda}}{\lambda} \sin \lambda x \, d\lambda \right]_{x=0} = 0 \qquad \therefore A = 0$$

Hence from (iv), we have

$$I(x) = \tan^{-1} \frac{x}{a} \qquad \ldots \text{(vi)}$$

Thus from (i) and using (vi), we have

$$f(x) = \frac{2}{\pi} I(x) = \frac{2}{\pi} \tan^{-1} \frac{x}{a}.$$

Note : If we use result (13 a), we get $f(x) = \sqrt{\frac{2}{\pi}} \tan^{-1} \frac{x}{a}.$

Ex. 18 : *What is the function f(x), whose Fourier cosine transform is* $\dfrac{\sin a\lambda}{\lambda}$?

Sol. : Given that $F_c(\lambda) = \dfrac{\sin a\lambda}{\lambda}$ and we are required to find f(x). Using result (11), inverse cosine transform is given by

$$f(x) = \frac{2}{\pi}\int_0^\infty F_c(\lambda)\cos\lambda x\, d\lambda = \frac{2}{\pi}\int_0^\infty \frac{\sin a\lambda}{\lambda}\cos\lambda x\, d\lambda$$

$$= \frac{1}{\pi}\int_0^\infty \frac{\sin(a+x)\lambda + \sin(a-x)\lambda}{\lambda}\, dx$$

$$= \frac{1}{\pi}\left[\int_0^\infty \frac{\sin(a+x)\lambda}{\lambda}\, d\lambda + \int_0^\infty \frac{\sin(a-x)\lambda}{\lambda}\, d\lambda\right]$$

$$= \begin{cases}\dfrac{1}{\pi}\left[\dfrac{\pi}{2}+\dfrac{\pi}{2}\right], & a+x>0 \text{ and } a-x>0 \\ 0, & a+x>0 \text{ and } a-x<0\end{cases} \qquad \left[\because \int_0^\infty \frac{\sin ax}{x}dx = \begin{cases}\pi/2 & a>0 \\ -\pi/2 & a<0\end{cases}\right]$$

$$= \begin{cases}1, & 0<x<a \\ 0, & x>a\end{cases}$$

Ex. 19 : *Solve the following integral equations :*

(a) $\displaystyle\int_0^\infty f(x)\sin\lambda x\, dx = \begin{cases}1-\lambda, & 0\le\lambda\le 1 \\ 0, & \lambda\ge 1\end{cases}$ **(May 2009, 2011)**

(b) $\displaystyle\int_0^\infty f(x)\sin\lambda x\, dx = \begin{cases}1, & 0\le\lambda<1 \\ 2, & 1\le\lambda<2 \\ 0, & \lambda\ge 2\end{cases}$ **(Dec. 2010)**

(c) $\displaystyle\int_0^\infty f(x)\cos\lambda x\, dx = e^{-\lambda}, \lambda>0.$ **(May 2005, Dec. 2008)**

Sol. : (a) Since the term $\sin\lambda x$ is present in the integral, using result (12), the Fourier sine transform of f(x) is given by

$$F_s(\lambda) = \int_0^\infty f(u)\sin\lambda u\, du = \begin{cases}1-\lambda, & 0\le\lambda\le 1 \\ 0, & \lambda\ge 1\end{cases} \qquad \ldots \text{(i)}$$

To find f(x), we obtain inverse Fourier sine transform [by result (13)]. Thus

$$f(x) = \frac{2}{\pi} \int_0^\infty F_s(\lambda) \sin \lambda x \, d\lambda = \frac{2}{\pi} \int_0^1 (1-\lambda) \sin \lambda x \, d\lambda \qquad \text{[from (i)]}$$

$$= \frac{2}{\pi} \left[(1-\lambda) \left(\frac{-\cos \lambda x}{x} \right) - (-1) \left(-\frac{\sin \lambda x}{x^2} \right) \right]_0^1$$

$$= \frac{2}{\pi} \left[-\frac{\sin x}{x^2} + \frac{1}{x} \right] = \frac{2}{\pi} \left(\frac{x - \sin x}{x^2} \right)$$

which is the required result.

Note : If we use (13 a) for inverse sine transform, we would get

$$f(x) = \sqrt{\frac{2}{\pi}} \left(\frac{x - \sin x}{x^2} \right).$$

(b) Since the term $\sin \lambda x$ is present in the integral, using result (12), Fourier sine transform is given by

$$F_s(\lambda) = \int_0^\infty f(u) \sin \lambda u \, du = \begin{cases} 1, & 0 \le \lambda < 1 \\ 2, & 1 \le \lambda < 2 \\ 0, & \lambda \ge 2 \end{cases} \qquad \ldots \text{(i)}$$

Now to find $f(x)$, we use result (13) and obtain Inverse Fourier sine transform. Thus

$$f(x) = \frac{2}{\pi} \int_0^\infty F_s(\lambda) \sin \lambda x \, d\lambda$$

$$= \frac{2}{\pi} \left[\int_0^1 (1) \sin \lambda x \, d\lambda + \int_1^2 (2) \sin \lambda x \, d\lambda + \int_2^\infty (0) \sin \lambda x \, d\lambda \right] \qquad \text{[from (i)]}$$

$$= \frac{2}{\pi} \left[\left(-\frac{\cos \lambda x}{x} \right)_0^1 + 2 \left(-\frac{\cos \lambda x}{x} \right)_1^2 \right]$$

$$= \frac{2}{\pi} \left[\left(\frac{1 - \cos x}{x} \right) + 2 \left(\frac{\cos x - \cos 2x}{x} \right) \right]$$

$$= \frac{2}{\pi} \left(\frac{1 + \cos x - 2 \cos 2x}{x} \right)$$

(c) Presence of $\cos \lambda x$ in the integral indicates that, we have to find inverse Fourier cosine transform.

Using result (10), Fourier cosine transform of $f(x)$ is given by

$$F_c(\lambda) = \int_0^\infty f(u) \cos \lambda u \, du = e^{-\lambda}, \qquad \text{(given)} \ldots \text{(i)}$$

Hence using result (11), we have

$$f(x) = \frac{2}{\pi} \int_0^\infty F_c(\lambda) \cos \lambda x \, d\lambda = \frac{2}{\pi} \int_0^\infty e^{-\lambda} \cos \lambda x \, d\lambda \qquad \text{[from (i)]}$$

$$= \frac{2}{\pi} \left[\frac{e^{-\lambda}}{1+x^2} (-\cos \lambda x + x \sin \lambda x) \right]_0^\infty = \frac{2}{\pi} \left(\frac{1}{1+x^2} \right).$$

Ex. 20 : *Solve the integral equation*

$$\int_0^\infty f(x) \cos \lambda x \, dx = \begin{cases} 1-\lambda, & 0 \leq \lambda \leq 1 \\ 0, & \lambda \geq 1 \end{cases}$$

and hence show that $\int_0^\infty \frac{\sin^2 z}{z^2} dz = \frac{\pi}{2}$ **(May 05, 12, 2014; Dec. 06, 07, 12)**

Sol. : Since the term $\cos \lambda x$ is present in the integral, using result (10), the Fourier cosine transform is given by

$$F_c(\lambda) = \int_0^\infty f(u) \cos \lambda u \, du = \begin{cases} 1-\lambda, & 0 \leq \lambda \leq 1 \\ 0, & \lambda \geq 1 \end{cases} \qquad \ldots \text{(i)}$$

To find $f(x)$, we use inverse Fourier cosine transform given by result (11). Thus

$$f(x) = \frac{2}{\pi} \int_0^\infty F_c(\lambda) \cos \lambda x \, d\lambda$$

$$= \frac{2}{\pi} \left[\int_0^1 (1-\lambda) \cos \lambda x \, d\lambda + \int_1^\infty (0) \cos \lambda x \, d\lambda \right]$$

$$= \frac{2}{\pi} \left[(1-\lambda) \left(\frac{\sin \lambda x}{x} \right) - (-1) \left(-\frac{\cos \lambda x}{x^2} \right) \right]_0^1$$

$$= \frac{2}{\pi} \left[-\frac{\cos x}{x^2} + \frac{1}{x^2} \right] = \frac{2}{\pi} \left(\frac{1-\cos x}{x^2} \right) \qquad \ldots \text{(ii)}$$

Now from (i), we have

$$F_c(\lambda) = \int_0^\infty f(u) \cos \lambda u \, du = \frac{2}{\pi} \int_0^\infty \left(\frac{1-\cos u}{u^2} \right) \cos \lambda u \, du$$

$$= \frac{2}{\pi} \int_0^\infty \frac{2 \sin^2 u/2}{u^2} \cos \lambda u \, du \qquad \ldots \text{(iii)}$$

At $\lambda = 0$, we have from result (iii),

$$[F_c(\lambda)]_{\lambda=0} = \frac{2}{\pi} \int_0^\infty \frac{2 \sin^2 u/2}{u^2} (1) \, du \qquad [\because \cos 0 = 1]$$

$$1 = \frac{2}{\pi} \int_0^\infty \frac{2 \sin^2 u/2}{u^2} du \qquad \text{[from (i)]}$$

Putting $u/2 = z$ or $u = 2z$, we have

$$1 = \frac{2}{\pi} \int_0^\infty \frac{2 \sin^2 z}{(2z)^2} 2 \, dz$$

$$\therefore \quad \int_0^\infty \frac{\sin^2 z}{z^2} dz = \frac{\pi}{2}$$

which is the required result.

EXERCISE 3.1

1. (a) Find the Fourier cosine integral representation for the following functions :

(i) $f(x) = \begin{cases} x, & 0 \le x \le a \\ 0, & x > a \end{cases}$
  Ans. $f(x) = \frac{2}{\pi} \int_0^\infty \left(\frac{a \sin a\lambda}{\lambda} + \frac{\cos a\lambda - 1}{\lambda^2} \right) \cos \lambda x \, d\lambda$

(ii) $f(x) = \begin{cases} x^2, & 0 \le x \le 1 \\ 0, & x > 1 \end{cases}$
  Ans. $f(x) = \frac{2}{\pi} \int_0^\infty \frac{1}{\lambda^3} \{(\lambda^2 - 2) \sin \lambda + 2\lambda \cos \lambda\} \cos \lambda x \, d\lambda$

(iii) $f(x) = \begin{cases} 1, & 0 \le x \le 1 \\ 0, & x > 1 \end{cases}$
  Ans. $f(x) = \frac{2}{\pi} \int_0^\infty \frac{\sin \lambda}{\lambda} \cos \lambda x \, du \, d\lambda$

(iv) $f(x) = e^{-x} + e^{-2x}, \ x \ge 0$
  Ans. $f(x) = \frac{6}{\pi} \int_0^\infty \frac{\lambda^2 + 2}{\lambda^4 + 5\lambda^2 + 4} \cos \lambda x \, d\lambda$

(v) $f(x) = \frac{1}{1+x^2}, \ x \ge 0$
  Ans. $f(x) = \frac{2}{\pi} \int_0^\infty \int_0^\infty \frac{\cos \lambda u \cos \lambda x}{1 + u^2} du \, d\lambda = \int_0^\infty e^{-\lambda} \cos \lambda x \, d\lambda$

(b) Represent the following functions in the Fourier integral form :

(i) $f(x) = \begin{cases} \frac{\pi}{2} \sin x, & |x| \le \pi \\ 0, & |x| > \pi \end{cases}$
  (Dec. 2007) Ans. $f(x) = \int_0^\infty \frac{\sin \lambda \pi \sin \lambda x}{1 - \lambda^2} d\lambda$

(ii) $f(x) = \begin{cases} \frac{\pi}{2} \cos x, & |x| \le \pi \\ 0, & |x| > \pi \end{cases}$
  Ans. $f(x) = \int_0^\infty \frac{\lambda \sin \lambda \pi}{1 - \lambda^2} \cos \lambda x \, d\lambda$

(iii) $f(x) = \begin{cases} 0, & x < -a \\ 1, & -a \le x \le a \\ 0, & x > a \end{cases}$
  Ans. $f(x) = \frac{2}{\pi} \int_0^\infty \frac{2 \sin \lambda a \cos \lambda x}{\lambda} d\lambda$

(iv) $f(x) = e^{-|x|}, -\infty < x < \infty$ **Ans.** $f(x) = \dfrac{2}{\pi} \displaystyle\int_0^\infty \dfrac{1}{1+\lambda^2} \cos \lambda x \, d\lambda$

(v) $f(x) = e^{-x^2/2}, -\infty < x < \infty$ **Ans.** $f(x) = \dfrac{2}{\pi} \displaystyle\int_0^\infty e^{-\lambda^2/2} \cos \lambda x \, d\lambda$

2. If $f(x) = \begin{cases} 1, & |x| < 1 \\ \dfrac{1}{2}, & |x| = 1 \\ 0, & |x| > 1 \end{cases}$ then prove that for every x in $-\infty < x < \infty$,

$$f(x) = \dfrac{1}{\pi} \int_0^\infty \dfrac{\sin[\lambda(1+x)] + \sin[\lambda(1-x)]}{\lambda} d\lambda = \dfrac{2}{\pi} \int_0^\infty \dfrac{\sin \lambda \cos \lambda x}{\lambda} d\lambda.$$

3. By applying the Fourier sine integral formula to the function

$$f(x) = \begin{cases} 1, & 0 < x < k \\ \dfrac{1}{2}, & x = k \\ 0, & x > k \end{cases}$$

obtain the representation

$$f(x) = \dfrac{2}{\pi} \int_0^\infty \dfrac{1 - \cos k\lambda}{\lambda} \sin \lambda x \, d\lambda, \quad x > 0.$$

4. Find the Fourier integral for $f(x)$, where
$$f(x) = e^{-kx}, \quad (x > 0)$$
in the following cases : (i) $f(-x) = f(x)$, (ii) $f(-x) = -f(x)$.

Ans. (i) $f(x) = \dfrac{2}{\pi} \displaystyle\int_0^\infty \dfrac{k \cos \lambda x}{\lambda^2 + k^2} d\lambda$, (ii) $f(x) = \dfrac{2}{\pi} \displaystyle\int_0^\infty \dfrac{\lambda \sin \lambda x}{\lambda^2 + k^2} d\lambda$

5. Using the Fourier integral representation, show that :

(i) $\displaystyle\int_0^\infty \dfrac{\sin \pi\lambda \, \sin \lambda x}{1 - \lambda^2} d\lambda = \begin{cases} \dfrac{\pi}{2} \sin x, & 0 \le x \le \pi \\ 0, & x > \pi \end{cases}$

(ii) $\displaystyle\int_0^\infty \dfrac{\sin \lambda \cos \lambda x}{\lambda} d\lambda = \begin{cases} \dfrac{\pi}{2}, & 0 \le x < 1 \\ \dfrac{\pi}{4}, & x = 1 \\ 0, & x > 1. \end{cases}$

6. Establish the following representations :

(i) $e^{-x} - e^{-2x} = \dfrac{6}{\pi} \displaystyle\int_0^\infty \dfrac{\lambda \sin \lambda x}{(\lambda^2 + 1)(\lambda^2 + 4)} \, d\lambda, \; x > 0$ **(Dec. 2007)**

(ii) $e^{-x} \sin x = \dfrac{2}{\pi} \displaystyle\int_0^\infty \dfrac{2\lambda \sin \lambda x}{\lambda^4 + 4} \, d\lambda, \; x > 0.$

(iii) $e^{-3x} \sinh x = \dfrac{12}{\pi} \displaystyle\int_0^\infty \dfrac{\lambda \sin \lambda x}{(\lambda^2 + 4)(\lambda^2 + 16)} \, d\lambda$ **(Dec. 2008)**

7. Find the Fourier transforms of the following functions :

(i) $f(x) = \begin{cases} x, & |x| \le a \\ 0, & |x| > a \end{cases}$ **Ans.** $F(\lambda) = 2i \left(\dfrac{\sin a\lambda}{\lambda^2} - \dfrac{a \cos a\lambda}{\lambda} \right)$, $F_s(\lambda) = \left(\dfrac{\sin a\lambda}{\lambda^2} - \dfrac{a \cos a\lambda}{\lambda} \right)$

(ii) $f(x) = \begin{cases} x^2, & |x| \le a \\ 0, & |x| > a \end{cases}$ **Ans.** $\dfrac{2}{\lambda^3} \{(a^2 \lambda^2 - 2) \sin a\lambda + 2a\lambda \cos a\lambda\}$

(iii) $f(x) = \begin{cases} \dfrac{\pi}{2} \cos x, & |x| \le \pi \\ 0, & |x| > \pi \end{cases}$ **Ans.** $\pi \dfrac{\lambda \sin \lambda \pi}{1 - \lambda^2}$

8. Find the Fourier sine transforms of the following functions :

(i) $f(x) = \begin{cases} \sin x, & 0 \le x < a \\ 0, & x > a \end{cases}$ **Ans.** $\dfrac{1}{2}\left[\dfrac{\sin(1-\lambda)a}{1-\lambda} - \dfrac{\sin(1+\lambda)a}{1+\lambda} \right]$

(ii) $f(x) = \begin{cases} 0, & 0 \le x < a \\ x, & a \le x \le b \\ 0, & x > b \end{cases}$ **Ans.** $\left(\dfrac{a \cos \lambda a - b \cos \lambda b}{\lambda} \right) + \left(\dfrac{\sin \lambda b - \sin \lambda a}{\lambda^2} \right)$

9. Find the Fourier sine transform of $e^{-|x|}$. Hence evaluate $\displaystyle\int_0^\infty \dfrac{x \sin mx}{1 + x^2} \, dx$.   **(Dec. 2012)**

      Ans. $\dfrac{\lambda}{1 + \lambda^2}, \dfrac{\pi}{2} e^{-m}$

10. Find the Fourier cosine transforms of the following functions :

(i) $f(x) = 2e^{-5x} + 5e^{-2x}$ **(Dec. 2005)**   **Ans.** $10 \left(\dfrac{1}{\lambda^2 + 5} + \dfrac{1}{\lambda^2 + 4} \right)$

(ii) $f(x) = e^{-2x} + 4e^{-3x}$ **Ans.** $2 \left(\dfrac{1}{\lambda^2 + 4} + \dfrac{6}{\lambda^2 + 9} \right)$

(iii) $f(x) = \begin{cases} x, & 0 < x < \dfrac{1}{2} \\ 1 - x, & 1/2 < x < 1 \\ 0, & x > 1 \end{cases}$ **Ans.** $\left(\dfrac{-\cos \lambda + 2 \cos \lambda/2 - 1}{\lambda^2} \right)$

11. Find the Fourier sine and cosine transforms of the following functions :

(i) $f(x) = \begin{cases} 1, & 0 \leq x \leq 1 \\ 0, & x > 1 \end{cases}$ **Ans.** $\dfrac{1 - \cos \lambda}{\lambda}$, $\dfrac{\sin \lambda}{\lambda}$

(ii) $f(x) = \begin{cases} x^2, & 0 \leq x \leq 1 \\ 0, & x > 0 \end{cases}$

Ans. $\dfrac{1}{\lambda^3} \{2\lambda \sin \lambda - \lambda^2 \cos \lambda + 2(\cos \lambda - 1)\}$, $\dfrac{1}{\lambda^3} \{2\lambda \cos \lambda + \lambda^2 \sin \lambda - 2 \sin \lambda\}$

12. Find the Fourier sine transform of

$$f(x) = \begin{cases} 1, & 0 \leq x \leq 1 \\ 0, & x > 1 \end{cases}$$

and hence evaluate $\int_0^\infty \dfrac{\sin^3 x}{x} dx$.

Hint: $F_s(\lambda) = \int_0^\infty f(u) \sin \lambda u \, du = \int_0^1 \sin \lambda u \, du = \left[-\dfrac{\cos \lambda u}{\lambda} \right]_0^1$

$= \dfrac{1 - \cos \lambda}{\lambda} = \dfrac{2 \sin^2 \lambda/2}{\lambda}$

$f(x) = \dfrac{2}{\pi} \int_0^\infty F_s(\lambda) \sin \lambda n \, d\lambda = \dfrac{2}{\pi} \int_0^\infty \dfrac{2 \sin^2 \lambda/2}{2(\lambda/2)} \sin \lambda x \, d\lambda$

Putting $\lambda/2 = t$, $f(x) = \dfrac{4}{\pi} \int_0^\infty \dfrac{\sin^2 t}{t} \sin 2tx \, dt$

Again putting $x = 1/2$, $f\left(\dfrac{1}{2}\right) = 1 = \dfrac{4}{\pi} \int_0^\infty \dfrac{\sin^3 t}{t} dt$ **Ans.** $\dfrac{\pi}{4}$

13. Using inverse Fourier cosine transform, find $f(x)$, if

$$F_c(\lambda) = \begin{cases} \sqrt{2/\pi} \left(a - \dfrac{\lambda}{2}\right), & \lambda \leq 2a \\ 0, & \lambda > 2a \end{cases}$$ **Ans.** $\dfrac{2 \sin^2 ax}{\pi x^2}$

14. Using inverse Fourier sine transform, find $f(x)$, if

$$F_s(\lambda) = \dfrac{\lambda}{1 + \lambda^2}$$ **Ans.** e^{-x}

Hint: $f(x) = \dfrac{2}{\pi} \int_0^\infty F_s(\lambda) \sin \lambda x \, d\lambda = \dfrac{2}{\pi} \int_0^\infty \dfrac{\lambda}{1 + \lambda^2} \sin \lambda x \, d\lambda = \dfrac{2}{\pi} \int_0^\infty \dfrac{\lambda^2 + 1 - 1}{\lambda(1 + \lambda^2)} \sin \lambda x \, d\lambda$

$= \dfrac{2}{\pi} \left[\dfrac{\pi}{2} - \int_0^\infty \dfrac{\sin \lambda x}{\lambda(1 + \lambda)^2} d\lambda \right] = 1 - \dfrac{2}{\pi} \int_0^\infty \dfrac{\sin \lambda x}{\lambda(1 + \lambda^2)} d\lambda$

Using DUIS Rule,

$$f'(x) = 0 - \frac{2}{\pi}\int_0^\infty \frac{\partial}{\partial x}\frac{\sin \lambda x}{\lambda(1+\lambda^2)}d\lambda = -\frac{2}{\pi}\int_0^\infty \frac{\cos \lambda x}{1+\lambda^2}d\lambda$$

Again using DUIS Rule,

$$f''(x) = \frac{2}{\pi}\int_0^\infty \frac{\lambda \sin \lambda x}{1+\lambda^2}d\lambda = f(x) \qquad \therefore \ f''(x) - f(x) = 0$$

G.S. $= f(x) = c_1 e^x + c_2 e^{-x}$ and $f'(x) = c_1 e^x - c_2 e^{-x}$.

Show that $c_1 = 0, c_2 = 1$.

15. Find the function $f(x)$, satisfying the integral equation

$$\int_0^\infty f(x) \sin \lambda x \, dx = \frac{\lambda}{\lambda^2 + k^2}.$$

Ans. $f(x) = e^{-kx}, x > 0$

MULTIPLE CHOICE QUESTIONS (MCQ's)

Type I : Fourier Integral Representation Fourier Transform and Inverse Fourier Transform

1. The fourier integral representation of $f(x)$ defined in the interval $-\infty < x < \infty$ is (1)

(A) $\dfrac{1}{2\pi}\int_{-\infty}^{\infty}\int_{-\infty}^{\infty} f(u) e^{-i\lambda(u-x)} du\, d\lambda$

(B) $\int_{-\infty}^{\infty}\int_{-\infty}^{\infty} f(u) e^{-i\lambda(u-x)} du\, d\lambda$

(C) $\dfrac{1}{2\pi}\int_{-\infty}^{\infty}\int_{-\infty}^{\infty} f(u) e^{i\lambda u} du\, dx$

(D) $\dfrac{2}{\pi}\int_{-\infty}^{\infty}\int_{-\infty}^{\infty} f(u) e^{i\lambda(u-x)} du\, d\lambda$

2. The Fourier transform $F(\lambda)$ of function $f(x)$ defined in the interval $-\infty < x < \infty$ is (1)

(A) $\int_{-\infty}^{\infty} f(u) e^{iu} du$

(B) $\int_{-\infty}^{\infty} f(u) e^{-\lambda u} du$

(C) $\int_{-\infty}^{\infty} f(u) e^{-i\lambda u} du$

(D) $\int_{0}^{\infty} f(u) e^{-i\lambda u} du$

3. The inverse Fourier transform $f(x)$ defined in $-\infty < x < \infty$ of $F(\lambda)$ is (1)

(A) $\dfrac{1}{2\pi}\int_{-\infty}^{\infty} F(\lambda) e^{i\lambda x} d\lambda$

(B) $\dfrac{2}{\pi}\int_{-\infty}^{\infty} F(\lambda) e^{-i\lambda x} d\lambda$

(C) $\dfrac{1}{2\pi}\int_{-\infty}^{0} F(\lambda) e^{ix} d\lambda$

(D) $\dfrac{1}{2\pi}\int_{0}^{\infty} F(\lambda) e^{i\lambda x} dx$

4. In the Fourier integral representation of $\dfrac{1}{2\pi}\int_{-\infty}^{\infty}\left(\dfrac{1-i\lambda}{1+\lambda^2}\right)e^{i\lambda x}\,d\lambda = \begin{cases}0, & x<0\\ e^{-x}, & x>0\end{cases}$, $F(\lambda)$ is (1)

(A) $\dfrac{1+\lambda^2}{1-i\lambda}$
(B) $\dfrac{\sin\lambda}{1+\lambda^2}$
(C) $\dfrac{\cos\lambda}{1+\lambda^2}$
(D) $\dfrac{1-i\lambda}{1+\lambda^2}$

5. In the Fourier integral representation of
$\dfrac{1}{2\pi}\int_{-\infty}^{\infty}\left(\dfrac{e^{-i\lambda\pi}+1}{1-\lambda^2}\right)e^{i\lambda x}\,d\lambda = \begin{cases}\sin x, & 0<x<\pi\\ 0, & x<0 \text{ and } x>\pi\end{cases}$, $F(\lambda)$ is (1)

(A) $\dfrac{1+\lambda^2}{1-i\lambda}$
(B) $\dfrac{e^{-i\lambda}}{1-\lambda^2}$
(C) $\dfrac{e^{-i\lambda\pi}+1}{1-\lambda^2}$
(D) $\dfrac{\sin\lambda}{1-\lambda^2}$

6. In the Fourier integral representation $\dfrac{1}{2\pi}\int_{-\infty}^{\infty}\pi\left(\dfrac{1-i\lambda}{1+\lambda^2}\right)e^{i\lambda x}\,d\lambda = \begin{cases}0, & x<0\\ e^{-\pi}, & x>0\end{cases}$, $F(\lambda)$ is (2)

(A) $\dfrac{1+\lambda^2}{1-i\lambda}$
(B) $\dfrac{\sin\lambda}{1+\lambda^2}$
(C) $\dfrac{\cos\lambda}{1+\lambda^2}$
(D) $\pi\dfrac{1-i\lambda}{1+\lambda^2}$

7. The Fourier transform $F(\lambda)$ of $f(x)=\begin{cases}1, & x>0\\ 0, & x<0\end{cases}$ is (2)

(A) $i\lambda$
(B) $\dfrac{1}{i\lambda}$
(C) $\dfrac{1}{\lambda}$
(D) λ

8. The Fourier transform $F(\lambda)$ of $f(x)=\begin{cases}1, & |x|<a\\ 0, & |x|>a\end{cases}$ is (2)

(A) $\dfrac{2\sin\lambda a}{\lambda}$
(B) $\dfrac{e^{-i\lambda a}}{\lambda}$
(C) $\dfrac{e^{i\lambda a}}{\lambda}$
(D) $\dfrac{2\cos\lambda a}{\lambda}$

9. The Fourier transform $F(\lambda)$ of $f(x) = \begin{cases} e^{-x}, & x > 0 \\ 0, & x < 0 \end{cases}$ is (2)

   (A) $\dfrac{1-\lambda}{1+\lambda^2}$ (B) $\dfrac{1-i\lambda}{1+\lambda^2}$

   (C) $\dfrac{1-i\lambda}{1-\lambda^2}$ (D) $\dfrac{1}{1+\lambda^2}$

10. The Fourier transform $F(\lambda)$ of $f(x) = e^{-|x|}$ is given by (2)

    (A) $\dfrac{3}{1+\lambda^2}$ (B) $\dfrac{1}{1-\lambda^2}$

    (C) $\dfrac{2}{1-\lambda^2}$ (D) $\dfrac{2}{1+\lambda^2}$

11. If $f(x) = \begin{cases} \sin x, & 0 < x < \pi \\ 0, & x < 0 \text{ and } x > \pi \end{cases}$ then Fourier transform $F(\lambda)$ of $f(x)$ is (2)

    (A) $\dfrac{e^{i\lambda\pi}+1}{1+\lambda^2}$ (B) $\dfrac{e^{i\lambda\pi}+1}{1-\lambda^2}$

    (C) $\dfrac{e^{-i\lambda\pi}+1}{1-\lambda^2}$ (D) $\dfrac{e^{-i\lambda\pi}+1}{1+\lambda^2}$

12. The Fourier transform $F(\lambda)$ of $f(x) = \begin{cases} \cos x, & x > 0 \\ 0, & x < 0 \end{cases}$ is (2)

    (A) $\dfrac{i\lambda}{1-\lambda^2}$ (B) $-\dfrac{i\lambda}{1-\lambda^2}$

    (C) $-\dfrac{i\lambda}{1+\lambda^2}$ (D) $\dfrac{i\lambda}{1+\lambda^2}$

13. The Fourier transform $F(\lambda)$ of $f(x) = \begin{cases} \sin x, & x > 0 \\ 0, & x < 0 \end{cases}$ is (2)

    (A) $\dfrac{1}{1-\lambda^2}$ (B) $\dfrac{1}{1+\lambda^2}$

    (C) $\dfrac{i\lambda}{1-\lambda^2}$ (D) $\dfrac{i\lambda}{1+\lambda^2}$

14. The Fourier transform $F(\lambda)$ of $f(x) = \begin{cases} x, & x > 0 \\ 0, & x < 0 \end{cases}$ is (2)

    (A) 0 (B) $\dfrac{1}{\lambda^2}$

    (C) λ^2 (D) $-\dfrac{1}{\lambda^2}$

15. If $f(x) = \begin{cases} 2, & |x| < 1 \\ 0, & |x| > 1 \end{cases}$ then Fourier transform $F(\lambda)$ of $f(x)$ is given by (2)

(A) $\dfrac{4 \cos \lambda}{\lambda^2}$

(B) $\dfrac{4 \sin \lambda}{\lambda}$

(C) $\dfrac{2 \sin 2\lambda}{\lambda}$

(D) $\dfrac{\sin \lambda}{\lambda}$

16. The Fourier transform $F(\lambda)$ of $f(x) = \begin{cases} x^2, & x > 0 \\ 0, & x < 0 \end{cases}$ is (2)

(A) $-\dfrac{2i}{\lambda^3}$

(B) $\dfrac{1}{i\lambda^3}$

(C) $\dfrac{2i}{\lambda^3}$

(D) $-\dfrac{1}{i\lambda^3}$

17. The Fourier transform $F(\lambda)$ of $f(x) = \begin{cases} x - x^2, & x > 0 \\ 0, & x < 0 \end{cases}$ is (2)

(A) $\dfrac{2}{\lambda^2} + i\dfrac{1}{\lambda^3}$

(B) $\dfrac{1}{\lambda^2} - i\dfrac{2}{\lambda^3}$

(C) $\dfrac{1}{\lambda^2} + i\dfrac{2}{\lambda^3}$

(D) $-\dfrac{1}{\lambda^2} - i\dfrac{2}{\lambda^3}$

18. The Fourier transform $F(\lambda)$ of $f(x) = \begin{cases} 1 - x^2, & |x| \leq 1 \\ 0, & |x| > 1 \end{cases}$ is (2)

(A) $-\dfrac{4}{\lambda^3}(\sin \lambda - \lambda \cos \lambda)$

(B) $\dfrac{4}{\lambda^3}(\sin \lambda - \lambda \cos \lambda)$

(C) $\dfrac{4}{\lambda^2}(\sin \lambda - \lambda \cos \lambda)$

(D) $\dfrac{4}{\lambda^3}(\sin \lambda + \lambda \cos \lambda)$

19. The Fourier transform $F(\lambda)$ of $f(x) = \begin{cases} 2 + x, & x > 0 \\ 0, & x < 0 \end{cases}$ is (2)

(A) $-\dfrac{1}{\lambda^2} - i\dfrac{2}{\lambda}$

(B) $\dfrac{1}{\lambda^2} - i\dfrac{2}{\lambda}$

(C) $\dfrac{1}{\lambda^2} + i\dfrac{2}{\lambda}$

(D) $-\dfrac{1}{\lambda^2} + i\dfrac{2}{\lambda}$

20. The inverse Fourier transform, $f(x)$ defined in $-\infty < x < \infty$ of $F(\lambda) = \left[\dfrac{1-i\lambda}{1+\lambda^2}\right]$ is (2)

(A) $\dfrac{1}{2\pi} \displaystyle\int_{-\infty}^{\infty} \left[i\dfrac{-\lambda\cos\lambda x + \sin\lambda x}{1+\lambda^2}\right] d\lambda$

(B) $\dfrac{1}{2\pi} \displaystyle\int_{-\infty}^{\infty} \left[\dfrac{\cos\lambda x - \lambda\sin\lambda x}{1+\lambda^2} + i\dfrac{-\lambda\cos\lambda x - \sin\lambda x}{1+\lambda^2}\right] d\lambda$

(C) $\dfrac{1}{2\pi} \displaystyle\int_{-\infty}^{\infty} \left[\dfrac{\cos\lambda x + \lambda\sin\lambda x}{1+\lambda^2} + i\dfrac{-\lambda\cos\lambda x + \sin\lambda x}{1+\lambda^2}\right] d\lambda$

(D) $\dfrac{1}{2\pi} \displaystyle\int_{-\infty}^{\infty} \left[\dfrac{\cos\lambda x + \lambda\sin\lambda x}{1-\lambda^2} + i\dfrac{-\lambda\cos\lambda x + \sin\lambda x}{1-\lambda^2}\right] d\lambda$

21. The inverse Fourier transform $f(x)$ defined in $-\infty < x < \infty$ of $F(\lambda) = \pi\left[\dfrac{1-i\lambda}{1+\lambda^2}\right]$ is (2)

(A) $\dfrac{1}{2} \displaystyle\int_{0}^{\infty} \left[\dfrac{\cos\lambda x + \lambda\sin\lambda x}{1+\lambda^2} + i\dfrac{-\lambda\cos\lambda x + \sin\lambda x}{1+\lambda^2}\right] d\lambda$

(B) $\dfrac{1}{2} \displaystyle\int_{-\infty}^{\infty} \left[\dfrac{\cos\lambda x + \lambda\sin\lambda x}{1+\lambda^2} + i\dfrac{-\lambda\cos\lambda x + \sin\lambda x}{1+\lambda^2}\right] d\lambda$

(C) $\dfrac{1}{2} \displaystyle\int_{-\infty}^{\infty} \left[i\dfrac{-\lambda\cos\lambda x + \sin\lambda x}{1+\lambda^2}\right] d\lambda$

(D) $\dfrac{1}{2} \displaystyle\int_{-\infty}^{\infty} \left[\dfrac{\cos\lambda x + \lambda\sin\lambda x}{1-\lambda^2} + i\dfrac{-\lambda\cos\lambda x + \sin\lambda x}{1-\lambda^2}\right] d\lambda$

22. The inverse Fourier transform $f(x)$ defined in $-\infty < x < \infty$ of $F(\lambda) = \dfrac{e^{-i\lambda\pi}+1}{1-\lambda^2}$ is (2)

(A) $\dfrac{1}{2\pi} \displaystyle\int_{-\infty}^{\infty} \left[\dfrac{1+\cos\lambda x}{1-\lambda^2}\right](\cos\lambda x + i\sin\lambda x)\, d\lambda$

(B) $\dfrac{1}{2\pi} \displaystyle\int_{0}^{\infty} \left[\dfrac{(1+\cos\lambda x)-i\sin\lambda\pi}{1-\lambda^2}\right](\cos\lambda x + i\sin\lambda x)\, d\lambda$

(C) $\dfrac{1}{2\pi} \displaystyle\int_{-\infty}^{\infty} \left[\dfrac{(1+\cos\lambda\pi)-i\sin\lambda\pi}{1-\lambda^2}\right](\cos\lambda x + i\sin\lambda x)\, d\lambda$

(D) $\dfrac{1}{2\pi} \displaystyle\int_{-\infty}^{\infty} \left[\dfrac{\sin\lambda\pi}{1-\lambda^2}\right](\cos\lambda x + i\sin\lambda x)\, d\lambda$

23. If the Fourier integral representation of $f(x)$ is

$$\frac{2}{\pi}\int_0^\infty \frac{\sin\lambda\cos\lambda x}{\lambda}d\lambda = \begin{cases}1, & |x|<1\\0, & |x|>1\end{cases} \text{ then value of integral } \int_0^\infty \frac{\sin\lambda}{\lambda}d\lambda \text{ is} \qquad (2)$$

(A) $\frac{\pi}{4}$ (B) $\frac{\pi}{2}$ (C) 0 (D) 1

24. If the Fourier integral representation of $f(x)$ is

$$\frac{1}{\pi}\int_0^\infty \frac{\cos\lambda x + \cos[\lambda(\pi-x)]}{1-\lambda^2}d\lambda = \begin{cases}\sin x, & 0<x<\pi\\0, & x<0 \text{ and } x>\pi\end{cases} \text{ then value of the integral}$$

$$\int_0^\infty \frac{\cos\frac{\lambda\pi}{2}}{1-\lambda^2}d\lambda \text{ is} \qquad (2)$$

(A) $\frac{\pi}{4}$ (B) 1 (C) 0 (D) $\frac{\pi}{2}$

Answers

1. (A)	2. (C)	3. (A)	4. (D)	5. (C)	6. (D)	7. (B)	8. (A)
9. (B)	10. (D)	11. (C)	12. (A)	13. (A)	14. (D)	15. (B)	16. (C)
17. (D)	18. (B)	19. (A)	20. (C)	21. (B)	22. (C)	23. (B)	24. (D)

Type II : Fourier Sine and Cosine Integral Representations, Transform and Inverse Transform

1. The Fourier consine integral representation of an even function $f(x)$ defined in the interval $-\infty < x < \infty$ is (1)

(A) $\int_0^\infty\int_0^\infty f(u)\cos\lambda u \sin\lambda x\, du\, d\lambda$

(B) $\frac{2}{\pi}\int_0^\infty\int_0^\infty f(u)\cos\lambda u \cos\lambda x\, du\, d\lambda$

(C) $\frac{2}{\pi}\int_0^\infty\int_0^\infty f(u)\sin\lambda u \cos\lambda x\, du\, d\lambda$

(D) $\frac{2}{\pi}\int_0^\infty\int_0^\infty f(u)\sin\lambda u \sin\lambda x\, du\, d\lambda$

2. The Fourier sine integral representation of an odd function $f(x)$ defined in the interval $-\infty < x < \infty$ is (1)

(A) $\int_0^\infty\int_0^\infty f(u)\sin\lambda u \cos\lambda x\, du\, d\lambda$

(B) $\int_0^\infty\int_0^\infty f(u)\cos\lambda u \sin\lambda x\, du\, d\lambda$

(C) $\frac{2}{\pi}\int_0^\infty\int_0^\infty f(u)\cos\lambda u \cos\lambda x\, du\, d\lambda$

(D) $\frac{2}{\pi}\int_0^\infty\int_0^\infty f(u)\sin\lambda u \sin\lambda x\, du\, d\lambda$

3. The Fourier cosine transform $F_c(\lambda)$ of an even function $f(x)$ defined in the interval $-\infty < x < \infty$ is (1)

(A) $\int_0^\infty f(u)\sec\lambda u\, du$

(B) $\int_0^\infty f(u)\cos\lambda u\, d\lambda$

(C) $\int_0^\infty f(u)\cos\lambda u\, du$

(D) $\int_0^\infty f(u)\sin\lambda u\, du$

4. The Fourier sine transform $F_s(\lambda)$ of an odd function $f(x)$ defined in the interval $-\infty < x < \infty$ is (1)

(A) $\int_0^\infty f(u) \sin \lambda u \, du$

(B) $\int_0^\infty f(u) \operatorname{cosec} \lambda u \, du$

(C) $\int_0^\infty f(u) \sin \lambda u \, d\lambda$

(D) $\int_0^\infty f(u) \cos \lambda u \, du$

5. The inverse Fourier cosine transform $f(x)$ of $F_c(\lambda)$ is (1)

(A) $\int_0^\infty F_c(\lambda) \sin \lambda x \, d\lambda$

(B) $\frac{2}{\pi} \int_0^\infty F_c(\lambda) \cos \lambda x \, dx$

(C) $\int_0^\infty F_c(\lambda) \sec \lambda x \, d\lambda$

(D) $\frac{2}{\pi} \int_0^\infty F_c(\lambda) \cos \lambda x \, d\lambda$

6. The inverse Fourier sine transform $f(x)$ of $F_s(\lambda)$ is (1)

(A) $\frac{2}{\pi} \int_0^\infty F_s(\lambda) \sin \lambda x \, d\lambda$

(B) $\frac{2}{\pi} \int_0^\infty F_s(\lambda) \cos \lambda x \, d\lambda$

(C) $\frac{2}{\pi} \int_0^\infty F_s(\lambda) \operatorname{cosec} \lambda x \, d\lambda$

(D) $\int_0^\infty F_s(\lambda) \sin \lambda x \, dx$

7. For the Fourier sine integral representation $e^{-x} \cos x = \frac{2}{\pi} \int_0^\infty \frac{\lambda^3}{\lambda^4 + 4} \sin \lambda x \, d\lambda$, $F_s(\lambda)$ is (1)

(A) $\frac{\lambda}{\lambda^4 + 4}$

(B) $\frac{\lambda^3}{\lambda^4 + 4}$

(C) $\frac{\lambda^4 + 4}{\lambda^3}$

(D) $\frac{1}{\lambda^4 + 4}$

8. For the Fourier cosine integral representation
$$\frac{2}{\pi} \int_0^\infty \frac{\cos \frac{\pi \lambda}{2}}{1 - \lambda^2} \cos \lambda x \, d\lambda = \begin{cases} \cos x, & |x| \leq \frac{\pi}{2} \\ 0, & |x| > \frac{\pi}{2} \end{cases}$$, then Fourier cosine transform $F_c(\lambda)$ is (1)

(A) $\dfrac{1 - \lambda^2}{\cos \frac{\pi \lambda}{2}}$

(B) $\dfrac{\sin \frac{\pi \lambda}{2}}{1 - \lambda^2}$

(C) $\dfrac{\cos \frac{\pi \lambda}{2}}{1 - \lambda^2}$

(D) $\dfrac{\cos \frac{\pi \lambda}{2}}{1 + \lambda^2}$

9. For the Fourier sine integral representation

$$\frac{2}{\pi}\int_0^\infty \frac{1-\cos\pi\lambda}{\lambda}\sin\lambda x\, d\lambda = \begin{cases}1, & 0<x<\pi\\ 0, & x>\pi\end{cases}, F_s(\lambda) \text{ is}\qquad(1)$$

(A) $\dfrac{1-\cos\pi\lambda}{\lambda^2}$
(B) $\dfrac{\lambda}{1-\cos\pi\lambda}$

(C) $\dfrac{1-\sin\pi\lambda}{\lambda}$
(D) $\dfrac{1-\cos\pi\lambda}{\lambda}$

10. For the Fourier sine integral representation

$$\frac{2}{\pi}\int_0^\infty \frac{\sin\pi\lambda}{1-\lambda^2}\sin\lambda x\, d\lambda = \begin{cases}\sin x, & |x|\le\pi\\ 0, & |x|>\pi\end{cases}, F_s(\lambda) \text{ is}\qquad(1)$$

(A) $\dfrac{\sin\pi\lambda}{1-\lambda^2}$
(B) $\dfrac{1-\cos\pi\lambda}{1-\lambda^2}$

(C) $\dfrac{\sin\pi\lambda}{1+\lambda^2}$
(D) $\dfrac{1-\lambda^2}{\sin\lambda\pi}$

11. For the Fourier sine integral representation

$$\frac{6}{\pi}\int_0^\infty \frac{\lambda\sin\lambda x}{(\lambda^2+1)(\lambda^2+4)}\,d\lambda = e^{-x}-e^{-2x},\, x>0,\, F_s(\lambda) \text{ is}\qquad(1)$$

(A) $\dfrac{(\lambda^2+1)(\lambda^2+4)}{3\lambda}$
(B) $\dfrac{\lambda}{(\lambda^2+1)(\lambda^2+4)}$

(C) $\dfrac{3\lambda}{(\lambda^2+1)(\lambda^2+4)}$
(D) $\dfrac{\lambda\sin\lambda x}{(\lambda^2+1)(\lambda^2+4)}$

12. For the Fourier sine integral representation $\dfrac{2}{\pi}\int_0^\infty \dfrac{2\lambda\sin\lambda x}{\lambda^4+4}\,d\lambda = e^{-x}\sin x,\, x>0,\, F_s(\lambda)$ is (1)

(A) $\dfrac{\lambda^4+4}{2\lambda\sin\lambda x}$
(B) $\dfrac{2\lambda}{\lambda^4+4}$

(C) $\dfrac{2\lambda\sin\lambda x}{\lambda^4+4}$
(D) $\dfrac{2\lambda\cos\lambda x}{\lambda^4+4}$

13. For the Fourier sine integral representation

$$\frac{12}{\pi}\int_0^\infty \frac{\lambda\sin\lambda x}{(\lambda^2+4)(\lambda^2+16)}\,d\lambda = e^{-3x}\sinh x,\, x>0,\, F_s(\lambda) \text{ is}\qquad(1)$$

(A) $\dfrac{6\lambda}{(\lambda^2+4)(\lambda^2+16)}$
(B) $\dfrac{\lambda}{(\lambda^2+4)(\lambda^2+16)}$

(C) $\dfrac{6\cos\lambda x}{(\lambda^2+4)(\lambda^2+16)}$
(D) $\dfrac{1}{(\lambda^2+4)(\lambda^2+16)}$

14. For the Fourier cosine integral representation

$$\frac{2}{\pi} \int_0^\infty \frac{\lambda \sin \pi\lambda}{1 - \lambda^2} \cos \lambda x \, d\lambda = \begin{cases} \cos x, & |x| \leq \pi \\ 0, & |x| > \pi \end{cases}, F_c(\lambda) \text{ is} \qquad (1)$$

(A) $\dfrac{\sin \pi\lambda}{1 - \lambda^2}$

(B) $\dfrac{\lambda \sin \pi\lambda}{1 - \lambda^2}$

(C) $\dfrac{\lambda \cos \pi\lambda}{1 - \lambda^2}$

(D) $\dfrac{1 - \lambda^2}{\sin \lambda\pi}$

15. For the Fourier cosine integral representation

$$\frac{20}{\pi} \int_0^\infty \left(\frac{1}{\lambda^2 + 5} + \frac{1}{\lambda^2 + 4}\right) \cos \lambda x \, d\lambda = 2e^{-5x} + 5e^{-2x}, F_c(\lambda) \text{ is} \qquad (1)$$

(A) $2e^{-5\lambda} + 5e^{-2\lambda}$

(B) $\left(\dfrac{1}{\lambda^2 + 5} + \dfrac{1}{\lambda^2 + 4}\right) \cos \lambda x$

(C) $\left(\dfrac{1}{\lambda^2 + 5} + \dfrac{1}{\lambda^2 + 4}\right)$

(D) $10 \left(\dfrac{1}{\lambda^2 + 5} + \dfrac{1}{\lambda^2 + 4}\right)$

16. For the Fourier sine transform of $f(x) = e^{-mx}$, $m > 0$, $x > 0$ is $F_s(\lambda) = \dfrac{\lambda}{\lambda^2 + m^2}$ then its inverse Fourier sine transform is (1)

(A) $\dfrac{2}{\pi} \int_0^\infty \dfrac{\lambda}{\lambda^2 + m^2} \sin \lambda x \, dm$

(B) $\dfrac{2}{\pi} \int_0^\infty \dfrac{\lambda}{\lambda^2 + m^2} \sin \lambda x \, dx$

(C) $\dfrac{2}{\pi} \int_0^\infty \dfrac{\lambda}{\lambda^2 + m^2} \cos \lambda x \, d\lambda$

(D) $\dfrac{2}{\pi} \int_0^\infty \dfrac{\lambda}{\lambda^2 + m^2} \sin \lambda x \, d\lambda$

17. If the Fourier cosine integral representation of $f(x) = \begin{cases} 1, & |x| < 1 \\ 0, & |x| > 1 \end{cases}$ is

$f(x) = \dfrac{2}{\pi} \int_0^\infty \dfrac{\sin \lambda \cos \lambda x}{\lambda} d\lambda$ then the value of integral $\int_0^\infty \dfrac{\sin \lambda}{\lambda} d\lambda$ is equal to (1)

(A) $\dfrac{\pi}{2}$

(B) $\dfrac{2}{\pi}$

(C) 1

(D) 0

18. The Fourier sine transform $F_s(\lambda)$ of $f(x) = \begin{cases} \pi/2, & 0 < x < \pi \\ 0, & x > \pi \end{cases}$ is (2)

(A) $\dfrac{\pi}{2} \left(\dfrac{1 - \sin \lambda\pi}{\lambda}\right)$

(B) $\dfrac{\pi}{2} \left(\dfrac{\cos \lambda\pi - 1}{\lambda}\right)$

(C) $\dfrac{\pi}{2} \left(\dfrac{1 - \cos \lambda\pi}{\lambda}\right)$

(D) $\left(\dfrac{\cos \lambda\pi}{\lambda}\right)$

19. The Fourier sine transform $F_s(\lambda)$ of $f(x) = \begin{cases} 1, & 0 \leq x \leq 1 \\ 0, & x > 1 \end{cases}$ is (2)

(A) $\left(\dfrac{\cos \lambda\pi - 1}{\lambda}\right)$

(B) $\left(\dfrac{1 - \cos \lambda}{\lambda}\right)$

(C) $\left(\dfrac{1 - \sin \lambda}{\lambda}\right)$

(D) $\left(\dfrac{\cos \lambda\pi}{\lambda}\right)$

20. If $f(x) = \begin{cases} x, & 0 < x < 1 \\ 0, & x > 1 \end{cases}$ then Fourier cosine transform $F_c(\lambda)$ of $f(x)$ is given by (2)

(A) $\dfrac{\lambda \sin \lambda + \cos \lambda - 1}{\lambda^2}$

(B) $\dfrac{\cos \lambda - \lambda \sin\lambda - 1}{\lambda^2}$

(C) $\dfrac{\cos \lambda - \lambda \sin \lambda + 1}{\lambda^2}$

(D) $\dfrac{\lambda \sin \lambda + 1}{\lambda^2}$

21. If $f(x) = \begin{cases} x, & 0 < x < 1 \\ 0, & x > 1 \end{cases}$ then Fourier sine transform $F_s(\lambda)$ of $f(x)$ is given by (2)

(A) $\dfrac{\lambda \cos \lambda + \sin \lambda}{\lambda^2}$

(B) $\dfrac{-\lambda \cos \lambda - \sin \lambda}{\lambda^2}$

(C) $\dfrac{-\lambda \cos \lambda + \sin \lambda}{\lambda^2}$

(D) $\dfrac{\cos \lambda}{\lambda^2}$

22. If $f(x) = \begin{cases} x^2, & 0 < x < 1 \\ 0, & x > 1 \end{cases}$ then Fourier cosine transform $F_c(\lambda)$ of $f(x)$ is given by (2)

(A) $\dfrac{-\lambda^2 \sin \lambda + 2\lambda \cos \lambda - 2 \sin \lambda}{\lambda^3}$

(B) $\dfrac{\lambda^2 \sin \lambda - 2\lambda \cos \lambda - 2 \sin \lambda}{\lambda^3}$

(C) $\dfrac{\lambda^2 \sin \lambda - 2\lambda \cos \lambda + 2 \sin \lambda}{\lambda^3}$

(D) $\dfrac{\lambda^2 \sin \lambda + 2\lambda \cos \lambda - 2 \sin \lambda}{\lambda^3}$

23. If $f(x) = \begin{cases} x^2, & 0 < x < 1 \\ 0, & x > 1 \end{cases}$ then Fourier sine transform $F_s(\lambda)$ of $f(x)$ is given by (2)

(A) $\dfrac{-\lambda^2 \cos \lambda + 2\lambda \sin\lambda + 2(\cos \lambda - 1)}{\lambda^3}$

(B) $\dfrac{\lambda^2 \cos \lambda + 2\lambda \sin \lambda + 2(\cos \lambda - 1)}{\lambda^3}$

(C) $\dfrac{\lambda^2 \cos \lambda - 2\lambda \sin \lambda + 2(\cos \lambda - 1)}{\lambda^3}$

(D) $\dfrac{\lambda^2 \cos \lambda - 2\lambda \sin \lambda - 2(\cos \lambda - 1)}{\lambda^3}$

24. The Fourier cosine transform $F_c(\lambda)$ of $f(x) = \begin{cases} 1 - x^2, & |x| \leq 1 \\ 0, & |x| > 1 \end{cases}$ is (2)

(A) $-\dfrac{2}{\lambda^3}(\sin \lambda - \lambda \cos \lambda)$

(B) $\dfrac{2}{\lambda^3}(\sin \lambda - \lambda \cos \lambda)$

(C) $\dfrac{2}{\lambda^2}(\sin \lambda - \lambda \cos \lambda)$

(D) $\dfrac{2}{\lambda^3}(\sin \lambda + \lambda \cos \lambda)$

25. The Fourier cosine transform $f_c(\lambda)$ of $f(x) = \begin{cases} \pi/2, & 0 < x < \pi \\ 0, & x > \pi \end{cases}$ is (2)

(A) $\dfrac{\pi}{2}\left(\dfrac{1 - \sin \lambda\pi}{\lambda}\right)$

(B) $\left(\dfrac{1 - \sin \lambda\pi}{\lambda}\right)$

(C) $\left(\dfrac{\pi \sin \lambda\pi}{2\lambda}\right)$

(D) $\left(\dfrac{\sin \lambda\pi}{\lambda}\right)$

26. The Fourier sine transform $F_s(\lambda)$ of $f(x) = e^{-x}$, $x > 0$ is given by (2)

(A) $\dfrac{3\lambda}{1 + \lambda^2}$

(B) $\dfrac{\lambda}{1 - \lambda^2}$

(C) $\dfrac{\lambda}{1 + \lambda^2}$

(D) $\dfrac{\lambda}{1 - \lambda^2}$

27. The Fourier cosine transform $F_c(\lambda)$ of $f(x) = e^{-x}$, $x > 0$ is given by (2)

(A) $\dfrac{2}{1 - \lambda^2}$

(B) $\dfrac{1}{1 - \lambda^2}$

(C) $\dfrac{2}{1 + \lambda^2}$

(D) $\dfrac{1}{1 + \lambda^2}$

28. If $f(x) = e^{-kx}$, $x > 0$, $k > 0$ then Fourier sine transform $F_s(\lambda)$ of $f(x)$ is given by (2)

(A) $\dfrac{\lambda}{k^2 + \lambda^2}$

(B) $\dfrac{k}{k^2 + \lambda^2}$

(C) $\dfrac{1}{k^2 + \lambda^2}$

(D) $-\dfrac{k}{k^2 + \lambda^2}$

29. If $f(x) = e^{-kx}$, $x > 0$ then Fourier cosine transform $F_c(\lambda)$ of $f(x)$ is given by (2)

(A) $-\dfrac{k}{k^2 + \lambda^2}$

(B) $\dfrac{k}{k^2 + \lambda^2}$

(C) $\dfrac{\lambda}{k^2 + \lambda^2}$

(D) $\dfrac{1}{k^2 + \lambda^2}$

30. The Fourier cosine transform $F_c(\lambda)$ of $f(x) = e^{-|x|}$, $-\infty < x < \infty$ is (2)

(A) $\dfrac{\lambda}{1+\lambda^2}$ (B) $\dfrac{1}{1+\lambda^2}$

(C) $\dfrac{1}{1-\lambda^2}$ (D) $-\dfrac{1}{1+\lambda^2}$

31. The Fourier sine transform $F_s(\lambda)$ of $f(x) = e^{-|x|}$, $0 < x < \infty$ is (2)

(A) $\dfrac{\lambda}{1+\lambda^2}$ (B) $\dfrac{1}{1+\lambda^2}$

(C) $\dfrac{1}{1-\lambda^2}$ (D) $-\dfrac{1}{1+\lambda^2}$

32. If $f(x) = \begin{cases} 1 & 0 < x < 1 \\ 0 & x > 0 \end{cases}$ then Fourier cosine transform $F_c(\lambda)$ of $f(x)$ is given by (2)

(A) $\dfrac{\cos \lambda}{\lambda}$ (B) $\dfrac{\cos 2\lambda}{\lambda}$

(C) $\dfrac{\sin \lambda}{\lambda}$ (D) $\dfrac{\sin 2\lambda}{\lambda}$

33. The Fourier cosine transform $F_c(\lambda)$ of $f(x) = \begin{cases} 1, & |x| < a \\ 0, & |x| > a \end{cases}$ is (2)

(A) $\dfrac{1 - \cos \lambda a}{\lambda}$ (B) $\dfrac{\cos \lambda a - 1}{\lambda}$

(C) $\dfrac{\sin \lambda a}{a}$ (D) $\dfrac{\sin \lambda a}{\lambda}$

34. The Fourier sine transform $F_s(\lambda)$ of $f(x) = \begin{cases} 1, & 0 < x < 2 \\ 0, & x > 2 \end{cases}$ is (2)

(A) $\dfrac{1 - \cos \lambda a}{\lambda}$ (B) $\dfrac{\sin \lambda a}{\lambda}$

(C) $\dfrac{\cos \lambda a - 1}{\lambda}$ (D) $\dfrac{\sin \lambda a}{a}$

35. The Fourier cosine transform $F_c(\lambda)$ of $f(x) = \begin{cases} \sin x, & 0 < x < \pi \\ 0, & x > \pi \end{cases}$ is (2)

(A) $\dfrac{1}{2}\left[-\dfrac{\sin(1+\lambda)u}{1+\lambda} - \dfrac{\sin(1-\lambda)u}{1-\lambda}\right]_0^\pi$ (B) $\dfrac{1}{2}\left[-\dfrac{\cos(1+\lambda)u}{1+\lambda} - \dfrac{\sin(1-\lambda)u}{1-\lambda}\right]_0^\pi$

(C) $\dfrac{1}{2}\left[-\dfrac{\cos(1+\lambda)u}{1+\lambda} - \dfrac{\cos(1-\lambda)u}{1-\lambda}\right]_0^\pi$ (D) $\dfrac{1}{2}\left[-\dfrac{\sin(1+\lambda)u}{1+\lambda} - \dfrac{\cos(1-\lambda)u}{1-\lambda}\right]_0^\pi$

36. The Fourier sine transform $F_s(\lambda)$ of $f(x) = \begin{cases} \sin x, & 0 < x < \pi \\ 0, & x > \pi \end{cases}$ is (2)

(A) $\dfrac{1}{2}\left[-\dfrac{\cos(1+\lambda)u}{1+\lambda} - \dfrac{\sin(1-\lambda)u}{1-\lambda}\right]_0^\pi$

(B) $\dfrac{1}{2}\left[\dfrac{\sin(1-\lambda)u}{1-\lambda} - \dfrac{\sin(1+\lambda)u}{1+\lambda}\right]_0^\pi$

(C) $\dfrac{1}{2}\left[-\dfrac{\cos(1+\lambda)u}{1+\lambda} - \dfrac{\cos(1-\lambda)u}{1-\lambda}\right]_0^\pi$

(D) $\dfrac{1}{2}\left[-\dfrac{\sin(1+\lambda)u}{1+\lambda} - \dfrac{\cos(1-\lambda)u}{1-\lambda}\right]_0^\pi$

37. The Fourier cosine transform $F_c(\lambda)$ of $f(x) = \begin{cases} \cos x, & 0 < x < \pi \\ 0, & x > \pi \end{cases}$ is (2)

(A) $\dfrac{1}{2}\left[\dfrac{\sin(1-\lambda)u}{1-\lambda} - \dfrac{\cos(1+\lambda)u}{1+\lambda}\right]_0^\pi$

(B) $\dfrac{1}{2}\left[-\dfrac{\cos(1+\lambda)u}{1+\lambda} - \dfrac{\sin(1-\lambda)u}{1-\lambda}\right]_0^\pi$

(C) $\dfrac{1}{2}\left[-\dfrac{\cos(1+\lambda)u}{1+\lambda} - \dfrac{\cos(1-\lambda)u}{1-\lambda}\right]_0^\pi$

(D) $\dfrac{1}{2}\left[\dfrac{\sin(1+\lambda)u}{1+\lambda} + \dfrac{\sin(1-\lambda)u}{1-\lambda}\right]_0^\pi$

38. The Fourier sine transform $F_s(\lambda)$ of $f(x) = \begin{cases} \cos x, & 0 < x < \pi \\ 0, & x > \pi \end{cases}$ is (2)

(A) $\dfrac{1}{2}\left[\dfrac{\sin(1-\lambda)u}{1-\lambda} - \dfrac{\cos(1+\lambda)u}{1+\lambda}\right]_0^\pi$

(B) $\dfrac{1}{2}\left[-\dfrac{\cos(\lambda+1)u}{\lambda+1} - \dfrac{\cos(\lambda-1)u}{\lambda-1}\right]_0^\pi$

(C) $\dfrac{1}{2}\left[-\dfrac{\cos(1+\lambda)u}{1+\lambda} - \dfrac{\sin(1-\lambda)u}{1-\lambda}\right]_0^\pi$

(D) $\dfrac{1}{2}\left[\dfrac{\sin(1+\lambda)u}{1+\lambda} - \dfrac{\sin(1-\lambda)u}{1-\lambda}\right]_0^\pi$

39. The Fourier cosine transform $F_c(\lambda)$ of $f(x) = \begin{cases} \cos x, & 0 < x < a \\ 0, & x > a \end{cases}$ is (2)

(A) $\dfrac{1}{2}\left[\dfrac{\sin(\lambda+1)a}{\lambda+1} - \dfrac{\sin(\lambda-1)a}{\lambda-1}\right]$

(B) $\dfrac{1}{2}\left[\dfrac{\sin(\lambda-1)a}{\lambda-1} - \dfrac{\sin(\lambda+1)a}{\lambda+1}\right]$

(C) $\dfrac{1}{2}\left[\dfrac{\sin(\lambda+1)a}{\lambda+1} + \dfrac{\sin(\lambda-1)a}{\lambda-1}\right]$

(D) $\dfrac{\sin(\lambda+1)a}{\lambda+1}$

40. The solution $f(x)$ of integral equation $\int_0^\infty f(x)\cos\lambda x\,dx = e^{-\lambda}, \lambda > 0$ is (2)

(A) $\dfrac{2}{\pi}\left(\dfrac{e^{-x}}{1+x^2}\right)$

(B) $\dfrac{2}{\pi}\left(\dfrac{x}{1+x^2}\right)$

(C) $\dfrac{2}{\pi}\left(\dfrac{1}{1-x^2}\right)$

(D) $\dfrac{2}{\pi}\left(\dfrac{1}{1+x^2}\right)$

41. The solution of integral equation $\int_0^\infty f(x) \sin \lambda x \, dx = \begin{cases} 1-\lambda, & 0 \le \lambda \le 1 \\ 0, & \lambda \ge 1 \end{cases}$ is

$f(x) = \dfrac{2}{\pi} \int_0^1 (1-\lambda) \sin \lambda x \, d\lambda$ then the value of $f(x)$ is equal to (2)

(A) $\dfrac{2}{\pi}\left(\dfrac{1}{x} - \dfrac{\sin x}{x^2}\right)$ 　　　　(B) $\dfrac{2}{\pi}\left(\dfrac{1}{x} - \dfrac{\cos x}{x^2}\right)$

(C) $\dfrac{2}{\pi}\left(\dfrac{1}{x} + \dfrac{\sin x}{x^2}\right)$ 　　　　(D) $\dfrac{2}{\pi}\left(-\dfrac{1}{x} + \dfrac{\sin x}{x^2}\right)$

42. The solution of integral equation $\int_0^\infty f(x) \cos \lambda x \, dx = \begin{cases} 1-\lambda, & 0 \le \lambda \le 1 \\ 0, & \lambda \ge 1 \end{cases}$ is

$f(x) = \dfrac{2}{\pi} \int_0^1 (1-\lambda) \sin \lambda x \, d\lambda$ then the value of $f(x)$ is equal to (2)

(A) $\dfrac{2}{\pi}\left(\dfrac{1+\cos x}{x^2}\right)$ 　　　　(B) $\dfrac{2}{\pi}\left(\dfrac{1-\cos x}{x^2}\right)$

(C) $\dfrac{2}{\pi}\left(\dfrac{1+\sin x}{x^2}\right)$ 　　　　(D) $\dfrac{2}{\pi}\left(\dfrac{1-\sin x}{x^2}\right)$

43. The solution $f(x)$ of integral $\int_0^\infty f(x) \sin \lambda x \, dx = \begin{cases} 1, & 0 \le \lambda \le 1 \\ 2, & 1 \le \lambda < 2 \\ 0, & \lambda \ge 2 \end{cases}$ is (2)

(A) $\dfrac{2}{\pi}\left[\left(\dfrac{1-\sin x}{x}\right) + 2\left(\dfrac{\sin x - \sin 2x}{x}\right)\right]$

(B) $\dfrac{2}{\pi}\left[\left(\dfrac{-1+\cos x}{x}\right) + 2\left(\dfrac{-\cos x + \cos 2x}{x}\right)\right]$

(C) $\dfrac{2}{\pi}\left[\left(\dfrac{1-\cos x}{x}\right) + 2\left(\dfrac{\cos x - \cos 2x}{x}\right)\right]$

(D) $\dfrac{2}{\pi}\left[\left(\dfrac{1-\cos x}{x^2}\right) + 2\left(\dfrac{\cos x - \cos 2x}{x^2}\right)\right]$

44. The solution $f(x)$ of integral equation $\int_0^\infty f(x) \sin \lambda x \, dx = \begin{cases} 1, & 0 \le \lambda \le 1 \\ 0, & \lambda \ge 1 \end{cases}$ is (2)

(A) $\dfrac{2}{\pi}\left(\dfrac{1+\cos x}{x}\right)$ 　　　　(B) $\dfrac{2}{\pi}\left(\dfrac{1+\sin x}{x}\right)$

(C) $\dfrac{2}{\pi}\left(\dfrac{1-\sin x}{x}\right)$ 　　　　(D) $\dfrac{2}{\pi}\left(\dfrac{1-\cos x}{x}\right)$

45. The solution f(x) of integral equation $\int_0^\infty f(x) \cos \lambda x \, dx = \begin{cases} 1, & 0 \le \lambda \le 1 \\ 0, & \lambda \ge 1 \end{cases}$ is (2)

(A) $\dfrac{2}{\pi} \left(\dfrac{\sin x}{x} \right)$

(B) $\dfrac{2}{\pi} \left(\dfrac{\cos x}{x} \right)$

(C) $\dfrac{2}{\pi} \left(\dfrac{1 - \cos x}{x} \right)$

(D) $\dfrac{2}{\pi} \left(\dfrac{1 + \sin x}{x} \right)$

46. The inverse Fourier cosine transform f(x) of $F_c(\lambda) = \dfrac{\sin a\lambda}{\lambda}$ is (2)

(A) $\dfrac{1}{\pi} \int_0^\infty \dfrac{\cos(a+x)\lambda + \sin(a-x)\lambda}{\lambda} d\lambda$

(B) $\dfrac{1}{\pi} \int_0^\infty \dfrac{\cos(a+x)\lambda + \cos(a-x)\lambda}{\lambda} d\lambda$

(C) $\dfrac{1}{\pi} \int_0^\infty \dfrac{\sin(a+x)\lambda + \sin(a-x)\lambda}{\lambda} d\lambda$

(D) $\dfrac{1}{\pi} \int_0^\infty \dfrac{\sin(a+x)\lambda + \cos(a-x)\lambda}{\lambda} d\lambda$

47. If the Fourier cosine integral representation of $f(x) = \begin{cases} 1 - x^2, & 0 < x < 1 \\ 0, & x > 1 \end{cases}$ is

$f(x) = \dfrac{4}{\pi} \int_0^\infty \left(\dfrac{\sin \lambda - \lambda \cos \lambda}{\lambda^3} \right) \cos \lambda x \, d\lambda$ then the value of integral

$\int_0^\infty \left(\dfrac{\sin \lambda - \lambda \cos \lambda}{\lambda^3} \right) \cos \dfrac{\lambda}{2} d\lambda$ is equal to (2)

(A) $-\dfrac{3\pi}{16}$

(B) $\dfrac{3\pi}{16}$

(C) $\dfrac{3\pi}{8}$

(D) $\dfrac{3\pi}{4}$

48. Given that $\int_0^\infty \dfrac{\sin t}{t} dt = \dfrac{\pi}{2}$, then Fourier sine transform $F_s(\lambda)$ of $f(x) = \dfrac{1}{x}$, $x > 0$ is given by (2)

(A) π

(B) $\dfrac{\pi}{4}$

(C) $\dfrac{\pi}{2}$

(D) $-\pi$

49. For the Fourier cosine transform $\int_0^\infty \left(\dfrac{1-\cos u}{u^2}\right) \cos \lambda u \, du = \begin{cases} \dfrac{\pi}{2}(1-\lambda), & 0 < \lambda < 1 \\ 0, & \lambda > 1 \end{cases}$ the value of integral $\int_0^\infty \dfrac{\sin^2 z}{z^2} dz$ is   (2)

(A) 1

(B) $\dfrac{\pi}{2}$

(C) 0

(D) $\dfrac{\pi}{4}$

50. For the Fourier sine integral representation

$\dfrac{2}{\pi} \int_0^\infty \left(\dfrac{1-\cos \lambda}{\lambda}\right) \sin \lambda x \, d\lambda = \begin{cases} 1, & 0 < x < 1 \\ 0, & x > 1 \end{cases}$, the value of integral $\int_0^\infty \dfrac{\sin^3 t}{t} dt$ is   (2)

(A) $\dfrac{\pi}{2}$

(B) 1

(C) 0

(D) $\dfrac{\pi}{4}$

51. Given that $F_c(\lambda) = \int_0^\infty u^{m-1} \cos \lambda u \, du = \dfrac{\sqrt{m}}{\lambda^m} \cos \dfrac{m\pi}{2}$, then Fourier cosine transform $F_c(\lambda)$ of $f(x) = x^3$, $x > 0$ is given by   (2)

(A) $\dfrac{6}{\lambda^4}$

(B) $\dfrac{3}{\lambda^3}$

(C) $\dfrac{4}{\lambda^2}$

(D) $\dfrac{1}{\lambda^2}$

52. Given that $F_s(\lambda) = \int_0^\infty u^{m-1} \sin \lambda u \, du = \dfrac{\sqrt{m}}{\lambda^m} \sin \dfrac{m\pi}{2}$, then Fourier sine transform $F_s(\lambda)$ of $f(x) = x^2$, $x > 0$ is given by   (2)

(A) $\dfrac{2}{\lambda^3}$

(B) $-\dfrac{2}{\lambda^3}$

(C) $\dfrac{3}{\lambda^2}$

(D) $-\dfrac{3}{\lambda^2}$

Answers

1. (B)	2. (D)	3. (C)	4. (A)	5. (D)	6. (A)	7. (B)	8. (C)
9. (D)	10. (A)	11. (C)	12. (B)	13. (A)	14. (B)	15. (D)	16. (D)
17. (A)	18. (C)	19. (B)	20. (A)	21. (C)	22. (D)	23. (A)	24. (B)
25. (C)	26. (C)	27. (D)	28. (A)	29. (B)	30. (B)	31. (A)	32. (C)
33. (D)	34. (A)	35. (C)	36. (B)	37. (D)	38. (B)	39. (C)	40. (D)
41. (A)	42. (B)	43. (C)	44. (D)	45. (A)	46. (C)	47. (B)	48. (C)
49. (B)	50. (D)	51. (A)	52. (B)				

CHAPTER FOUR

THE Z-TRANSFORM

4.1 INTRODUCTION

Use of Z-transform is very prominent in the analysis of linear time-invariant systems. Linear time invariant (LTI) systems are characterised either by their Z-transform or by the Fourier transform and their characteristics are related to the location of the poles or zeroes of their system functions. We have already discussed Fourier Transforms in details in Chapter 5.

Number of systems of practical importance such as economical systems, population systems and many other systems occurring in statistical studies are discrete in nature. While the modern technological development has made it possible to consider many systems occurring in Engineering fields as discrete. Number of important types of digital systems including resonators, notch filters, comb filters, all-pass filters and oscillators use Z-transforms for their analysis.

Discrete systems give rise to difference equations, and their solutions as well as their analysis are carried out by using transform techniques. Z-transform plays important role in these aspects. Its role in analysis of discrete systems is same as that of Laplace transform and Fourier transform in continuous systems.

4.2 BASIC PRELIMINARY

I. SEQUENCE

An ordered set of real or complex numbers is called a sequence. It is denoted by $\{f(k)\}$ or $\{f_k\}$. The sequence $\{f(k)\}$ is represented in two ways.

1. The most elementary way is to list all the numbers of the sequence; such as :

    (i) $\quad \{f(k)\} = \{15, 13, 10, 8, 5, 2, 0, 3\}$ ... (1)
    $\qquad\qquad\qquad\qquad\qquad\quad\uparrow$

In this representation, a vertical arrow indicates the position corresponding to k = 0.

$\therefore\ f(0) = 8,\ f(1) = 5,\ f(2) = 2,\ f(3) = 0,\ f(4) = 3.$
$\qquad f(-1) = 10$
$\qquad f(-2) = 13$
$\qquad f(-3) = 15$

(ii) For the sequence
$\qquad \{f(k)\} = \{15, 13, 10, 8, 5, 2, 0, 3\}$ ... (2)
$\qquad\qquad\qquad\quad\uparrow$

$f(-2) = 15,\ f(-1) = 13,\ f(0) = 10,\ f(1) = 8,\ f(2) = 5,\ f(3) = 2,\ f(4) = 0,\ f(5) = 3.$

Note : The sequences given in (1) and (2) are having the same listing but they are not treated as identical, since k = a corresponds to different terms in these sequences.

The method of representation, as discussed above, is appropriate only for a sequence with finite number of terms.

When vertical arrow ↑ is not given, then the starting or left hand end term of the sequence denotes the position corresponding to k = 0.

In the sequence :
$$\{f(k)\} = \{9, 7, 5, 3, 1, -2, 0, 2, 4\} \qquad \ldots (3)$$
the zeroeth term is 9, the left hand term.

∴ $\qquad f(0) = 9, \quad f(1) = 7, \quad f(2) = 5 \ldots$ etc.

2. The second way of specifying the sequence is to define the general term of the sequence (if possible) as a function of position i.e. k.

e.g. The sequence $\{f(k)\}$ where $\{f(k)\} = \dfrac{1}{4^k}$ (k is any integer) represents the sequence

$$\left\{ \dfrac{1}{4^{-8}}, \dfrac{1}{4^{-7}}, \ldots, \dfrac{1}{4^{-1}}, \underset{\uparrow}{1}, \dfrac{1}{4}, \dfrac{1}{4^2} \ldots \right\} \qquad \ldots (4)$$

Here $f(0) = 1, \ f(1) = \dfrac{1}{4}, \ f(2) = \dfrac{1}{4^2}$, etc.

If $\qquad f(k) = \dfrac{1}{4^k}; \qquad -3 \le k \le 5$ then it represents the sequence

$$\left\{ 4^3, 4^2, 4, \underset{k=0}{\underset{\uparrow}{1}}, \dfrac{1}{4}, \dfrac{1}{4^2}, \dfrac{1}{4^3}, \dfrac{1}{4^4}, \dfrac{1}{4^5} \right\}$$

Hence a sequence $\{f(k)\}$ can be written as :
$\{f(k)\} = \{\ldots\ldots f(-3), \ f(-2), \ f(-1), \ f(0), \ f(1), \ f(2), f(3), f(4), \ldots\}$
having f (0) as the zeroeth term.
OR $\qquad \{f(k)\} = \{f(0), \ f(1), \ f(2), \ldots\ldots\}$
OR $\qquad \{f(k)\} = \{f(-2), f(-1), \ f(0), \ f(1), \ f(2), f(3)\}$

II. CAUSAL SEQUENCE

ILLUSTRATION

Any sequence whose terms corresponding to k < 0 are all zero is called causal sequence.

Ex. 1 : *What sequence is generated when*

$$f(k) = \begin{cases} 0, & k < 0 \\ \cos \dfrac{k\pi}{3}, & k \ge 0 \end{cases}$$

Sol. : We have $\{f(k)\} = \left\{ \ldots 0, 0, \underset{k=0}{\underset{\uparrow}{1}}, \cos\dfrac{\pi}{3}, \cos\dfrac{2\pi}{3}, \cos\pi, \ldots \right\}$

From application point of view, it is sometimes convenient to consider finite sequences to be of infinite length by appending additional zeroes to each.

e.g. $\{f(k)\} = \{8, 6, 4, 2, 0, 2, 4, 6, 8, 10\}$

∴ $\{f(k)\} = \{\ldots 0, 0, \ldots, 0, 0, 8, 6, 4, 2, 0, 2, 4, 6, 8, 10, 0, 0, \ldots, 0, 0, \ldots\}$

III. BASIC OPERATIONS ON SEQUENCES

1. Addition : If $\{f(k)\}$ and $\{g(k)\}$ are the two sequences with same number of terms, then the addition of these sequences is a sequence given by $\{f(k) + g(k)\}$ i.e.

$$\{f(k)\} + \{g(k)\} = \{f(k) + g(k)\}$$

2. Scaling : If a is a scalar, then

$$a\{f(k)\} = \{a f(k)\}$$

3. Linearity : If a and b are scalars, then

$$\{a f(k) + b g(k)\} = \{a f(k)\} + \{b g(k)\} = a\{f(k)\} + b\{g(k)\}$$

ILLUSTRATION

Ex. 1 : Write the sequence $\dfrac{1}{2}\{f(k)\}$, where $\{f(k)\}$ is given by $f(k) = \dfrac{1}{2^k}$.

Sol. : $\dfrac{1}{2}\{f(k)\} = \left\{\dfrac{1}{2} f(k)\right\} = \left\{\dfrac{1}{2}, \dfrac{1}{2^k}\right\} = \left\{\dfrac{1}{2^{k+1}}\right\}$

Ex. 2 : Write the sequence $\{f(k) + g(k)\}$, where $\{f(k)\}$ is given by $f(k) = \dfrac{1}{2^k}$ and $\{g(k)\}$ is given by $g(k) = \begin{cases} 0, & k < 0 \\ 3, & k \geq 0 \end{cases}$

Sol. : $\{f(k) + g(k)\} = \{f(k)\} + \{g(k)\} = \{h(k)\}$

where $h(k) = \begin{cases} \dfrac{1}{2^k}, & k < 0 \\ \dfrac{1}{2^k} + 3, & k \geq 0. \end{cases}$

Ex. 3 : If $\{f(k)\}$ is given by $f(k) = \begin{matrix} 0, & k < 0 \\ 2, & k \geq 0 \end{matrix}$ find $\dfrac{1}{3}\{f(k)\}$.

Sol. : $\dfrac{1}{3}\{f(k)\} = \left\{\dfrac{1}{3} f(k)\right\} = \left\{\ldots 0, 0, \ldots\ldots 0, \dfrac{2}{3}, \dfrac{2}{3}, \ldots\ldots\right\}$

IV. ADDITIONAL RESULTS

1. $\dfrac{1}{1+y} = 1 - y + y^2 - y^3 + y^4 - \ldots\ldots , |y| < 1.$

2. $\dfrac{1}{1-y} = 1 + y + y^2 + y^3 + \ldots\ldots , |y| < 1.$

3. $(1+y)^n = 1 + ny + \dfrac{n(n-1)}{2!} y^2 + \dfrac{n(n-1)(n-2)}{3!} y^3 + \ldots, |y| < 1.$

   $= \sum\limits_{r=0}^{n} {}^nC_r\, y^r$

4. $e^y = 1 + y + \dfrac{y^2}{2!} + \dfrac{y^3}{3!} + \ldots\ldots ,$

5. Since S_∞ of the Geometric Progression G.P.

   $a + ar + ar^2 + ar^3 + \ldots\ldots = \dfrac{a}{1-r}$

   and it is convergent if $|r| < 1$
   where $\quad a$ = First term
   $\quad\quad\quad r$ = Common ratio.

6. If $z = x + iy$, then $|z| = \sqrt{x^2 + y^2}$
   Also $\quad\quad |z| = 1$ represents $\sqrt{x^2 + y^2} = 1$
   i.e. $\quad\quad x^2 + y^2 = 1$ a circle. (see Fig. 4.1)
   $\quad\quad |z| > 4 \Rightarrow \sqrt{x^2 + y^2} > 4$

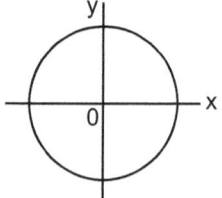

Fig. 4.1

$x^2 + y^2 > 16$ i.e. collection of points which lie outside the circle $x^2 + y^2 = 16$ (see Fig. 4.2)

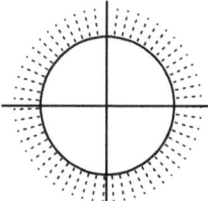

Fig. 4.2

Similarly $|z| < 1$ represents the collection of points which lie inside the unit circle $|z| = 1$ i.e. $x^2 + y^2 = 1$ (see Fig. 4.3).

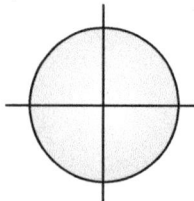

Fig. 4.3

4.3 Z-TRANSFORMS

Definition :

1. The Z-transform of a sequence $\{f(k)\}$, symbolically denoted by $Z\{f(k)\}$ is defined as :

$$Z\{f(k)\} = F(z) = \sum_{k=-\infty}^{\infty} f(k) z^{-k} = \sum_{k=-\infty}^{\infty} \frac{f(k)}{z^k}$$

where, $z = x + iy$ is a complex number. Z is a Z-transform operator and $F(z)$, the Z-transform of $\{f(k)\}$.

2. For a finite sequence $\{f(k)\}$, $m \leq k \leq n$, its Z-transform is,

$$Z\{f(k)\} = F(z) = \sum_{k=m}^{n} f(k) z^{-k}$$

$$Z\{f(k)\} = f(m) z^{-m} + f(m+1) z^{-(m+1)} + \ldots + f(n) z^{-n}$$

The Z-transform of $\{f(k)\}$ exists if the sum of the series on R.H.S. exists i.e. the series on R.H.S. converges absolutely.

3. Z-transform of a causal sequence :

$$\{f(k)\} = \{0, 0, \ldots 0, 0, f(0), f(1), \ldots\ldots\}$$

which is defined for positive integers k, is defined as

$$Z\{f(k)\} = F(z) = \sum_{k=0}^{\infty} f(k) z^{-k}$$

Note :

1. To obtain Z-transform of a sequence we multiply each term by *negative power of z of the order of that term* and take the sum.

2. $Z\{f(k)\}$ is a function of a complex variable z and is defined only if the sum is finite i.e. *if the infinite series* $\sum_{k=-\infty}^{\infty} f(k) z^{-k}$ *is absolutely convergent.*

ILLUSTRATIONS

Ex. 1 : For $\{f(k)\}$ if

$$f(k) = \{8, 6, 4, 2, -1, 0, 1, 2, 3\}$$
$$\uparrow$$
$$\{f(k)\} = \{f(-5), f(-4), f(-3), f(-2), f(-1), f(0), f(1), f(2), f(3)\}$$

we have $\quad F(z) = Z\{f(k)\} = \sum_{k=-5}^{3} f(k) z^{-k}$

$$= f(-5) z^5 + f(-4) z^4 + f(-3) z^3 + f(-2) z^2 + f(-1) z + f(0) z^0 + f(1) z^{-1} + f(2) z^{-2} + f(3) z^{-3}$$

$$F(z) = Z\{f(k)\} = 8z^5 + 6z^4 + 4z^3 + 2z^2 - 1(z) + 0 + 1(z^{-1}) + 2z^{-2} + 3z^{-3}$$

$$F(z) = 8z^5 + 6z^4 + 4z^3 + 2z^2 - z + 0 + \frac{1}{z} + \frac{2}{z^2} + \frac{3}{z^3}$$

Ex. 2 : For $\{f(k)\}$ if $f(k) = \{4, 2, 0, -2, -4, -6\}$
$\qquad\qquad\qquad\qquad\qquad\uparrow$

$$F(z) = Z\{f(k)\} = \sum_{k=-3}^{2} f(k) z^{-k}$$

$$= 4z^3 + 2z^2 + 0z^1 - 2z^0 - 4z^{-1} - 6z^{-2}$$

$$= 4z^3 + 2z^2 + 0 - 2 - \frac{4}{z} - \frac{6}{z^2}$$

Ex. 3 : For $\{f(k)\}$, if $f(k) = \left\{ \ldots \ldots \dfrac{1}{2^{-2}}, \dfrac{1}{2^{-1}}, \underset{\uparrow}{1}, \dfrac{1}{2}, \dfrac{1}{2^2}, \ldots \right\}$

$$F(z) = Z\{f(k)\} = \sum_{k=-\infty}^{\infty} f(k) \cdot z^{-k}$$

$$= \ldots\ldots + 2^2 \cdot z^2 + 2 \cdot z + 1(z^0) + \frac{1}{2}z^{-1} + \frac{1}{2^2}z^{-2} + \ldots\ldots$$

$$F(z) = \ldots\ldots + 2^2 z^2 + 2 \cdot z + 1 + \frac{1}{2z} + \frac{1}{2^2 z^2} + \ldots\ldots$$

4.4 INVERSE Z-TRANSFORM

The operation of obtaining the sequence $\{f(k)\}$ from $F(z)$ is defined as inverse Z-transform and is denoted as :

$$\boxed{Z^{-1}[F(z)] = \{f(k)\}}$$

where, Z^{-1} is inverse Z-transform operator.

4.5 Z-TRANSFORM PAIR

Sequence $\{f(k)\}$ and its Z-transform $F(z)$ are together termed as Z-transform pair and denoted as $\{f(k)\} \longleftrightarrow F(z)$.

i.e. $\quad Z\{f(k)\} = F(z)$

and $\quad Z^{-1}[F(z)] = \{f(k)\}$

4.6 UNIQUENESS OF INVERSE Z–TRANSFORM : REGION OF ABSOLUTE CONVERGENCE (ROC)

Consider the two sequences $\{f(k)\}$ and $\{g(k)\}$

where $\quad f(k) = \begin{cases} 0, & k < 0 \\ a^k, & k \geq 0 \end{cases}$; $g(k) = \begin{cases} -b^k, & k < 0 \\ 0, & k \geq 0 \end{cases}$

∴ Z-transform of the sequence $\{f(k)\}$ is

$$Z\{f(k)\} = F(z) = \sum_{k=-\infty}^{\infty} f(k) z^{-k} = \sum_{k=-\infty}^{-1} f(k) z^{-k} + \sum_{k=0}^{\infty} f(k) z^{-k}$$

$$= 0 + \sum_{k=0}^{\infty} a^k z^{-k}$$

$$= \sum_{k=0}^{\infty} (a z^{-1})^k = 1 + (a z^{-1}) + (a z^{-1})^2 + (a z^{-1})^3 + \ldots$$

which is an infinite G.P.

∴ $\quad S_\infty = \dfrac{a}{1-r}, \quad |r| < 1$

Here, $\quad a = $ first term $= 1$

$\quad r = $ common ratio $= a z^{-1}$.

$$Z\{f(k)\} = \frac{1}{1 - a z^{-1}} \text{ provided } |a z^{-1}| < 1$$

$$= \frac{1}{1 - \dfrac{a}{z}}, \quad |a| < |z|$$

$$F(z) = \frac{z}{z-a}, \quad |z| > |a|$$

but $\quad z = x + i y \quad \therefore \quad |z| = \sqrt{x^2 + y^2}$

$|z| > |a| \Rightarrow \sqrt{x^2 + y^2} > a$

i.e. $x^2 + y^2 > a^2$, which represents exterior of circle $x^2 + y^2 = a^2$ [refer Fig. 4.4 (a)].

Now consider the Z-transform of the sequence $\{g(k)\}$,

$$Z\{g(k)\} = G(z) = \sum_{k=-\infty}^{\infty} g(k) z^{-k}$$

$$= \sum_{k=-\infty}^{\infty} g(k) z^{-k} + \sum_{k=0}^{\infty} g(k) z^{-k}$$

$$= \sum_{k=-\infty}^{\infty} -b^k z^{-k} + 0$$

Let $\quad k = -r$ when

k = -1	r = 1
k = -∞	r = ∞

and $\sum\limits_{k=-\infty}^{-1} = \sum\limits_{r=\infty}^{1} = \sum\limits_{r=1}^{\infty}$

$$G(z) = -\sum_{r=1}^{\infty} b^{-r} z^r = -\sum_{r=1}^{\infty} (b^{-1}z)^r$$

$$= -b^{-1}z (b^{-1}z)^2 - (b^{-1}z)^3 \ldots\ldots$$

$$= -\frac{b^{-1}z}{1-(b^{-1}z)}, \quad |b^{-1}z| < 1$$

$$= -\frac{\frac{z}{b}}{1-\frac{z}{b}}, \quad |z| < |b| = \frac{z}{z-b}, \quad |z| < |b|$$

but $\quad z = x + iy \quad\quad |z| = \sqrt{x^2+y^2}$

$|z| < |b| \Rightarrow \sqrt{x^2+y^2} < b$

i.e. $x^2 + y^2 < b^2$ which represents the interior of circle $x^2 + y^2 = b^2$ [Refer Fig. 4.4 (b)]

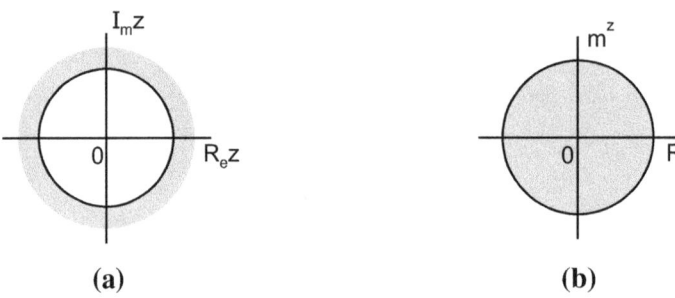

Fig. 4.4

Now if $a = b$ then

$$F(z) = G(z) = \frac{z}{z-a}$$

i.e. $\quad$ for $a = b$, $\quad Z\{f(k)\} = Z\{g(k)\} = \frac{z}{z-a}$

If $a = b$, then two sequences $\{f(k)\}$ and $\{g(k)\}$ have the same Z-transform, therefore inverse Z-transform of $\frac{z}{z-a}$ will be two different sequences $\{f(k)\}$ and $\{g(k)\}$, indicating that *inverse Z-transform is not unique.*

However, if we specify the region, interior or exterior of circle $x^2 + y^2 = a^2$ known as region of convergence, then we get exactly

$$Z^{-1}\{F(z)\} = \{f(k)\} \quad \text{and} \quad Z^{-1}\{G(z)\} = \{g(k)\}.$$

This implies that *Z – transform and its inverse are uniquely related in the specified region of convergence*.

Note :
1. In case of one-sided sequences (i.e. causal sequences or sequences for which $f(k) = 0$ for $k < 0$), then there is no necessity of specifying the ROC.
2. By the term "region of convergence", we will mean the "region of absolute convergence". This term will be abbreviated to ROC.

Now, consider the sequence $\{f(k)\}$, where

$$f(k) = \begin{cases} -b^k, & k < 0 \\ a^k, & k \geq 0 \end{cases}$$

$$\therefore \quad Z\{f(k)\} = \sum_{k=-\infty}^{-1} f(k) z^{-k}$$

$$= \sum_{k=-\infty}^{-1} f(k) z^{-k} + \sum_{k=0}^{\infty} f(k) z^{-k}$$

$$= \sum_{k=-\infty}^{-1} -b^k z^{-k} + \sum_{k=0}^{\infty} a^k z^{-k}$$

Put $k = -m$ $\therefore$ $k = -\infty \Rightarrow m = \infty$, $k = -1 \Rightarrow m = 1$

$$Z\{f(k)\} = -\sum_{m=1}^{\infty} b^{-m} z^m + \sum_{k=0}^{\infty} (az^{-1})^k$$

$$= -\sum_{m=1}^{\infty} (b^{-1}z)^m + \sum_{k=0}^{\infty} (az^{-1})^k$$

$$= -\left(\frac{b^{-1}z}{1-b^{-1}z}\right) + \frac{1}{1-az^{-1}}$$

provided $|b^{-1}z| < 1$ and $|az^{-1}| < 1$

i.e. $|z| < |b|$ and $|a| < |z|$

$$Z\{f(k)\} = \frac{z}{z-b} + \frac{z}{z-a}$$

provided $|a| < |z| < |b|$

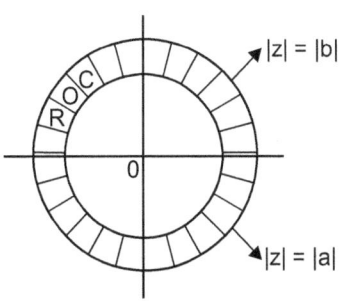

Fig. 4.5

Note that the Z - transform exists only if $|b| > |a|$ and does not exist for $|b| = |a|$ or $|b| < |a|$.

Note : In general, Z-transform of sum of sequences is the sum of corresponding transforms with region of absolute convergence consisting of those values of z for which all of the individual transforms converge absolutely i.e. the region of absolute convergence of sum of transforms is the intersection of the individual regions of absolute convergence.

Note : For finite sequence, Z-transform exists for all values of z except for $z = 0$ and $z = \infty$.

Note : The region lying between two concentric circles is called an annulus.

e.g. Consider $\{f(k)\}$

where
$$f(k) = 5^k, \text{ for } k < 0$$
$$= 3^k, \text{ for } k \geq 0$$

$$\therefore \quad Z\{f(k)\} = \sum_{k=-\infty}^{-1} f(k)\, z^{-k} + \sum_{k=0}^{\infty} f(k)\, z^{-k}$$

$$= \sum_{k=-\infty}^{-1} 5^k\, z^{-k} + \sum_{k=0}^{\infty} 3^k\, z^{-k}$$

$k = -r$ when $k = -\infty \quad r = \infty$

$\qquad\qquad\qquad k = -1 \quad\quad r = 1$

$$Z\{f(k)\} = \sum_{r=1}^{\infty} 5^{-r}\, z^{r} + \sum_{k=0}^{\infty} (3z^{-1})^k$$

$$= \sum_{r=1}^{\infty} (5^{-1} z)^r + \sum_{k=0}^{\infty} (3z^{-1})^k$$

$$= \frac{5^{-1} z}{1 - 5^{-1} z} + \frac{1}{1 - 3z^{-1}}, \quad |5^{-1} z| < 1 \text{ and } |3z^{-1}| < 1$$

$$F(z) = \frac{z}{5-z} + \frac{z}{z-3}, \quad |z| < 5 \text{ and } 3 < |z|$$

$\therefore$ F (z) is the sum of two infinite series both of which are G.P. The first series is absolutely (and therefore uniformly) convergent if $|5^{-1} z| < 1$ and the second one if $|3z^{-1}| < 1$.

Thus F (z) is defined iff $|z| > 3$ and $|z| < 5$ i.e. Z lies in the annulus $3 < |z| < 5$.

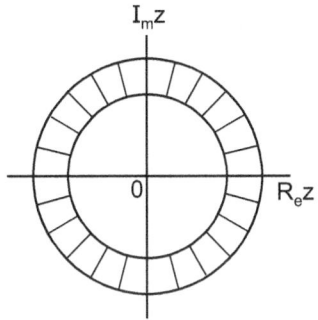

Fig. 4.6

4.7 PROPERTIES OF Z-TRANSFORMS

1. Linearity : If $\{f(k)\}$ and $\{g(k)\}$ are such that they can be added and 'a' and 'b' are constants, then

$$Z\{a\, f(k) + b\, g(k)\} = a\, Z\{f(k)\} + b\, Z\{g(k)\}$$

Proof : We have

$$Z\{a\, f(k) + b\, g(k)\} = \sum_{k=-\infty}^{\infty} Z\{a\, f(k) + b\, g(k)\}\, z^{-k}$$

$$= \sum_{k=-\infty}^{\infty} [a\, f(k)\, z^{-k} + b\, g(k)\, z^{-k}]$$

$$= a \sum_{k=-\infty}^{\infty} f(k)\, z^{-k} + b \sum_{k=-\infty}^{\infty} g(k)\, z^{-k}$$

$$= a\, F(z) + b\, G(z) = a \cdot Z\{f(k)\} + b \cdot Z\{g(k)\}$$

2. If $Z\{f(k)\} = F(z)$ and $Z\{g(k)\} = G(z)$ and 'a' and 'b' are constants, then
$$Z^{-1}[a\, F(z) + b\, G(z)] = a\, Z^{-1}[F(z)] + b\, Z^{-1}[G(z)]$$

Proof : We have,

$$Z\{a\, f(k) + b\, g(k)\} = a\, Z\{f(k)\} + b\, Z\{g(k)\}$$

$$= a\, F(z) + b\, G(z)$$

$$\therefore \quad Z^{-1}\{a\, F(z) + b\, G(z)] = \{a\, f(k) + b\, g(k)\} = a\{f(k)\} + b\{g(k)\}$$

$$= a\, Z^{-1}[F(z)] + b\, Z^{-1}[G(z)]$$

i.e. operator Z^{-1} is a linear operator.

3. **Change of scale :** If $Z\{f(k)\} = F(z)$ then $Z\{a^k f(k)\} = F\left(\dfrac{z}{a}\right)$

Proof : We have,

$$Z\{f(k)\} = F(z) = \sum_{k=-\infty}^{\infty} f(k)\, z^{-k}$$

Replacing z by $\dfrac{z}{a}$, we get

$$F\left(\dfrac{z}{a}\right) = \sum_{k=-\infty}^{\infty} f(k) \left(\dfrac{z}{a}\right)^{-k} = \sum_{k=-\infty}^{\infty} a^k f(k)\, z^{-k}$$

$$F\left(\dfrac{z}{a}\right) = Z\{a^k f(k)\}$$

$$\therefore \quad Z\{a^k f(k)\} = F\left(\dfrac{z}{a}\right)$$

4. If $Z\{f(k)\} = F(z)$ then $Z\{e^{-ak} f(k)\} = F(e^a z)$

Proof : We have,

$$Z\{f(k)\} = F(z) = \sum_{k=-\infty}^{\infty} f(k)\, z^{-k}$$

$$\therefore \quad Z\{e^{-ak} f(k)\} = \sum_{-\infty}^{\infty} e^{-ak} \cdot f(k)\, z^{-k} = \sum_{-\infty}^{\infty} f(k)\, (e^a z)^{-k}$$

$$= F(e^a z)$$

5. **Shifting Property :**

(a) If $Z\{f(k)\} = F(z)$ then $Z\{f(k+n)\} = z^n\, F(z)$ and $Z\{f(k-n)\} = z^{-n}\, F(z)$

Proof : We have, $Z\{f(k)\} = F(z) = \sum\limits_{k=-\infty}^{\infty} f(k)\, z^{-k}$

$$\therefore \quad Z\{f(k+n)\} = \sum_{k=-\infty}^{\infty} f(k+n)\, z^{-k} = \sum_{k=-\infty}^{\infty} f(k+n)\, z^{-(k+n)} \cdot z^n$$

$$= z^n \sum_{k=-\infty}^{\infty} f(k+n)\, z^{-(k+n)}$$

For $k + n = r$ if $k = -\infty$, $r = -\infty$

$k = \infty$, $r = \infty$

$\therefore \quad Z\{f(k+n)\} = z^n \sum_{r=-\infty}^{\infty} f(r) z^{-r} = z^n F(z)$

$\therefore \quad Z\{f(k+n)\} = z^n F(z)$

Similarly, $Z\{f(k-n)\} = \sum_{k=-\infty}^{\infty} f(k-n) z^{-k}$

$= \sum_{k=-\infty}^{\infty} f(k-n) z^{-(k-n)} \cdot z^{-n}$

$= z^{-n} \sum_{k=-\infty}^{\infty} f(k-n) z^{-(k-n)}$

For $k - n = r$; if $k = -\infty$, $r = -\infty$ and $k = \infty$, $r = \infty$

$= z^{-n} \sum_{k=-\infty}^{\infty} f(r) z^{-r} = z^{-n} F(z)$

$\therefore \quad Z\{f(k-n)\} = z^{-n} F(z)$

(b) For one sided Z-transform defined as $Z\{f(k)\} = \sum_{k=0}^{\infty} f(k) z^{-k}$

(i.e Z - transform for $k \geq 0$), we have

$Z\{f(k+n)\} = z^n F(z) - \sum_{r=0}^{n-1} f(r) z^{n-r}$

and $\quad Z\{f(k-n)\} = z^{-n} F(z) + \sum_{r=-n}^{-1} f(r) z^{-(n+r)}$

Proof : We have for $k \geq 0$,

$Z\{f(k)\} = \sum_{k=0}^{\infty} f(k) z^{-k}$

$\therefore \quad Z\{f(k+n)\} = \sum_{k=0}^{\infty} f(k+n) z^{-k} = \sum_{k=0}^{\infty} f(k+n) z^{-(k+n)} \cdot z^n$

For k + n = r,   when k = 0,   r = n

$$k = \infty, \quad r = \infty$$

$$\therefore \quad \text{R.H.S.} = z^n \sum_{r=n}^{\infty} f(r) z^{-r}$$

Now r = n to ∞ means (r = 0 to ∞) − (r = 0 to n − 1)

$$\therefore \quad Z\{f(k+n)\} = z^n \sum_{r=0}^{\infty} f(r) z^{-r} - z^n \sum_{r=0}^{n-1} f(r) z^{-r}$$

$$Z\{f(k+n)\} = z^n F(z) - z^n \sum_{r=0}^{n-1} f(r) z^{-r}$$

$$= z^n F(z) - \sum_{r=0}^{n-1} f(r) z^{n-r}$$

Now, $Z\{f(k-n)\} = \sum_{k=0}^{\infty} f(k-n) z^{-k}$

$$= \sum_{k=0}^{\infty} f(k-n) z^{-(k-n)} \cdot z^{-n}$$

$$= z^{-n} \sum_{k=0}^{\infty} f(k-n) z^{-(k-n)}$$

For k − n = r,   when k = 0,   r = − n

$$k = \infty, \quad r = \infty$$

$$\therefore \quad Z\{f(k+n)\} = z^{-n} \sum_{r=-n}^{\infty} f(r) z^{-r}$$

Now r = − n to ∞ is (r = − n to − 1) + (r = 0 to ∞)

$$\therefore \quad Z\{f(k-n)\} = z^{-n} \sum_{r=-n}^{-1} f(r) z^{-r} + z^{-n} \sum_{r=0}^{\infty} f(r) z^{-r}$$

$$\therefore \quad Z\{f(k-n)\} = z^{-n} F(z) + \sum_{r=-n}^{-1} f(r) z^{-(n+r)}$$

Additional Results :

1. If $\{f(k)\}$ is causal sequence then

$$Z\{f(k-n)\} = z^{-n} F(z)$$

because $f(-1)\ f(-2)\ f(-3)\ \ldots\ f(-n)$ are all zero.

2. $\qquad Z\{f(k-n)\} = z^{-n} F(z)$

For $n = 1$, $Z\{f(k-1)\} = z^{-1} F(z),\ f(-1) = 0$

$\qquad Z\{f(k-2)\} = z^{-2} F(z),\ f(-1) = 0,\ f(-2) = 0$

$\qquad Z\{f(k+1)\} = z F(z) - z f(0)$

$\qquad Z\{f(k+2)\} = z^2 F(z) - z^2 f(0) - z f(1)$

Shifting properties are very useful in Z-transforming linear difference equations, from which the solution is obtained by inverse transforming.

6. Multiplication by k :

If $Z\{f(k)\} = F(z)$ then $Z\{k f(k)\} = -z \dfrac{d}{dz} F(z)$

$\therefore$ In general $Z\{k^n f(k)\} = \left(-z \dfrac{d}{dz}\right)^n F(z)$

Proof : We have, $\qquad Z\{f(k)\} = \sum\limits_{k=-\infty}^{\infty} f(k)\, z^{-k} = F(z)$

$\therefore \qquad Z\{k f(k)\} = \sum\limits_{k=-\infty}^{\infty} k f(k)\, z^{-k}$

Multiply and divide by $(-z)$ on R.H.S.

$\qquad\qquad = \sum\limits_{k=-\infty}^{\infty} -k f(k)\, z^{-k-1}\, (-z)$

$\qquad\qquad = -z \sum\limits_{k=-\infty}^{\infty} f(k)\, \{-k z^{-k-1}\}$

$\qquad\qquad = -z \sum\limits_{k=-\infty}^{\infty} f(k) \left(\dfrac{d}{dz} z^{-k}\right) = -z \dfrac{d}{dz} \sum\limits_{k=-\infty}^{\infty} f(k)\, z^{-k}$

$\therefore \qquad Z\{k f(k)\} = -z \dfrac{d}{dz} F(z)$

$$\therefore \quad Z\{k^2\, f(k)\} = Z\{k \cdot k\, f(k)\} = \left(-z\frac{d}{dz}\right)\left(-z\frac{d}{dz}\, F(z)\right)$$

$$= \left(-z\frac{d}{dz}\right)^2 F(z)$$

∴ On generalizing, we get

$$Z\{k^n\, f(k)\} = \left(-z\frac{d}{dz}\right)^n F(z)$$

Note :

$$\left(-z\frac{d}{dz}\right)^2 \neq z^2\frac{d^2}{dz^2} \text{ but it is a repeated operator } \left(-z\frac{d}{dz}\right)^2 = \left(-z\frac{d}{dz}\right)\left(-z\frac{d}{dz}\right)$$

Note : Let $k \geq 0$ and let $f(k) = 1$.

$$Z\{f(k)\} = F(z) = \sum_{k=-\infty}^{\infty} 1 \cdot z^{-k}$$

$$Z\{1\} = 1 + z^{-1} + z^{-2} + \ldots\ldots$$

$$= \frac{1}{1-z^{-1}} \qquad |z^{-1}| < 1$$

$$Z\{1\} = (1-z^{-1})^{-1} \qquad |z| > 1.$$

$$\therefore \quad Z\{k\} = Z\{k \cdot 1\} = \left(-z\frac{d}{dz}\right) F(z)$$

$$= \left(-z\frac{d}{dz}\right)[(1-z^{-1})^{-1}] = -z\left\{-1 \cdot (1-z^{-1})^{-2}\right\} \times z^{-2}$$

$$Z\{k\} = z^{-1}(1-z^{-1})^{-2},\ |z| > 1$$

Similarly,

$$Z\{k^n\}\ (k \geq 0) = \left(-z\frac{d}{dz}\right)^n (1-z^{-1})^{-1},\ |z| > 1$$

7. Division by k :

If $Z\{f(k)\} = F(z)$ then $Z\left\{\dfrac{f(k)}{k}\right\} = -\int^{z} z^{-1}\, F(z)\, dz.$

Proof : We have,

$$Z\{f(k)\} = \sum_{k=-\infty}^{\infty} f(k)\, z^{-k}$$

$$\therefore \quad Z\left\{\frac{f(k)}{k}\right\} = \sum_{k=-\infty}^{\infty} \frac{f(k)}{k}\, z^{-k}$$

As $\int z^{-k-1} dz = \dfrac{z^{-k}}{-k}$

we have, $Z\left\{\dfrac{f(k)}{k}\right\} = -\sum\limits_{k=-\infty}^{\infty} f(k) \dfrac{z^{-k}}{-k}$

$$= -\sum\limits_{k=-\infty}^{\infty} f(k) \int^{z} z^{-k-1} dz$$

$$= -\sum\limits_{k=-\infty}^{\infty} \int^{z} f(k) z^{-k} z^{-1} dz$$

$$= -\int^{z} z^{-1} \left(\sum\limits_{k=-\infty}^{\infty} f(k) z^{-k}\right) dz$$

$$Z\left[\left\{\dfrac{f(k)}{k}\right\}\right] = -\int^{z} z^{-1} F(z) dz.$$

8. Initial Value Theorem (One sided sequence) :

If $Z\{f(k)\} = F(z)$ then $f(0) = \lim\limits_{z \to \infty} F(z)$.

Proof : We have,

$$F(z) = Z\{f(k)\} = \sum\limits_{k=0}^{\infty} f(k) z^{-k}$$

∴ $\qquad F(z) = f(0) + f(1) z^{-1} + f(2) z^{-2} + f(3) z^{-3} + \ldots\ldots$

∴ $\qquad \lim\limits_{z \to \infty} F(z) = \lim\limits_{z \to \infty} \left[f(0) + f(1) z^{-1} + f(2) z^{-2} + f(3) z^{-3} + \ldots\ldots\right]$

As $\qquad \lim\limits_{z \to \infty} z^{-n} = 0$

∴ $\qquad$ R.H.S. $= f(0) +$ all vanishing terms

∴ $\qquad f(0) = \lim\limits_{z \to \infty} F(z).$

9. Final Value Theorem (One sided sequence) :

$$\lim_{k \to \infty} \{f(k)\} = \lim_{z \to 1} (z-1) F(z), \text{ if limit exists.}$$

Proof : We have,

$$Z\{[f(k+1) - f(k)]\} = \sum_{k=0}^{\infty} [f(k+1) - f(k)] z^{-k}$$

$$\therefore Z\{f(k+1)\} - Z\{f(k)\} = \sum_{k=0}^{\infty} [f(k+1) - f(k)] z^{-k} \quad \ldots (A)$$

For causal sequence, we have

$$Z\{f(k+n)\} = z^n F(z) - \sum_{r=0}^{n-1} f(r) z^{n-r}$$

$\therefore$ For $n = 1$, $Z\{f(k+1)\} = z F(z) - f(0)$.

$\therefore$ From equation (A),

$$z F(z) - f(0) - F(z) = \lim_{n \to \infty} \sum_{k=0}^{n} [f(k+1) - f(k)] z^{-k}$$

$$\therefore \lim_{z \to 1} (z-1) F(z) = f(0) + \lim_{z \to 1} \lim_{n \to \infty} \sum_{k=0}^{n} [f(k+1) - f(k)] z^{-k}$$

$$= f(0) + \lim_{n \to \infty} \sum_{k=0}^{n} [f(k+1) - f(k)] \lim_{z \to 1} z^{-k}$$

$$= f(0) + \lim_{n \to \infty} [f(1) - f(0) + f(2) - f(1) + f(3) - f(2) + \ldots + f(n+1) - f(n)]$$

$$= \lim_{n \to \infty} [f(0) + f(1) - f(0) + f(2) - f(1) + f(3) - f(2) + \ldots + f(n+1) - f(n)]$$

$$= \lim_{n \to \infty} f(n+1) = \lim_{k \to \infty} f(k)$$

For $k = n + 1$, when $n \to \infty$, $k \to \infty$

$$\therefore \lim_{z \to 1} (z-1) F(z) = \lim_{k \to \infty} f(k).$$

10. Partial Sum :

If $Z\{f(k)\} = F(z)$ then $Z\left[\left\{\sum_{m=-\infty}^{k} f(m)\right\}\right] = \dfrac{F(z)}{1-z^{-1}}$

Proof : Form $\{g(k)\}$ such that $g(k) = \sum_{m=-\infty}^{k} f(m)$.

Hence we have to obtain $Z[\{g(k)\}]$.

We have, $\quad g(k) - g(k-1) = \sum_{m=-\infty}^{k} f(m) - \sum_{m=-\infty}^{k-1} f(m) = f(k)$

$\therefore \quad Z[\{g(k) - g(k-1)\}] = Z[\{f(k)\}] = F(z)$

$\therefore \; Z[\{g(k)\}] - Z[\{g(k-1)\}] = F(z)$

$\therefore \qquad G(z) - z^{-1} G(z) = F(z) \Rightarrow (1-z^{-1}) G(z) = F(z)$

$\therefore \qquad \sum_{m=-\infty}^{k} f(m) = G(z) = \dfrac{F(z)}{1-z^{-1}}$

Alternative :

$Z\left[\left\{\sum_{m=-\infty}^{k} f(m)\right\}\right] = \sum_{k=-\infty}^{\infty} \left[\sum_{m=-\infty}^{k} f(m)\right] z^{-k}$

$= \sum_{k=-\infty}^{\infty} [\ldots + f(k-3) z^{-k} + f(k-2) z^{-k} + f(k-1) z^{-k} + f(k) z^{-k}]$

$= \sum_{k=-\infty}^{\infty} [\ldots + f(k-3) z^{-(k-3)} z^{-3} + f(k-2) z^{-(k-2)} \cdot z^{-2}$

$\qquad\qquad\qquad\qquad\qquad\qquad\qquad + f(k-1) z^{-(k-1)} z^{-1} + f(k) z^{-k}]$

$= \sum_{k=-\infty}^{\infty} \sum_{r=0}^{\infty} f(k-r) z^{-(k-r)} z^{-r}$

$= \sum_{r=0}^{\infty} z^{-r} \sum_{k=-\infty}^{\infty} f(k-r) z^{-(k-r)}, \quad \text{(let } k-r = p\text{)}$

$$= \sum_{r=0}^{\infty} z^{-r} \sum_{p=-\infty}^{\infty} f(p) z^{-p} = \sum_{r=0}^{\infty} F(z) z^{-r}$$

$$= F(z) \sum_{r=0}^{\infty} z^{-r}$$

$$= F(z) \left(1 + z^{-1} + z^{-2} + \ldots \right)$$

$$= F(z) \frac{1}{1-z^{-1}}, \quad |z^{-1}| < 1$$

$$Z\left[\left\{\sum_{m=-\infty}^{k} f(m)\right\}\right] = \frac{F(z)}{1-z^{-1}}, \quad |z| > 1.$$

Remark : $\displaystyle\lim_{k \to \infty} g(k) = \lim_{k \to \infty} \sum_{m=-\infty}^{k} f(m) = \sum_{m=-\infty}^{k} f(m).$

By final value theorem,

$$\lim_{k \to \infty} g(k) = \lim_{z \to 1} (z-1) \left(\frac{F(z)}{1-z^{-1}}\right) \text{ (by using property 10)}.$$

$$= \lim_{z \to 1} (z-1) \frac{F(z)}{z-1} \cdot z = F(1).$$

$$\therefore \quad \boxed{\sum_{m=-\infty}^{\infty} f(m) = F(1)}$$

11. Convolution :

I. General Case

Convolution of two sequences $\{f(k)\}$ and $\{g(k)\}$ denoted as $\{f(k)\} * \{g(k)\}$, is defined as :

$$\{h(k)\} = \{f(k)\} * \{g(k)\}$$

where $h(k) = \displaystyle\sum_{m=-\infty}^{\infty} f(m) \, g(k-m)$ (Replacing dummy index m by k – m)

$$= \sum_{m=-\infty}^{\infty} g(m) \, f(k-m)$$

$$= \{g(k)\} * \{f(k)\}$$

Taking Z-transform of both sides, we get

$$Z[\{h(k)\}] = \sum_{k=-\infty}^{\infty} \left[\sum_{m=-\infty}^{\infty} f(m)\, g(k-m) \right] z^{-k}$$

Since the power series converges absolutely, it converges uniformly also within the ROC, this allows us to interchange the order of summation, we get

$$Z[\{h(k)\}] = \sum_{m=-\infty}^{\infty} \sum_{k=-\infty}^{k} f(m)\, g(k-m)\, z^{-k}$$

$$= \sum_{m=-\infty}^{\infty} f(m)\, z^{-m} \sum_{k=-\infty}^{\infty} g(k-m)\, z^{-(k-m)}$$

$$= \left[\sum_{m=-\infty}^{\infty} f(m)\, z^{-m} \right] G(z)$$

$$H(z) = F(z)\, G(z)$$

ROC of $H(z)$ is common region of convergence of $F(z)$ and $G(z)$.

We have $\{f(k)\} * \{g(k)\} \leftrightarrow F(z)\, G(z)$.

II. Convolution of Causal Sequences

In this case, $f(k)$ and $g(k)$ are zero for negative values of k, due to this

$$h(k) = \sum_{m=-\infty}^{\infty} f(m)\, g(k-m) \quad \text{becomes}$$

$$= \sum_{m=0}^{k} f(m)\, g(k-m)$$

Because for negative values of m, $f(m)$ is zero and for values of $m > k$, $g(k-m)$ becomes zero.

The Z-transform of $\quad \{h(k)\} = Z[\{f(k)\} * \{g(k)\}]$

$$= F(z) \cdot G(z)$$

remains unchanged.

4.8 Z-TRANSFORM OF SOME STANDARD SEQUENCES

1. **Unit Impulse :**

$$\delta(k) = \begin{cases} 1, & k = 0 \\ 0, & k \neq 0 \end{cases}$$

$$\therefore Z\{\delta(k)\} = \sum_{k=-\infty}^{\infty} \delta(k) z^{-k} = \sum_{k=-\infty}^{\infty} (0+0+0 \ldots + 1 + 0 + 0 \ldots) z^{-k}$$

$\therefore Z\{\delta(k)\} = 1$ as $z^{-k} = z^0 = 1$ for $k = 0$.

2. **Discrete Unit Step :**

$$U(k) = \begin{cases} 0, & k < 0 \\ 1, & k \geq 0 \end{cases}$$

$$\therefore \quad Z\{U(k)\} = \sum_{k=-\infty}^{\infty} U(k) \cdot z^{-k} = \sum_{k=-\infty}^{-1} 0 \cdot z^{-k} + \sum_{k=0}^{\infty} 1 (z^{-k})$$

$$= \left(1 + \frac{1}{z} + \frac{1}{z^2} + \frac{1}{z^3} \ldots\right) + \text{an infinite G.P.}$$

$$= \frac{1}{1 - \frac{1}{z}} \qquad \text{for } \left|\frac{1}{z}\right| < 1$$

$$= \frac{z}{z-1} \qquad \text{for } 1 < |z|$$

$$\therefore \quad Z\{U(k)\} = \frac{z}{z-1} \qquad \text{for } |z| > 1$$

$$\therefore \quad Z^{-1}\left\{\frac{z}{z-1}\right\} = \{U(k)\} \qquad \text{for } |z| > 1.$$

3. **$f(k) = a^k$, $k \geq 0$**

$$Z\{f(k)\} = \sum_{k=0}^{\infty} f(k) z^{-k} = \sum_{k=0}^{\infty} a^k z^{-k} = \sum_{k=0}^{\infty} (a z^{-1})^k$$

$$= 1 + a z^{-1} + (a z^{-1})^2 + \ldots \text{ an infinite G.P.}$$

$$= \frac{1}{1 - az^{-1}} \qquad \text{provided } |a z^{-1}| < 1$$

$$= \frac{z}{z-a} \qquad \text{if } |a| < |z|$$

$$\therefore \quad Z\{a^k\} = \frac{z}{z-a} \qquad \text{for } |z| > |a|$$

$$\therefore \quad Z^{-1}\left[\frac{z}{z-a}\right] = a^k, \qquad k \geq 0 \text{ provided } |z| > |a|$$

4. $f(k) = a^k$, $k < 0$

$$Z\{f(k)\} = \sum_{-\infty}^{-1} f(k)\, z^{-k} = \sum_{-\infty}^{-1} a^k\, z^{-k}$$

Replacing $k \to -k$, $-\infty \leq k \leq -1 \Rightarrow \infty \geq -k \geq 1$

$$\therefore Z\{f(k)\} = \sum_{1}^{\infty} a^{-k}\, z^{k} = \sum_{1}^{\infty} (a^{-1} z)^k$$

$$= a^{-1}z + (a^{-1}z)^2 + (a^{-1}z)^3 + \ldots \text{ an infinite G.P.}$$

$$= \frac{a^{-1}z}{1 - a^{-1}z} \qquad \text{provided } |a^{-1} z| < 1$$

$$\frac{Z\{a^k\}}{k<0} = \frac{z}{a-z} \qquad \text{for } |z| < |a|$$

$$\therefore Z^{-1}\left\{\frac{z}{a-z}\right\} = a^k \qquad \text{for } k<0 \text{ if } |z| < |a|$$

5. $f(k) = \left\{a^{|k|}\right\}$ for all k

$$\therefore Z\{f(k)\} = \sum_{-\infty}^{\infty} f(k)\, z^{-k} = \sum_{-\infty}^{-1} f(k)\, z^{-k} + \sum_{0}^{\infty} f(k)\, z^{-k}$$

$$= \sum_{-\infty}^{-1} a^{|k|} z^{-k} + \sum_{0}^{\infty} a^{|k|} z^{-k}$$

$$= \sum_{1}^{\infty} a^{|-k|} z^{+k} + \sum_{0}^{\infty} a^k z^{-k} = \sum_{1}^{\infty} (az)^k + \sum_{0}^{\infty} (az^{-1})^k$$

$$= [az + (az)^2 + (az)^3 + \ldots] + [1 + (az^{-1}) + (az^{-1})^2 + \ldots]$$
$$\text{infinite G.P.} \qquad\qquad \text{infinite G.P.}$$

$$= \frac{az}{1-az} + \frac{1}{1-az^{-1}}, \quad |az| < 1 \text{ and } |az^{-1}| < 1$$

$$\therefore |z| < \frac{1}{|a|} \text{ and } |a| < |z|$$

$$\therefore Z\left\{a^{|k|}\right\} = F(z) = \left(\frac{az}{1-az} + \frac{z}{z-a}\right) \text{ for } |a| < |z| < \frac{1}{|a|}$$

6. $f(k) = \cos \alpha k, \ (k \geq 0)$

We have, $\cos \alpha k = \dfrac{e^{i\alpha k} + e^{-i\alpha k}}{2}$ (by Euler's formula)

$$\therefore Z\{\cos \alpha k\} = \sum_{k=0}^{\infty} \dfrac{(e^{i\alpha k} + e^{-i\alpha k})}{2} z^{-k}$$

$$= \dfrac{1}{2} \left[\sum_{k=0}^{\infty} e^{i\alpha k} z^{-k} + \sum_{k=0}^{\infty} e^{-i\alpha k} z^{-k} \right]$$

$$= \dfrac{1}{2} \left[\sum_{k=0}^{\infty} (e^{i\alpha} z^{-1})^k + \sum_{k=0}^{\infty} (e^{-i\alpha} z^{-1})^k \right]$$

Both are infinite G.P. $\quad \therefore S_{\infty} = \dfrac{a}{1-r}$

$$= \dfrac{1}{2} \left[\dfrac{1}{1 - e^{i\alpha} z^{-1}} + \dfrac{1}{1 - e^{-i\alpha} z^{-1}} \right], \ |e^{i\alpha} z^{-1}| < 1 \ \text{and} \ |e^{-i\alpha} z^{-1}| < 1$$

$$= \dfrac{1}{2} \left[\dfrac{1 - e^{-i\alpha} z^{-1} + 1 - e^{i\alpha} z^{-1}}{1 - e^{i\alpha} z^{-1} - e^{-i\alpha} z^{-1} + z^{-2}} \right] = \dfrac{1}{2} \left[\dfrac{2 - (e^{i\alpha} + e^{-i\alpha}) z^{-1}}{1 - (e^{i\alpha} + e^{-i\alpha}) z^{-1} + z^{-2}} \right]$$

$$= \dfrac{1}{2} \left[\dfrac{2 - (2 \cos \alpha) z^{-1}}{1 - (2 \cos \alpha) z^{-1} + z^{-2}} \right] = \dfrac{(z - \cos \alpha)/z}{(z^2 - 2z \cos \alpha + 1)/z^2}$$

$$\therefore F(z) = Z\{\cos \alpha k\} = \dfrac{z(z - \cos \alpha)}{z^2 - 2z \cos \alpha + 1}, \ |z| > 1.$$

Note : $e^{i\alpha} = \cos \alpha + i \sin \alpha, \ e^{-i\alpha} = \cos \alpha - i \sin \alpha$

$$|e^{i\alpha}| = |\cos \alpha + i \sin \alpha|$$

$$= \sqrt{\cos^2 \alpha + \sin^2 \alpha} = 1.$$

$$|e^{-i\alpha}| = 1$$

$\therefore \quad |e^{i\alpha} z^{-1}| < 1$

i.e. $\quad |z^{-1}| < 1 \quad$ i.e. $\ |z| > 1$

Also, $\quad |e^{-i\alpha} z^{-1}| < 1 \ \Rightarrow \ |z| > 1.$

Also,

$$\boxed{e^{i\alpha} + e^{-i\alpha} = 2 \cos \alpha}$$
$$\boxed{e^{i\alpha} - e^{-i\alpha} = 2i \sin \alpha}$$

7. $f(k) = \{\sin \alpha k\}$, $k \geq 0$

We have $\sin \alpha k = \dfrac{e^{i\alpha k} - e^{-i\alpha k}}{2i}$

$$\therefore \quad Z\{\sin \alpha k\} = \sum_{k=0}^{\infty} \dfrac{(e^{i\alpha k} - e^{-i\alpha k})}{2i} \cdot z^{-k}$$

$$= \dfrac{1}{2i}\left[\sum_{k=0}^{\infty} e^{i\alpha k} z^{-k} - \sum_{k=0}^{\infty} e^{-i\alpha k} z^{-k}\right]$$

$$= \dfrac{1}{2i}\left[\sum_{k=0}^{\infty} (e^{i\alpha} z^{-1})^{k} - \sum_{k=0}^{\infty} (e^{-i\alpha} z^{-1})^{k}\right]$$

Both are infinite G.P., $S_{\infty} = \dfrac{a}{1-r}$

$$= \dfrac{1}{2i}\left[\dfrac{1}{1-e^{i\alpha} z^{-1}} - \dfrac{1}{1-e^{-i\alpha} z^{-1}}\right], \quad |e^{i\alpha} z^{-1}| < 1 \text{ and } |e^{-i\alpha} z^{-1}| < 1$$

$$= \dfrac{1}{2i}\left[\dfrac{1-e^{-i\alpha} z^{-1} - 1 + e^{i\alpha} z^{-1}}{1-(e^{i\alpha}+e^{-i\alpha})z^{-1} + z^{-2}}\right], \quad |z| > 1$$

$$= \dfrac{1}{2i}\left[\dfrac{\dfrac{(e^{i\alpha} - e^{-i\alpha})}{z}}{\dfrac{z^2 - (e^{i\alpha}+e^{-i\alpha})z + 1}{z^2}}\right] = \dfrac{1}{2i}\dfrac{z(2i \sin \alpha)}{z^2 - 2z \cos \alpha + 1}$$

$$\therefore \quad F(z) = z\{\sin \alpha k\} = \dfrac{z \sin \alpha}{z^2 - 2z \cos \alpha + 1}, \quad |z| > 1.$$

8. $\{f(k)\} = \{\cosh \alpha k\}$, $k \geq 0$

We have, $\cosh \alpha k = \dfrac{e^{\alpha k} + e^{-\alpha k}}{2}$

$$\therefore \quad Z\{\cosh k\} = \sum_{k=0}^{\infty} \dfrac{(e^{\alpha k} + e^{-\alpha k})}{2} z^{-k}$$

$$= \dfrac{1}{2}\left[\sum_{k=0}^{\infty} e^{\alpha k} z^{-k} + \sum_{k=0}^{\infty} e^{-\alpha k} z^{-k}\right]$$

$$= \frac{1}{2}\left[\sum_{k=0}^{\infty}(e^{\alpha}z^{-1})^k + \sum_{k=0}^{\infty}(e^{-\alpha}z^{-1})^k\right]$$

$$= \frac{1}{2}\left[\frac{1}{1-e^{\alpha}z^{-1}} + \frac{1}{1-e^{-\alpha}z^{-1}}\right], \; |e^{\alpha}z^{-1}|<1 \text{ and } |e^{-\alpha}z^{-1}|<1$$

$$= \frac{1}{2}\left[\frac{1-e^{-\alpha}z^{-1}+1-e^{\alpha}z^{-1}}{1-(e^{\alpha}+e^{-\alpha})z^{-1}+z^{-2}}\right], \; |z| > \max.\left(|e^{\alpha}| \text{ or } |e^{-\alpha}|\right)$$

$$= \frac{1}{2}\left[\frac{2-(e^{\alpha}+e^{-\alpha})z^{-1}}{1-(e^{\alpha}+e^{-\alpha})z^{-1}+z^{-2}}\right]$$

$$= \frac{1}{2}\left[\frac{\frac{2z-2\cosh\alpha}{z}}{\frac{z^2-2z\cosh\alpha+1}{z^2}}\right] \qquad (\because e^{\alpha}+e^{-\alpha} = 2\cosh\alpha)$$

$$Z\{\cosh\alpha k\} = \frac{z(z-\cosh\alpha)}{z^2-2z\cosh\alpha+1}, \; |z| > \max.\left(|e^{\alpha}| \text{ or } |e^{-\alpha}|\right)$$

9. $\{f(k)\} = \{\sinh\alpha k\}, \; k \geq 0$

We have, $\sinh\alpha k = \dfrac{e^{\alpha k} - e^{-\alpha k}}{2}$

$$\therefore \; Z\{\sinh\alpha k\} = \sum_{0}^{\infty} \frac{(e^{\alpha k} - e^{-\alpha k})}{2} z^{-k}$$

$$= \frac{1}{2}\left[\sum_{0}^{\infty}(e^{\alpha}z^{-1})^k - \sum_{0}^{\infty}(e^{-\alpha}z^{-1})^k\right]$$

$$= \frac{1}{2}\left[\frac{1}{1-e^{\alpha}z^{-1}} + \frac{1}{1-e^{-\alpha}z^{-1}}\right]$$

$$= \frac{1}{2}\left[\frac{1-e^{-\alpha}z^{-1}-1+e^{\alpha}z^{-1}}{1-(e^{\alpha}+e^{-\alpha})z^{-1}+z^{-2}}\right]$$

$$= \frac{1}{2}\left[\frac{(e^{\alpha}-e^{-\alpha})z^{-1}}{1-(e^{\alpha}+e^{-\alpha})z^{-1}+z^{-2}}\right]$$

$$= \frac{1}{2}\left[\frac{\frac{2\sinh\alpha}{z}}{\frac{z^2-2z\cosh\alpha+1}{z^2}}\right] \qquad (\because e^{\alpha}-e^{-\alpha} = 2\sinh\alpha)$$

$$\therefore \; F(z) = Z\{\sinh\alpha k\} = \frac{z\sinh\alpha}{z^2-2z\cosh\alpha+1}, \; |z| > \max.\left(|e^{\alpha}| \text{ or } |e^{-\alpha}|\right)$$

10. $f(k) = \{{}^nC_k\}$, $(0 \le k \le n)$

Since ${}^nC_k = 0$ if $k > n$ i.e. $0 \le k \le n$

$\therefore \quad Z\{{}^nC_k\} = \sum_{k=0}^{\infty} {}^nC_k z^{-k} = {}^nC_0 + {}^nC_1 z^{-1} + {}^nC_2 z^{-2} + \ldots$

$$= (1 + z^{-1})^n$$

$\therefore \quad Z\{{}^nC_k\} = (1 + z^{-1})^n$, $|z| > 0$

11. $f(k) = {}^kC_n$ $(k \ge n)$

Since ${}^kC_n = 0$ if $k < n$

$\therefore \quad Z\{{}^kC_n\} = \sum_{k=n}^{\infty} {}^kC_n z^{-k}$

Put $k = n + r$

$\therefore$ When $k = n$, $r = \infty$

$\qquad k = \infty$, $r = \infty$

$\therefore \quad Z\{{}^kC_n\} = \sum_{r=0}^{\infty} {}^{n+r}C_n z^{-(n+r)}$

As ${}^nC_r = {}^nC_{n-r}$, it follows that ${}^{n+r}C_n = {}^{n+r}C_r$

$\therefore \quad Z\{{}^kC_n\} = \sum_{r=0}^{\infty} {}^{n+r}C_r z^{-(n+r)}$

$\qquad = \sum_{r=0}^{\infty} {}^{n+r}C_r \cdot z^{-r} \cdot z^{-n}$

$\qquad = z^{-n} \left[{}^nC_0 + {}^{n+1}C_1 z^{-1} + {}^{n+1}C_2 z^{-2} \ldots \ldots \right]$

$Z\{{}^kC_n\} = z^{-n}(1-z^{-1})^{-(n+1)}$, $|z| > 1$.

12. $\{f(k)\} = \{{}^{(k+n)}C_n\}$

$Z\{{}^{(k+n)}C_n\} = \sum_{k=-\infty}^{\infty} {}^{(k+n)}C_n z^{-k}$

${}^{(k+n)}C_n = 0$ if $k + n < n$ i.e. if $k < 0$

$$\therefore \quad Z\left[\left\{{}^{(k+n)}C_n\right\}\right] = \sum_{k=0}^{\infty} {}^{(k+n)}C_n \, z^{-k}$$

$$= \sum_{k=0}^{\infty} {}^{(k+n)}C_k \, z^{-k}$$

$$= \left[1 + \frac{n+1}{1} z^{-1} + \frac{(n+2)(n+1)}{1 \cdot 2} z^{-2} + \ldots\right]$$

$$= (1-z^{-1})^{-(n+1)}, \qquad |z| > 1$$

$$\therefore \quad Z\left[\left\{{}^{(k+n)}C_n\right\}\right] (k \geq 0) \leftrightarrow (1-z^{-1})^{-(n+1)}, \qquad |z| > 1.$$

13. $\{f(k)\} = \left\{{}^{k+n}C_n \, a^k\right\}$

$$Z\left[\left\{{}^{k+n}C_n \, a^k\right\}\right] = \sum_{k=0}^{\infty} {}^{k+n}C_n \, (az^{-1})^k$$

$$= (1-az^{-1})^{-(n+1)}, \qquad |z| > |a|$$

$\therefore$ By putting n = 1, we have

$$Z[\{(k+1) a^k\}] = (1-az^{-1})^{-2} = \frac{z^2}{(z-a)^2}, \qquad |z| > |a|$$

By putting n = 2, we have

$$Z\left[\left\{\frac{(k+1)(k+2)}{2!} a^k\right\}\right] = Z\left[\left\{{}^{k+2}C_2 \, a^k\right\}\right] = (1-az^{-1})^{-3}$$

$$= \frac{z^3}{(z-a)^3} \qquad |z| > |a|$$

By putting n − 1 in place of n, we have

$$Z\left[\left\{\frac{(k+1) \ldots (k+n-1)}{(n-1)!}\right\}\right] = (1-az^{-1})^{-n}, \qquad |z| > |a|$$

$$= \frac{z^n}{(z-a)^n}, \qquad |z| > |a|$$

$$\therefore \qquad [(k+1) a^k] \leftrightarrow \frac{z^2}{(z-a)^2}, \qquad |z| > |a|$$

$$\left\{\frac{(k+1)(k+2)}{2!} a^k\right\} \leftrightarrow \frac{z^3}{(z-a)^3}, \qquad |z| > |a|$$

$$\left\{\frac{(k+1)(k+2) \ldots \overline{(k+n-1)}}{(n-1)!}\right\} \leftrightarrow \frac{z^n}{(z-a)^n}, \qquad |z| > |a|$$

These results are very useful in obtaining inverse Z-transform.

14. $\{f(k)\} = \left\{\dfrac{a^k}{k!}\right\}, k \geq 0$

$$Z\{f(k)\} = Z\left\{\dfrac{a^k}{k!}\right\} = \sum_{k=0}^{\infty} \dfrac{a^k}{k!} z^{-k}$$

$$= \sum_{k=0}^{\infty} \dfrac{(az^{-1})^k}{k!}$$

$$= 1 + \dfrac{(az^{-1})}{1!} + \dfrac{(az^{-1})^2}{2!} + \dfrac{(az^{-1})^3}{3!} + \ldots$$

$$= e^{(az^{-1})} = e^{a/z}$$

$\therefore \quad Z\left\{\dfrac{a^k}{k!}\right\} = e^{a/z} \quad \left[\text{Since, } e^x = 1 + x + \dfrac{x^2}{2!} + \dfrac{x^3}{3!} + \ldots\right.$

$$\left. e^{az^{-1}} = 1 + az^{-1} + \dfrac{(az^{-1})^2}{2!} + \dfrac{(az^{-1})^3}{3!} + \ldots \right]$$

15. $\{f(k)\} = \{c^k \cos \alpha k\}, k \geq 0$

We have

$$Z\{\cos \alpha k\} = \dfrac{z(z - \cos \alpha)}{z^2 - 2z \cos \alpha + 1}, \quad |z| > 1$$

$$= F(z)$$

By using change of scale property,

$$Z\{f(k)\} = F(z) \text{ then } Z\{c^k f(k)\} = F\left(\dfrac{z}{c}\right)$$

$\therefore \quad Z\{c^k \cos \alpha k\} = \dfrac{\dfrac{z}{c}\left(\dfrac{z}{c} - \cos \alpha\right)}{\left(\dfrac{z}{c}\right)^2 - 2\left(\dfrac{z}{c}\right)\cos \alpha + 1}$, provided $\left|\dfrac{z}{c}\right| > 1$

$$= \dfrac{z(z - c \cos \alpha)}{z^2 - 2cz \cos \alpha + c^2}, \text{ provided } |z| > |c|$$

16. $\{f(k)\} = \{c^k \sin \alpha k\}, \ k \geq 0$

$$Z\{\sin \alpha k\} = \frac{z \sin \alpha}{z^2 - 2z \cos \alpha + 1}, \qquad |z| > 1$$

$$\therefore \quad Z\{c^k \sin \alpha k\} = \frac{\left(\frac{z}{c}\right) \sin \alpha}{\left(\frac{z}{c}\right)^2 - 2\left(\frac{z}{c}\right) \cos \alpha + 1}, \qquad \left|\frac{z}{c}\right| > 1$$

$$= \frac{cz \sin \alpha}{z^2 - 2cz \cos \alpha + c^2}, \qquad |z| > |c|$$

17. $\{f(k)\} = \{c^k \cosh \alpha k\}, \ k \geq 0$

$$\because \quad Z\{\cosh \alpha k\} = \frac{z(z - \cosh \alpha)}{z^2 - 2z \cosh \alpha + 1}$$

provided $|z| > \max. \left(|e^\alpha| \text{ or } |e^{-\alpha}|\right)$

$$Z\{c^k \cosh \alpha k\} = \frac{\frac{z}{c}\left(\frac{z}{c} - \cosh \alpha\right)}{\left(\frac{z}{c}\right)^2 - 2\left(\frac{z}{c}\right) \cosh \alpha + 1}$$

provided $|z| > \max. \left(|c e^\alpha| \text{ or } |c e^{-\alpha}|\right)$

$$= \frac{z(z - c \cosh \alpha)}{z^2 - 2cz \cosh \alpha + c^2}$$

18. $\{f(k)\} = \{c^k \sinh \alpha k\}, \ k \geq 0$

Proceeding in the same manner as $c^k \cosh \alpha k$

$$Z\{c^k \sinh \alpha k\} = \frac{cz \sinh \alpha}{z^2 - 2cz \cosh \alpha + c^2}, \ |z| > \max. \left(|c e^\alpha| \text{ or } |c e^{-\alpha}|\right)$$

4.9 TABLE OF PROPERTIES OF Z-TRANSFORMS

1. **Definition** $Z\{f(k)\} = F(z) = \sum_{k=-\infty}^{\infty} f(k) z^{-k}$

2. **Inverse** $Z^{-1}\{F(z)\} = \{f(k)\}$

3. **Linearity** $Z\{a f(k) + b g(k)\} = a F(z) + b G(z)$

4. **Change of Scale** $Z\{a^k f(k)\} = F\left(\dfrac{z}{a}\right)$

5. **Shifting**

   (a) Both sided sequence
   $$Z\{f(k \pm n)\} = z^{\pm n} F(z)$$

   (b) One sided sequence, $k \geq 0$
   $$Z\{f(k+n)\} = z^n F(z) - \sum_{r=0}^{n-1} f(r) z^{n-r}$$
   and for $k < 0$
   $$Z\{f(k-n)\} = z^{-n} F(z) + \sum_{r=-n}^{-1} f(r) z^{-(n+r)}$$

   (c) Causal sequence
   $$Z\{f(k+n)\} = z^n F(z) - \sum_{r=0}^{n-1} f(r) z^{n-r}$$
   $$Z\{f(k-n)\} = z^{-n} F(z)$$

6. **Multiplication by k**
   $$Z\{k f(k)\} = \left(-z \dfrac{d}{dz}\right) F(z)$$
   $$Z\{k^n f(k)\} = \left(-z \dfrac{d}{dz}\right)^n F(z)$$

7. **Division by k** $Z\left\{\dfrac{f(k)}{k}\right\} = -\int^{z} z^{-1} F(z)\, dz$

8. **Initial value theorem**
   $$f(0) = \lim_{z \to \infty} F(z)$$
   if $\{f(k)\}$ is one sided sequence i.e. $k \geq 0$

9. **Final value theorem**

$$\lim_{k \to \infty} f(k) = \lim_{z \to 1} (z-1) F(z)$$

if $\{f(k)\}$ is one sided sequence $(k \geq 0)$

10. **Partial sum**

$$Z\left\{\sum_{m=-\infty}^{k} f(m)\right\} = \frac{F(z)}{1 - z^{-1}}$$

$$\sum_{m=-\infty}^{\infty} = F(1)$$

11. **Convolution**

$$Z\{\{f(k)\} * \{g(k)\}\} = F(z) \cdot G(z)$$

$$h(k) = \sum_{m=-\infty}^{\infty} f(m)\, g(k-m)$$

If causal then
$$h(k) = \sum_{m=0}^{k} f(m)\, g(k-m)$$

where $\quad h(k) = \{f(k)\} * \{g(k)\}$

12. $\quad Z\{e^{-ak} f(k)\} = F(e^a z)$

4.10 TABLE OF Z-TRANSFORM OF SOME STANDARD SEQUENCES

1.	$Z\{\delta(k)\} = 1,$	for all z
2.	$Z\{U(k)\} = \dfrac{z}{z-1},$	$|z| > 1$
3.	$Z\{1\} = \dfrac{z}{z-1},$	$|z| > 1$
4.	$Z\{a^k\} = \dfrac{z}{z-a},\ k \geq 0$	$|z| > |a|$
5.	$Z\{a^k\} = \dfrac{z}{a-z},\ k < 0,$	$|z| < |a|$
6.	$Z\{a^{|k|}\} = \dfrac{az}{1-az} + \dfrac{z}{z-a},$	$|a| < |z| < \dfrac{1}{|a|}$

7.	$Z\{\cos \alpha k\}$, $k \geq 0$	$= \dfrac{z(z - \cos \alpha)}{z^2 - 2z \cos \alpha + 1}$,	$|z| > 1$
8.	$Z\{\sin \alpha k\}$, $k \geq 0$	$= \dfrac{z \sin \alpha}{z^2 - 2z \cos \alpha + 1}$,	$|z| > 1$
9.	$Z\{\cosh \alpha k\}$, $k \geq 0$	$= \dfrac{z(z - \cosh \alpha)}{z^2 - 2z \cosh \alpha + 1}$,	$|z| > \max.\left(\left|e^{\alpha}\right| \text{ or } \left|e^{-\alpha}\right|\right)$
10.	$Z\{\sinh \alpha k\}$, $k \geq 0$	$= \dfrac{z \sinh \alpha}{z^2 - 2z \cosh \alpha + 1}$,	$|z| > \max.\left(\left|e^{\alpha}\right| \text{ or } \left|e^{-\alpha}\right|\right)$
11.	$Z\{c^k \cos \alpha k\}$, $k \geq 0$	$= \dfrac{z(z - c \cos \alpha)}{z^2 - 2cz \cos \alpha + c^2}$,	$|z| > |c|$
12.	$Z\{c^k \sin \alpha k\}$, $k \geq 0$	$= \dfrac{cz \sin \alpha}{z^2 - 2cz \cos \alpha + c^2}$,	$|z| > |c|$
13.	$Z\{c^k \cosh \alpha k\}$, $k \geq 0$	$= \dfrac{z(z - c \cosh \alpha)}{z^2 - 2cz \cosh \alpha + c^2}$,	$|z| > \max.\left(\left|c e^{\alpha}\right| \text{ or } \left|c e^{-\alpha}\right|\right)$
14.	$Z\{c^k \sinh \alpha k\}$, $k \geq 0$	$= \dfrac{cz \sinh \alpha}{z^2 - 2cz \cosh \alpha + c^2}$,	$|z| > \max.\left(\left|c e^{\alpha}\right| \text{ or } \left|c e^{-\alpha}\right|\right)$
15.	$Z\{^nC_k\} = (1 + z^{-1})^n$,	$0 \leq k \leq n$,	$|z| > 0$
16.	$Z\{^kC_n\}$, $(k \geq n) = z^{-n}(1 - z^{-1})^{-(n+1)}$,		$|z| > 1$
17.	$Z\{^{k+n}C_n\}$, $k \geq 0 = (1 - z^{-1})^{-(n+1)}$,		$|z| > 1$
18.	$Z\{^{k+n}C_n a^k\} = (1 - az^{-1})^{-(n+1)}$,		$|z| > |a|$
19.	$Z\{(k + 1) a^k\} = \dfrac{z^2}{(z - a)^2}$,		$|z| > |a|$
20.	$Z\left\{\dfrac{(k+1)(k+2)}{2!} a^k\right\} = \dfrac{z^3}{(z-a)^3}$,		$|z| > |a|$
21.	$Z\left\{\dfrac{(k+1)(k+2)\ldots(k+(n-1))}{(n-1)!} a^k\right\} = \dfrac{z^n}{(z-a)^n}$, $|z| > |a|$		
22.	$Z\left\{\dfrac{a^k}{k!}\right\} = e^{a/z}$, $\forall z$, $k \geq 0$		

ILLUSTRATIONS ON Z-TRANSFORMS

Ex. 1 : *Find the Z – transform and its ROC of*

(i) $2^k, \; k \geq 0,$ (ii) $3^k, \; k < 0$

(iii) $\left(\dfrac{1}{3}\right)^k, \; k \geq 0$ (iv) $\left(\dfrac{1}{5}\right)^k, \; k < 0$

Sol. : (i) $f(k) = 2^k, \; k \geq 0$

$$Z\{2^k\} = \sum_{k=0}^{\infty} 2^k \, z^{-k} = \sum_{k=0}^{\infty} (2z^{-1})^k$$

$$= 1 + (2z^{-1}) + (2z^{-1})^2 + \ldots$$

$$= \frac{1}{1 - 2z^{-1}}, \; \text{if} \; |2z^{-1}| < 1$$

$$Z\{2^k\} = \frac{z}{z-2}, \quad |z| > 2$$

$$\{2^k\} \leftrightarrow \frac{z}{z-2}, \quad k \geq 0$$

(ii) $f(k) = 3^k, \; k < 0$

$$Z\{3^k\} = \sum_{k=-\infty}^{-1} 3^k \, z^{-k}$$

Put $k = -r$

| $k = -\infty$ | $r = \infty$ |
| $k = -1$ | $r = 1$ |

$$= \sum_{r=1}^{\infty} 3^{-r} \, z^r = \sum_{r=1}^{\infty} (3^{-1} z)^r = (3^{-1} z) + (3^{-1} z)^2 + \ldots$$

$$= \frac{3^{-1} z}{1 - 3^{-1} z}, \quad \text{if} \; |3^{-1} z| < 1$$

$$= \frac{z}{3-z}, \quad \text{if} \; |z| < 3$$

$$\{3^k\}_{(k<0)} \leftrightarrow \frac{z}{3-z}$$

(iii) $f(k) = \left(\dfrac{1}{3}\right)^k, \; k \geq 0$

$$Z\{(1/3)^k\} = \sum_{k=0}^{\infty} \left(\frac{1}{3}\right)^k z^{-k} = \sum_{k=0}^{\infty} \left(\frac{1}{3} z^{-1}\right)^k$$

$$= 1 + \left(\frac{1}{3} z^{-1}\right) + \left(\frac{1}{3} z^{-1}\right)^2 + \ldots$$

$$= \frac{1}{1 - \frac{1}{3}z^{-1}}, \quad \text{if } \left|\frac{1}{3}z^{-1}\right| < 1$$

$$= \frac{z}{z - \frac{1}{3}}, \quad \text{if } |z| > \frac{1}{3}$$

$$\left(\frac{1}{3}\right)^k \leftrightarrow \frac{z}{z - \frac{1}{3}}, \quad k \geq 0$$

(iv) $f(k) = \left(\frac{1}{5}\right)^k, \ k < 0$

$$Z\left\{\left(\frac{1}{5}\right)^k\right\} = \sum_{k=-\infty}^{-1} \left(\frac{1}{5}\right)^k z^{-k}$$

Put $k = -r$

$$= \sum_{r=1}^{\infty} \left(\frac{1}{5}\right)^{-r} z^r = \sum_{r=1}^{\infty} \left[\left(\frac{1}{5}\right)^{-1} z\right]^r$$

$$= \sum_{r=1}^{\infty} (5z)^r = 5z + (5z)^2 + \ldots$$

$$= \frac{5z}{1 - 5z}, \quad |5z| < 1$$

$$\left(\frac{1}{5}\right)^k \leftrightarrow \frac{5z}{1 - 5z}, \quad |z| < \frac{1}{5}$$

$(k < 0)$

Ex. 2 : *Find $Z\{f(k)\}$*

where $f(k) = 3^k, \quad k < 0$

$\qquad\qquad\quad = 2^k, \quad k \geq 0$ **(Dec. 2010)**

Sol. :

$$Z\{f(k)\} = \sum_{k=-\infty}^{\infty} f(k) z^{-k}$$

$$= \sum_{k=-\infty}^{-1} 3^k z^{-k} + \sum_{k=0}^{\infty} 2^k z^{-k}$$

$$= \sum_{r=1}^{\infty} 3^{-r} z^r + \sum_{k=0}^{\infty} 2^k z^{-k}$$

$$= \sum_{r=1}^{\infty} (3^{-1} z)^r + \sum_{k=0}^{\infty} (2 z^{-1})^k$$

$$= \frac{3^{-1} z}{1 - 3^{-1} z} + \frac{1}{1 - 2 z^{-1}}$$

provided $|3^{-1} z| < 1$ and $|2 z^{-1}| < 1$

$$F(z) = \frac{z}{3 - z} + \frac{z}{z - 2}, \quad |z| < 3 \text{ and } 2 < |z|$$

$$= \frac{z}{(3 - z)(z - 2)} \quad \text{if } 2 < |z| < 3$$

Ex. 3 : *Find $Z\{f(k)\}$ if $f(x) = \left(\frac{1}{4}\right)^{|k|}$ for all k.* (May 2006, 2010)

Sol. : $Z\left\{\left(\frac{1}{4}\right)^{|k|}\right\} = \sum_{k=-\infty}^{\infty} \left(\frac{1}{4}\right)^{|k|} z^{-k}$

$$= \sum_{k=-\infty}^{-1} \left(\frac{1}{4}\right)^{-k} z^{-k} + \sum_{k=0}^{\infty} \left(\frac{1}{4}\right)^{k} z^{-k}$$

$$= \sum_{r=1}^{\infty} \left(\frac{1}{4}\right)^{r} z^{r} + \sum_{k=0}^{\infty} \left(\frac{1}{4}\right)^{k} z^{-k} = \frac{\frac{1}{4} z}{1 - \frac{1}{4} z} + \frac{1}{1 - \frac{1}{4z}}$$

provided $\left|\frac{1}{4} z\right| < 1$ and $\left|\frac{1}{4z}\right| < 1$

$$F(z) = \frac{1}{4} \frac{z}{1 - \frac{z}{4}} + \frac{z}{z - \frac{1}{4}}, \quad \frac{1}{4} < |z| < 4$$

Ex. 4 : *Find $Z\{f(k)\}$ if (i) $f(k) = \frac{1}{k}$, $k \geq 1$, (ii) $f(k) = \frac{a^k}{k}$, $k \geq 1$.*

Sol. : (i) $\quad f(k) = \frac{1}{k}, \quad k \geq 1$

Assuming $f(k) = 0$ for $k \leq 0$

$$Z\{f(k)\} = Z\left\{\frac{1}{k}\right\} = \sum_{k=1}^{\infty} \frac{1}{k} z^{-k}$$

$$= z^{-1} + \frac{(z^{-1})^2}{2} + \frac{(z^{-1})^3}{3} + \ldots\ldots = -\log(1 - z^{-1})$$

Applying D'Alembert's Ratio test, we find that the series is convergent if $|z| > 1$.

Note :
$$\log(1+x) = x - \frac{x^2}{2} + \frac{x^3}{3} - \frac{x^4}{4} + \ldots\ldots$$

$$\log(1-x) = -x - \frac{x^2}{2} - \frac{x^3}{3} - \frac{x^4}{4} - \ldots\ldots$$

(ii) $\qquad f(k) = \dfrac{a^k}{k}, \quad k \geq 1$

Assuming $f(k) = 0, \ k \leq 0$

$$Z\left\{\frac{a^k}{k}\right\} = \sum_{k=1}^{\infty} \frac{a^k}{k} z^{-k}$$

$$= a z^{-1} + \frac{(a z^{-1})^2}{2} + \frac{(a z^{-1})^3}{3} + \ldots\ldots$$

$$= -\log(1 - a z^{-1})$$

Applying D'Alembert's Ratio test, we find that the series is convergent if $|a z^{-1}| < 1$

i.e. $|a| < |z|$ or $|z| > |a|$.

Ex. 5 : *Find $Z\{f(k)\}$ where* (i) $f(k) = \dfrac{2^k}{k!} \quad k \geq 0$ \hfill (May 2011, 2012; Dec. 2012)

(ii) $f(k) = e^{-ak}, \ k \geq 0.$ \hfill (May 2009, Dec. 2010)

Sol. : (i) $\qquad Z\left\{\dfrac{2^k}{k!}\right\} = \sum_{k=0}^{\infty} \dfrac{2^k}{k!} z^{-k} = \sum_{k=0}^{\infty} \dfrac{(2z^{-1})^k}{k!}$

$$= \frac{1}{0!} + \frac{(2z^{-1})}{1!} + \frac{(2z^{-1})^2}{2!} + \ldots\ldots = e^{2z^{-1}} = e^{2/z}$$

where, ROC is all of Z-plane.

(ii) $$Z\{e^{-ak}\} = \sum_{k=0}^{\infty} e^{-ak} z^{-k} = \sum_{k=0}^{\infty} (e^{-a} z^{-1})^k$$
$$= 1 + (e^{-a} z^{-1}) + (e^{-a} z^{-1})^2 + \ldots$$
$$= \frac{1}{1 - e^{-a} z^{-1}}, \qquad |e^{-a} z^{-1}| < 1$$
$$= \frac{z}{z - e^{-a}}, \qquad |z| > |e^{-a}|$$

Ex. 6 : *Find $Z\{f(k)\}$, where*

$$f(k) = \begin{cases} 2^k, & k < 0 \\ \left(\dfrac{1}{2}\right)^k, & k = 0, 2, 4, 6, \ldots \\ \left(\dfrac{1}{3}\right)^k, & k = 1, 3, 5, 7, \ldots \end{cases}$$

(Dec. 2005)

Sol. : $Z\{f(k)\} = \sum_{k=-\infty}^{\infty} f(k) z^{-k} = \sum_{k=-\infty}^{\infty} f(k) z^{-k} \sum_{k=0}^{\infty} f(k) z^{-k}$

$$= \sum_{k=-\infty}^{-1} f(k) z^{-k} + \sum_{k=0}^{2n} f(k) z^{-k} + \sum_{k=1}^{2n-1} f(k) z^{-k}$$

for n = 1, 2, 3, ...

$$= \sum_{k=-\infty}^{-1} 2^k z^{-k} + \sum_{k=0}^{2n} \left(\frac{1}{2}\right)^k z^{-k} + \sum_{k=1}^{2n-1} \left(\frac{1}{3}\right)^k z^{-k}$$

$$= \sum_{r=1}^{\infty} 2^{-r} z^r + \sum_{k=0}^{2n} \left(\frac{1}{2} z^{-1}\right)^k + \sum_{k=1}^{2n-1} \left(\frac{1}{3} z^{-1}\right)^k$$

$$= \frac{2^{-1} z}{1 - 2^{-1} z} + \left[1 + \left(\frac{1}{2} z^{-1}\right)^2 + \left(\frac{1}{2} z^{-1}\right)^4 + \ldots\right]$$

$$\qquad + \left[\frac{1}{3} z^{-1} + \left(\frac{1}{3} z^{-1}\right)^3 + \left(\frac{1}{3} z^{-1}\right)^5 + \ldots\right]$$

$$= \frac{z}{2-z} + \frac{1}{1 - \left(\frac{1}{2} z^{-1}\right)^2} + \frac{\frac{1}{3} z^{-1}}{1 - \left(\frac{1}{3} z^{-1}\right)^2} = \frac{z}{2-z} + \frac{1}{1 - \frac{1}{4z^2}} + \frac{\frac{1}{3z}}{1 - \frac{1}{9z^2}}$$

$$F(z) = \frac{z}{2-z} + \frac{4z^2}{4z^2 - 1} + \frac{3z}{9z^2 - 1}$$

provided $|2^{-1} z| < 1$

$$|2^{-1} z| < 1; \quad \left|\left(\frac{1}{2} z^{-1}\right)^2\right| < 1; \quad \left|\left(\frac{1}{3} z^{-1}\right)^2\right| < 1$$

$$|z| < 2; \quad \frac{1}{2} < |z|; \quad \frac{1}{3} < |z|$$

$\therefore$ ROC is $\frac{1}{2} < |z| < 2$

Ex. 7 : *Find Z {f (k)} where*

(i) $\qquad f(k) = \begin{cases} -\left(-\dfrac{1}{3}\right)^k, & k < 0 \\ \left(-\dfrac{1}{4}\right)^k, & k \geq 0 \end{cases}$

(ii) $\qquad f(k) = 4^k + 5^k, \; k \geq 0.$

Sol. : (i) $\quad Z\{f(k)\} = \sum\limits_{k=-\infty}^{\infty} f(k)\, z^{-k}$

$$= \sum_{k=-\infty}^{\infty} -\left(-\frac{1}{3}\right)^k z^{-k} + \sum_{k=0}^{\infty} \left(-\frac{1}{4}\right)^k z^{-k}$$

$$= -\sum_{r=1}^{\infty} \left(-\frac{1}{3}\right)^{-r} z^r + \sum_{k=0}^{\infty} \left(-\frac{1}{4} z^{-1}\right)^k$$

$$= -\frac{\left(-\dfrac{1}{3}\right)^{-1} z}{1 - \left(-\dfrac{1}{3}\right)^{-1} z} + \frac{1}{1 - \left(-\dfrac{1}{4} z^{-1}\right)}$$

$$= \frac{3z}{1 + 3z} + \frac{4z}{4z + 1}$$

provided $\quad \left|\left(-\dfrac{1}{3}\right)^{-1} z\right| < 1 \quad$ and $\quad \left|-\dfrac{1}{4} z^{-1}\right| < 1$

$$|z| < \frac{1}{3} \quad \text{and} \quad \frac{1}{4} < |z|$$

$\therefore$ ROC is $\dfrac{1}{4} < |z| < \dfrac{1}{3}$

(ii) $Z\{4^k + 5^k\} = Z\{4^k\} + Z\{5^k\}$

$$= \sum_{k=0}^{\infty} 4^k z^{-k} + \sum_{k=0}^{\infty} 5^k z^{-k}$$

$$= \frac{1}{1 - 4z^{-1}} + \frac{1}{1 - 5z^{-1}}, \quad |4z^{-1}| < 1 \text{ and } |5z^{-1}| < 1$$

$$= \frac{z}{z - 4} + \frac{z}{z - 5}, \quad 4 < |z| \text{ and } 5 < |z|$$

ROC is $|z| > 5$.

Ex. 8 : *Find $Z\{f(k)\}$ if*

(i) $\quad f_k = \left(-\frac{1}{2}\right)^{k+1} + 3\left(\frac{1}{2}\right)^{k+1}, \quad k \geq 0$

(ii) $\quad f_k = \begin{cases} 2^k, & k \geq 0 \\ \left(\frac{1}{3}\right)^k, & k < 0 \end{cases}$ (Dec. 2007)

Sol. : (i) $\quad f(k) = \left(-\frac{1}{2}\right)^{k+1} + 3\left(\frac{1}{2}\right)^{k+1}, \quad k \geq 0$

$$= \left(-\frac{1}{2}\right)^k \left(-\frac{1}{2}\right) + 3\left(\frac{1}{2}\right)^k \left(\frac{1}{2}\right) = -\frac{1}{2}\left(-\frac{1}{2}\right)^k + \frac{3}{2}\left(\frac{1}{2}\right)^k$$

$$Z\{f(k)\} = Z\left\{-\frac{1}{2}\left(-\frac{1}{2}\right)^k + \frac{3}{2}\left(\frac{1}{2}\right)^k\right\}$$

$$= -\frac{1}{2} Z\left\{\left(-\frac{1}{2}\right)^k\right\} + \frac{3}{2} \cdot Z\left\{\left(\frac{1}{2}\right)^k\right\}$$

$$= -\frac{1}{2} \sum_{k=0}^{\infty} \left(-\frac{1}{2}\right)^k z^{-k} + \frac{3}{2} \sum_{k=0}^{\infty} \left(\frac{1}{2}\right)^k z^{-k}$$

$$= -\frac{1}{2} \sum_{k=0}^{\infty} \left(-\frac{1}{2} z^{-1}\right)^k + \frac{3}{2} \sum_{k=0}^{\infty} \left(\frac{1}{2} z^{-1}\right)^k$$

$$= -\frac{1}{2} \cdot \frac{1}{1 - \left(-\frac{1}{2} z^{-1}\right)} + \frac{3}{2} \cdot \frac{1}{1 - \frac{1}{2} z^{-1}}$$

$$= -\frac{1}{2} \cdot \left(\frac{z}{z + \frac{1}{2}}\right) + \frac{3}{2} \left(\frac{z}{z - \frac{1}{2}}\right)$$

provided $\left|-\frac{1}{2} z^{-1}\right| < 1$ and $\left|\frac{1}{2} z^{-1}\right| < 1$

$$\frac{1}{2} < |z| \quad \text{or} \quad |z| > \frac{1}{2}.$$

$\therefore$ ROC is $|z| > \frac{1}{2}$.

(ii) $f_k = \begin{cases} 2^k, & k \geq 0 \\ \left(\frac{1}{3}\right)^k, & k < 0 \end{cases}$

$$Z\{f(k)\} = \sum_{k=-\infty}^{\infty} f(k) z^{-k} = \sum_{k=-\infty}^{-1} \left(\frac{1}{3}\right)^k z^{-k} + \sum_{k=0}^{\infty} 2^k z^{-k}$$

$$= \sum_{r=1}^{\infty} \left(\frac{1}{3}\right)^{-r} z^r + \sum_{k=0}^{\infty} (2z^{-1})^k$$

$$= \frac{\left(\frac{1}{3}\right)^{-1} z}{1 - \left(\frac{1}{3}\right)^{-1} z} + \frac{1}{1 - 2z^{-1}} = \frac{3z}{1-3z} + \frac{z}{z-2}$$

provided $\left|\left(\frac{1}{3}\right)^{-1} z\right| < 1$ and $|2z^{-1}| < 1$

$|z| < \frac{1}{3}$ and $2 < |z|$

$\therefore$ ROC is $2 < |z| < \frac{1}{3}$.

Ex. 9 : *Find $Z\{f(k)\}$ if $f(k) = \left(\frac{1}{2}\right)^{|k|}$ for all k.* **(May 2005)**

Sol. : $Z\{f(k)\} = \sum_{k=-\infty}^{-1} \left(\frac{1}{2}\right)^{|k|} z^{-k} + \sum_{k=0}^{\infty} \left(\frac{1}{2}\right)^{|k|} z^{-k}$

$$= \sum_{k=-\infty}^{-1} \left(\frac{1}{2}\right)^{-k} z^{-k} + \sum_{k=0}^{\infty} \left(\frac{1}{2}\right)^{k} z^{-k}$$

$$= \sum_{r=1}^{\infty} \left(\frac{1}{2}\right)^r z^r + \sum_{k=0}^{\infty} \left(\frac{1}{2} z^{-1}\right)^k$$

$$= \frac{\frac{1}{2}z}{1-\frac{1}{2}z} + \frac{1}{1-\frac{1}{2}z^{-1}} = \frac{z}{2-z} + \frac{z}{z-\frac{1}{2}}$$

provided $\left|\frac{1}{2}z\right| < 1$ and $\left|\frac{1}{2}z^{-1}\right| < 1$

i.e. $|z| < 2$ and $\frac{1}{2} < |z|$

$\therefore$ ROC is $\frac{1}{2} < |z| < 2$.

Ex. 10 : *Find $Z\{f(k)\}$ if $f(k) = a\cos k\alpha + b\sin k\alpha$, $k \geq 0$.*

Sol. : $Z\{a\cos\alpha k + b\sin\alpha k\} = aZ\{\cos\alpha k\} + bZ\{\sin\alpha k\}$

(by using linearity property)

$$= a \cdot \frac{z(z-\cos\alpha)}{z^2 - 2z\cos\alpha + 1} + b \cdot \frac{z\sin\alpha}{z^2 - 2z\cos\alpha + 1}, \ |z| > 1$$

$$= \frac{az^2 + z(b\sin\alpha - a\cos\alpha)}{z^2 - 2z\cos\alpha + 1}, \ |z| > 1$$

Ex. 11 : *Find $Z\{f(k)\}$ if*

(i) $\quad f(k) = \dfrac{\sin ak}{k}, \quad k > 0$ **(May 2005, 2012; Dec. 2010, 2012)**

(ii) $\quad f(k) = \dfrac{2^k}{k}, \quad k \geq 1$ **(Dec. 2006)**

Sol. : (i) $\quad f(k) = \dfrac{\sin ak}{k}, \quad k > 0$

$$Z\{\sin ak\} = \frac{z\sin a}{z^2 - 2z\cos a + 1}$$

$$Z\left\{\frac{\sin ak}{k}\right\} = \int_z^\infty \frac{1}{z} \cdot \frac{z\sin a}{z^2 - 2z\cos a + 1} dz = \int_z^\infty \frac{\sin a}{z^2 - 2z\cos a + 1} dz$$

$$= \sin a \int_z^\infty \frac{dz}{(z - \cos a)^2 + \sin^2 a}$$

$$= \sin a \left[\frac{1}{\sin a} \tan^{-1} \left(\frac{z - \cos a}{\sin a} \right) \right]_z^\infty$$

$$= \frac{\pi}{2} - \tan^{-1} \left(\frac{z - \cos a}{\sin a} \right) = \cot^{-1} \left(\frac{z - \cos a}{\sin a} \right).$$

(ii) $\quad f(k) = \dfrac{2^k}{k}, \quad k \geq 1$

$$Z\{2^k\} = \sum_{k=1}^{\infty} 2^k z^{-k} = \frac{2z^{-1}}{1 - 2z^{-1}}, \quad |z| > 2 = \frac{2}{z-2}$$

$$Z\left\{\frac{2^k}{k}\right\} = \int_z^\infty z^{-1} \frac{2}{z-2} dz = 2 \int_z^\infty \frac{1}{z(z-2)} dz$$

$$= 2 \int_z^\infty \left(-\frac{1/2}{z} + \frac{1/2}{z-2} \right) dz = \int_z^\infty \left(-\frac{1}{z} + \frac{1}{z-2} \right) dz$$

$$= \left[-\log z + \log(z-2) \right]_z^\infty$$

$$= -\log \frac{z-2}{z} = -\log(1 - 2z^{-1}), \quad |z| > 2$$

Ex. 12 : *Find Z {f (k)} where*

(i) $f(k) = \sin\left(\dfrac{k\pi}{4} + \alpha\right), \quad k \geq 0$

(ii) $f(k) = \cos\left(\dfrac{k\pi}{4} + \alpha\right), \quad k \geq 0$ **(Dec. 2005)**

Sol. : (i) $\sin\left(\dfrac{k\pi}{4} + \alpha\right) = \sin\dfrac{k\pi}{4} \cdot \cos\alpha + \cos\dfrac{k\pi}{4} \cdot \sin\alpha$

$$Z\left\{\sin\left(\frac{k\pi}{4} + \alpha\right)\right\} = \cos\alpha \cdot Z\left\{\sin\left(\frac{k\pi}{4}\right)\right\} + \sin\alpha \cdot Z\left\{\cos\left(\frac{k\pi}{4}\right)\right\}$$

$$= \cos\alpha \cdot \frac{z \sin\dfrac{\pi}{4}}{z^2 - 2z\cos\dfrac{\pi}{4} + 1} + \sin\alpha \cdot \frac{z\left(z - \cos\dfrac{\pi}{4}\right)}{z^2 - 2z\cos\dfrac{\pi}{4} + 1}$$

$$= \frac{\cos\alpha \frac{z}{\sqrt{2}}}{z^2 - \frac{2z}{\sqrt{2}} + 1} + \sin\alpha \frac{z\left(z - \frac{1}{\sqrt{2}}\right)}{z^2 - \frac{2z}{\sqrt{2}} + 1}$$

$$= \frac{z}{\sqrt{2}} \left[\frac{\cos\alpha + \sin\alpha\,(\sqrt{2}\,z - 1)}{z^2 - \sqrt{2}\,z + 1} \right], \quad |z| > 1$$

(ii) $\cos\left(\dfrac{k\pi}{4} + \alpha\right) = \cos\dfrac{k\pi}{4}\cos\alpha - \sin\dfrac{k\pi}{4}\sin\alpha.$

$$Z\left\{\cos\left(\frac{k\pi}{4} + \alpha\right)\right\} = \cos\alpha \cdot Z\left\{\cos\frac{k\pi}{4}\right\} + \sin\alpha \cdot Z\left\{\sin\frac{k\pi}{4}\right\}$$

$$= \cos\alpha \cdot \frac{z\left(z - \cos\frac{\pi}{4}\right)}{z^2 - 2z\cos\frac{\pi}{4} + 1} - \sin\alpha \cdot \frac{z\sin\frac{\pi}{4}}{z^2 - 2z\cos\frac{\pi}{4} + 1}$$

$$= \frac{\cos\alpha\, z\left(z - \frac{1}{\sqrt{2}}\right)}{z^2 - \frac{2z}{\sqrt{2}} + 1} - \frac{\sin\alpha \cdot (z/\sqrt{2})}{z^2 - \frac{2z}{\sqrt{2}} + 1}$$

$$= \frac{z}{\sqrt{2}} \left[\frac{\cos\alpha\,(\sqrt{2}\,z - 1) - \sin\alpha}{z^2 - \sqrt{2}\,z + 1} \right]$$

Ex. 13 : *Find $Z\{f(k)\}$ if*

(i) $\quad f(k) = e^{-ak}\cos bk,\ k \geq 0$

(ii) $\quad f(k) = e^{-ak}\sin bk,\ k \geq 0$ **(May 2011, 2014)**

(iii) $\quad f(k) = e^{-3k}\cos 4k,\ k \geq 0$

Sol. : Here we will make use of property No. 4 i.e.

if $\quad Z\{f(k)\} = F(z)$ then $Z\{e^{-ak} f(k)\} = F(e^a z)$

i.e. replace z by $e^a z$.

(i) $\quad Z\{\cos bk\} = \dfrac{z(z - \cos b)}{z^2 - 2z\cos b + 1}$

$$Z\{e^{-ak}\cos bk\} = \frac{(e^a z)(e^a z - \cos b)}{(e^a z)^2 - 2e^a z\cos b + 1} = \frac{z(z - e^{-a}\cos b)}{z^2 - (2e^{-a}\cos b)z + e^{-2a}}$$

(ii) $Z\{\sin bk\} = \dfrac{z \sin b}{z^2 - 2z \cos b + 1}$

$Z\{e^{-ak} \sin bk\} = \dfrac{(e^a z) \sin b}{(e^a z)^2 - 2(e^a z)\cos b + 1} = \dfrac{z e^{-a} \sin b}{z^2 - 2 e^{-a} \cos bz + e^{-2a}}$

(iii) Left as an exercise [refer part (i)].

Ex. 14 : *Find $Z\{f(k)\}$ if*

(i) $f(k) = 2^k \cos(3k + 2), \quad k \geq 0$

(ii) $f(k) = 4^k \sin(2k + 3), \quad k \geq 0$ **(May 2006)**

(iii) $f(k) = 3^k \sinh \alpha k, \quad k \geq 0$ **(May 2010)**

(iv) $f(k) = 2^k \cosh \alpha k, \quad k \geq 0$ **(Dec. 2009, May 2009)**

Sol. : Here we will use property No. 3 (change of scale) i.e.

if $\quad Z\{f(k)\} = F(z)$ then $Z\{a^k f(k)\} = F\left(\dfrac{z}{a}\right)$

(i) $\cos(3k + 2) = \cos 3k \cos 2 - \sin 3k \sin 2$

$Z\{\cos(3k+2)\} = \cos 2 \cdot Z\{\cos 3k\} - \sin 2 \cdot Z\{\sin 3k\}$

$= \cos 2 \cdot \dfrac{z(z - \cos 3)}{z^2 - 2z \cos 3 + 1} - \dfrac{\sin 2 (z \sin 3)}{z^2 - 2z \cos 3 + 1}$

$= \dfrac{z[z \cdot \cos 2 - (\cos 3 \cdot \cos 2 + \sin 3 \cdot \sin 2)]}{z^2 - 2z \cos 3 + 1}$

$= \dfrac{z[z \cos 2 - \cos(3-2)]}{z^2 - 2z \cos 3 + 1} = \dfrac{z(z \cos 2 - \cos 1)}{z^2 - 2z \cos 3 + 1}$

$Z\{2^k \cos(3k+2)\} = \dfrac{\dfrac{z}{2}\left(\dfrac{z}{2}\cos 2 - \cos 1\right)}{\left(\dfrac{z}{2}\right)^2 - 2 \cdot \dfrac{z}{2} \cdot \cos 3 + 1} = \dfrac{z(z \cos 2 - 2 \cos 1)}{z^2 - 4z \cos 3 + 4}$

(ii) $Z\{\sin(2k+3)\} = \cos 3 \cdot Z\{\sin 2k\} + \sin 3 \cdot Z\{\cos 2k\}$

$= \cos 3 \cdot \dfrac{z \sin 2}{z^2 - 2z \cos 2 + 1} + \sin 3 \cdot \dfrac{z(z - \cos 2)}{z^2 - 2z \cos 2 + 1}$

$= \dfrac{z[\cos 3 \sin 2 - \sin 3 \cos 2 + z \sin 3]}{z^2 - 2z \cos 2 + 1}$

$= \dfrac{z[z \sin 3 - \sin 1]}{z^2 - 2z \cos 2 + 1}$

$$Z\{4^k \sin(2k+3)\} = \frac{\frac{z}{4}\left(\frac{z}{4}\sin 3 - \sin 1\right)}{\left(\frac{z}{4}\right)^2 - 2\frac{z}{4}\cos 2 + 1} = \frac{z(z\sin 3 - 4\sin 1)}{z^2 - 8z\cos 2 + 16}$$

(iii) $\quad Z\{\sinh \alpha k\} = \dfrac{z \sinh \alpha}{z^2 - 2z \cosh \alpha + 1}$

$$Z\{3^k \sinh \alpha k\} = \frac{\frac{z}{3}\sinh \alpha}{\left(\frac{z}{3}\right)^2 - 2\frac{z}{3}\cosh \alpha + 1} = \frac{z \sinh \alpha}{z^2 - 6z \cosh \alpha + 9}$$

(iv) $\quad Z\{\cosh \alpha k\} = \dfrac{z(z - \cosh \alpha)}{z^2 - 2z \cosh \alpha + 1}$

$$Z\{2^k \cosh \alpha k\} = \frac{\frac{z}{2}\left(\frac{z}{2} - \cosh \alpha\right)}{\left(\frac{z}{2}\right)^2 - 2\frac{z}{2}\cosh \alpha + 1} = \frac{z(z - 2\cosh \alpha)}{z^2 - 4z\cosh \alpha + 4}$$

Ex. 15 : *Find $Z\{f(k)\}$ if*

(i) $\quad f(k) = k, \qquad k \geq 0$
(ii) $\quad f(k) = k\, 5^k, \qquad k \geq 0$
(iii) $\quad f(k) = (k+1)\, a^k, \qquad k \geq 0$ **(Dec. 2007, May 2011, Dec. 2012)**

Sol. : Here we will use property No. 6 (multiplication by k) i.e. if $Z\{f(k)\} = F(z)$ then, $\quad Z\{k\, f(k)\} = \left(-z\dfrac{d}{dz}\right)(f(z))$.

(i) Let $\quad f(k) = 1$

$$Z\{f(k)\} = Z\{1\} = \frac{z}{z-1} = (1 - z^{-1})^{-1}$$

$\therefore \quad Z\{k\} = Z\{k \cdot 1\} = -z\dfrac{d}{dz}\left[(1-z^{-1})^{-1}\right]$

$\qquad = -z\left\{-(1-z^{-1})^{-2} \cdot z^{-2}\right\}$

$\qquad = \dfrac{z^{-1}}{(1-z^{-1})^2} = \dfrac{z}{(z-1)^2}$

(ii) $\quad Z\{5^k\} = \dfrac{z}{z-5} = (1 - 5z^{-1})^{-1}$

$\quad Z\{k\, 5^k\} = -z\dfrac{d}{dz}\left[(1 - 5z^{-1})^{-1}\right]$

$\qquad = -z\left\{-(1 - 5z^{-1})^{-2}\, 5z^{-2}\right\} = \dfrac{5z^{-1}}{(1 - 5z^{-1})^2} = \dfrac{5z}{(z-5)^2}$

(iii) $Z\{(k+1)a^k\} = Z\{ka^k + a^k\} = Z\{ka^k\} + Z\{a^k\}$

$$= -z\frac{d}{dz}(1-az^{-1})^{-1} + \frac{z}{z-a}$$

$$= -z\left[-(1-az^{-1})^{-2} \cdot az^{-2}\right] + \frac{z}{z-a}$$

$$= \frac{a \cdot z^{-1}}{(1-az^{-1})^2} + \frac{z}{z-a}$$

$$= \frac{az}{(z-a)^2} + \frac{z}{z-a} = \frac{az + z(z-a)}{(z-a)^2} = \frac{z^2}{(z-a)^2}$$

Ex. 16 : *Find $Z\{f(k)\}$ if*

(i) $f(k) = k^2 e^{-ak}$, $k \geq 0$ **(Dec. 2010)**

(ii) $f(k) = k^2 a^{k-1}$, $k \geq 0$

(iii) $f(k) = k^2 a^{k-1}$, $U(k-1)$ **(May 2006)**

Sol. : (i) $Z\{e^{-ak}\} = \frac{z}{z - e^{-a}}$

$$Z\{k e^{-ak}\} = -z\frac{d}{dz}\left[(1 - e^{-a} z^{-1})^{-1}\right]$$

$$= -z\left[-(1 - e^{-a} z^{-1})^{-2} e^{-a} z^{-2}\right]$$

$$= \frac{e^{-a} z^{-1}}{(1 - e^{-a} z^{-1})^2} = \frac{z e^{-a}}{(z - e^{-a})^2}$$

$$Z\{k^2 e^{-ak}\} = Z\{k \cdot k e^{-ak}\}$$

$$= \left(-z\frac{d}{dz}\right) \cdot \left(\frac{z e^{-a}}{(z - e^{-a})^2}\right) = -z e^{-a}\left\{\frac{d}{dz}\left(\frac{z}{(z - e^{-a})^2}\right)\right\}$$

$$= (-z e^{-a})\left\{\frac{(z - e^{-a})^2 - z \cdot 2(z - e^{-a})}{(z - e^{-a})^4}\right\}$$

$$= (-z e^{-a})\frac{[z - e^{-a} - 2z]}{(z - e^{-a})^3} = \frac{z e^{-a}(e^{-a} + z)}{(z - e^{-a})^3}, \quad |z| > |e^{-a}|$$

(ii) We know that if $\{f(k)\}$ is causal sequence, then

$$Z\{f(k-n)\} = z^{-n} F(z)$$

$$Z\{f(k-1)\} = z^{-1} F(z)$$

$$\therefore \quad Z\{a^k\} = \frac{z}{z-a}$$

$$Z\{a^{k-1}\} = z^{-1}\left(\frac{z}{z-a}\right) = \frac{1}{z-a}$$

$$Z\{k^2 a^{k-1}\} = \left(-z\frac{d}{dz}\right)\left(-z\frac{d}{dz}\right)\left(\frac{1}{z-a}\right) = \left(-z\frac{d}{dz}\right)\cdot(-z)\left(\frac{-1}{(z-a)^2}\right)$$

$$= -z\frac{d}{dz}\left(\frac{z}{(z-a)^2}\right) = -z\cdot\left[\frac{(z-a)^2 - z\cdot 2(z-a)}{(z-a)^4}\right]$$

$$= \frac{-z[z-a-2z]}{(z-a)^3} = \frac{z(z+a)}{(z-a)^3}, \quad |z| > |a|$$

(iii) $\quad Z\{U(k)\} = \dfrac{z}{z-1}$

$$Z\{a^k\, U(k)\} = \frac{z/a}{z/a - 1} = \frac{z}{z-a}$$

$$Z\{a^{k-1} U(k-1)\} = z^{-1}\left(\frac{z}{z-a}\right) = \frac{1}{z-a}$$

$$Z\{k^2 a^{k-1} U(k-1)\} = \left(-z\frac{d}{dz}\right)^2\left(\frac{1}{z-a}\right) = \frac{z(z+a)}{(z-a)^3}, \quad |z| > |a|$$

Ex. 17 : *Find $Z\{f(k)\}$ if*

(i) $\quad f(k) = (k+1)(k+2)\, 2^k, \ k \geq 0$ \hfill **(Dec. 2012)**

(ii) $\quad f(k) = \dfrac{1}{2!}(k+1)(k+2)\, a^k, \ k \geq 0$ \hfill **(Dec. 2006, May 2009))**

Sol. : (i) $\quad Z\{2^k\} = \dfrac{z}{z-2} = (1 - 2z^{-1})^{-1}$

$$Z\{k\, 2^k\} = -z\frac{d}{dz}\left[(1 - 2z^{-1})^{-1}\right]$$

$$= -z\left[-(1 - 2z^{-1})^{-2}(2z^{-2})\right]$$

$$= \frac{2z^{-1}}{(1 - 2z^{-1})^2} = 2z^{-1}(1 - 2z^{-1})^{-2}$$

$\therefore \quad Z\{(k+1)\, 2^k\} = Z\{k\, 2^k\} + Z\{2^k\}$

$$= 2z^{-1}(1 - 2z^{-1})^{-2} + (1 - 2z^{-1})^{-1}$$

$$= (2z^{-1} + 1 - 2z^{-1})(1 - 2z^{-1})^{-2}$$

$$= (1 - 2z^{-1})^{-2}$$

$$Z\{k(k+1)2^k\} = -z\frac{d}{dz}(1-2z^{-1})^{-2}$$
$$= -z\left[-2(1-2z^{-1})^{-3}(2z^{-2})\right]$$
$$= 4z^{-1}(1-2z^{-1})^{-3}$$
$$Z\{(k+1)(k+2)2^k\} = Z\{k(k+1)2^k\} + Z\{2(k+1)2^k\}$$
$$= 4z^{-1}(1-2z^{-1})^{-3} + 2(1-2z^{-1})^{-2}$$
$$= (1-2z^{-1})^{-3}\left[4z^{-1} + 2(1-2z^{-1})\right]$$
$$= 2(1-2z^{-1})^{-3}$$

(ii) From (i), $Z\{(k+1)(k+2)a^k\} = 2(1-az^{-1})^{-3}$

$\therefore \quad Z\left\{\frac{1}{2!}(k+1)(k+2)a^k\right\} = (1-az^{-1})^{-3}$

Ex. 18 : *Find $Z|x_k|$ if*
$$x_k = \frac{1}{1^k} * \frac{1}{2^k} * \frac{1}{3^k},\ k \geq 0 \qquad \text{(Dec. 2008)}$$

Sol. : Let $\quad A(k) = \frac{1}{k}$

$$Z\{A(k)\} = \frac{z}{z-1},\ |z| > 1$$

$$B(k) = \frac{1}{2^k}$$

$$Z\{B(k)\} = \sum_{k=0}^{\infty} \frac{1}{2^k} z^{-k} = \sum_{k=0}^{\infty} (2^{-1}z^{-1})^k$$
$$= 1 + (2^{-1}z^{-1}) + (2^{-1}z^{-1})^2 + \ldots$$
$$= \frac{1}{1 - 2^{-1}z^{-1}},\ |2^{-1}z^{-1}| < 1 = \frac{2z}{2z-1},\ |z| > \frac{1}{2}$$

$$C(k) = \frac{1}{3^k}$$

$$Z\{C(k)\} = Z\left\{\frac{1}{3^k}\right\} = \frac{3z}{3z-1},\ |z| > \frac{1}{3}$$

By using convolution property,
$$Z\{x_k\} = Z\{A(k) * B(k) * C(k)\}$$
$$= Z\{A(k)\} * Z\{B(k)\} * Z\{C(k)\}$$
$$= \left(\frac{z}{z-1}\right)\left(\frac{2z}{2z-1}\right)\left(\frac{3z}{3z-1}\right),\ |z| > 1.$$

Ex. 19 : *Verify convolution theorem for $f_1(k) = k$ and $f_2(k) = k$.*

Sol. : $Z\{k\} = Z\{k \cdot 1\} = -z \dfrac{d}{dz}\left(\dfrac{z}{z-1}\right)$

$$Z\{f_1(k)\} = F_1(z) = \dfrac{z}{(z-1)^2}$$

$\therefore \quad Z\{f_2(k)\} = F_2(z) = \dfrac{z}{(z-1)^2}$

$\therefore \quad F_1(z)\,F_2(z) = \dfrac{z^2}{(z-1)^4}$ ... (I)

$$\{F_1(k) * F_2(k)\} = \sum_{m=0}^{\infty} f_1(m)\,f_2(k-m) = \sum_{m=0}^{\infty} m(k-m)$$

$$= k\sum_{m=0}^{\infty} m - \sum_{m=0}^{\infty} m^2$$

$$= k\,\dfrac{k(k+1)}{2} - \dfrac{k(k+1)(2k+1)}{6}$$

$$= \dfrac{k(k+1)}{6}(3k - 2k - 1) = \dfrac{k}{6}(k^2 - 1)$$

$$Z\{f_1(k) * f_2(k)\} = Z\left\{\dfrac{k(k^2-1)}{6}\right\}$$

$$= \dfrac{1}{6}[Z\{k^3\} - Z\{k\}]$$

$$= \dfrac{1}{6}\left(-z\dfrac{d}{dz}\right)^3 (1-z^{-1})^{-1} - \left(-z\dfrac{d}{dz}\right)(1-z^{-1})^{-1}$$

$$= \dfrac{1}{6}\dfrac{z(z^2 + 4z + 1)}{(z-1)^4} - \dfrac{z}{(z-1)^2}$$

$$= z\left[\dfrac{z^2 + 4z + 1 - z^2 + 2z - 1}{6(z-1)^4}\right]$$

$$= \dfrac{z^2}{(z-1)^4}$$ ... (II)

From (I) and (II), convolution theorem is verified.

EXERCISE 4.1

For each of the following sequences, evaluate corresponding Z-transforms specifying ROC of the transform.

1. $f(k) = 3^k$, $k \geq 0$ \hfill **Ans.** $\dfrac{z}{z-3}$, $|z| > 3$

2. $f(k) = 2$, $k \geq 0$ \hfill **Ans.** $\dfrac{2z}{z-1}$, $|z| > 1$

3. $f(k) = \left(\dfrac{1}{3}\right)^k, \quad k \geq 0$ **Ans.** $\dfrac{z}{z - \dfrac{1}{3}}, |z| > \dfrac{1}{3}$

4. $f(k) = \dfrac{1}{3^k}, \quad k \geq 0$ **Ans.** $\dfrac{3z}{3z - 1}, |z| > \dfrac{1}{3}$

5. $f(k) = 4^k, \quad k < 0$ **Ans.** $\dfrac{z}{4 - z}, |z| < 4$

6. $f(k) = \left(\dfrac{1}{3}\right)^k, \quad k < 0$ **Ans.** $\dfrac{3z}{1 - 3z}, |z| < \dfrac{1}{3}$

7. $f(k) = 3\left(\dfrac{1}{4}\right)^k + 4\left(\dfrac{1}{5}\right)^k, \quad k \geq 0$ **Ans.** $\dfrac{12z}{4z - 1} + \dfrac{20z}{5z - 1}, |z| > \dfrac{1}{4}$

8. $f(k) = 4^k + 5^k, \quad k \geq 0$ **Ans.** $\dfrac{z}{z - 4} + \dfrac{z}{z - 5}, |z| > 5$

9. $f(k) = 5^k, \quad k < 0$ **Ans.** $\dfrac{2z}{(5 - z)(z - 3)}, \quad 3 < |z| < 5$

10. $f(k) = \dfrac{5^k}{k}, \quad k > 1$ **Ans.** $-\log(1 - 5z^{-1}), |z| > 5$

    $= 3^k, \quad k \geq 0$ **Ans.** $-\log(1 - 5z^{-1}), |z| > 5$

11. $f(k) = \left(\dfrac{1}{2}\right)^{|k|}$ for all k **Ans.** $\dfrac{z}{2 - z} + \dfrac{2z}{2z - 1}, \dfrac{1}{2} < |z| < 2$

12. $f(k) = 2^k + \left(\dfrac{1}{2}\right)^k, \quad k \geq 0$ **(Dec. 2012) Ans.** $\dfrac{z}{z - 2} + \dfrac{z}{z - \dfrac{1}{2}}, |z| > 2$

13. $f(k) = 3^k, \quad k < 0$

    $= \left(\dfrac{1}{3}\right)^k, \quad k = 0, 2, 4, 6, \ldots$

    $= \left(\dfrac{1}{2}\right)^k, \quad k = 1, 3, 5, 7, 9, \ldots$ **Ans.** $\dfrac{z}{3 - z} + \dfrac{9z^2}{9z^2 - 1} + \dfrac{2z}{4z^2 - 1}, \dfrac{1}{2} < |z| < 3$

14. $f(k) = \dfrac{3^k}{k!}, \quad k \geq 0$ **Ans.** $e^{3/z}$, ROC $-$ z plane

15. $f(k) = e^{k\alpha}, \quad k \geq 0$ **Ans.** $\dfrac{z}{z - e^\alpha}, |z| > |e^\alpha|$

16. $f(k) = \cos\left(\dfrac{k\pi}{8} + \alpha\right), \quad k \geq 0$ **Ans.** $\dfrac{z^2 \cos\alpha - z\cos\left(\dfrac{\pi}{8} - \alpha\right)}{z^2 - 2z\cos\dfrac{\pi}{8} + 1}, |z| > 1$

17. $f(k) = \sin 4k, \quad k \geq 0$ Ans. $\dfrac{z \sin 4}{z^2 - 2z \cos 4 + 1}, \quad |z| > 1$

18. $f(k) = \sin(3k+5), \quad k \geq 0$ (May 08, Dec. 12)

Ans. $\dfrac{z^2 \sin 5 - z \sin 2}{z^2 - 2z \cos 3 + 1}, \quad |z| > 1$

19. $f(k) = \cos(7k+2), \quad k \geq 0$ Ans. $\dfrac{z^2 \cos 2 - z \cos 5}{z^2 - 2z \cos 7 + 1}, \quad |z| > 1$

20. $f(k) = \cos\left(\dfrac{k\pi}{2} + \dfrac{\pi}{4}\right), \quad k \geq 0$ Ans. $\dfrac{z^2 - z}{\sqrt{2}(z^2 + 1)}, \quad |z| > 1$

21. $f(k) = \sin\left(\dfrac{k\pi}{2} + \alpha\right), \quad k \geq 0$ Ans. $\dfrac{z^2 \sin\alpha + z \cos\alpha}{z^2 + 1}, \quad |z| > 1$

22. $f(k) = \cosh\left(\dfrac{k\pi}{2}\right), \quad k \geq 0$ Ans. $\dfrac{z\left(z - \cosh\dfrac{\pi}{2}\right)}{z^2 - 2z \cosh\dfrac{\pi}{2} + 1}$,

$|z| > \max\left(\left|e^{\pi/2}\right|, \left|e^{-\pi/2}\right|\right)$

23. $f(k) = \sinh\dfrac{k\pi}{2}, \quad k \geq 0$ Ans. $\dfrac{z \sinh\dfrac{\pi}{2}}{z^2 - 2z \cosh\dfrac{\pi}{2} + 1}, \quad |z| > \max\left(\left|e^{\pi/2}\right|, \left|e^{-\pi/2}\right|\right)$

24. $f(k) = \cosh\left(\dfrac{k\pi}{2} + \alpha\right), \quad k \geq 0$ Ans. $\dfrac{z^2 \cosh\alpha - z \cosh\left(\dfrac{\pi}{2} - \alpha\right)}{z^2 - 2z \cosh\dfrac{\pi}{2} + 1}$

25. $f(k) = 2^k \cos(3k+2)$ Ans. $\dfrac{z^2 \cos 2 - 2z \cos 1}{z^2 - 4z \cos 3 + 4}, \quad |z| > 2$

26. $f(k) = \begin{cases} -\left(-\dfrac{1}{4}\right)^k, & k < 0 \\ \left(-\dfrac{1}{5}\right)^k, & k \geq 0 \end{cases}$ Ans. $\dfrac{4z}{4z+1} + \dfrac{5z}{5z+1}, \quad \dfrac{1}{5} < |z| < \dfrac{1}{4}$

27. $f(k) = e^{-3k} \sin 4k, \quad k \geq 0$ Ans. $\dfrac{z e^{-3} \sin 4}{z^2 - 2e^{-3} z \cos 4 + e^{-6}}, \quad |z| > |e^{-3}|$

28. $f(k) = k e^{-ak}, \quad k \geq 0$ (May 2012) Ans. $\dfrac{z e^{-a}}{(z - e^{-a})^2}, \quad |z| > |e^{-a}|$

29. $f(k) = k^2, \quad k \geq 0$ Ans. $\dfrac{z(z+1)}{(z-1)^3}, \quad |z| > 1$

30. $f(k) = k^3, \ k \geq 0$ **Ans.** $\dfrac{z(z^2 + 4z + 1)}{(z-1)^4}, \ |z| > 1$

31. $f(k) = k a^{k-1} U(k-1), \ k \geq 0$ (Dec. 2004, May 2007, 2008)   **Ans.** $\dfrac{z}{(z-a)^2}$

32. $f(k) = \dfrac{1}{3^k} * \dfrac{1}{4^k}, \ k \geq 0$ **Ans.** $\left(\dfrac{3z}{3z-1}\right)\left(\dfrac{4z}{4z-1}\right), \ |z| > \dfrac{1}{4}$

33. $f(k) = 3^k * 4^k, \ k \geq 0$ **Ans.** $\dfrac{z^2}{(z-3)(z-4)}, \ |z| > 3.$

MULTIPLE CHOICE QUESTIONS (MCQ's)

Type : Z-transform

1. Z-transform of sequence $\{f(k)\}$ is defined as   (1)

(A) $\sum\limits_{k=-\infty}^{\infty} f(k) z^{-k}$ (B) $\sum\limits_{k=-\infty}^{\infty} f(k) z^{k}$

(C) $\sum\limits_{k=-\infty}^{\infty} f(k) z^{-2k}$ (D) $\sum\limits_{k=-\infty}^{\infty} f(k) z^{2k}$

2. Z-transform of causal sequence $\{f(k)\}, \ k \geq 0$ is defined as   (1)

(A) $\sum\limits_{k=0}^{\infty} f(k) z^{k}$ (B) $\sum\limits_{k=0}^{\infty} f(k) z^{-k}$

(C) $\sum\limits_{k=0}^{\infty} f(-k) z^{-k}$ (D) $\sum\limits_{k=0}^{\infty} f(-k) z^{k}$

3. If $U(k) = \begin{cases} 0, & k < 0 \\ 1, & k \geq 0 \end{cases}$, then Z-transform of $U(k)$ is given by   (2)

(A) $-\dfrac{z}{z-1}, \ |z| > 1$ (B) $\dfrac{1}{z-1}, \ |z| > 1$

(C) $\dfrac{z}{z-1}, \ |z| > 1$ (D) $\dfrac{2}{z-1}, \ |z| > 1$

4. If $\delta(k) = \begin{cases} 1, & k = 0 \\ 0, & k \neq 0 \end{cases}$, then Z-transform of $\delta(k)$ is given by   (2)

(A) $\dfrac{1}{z}$ (B) $\dfrac{1}{z-1}$

(C) $\dfrac{2}{z-2}$ (D) 1

5. If $f(k) = a^k, \ k \geq 0$, then Z-transform of $\{a^K\}$ is given by   (1)

(A) $\dfrac{z}{z-a}, \ |z| < |a|$ (B) $\dfrac{z}{z-a}, \ |z| > |a|$

(C) $\dfrac{1}{z-a}, \ |z| > |a|$ (D) $-\dfrac{z}{z-a}, \ |z| > |a|$

6. If $f(k) = a^k$, $k < 0$, then Z-transform of $\{a^k\}$ is given by (1)

   (A) $\dfrac{z}{a-z}$, $|z| < |a|$ (B) $\dfrac{z}{z-a}$, $|z| < |a|$

   (C) $\dfrac{1}{a-z}$, $|z| > |a|$ (D) $\dfrac{z}{a-z}$, $|z| > |a|$

7. If $f(k) = 2^k$, $k \geq 0$, then Z-transform of $\{2^k\}$ is given by (1)

   (A) $\dfrac{z}{z-2}$, $|z| < |2|$ (B) $\dfrac{1}{z-2}$, $|z| > |2|$

   (C) $\dfrac{z}{z-2}$, $|z| > |2|$ (D) $-\dfrac{z}{z-2}$, $|z| > |2|$

8. If $f(k) = 3^k$, $k < 0$, then Z-transform of $\{3^k\}$ is given by (1)

   (A) $\dfrac{z}{3-z}$, $|z| > |3|$ (B) $\dfrac{z}{z-3}$, $|z| < |3|$

   (B) $\dfrac{1}{3-z}$, $|z| > |3|$ (D) $\dfrac{z}{3-z}$, $|z| < |3|$

9. If $f(k) = \cos \alpha k$, $k \geq 0$, then Z-transform of $\{\cos \alpha k\}$ is given by (1)

   (A) $\dfrac{z(z+\cos\alpha)}{z^2 - 2z\cos\alpha + 1}$, $|z| > 1$ (B) $\dfrac{z(z-\cos\alpha)}{z^2 - 2z\cos\alpha + 1}$, $|z| < 1$

   (C) $\dfrac{z(z-\cos\alpha)}{z^2 - 2z\cos\alpha + 1}$, $|z| > 1$ (D) $\dfrac{z\cos\alpha}{z^2 + 2z\cos\alpha + 1}$, $|z| > 1$

10. If $f(k) = \sin \alpha k$, $k \geq 0$, then Z-transform of $\{\sin \alpha k\}$ is given by (1)

    (A) $\dfrac{z\sin\alpha}{z^2 - 2z\cos\alpha + 1}$, $|z| > 1$ (B) $\dfrac{z\sin\alpha}{z^2 + 2z\cos\alpha + 1}$, $|z| > 1$

    (C) $\dfrac{z(z-\sin\alpha)}{z^2 - 2z\cos\alpha + 1}$, $|z| > 1$ (D) $\dfrac{z\sin\alpha}{z^2 + 2z\cos\alpha + 1}$, $|z| < 1$

11. If $f(k) = \cosh \alpha k$, $k \geq 0$, then Z-transform of $\{\cosh \alpha k\}$ is given by (1)

    (A) $\dfrac{z(z-\sinh\alpha)}{z^2 - 2z\cosh\alpha + 1}$, $|z| > \max(|e^{\alpha}|\text{ or }|e^{-\alpha}|)$

    (B) $\dfrac{z(z-\cosh\alpha)}{z^2 - 2z\cosh\alpha + 1}$, $|z| > \max(|e^{\alpha}|\text{ or }|e^{-\alpha}|)$

    (C) $\dfrac{z(z+\cosh\alpha)}{z^2 + 2z\cosh\alpha + 1}$, $|z| > \max(|e^{\alpha}|\text{ or }|e^{-\alpha}|)$

    (D) $\dfrac{z(z-\cosh\alpha)}{z^2 - 2z\cosh\alpha + 1}$, $|z| < \max(|e^{\alpha}|\text{ or }|e^{-\alpha}|)$

12. If $f(k) = \sinh \alpha k$, $k \geq 0$, then Z-transform of $\{\sinh \alpha k\}$ is given by (1)

(A) $\dfrac{z \sinh \alpha}{z^2 - 2z \cosh \alpha + 1}$, $|z| < \max (|e^{\alpha}| \text{ or } |e^{-\alpha}|)$

(B) $\dfrac{z(z - \sinh \alpha)}{z^2 - 2z \cosh \alpha + 1}$, $|z| > \max (|e^{\alpha}| \text{ or } |e^{-\alpha}|)$

(C) $\dfrac{z(z + \sinh \alpha)}{z^2 + 2z \cosh \alpha + 1}$, $|z| > \max (|e^{\alpha}| \text{ or } |e^{-\alpha}|)$

(D) $\dfrac{z \sinh \alpha}{z^2 - 2z \cosh \alpha + 1}$, $|z| > \max (|e^{\alpha}| \text{ or } |e^{-\alpha}|)$

13. If $f(k) = \cosh 2k$, $k \geq 0$, then Z-transform of $\{\cosh 2k\}$ is given by (1)

(A) $\dfrac{z \sinh 2}{z^2 - 2z \cosh 2 + 1}$, $|z| > \max (|e^2| \text{ or } |e^{-2}|)$

(B) $\dfrac{z(z - \cosh 2)}{z^2 - 2z \cosh 2 + 1}$, $|z| > \max (|e^2| \text{ or } |e^{-2}|)$

(C) $\dfrac{z(z + \cosh 2)}{z^2 + 2z \cosh 2 + 1}$, $|z| > \max (|e^2| \text{ or } |e^{-2}|)$

(D) $\dfrac{z(z - \cosh 2)}{z^2 - 2z \cosh 2 + 1}$, $|z| < \max (|e^2| \text{ or } |e^{-2}|)$

14. If $f(k) = \sinh 2k$, $k \geq 0$, then Z-transform of $\{\sinh 2k\}$ is given by (1)

(A) $\dfrac{z \sinh 2}{z^2 + 2z \cosh 2 - 1}$, $|z| > \max (|e^2| \text{ or } |e^{-2}|)$

(B) $\dfrac{z(z - \cosh 2)}{z^2 - 2z \cosh 2 + 1}$, $|z| > \max (|e^2| \text{ or } |e^{-2}|)$

(C) $\dfrac{z \sinh 2}{z^2 - 2z \cosh 2 + 1}$, $|z| > \max (|e^2| \text{ or } |e^{-2}|)$

(D) $\dfrac{z(z - \cosh 2)}{z^2 - 2z \cosh 2 + 1}$, $|z| < \max (|e^2| \text{ or } |e^{-2}|)$

15. If $f(k) = \cos 2k$, $k \geq 0$, then Z-transform of $\{\cos 2k\}$ is given by (1)

(A) $\dfrac{z(z + \cos 2)}{z^2 - 2z \cos 2 + 1}$, $|z| > 1$

(B) $\dfrac{z \cos 2}{z^2 + 2z \cos 2 + 1}$, $|z| > 1$

(C) $\dfrac{z(z - \cos 2)}{z^2 - 2z \cos 2 + 1}$, $|z| < 1$

(D) $\dfrac{z(z - \cos 2)}{z^2 - 2z \cos 2 + 1}$, $|z| > 1$

16. If $f(k) = \sin 2k$, $k \geq 0$, then Z-transform of $\{\sin 2k\}$ is given by (1)

(A) $\dfrac{z \sin 2}{z^2 - 2z \cos 2 + 1}$, $|z| > 1$

(B) $\dfrac{z \sin 2}{z^2 + 2z \cos 2 + 1}$, $|z| > 1$

(C) $\dfrac{z(z - \sin 2)}{z^2 - 2z \cos 2 + 1}$, $|z| > 1$

(D) $\dfrac{z \sin 2}{z^2 + 2z \cos 2 + 1}$, $|z| < 1$

17. If $Z\{f(k)\} = F(z)$, then $Z\{a^k f(k)\}$, a constant, is equal to (1)

(A) $F\left(\dfrac{a}{z}\right)$
(B) $F\left(\dfrac{z}{a}\right)$
(C) $F(az)$
(D) $\dfrac{F(z)}{a}$

18. If $Z\{f(k)\} = F(z)$, then $Z\{e^{-ak} f(k)\}$, a constant, is equal to (1)

(A) $F\left(\dfrac{z}{e^a}\right)$
(B) $F(e^{-a} z)$
(C) $F(e^a z)$
(D) $\dfrac{F(z)}{e^a}$

19. If $Z\{f(k)\} = F(z)$, then $Z\{k^n f(k)\}$, is equal to (1)

(A) $\left(-z\dfrac{d}{dz}\right)^n F(z)$
(B) $\left(z\dfrac{d}{dz}\right)^n F(z)$
(C) $(-z)^n \dfrac{d}{dz} F(z)$
(D) $\left(z\dfrac{d}{dz}\right)^{n-1} F(z)$

20. Z-transform of $\{f(k)\} = \dfrac{a^k}{k!}$, $k \geq 0$ is given by (1)

(A) $e^{z/a}$
(B) e^{az}
(C) ze^a
(D) $e^{a/z}$

21. If $Z\{f(k)\} = F(z)$, $k \geq 0$ then $Z\{f(k+1)\}$ is given by (1)

(A) $zF(z) + zf(0)$
(B) $zF(z) - zf(0)$
(C) $zF(z) - f(0)$
(D) $z^2F(z) - zf(0)$

22. If $Z\{f(k)\} = F(z)$, $k \geq 0$ then $Z\{f(k+2)\}$ is given by (1)

(A) $z^2F(z) - zf(0) - f(1)$
(B) $z^2F(z) + z^2f(0) + zf(1)$
(C) $z^2F(z) + zf(0) + f(1)$
(D) $z^2F(z) - z^2f(0) - zf(1)$

23. If $Z\{f(k)\} = F(z)$, $k \geq 0$ then $Z\{f(k-1)\}$ is given by (1)

(A) $z^{-1}F(z)$
(B) $z^{-1}(F) - f(0)$
(C) $zF(z)$
(D) $z^{-2}F(z) - z^{-1}(0)$

24. If $Z\{f(k)\} = F(z)$, $k \geq 0$ then $Z\{f(k-2)\}$ is given by (1)

(A) $z^2F(z) - zf(0)$
(B) $z^{-1}F(z) - f(0)$
(C) $z^{-2}F(z)$
(D) $z^{-2}F(z) - z^{-1}f(0)$

25. Convolution of two sequences {f(k)} and {g(k)} is {h(k)} = {f(k)} * {g(k)}. Then Z[{h(k)}] is given by (1)

   (A) F(z) G(z)
   (B) F(z) + G(z)
   (C) F(z) − G(z)
   (D) $\dfrac{F(z)}{G(z)}$

26. For {f(k)} = {−2, −1, 2}, F(z) is given by (2)
   $\uparrow$

   (A) $2z + 1 + 2z^{-1}$
   (B) $-2z - 1 + 2z^{-1}$
   (C) $2z + 1 - 2z^{-1}$
   (D) $2z - 1 + 2z^{-1}$

27. For {f(k)} = {2, 1, 3, 2, −4}, F(z) is given by (2)
   $\uparrow$

   (A) $2z^2 - z - 3 + 2z^{-1} - 4z^{-2}$
   (B) $2z^2 + z + 3 - 2z^{-1} + 4z^{-2}$
   (C) $2z^2 + z + 3 + 2z^{-1} - 4z^{-2}$
   (D) $2z^2 + z + 3 + 2z^{-1} + 4z^{-2}$

28. If $f(k) = a^{|k|}$, $\forall k$, then Z-transofrm of $\{a^{|k|}\}$ is given by (2)

   (A) $\left(\dfrac{az}{1+az} + \dfrac{z}{z-a}\right)$, $|a| < |z| < \dfrac{1}{|a|}$
   (B) $\left(\dfrac{az}{1-az} - \dfrac{z}{z-a}\right)$, $|a| < |z| < \dfrac{1}{|a|}$
   (C) $\left(\dfrac{az}{1+az} + \dfrac{z}{z+a}\right)$, $|a| < |z| < \dfrac{1}{|a|}$
   (D) $\left(\dfrac{az}{1-az} + \dfrac{z}{z-a}\right)$, $|a| < |z| < \dfrac{1}{|a|}$

29. Z-transform of $\{f(k)\} = \dfrac{2^k}{k!}$, $k \geq 0$ is given by (1)

   (A) $e^{z/2}$
   (B) e^{2z}
   (C) e^z
   (D) $e^{2/z}$

30. If $f(k) = \cos \pi k$, $k \geq 0$, then Z-transform of $\{\cos \pi k\}$ is given by (2)

   (A) $\dfrac{z(z-1)}{(z+1)^2}$, $|z| > 1$
   (B) $\dfrac{z-1}{z+1}$, $|z| > 1$
   (C) $\dfrac{z(z+1)}{(z-1)^2}$, $|z| > 1$
   (D) $\dfrac{z}{z+1}$, $|z| > 1$

31. If $f(k) = \cos\dfrac{\pi}{2}k$, $k \geq 0$, then Z-transform of $\left\{\cos\dfrac{\pi}{2}k\right\}$ is given by (2)

   (A) $\dfrac{z^2}{z^2+1}$, $|z| > 1$
   (B) $\dfrac{z^2}{z^2-1}$, $|z| > 1$
   (C) $\dfrac{z}{z+1}$, $|z| > 1$
   (D) $\dfrac{z}{z-1}$, $|z| < 1$

32. If $f(k) = \sin\frac{\pi}{2}k$, $k \geq 0$, then Z-transform of $\left(\sin\frac{\pi}{2}k\right)$ is given by (2)

(A) $\frac{z}{z^2 - 1}$, $|z| < 1$

(B) $\frac{z^2}{z^2 + 1}$, $|z| > 1$

(C) $\frac{z}{z^2 + 1}$, $|z| > 1$

(D) $\frac{z}{z^2 - 1}$, $|z| > 1$

33. If $f(k) = \left(\frac{\pi}{2}\right)^k \cos\frac{\pi}{2}k$, $k \geq 0$, then Z-transform of $\left\{\left(\frac{\pi}{2}\right)^k \cos\frac{\pi}{2}k\right\}$ is given by (2)

(A) $\frac{z^2}{z^2 + \frac{\pi^2}{4}}$, $|z| > \frac{\pi}{2}$

(B) $\frac{z^2}{z^2 - \frac{\pi^2}{4}}$, $|z| < \frac{\pi}{2}$

(C) $\frac{z}{z^2 + \frac{\pi^2}{4}}$, $|z| > \frac{\pi}{2}$

(D) $\frac{z}{z^2 - \frac{\pi^2}{4}}$, $|z| > \frac{\pi}{2}$

34. If $f(k) = 2^k \sin\frac{\pi}{2}k$, $k \geq 0$, then Z-transform of $\left\{2^k \sin\frac{\pi}{2}k\right\}$ is given by (2)

(A) $\frac{2z}{z^2 - 4}$, $|z| > 2$

(B) $\frac{2z}{z^2 - 4}$, $|z| < 2$

(C) $\frac{2z}{z^2 + 4}$, $|z| < 2$

(D) $\frac{2z}{z^2 + 4}$, $|z| > 2$

35. If $f(k) = 2^k \sin\frac{\pi}{3}k$, $k \geq 0$, then Z-transform of $\left\{2^k \sin\frac{\pi}{3}k\right\}$ is given by (2)

(A) $\frac{\sqrt{3}z}{z^2 - 2z + 4}$, $|z| > 2$

(B) $\frac{\sqrt{3}z}{z^2 - 2z + 4}$, $|z| < 2$

(C) $\frac{\sqrt{3}z}{z^2 + 2z + 4}$, $|z| > 2$

(D) $\frac{\sqrt{3}z}{z^2 + 2z + 4}$, $|z| < 2$

36. If $f(k) = 2^k \cosh 3k$, $k \geq 0$, then Z-transform of $\{2^k \cosh 3k\}$ is given by (2)

(A) $\frac{z(z - 2\cosh 3)}{z^2 - 4z\cosh 3 + 4}$, $|z| > \max(|e^2| \text{ or } |e^{-2}|)$

(B) $\frac{z(z - 2\cosh 3)}{z^2 - 4z\cosh 3 + 4}$, $|z| > \max(|e^3| \text{ or } |e^{-3}|)$

(C) $\frac{z(z + 2\cosh 3)}{z^2 + 4z\cosh 3 + 4}$, $|z| < \max(|e^3| \text{ or } |e^{-3}|)$

(D) $\frac{z(z - 2\sinh 3)}{z^2 - 4z\sinh 3 + 4}$, $|z| > \max(|e^3| \text{ or } |e^{-3}|)$

37. If $f(k) = 3^k \sinh 2k$, $k \geq 0$, then Z-transform of $\{2^k \cosh 3k\}$ is given by (2)

(A) $\dfrac{3z \sinh 2}{z^2 + 6z \cosh 2 - 9}$, $|z| > \max (|e^2| \text{ or } |e^{-2}|)$

(B) $\dfrac{3z \sinh 2}{z^2 - 6z \cosh 2 + 9}$, $|z| > \max (|e^3| \text{ or } |e^{-3}|)$

(C) $\dfrac{3z \sinh 2}{z^2 - 6z \cosh 2 + 9}$, $|z| > \max (|e^2| \text{ or } |e^{-2}|)$

(D) $\dfrac{3z (z - \sinh 2)}{z^2 - 6z \cosh 2 + 9}$, $|z| < \max (|e^2| \text{ or } |e^{-2}|)$

38. If $f(k) = k$, $k \geq 0$ then Z-transform of $\{k\}$ is given by (2)

(A) $\dfrac{z}{(z-1)^2}$, $|z| > 1$

(B) $\dfrac{(z-1)^2}{z^2}$, $|z| > 1$

(C) $\dfrac{(z+1)^2}{z^2}$, $|z| > 1$

(D) $\dfrac{z^2}{(z+1)^2}$, $|z| > 1$

39. If $f(k) = k5^k$, $k \geq 0$ then Z-transform of $\{k5^k\}$ is given by (2)

(A) $\dfrac{(z-5)^2}{5z}$, $|z| > 5$

(B) $\dfrac{(z-5)^2}{z}$, $|z| > 5$

(C) $\dfrac{5z}{(z-5)^2}$, $|z| > 5$

(D) $\dfrac{5z}{(z+5)^2}$, $|z| > 5$

40. If $f(k) = (k+1)2^k$, $k \geq 0$, then Z-transform of $\{(k+1)2^k\}$ is given by (2)

(A) $\dfrac{2}{(z+2)^2} + \dfrac{z}{z-2}$, $|z| > 2$

(B) $-\dfrac{2z}{(z-2)^2} - \dfrac{z}{z-2}$, $|z| > 2$

(C) $-\dfrac{2z}{(z-2)^2} + \dfrac{z}{z-2}$, $|z| > 2$

(D) $\dfrac{2z}{(z-2)^2} + \dfrac{z}{z-2}$, $|z| > 2$

41. $Z\{3^k e^{-2k}\}$, $k \geq 0$ is given by (2)

(A) $\dfrac{z}{(z-3e)^2}$

(B) $\dfrac{z}{z - 3e^{-2}}$

(C) $\dfrac{z}{z - 2e^3}$

(D) $\dfrac{z}{z + 3e^2}$

42. $Z\{ke^{-k}\}$, $k \geq 0$ is given by (2)

(A) $\dfrac{ez}{(ez + 1)^2}$

(B) $\dfrac{e^{-1}z}{(z - e^{-1})}$

(C) $\dfrac{e^{-1}z}{(z - e^{-1})^2}$

(D) $\dfrac{e^{-1}z}{(z + e^{-1})^2}$

43. $Z\{\cos(2k+3)\}$, $k \geq 0$ is given by (2)

(A) $\cos 3 \dfrac{z(z-\cos 2)}{z^2 - 2z\cos 2 + 1} + \sin 3 \dfrac{z\sin 2}{z^2 - 2z\cos 2 + 1}$

(B) $\cos 3 \dfrac{z(z-\cos 2)}{z^2 - 2z\cos 2 + 1} - \sin 3 \dfrac{z\sin 2}{z^2 - 2z\cos 2 + 1}$

(C) $\sin 3 \dfrac{z(z-\cos 2)}{z^2 - 2z\cos 2 + 1} - \cos 3 \dfrac{z\sin 2}{z^2 - 2z\cos 2 + 1}$

(D) $\cos 3 \dfrac{z(z+\cos 2)}{z^2 + 2z\cos 2 + 1} + \sin 3 \dfrac{z\sin 2}{z^2 + 2z\cos 2 + 1}$

44. $Z\{\sinh(bk+c)\}$, $k \geq 0$ is given by (2)

(A) $\cosh c \dfrac{z\sinh b}{z^2 - 2z\cosh b + 1} + \sinh c \dfrac{z(z-\cosh b)}{z^2 - 2z\cosh b + 1}$

(B) $\cosh c \dfrac{z(z-\cosh b)}{z^2 - 2z\cosh b + 1} + \sinh c \dfrac{z\sinh b}{z^2 - 2z\cosh b + 1}$

(C) $\cosh c \dfrac{z(z-\cosh b)}{z^2 - 2z\cosh b + 1} - \sinh c \dfrac{z\sinh b}{z^2 - 2z\cosh b + 1}$

(D) $\cosh c \dfrac{z\sinh b}{z^2 + 2z\cosh b + 1} + \sinh c \dfrac{z(z+\cosh b)}{z^2 + 2z\cosh b + 1}$

45. $Z\{e^{-2k}\sin 3k\}$, $k \geq 0$ is given by (2)

(A) $\dfrac{(ze^3)\sin 2}{(ze^3)^2 + 2(ze^3)\cos 2 - 1}$

(B) $\dfrac{(ze^2)(ze^2 - \cos 3)}{(ze^2)^2 - 2(ze^2)\cos 3 + 1}$

(C) $\dfrac{(ze^3)\sin 2}{(ze^3)^2 - 2(ze^3)\cos 2 + 1}$

(D) $\dfrac{(ze^2)\sin 3}{(ze^2)^2 - 2(ze^2)\cos 3 + 1}$

46. If $f(k) = {}^2C_k$, $0 \leq k \leq 2$ then $Z\{{}^2C_k\}$ is given by (2)

(A) $(1 - z^{-1})^2$, $|z| > 0$
(B) $(1 + z^{-1})^2$, $|z| > 0$
(C) $(1 + z^{-1})$, $|z| > 0$
(D) $(1 - z^{-1})$, $|z| > 0$

47. If $f(k) = a^k U(k)$ then $Z\{f(k)\}$ is given by (2)

(A) $\dfrac{z}{z-1}$, $|z| > |a|$
(B) $\dfrac{z-1}{z}$, $|z| > |a|$
(C) $\dfrac{z^2}{z-1}$, $|z| > |a|$
(D) $\dfrac{z}{z-a}$, $|z| > |a|$

48. If $\{x(k)\} = \left\{\dfrac{1}{1^k}\right\} * \left\{\dfrac{1}{2^k}\right\}$ then $Z\{x(k)\}$ is given by (2)

(A) $\left(\dfrac{z}{z-1}\right)\left(\dfrac{2z}{2z-1}\right)$, $|z| > 1$

(B) $\left(\dfrac{z}{z-1}\right) + \left(\dfrac{2z}{2z-1}\right)$, $|z| > 1$

(C) $\left(\dfrac{z}{z-1}\right) - \left(\dfrac{2z}{2z-1}\right)$, $|z| > 1$

(d) $\left(\dfrac{z}{z-1}\right) \div \left(\dfrac{2z}{2z-1}\right)$, $|z| > 1$

Answers

1. (A)	2. (B)	3. (C)	4. (D)	5. (B)	6. (A)	7. (C)	8. (D)
9. (C)	10. (A)	11. (B)	12. (D)	13. (B)	14. (C)	15. (D)	16. (A)
17. (B)	18. (C)	19. (A)	20. (D)	21. (B)	22. (D)	23. (A)	24. (C)
25. (A)	26. (B)	27. (C)	28. (D)	29. (D)	30. (D)	31. (A)	32. (C)
33. (A)	34. (D)	35. (A)	36. (B)	37. (C)	38. (A)	39. (C)	40. (D)
41. (B)	42. (C)	43. (B)	44. (A)	45. (D)	46. (B)	47. (D)	48. (A)

Table of inverse Z-transforms of the partial fraction terms of F (z)

Partial fraction term	Inverse Z-transform $f(k)$ if $\lvert z \rvert > \lvert a \rvert$, $k > 0$	Inverse Z-transform if $\lvert z \rvert < \lvert a \rvert$, $k < 0$
$\dfrac{z}{z-a}$	$a^k\, U(k)$	$-a^k$
$\dfrac{z^2}{(z-a)^2}$	$(k+1)\, a^k$	$-(k+1)\, a^k$
$\dfrac{z^3}{(z-a)^3}$	$\dfrac{1}{2!}(k+1)(k+2)\, a^k\, U(k)$	$-\dfrac{1}{2!}(k+1)(k+2)\, a^k\, U(-k+2)$
$\dfrac{z^n}{(z-a)^n}$	$\dfrac{1}{(n-1)!}(k+1)\ldots(k+n-1)\, a^k\, U(k)$	$-\dfrac{1}{(n-1)!}(k+1)(k+2)\ldots(k+n-1)\, a^k$
$\dfrac{1}{z-a}$	$a^{k-1}\, U(k-1)$	$-a^{k-1}\, U(-k)$
$\dfrac{1}{(z-a)^2}$	$(k-1)\, a^{k-2}\, U(k-2)$	$-(k-1)\, a^{k-2}\, U(-k+1)$
$\dfrac{1}{(z-a)^3}$	$\dfrac{1}{2}(k-2)(k-1)\, a^{k-3}\, U(k-3)$	$-\dfrac{1}{2}(k-2)(k-1)\, a^{k-3}\, U(-k+2)$
$\dfrac{z}{z-1}$	$U(k)$	
$\dfrac{z(z-\cos\alpha)}{z^2 - 2z\cos\alpha + 1}$, $\lvert z \rvert > 1$	$\cos\alpha k$	
$\dfrac{z\sin\alpha}{z^2 - 2z\cos\alpha + 1}$, $\lvert z \rvert > 1$	$\sin\alpha k$	

4.11 INVERSE Z-TRANSFORM

Our aim is to obtain the sequence $\{f(k)\}$ from its Z-transform $F(z)$ which we assume to be a rational function of z as given below :

$$F(z) = \frac{b_0 z^m + b_1 z^{m-1} + b_2 z^{m-2} + \ldots + b_m}{a_0 z^n + a_1 z^{n-1} + \ldots + a_n}$$

Here we shall study the three different methods :
1. Power Series Method. 2. Partial Fraction Method 3. Inversion Integral Method
Now we shall study the methods in detail.

1. Power Series Method

By Direct Division : Since Z-transform $F(z)$ of $\{f(k)\}$ absolutely converges within the ROC, for inversion of $F(z)$ uniquely, the knowledge of ROC of $F(z)$ is necessary.

We can express $F(z)$ as a series in powers of z by actual division. The process of division depends on ROC.

Case (i) : $|z| < R$ **(R is ROC) :** Here we obtain the power series in z which converges in the same region as $F(z)$ by beginning the division with *the lowest power of z* i.e. with a_n.

The coefficient of z^k is identified as $f(-k)$.

Case (ii) : $|z| > R$: We should begin the division with the highest power of z. The coefficient of z^{-k} is identified as $f(k)$.

ILLUSTRATION

Ex. 1 : Find $Z^{-1}\left(\dfrac{z}{z-a}\right)$ if (i) $|z| > |a|$ (ii) $|z| < |a|$

Sol. : (i) If $|z| > |a|$,

$$F(z) = \frac{z}{z-a}$$

Here we will perform actual division :

$$z - a \overline{\smash{\big)}\, z} \qquad \left(1 + \frac{a}{z} + \frac{a^2}{z^2} + \ldots\ldots\right)$$

$$\underline{z - a}$$
$$a$$
$$a - \dfrac{a^2}{z}$$
$$\underline{}$$
$$\dfrac{a^2}{z}$$
$$\dfrac{a^2}{z} - \dfrac{a^3}{z^2}$$
$$\underline{}$$
$$\dfrac{a^3}{z^2}$$

$$\therefore \quad F(z) = 1 + \frac{a}{z} + \frac{a^2}{z^2} + \ldots + \frac{a^k}{z^k} + \ldots\ldots$$

Inverting, $\{f(k)\} = \{a^k\}, \quad k \geq 0$

(ii) If $|z| < |a|$ then we write

$$F(z) = \frac{z}{z-a} = \frac{z}{-a+z}$$ (Note this step)

$$-a+z \,) \quad z \quad \left(-\frac{z}{a} - \frac{z^2}{a^2} - \frac{z^3}{a^3} - \ldots\ldots\right)$$

$$z - \frac{z^2}{a}$$

$$\underline{- \quad +}$$

$$\frac{z^2}{a}$$

$$\frac{z^2}{a} - \frac{z^3}{a^2}$$

$$\underline{- \quad +}$$

$$\frac{z^3}{a^2}$$

$$\frac{z^3}{a^2} - \frac{z^4}{a^3}$$

$$\underline{- \quad +}$$

$$\frac{z^4}{a^3}$$

$$F(z) = -\frac{z}{a} - \frac{z^2}{a^2} - \frac{z^3}{a^3} - \ldots\ldots$$

$$= - \sum_{k=-\infty}^{-1} a^k \, z^{-k}$$

Inverting, $\{f(k)\} = -a^k, \; k < 0.$

By Binomial Expansion : Here we take a suitable factor common depending upon ROC from the denominator so that the denominator is of the form $1 - r$, where $|r| < 1$ and then use Binomial theorem.

$$\frac{1}{1+y} = (1+y)^{-1} = 1 - y + y^2 - y^3 + y^4 - \ldots\ldots$$

$$\frac{1}{1-y} = (1-y)^{-1} = 1 + y + y^2 + y^3 + y^4 + \ldots\ldots$$

ILLUSTRATIONS

Ex. 1 : *Find* $Z^{-1}\left(\dfrac{1}{z-a}\right)$ *when* (i) $|z| < |a|$, (ii) $|z| > |a|$.

Sol. : (i) If $|z| < |a|$ i.e. $\left|\dfrac{z}{a}\right| < 1$

∴ We take "a" outside and write

$$F(z) = \frac{1}{z-a} = \frac{1}{a\left(\dfrac{z}{a}-1\right)} = -\frac{1}{a}\frac{1}{1-\dfrac{z}{a}} = -\frac{1}{a}\left(1-\frac{z}{a}\right)^{-1}$$

$$= -\frac{1}{a}\left\{1 + \frac{z}{a} + \frac{z^2}{a^2} + \frac{z^3}{a^3} + \ldots + \frac{z^k}{a^k} + \ldots\right\}$$

$$= -\left\{\frac{1}{a} + \frac{z}{a^2} + \frac{z^2}{a^3} + \ldots + \frac{z^k}{a^{k+1}} + \ldots\right\}$$

∴ Coefficient of $z^k = -a^{-k-1}$, $k \geq 0$

∴ Coefficient of $z^{-k} = -a^{k-1}$, $k \leq 0$

∴ $Z^{-1}\cdot\left(\dfrac{1}{z-a}\right) = \{f(k)\} = -a^{k-1}$, $k \leq 0$

(ii) If $|z| > |a|$, $\left|\dfrac{z}{a}\right| > 1$ i.e. $\left|\dfrac{a}{z}\right| < 1$

∴ We take "z" outside and write

$$F(z) = \frac{1}{z-a} = \frac{1}{z\left(1-\dfrac{a}{z}\right)}$$

$$= \frac{1}{z}\left(1 + \frac{a}{z} + \frac{a^2}{z^2} + \frac{a^3}{z^3} + \ldots + \frac{a^{k-1}}{z^{k-1}} + \ldots\right)$$

$$= \frac{1}{z} + \frac{a}{z^2} + \frac{a^2}{z^3} + \ldots + \frac{a^{k-1}}{z^k} + \ldots$$

Coefficient of $z^{-k} = a^{k-1}$, $k \geq 1$

∴ $Z^{-1}\left(\dfrac{1}{z-a}\right) = \{f(k)\} = a^{k-1}$, $k \geq 1$.

Ex. 2 : Find $Z^{-1}\left(\dfrac{z}{z-a}\right)$ when (i) $|z| > |a|$, (ii) $|z| < |a|$.

Sol. : (i) If $|z| > |a|$, i.e. $\left|\dfrac{z}{a}\right| > 1$ i.e. $\left|\dfrac{a}{z}\right| < 1$

We take "z" outside and write

$$F(z) = \frac{z}{z-a} = \frac{z}{z\left(1-\dfrac{a}{z}\right)} = \frac{1}{1-\dfrac{a}{z}}$$

$$= 1 + \frac{a}{z} + \frac{a^2}{z^2} + \ldots\ldots + \frac{a^k}{z^k} + \ldots\ldots$$

∴ Coefficient of $z^{-k} = a^k$, $k \geq 0$

∴ $Z^{-1}\left(\dfrac{z}{z-a}\right) = \{f(k)\} = a^k$, $k \geq 0$ $\quad |z| > |a|$

(ii) If $|z| < |a|$ i.e. $\left|\dfrac{z}{a}\right| < 1$

∴ We take "a" outside and write

$$F(z) = \frac{z}{z-a} = \frac{z}{a\left(\dfrac{z}{a}-1\right)} = \frac{-z}{a\left(1-\dfrac{z}{a}\right)}$$

$$= -\frac{z}{a}\left(1 + \frac{z}{a} + \frac{z^2}{a^2} + \ldots\ldots + \frac{z^k}{a^k} + \ldots\ldots\right)$$

$$= -\left[\frac{z}{a} + \frac{z^2}{a^2} + \frac{z^3}{a^3} + \ldots\ldots + \frac{z^{k+1}}{a^{k+1}} + \ldots\right] = -\sum_{k=0}^{\infty}\left(\frac{z}{a}\right)^{k+1}$$

Put $\quad k + 1 = -r \quad$ (Note this step)

when $\quad k = 0, \quad r = -1$

$\quad\quad\quad k = \infty, \quad r = -\infty$

$$F(z) = -\sum_{r=-1}^{-\infty}\left(\frac{z}{a}\right)^{-r} = -\sum_{r=-\infty}^{-1} a^r z^{-r}$$

$$Z^{-1}\left(\frac{z}{z-a}\right) = -a^k, \quad k < 0, \quad |z| < |a|$$

$$\boxed{\begin{aligned} Z^{-1}\left(\frac{z}{z-a}\right) &= a^k, \quad k \geq 0, \quad |z| > |a| \\ &= -a^k, \quad k < 0, \quad |z| < |a| \end{aligned}}$$

Ex. 3 : Find $Z^{-1} \dfrac{1}{(z-a)^2}$ if $|z| < a$.

Sol. : If $|z| < a$, $\left|\dfrac{z}{a}\right| < 1$

$$\therefore \quad F(z) = \dfrac{1}{(z-a)^2} = \dfrac{1}{\left[a\left(\dfrac{z}{a} - 1\right)\right]^2}$$

$$= \dfrac{1}{\left[-a\left(1 - \dfrac{z}{a}\right)\right]^2} = \dfrac{1}{a^2} \dfrac{1}{\left(1 - \dfrac{z}{a}\right)^2} = \dfrac{1}{a^2}\left(1 - \dfrac{z}{a}\right)^{-2}$$

$$= \dfrac{1}{a^2}\left[1 + 2\dfrac{z}{a} + 3\left(\dfrac{z}{a}\right)^2 + \ldots\ldots + (n+1)\dfrac{z^n}{a^n} + \ldots\ldots\right]$$

$$= \dfrac{1}{a^2} + 2\dfrac{z}{a^3} + 3\dfrac{z^2}{a^4} + \ldots\ldots + (n+1)\dfrac{z^n}{a^{n+2}} + \ldots\ldots$$

Coefficient of $z^n = \dfrac{n+1}{a^{n+2}}$, $\quad n \geq 0$

Coefficient of $z^{-k} = \dfrac{-k+1}{a^{-k+2}}$, $\quad k \leq 0$

$$Z^{-1}\left\{\dfrac{1}{(z-a)^2}\right\} = \{f(k)\} = \dfrac{-k+1}{a^{-k+2}}, \; k \leq 0, \quad |z| < a.$$

Ex. 4 : Find $Z^{-1}\left(\dfrac{z}{z-5}\right)$ if $|z| > 5$ and $|z| < 5$.

Sol. : $F(z) = \dfrac{z}{z-5}$

Case (i) : $|z| > 5$, $\left|\dfrac{z}{5}\right| > 1$, $\left|\dfrac{5}{z}\right| < 1$

$$F(z) = \dfrac{z}{z\left(1 - \dfrac{5}{z}\right)} = \dfrac{1}{1 - \dfrac{5}{z}} = 1 + \dfrac{5}{z} + \left(\dfrac{5}{z}\right)^2 + \ldots + \left(\dfrac{5}{z}\right)^k + \ldots$$

Coefficient of $z^{-k} = 5^k$, $\quad k \geq 0$

$$Z^{-1}\left(\dfrac{z}{z-5}\right) = 5^k, \; k \geq 0 \text{ if } |z| > 5.$$

Case (ii) : $|z| < 5$, $\left|\dfrac{z}{5}\right| < 1$

$$F(z) = \frac{z}{z-5} = \frac{z}{-5\left(1-\frac{z}{5}\right)}$$

$$= -\frac{z}{5}\left[1 + \frac{z}{5} + \left(\frac{z}{5}\right)^2 + \ldots\right]$$

$$= -\left[\frac{z}{5} + \left(\frac{z}{5}\right)^2 + \left(\frac{z}{5}\right)^3 + \ldots + \left(\frac{z}{5}\right)^k + \ldots\right]$$

$$= -\sum_{k=1}^{\infty}\left(\frac{z}{5}\right)^k \qquad \text{Put } k = -r$$

$$= -\sum_{-1}^{-\infty}\left(\frac{z}{5}\right)^{-r} = -\sum_{-1}^{-\infty} 5^r z^{-r}$$

∴ $\{f(k)\} = -5^k, \ k < 0, \ |z| < 5.$

Ex. 5 : *Find* $Z^{-1} \dfrac{1}{\left(z-\frac{1}{2}\right)\left(z-\frac{1}{3}\right)}, \ \dfrac{1}{3} < |z| < \dfrac{1}{2}$.

Sol. : $\quad F(z) = \dfrac{1}{\left(z-\frac{1}{2}\right)\left(z-\frac{1}{3}\right)} = \dfrac{6}{z-\frac{1}{2}} - \dfrac{6}{z-\frac{1}{3}}$

$|z| < \dfrac{1}{2} \Rightarrow |2z| < 1$

$|z| > \dfrac{1}{3} \Rightarrow |3z| > 1 \Rightarrow \left|\dfrac{1}{3z}\right| < 1$

$$F(z) = \frac{6}{-\frac{1}{2}(1-2z)} - \frac{6}{z\left(1-\frac{1}{3z}\right)}$$

$$= -12\left[1 + (2z) + (2z)^2 + \ldots\right] - \frac{6}{z}\left[1 + \frac{1}{3z} + \left(\frac{1}{3z}\right)^2 + \ldots\right]$$

$$= -12\left[1 + (2z) + (2z)^2 + \ldots\right] - 6\left[\frac{1}{z} + \frac{1}{3z^2} + \frac{1}{3^2 z^3} + \ldots\right]$$

$$= -12\sum_{k=0}^{\infty}(2z)^k - 6\sum_{k=1}^{\infty}\frac{1}{3^{k-1} z^k}$$

Coefficient of z^k in first series $= -12(2)^k, \quad k \geq 0$

Coefficient of z^{-k} in first series $= -12(2)^{-k}, \quad k \leq 0$

Coefficient of z^{-k} in second series $= \dfrac{-6}{3^{k-1}}$, $k \geq 1$

$$\therefore \quad \{f(k)\} = \dfrac{-12\,(2)^{-k}}{(k \leq 0)} - \dfrac{\dfrac{6}{3^{k-1}}}{(k \geq 1)},$$

Alternative By using the formula :

$$Z^{-1}\left(\dfrac{1}{z-a}\right) = -a^{k-1}, \quad k \leq 0, \quad |z| < |a|$$

$$= a^{k-1}, \quad k \geq 1, \quad |z| > |a|$$

$$\therefore \quad Z^{-1}\left[\dfrac{1}{\left(z-\dfrac{1}{2}\right)\left(z-\dfrac{1}{3}\right)}\right] = Z^{-1}\left(\dfrac{6}{z-\dfrac{1}{2}} - \dfrac{6}{z-\dfrac{1}{3}}\right)$$

$$= 6\left[Z^{-1}\left(\dfrac{1}{z-\dfrac{1}{2}}\right) - Z^{-1}\left(\dfrac{1}{z-\dfrac{1}{3}}\right)\right]$$

$|z| < \dfrac{1}{2}$ and $|z| > \dfrac{1}{3}$.

$$\therefore \quad \{f(k)\} = 6 - \left(\dfrac{1}{2}\right)^{k-1} - 6\left(\dfrac{1}{3}\right)^{k-1}$$

$$(k \leq 0) \qquad (k \geq 1)$$

$$= -12 \cdot 2^{-k} - \dfrac{6}{3^{k-1}}$$

$$(k \leq 0) \qquad (k \geq 1)$$

Ex. 6 : Find $Z^{-1}\dfrac{1}{(z-5)^3}, |z| > 5$.

Sol. : $|z| > 5 \Rightarrow \left|\dfrac{z}{5}\right| > 1$

$$\Rightarrow \left|\dfrac{5}{z}\right| < 1.$$

$$F(z) = \dfrac{1}{\left[z\left(1-\dfrac{5}{z}\right)\right]^3} = \dfrac{1}{z^3}\left(1-\dfrac{5}{z}\right)^{-3}$$

$$= z^{-3}\left[1 + (-3)\left(-\dfrac{5}{z}\right) + \dfrac{(-3)(-4)}{2!}\left(-\dfrac{5}{z}\right)^2 + \ldots\ldots\right]$$

$$= z^{-3}\left[1 + 3\cdot 5\cdot z^{-1} + 6\cdot 5^2\cdot z^{-2} + 10\cdot 5^3\cdot z^{-3} + \ldots\ldots \right.$$
$$\left. + \frac{(n+1)(n+2)}{2}\, 5^n\, z^{-n} + \ldots\ldots\right]$$

$$= z^{-3} + 3\cdot 5\cdot z^{-4} + 6\cdot 5^2\cdot z^{-5} + 10\cdot 5^3\cdot z^{-6} + \ldots\ldots$$
$$+ \frac{(n+1)(n+2)}{2}\, 5^n\, z^{-n-3} + \ldots\ldots\ldots$$

Coefficient of $z^{-n-3} = \dfrac{(n+1)(n+2)}{2}\, 5^n$, $n \geq 0$, $n + 3 = k$

Coefficient of $z^{-k} = \dfrac{(k-3+1)(k-3+2)}{2}\, 5^{k-3}$, $k \geq 3$

$$\{f(k)\} = \frac{(k-2)(k-1)}{2}\, 5^{k-3},\ k \geq 3.$$

Ex. 7 : Find $Z^{-1}\left(\dfrac{1}{(z-3)(z-2)}\right)$, $2 < |z| < 3$. **(Dec. 2004; May 2007, 2011)**

Sol. : $\quad F(z) = \dfrac{1}{(z-3)(z-2)} = \dfrac{1}{z-3} - \dfrac{1}{z-2}$

$|z| < 3 \Rightarrow \left|\dfrac{z}{3}\right| < 1$

$|z| > 2 \Rightarrow \left|\dfrac{z}{2}\right| > 1 \Rightarrow \left|\dfrac{2}{z}\right| < 1$

$$F(z) = \frac{1}{-3\left(1 - \dfrac{z}{3}\right)} - \frac{1}{z\left(1 - \dfrac{2}{z}\right)}$$

$$= -\frac{1}{3}\left[1 + \frac{z}{3} + \left(\frac{z}{3}\right)^2 + \ldots\ldots\right] - \frac{1}{z}\left[1 + \frac{2}{z} + \left(\frac{2}{z}\right)^2 + \ldots\ldots\right]$$

$$= -\left[\frac{1}{3} + \frac{1}{3^2}z + \frac{1}{3^3}z^2 + \ldots\ldots + \frac{1}{3^{k+1}}z^k + \ldots\ldots\ldots\right]$$

$$\quad - \left[\frac{1}{z} + \frac{2}{z^2} + \frac{2^2}{z^3} + \ldots\ldots + \frac{2^k}{z^{k+1}} + \ldots\ldots\right]$$

Coefficient of z^k in first series $= -\dfrac{1}{3^{k+1}}$, $k \geq 0$

Coefficient of z^{-k} in first series $= -\dfrac{1}{3^{-k+1}}$, $k \leq 0$

Coefficient of $z^{-(k+1)}$ in second series $= 2^k$, $k \geq 0$

Coefficient of z^{-k} in second series $= -2^{k-1}$, $k \geq 1$.

$$\therefore \quad \{f(k)\} = -\frac{1}{3^{-k+1}} \quad - \quad 2^{k-1}$$
$$(k \le 0) \qquad (k \ge 1)$$
$$\{f(k)\} = -3^{k-1} \quad - \quad 2^{k-1}$$
$$(k \le 0) \qquad (k \ge 1)$$

Ex. 8 : *Show that* $Z^{-1}\left\{\dfrac{1}{\left(z-\frac{1}{2}\right)\left(z-\frac{1}{3}\right)}\right\} = \{x_k\}$ *for* $|z| > \dfrac{1}{2}$ **(Dec. 2005, 2010)**

where $\quad x_k = 6\left[\left(\dfrac{1}{2}\right)^{k-1} - \left(\dfrac{1}{3}\right)^{k-1}\right], k \ge 1.$

Sol. : $\quad X(z) = \dfrac{1}{\left(z-\frac{1}{2}\right)\left(z-\frac{1}{3}\right)} = \dfrac{6}{z-\frac{1}{2}} - \dfrac{6}{z-\frac{1}{3}}$

$$|z| > \frac{1}{2} \Rightarrow |2z| > 1 \Rightarrow \left|\frac{1}{2z}\right| < 1 \Rightarrow \left|\frac{1}{3z}\right| < 1$$

$$X(z) = \frac{6}{z\left(1-\frac{1}{2z}\right)} - \frac{6}{z\left(1-\frac{1}{3z}\right)}$$

$$= \frac{6}{z}\left(1 + \frac{1}{2z} + \left(\frac{1}{2z}\right)^2 + \ldots\right) - \frac{6}{z}\left(1 + \frac{1}{3z} + \left(\frac{1}{3z}\right)^2 + \ldots\right)$$

$$= 6\left[\frac{1}{z} + \frac{1}{2z^2} + \frac{1}{2^2 z^3} + \ldots + \frac{1}{2^{k-1} z^k} + \ldots\right]$$

$$\quad - 6\left[\frac{1}{z} + \frac{1}{3z^2} + \frac{1}{3^2 z^3} + \ldots + \frac{1}{3^{k-1} z^k} + \ldots\right]$$

$$\{x_k\} = 6 \cdot \left[\left(\frac{1}{2}\right)^{k-1} - \left(\frac{1}{3}\right)^{k-1}\right], k \ge 1.$$

Ex. 9 : *Show that* $Z^{-1}\left[\dfrac{1}{(z-2)(z-3)}\right] = \{x_k\},$ *for* $|z| < 2,$

where $x_k = 2^{k-1} - 3^{k-1}, k \le 0.$

Sol. : $\quad X(z) = \dfrac{1}{(z-2)(z-3)} = \dfrac{1}{z-3} - \dfrac{1}{z-2}$

$$|z| < 2, \quad \left|\frac{z}{2}\right| < 1 \Rightarrow \left|\frac{z}{3}\right| < 1$$

$$X(z) = \frac{1}{-3\left(1-\frac{z}{3}\right)} + \frac{1}{2\left(1-\frac{z}{2}\right)}$$

$$= -\frac{1}{3}\left(1 + \frac{z}{3} + \left(\frac{z}{3}\right)^2 + \ldots\right) + \frac{1}{2}\left[1 + \frac{z}{2} + \left(\frac{z}{2}\right)^2 + \ldots\right]$$

$$= -\left[\frac{1}{3} + \frac{z}{3^2} + \frac{z^2}{3^3} + \ldots + \frac{z^k}{3^{k+1}} + \ldots\right]$$

$$+ \left[\frac{1}{2} + \frac{z}{2^2} + \frac{z^2}{2^3} + \ldots + \frac{z^k}{2^{k+1}} + \ldots\right]$$

Coefficient of z^k in the first series $= -\frac{1}{3^{k+1}}$, $k \geq 0$

Coefficient of z^{-k} in the first series $= -\frac{1}{3^{-k+1}} = -3^{k-1}$, $k \leq 0$

Coefficient of z^{-k} in the second series $= 2^{k-1}$, $k \leq 0$

$\therefore \quad \{x_k\} = 2^{k-1} - 3^{k-1}$, $k \leq 0$.

II. Partial Fraction Method

To apply this, it is necessary that the degree of numerator is not greater than the degree of the denominator.

In case this is not, we carry out actual division till the remainder satisfies the condition given above. In this case,

$$F(z) = P(z) + \frac{Q(z)}{R(z)}$$

The expression $\frac{Q(z)}{R(z)}$ is then considered for expressing it in partial fraction.

Let $F(z)$ satisfy the condition specified.

Then we obtain partial fraction of $\frac{F(z)}{z}$ and not that of $F(z)$.

Linear Non-Repeated Factors :

Suppose $\quad \dfrac{F(z)}{z} = \dfrac{B_1}{z - \alpha_1} + \dfrac{B_2}{z - \alpha_2} + \dfrac{B_3}{z - \alpha_3} + \ldots$

$$Z^{-1}[F(z)] = B_1 Z^{-1}\left(\frac{z}{z - \alpha_1}\right) + B_2 \cdot Z^{-1}\left(\frac{z}{z - \alpha_2}\right) + \ldots$$

$$\{f(k)\} = B_1 \{\alpha_1\}^k + B_2 \{\alpha_2\}^k + \ldots$$

provided $|z| > |\alpha_1|$, $|z| > |\alpha_2|$ and so on. $(k \geq 0)$

Similarly, $Z^{-1}[F(z)] = B_1 Z^{-1}\left(\dfrac{z}{z - \alpha_1}\right) + B_2 Z^{-1}\left(\dfrac{z}{z - \alpha_2}\right) + \ldots$

$$= B_1 \{-\alpha_1^k\} + B_2 \{-\alpha_2^k\} + \ldots$$

provided $|z| < |\alpha_1|$, $|z| < |\alpha_2|$ and so on. $(k < 0)$.

Linear Repeated factors :

Suppose $\quad F(z) = \dfrac{B_1}{(z-\alpha_1)^2} \quad$ or $\quad F(z) = \dfrac{B_1}{(z-\alpha_1)^3}$

or $\quad F(z) = B_1 \cdot \dfrac{z}{(z-\alpha_1)^2}$

then always use series expansion of z which is obtained by Binomial expansion.

Note : Here we will note some important formulae of inverse Z-transform.

$$Z^{-1}\left\{\dfrac{z^2}{(z-a)^2}\right\} = \{(k+1)a^k\}, \quad |z| > |a|, \quad k \geq 0$$

$$= -(k+1)a^k, \quad |z| < |a|, \quad k < 0$$

$$Z^{-1}\left\{\dfrac{z^3}{(z-a)^3}\right\} = \dfrac{1}{2!}(k+1)(k+2)a^k\, U(k), \quad |z| > |a|, \quad k \geq 0$$

$$= -\dfrac{1}{2!}(k+1)(k+2)a^k\, U(-k+2), \quad |z| < |a|, k < 0$$

$$Z^{-1}\left\{\dfrac{z^n}{(z-a)^n}\right\} = \dfrac{1}{(n-1)!}(k+1)(k+2)\ldots(k+n-1)a^k\, U(k),$$

$$|z| > |a|, \; k \geq 0$$

$$= -\dfrac{1}{(n-1)!}(k+1)(k+2)\ldots(k+n-1)a^k,$$

$$|z| < |a|, \; k < 0.$$

ILLUSTRATIONS

Ex. 1 : Find $Z^{-1}\dfrac{z}{(z-1)(z-2)}, \; if |z| \geq 2.$

Sol. : $\quad F(z) = \dfrac{z}{(z-1)(z-2)}$

$\dfrac{F(z)}{z} = \dfrac{1}{(z-1)(z-2)} = \dfrac{(-1)}{z-1} + \dfrac{(1)}{z-2}$

$\dfrac{F(z)}{z} = \dfrac{1}{z-2} - \dfrac{1}{z-1}$

$F(z) = \dfrac{z}{z-2} - \dfrac{z}{z-1}$

$Z^{-1}[F(z)] = Z^{-1}\left(\dfrac{z}{z-2}\right) - Z^{-1}\left(\dfrac{z}{z-1}\right)$

$$|z| \geq 2 \Rightarrow |z| \geq 1$$

$\therefore \quad \{f(k)\} = 2^k - 1^k, \ k > 0$

$\quad \{f(k)\} = 2^k - 1, \ k > 0.$

Ex. 2 : Find $Z^{-1}\left[\dfrac{z^2}{\left(z-\dfrac{1}{2}\right)\left(z-\dfrac{1}{3}\right)}\right]$, if $\dfrac{1}{3} < |z| < \dfrac{1}{2}$. **(May 2005)**

Sol. :

$$F(z) = \dfrac{z^2}{\left(z-\dfrac{1}{2}\right)\left(z-\dfrac{1}{3}\right)}$$

$$\dfrac{F(z)}{z} = \dfrac{z}{\left(z-\dfrac{1}{2}\right)\left(z-\dfrac{1}{3}\right)}$$

$$\dfrac{F(z)}{z} = \dfrac{3}{z-\dfrac{1}{2}} + \dfrac{(-2)}{z-\dfrac{1}{3}}$$

$$F(z) = 3 \cdot \left(\dfrac{z}{z-\dfrac{1}{2}}\right) - 2 \cdot \dfrac{z}{z-\dfrac{1}{3}}$$

$$Z^{-1}[F(z)] = 3 Z^{-1}\left(\dfrac{z}{z-\dfrac{1}{2}}\right) - 2 Z^{-1}\left(\dfrac{z}{z-\dfrac{1}{3}}\right)$$

Now, $\quad \dfrac{1}{3} < |z| < \dfrac{1}{2}$

$\quad |z| < \dfrac{1}{2}$ and $|z| > \dfrac{1}{3}$

$\therefore \quad \{f(k)\} = 3\left[-\left(\dfrac{1}{2}\right)^k\right] - 2 \cdot \left(\dfrac{1}{3}\right)^k$

$\qquad\qquad\qquad\quad (k < 0) \qquad (k \geq 0)$

$\quad \{f(k)\} = -3\left(\dfrac{1}{2}\right)^k - 2\left(\dfrac{1}{3}\right)^k$

$\qquad\qquad\qquad (k < 0) \qquad (k \geq 0)$

Ex. 3 : Find $Z^{-1}\left[\dfrac{z}{\left(z-\dfrac{1}{4}\right)\left(z-\dfrac{1}{5}\right)}\right], |z| > \dfrac{1}{4}$. **(Nov. 2014)**

Sol. : $\quad F(z) = \dfrac{z}{\left(z-\dfrac{1}{4}\right)\left(z-\dfrac{1}{5}\right)}$

$$\frac{F(z)}{z} = \frac{1}{\left(z-\frac{1}{4}\right)\left(z-\frac{1}{5}\right)} = \frac{(20)}{z-\frac{1}{4}} + \frac{(-20)}{z-\frac{1}{5}}$$

$$F(z) = 20 \cdot \frac{z}{z-\frac{1}{4}} - 20 \cdot \frac{z}{z-\frac{1}{5}}$$

$$|z| > \frac{1}{4} \Rightarrow |z| > \frac{1}{5}$$

$$\therefore \quad Z^{-1}[F(z)] = 20 \cdot Z^{-1}\left(\frac{z}{z-\frac{1}{4}}\right) - 20 \cdot Z^{-1}\left(\frac{z}{z-\frac{1}{5}}\right)$$

$$\{f(k)\} = 20 \cdot \left(\frac{1}{4}\right)^k - 20 \left(\frac{1}{5}\right)^k, \ k \geq 0.$$

Ex. 4 : *Find* $Z^{-1} \dfrac{z^2}{\left(z-\frac{1}{2}\right)\left(z-\frac{1}{3}\right)}, \ |z| > \frac{1}{2}.$ **(Dec. 06, 12; May 06, 08)**

Sol. :
$$F(z) = \frac{z^2}{\left(z-\frac{1}{2}\right)\left(z-\frac{1}{3}\right)}$$

$$\frac{F(z)}{z} = \frac{z}{\left(z-\frac{1}{2}\right)\left(z-\frac{1}{3}\right)} = \frac{3}{z-\frac{1}{2}} - \frac{2}{z-\frac{1}{3}}$$

$$F(z) = 3 \cdot \frac{z}{z-\frac{1}{2}} - 2 \cdot \frac{z}{z-\frac{1}{3}}$$

$$\therefore \quad Z^{-1}[F(z)] = 3 \cdot Z^{-1}\left(\frac{z}{z-\frac{1}{2}}\right) - 2 \cdot Z^{-1}\left(\frac{z}{z-\frac{1}{3}}\right)$$

$$|z| > \frac{1}{2} \Rightarrow |z| > \frac{1}{3}$$

$$\{f(k)\} = 3 \cdot \left(\frac{1}{2}\right)^k - 2 \left(\frac{1}{3}\right)^k, \ k \geq 0$$

Ex. 5 : *Find* $Z^{-1}\left(\dfrac{3z^2+2z}{z^2-3z+2}\right), \ 1 < |z| < 2.$

(Dec. 04, 12; May 05)

Sol. :
$$F(z) = \frac{3z^2+2z}{z^2-3z+2}$$

$$\frac{F(z)}{z} = \frac{3z+2}{(z-2)(z-1)} = \frac{(8)}{z-2} + \frac{(-5)}{z-1}$$

$$F(z) = 8 \cdot \frac{z}{z-2} - 5 \cdot \frac{z}{z-1}$$

$$Z^{-1}\{f(z)\} = 8 \cdot Z^{-1}\left(\frac{z}{z-2}\right) - 5 \cdot Z^{-1}\left(\frac{z}{z-1}\right)$$

$$1 < |z| < 2$$

$\therefore \qquad |z| > 1 \text{ and } |z| < 2.$

$$\{f(k)\} = 8[-(2)^k] - 5(1)^k$$
$$\qquad (k<0) \qquad (k \geq 0)$$
$$= -8(2)^k - 5$$
$$\qquad (k<0) \qquad (k \geq 0)$$

Ex. 6 : Find $Z^{-1}\left[\dfrac{z^3}{(z-1)\left(z-\dfrac{1}{2}\right)^2}\right]$, $|z| > 1$.   **(Dec. 04, 12; May 05)**

Sol. :
$$F(z) = \frac{z^3}{(z-1)\left(z-\dfrac{1}{2}\right)^2}$$

$$\frac{F(z)}{z} = \frac{z^2}{(z-1)\left(z-\dfrac{1}{2}\right)^2}$$

$$\frac{z^2}{(z-1)\left(z-\dfrac{1}{2}\right)^2} = \frac{A}{z-1} + \frac{B}{z-\dfrac{1}{2}} + \frac{C}{\left(z-\dfrac{1}{2}\right)^2}$$

$$z^2 = A\left(z-\dfrac{1}{2}\right)^2 + B\left(z-\dfrac{1}{2}\right)(z-1) + C(z-1)$$

$z = 1 \Rightarrow A = 4; \quad z = \dfrac{1}{2} \Rightarrow C = -\dfrac{1}{2}$

$z = 0 \Rightarrow B = -3$

$$\frac{F(z)}{z} = \frac{4}{z-1} - \frac{3}{z-\dfrac{1}{2}} - \frac{\dfrac{1}{2}}{\left(z-\dfrac{1}{2}\right)^2}$$

$$F(z) = 4 \cdot \frac{z}{z-1} - 3 \cdot \frac{z}{z-\dfrac{1}{2}} - \frac{1}{2} \frac{z}{\left(z-\dfrac{1}{2}\right)^2}, \quad |z| > 1$$

$$\{f(k)\} = 4(1)^k - 3 \cdot \left(\dfrac{1}{2}\right)^k - \dfrac{1}{2} \cdot k \left(\dfrac{1}{2}\right)^{k-1}, \quad k \geq 0$$

$$= 4 - 3\left(\dfrac{1}{2}\right)^k - k\left(\dfrac{1}{2}\right)^k, \quad k \geq 0, \ |z| > 1$$

$$\{f(k)\} = 4 - (k+3)\left(\frac{1}{2}\right)^k, \quad k \geq 0, \quad |z| > 1.$$

Note : Here we have used the formula $Z^{-1}\left[\dfrac{z}{(z-a)^2}\right] = k\, a^{k-1}, \quad k \geq 0, \quad |z| > |a|$.

Ex. 7 : Find $Z^{-1}\left(\dfrac{z(z+1)}{z^2 - 2z + 1}\right), \quad |z| > 1$. (May 2006, 2014)

Sol. :

$$\frac{F(z)}{z} = \frac{z+1}{z^2 - 2z + 1} = \frac{z+1}{(z-1)^2}$$

$$= \frac{(z-1)+2}{(z-1)^2} = \frac{1}{z-1} + \frac{2}{(z-1)^2}$$

$$F(z) = \frac{z}{z-1} + 2 \cdot \frac{z}{(z-1)^2}, \quad |z| > 1$$

$$\therefore \quad \{f(k)\} = (1)^k + 2 \cdot k(1)^{k-1}, \quad k \geq 0, \quad |z| > 1$$

$$\{f(k)\} = 1 + 2k, \quad k \geq 0, \quad |z| > 1.$$

Ex. 8 : Find $Z^{-1}\left(\dfrac{z^3}{(z-1)\left(z-\frac{1}{2}\right)^2}\right), \quad |z| > \dfrac{1}{2}$.

Sol. :

$$F(z) = \frac{z^3}{(z-1)\left(z-\frac{1}{2}\right)^2}$$

$$\frac{F(z)}{z} = \frac{z^2}{(z-1)\left(z-\frac{1}{2}\right)^2} = \frac{4}{z-1} - \frac{3}{z-\frac{1}{2}} - \frac{1/2}{\left(z-\frac{1}{2}\right)^2}$$

$$F(z) = 4 \cdot \frac{z}{z-1} - 3 \cdot \frac{z}{z-\frac{1}{2}} - \frac{1}{2} \frac{z}{\left(z-\frac{1}{2}\right)^2}$$

$$\therefore \quad \{f(k)\} = 4(1)^k - 3 \cdot \left(\frac{1}{2}\right)^k - \frac{1}{2} \cdot k \cdot \left(\frac{1}{2}\right)^{k-1}, \quad k \geq 0$$

$$= 4 - (3+k)\left(\frac{1}{2}\right)^k, \quad k \geq 0.$$

Ex. 9 : Show that $Z^{-1}\left[\dfrac{z^3}{\left(z-\frac{1}{4}\right)^2 (z-1)}\right] = \{x_k\}, \text{ for } |z| > 1$

where $x_k = \dfrac{16}{9} - \dfrac{4}{9}\left(\dfrac{1}{4}\right)^k - \dfrac{1}{3}(k+1)\left(\dfrac{1}{4}\right)^k, \quad k \geq 0$. (May 2009)

Sol. :
$$\frac{X(z)}{z} = \frac{z^2}{(z-1)\left(z-\frac{1}{4}\right)^2}$$

$$= \frac{16/9}{z-1} - \frac{7/9}{z-\frac{1}{4}} - \frac{1/12}{\left(z-\frac{1}{4}\right)^2}$$

$$X(z) = \frac{16}{9}\frac{z}{z-1} - \frac{7}{9}\frac{z}{z-\frac{1}{4}} - \frac{1}{12}\frac{z}{\left(z-\frac{1}{4}\right)^2}$$

$$|z| > 1 \Rightarrow |z| > \frac{1}{4}$$

$$\therefore \quad \{x_k\} = \frac{16}{9}(1) - \frac{7}{9}\left(\frac{1}{4}\right)^k - \frac{1}{12}k\cdot\left(\frac{1}{4}\right)^{k-1}, \quad k \geq 0, \ |z| > 1$$

$$= \frac{16}{9} - \frac{4}{9}\left(\frac{1}{4}\right)^k - \frac{3}{9}\left(\frac{1}{4}\right)^k - \frac{1}{12}k\left(\frac{1}{4}\right)^{k-1}$$

$$= \frac{16}{9} - \frac{4}{9}\left(\frac{1}{4}\right)^k - \frac{1}{3}\left(\frac{1}{4}\right)^k [1+k]$$

$$\{x_k\} = \frac{16}{9} - \frac{4}{9}\left(\frac{1}{4}\right)^k - \frac{1}{3}(k+1)\left(\frac{1}{4}\right)^k, \quad k \geq 0, \ |z| > 1.$$

Ex. 10 : Find $Z^{-1}\left(\frac{2z^2+3z}{z^2+z+1}\right), \ |z| > 1.$

Sol. :
$$F(z) = \frac{2z^2+3z}{z^2+z+1}$$

$$\frac{F(z)}{z} = \frac{2z+3}{z^2+z+1}$$

The roots of z^2+z+1 are $z = \frac{-1\pm\sqrt{1-4}}{2} = -\frac{1}{2} \pm \frac{\sqrt{3}}{2}i$

$$\frac{F(z)}{z} = \frac{2z+3}{\left[z-\left(-\frac{1}{2}+\frac{\sqrt{3}}{2}i\right)\right]\left[z-\left(-\frac{1}{2}-\frac{\sqrt{3}}{2}i\right)\right]}$$

$$= \frac{\frac{2+\sqrt{3}i}{\sqrt{3}i}}{z-\left(-\frac{1}{2}+\frac{\sqrt{3}}{2}i\right)} + \frac{\frac{2-\sqrt{3}i}{-\sqrt{3}i}}{z-\left(-\frac{1}{2}-\frac{\sqrt{3}}{2}i\right)} \qquad \text{(by partial fraction)}$$

$$F(z) = \frac{1}{\sqrt{3}\,i} \left\{ \frac{(2+\sqrt{3}\,i)\,z}{z - \left(-\frac{1}{2} + \frac{\sqrt{3}}{2}i\right)} - \frac{(2-\sqrt{3}\,i)\,z}{z - \left(-\frac{1}{2} - \frac{\sqrt{3}}{2}i\right)} \right\}$$

Now, $\left| -\frac{1}{2} + \frac{\sqrt{3}}{2}i \right| = \sqrt{\frac{1}{4} + \frac{3}{4}} = 1$

$\left| -\frac{1}{2} - \frac{\sqrt{3}}{2}i \right| = 1$

$\therefore \quad |z| > 1.$

Taking inverse Z-transform,

$$\{f(k)\} = \frac{1}{\sqrt{3}\,i} \left\{ (2+\sqrt{3}\,i)\left(-\frac{1}{2} + \frac{\sqrt{3}}{2}i\right)^k - (2-\sqrt{3}\,i)\left(-\frac{1}{2} - \frac{\sqrt{3}}{2}i\right)^k \right\}, \; |z| > 1.$$

We know from complex numbers, if $z = x + iy$

$\therefore \quad x + iy = r\,e^{i\theta}$

where $\quad r = \sqrt{x^2 + y^2}$ and $\theta = \tan^{-1}\frac{y}{x}$

$\therefore \quad \frac{1}{2} + i\frac{\sqrt{3}}{2} = 1 \cdot e^{i\pi/3} \qquad \because r = \sqrt{\frac{1}{4} + \frac{3}{4}} = 1$

$$\theta = \tan^{-1}\left(\frac{\sqrt{3}/2}{1/2}\right)$$

$$= \tan^{-1}\sqrt{3} = \pi/3$$

$\therefore \quad -\frac{1}{2} + i\frac{\sqrt{3}}{2} = 1 \cdot e^{i\,2\pi/3}$

$\quad -\frac{1}{2} - i\frac{\sqrt{3}}{2} = 1 \cdot e^{-i\,2\pi/3}$

$\left(-\frac{1}{2} + \frac{\sqrt{3}}{2}i\right)^k = \left(e^{i\,2\pi/3}\right)^k = e^{i\frac{2\pi k}{3}}$

$\left(-\frac{1}{2} - \frac{\sqrt{3}}{2}i\right)^k = \left(e^{-i2\pi/3}\right)^k = e^{-i\frac{2\pi k}{3}}$ by De Moivre's theorem

$$\{f(k)\} = \frac{1}{\sqrt{3}\,i} \left\{ (2+\sqrt{3}\,i)\,e^{i\frac{2\pi k}{3}} - (2-\sqrt{3}\,i)\,e^{-i\frac{2\pi k}{3}} \right\}$$

$$= \frac{1}{\sqrt{3}\,i}\left\{2\left(e^{i\frac{2\pi k}{3}} - e^{-i\frac{2\pi k}{3}}\right) + \sqrt{3}\,i\left(e^{i\frac{2\pi k}{3}} + e^{-i\frac{2\pi k}{3}}\right)\right\}$$

$$= \frac{2}{\sqrt{3}}\,(2)\left(\frac{e^{\frac{i2\pi k}{3}} - e^{\frac{-i2\pi k}{3}}}{2i}\right) + 2\left(\frac{e^{\frac{i2\pi k}{3}} + e^{\frac{-i2\pi k}{3}}}{2}\right)$$

$$\{f(k)\} = \frac{4}{\sqrt{3}}\sin\frac{2\pi k}{3} + 2\cos\frac{2\pi k}{3},\ k\geq 0,\ |z| > 1.$$

$$\left[\text{Note}:\ \frac{e^{i\theta} - e^{-i\theta}}{2i} = \sin\theta\ ;\ \frac{e^{i\theta} + e^{-i\theta}}{2} = \cos\theta\right]$$

Ex. 11 : *Find* $Z^{-1}\left(\frac{z(z+1)}{(z-1)(z^2+z+1)}\right),\ |z| > 1.$

Sol. :
$$F(z) = \frac{z(z+1)}{(z-1)(z^2+z+1)}$$

$$\frac{F(z)}{z} = \frac{z+1}{(z-1)(z^2+z+1)}$$

$$\frac{z+1}{(z-1)(z^2+z+1)} = \frac{A}{z-1} + \frac{Bz+C}{z^2+z+1}$$

$$z+1 = A(z^2+z+1) + (Bz+C)(z-1)$$
$$z+1 = Az^2 + Az + A + Bz^2 - Bz + Cz - C$$
$$z+1 = (A+B)z^2 + (A-B+C)z + (A-C)$$
$$A+B = 0;\ A-B+C = 1;\ A-C = 1$$

Solving
$$A = \frac{2}{3};\ B = -\frac{2}{3};\ C = -\frac{1}{3}$$

$$\frac{F(z)}{z} = \frac{2}{3}\frac{1}{z-1} + \frac{-\frac{2}{3}z - \frac{1}{3}}{z^2+z+1}$$

$$F(z) = \frac{2}{3}\cdot\frac{z}{z-1} - \frac{1}{3}\frac{z(2z+1)}{z^2+z+1}$$

$$= \frac{2}{3}\cdot\frac{z}{z-1} - \frac{2}{3}\left(\frac{z\left(z+\frac{1}{2}\right)}{z^2+2z\left(\frac{1}{2}\right)+1}\right)$$

$$Z^{-1}\left(\frac{z}{z-1}\right) = 1,\ |z| > 1.$$

To find $Z^{-1}\left\{\dfrac{z\left(z+\dfrac{1}{2}\right)}{z^2+2z\left(\dfrac{1}{2}\right)+1}\right\}$ we compare with $Z^{-1}\left(\dfrac{z(z-\cos\alpha)}{z^2-2z\cos\alpha+1}\right) = \{\cos\alpha k\},\ k\geq 0.$

$\therefore\quad -\cos\alpha = \dfrac{1}{2}\qquad \therefore\ \cos\alpha = -\dfrac{1}{2}\qquad \alpha = \dfrac{2\pi}{3}.$

$$\{f(k)\} = \dfrac{2}{3}Z^{-1}\left(\dfrac{z}{z-1}\right) - \dfrac{2}{3}\cdot Z^{-1}\left\{\dfrac{z\left(z+\dfrac{1}{2}\right)}{z^2+2z\left(\dfrac{1}{2}\right)+1}\right\}$$

$$= \dfrac{2}{3}(1) - \dfrac{2}{3}\cos\dfrac{2\pi k}{3},\ k\geq 0$$

$$\{f(k)\} = \dfrac{2}{3}\left(1 - \cos\dfrac{2\pi k}{3}\right),\ k\geq 0,\ |z| > 1.$$

Ex. 12 : Show that $Z^{-1}\left[\dfrac{z^2+z}{z^2+z+1}\right] = \{x_k\}$ for $|z| > 1$,

where $x_k = \cos\dfrac{2\pi k}{3} + \dfrac{1}{\sqrt{3}}\sin\dfrac{2\pi k}{3},\ k\geq 0.$

Sol. : $\dfrac{X(z)}{z} = \dfrac{z+1}{z^2+z+1}$

$$\dfrac{X(z)}{z} = \dfrac{z+1}{\left[z-\left(-\dfrac{1}{2}+\dfrac{\sqrt{3}}{2}i\right)\right]\left[z-\left(-\dfrac{1}{2}-\dfrac{\sqrt{3}}{2}i\right)\right]}$$

$$= \dfrac{\dfrac{\dfrac{1}{2}+\dfrac{\sqrt{3}}{2}i}{\sqrt{3}i}}{z-\left(-\dfrac{1}{2}+\dfrac{\sqrt{3}}{2}i\right)} + \dfrac{\dfrac{\dfrac{1}{2}-\dfrac{\sqrt{3}}{2}i}{-\sqrt{3}i}}{z-\left(-\dfrac{1}{2}-\dfrac{\sqrt{3}}{2}i\right)}$$

$$X(z) = \dfrac{1}{2\sqrt{3}i}\left\{\dfrac{(1+\sqrt{3}i)z}{z-\left(-\dfrac{1}{2}+\dfrac{\sqrt{3}}{2}i\right)} - \dfrac{(1-\sqrt{3}i)z}{z-\left(-\dfrac{1}{2}-\dfrac{\sqrt{3}}{2}i\right)}\right\}$$

Taking inverse Z-transform and noting that

$$\left|-\dfrac{1}{2}+\dfrac{\sqrt{3}}{2}i\right| = \sqrt{\dfrac{1}{4}+\dfrac{3}{4}} = 1$$

$$\left|-\dfrac{1}{2}-\dfrac{\sqrt{3}}{2}i\right| = \sqrt{\dfrac{1}{4}+\dfrac{3}{4}} = 1\ \text{and}\ |z| > 1.$$

$$\therefore \quad \{x_k\} = \frac{1}{2\sqrt{3}\,i} \left\{ (1+\sqrt{3}\,i)\left(-\frac{1}{2} + \frac{\sqrt{3}}{2}i\right)^k - (1-\sqrt{3}\,i)\left(-\frac{1}{2} - \frac{\sqrt{3}}{2}i\right)^k \right\}$$

But $\quad -\frac{1}{2} + \frac{\sqrt{3}}{2}i = 1 \cdot e^{i\frac{2\pi}{3}}$

$\quad -\frac{1}{2} - \frac{\sqrt{3}}{2}i = 1 \cdot e^{-i\frac{2\pi}{3}}$

$$\left(-\frac{1}{2} + \frac{\sqrt{3}}{2}i\right)^k = e^{i\frac{2\pi k}{3}}; \quad \left(-\frac{1}{2} - \frac{\sqrt{3}}{2}i\right)^k = e^{-i\frac{2\pi k}{3}}$$

$$\{x_k\} = \frac{1}{2\sqrt{3}\,i} \left\{ (1+\sqrt{3}\,i)\, e^{i\frac{2\pi k}{3}} - (1-\sqrt{3}\,i)\, e^{-i\frac{2\pi k}{3}} \right\}$$

$$= \frac{1}{2\sqrt{3}\,i} \left\{ \left(e^{i\frac{2\pi k}{3}} - e^{-i\frac{2\pi k}{3}}\right) + \sqrt{3}\,i \left(e^{i\frac{2\pi k}{3}} + e^{-i\frac{2\pi k}{3}}\right) \right\}$$

$$= \frac{1}{\sqrt{3}} \left(\frac{e^{i\frac{2\pi k}{3}} - e^{-i\frac{2\pi k}{3}}}{2i} \right) + \left(\frac{e^{i\frac{2\pi k}{3}} + e^{-i\frac{2\pi k}{3}}}{2} \right)$$

$$\{x_k\} = \frac{1}{\sqrt{3}} \sin\frac{2\pi k}{3} + \cos\frac{2\pi k}{3}, \quad k \geq 0.$$

Ex. 13 : *Show that* $Z^{-1}\left[\dfrac{z^2}{\left(z-\dfrac{1}{4}\right)\left(z-\dfrac{1}{5}\right)}\right] = \{x_k\}$ *for* $|z| < \dfrac{1}{5}$,

where $x_k = 4\left(\dfrac{1}{5}\right)^k - 5\left(\dfrac{1}{4}\right)^k, \; k < 0.$

Sol. : $\quad \dfrac{X(z)}{z} = \dfrac{z}{\left(z-\dfrac{1}{4}\right)\left(z-\dfrac{1}{5}\right)} = \dfrac{5}{z-\dfrac{1}{4}} - \dfrac{4}{z-\dfrac{1}{5}}$

$$X(z) = 5 \cdot \dfrac{z}{z-\dfrac{1}{4}} - 4 \cdot \dfrac{z}{z-\dfrac{1}{5}}$$

$$|z| < \frac{1}{5} \;\Rightarrow\; |z| < \frac{1}{4}$$

$\therefore \quad \{x_k\} = 5\left[-\left(\dfrac{1}{4}\right)^k\right] - 4\left[-\left(\dfrac{1}{5}\right)^k\right], \; k < 0$

$$= -5\left(\dfrac{1}{4}\right)^k + 4\left(\dfrac{1}{5}\right)^k, \quad k < 0.$$

Ex. 14 : Show that $Z^{-1}\left[\dfrac{z+1}{(z-1)^2}\right] = \{x_k\}$ for $|z| > 1$, where $x_k = 2k-1,\ k \geq 1$, $= 0,\ k < 1$.

Sol. :
$$X(z) = \dfrac{z+1}{(z-1)^2} = \dfrac{(z-1)+2}{(z-1)^2}$$

$$X(z) = \dfrac{1}{z-1} + \dfrac{2}{(z-1)^2}$$

$|z| > 1$, $\left|\dfrac{1}{z}\right| < 1$

$$X(z) = \dfrac{1}{z\left(1-\dfrac{1}{z}\right)} + \dfrac{2}{z^2\left(1-\dfrac{1}{z}\right)^2} = \dfrac{1}{z}\left(1 + \dfrac{1}{z} + \dfrac{1}{z^2} + \ldots\right)$$

$$+ \dfrac{2}{z^2}\left[1 + (-2)\left(-\dfrac{1}{z}\right) + \dfrac{(-2)(-3)}{2!}\left(-\dfrac{1}{z}\right)^2 + \dfrac{(-2)(-3)(-4)}{3!}\left(-\dfrac{1}{z}\right)^3 + \ldots\right]$$

$$= \left[\dfrac{1}{z} + \dfrac{1}{z^2} + \dfrac{1}{z^3} + \ldots + \dfrac{1}{z^k} + \ldots\right] + \left[\dfrac{2}{z^2} + \dfrac{4}{z^3} + \dfrac{6}{z^4} + \dfrac{8}{z^5} + \ldots \dfrac{2k}{z^{k+1}} + \ldots\right]$$

Coefficient of z^{-k} in first series $= 1,\ k \geq 1$
Coefficient of z^{-k-1} in second series $= 2k,\ k \geq 1$
Coefficient of z^{-k} in second series $= 2(k-1),\ k-1 \geq 1$
$= 2k-2,\ k \geq 2$.

$\{x_k\} = (1) + (2k-2)$
$\quad\ \ k \geq 1 \quad\ \ k \geq 2$
$= 2k-1,\ k \geq 1$
$= 0,\ k < 1$.

Ex. 15 : *Show that* $Z^{-1}\left\{\dfrac{z^2}{z^2+1}\right\} = \{x_k\}$ *for* $|z| > 1$, *where* $x_k = \cos\dfrac{k\pi}{2},\ k \geq 0$.

(May 2006, Dec. 2006)

Sol. :
$$X(z) = \dfrac{z^2}{z^2+1} = \dfrac{z\left(z - \cos\dfrac{\pi}{2}\right)}{z^2 - 2z\cos\dfrac{\pi}{2} + 1} \quad \text{(Note this adjustment)}$$

$$\{x_k\} = Z^{-1}\left(\dfrac{z\left(z - \cos\dfrac{\pi}{2}\right)}{z^2 - 2z\cos\dfrac{\pi}{2} + 1}\right)$$

$$\{x_k\} = \cos\dfrac{k\pi}{2},\ k \geq 0.$$

EXERCISE 4.2

Find f(k) if :

1. $\dfrac{1}{z-a}$, $|z|<|a|$, $|z|>|a|$

   Ans. : $-a^{k-1}$, $k \leq 0$; a^{k-1}, $k \geq 1$

2. $\dfrac{1}{z+a}$, $|z|>a$

   Ans. : $(-a)^{k-1}$, $k \geq 1$

3. $\dfrac{1}{(z-a)^2}$, $|z|<|a|$, $|z|>|a|$

   Ans. : $\dfrac{-k+1}{a^{-k+2}}$, $k \leq 0$; $(k-1) a^{k-2}$, $k \geq 2$

4. $\dfrac{1}{(z-5)^3}$, $|z|>5$, $|z|<5$

   Ans. : $\dfrac{(k-2)(k-1)}{2} 5^{k-3}$, $k \geq 3$;
   $\dfrac{-(-k+1)(-k+2)}{2} \dfrac{1}{5^{-k+3}}$, $k \leq 0$

5. $\dfrac{1}{(z-3)(z-2)}$ (Dec. 2011)

   if (i) $|z|<2$, (ii) $2<|z|<3$, (iii) $|z|>3$

   Ans. : (i) $-3^{k-1}+2^{k-1}$, $k \leq 0$

   (ii) $f(k) = -3^{k-1}$, $k \leq 0$
   $= -2^{k-1}$, $k \geq 1$

   (iii) $f(k) = 3^{k-1}-2^{k-1}$, $k \geq 1$
   $= 0$, $k \leq 0$

6. $\dfrac{z+2}{z^2-2z+1}$, $|z|>1$

   Ans. : $3k-2$, $k \geq 1$

7. $\dfrac{2z^2-10z+13}{(z-3)^2(z-2)}$ $2 \leq |z| < 3$

   Ans. : $f(k) = 2^{k-1}$, $k \geq 1$
   $= \dfrac{-k-2}{3^{-k+2}}$, $k<0$

8. $\dfrac{z^2}{\left(z-\dfrac{1}{4}\right)\left(z-\dfrac{1}{5}\right)}$ (Dec. 2008, 2012)

   if (i) $\dfrac{1}{5}<|z|<\dfrac{1}{4}$, (ii) $|z|<\dfrac{1}{5}$

   Ans. : (i) $f(k) = -\dfrac{1}{5}\left(\dfrac{1}{4}\right)^k$, $k<0$
   $= -4\left(\dfrac{1}{5}\right)^k$, $k \geq 0$

   (ii) $f(k) = 4(5)^{-k}$, $k<0$
   $= -5 \cdot (4)^{-k}$, $k<0$

9. $\dfrac{3z^2+2z}{z^2+3z+2}$, $1<|z|<2$

   Ans. : $f(k) = -5$, $k \geq 0$
   $= -8(2)^k$, $k<0$

10. $\dfrac{z}{(z-2)(z-3)}$,

    if (i) $|z|<2$, (ii) $2<|z|<3$, (iii) $|z|<3$

    Ans. : (i) $2^k - 3^k$, $k \leq 0$

    (ii) $f(k) = -2^k$, $k>0$
    $= -3^k$, $k \leq 0$

    (iii) $3^k - 2^k$, $k \geq 0$

11. $\dfrac{z^3}{(z-1)(z-2)^2}$, $|z|>2$ (May 07)

    Ans. : $1 + k \cdot 2^{k+1}$, $k \geq 0$

12. $\dfrac{z^3}{(z-3)(z-2)^2}$, $|z|>3$ (Dec. 08)

    Ans. : $3^{k+2} - 2^{k+2} - k \cdot 2^{k+1}$, $k \geq 0$

13. $\dfrac{z^2}{z^2+a^2}$, $|z|>|a|$ (Dec. 2008)

    Ans. : $a^k \cos\dfrac{k\pi}{2}$

14. $\dfrac{z}{(z-1)(z-2)}$, $|z|>2$

    Ans. : $2^k - 1$, $k \geq 0$

15. $\dfrac{z^2}{\left(z-\dfrac{1}{4}\right)\left(z-\dfrac{1}{5}\right)}$, $|z| > \dfrac{1}{4}$ (Dec. 07)

Ans. : $5\left(\dfrac{1}{4}\right)^k - 4\left(\dfrac{1}{5}\right)^k$, $k \geq 0$

16. $\dfrac{2z^2 + 3z}{z^2 + z + \dfrac{1}{16}}$, $|z| > 2+\sqrt{3}$

Ans. : $2\left\{\left(-\dfrac{1}{4}\right)^k \cosh \alpha k - \dfrac{8}{\sqrt{3}}\left(-\dfrac{1}{4}\right)^k \sinh \alpha k\right\}$
$k \geq 0$
where $\cosh \alpha = 2$

III. Inversion Integral Method

We have, $Z[\{f(k)\}] = F(z) = \sum\limits_{k=0}^{\infty} f(k) z^{-k}$

$F(z) = f(0) + f(1) z^{-1} + f(2) z^{-2} + \ldots + f(k) z^{-k} + \ldots$

By multiplying both sides of this last equation by z^{k-1}, we obtain

$F(z) \cdot z^{k-1} = f(0) \cdot z^{k-1} + f(1) z^{k-2} + f(2) z^{k-3} + \ldots + f(k) z^{-1} + \ldots$

Now we integrate both sides of the above equation along a circle such that all the poles (i.e. values of z such that F (z) is infinite) of F (z) lie within a circle C, in anticlockwise direction, we get

$\oint_C F(z) z^{k-1} dz = \oint_C f(0) z^{k-1} dz + \oint_C f(1) z^{k-2} dz + \ldots + \oint_C f(k) z^{-1} dz + \ldots$

Applying Cauchy's theorem of complex integration, we see that all terms of R.H.S. of above equation are zero except the term

$\oint_C f(k) z^{-1} dz = (2\pi i) f(k)$

$\therefore \oint_C F(z) z^{k-1} dz = \oint_C f(k) z^{-1} dz = (2\pi i) f(k)$

$\therefore \boxed{f(k) = \dfrac{1}{2\pi i} \oint_C F(z) z^{k-1} dz}$ ... (I)

Equation (I) is known as the inversion integral for inverse of Z-transform and equation (I) is equivalent to stating that

$\boxed{f(k) = \sum [\text{Residues of } F(z) \, z^{k-1} \text{ at the poles of } F(z)]}$

We have from the theory of complex variables,

(i) Residue for simple pole $z = a$ is $= [(z-a) z^{k-1} F(z)]_{z=a}$

(ii) Residue for r times repeated poles at $z = a$ is

$$= \frac{1}{(r-1)!} \cdot \frac{d^{r-1}}{dz^{r-1}} \left[(z-a)^r z^{k-1} F(z) \right]_{z=a}$$

The method of inversion integral is most convenient method than earlier methods, in determining inverse of Z-transform.

Additional Results :

1. **Pole of F (z) :** Pole of F (z) is the value (or values) of z for which F (z) is infinite.

e.g. $F(z) = \dfrac{z}{(z-a)(z-b)}$

Here $z = a$ and $z = b$ are the poles. These are also called as simple poles of F (z).

2. **Multiple pole of F (z) :** If a pole is repeated more than once, it is called a multiple pole.

e.g. $F(z) = \dfrac{z^3}{(z-1)(z-2)^2}$

Here $z = 1$ is a simple pole and

$z = 2$ is called a double pole.

The following examples will illustrate the inversion integral method.

ILLUSTRATIONS

Ex. 1 : Find $Z^{-1} \left[\dfrac{1}{(z-2)(z-3)} \right]$ by inversion integral method.

Sol. : $F(z) = \dfrac{1}{(z-2)(z-3)}$

The poles of F (z) are simple poles at $z = 2, z = 3$.

Consider $F(z) \, z^{k-1} = \dfrac{z^{k-1}}{(z-2)(z-3)}$

Residue of $z^{k-1} \cdot F(z)$ at $z = 2$ is

$$= \left[z^{k-1} F(z) \cdot (z-2) \right]_{z=2} = \left[\frac{z^{k-1}}{(z-2)(z-3)} \cdot (z-2) \right]_{z=2}$$

$$= \left[\frac{z^{k-1}}{z-3} \right]_{z=2} = \frac{2^{k-1}}{-1} = -2^{k-1} \quad \ldots \text{(i)}$$

Residue of $z^{k-1} F(z)$ at $z = 3$ is

$$= \left[z^{k-1} F(z) (z-3)\right]_{z=3} = \left[\frac{z^{k-1}}{(z-2)(z-3)} (z-3)\right]_{z=3}$$

$$= \left[\frac{z^{k-1}}{z-2}\right]_{z=3} = \frac{3^{k-1}}{1} = 3^{k-1} \qquad \ldots \text{(ii)}$$

From (i) and (ii),

$\therefore \qquad f(k) =$ algebraic sum of all the residues of $z^{k-1} F(z)$

$$= 3^{k-1} - 2^{k-1}, \quad k \geq 1, \quad |z| > 3.$$

Ex. 2 : *Find* $Z^{-1}\left[\dfrac{z^3}{(z-1)\left(z-\dfrac{1}{2}\right)^2}\right]$ *by using inversion integral method.*

Sol. : $\qquad F(z) = \dfrac{z^3}{(z-1)\left(z-\dfrac{1}{2}\right)^2}$

The poles of $F(z)$ are simple poles at $z = 1$ and double pole at $z = \dfrac{1}{2}$.

Consider $F(z) \, z^{k-1} = \dfrac{z^{k+2}}{(z-1)\left(z-\dfrac{1}{2}\right)^2}$

Residue of $F(z) \cdot z^{k-1}$ at $z = 1$ is

$$= \left[z^{k-1} F(z) \cdot (z-1)\right]_{z=1}$$

$$= \left[\frac{z^{k+2}}{(z-1)\left(z-\dfrac{1}{2}\right)^2} (z-1)\right]_{z=1}$$

$$= \left[\frac{z^{k+2}}{\left(z-\dfrac{1}{2}\right)^2}\right]_{z=1} = \frac{1}{\dfrac{1}{4}}$$

Residue of $z^{k-1} F(z)$ for 2 times repeated pole at $z = \dfrac{1}{2}$ is

$$= \frac{1}{(2-1)!} \frac{d^{2-1}}{dz^{2-1}} \left[\left(z-\frac{1}{2}\right)^2 \cdot z^{k-1} F(z)\right]_{z=\frac{1}{2}}$$

$$= \frac{1}{1!} \frac{d}{dz} \left[\left(z-\frac{1}{2}\right)^2 \frac{z^{k+2}}{(z-1)\left(z-\dfrac{1}{2}\right)^2}\right]_{z=\frac{1}{2}}$$

$$= \frac{d}{dz}\left[\frac{z^{k+2}}{(z-1)}\right]_{z=\frac{1}{2}}$$

$$= \left[\frac{(k+2)z^{k+1}}{z-1} - \frac{z^{k+2}}{(z-1)^2}\right]_{z=\frac{1}{2}}$$

$$= \frac{(k+2)\left(\frac{1}{2}\right)^{k+1}}{\left(-\frac{1}{2}\right)} - \frac{\left(\frac{1}{2}\right)^{k+2}}{\left(\frac{1}{2}\right)^2}$$

$$= -(k+2)\left(\frac{1}{2}\right)^k - \left(\frac{1}{2}\right)^k = -(k+3)\left(\frac{1}{2}\right)^k$$

$$f(k) = 4 - (k+3)\left(\frac{1}{2}\right)^k, \quad k \geq 0, \quad |z| > 1.$$

Ex. 3: *Obtain {f (k)} by use of the inversion integral when F (z) is given by*

$$F(z) = \frac{10z}{(z-1)(z-2)}$$

(Dec. 10, 12, Nov. 2014; May 11)

Sol.: The poles of $F(z)$ are simple poles at $z = 1$, $z = 2$.

Consider $F(z) z^{k-1} = \dfrac{10 \cdot z^k}{(z-1)(z-2)}$

Residue of $z^{k-1} F(z)$ at $z = 1$ is

$$= \left[z^{k-1} F(z)(z-1)\right]_{z=1}$$

$$= \left[\frac{10 z^k}{(z-1)(z-2)}(z-1)\right]_{z=1}$$

$$= \left[\frac{10 z^k}{(z-2)}\right]_{z=1} = \frac{10}{-1} = -10$$

Residue of $z^{k-1} F(z)$ at $z = 2$ is

$$= \left[z^{k-1} F(z)(z-2)\right]_{z=2}$$

$$= \left[\frac{10 z^k}{(z-1)(z-2)}(z-2)\right]_{z=2}$$

$$= \left[\frac{10 z^k}{(z-1)}\right]_{z=2} = \frac{10 \cdot (2)^k}{1} = 10 \cdot (2)^k$$

$f(k)$ = algebraic sum of all the residues of $z^{k-1} F(z)$.

$$= 10\,[2^k - 1], \quad k \geq 0.$$

Ex. 4 : *Use inversion integral to find inverse transforms of*

$$F(z) = \frac{2z^2 - 3z}{(z-1)\left(z^2 - 2z + \frac{1}{4}\right)}$$

Sol. : The roots of the equation $z^2 - 2z + \frac{1}{4} = 0$ are $Z = \frac{2 \pm \sqrt{4-1}}{2} = 1 \pm \frac{\sqrt{3}}{2}$.

∴ Consider the function :

$$z^{k-1} F(z) = \frac{(2z-3)z^k}{(z-1)\left[z-\left(1+\frac{\sqrt{3}}{2}\right)\right]\left[z-\left(1-\frac{\sqrt{3}}{2}\right)\right]}$$

which has poles at $z = 1$, $z = 1 + \frac{\sqrt{3}}{2}$ and $z = 1 - \frac{\sqrt{3}}{2}$.

∴ Residue of $F(z) \cdot z^{k-1}$ at $z = 1$ is

$$= \left[z^{k-1} F(z) \cdot (z-1)\right]_{z=1}$$

$$= \left[\frac{(2z-3)z^k}{(z-1)\left(z^2 - 2z + \frac{1}{4}\right)}(z-1)\right]_{z=1} = \frac{4}{3}.$$

Residue of $F(z) \, z^{k-1}$ at $z = 1 + \frac{\sqrt{3}}{2}$ is

$$= \left[z^{k-1} F(z) \left(z - \left(1 + \frac{\sqrt{3}}{2}\right)\right)\right]_{z = 1 + \frac{\sqrt{3}}{2}}$$

$$= \left[\frac{(2z-3)z^k}{(z-1)\left(z - \left(1 - \frac{\sqrt{3}}{2}\right)\right)}\right]_{z = 1 + \frac{\sqrt{3}}{2}}$$

$$= \frac{2}{3}(\sqrt{3} - 1)\left(1 + \frac{\sqrt{3}}{2}\right)^k = -\frac{2}{3}(1 - \sqrt{3})\left(1 + \frac{\sqrt{3}}{2}\right)^k$$

Residue of $F(z) \, z^{k-1}$ at $z = 1 - \frac{\sqrt{3}}{2}$ is

$$= \left[z^{k-1} \cdot F(z) \left(z - \left(1 - \frac{\sqrt{3}}{2}\right)\right)\right]_{z = 1 - \frac{\sqrt{3}}{2}} = \left[\frac{(2z-3)z^k}{(z-1)\left(z - \left(1 + \frac{\sqrt{3}}{2}\right)\right)}\right]_{z = 1 - \frac{\sqrt{3}}{2}}$$

$$= \frac{2}{3}(-\sqrt{3} - 1)\left(1 - \frac{\sqrt{3}}{2}\right)^k = -\frac{2}{3}(1 + \sqrt{3})\left(1 - \frac{\sqrt{3}}{2}\right)^k$$

∴ f(k) = algebraic sum of all the residues of $z^{k-1} F(z)$.

$$f(k) = \frac{4}{3} - \frac{2}{3}\left[(1-\sqrt{3})\left(1 + \frac{\sqrt{3}}{2}\right)^k + (1+\sqrt{3})\left(1 - \frac{\sqrt{3}}{2}\right)^k\right]$$

Ex. 5 : Find $Z^{-1}\left(\dfrac{z^2}{z^2+1}\right)$ by using inversion integral method.

(Dec. 2005, May 2008, Dec. 2012)

Sol. : $F(z) = \dfrac{z^2}{z^2+1}$

$$z^{k-1} F(z) = \frac{z^{k+1}}{(z+i)(z-i)}$$

which has poles at $z = i$, $z = -i$

Residue of $F(z)\, z^{k-1}$ at $z = i$

$$= [z^{k-1} F(z)(z-i)]_{z=i} = \left[\frac{z^{k+1}}{(z+i)}\right]_{z=i} = \frac{(i)^{k+1}}{2i} = \frac{(i)^k}{2}$$

Residue of $F(z)\, z^{k-1}$ at $z = -i$ is

$$= [z^{k-1} F(z)(z+i)]_{z=-i}$$

$$= \left(\frac{z^{k+1}}{z-i}\right)_{z=-i} = \frac{(-i)^{k+1}}{-2i}$$

$$= \frac{(-i)^k}{2}$$

∴ $f(k) = \dfrac{(i)^k}{2} + \dfrac{(-i)^k}{2} = \dfrac{(i)^k + (-i)^k}{2}$

But $i = \cos\dfrac{\pi}{2} + i\sin\dfrac{\pi}{2} = e^{i\frac{\pi}{2}}$

$$(i)^k = e^{i\frac{k\pi}{2}}$$

Similarly, $(-i)^k = e^{-i\frac{k\pi}{2}}$

$$\frac{(i)^k + (-i)^k}{2} = \frac{e^{ik\pi/2} + e^{-ik\pi/2}}{2} = \cos k\frac{\pi}{2}$$

$$f(k) = \cos k\frac{\pi}{2},\ k \geq 0, |z| > 1.$$

EXERCISE 4.3

Find inverse Z-transforms by inversion integral method :

1. $\dfrac{z(z+1)}{(z-1)(z^2+z+1)}$ **Ans.** $\dfrac{2}{3}\left(1-\cos\dfrac{2\pi k}{3}\right)$

2. $\dfrac{z^2}{\left(z-\dfrac{1}{2}\right)\left(z-\dfrac{1}{3}\right)}$ (May 2007) **Ans.** $3\left(\dfrac{1}{2}\right)^k - 2\left(\dfrac{1}{3}\right)^k$

3. $\dfrac{z^3}{\left(z-\dfrac{1}{4}\right)^2(z-1)}$ **Ans.** $\dfrac{16}{9} - \dfrac{4}{9}\left(\dfrac{1}{4}\right)^k - \dfrac{1}{3}(k+1)\left(\dfrac{1}{4}\right)^k$

4. $\dfrac{2z^2+3z}{z^2+z+1}$ **Ans.** $2\cos\dfrac{2\pi k}{3} + \dfrac{4}{\sqrt{3}}\sin\dfrac{2\pi k}{3}$

5. $\dfrac{z}{\left(z-\dfrac{1}{4}\right)\left(z-\dfrac{1}{5}\right)}$ (Dec. 2010) **Ans.** $20\left[\left(\dfrac{1}{4}\right)^k - \left(\dfrac{1}{5}\right)^k\right]$

4.12 SOLUTIONS OF DIFFERENCE EQUATIONS WITH CONSTANT COEFFICIENTS USING Z-TRANSFORM

A relation between $f(k)$ and $f(k+1)$, $f(k+2)$, $f(k+3)$, ... is called *difference equation* and an expression for $f(k)$ in terms of k which satisfies the equation is called its solution.

A Laplace transform, transforms a differential equation to algebraic equation, the Z-transform, transforms a difference equation to algebraic equation in z and initial data is automatically included in algebraic equation. We take Z- transform of the entire equation to solve a difference equation and write $F(z)$. The inverse Z-transform of $F(z)$ gives the required solution.

Additional Results :

$$Z\{f(k)\} = F(z)$$
$$Z\{f(k+1)\} = z\,F(z) - z\,f(0)$$
$$Z\{f(k+2)\} = z^2\,F(z) - z^2\,f(0) - z\,f(1)$$
$$Z\,f(k-1) = z^{-1}\,F(z)$$
$$Z\,f(k-2) = z^{-2}\,F(z).$$

Note : $f(k)$ is considered causal sequence.

ILLUSTRATIONS

Ex. 1 : *Obtain $f(k)$ given that $f(k+1) + \frac{1}{2} f(k) = \left(\frac{1}{2}\right)^k$, $k \geq 0$, $f(0) = 0$.*

(May 2005, 2008, 2011; Dec. 2010)

Sol. : Taking Z-transform of both sides, we get

$$Z\{f(k+1)\} + \frac{1}{2} Z\{f(k)\} = Z\left(\frac{1}{2}\right)^k$$

$$[zF(z) - zf(0)] + \frac{1}{2} F(z) = \frac{z}{z - \frac{1}{2}}, \quad |z| > \frac{1}{2}$$

$$\left(z + \frac{1}{2}\right) F(z) = \frac{z}{z - \frac{1}{2}}$$

$$F(z) = \frac{z}{\left(z - \frac{1}{2}\right)\left(z + \frac{1}{2}\right)}$$

$$\frac{F(z)}{z} = \frac{1}{\left(z - \frac{1}{2}\right)\left(z + \frac{1}{2}\right)} = \frac{1}{z - \frac{1}{2}} - \frac{1}{z + \frac{1}{2}}$$

$$F(z) = \frac{z}{z - \frac{1}{2}} - \frac{z}{z + \frac{1}{2}}$$

$$= \left(\frac{1}{2}\right)^k - \left(-\frac{1}{2}\right)^k, \quad k \geq 0.$$

Ex. 2 : *Obtain $f(k)$, given that $12 f(k+2) - 7 f(k+1) + f(k) = 0$, $k \geq 0$, $f(0) = 0$, $f(1) = 3$.* **(Dec. 2006, 2007, 2012)**

Sol. : Taking Z-transform of both sides, we get

$$12 \cdot Z\{f(k+2)\} - 7 \cdot Z\{f(k+1)\} + Z f(k) = 0$$

$$12 \cdot [z^2 F(z) - z^2 f(0) - z f(1)] - 7 [zF(z) - z f(0)] + F(z) = 0$$

$$12 \cdot [z^2 F(z) - 3z] - 7z F(z) + F(z) = 0$$

$$(12 z^2 - 7z + 1) F(z) = 36 z$$

$$F(z) = \frac{36 z}{(4z - 1)(3z - 1)}$$

$$\frac{F(z)}{z} = \frac{36}{(4z - 1)(3z - 1)} = 36 \cdot \left\{\frac{-4}{4z - 1} + \frac{3}{3z - 1}\right\}$$

$$F(z) = 36 \cdot \left[\frac{3z}{3z-1} - \frac{4z}{4z-1}\right]$$

$$F(z) = 36 \left[\frac{z}{z-\frac{1}{3}} - \frac{z}{z-\frac{1}{4}}\right]$$

$$\{f(k)\} = 36 \cdot \left[\left(\frac{1}{3}\right)^k - \left(\frac{1}{4}\right)^k\right], \quad k \geq 0.$$

Ex. 3 : *From the equation $y_k - 3y_{k-1} + 2y_{k-2} = 1$, $k \geq 0$ and $y_{-1} = y_{-2} = 2$, show that the unilateral transform $Y(z)$ of the sequence $\{y_k\}$, using the given initial conditions, is $\dfrac{z(3z^2 - 6z + 4)}{(z-1)^2(z-2)}$.*

Sol. Taking Z-transform of both sides, we get

$$Z\{y_k\} - 3Z\{y_{k-1}\} + 2 \cdot Z\{y_{k-2}\} = Z\{1\}$$

$$Y(z) - 3 \cdot [z^{-1} Y(z) + y_{-1} z^0] + 2[z^{-2} Y(z) + y_{-1} z^{-1} + y_{-2} z^0] = \frac{z}{z-1}$$

$$Y(z) - 3 \cdot [z^{-1} Y(z) + 2] + 2[z^{-2} Y(z) + 2z^{-1} + 2] = \frac{z}{z-1}.$$

$$(1 - 3z^{-1} + 2z^{-2}) Y(z) = \frac{z}{z-1} + 2 - \frac{4}{z}$$

$$\left(\frac{z^2 - 3z + 2}{z^2}\right) Y(z) = \frac{z^2 + 2z^2 - 2z - 4z + 4}{z(z-1)}$$

$$Y(z) = \frac{(3z^2 - 6z + 4)z}{(z-1)(z^2 - 3z + 2)} = \frac{z(3z^2 - 6z + 4)}{(z-1)(z-1)(z-2)}$$

$$Y(z) = \frac{z(3z^2 - 6z + 4)}{(z-1)^2(z-2)}$$

[**Note :** $Z\{y_{k-1}\} = z^{-1} Y(z) + y_{-1} z^0$
$Z\{y_{k-2}\} = z^{-2} Y(z) + y_{-1} z^{-1} + y_{-2} z^0$]

Ex. 4 : *Obtain the output of the system, where input is U_k and the system is given by $y_k - 4y_{k-2} = U_k$, where $U_k = \left(\dfrac{1}{2}\right)^k$, $k \geq 0$*

$$= 0, \quad k < 0 \qquad \text{(May 2006)}$$

Sol. : We have, $Z\{y_k\} = Y(z)$

$$Z\{y_{k-2}\} = z^{-2} Y(z)$$

Since $\{y_k\}$ is considered causal sequence.

$\therefore$ y_{-1}, y_{-2} are zero.

$$\therefore \quad Z\{y_k\} - 4Z\{y_{k-2}\} = Z\left\{\left(\frac{1}{2}\right)^k\right\}$$

$$Y(z) - 4z^{-2}\,Y(z) = \frac{z}{z - \frac{1}{2}}$$

$$\left(\frac{z^2 - 4}{z^2}\right) Y(z) = \frac{z}{\left(z - \frac{1}{2}\right)}$$

$$Y(z) = \frac{z^3}{\left(z - \frac{1}{2}\right)(z^2 - 4)}$$

$$\frac{Y(z)}{z} = \frac{z^2}{(z - 2)(z + 2)\left(z - \frac{1}{2}\right)}$$

$$Y(z) = \frac{2}{3}\frac{z}{z - 2} + \frac{2}{5}\frac{z}{z + 2} - \frac{1}{15} \cdot \frac{z}{z - \frac{1}{2}}$$

$$\{y_k\} = \frac{2}{3} \cdot 2^k + \frac{2}{5}(-2)^k - \frac{1}{15}\left(\frac{1}{2}\right)^k,\ k \geq 0.$$

Ex. 5 : *Solve* $y_k - \frac{5}{6} y_{k-1} + \frac{1}{6} y_{k-2} = \left(\frac{1}{2}\right)^k,\ k \geq 0.$ **(Dec. 2004)**

Sol. : $\quad Z\{y_k\} - \frac{5}{6} Z\{y_{k-1}\} + \frac{1}{6} Z\{y_{k-2}\} = Z\left(\frac{1}{2}\right)^k$

y_{-1}, y_{-2} are zero, since y_k is considered as causal sequence.

$$Y(z) - \frac{5}{6} \cdot z^{-1} Y(z) + \frac{1}{6} z^{-2} Y(z) = \frac{z}{z - \frac{1}{2}}$$

$$\left(1 - \frac{5}{6} z^{-1} + \frac{1}{6} z^{-2}\right) Y(z) = \frac{z}{z - \frac{1}{2}}$$

$$\left(\frac{z^2 - \frac{5}{6} z + \frac{1}{6}}{z^2}\right) Y(z) = \frac{z}{z - \frac{1}{2}}$$

$$Y(z) = \frac{z^3}{\left(z - \frac{1}{2}\right)\left(z^2 - \frac{5}{6} z + \frac{1}{6}\right)}$$

$$\frac{Y(z)}{z} = \frac{z^2}{\left(z-\frac{1}{2}\right)\left(z-\frac{1}{3}\right)\left(z-\frac{1}{2}\right)}$$

$$= \frac{z^2}{\left(z-\frac{1}{3}\right)\left(z-\frac{1}{2}\right)^2} = \frac{4}{z-\frac{1}{3}} - \frac{3}{z-\frac{1}{2}} + \frac{\frac{3}{2}}{\left(z-\frac{1}{2}\right)^2}$$

$$Y(z) = 4 \cdot \frac{z}{z-\frac{1}{3}} - 3 \cdot \frac{z}{z-\frac{1}{2}} + \frac{3}{2} \cdot \frac{z}{\left(z-\frac{1}{2}\right)^2}$$

$$\{y_k\} = 4 \cdot \left(\frac{1}{3}\right)^k - 3 \cdot \left(\frac{1}{2}\right)^k + \frac{3}{2} \cdot k \cdot \left(\frac{1}{2}\right)^{k-1}$$

$$= 4 \cdot \left(\frac{1}{3}\right)^k - 3 \cdot \left(\frac{1}{2}\right)^k + 3 \cdot k \cdot \left(\frac{1}{2}\right)^k, \quad k \geq 0.$$

EXERCISE 4.4

Solve the following difference equations :

1. $f(k+2) + 3 f(k+1) + 2 f(k) = 0$, $f(0) = 0$, $f(1) = 1$

(Dec. 2005, May 2007, 2009, Nov. 2014)

Ans. : $f(k) = (-1)^k - (-2)^k$, $k \geq 0$, $|z| > 2$

2. $f(k+2) - 3f(k+1) + 2 f(k) = U(k)$

where $f(k) = 0$ for $k \leq 0$ and $U(0) = 1$

and $U(k) = 0$ for $k < 0$ and $k > 0$.

Ans. : $f(k) = 2^{k-1} - 1$, $k > 0$, $|z| > 2$

3. $4 f(k) + f(k-2) = 4 \left(\frac{1}{2}\right)^k \sin \frac{k\pi}{2}$, $k \geq 0$

Ans. : $f(k) = (k+1) \left(\frac{1}{2}\right)^k \sin \frac{k\pi}{2}$, $k \geq 0$, $|z| > \frac{1}{2}$

4. $u_{n+2} + u_{n+1} + u_n = 0$, $u_0 = 1$, $u_1 = 1$

Ans. : $u_n = \cos \frac{2n\pi}{3} + \sqrt{3} \sin \frac{2n\pi}{3}$, $n \geq 0$

4.13 RELATIONSHIP OF Z-TRANSFORM WITH FOURIER TRANSFORM

We have already defined the Z-transform of sequence $\{f(k)\}$ as

$$Z[\{f(k)\}] = F(z) = \sum_{k=-\infty}^{\infty} f(k) z^{-k}$$

Then $F(e^{i\theta})$ is known as the discrete time Fourier transform of the sequence $\{f(k)\}$.

$$\therefore \quad F(e^{i\theta}) = \sum_{k=-\infty}^{\infty} f(k) e^{-ik\theta}$$

$$\therefore \quad F(e^{i\theta}) e^{in\theta} = \sum_{k=-\infty}^{\infty} f(k) e^{i(n-k)\theta}$$

$$\int_{-\pi}^{\pi} F(e^{i\theta}) e^{in\theta} d\theta = \int_{-\pi}^{\pi} \left[\sum_{k=-\infty}^{\infty} f(k) e^{i(n-k)\theta} d\theta \right]$$

$$= \sum_{k=-\infty}^{\infty} \left[\int_{-\pi}^{\pi} f(k) e^{i(n-k)\theta} d\theta \right]$$

$$= f(n) \cdot 2\pi$$

For $n \neq k$, $\int_{-\pi}^{\pi} f(k) e^{i(n-k)\theta} d\theta = 0$

$$\Rightarrow \quad \boxed{f(n) = \frac{1}{2\pi} \int_{-\pi}^{\pi} F(e^{i\theta}) e^{in\theta} d\theta}$$

ILLUSTRATION

Ex. 1 : Find the sequence f if $F(e^{i\theta}) = \cos 3\theta$

Sol. :
$$f(n) = \frac{1}{2\pi} \int_{-\pi}^{\pi} F(e^{i\theta}) e^{in\theta} d\theta = \frac{1}{2\pi} \int_{-\pi}^{\pi} \cos 3\theta \; e^{in\theta} d\theta$$

$$= \frac{1}{2\pi} \int_{-\pi}^{\pi} \left(\frac{e^{3i\theta} + e^{-3i\theta}}{2} \right) e^{in\theta} d\theta$$

$$= \frac{1}{4\pi} \int_{-\pi}^{\pi} \left[e^{i(n+3)\theta} + e^{i(n-3)\theta} \right] d\theta$$

$$= 0 \quad \text{if} \quad n \neq 3, -3 = \frac{1}{4\pi} (2\pi) \quad \text{if } n = 3, -3$$

$$f(n) = \frac{1}{2} \text{ if } n = 3, -3$$
$$= 0, \quad \text{otherwise.}$$

i.e. $\quad f = \left\{ \ldots\ldots \frac{1}{2}, 0, 0, \underset{k=0}{0}, 0, 0, \frac{1}{2}, \ldots\ldots \right\}$

Here $f(-3) = \frac{1}{2}$, $f(-2) = f(-1) = f(0) = f(1) = f(2) = 0$, $f(3) = \frac{1}{2}$ and so on.

MULTIPLE CHOICE QUESTIONS (MCQ's)

Type : Inverse Z-transform and Difference Equation :

1. If $|z| > |a|$, inverse Z-transform of $\dfrac{z}{z-a}$ is given by (1)

   (A) $a^k, k \geq 0$ \qquad (B) $a^k, k < 0$
   (C) $a^{k-1}, k \geq 0$ \qquad (D) $-a^k, k \geq 0$

2. If $|z| < |a|$, inverse Z-transform of $\dfrac{z}{z-a}$ is given by (1)

   (A) $a^k, k \geq 0$ \qquad (B) $a^k, k < 0$
   (C) $a^{k-1}, k \geq 0$ \qquad (D) $-a^k, k < 0$

3. If $|z| > |a|$, inverse Z-transform of $\dfrac{1}{z-a}$ is given by (1)

   (A) $a^{k-1}, k \geq 0$ \qquad (B) $a^{k-1}, k < 0$
   (C) $a^{k-1}, k \geq 1$ \qquad (D) $-a^k, k \geq 0$

4. If $|z| < |a|$, inverse Z-transform of $\dfrac{1}{z-a}$ is given by (1)

   (A) $a^{k-1}, k \geq 0$ \qquad (B) $-a^{k-1}, k \leq 0$
   (C) $a^{k-1}, k \geq 1$ \qquad (D) $-a^k, k \geq 0$

5. If $|z| > 2$, inverse Z-transform of $\dfrac{z}{z-2}$ is given by (1)

   (A) $2^k, k \leq 0$ \qquad (B) $2^{k-1}, k > 0$
   (C) $2^k, k \geq 0$ \qquad (D) $-2^k, k \geq 0$

6. If $|z| < 3$, inverse Z-transform of $\dfrac{z}{z-3}$ is given by (1)

   (A) $-3^k, k < 0$ \qquad (B) $3^{k-1}, k < 0$
   (C) $-3^{k-1}, k \geq 0$ \qquad (D) $3^k, k \geq 0$

7. If |z| > 5, inverse Z-transform of $\frac{1}{z-5}$ is given by

   (A) $5^{k-1}, k \leq 1$ (B) $5^{k-1}, k \geq 1$
   (C) $5^k, k \geq 0$ (D) $-5^k, k \geq 1$

8. If |z| < 5, inverse Z-transform of $\frac{1}{z-5}$ is given by

   (A) $5^{k+1}, k \geq 0$ (B) $5^k, k \leq 0$
   (C) $5^{k+1}, k \geq 1$ (D) $-5^{k-1}, k \leq 0$

9. If |z| > |a|, inverse Z-transform of $\frac{z}{(z-a)^2}$ is given by

   (A) $k\, a^{k-1}, k \geq 0$ (B) $a^{k-1}, k \geq 0$
   (C) $k\, a^{k-1}, k < 0$ (D) $(k-1)\, a^k, k \leq 0$

10. If |z| > 1, k ≥ 0, $Z^{-1}\left[\frac{z}{z-1}\right]$ is given by

    (A) $U(-k)$ (B) $U(k)$
    (C) $U(k+1)$ (D) $\delta(k)$

11. $Z^{-1}[1]$ for all k is given by

    (A) $\delta(k+1)$ (B) $U(k)$
    (C) $\delta(k)$ (D) $U(k-1)$

12. Inverse Z-transform of F(z) by inversion integral method is

    (A) $f(k) = \sum [\text{Residues of } z^k\, F(z) \text{ at the poles of } F(z)]$
    (B) $f(k) = \sum [\text{Residues of } z^{k+2}\, F(z) \text{ at the poles of } F(z)]$
    (C) $f(k) = \sum [\text{Residues of } z^{k+1}\, F(z) \text{ at the poles of } F(z)]$
    (D) $f(k) = \sum [\text{Residues of } z^{k-1}\, F(z) \text{ at the poles of } F(z)]$

13. If |z| > 10, k ≥ 0, inverse Z-transform of $\frac{z(z - \cosh 2)}{z^2 - 2z \cosh 2 + 1}$ is given by

    (A) cosh 2k (B) cosh 3k
    (C) sinh 2k (D) sinh 3k

14. If |z| > 21, k ≥ 0, inverse Z-transform of $\frac{z \sinh 3}{z^2 - 2z \cosh 3 + 1}$ is given by

    (A) cosh 2k (B) cosh 3k
    (C) sinh 2k (D) sinh 3k

15. If $|z| < 2$, inverse Z-transform $Z^{-1}\left(\dfrac{3}{(z-2)^2}\right)$ is given by (2)

(A) $\left(\dfrac{-k}{2^{-k+1}}\right)$, $k \leq 0$
(B) $\left(\dfrac{-k+1}{2^{-k+2}}\right)$, $k \leq 0$
(C) $3\left(\dfrac{-k+1}{2^{-k+2}}\right)$, $k \leq 0$
(D) $\left(\dfrac{-k+1}{2^{-k+2}}\right)$, $k \geq 0$

16. If $|z| > 3$, $k \geq 0$, inverse Z-transform $Z^{-1}\left[\dfrac{z^2}{(z-3)^2}\right]$ is given by (2)

(A) $-(k+1)\,3^k$
(B) $(k+1)\,3^k$
(C) $(k+1)\,3^{-k}$
(D) $(k-1)\,3^k$

17. If $|z| < 2$, $Z^{-1}\left[\dfrac{1}{(z-3)(z-2)}\right]$ is given by (2)

(A) $2^{k-1} + 3^{k-1}$, $k \leq 0$
(B) $-2^{k-1} - 3^{k-1}$, $k \leq 0$
(C) $-2^{k-1} + 3^{k-1}$, $k \leq 0$
(D) $2^{k-1} - 3^{k-1}$, $k \leq 0$

18. If $2 < |z| < 3$, $Z^{-1}\left[\dfrac{1}{(z-3)(z-2)}\right]$ is given by (2)

(A) $-3^{k-1} - 2^{k-1}$
    $(k \leq 0)$ $(k \geq 1)$
(B) $3^{k-1} + 2^{k-1}$
    $(k \leq 0)$ $(k \geq 2)$
(C) $3^{k+1} - 2^{k+1}$
    $(k \leq 0)$ $(k \leq 0)$
(D) $\left(\dfrac{1}{3}\right)^{k+1} - \left(\dfrac{1}{2}\right)^{k+1}$
    $(k \leq 1)$ $(k \leq 2)$

19. If $|z| > 2$, $Z^{-1}\left[\dfrac{z}{(z-1)(z-2)}\right]$ is given by (2)

(A) $1 - 2^k$, $k \geq 0$
(B) $2^k - 1$, $k \geq 0$
(C) $\dfrac{1^k}{2} - 1$, $k \geq 0$
(D) $k - 1$, $k \geq 0$

20. If $|z| < 1$, $Z^{-1}\left[\dfrac{z}{(z-1)(z-2)}\right]$ is given by (2)

(A) $2^k - 1$, $k \geq 0$
(B) $2^{k+1} - 1$, $k > 1$
(C) $1 - 2^k$, $k < 0$
(D) $2 - 3^k$, $k < 0$

21. If $1 < |z| < 2$, $Z^{-1}\left[\dfrac{z}{(z-1)(z-2)}\right]$ is given by (2)

(A) $1 + 2^k$, $k > 0$
(B) $3^k + 2^k$, $k < 0$
(C) $3^k - 1$, $k < 0$
(D) $-2^k - 1$
    $(k \leq 0)$ $(k > 0)$

22. If $|z| > 1$, $k \geq 0$, $Z^{-1}\left[\dfrac{z^2}{z^2 + 1}\right]$ is given by (2)

(A) $\cos \pi k$ (B) $\sin \dfrac{\pi}{2} k$

(C) $\cos \dfrac{\pi}{2} k$ (D) $\sin \pi k$

23. If $|z| > 1$, $k \geq 0$, $Z^{-1}\left[\dfrac{z}{z^2 + 1}\right]$ is given by (2)

(A) $\sin \dfrac{\pi}{2} k$ (B) $\sin \dfrac{\pi}{4} k$

(C) $\cos \dfrac{\pi}{2} k$ (D) $\cos \dfrac{\pi}{4} k$

24. For finding inverse Z-transform by inversion integral method of

$F(z) = \dfrac{z}{\left(z - \dfrac{1}{4}\right)\left(z - \dfrac{1}{5}\right)}$ the residue of $z^{k-1} F(z)$ at the pole $z = \dfrac{1}{4}$ is (2)

(A) $-\dfrac{1}{20}\left(\dfrac{1}{4}\right)^k$ (B) $20\left(\dfrac{1}{4}\right)^k$

(C) $-20\left(\dfrac{1}{4}\right)^k$ (D) $\dfrac{1}{20}\left(\dfrac{1}{4}\right)^k$

25. For finding inverse Z-transform by inversion integral method of

$F(z) = \dfrac{z}{\left(z - \dfrac{1}{2}\right)\left(z - \dfrac{1}{3}\right)}$ the residue of $z^{k-1} F(z)$ at the pole $z = \dfrac{1}{2}$ is (2)

(A) $-\dfrac{1}{2}\left(\dfrac{1}{2}\right)^k$ (B) $\dfrac{1}{6}\left(\dfrac{1}{2}\right)^k$

(C) $-3\left(\dfrac{1}{2}\right)^k$ (D) $6\left(\dfrac{1}{2}\right)^k$

26. For finding inverse Z-transform by inversion integral method of

$F(z) = \dfrac{10z}{(z - 1)(z - 2)}$ the residue of $z^{k-1} F(z)$ at the pole $z = 1$ is (2)

(A) 10   (B) 10^{k-1}

(C) -10 (D) 10^k

27. For finding inverse Z-transform by inversion integral method of
$F(z) = \dfrac{1}{(z-2)(z-3)}$ the residue of $z^{k-1} F(z)$ at the pole $z = 2$ is (2)

(A) -2^{k-1} (B) 2^{k-1}
(C) -1 (D) -2^k

28. For the difference equation $f(k+1) + \dfrac{1}{2} f(k) = \left(\dfrac{1}{2}\right)^k$, $k \geq 0$, $f(0) = 0$, $F(z)$ is given by (2)

(A) $\dfrac{1}{\left(z - \dfrac{1}{2}\right)\left(z + \dfrac{1}{2}\right)}$ (B) $\dfrac{z}{\left(z - \dfrac{1}{2}\right)\left(z + \dfrac{1}{2}\right)}$

(C) $\dfrac{z}{\left(z + \dfrac{1}{3}\right)\left(z + \dfrac{1}{2}\right)}$ (D) $\dfrac{z}{\left(z - \dfrac{1}{2}\right)^2}$

29. For the difference equation $12f(k+2) - 7f(k+1) + f(k) = 0$, $f(0) = 0$, $f(1) = 3$, $F(z)$ is given by (2)

(A) $\dfrac{36z}{12z^2 - 7z - 1}$ (B) $\dfrac{36z}{12z^2 + 7z + 1}$

(C) $\dfrac{36z}{12z^2 - 7z + 1}$ (D) $\dfrac{36z}{12z^2 + 7z - 1}$

30. For the difference equation $y_k - 4y_{k-2} = 1$, $k \geq 0$, $Y(z)$ is given by (2)

(A) $\dfrac{z}{(z-1)(z^2-4)}$ (B) $\dfrac{1}{(1-4z^2)}$

(C) $\dfrac{z}{(z-1)(1-4z^2)}$ (D) $\dfrac{z^3}{(z-1)(z^2-4)}$

Answers

1. (A)	2. (D)	3. (C)	4. (B)	5. (C)	6. (A)	7. (B)	8. (D)
9. (A)	10. (B)	11. (C)	12. (D)	13. (A)	14. (D)	15. (C)	16. (B)
17. (D)	18. (A)	19. (B)	20. (C)	21. (D)	22. (C)	23. (A)	24. (B)
25. (D)	26. (C)	27. (A)	28. (B)	29. (C)	30. (D)		

UNIT - III : STATISTICS AND PROBABILITY

CHAPTER FIVE

STATISTICS, CORRELATION AND REGRESSION

5.1 INTRODUCTION

In recent decades, the growth of statistic has made itself felt in almost every major phase of human activity, particularly so in the field of Engineering and Science. Everything dealing with the collection, processing, analysis and interpretation of numerical data belongs to the field of statistics. Collection and processing of data is usually referred to as statistical survey. Before any major project work is undertaken, the statistical survey is a must. Only when statistical survey gives green signal, actual start of the work is undertaken. For example, if a Dam is to be constructed on a river, many aspects have to be taken into account. Foremost is the selection of dam site. For making a proper choice, it may be necessary to consider average rainfull in the catchment area for the past say 100 years, the extent of the area which may be submerged, the population which is going to be benefitted, the availability of labour and many other aspects. Good statistical survey should be able to answer all these questions. All such considerations and statistical survey have to be made whenever a new industry is to be started. The success of such projects depends to a great extent upon sound statistical survey. Apart from these basic considerations, modern statistical techniques are widely used in the fields of statistical work, Quality control, reliability needs of the highly complex products of space technology and operation research.

Aim of this work is to introduce to the readers, the simple aspects of collection, classification and enumeration of numerical data, which are so very essential for development of modern statistical techniques, used in engineering fields.

5.2 COLLECTION AND CLASSIFICATION OF DATA

Data collected in a statistical survey as a result of some kind of experimentation is usually large in size and is in the form which is not very useful for arriving at any specific conclusions. The first task is to present this data in a proper form. As a first step, this data which is generally in the form of numerical observations, is arranged either in the ascending or descending order. For example, the set of observations 45, 35, 0, 10, 0, 51, 81, 71, 95, 17, 97, 21, 26, 86, 100, 55, 46, 56, 37, 92 (which are in all 20) is rearranged in ascending order as 0, 0, 10, 17, 21, 26, 35, 37, 45, 51, 55, 56, 71, 81, 86, 92, 95, 97, 100.

This way of presentation immediately reveals that the minimum value of the observation is 0 and maximum is 100. It also indicates that observations are well spread out in the interval (0, 100). In different experiments, these observations could carry different meanings. In some experiments, these figures may indicate the number of syntax errors committed by a group of 20 students in their first attempt to write a computer program. In yet another experiment, these figures may indicate marks obtained out of 100 by a group of 20 students in the paper of numerical computational methods. In an altogether different context, these figures may indicate Rainfall in centimeters in a certain catchment area for the past 20 years. For development of statistical techniques it is unimportant, what is exactly represented by these observations. In presentation of data, these observations are represented by symbol x, called in statistical language, a variate (variable).

After arranging the data in ascending or descending order, to make it more compact, it is presented in a tabular form consisting of columns headed by symbols x and f. The column headed by x consists of various observations recorded out of experimentation, arranged in proper order, and column headed by f contains entries which indicate number of times particular value of x occurs.

Consider the Table 5.1, which shows various values of x and f. It shows that the value of x = 1 is recorded twice, x = 4 occurs six times, x = 8 occurs four times etc.

Table 5.1

x	f
1	2
2	3
3	5
4	6
5	10
6	6
7	4
8	4
9	3
10	2
–	$\Sigma f = 45$

The total numbers of observations being $\Sigma f = 45$. In statistical language, this table means x = 1 has frequency 2, x = 4 has frequency 6 and so on. This way of arrangement of data is called *frequency distribution*. In the above example, the range of variate is from x = 1 to x = 10. When the range is wide and the total number of observations is very large, the data can be expressed in still more compact form by dividing the range in class intervals.

Consider the table given on next page (Table 5.2). Here the range of variate (0, 100) is divided into 10 class intervals each of width 10. The class interval 0 – 10 has width 10, the lower limit 0 and the upper limit 10.

$\dfrac{10+0}{2} = 5$ is the middle value of the class interval and 16 is the frequency corresponding to this class interval. The middle value x = 5 represents the class interval (0 – 10) of f = 16 is taken as frequency of variate x. This way of representing the data is called *Grouped frequency distribution*. In such type of presentation, the class intervals must be well defined. One such way of defining the class interval is that, all the values of x = 0 and above but less than 10 are included in the class interval 0 – 10. The total frequency of all such observations is 16 and is the frequency of class interval 0 – 10 or is the frequency of variate x = 5.

Table 5.2

C.I. (Class interval)	Mid-value x	Frequency f
0 – 10	5	16
10 – 20	15	18
20 – 30	25	20
30 – 40	35	22
40 – 50	45	40
50 – 60	55	45
60 – 70	65	35
70 – 80	75	20
80 – 90	85	19
90 – 100	95	15
Total	–	$\Sigma f = 250$

Similarly all the observations having the value x = 10 and above but less than 20 are included in the class interval 10 – 20 and so on. Slight change in the definition of last class interval is made. Here all the values of x = 90 and above and less than or equal to 100 are included in the class interval 90 – 100. $\Sigma f = 250$ gives the total frequency which is sometimes denoted by N.

In presenting the data in Grouped frequency distribution form, the following points must be noted :

(i) The class interval must be well defined that is there must not be any ambiguity about the inclusion of value of *x* in one or the other class interval. In the Table 5.2, the way of defining class interval enables us to put x = 10 in the class interval 10 – 20 while x = 100 is put in the interval 90 – 100.

(ii) The class intervals must be exhaustive that is no observation should escape classification. For this, the entire range of observations should be divided into well defined class intervals.

(iii) The width of the class interval should be uniform as far as possible.

(iv) The number of class intervals should neither be too large nor too small. Depending upon the range of variate x and the total frequency of observations, the total number of class intervals is divided into about 10 to 25 class intervals.

Sometimes the additional column of cumulative frequency (c.f.) suppliments the grouped frequency distribution or frequency distribution table.

In the Table 5.3, the number 76 against x = 35 shows the total frequency upto and including the observation x = 35 which is the middle value of the interval (30 – 40).

Table 5.3

C.I.	Mid-value x	Frequency f	Cumulative frequency c.f.
0 – 10	5	16	16
10 – 20	15	18	34
20 – 30	25	20	54
30 – 40	35	22	76
40 – 50	45	40	116
50 – 60	55	45	161
60 – 70	65	35	196
70 – 80	75	20	216
80 – 90	85	19	235
90 – 100	95	15	250
Total	–	$\Sigma f = 250$	N = 250

Graphical Representation of Data

To observe the data at a glance, it is exhibited by following graphical methods :

1. Histogram : A Histogram is drawn by constructing rectangles over the class intervals, such that the areas of rectangles are proportional to the class frequencies.

If the class intervals are of equal width, the heights of the rectangles will be proportional to the class frequencies themselves, otherwise these would be proportional to the ratios of the frequencies to the width of the classes (See Fig. 5.1).

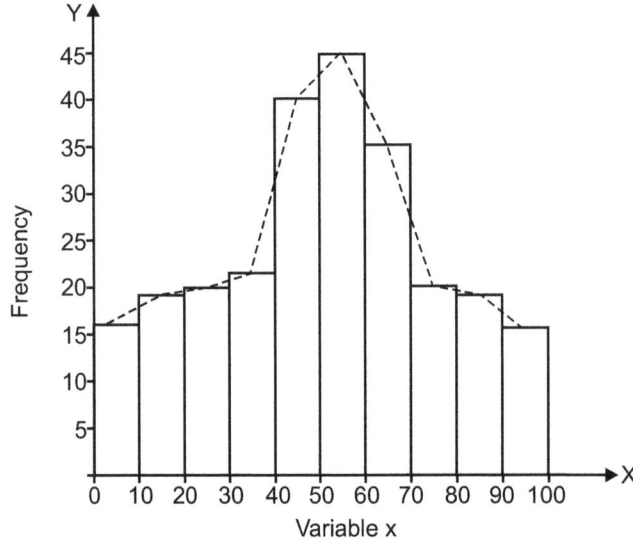

Fig. 5.1

2. Frequency Polygon : Consider the set of points (x, f), where x is the middle value of the class interval and f is the corresponding frequency. If these set of points are joined by straight lines, they form a frequency polygon. It is shown by dotted lines in Fig. 5.1.

3. Cumulative Frequency Curve or The Ogive : Taking upper limit of classes of x co-ordinate and corresponding cumulative frequency as y co-ordinate, if the points are plotted and then joined by free hand curve, it gives what is called as ogive (See Fig. 5.2).

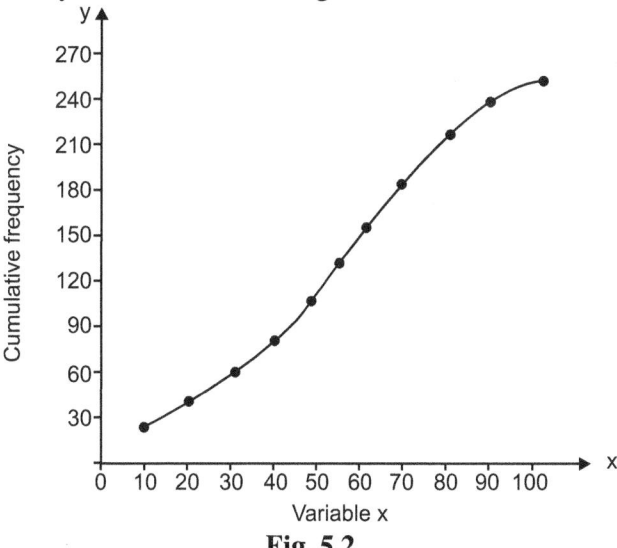

Fig. 5.2

5.3 LOCATION OF CENTRAL TENDENCY

After collecting the data and arranging it in the proper order in the form of frequency distribution or grouped frequency distribution, next task is to study this data carefully and to draw valid conclusions. If data collected relates to marks obtained by the students in Mathematics paper, it should be able to reveal the general performance of the students. Whether the class contains large number of good students or the overall calibre of students is mediocre, all this must be inferred from the data. If the numerical data collected relates to the industrial project, the whole success of the project will depend upon the appropriate conclusions drawn from the study of this data. The first step in this direction is the location of central tendency. It means what is represented by data by and large. Whether the data is favourable to a particular project or not will depend upon the criterion that is decided upon. But overall picture must be exhibited. This overall picture or central tendency of the data is known by obtaining what we call the Mean or Average. There are various methods to calculate the mean or the average. Depending upon the project under study, the particular method is selected. Various types of measures of central tendency are as given below :

(1) Arithmetic mean (2) Geometric mean
(3) Harmonic mean   (4) Median   (5) Mode.

Out of these, Arithmetic mean is of greater importance and serves the purpose in many cases. Now, we see how these measures are calculated.

5.3.1 Arithmetic Mean

Consider the variate x which takes n values $x_1, x_2, x_3 \ldots\ldots x_n$, then the Arithmetic mean (A.M.) is denoted by $\bar{x}$ and is given by,

$$\bar{x} = \frac{x_1 + x_2 + x_3 + \ldots\ldots + x_n}{n}$$

If the data is presented in the form of frequency distribution

x	x_1	x_2	x_3	……	x_n
f	f_1	f_2	f_3	……	f_n

then arithmetic mean $\bar{x}$ is given by

$$\bar{x} = \frac{f_1 x_1 + f_2 x_2 + \ldots + f_n x_n}{f_1 + f_2 + f_3 + \ldots + f_n}$$

$$= \frac{\sum fx}{N}$$

where $N = f_1 + f_2 + \ldots\ldots + f_n$ is the total frequency

ILLUSTRATIONS

Ex. 1 : *Find the Arithmetic mean for the following distribution :*

x	0	1	2	3	4	5	6	7	8	9	10
f	4	5	12	12	13	16	15	13	12	5	6

Sol. : Writing the tabulated values as :

x	f	x × f
0	4	0
1	5	5
2	12	24
3	12	36
4	13	52
5	16	80
6	15	90
7	13	91
8	12	96
9	5	45
10	6	60
Total	$\sum f = 113$	$\sum fx = 579$

$$\bar{x} = \frac{\sum fx}{\sum f} = \frac{579}{113} = 5.12 \text{ (approximately)}$$

To reduce the calculations, we consider the variable $d = x - A$.

Where, A is middle value or value near to it in the range of variable x, A is sometimes called assumed mean.

Now we can write
$$f \times d = f \times x - f \times A$$
Or
$$\Sigma fd = \Sigma fx - \Sigma fA$$
Dividing by Σf throughout
$$\frac{\Sigma fd}{\Sigma f} = \frac{\Sigma fx}{\Sigma f} - \frac{\Sigma fA}{\Sigma f}$$
i.e.
$$\frac{\Sigma fd}{\Sigma f} = \bar{x} - \frac{A\Sigma f}{\Sigma f}$$

(A being constant is taken outside the Σ notation)
$$\frac{\Sigma fd}{\Sigma f} = \bar{x} - A$$
Or
$$\bar{x} = A + \frac{\Sigma fd}{\Sigma f} = A + \bar{d} \qquad [\bar{d} \text{ is the mean of the variable d}]$$

fd and Σfd are smaller numbers as compared to fx and Σfx, which result in the reduction of the calculations.

Further reduction in calculations can be achieved by taking
$$u = \frac{x - A}{h} \text{ or } \frac{d}{h}$$
that gives $hu = x - A$
Then proceeding as before, we get
$$h \frac{\Sigma fu}{\Sigma f} = \bar{x} - A$$
Or
$$\bar{x} = A + h \frac{\Sigma fu}{\Sigma f}$$

This formula is mostly used in grouped frequency distribution, where, h is chosen to be equal to the width of the class interval.

Ex. 2 : *Marks obtained in a paper of statistics are given in the following table.*

Marks obtained	No. of students
0 – 10	8
10 – 20	20
20 – 30	14
30 – 40	16
40 – 50	20
50 – 60	25
60 – 70	13
70 – 80	10
80 – 90	5
90 – 100	2

Find the Arithmetic mean of the distribution.

Sol. : Preparing the table as : A = 45, h = 10.

C.I.	Mid-value x	f	$u = \dfrac{x-45}{10}$	f × u
0 – 10	5	8	– 4	– 32
10 – 20	15	20	– 3	– 60
20 – 30	25	14	– 2	– 28
30 – 40	35	16	– 1	– 16
40 – 50	45	20	0	0
50 – 60	55	25	1	25
60 – 70	65	13	2	26
70 – 80	75	10	3	30
80 – 90	85	5	4	20
90 – 100	95	2	5	10
Total	–	$\Sigma f = 133$	–	$\Sigma fu = -25$

$$\bar{x} = A + h \frac{\Sigma fu}{\Sigma f} = 45 + 10 \left(\frac{-25}{133}\right)$$

$$= 45 + 10 \left(\frac{-25}{133}\right) = 45 - \frac{250}{133} = 43.12$$

Joint Arithmetic Mean (Mean of composite series)

Consider two sets of data

1. $x_1, x_2, \ldots, x_{n_1}$ containing n_1 items
2. $y_1, y_2, \ldots, y_{n_2}$ containing n_2 items

∴ $\bar{x}$, the mean of first set is given by

$$\bar{x} = \frac{x_1 + x_2 + x_3 + \ldots + x_n}{n_1}$$

∴ $n_1 \bar{x} = x_1 + x_2 + \ldots + x_{n_1}$

and the mean of second set is given by

$$\bar{y} = \frac{y_1 + y_2 + y_3 + \ldots + y_{n_2}}{n_2}$$

∴ $n_2 \bar{y} = y_1 + y_2 + \ldots + y_{n_2}$

Hence, by definition the joint arithmetic mean $\bar{z}$ is given by

$$\bar{z} = \frac{(x_1 + x_2 + x_3 + \ldots + x_{n_1}) + (y_1 + y_2 + y_3 + \ldots + y_{n_2})}{n_1 + n_2}$$

∴ $\bar{z} = \dfrac{n_1 \bar{x} + n_2 \bar{y}}{n_1 + n_2}$ … (A)

(A) gives joint Arithmetic Mean (A.M.) of the composite series.

Same type of formula holds good for sets of data presented in frequency distribution form. Consider two sets of data :

Set 1

x	f
x_1	f_1
x_2	f_2
x_3	f_3
...	...
...	...
x_{n_1}	f_{n_1}
	$\sum f = N_1$

Set 2

y	f
y_1	f_1
y_2	f_2
y_3	f_3
...	...
...	...
y_{n_1}	f_{n_1}
	$\sum f = N_2$

Means $\bar{x}, \bar{y}$ for two sets are given by

$$\bar{x} = \frac{\sum fx}{N_1} \qquad N_1 \bar{x} = \sum fx$$

$$\bar{y} = \frac{\sum fy}{N_2} \qquad N_2 \bar{y} = \sum fy$$

Hence $\bar{z}$, the joint mean given by

$$\bar{z} = \frac{\sum fx + \sum fy}{N_1 + N_2} = \frac{N_1 \bar{x} + N_2 \bar{y}}{N_1 + N_2} \qquad \ldots (A)$$

Ex. 3 : *Marks obtained in paper of Applied Mechanics by a group of Computer and Electronics students are as given in following tables :*

Group (A) of Computer students :

Marks obtained	No. of students
0 – 10	5
10 – 20	6
20 – 30	15
30 – 40	15
40 – 50	9
	$\sum f = 50$

Group (B) of Electronics students :

Marks obtained	No. of students
0 – 10	8
10 – 20	15
20 – 30	18
30 – 40	13
40 – 50	6
	$\sum f = 60$

Find the Joint mean of the two groups.

Sol. : For group (A) :

C.I.	Mid-value x	f	f × x
0 – 10	5	5	25
10 – 20	15	6	90
20 – 30	25	15	375
30 – 40	35	15	525
40 – 50	45	9	405
Total	–	$N_1 = \sum f = 50$	$\sum fx = 1420$

For group (B) :

C.I.	Mid-value x	f	f × x
0 – 10	5	8	40
10 – 20	15	15	225
20 – 30	25	18	450
30 – 40	35	13	455
40 – 50	45	6	270
Total	–	$N_2 = \sum f = 60$	$\sum fy = 1440$

Mean $\bar{x}$ of group (A) is given by,

$$\bar{x} = \frac{\sum fx}{\sum f} \Rightarrow \bar{x} \sum f = N_1 \bar{x} = \sum fx = 1420$$

Mean $\bar{y}$ of group (B) is given by,

$$\bar{y} = \frac{\sum fy}{\sum f} \Rightarrow \bar{y} \sum f = N_2 \bar{y} = \sum fy = 1440$$

Common mean $\bar{z}$ is given by,

$$\bar{z} = \frac{N_1 \bar{x} + N_2 \bar{y}}{N_1 + N_2} = \frac{1420 + 1440}{50 + 60}$$

$$= \frac{2860}{110} = 26$$

Ex. 4 : *Calculate arithmetic mean for the following frequency distribution :*

Observations (x)	103	110	112	118	95
Frequency (f)	4	6	10	12	3

Solution : We solve the problem by both the methods.

1. Direct Method

x	f	fx
103	4	$103 \times 4 = 412$
110	6	$110 \times 6 = 660$
112	10	$112 \times 10 = 1120$
118	12	$118 \times 12 = 1416$
95	3	$95 \times 3 = 285$
Total	N = 35	$\sum f_i x_i = 3893$

$$\therefore \quad \bar{x} = \frac{\sum fx}{\sum f} = \frac{3893}{35} = 111.2286$$

Ex. 5 : *Arithmetic mean of weight of 100 boys is 50 kg and the arithmetic mean of 50 girls is 45 kg. Calculate the arithmetic mean of combined group of boys and girls.*

Solution : Let $\bar{X}_1$ and N_1 be the mean and size of group of boys and $\bar{Y}$ and N_2 be the mean and size of group of girls. So $N_1 = 100$, $\bar{X} = 50$, $N_2 = 50$, $\bar{Y} = 45$. Hence, combined mean is

$$Z = \frac{N_1\bar{X} + N_2\bar{Y}}{N_1 + N_2} = \frac{(100 \times 50) + (50 \times 45)}{100 + 50} = \frac{7250}{150} = 48.3333$$

Ex. 6 : *The mean weekly salary paid to 300 employees of a firm is ₹1,470. There are 200 male employees and the remaining are females. If mean salary of males is ₹1,505, obtain the mean salary of females.*

Solution : Suppose $\bar{X}$ and N_1 are mean and group size of males. $\bar{Y}$ and N_2 are mean and size of group of females, $\bar{x}_c$ mean of all the employees considered together.

Now,
$$Z = \frac{N_1\bar{X} + N_2\bar{Y}}{N_1 + N_2}$$

$$\therefore \quad 1470 = \frac{(200 \times 1505) + (100 \times \bar{Y})}{200 + 100}$$

$$\therefore \quad 1470 = \frac{301000 + 100\bar{Y}}{300}$$

$$\therefore \quad 441000 = 301000 + 100Y$$

$$\therefore \quad 4410 = 3010 + Y$$

$$\therefore \quad \bar{Y} = 1{,}400 \; ₹$$

5.3.2 Geometric Mean

Geometric mean of a set of an observations $x_1, x_2, \ldots, x_n$ is given by n^{th} root of their product.

Thus Geometric Mean (G.M.) is given by,
$$G.M. = (x_1 \cdot x_2 \cdot x_3 \ldots x_n)^{1/n}$$

In case of frequency distribution

x	x_1	x_2	....	x_n
f	f_1	f_2	....	f_n

$$G.M. = \left(x_1^{f_1} \cdot x_2^{f_2} \cdot x_3^{f_3} \ldots x_n^{f_n}\right)^{1/N}$$

where, $N = \Sigma f$

To calculate it, denoting G.M. by G and taking logarithms of both sides

$$\log G = \frac{1}{N}\left[\log \left(x_1^{f_1} \cdot x_2^{f_2} \cdot x_3^{f_3} \ldots x_n^{f_n}\right)^{1/N}\right]$$

$$= \frac{1}{N}[f_1 \log x_1 + f_2 \log x_2 \ldots + f_n \log x_n]$$

$$= \frac{1}{N}\Sigma f \log x$$

or $\quad G = \text{antilog}\left(\frac{1}{N}\Sigma f \log x\right)$

It is seen that logarithm of G is the arithmetic mean of the logarithms of the given values.

In case of grouped frequency distribution, x is taken as mid-value of the class interval.

For two sets of observations $(x_1, x_2, \ldots, x_{n_1})$, $(y_1, y_2, \ldots, y_{n_2})$ with geometric means G_1, G_2 it can be established that

$$\log G = \frac{n_1 \log G_1 + n_2 \log G_2}{n_1 + n_2}$$

where, G is the joint or common geometric mean of the two series.

It may be noted here that if one of the observations is zero, geometric mean becomes zero and if one of the observations is negative, geometric mean becomes imaginary. Naturally, calculation of geometric mean becomes meaningless in such cases.

5.3.3 Harmonic Mean

(H.M.) Harmonic mean of set of observations $(x_1, x_2, \ldots, x_n)$ is the reciprocal of the arithmetic mean of the reciprocals of the given values. Thus H.M. or H is given by,

$$H = \frac{1}{\frac{1}{n}\left(\frac{1}{x_1} + \frac{1}{x_2} + \frac{1}{x_3} + \ldots + \frac{1}{x_n}\right)}$$

In case of frequency distribution (x, f),

$$H = \dfrac{1}{\dfrac{1}{N}\Sigma (f/x)} \qquad \text{where, } N = \Sigma f$$

5.3.4 Median

Median of a distribution is the value of the variable (or variate) which divides it into two equal parts. It is the value such that the number of observations above it is equal to the number of observations below it. Sometimes, Median is called positional average.

In case of ungrouped data, if the number of observations is odd, then the median is the middle value of the set of observations after they are arranged in ascending or descending order. For even number of observations, it is the arithmetic mean of the two middle terms. Thus for the observations

x = 1, 5, 9, 11, 21, 24, 27, 30, the middle terms are 11 and 21 and median = $\dfrac{11+21}{2}$ = 16.

For a data presented in the form of frequency distribution :

x	x_1	x_2	....	x_n
f	f_1	f_2	....	f_n

$\Sigma f = N$

We prepare the cumulative frequency column. Then consider cumulative frequency (c.f.) equal to $\dfrac{N}{2}$ or just greater than $\dfrac{N}{2}$, the corresponding value of x is the median.

ILLUSTRATIONS

Ex. 1 : *Obtain the median of the distribution :*

x	1	3	5	7	9	11	13	15	17
f	3	6	8	12	16	16	15	10	5

Sol. : Preparing the table as :

x	f	c.f.
1	3	3
3	6	9
5	8	17
7	12	29
9	16	45
11	16	61
13	15	76
15	10	86
17	5	91
Total	$\Sigma f = 91$	–

Here the total frequency $N = 91$; $\frac{N}{2} = 45.5$.

The value of c.f. just greater than 45.5 is 61, the corresponding value of x is 11 and thus median is 11. In case of grouped frequency distribution, the class corresponding to the c.f. just greater than $\frac{N}{2}$ is called the median class and the value of median is obtained by the formula :

$$\text{Median} = l + \frac{h}{f}\left(\frac{N}{2} - c\right)$$

where, l is the lower limit of the median class

f is the frequency of the median class

h is the width of the median class

c is the c.f. of the class preceding the median class

Ex. 2 : *Wages earned in Rupees per day by the labourers are given by the table :*

Wages in ₹	10 – 20	20 – 30	30 – 40	40 – 50	50 – 60
No. of labourers	5	8	13	10	8

Find the median of the distribution.

Sol. :

Wages in ₹ C.I.	No. of labourers f	(c.f.)
10 – 20	5	5
20 – 30	8	13
30 – 40	13	26
40 – 50	10	36
50 – 60	8	44
Total	$\Sigma f = N = 44$	–

Here $\quad \frac{N}{2} = \frac{44}{2} = 22$

Cumulative frequency (c.f.) just greater than 22 is 26 and the corresponding class is 30 – 40.

Using formula to calculate median,

$l = 30$, $f = 13$, $h = 10$, $\frac{N}{2} = 22$, $c = 13$

$$\text{Median} = 30 + \frac{10}{13}(22 - 13)$$

$$= 30 + \frac{10}{13}(9) = 30 + \frac{90}{13} = 36.923$$

5.3.5 Mode

It is the value of the variate which occurs most frequently in a set of observations, or is the value of variate corresponding to maximum frequency.

In case of grouped frequency distribution, Mode is given by the formula :

$$\text{Mode} = l + \frac{h(f_1 - f_0)}{(f_1 - f_0) - (f_2 - f_1)}$$

$$= l + \frac{h(f_1 - f_0)}{2f_1 - f_0 - f_2}$$

Here,
- l is the lower limit of the modal class
- h is the width of the modal class
- f_1 is the frequency of the modal class
- f_0 is the frequency of the class preceding to the modal class
- f_2 is the frequency of the class succeeding to the modal class.

ILLUSTRATION

Ex. 9 : *Find the Mode for the following distribution :*

C.I.	0 – 10	10 – 20	20 – 30	30 – 40	40 – 50	50 – 60	60 – 70
f	4	7	8	12	25	18	10

Sol. : Here C.I. 40 – 50 corresponding to which f = 25 is maximum, is the modal class.

$l = 40$, $h = 10$, $f_1 = 25$, $f_0 = 12$, $f_2 = 18$

$$\text{Mode} = 40 + \frac{10(25 - 12)}{(2 \times 25 - 12 - 18)}$$

$$= 40 + \frac{130}{20} = 40 + 6.5 = 46.5$$

So far we have considered various ways in which average can be calculated. It is clear that no single average is suitable for all types of data. Arithmetic mean, Geometric mean and Harmonic mean are rigidly defined and are based on all the observations, they are suitable for further mathematical treatment. They are not much affected by fluctuations of sampling. In fact among all the averages, Arithmetic mean is least affected by fluctuations. Geometric mean becomes zero if any one of the observations is zero. Geometric and Harmonic means are not easy to understand and are difficult to compute. They give greater importance to small items and are useful when small items have to be given a very high weightage. Median and Mode are not amenable to algebraic treatment. Their main advantage is that they are not affected by extreme values, but compared to Arithmetic mean they are affected much by fluctuations of sampling. All the averages have merits and demerits, but Arithmetic mean because of its simplicity and its stability is much more familiar to a lyman. It has wide applications in statistical theory and is considered as best among all the averages.

5.4 DISPERSION

After calculation of the average using any of the five methods discussed in previous section, question arises whether the average calculated gives correct information about the central tendency of the data, the purpose for which it is calculated. Main point to be discussed is whether the average is true representative of the data or not. As an illustration, consider the two sets of observations :

(i)   5, 10, 15, 20, 25.

(ii) 13, 14, 15, 16, 17.

The Arithmetic mean of both these sets is 15. It is obvious that 15 is better average for second than the first, because the observations in the second set are much closer to the value 15 as compared to the first set. In the second set, the values of the variate are much less scattered or dispersed from the mean as compared to the first. There are two widely accepted ways of measuring the degree of scatteredness from the mean. These are :

(i)   Mean deviation

(ii) Standard deviation.

These are the measures of dispersion, which decide whether the average truly represents the given data or not. Besides these two standard measures, there are other measures such as Range and Quartile deviation or semi-interquartile range. But these are not as much of consequence. We shall now discuss about the two measures of dispersion mentioned earlier.

(i) Mean Deviation : For a frequency distribution

x	x_1	x_2	....	x_n
f	f_1	f_2	....	f_n

mean deviation from the average A (usually Arithmetic mean or at most median or mode) is given by,

$$\text{Mean deviation} = \frac{1}{N} \Sigma f \ |x - A|$$

where, $N = \Sigma f$ is the total frequency, $|x - A|$ represents the modulus or the absolute value of the deviation $(x - A)$ ignoring the $-$ ve sign. It can be broadly stated that when deviation is a small number, the average is good.

ILLUSTRATION

Ex. 1 : *Calculate Arithmetic mean and Mean deviation of the following frequency distribution :*

x	1	2	3	4	5	6
f	3	4	8	6	4	2

Sol. : Preparing the table :

x	f	x × f	x − A	|x − A|	f × |x − A|
1	3	3	− 2.37	2.37	7.11
2	4	8	− 1.37	1.37	5.48
3	8	24	− 0.37	0.37	2.96
4	6	24	0.63	0.63	3.78
5	4	20	1.63	1.63	6.52
6	2	12	2.63	2.63	5.26
Total	$\Sigma f = 27$	$\Sigma f x = 91$	−	−	$\Sigma f \times \|x - A\| = 31.11$

$$\text{A.M.} = A = \frac{\Sigma fx}{\Sigma f} = \frac{91}{27} = 3.37 \text{ (approximately)}$$

$$\text{Mean deviation} = \frac{\Sigma f \times |x - A|}{\Sigma f} = \frac{31.11}{27} = 1.152 \text{ (approximately)}.$$

(ii) Standard Deviation : *It is defined as the positive square root of the arithmetic mean of the squares of the deviations of the given values from their arithmetic mean. It is denoted by the symbol* σ.

For a frequency distribution (x, f),

$$\sigma = \sqrt{\frac{1}{N} \Sigma f (x - \bar{x})^2}$$

where, $\bar{x}$ is A.M. of the distribution and $N = \Sigma f$.

The square of the standard deviation is called variance, denoted by V.

Thus,
$$V = \sigma^2 = \frac{1}{N} \Sigma f \cdot (x - \bar{x})^2$$

The step of squaring the deviations $(x - \bar{x})$ overcomes the drawback of ignoring the signs in Mean deviation. Standard deviation is also suitable for further mathematical treatment. Moreover among all the measures of dispersion, standard deviation is affected by least fluctuations of sampling, hence it is considered as most reliable measure of dispersion.

Root mean square deviation is given by

$$S = \sqrt{\frac{1}{N} \Sigma f (x - A)^2}$$

where, A is any arbitrary number.

S^2 is called Mean square deviation. When $A = \bar{x}$, the Arithmetic mean, Root mean square deviation becomes equal to the standard deviation.

(iii) Relation Between σ and S : By definition, we have

$$S^2 = \frac{1}{N} \Sigma f(x-A)^2$$

$$= \frac{1}{N} \Sigma f \left(x - \bar{x} + \bar{x} - A\right)^2$$

$$= \frac{1}{N} \Sigma f \left[(x-\bar{x})^2 + 2(x-\bar{x})(\bar{x}-A) + (\bar{x}-A)^2\right]$$

$$= \frac{1}{N} \Sigma f (x-\bar{x})^2 + 2(\bar{x}-A) \frac{1}{N} \Sigma f (x-\bar{x}) + (\bar{x}-A)^2 \frac{\Sigma f}{N}$$

Note that $(\bar{x}-A)$ being constant, is taken outside the summation.

Now since $\frac{1}{N} \Sigma f (x-\bar{x}) = \frac{1}{N} \Sigma fx - \bar{x} \cdot \frac{1}{N} \Sigma f = \bar{x} - \bar{x} = 0$

$\therefore \qquad S^2 = \frac{1}{N} \Sigma f (x-\bar{x})^2 + (\bar{x}-A)^2,\ $ as $\Sigma f = N$

Thus, $\qquad S^2 = \sigma^2 + d^2,\ d = \bar{x} - A$

If $\bar{x} = A$, thus S^2 would be least as $d = 0$.

Thus Mean square deviation (S^2) and consequently Root mean square (S) deviation are least when deviations are taken from $A = \bar{x}$.

(iv) Method of Calculating σ :

$$\sigma^2 = \frac{1}{N} \Sigma f (x-\bar{x})^2$$

$$= \frac{1}{N} \Sigma f \left(x^2 - 2x\bar{x} + \bar{x}^2\right)$$

$$= \frac{1}{N} \Sigma f x^2 - \frac{2\bar{x}}{N} \Sigma fx + \bar{x}^2 \cdot \frac{\Sigma f}{N}$$

$$= \frac{1}{N} \Sigma f x^2 - 2\bar{x}^2 + \bar{x}^2 \quad \left[\frac{\Sigma fx}{N} = \bar{x},\ \frac{\Sigma f}{N} = 1\right]$$

$$= \frac{1}{N} \Sigma f x^2 - \bar{x}^2$$

$$= \frac{1}{N} \Sigma f x^2 - \left(\frac{1}{N} \Sigma f x\right)^2$$

Usually, product terms fx and fx² are large, hence to reduce the volume of calculations, we proceed as follows :

$$\sigma^2 = \frac{1}{N} \Sigma f (x - \bar{x})^2$$

$$= \frac{1}{N} \Sigma f (x - A + A - \bar{x})^2, \qquad \text{(where A is arbitrary number)}$$

$$= \frac{1}{N} \Sigma f \left[(x - A)^2 + 2(x - A)(A - \bar{x}) + (A - \bar{x})^2\right]$$

$$= \frac{1}{N} \Sigma f(x - A)^2 + \frac{2}{N} \Sigma (A - \bar{x}) \Sigma f(x - A) + (A - \bar{x})^2 \frac{\Sigma f}{N}$$

Let $d = x - A$ then using

$$\bar{x} = A + \frac{1}{N} \Sigma fd$$

$$\sigma^2 = \frac{1}{N} \Sigma fd^2 + \frac{2}{N} \left[A - A - \frac{1}{N} \Sigma fd\right] \Sigma fd + \left[A - A - \frac{1}{N} \Sigma fd\right]^2 \cdot 1$$

$$= \frac{1}{N} \Sigma fd^2 - \frac{2}{N^2} (\Sigma fd)^2 + \frac{1}{N^2} (\Sigma fd)^2$$

$$= \frac{1}{N} \Sigma fd^2 - \frac{1}{N^2} (\Sigma fd)^2$$

$$= \frac{1}{N} \Sigma fd^2 - \left(\frac{\Sigma fd}{N}\right)^2$$

Or

$$\sigma = \sqrt{\frac{1}{N} \Sigma fd^2 - \left(\frac{\Sigma fd}{N}\right)^2} \qquad \ldots (A)$$

Terms fd, fd² are numerically smaller as compared to fx, fx² and use of formula (A) reduces the calculations considerably in obtaining σ.

To reduce the calculations further, and in dealing with data presented in grouped frequency distribution form, we put $u = \frac{x - A}{h}$, where h is generally taken as width of class interval

Thus $u = \frac{d}{h}$ or $d = hu$ putting $d = hu$ in formula (A)

$$\sigma = \sqrt{\frac{1}{N} \Sigma f h^2 u^2 - \left(\frac{\Sigma f hu}{N}\right)^2}$$

$$= h \sqrt{\frac{1}{N} \Sigma f u^2 - \left(\frac{\Sigma f u}{N}\right)^2} \qquad \ldots (B)$$

Formula (B) is quite useful for data presented in grouped frequency distribution form.

ILLUSTRATION

Ex. 1 : *Calculate standard deviation for the following frequency distribution. Decide whether A.M. is good average.*

Wages in Rupees earned per day	0 – 10	10 – 20	20 – 30	30 – 40	40 – 50	50 – 60
No. of labourers	5	9	15	12	10	3

Sol. : Preparing the table for the purpose of calculations.

Wages earned C.I.	Mid-value x	Frequency f	$u = \dfrac{x-25}{10}$	fu	fu²
0 – 10	5	5	– 2	– 10	20
10 – 20	15	9	– 1	– 9	9
20 – 30	25	15	0	0	0
30 – 40	35	12	1	12	12
40 – 50	45	10	2	20	40
50 – 60	55	3	3	9	27
Total	–	$\Sigma f = 54$	–	$\Sigma fu = 22$	$\Sigma fu^2 = 108$

Using formula (B),

$$\sigma = 10\sqrt{\frac{1}{54} \times 108 - \left(\frac{22}{54}\right)^2}$$

$$= 10\sqrt{2 - 0.166} = 13.54 \text{ approximately}$$

In this problem,

$$\text{A.M.} = 25 + h\,\frac{\Sigma fu}{N} = 25 + 10\,(0.4074) = 29.074$$

$\sigma = 13.54$ is quite a large value and Arithmetic mean 29.074 is not a good average.

Ex. 2 : *Prove that for any discrete distribution standard deviation, σ is greater than or equal to Mean deviation from the mean.*

$$\sigma^2 = \frac{1}{N}\Sigma f\,(x-\bar{x})^2, \quad \text{M.D.} = \frac{1}{N}\Sigma f\,|x-\bar{x}|$$

Sol. : Required result implies

$$\frac{1}{N}\Sigma f\,(x-\bar{x})^2 \geq \left(\frac{1}{N}f\,|x-\bar{x}|\right)^2$$

Putting $|x - \bar{x}| = z$

which means $(x-\bar{x})^2 = z^2$

We have to prove that $\frac{1}{N}\Sigma fz^2 \geq \left(\frac{1}{N}\Sigma fz\right)^2$

i.e. $\frac{1}{N}\Sigma fz^2 - \left(\frac{1}{N}\Sigma fz\right)^2 \geq 0$

i.e. $\frac{1}{N}\Sigma f(z-\bar{z})^2 \geq 0$ [Refer article 5.4 (i)]

which is always true.

Hence the required results.

Ex. 3 : *Two sets containing n_1 and n_2 items have means m_1 and m_2 and standard deviations σ_1 and σ_2 respectively. Show that combined group has variance given by :*

$$\sigma^2 = \frac{n_1 \sigma_1^2 + n_2 \sigma_2^2}{n_1 + n_2} + \frac{n_1 n_2}{(n_1 + n_2)^2}(m_1 - m_2)^2$$

Sol. : Let the variates in two series be denoted by x and y respectively. The first series contains n_1 values of variate x and the second series contains n_2 values of variate y.

By definition,

$$m_1 = \frac{\Sigma x}{n_1}, \quad m_2 = \frac{\Sigma y}{n_2}$$

$$\sigma_1^2 = \frac{1}{n_1}\Sigma(x-m_1)^2, \quad \sigma_2^2 = \frac{1}{n_2}\Sigma(y-m_2)^2$$

By formula (A) of section 5.3.

The A.M. $\bar{z}$ of combined series is given by,

$$\bar{z} = \frac{n_1 m_1 + n_2 m_2}{n_1 + n_2}$$

The variance σ^2 of combined series is given by

$$\sigma^2 = \frac{1}{n_1 + n_2}\left[\Sigma(x-\bar{z})^2 + \Sigma(y-\bar{z})^2\right]$$

Now, $\Sigma(x-\bar{z})^2 = \Sigma(x - m_1 + m_1 - \bar{z})^2$

$= \Sigma(x-m_1)^2 + 2(x-m_1)(m_1 - \bar{z}) + (m_1 - \bar{z})^2$

$= \Sigma(x-m_1)^2 + 2(m_1 - \bar{z})\Sigma(x-m_1) + \Sigma(m_1 - \bar{z})^2$

$\Sigma(x-m_1) = \Sigma x - \Sigma m_1$

$= n_1 m_1 - n_1 m_1 = 0$

Let $$d_1 = m_1 - \bar{z}$$

$$\Sigma (x - \bar{z})^2 = \Sigma (x - m_1)^2 + n_1 d_1^2$$

$$= n_1 \sigma_1^2 + n_1 d_1^2$$

Similarly, we can show that

$$\Sigma (y - \bar{z})^2 = n_2 \sigma_2^2 + n_2 d_2^2$$

where $$d_2 = m_2 - \bar{z}$$

Thus,
$$\sigma^2 = \frac{1}{n_1 + n_2} \left[n_1 \sigma_1^2 + n_1 d_1^2 + n_2 \sigma_2^2 + n_2 d_2^2 \right]$$

$$= \frac{1}{n_1 + n_2} \left[n_1 \sigma_1^2 + n_1 d_1^2 + n_2 \sigma_2^2 + n_2 d_2^2 \right]$$

To express it in required form :

$$d_1 = m_1 - \bar{z} = m_1 - \frac{n_1 m_1 + n_2 m_2}{n_1 + n_2} = \frac{n_2 (m_1 - m_2)}{n_1 + n_2}$$

$$d_2 = m_2 - \bar{z} = m_2 - \frac{n_1 m_1 + n_2 m_2}{n_1 + n_2} = \frac{n_1 (m_1 - m_2)}{n_1 + n_2}$$

$$\sigma^2 = \frac{1}{n_1 + n_2} \left[n_1 \sigma_1^2 + n_2 \sigma_2^2 + n_1 d_1^2 + n_2 d_2^2 \right]$$

$$= \frac{n_1 \sigma_1^2 + n_2 \sigma_2^2}{n_1 + n_2} + \frac{1}{n_1 + n_2} \left[\frac{n_1 n_2^2 (m_1 - m_2)^2}{(n_1 + n_2)^2} + \frac{n_2 n_1^2 (m_1 - m_2)^2}{(n_1 + n_2)^2} \right]$$

$$= \frac{n_1 \sigma_1^2 + n_2 \sigma_2^2}{n_1 + n_2} + \frac{n_1 n_2 (m_1 - m_2)^2}{(n_1 + n_2)^3} (n_2 + n_1)$$

$$= \frac{n_1 \sigma_1^2 + n_2 \sigma_2^2}{n_1 + n_2} + \frac{n_1 n_2 (m_1 - m_2)^2}{(n_1 + n_2)^2}$$

which is the required result.

Ex. 4 : *Fluctuations in the Aggregate of marks obtained by two groups of students are given below. Find out which of the two shows greater variability.*

Group A	518	519	530	530	544	542	518	550	527	527	531	550	550	529	528
Group B	825	830	830	819	814	814	844	842	842	826	832	835	835	840	840

(Dec. 2012)

Sol. : To solve this problem, we have to determine coefficient of variation $\frac{\sigma}{A.M.} \times 100$ in each case. First we present the data in frequency distribution form.

For Group A :

x	f	d = x − 530	d²	fd	fd²
518	2	− 12	144	− 24	288
519	1	− 11	121	− 11	121
527	2	− 3	9	− 6	18
528	1	− 2	4	− 2	4
529	1	− 1	1	− 1	1
530	2	0	0	0	0
531	1	1	1	1	1
542	1	12	144	12	144
544	1	14	196	14	196
550	3	20	400	60	1200
Total	Σf = 15	−	−	Σfd = 43	1973

$$A.M. = 530 + \frac{\Sigma fd}{\Sigma f}$$

$$= 530 + \frac{43}{15} = 532.866$$

$$\sigma = \sqrt{\frac{1}{N} \Sigma fd^2 - \left(\frac{\Sigma fd}{N}\right)^2}$$

$$= \sqrt{\frac{1973}{15} - \left(\frac{43}{15}\right)^2}$$

$$= \sqrt{131.533 - 8.218}$$

$$= 11.105$$

$$\text{Coefficient of variation} = \frac{\sigma}{A.M.} \times 100$$

$$= \frac{11.105}{532.866} \times 100 = 2.0840$$

For Group B :

x	f	d = x − 830	d²	fd	fd²
814	2	− 16	256	− 32	512
819	1	− 11	121	− 11	121
825	1	− 5	25	− 5	25
826	1	− 4	16	− 4	16
830	2	0	0	0	0
832	1	2	4	2	4
835	2	5	25	10	50
840	2	10	100	20	200
842	2	12	144	24	288
844	1	14	196	14	196
Total	$\Sigma f = 15$	−	−	$\Sigma fd = 18$	$\Sigma fd^2 = 1412$

$$\text{A.M.} = 830 + \frac{18}{15} = 831.2$$

$$\sigma = \sqrt{\frac{1412}{15} - \left(\frac{18}{15}\right)^2} = \sqrt{94.133 - 1.44} = 9.628$$

Coefficient of variation $= \frac{9.628}{831.2} \times 100 = 1.158$

Coefficient of variation of group A is greater than that of group B.

∴ Group A has greater variability, or Group B is more consistent.

5.5 MOMENTS, SKEWNESS AND KURTOSIS

5.5.1 Moments

The rth moment about the mean of a distribution is denoted by μ_r and is given by,

$$\mu_r = \frac{1}{N} \Sigma f(x - \bar{x})^r, \quad N = \Sigma f$$

where $\bar{x}$ is A.M. of the distribution. Putting r = 0, 1, 2 etc., we get

$$\mu_0 = \frac{1}{N} \Sigma f = 1,$$

$$\mu_1 = \frac{1}{N} \Sigma f (x - \bar{x}) = \bar{x} - \bar{x} = 0 \text{ gives first moment of distribution about the mean.}$$

$$\mu_2 = \frac{1}{N} \Sigma f (x - \bar{x})^2 = \sigma^2 = V = \text{variance gives second moment of the distribution about the mean.}$$

$$\mu_3 = \frac{1}{N} \Sigma f (x - \bar{x})^3 \text{ gives 3}^{rd} \text{ moment of the distribution about the mean and so on.}$$

Since actual evaluation of rth moment μ_r about the mean $\bar{x}$ is numerically complicated, we find r^{th} moments μ'_r of the distribution about convenient mean A with much less calculation (Refer Art. 5.4).

The rth moment about any number A (assumed or convenient arbitrary mean) is denoted by μ'_r and is given by

$$\mu'_r = \frac{1}{N} \Sigma f(x-A)^r,$$ it can be seen on putting $r = 0, 1, 2, \ldots$etc. that

$$\mu'_0 = 1, \quad \mu'_1 = \frac{1}{N}\Sigma f(x-A) = \frac{1}{N}\Sigma fx - \frac{\Sigma f}{N}A$$

$$\mu'_1 = \bar{x} - A$$

$$\mu'_2 = \frac{1}{N}\Sigma f(x-A)^2 = S^2 \text{ the mean square deviation}$$

$$\mu'_3 = \frac{1}{N}\Sigma f(x-A)^3 \text{ etc.}$$

Relation Between μ_r and μ'_r:

We know by definition of μ_r

$$\mu_r = \frac{1}{N}\Sigma f\left(x-\bar{x}\right)^r = \frac{1}{N}\Sigma f\left(x-A+A-\bar{x}\right)^r$$

Let $d = x - A$ and hence

$$\therefore \quad \bar{d} = \frac{\Sigma fd}{N} = \frac{\Sigma fx}{N} - \frac{A.\Sigma f}{N} \quad \text{or} \quad \bar{d} = \bar{x} - A = \mu'_1$$

Thus, $$\mu_r = \frac{1}{N}\Sigma f\left(d-\bar{d}\right)^r$$

On expanding $\left(d-\bar{d}\right)^r$ binomially, we obtain

$$\mu_r = \frac{1}{N}\Sigma f\left(d^r - {}^rC_1 d^{r-1}\bar{d} + {}^rC_2 d^{r-2}\bar{d}^2 \ldots +(-1)^r \bar{d}^r\right)$$

where ${}^rC_1 = r, {}^rC_2 = \frac{r(r-1)}{2!}, {}^rC_3 = \frac{r(r-1)(r-2)}{3!}$ etc.

$$\therefore \quad \mu_r = \frac{1}{N}\Sigma fd^r - {}^rC_1 \frac{1}{N}\Sigma fd^{r-1}\bar{d} + {}^rC_2 \frac{1}{N}\Sigma fd^{r-2}\bar{d}^2$$

$$- {}^rC_3 \frac{1}{N}\Sigma fd^{r-3}\bar{d}^3 \ldots (-1)^r \frac{1}{N}\Sigma f\bar{d}^r$$

Using, $\frac{1}{N}\Sigma fd^r = \mu'_r$ and $\bar{d} = \mu'_1$, relation between μ_r and μ'_r is

$$\therefore \quad \boxed{\mu_r = \mu'_r - {}^rC_1 \mu'_{r-1}\mu'_1 + {}^rC_2 \mu'_{r-2}{\mu'_1}^2 + \ldots + (-1)^r (\mu'_1)^r}$$

We have already seen that $\mu_0 = 1$, $\mu_1 = 0$.

Putting r = 2, 3, 4 etc., we get

$$\mu_2 = \mu'_2 - {}^2C_1 \mu'_1 \mu'_1 + {}^2C_2 \mu'_0 \mu'_1$$
$$= \mu'_2 - 2\mu'_1{}^2 + \mu'_1{}^2 = \mu'_2 - \mu'_1{}^2 \qquad \ldots (A)$$
$$\mu_3 = \mu'_3 - {}^2C_1 \mu'_2 \mu'_1 + {}^3C_2 \mu'_1 \mu'_1{}^2 - \mu'_1{}^3$$
$$= \mu'_3 - {}^3C_1 \mu'_2 + {}^3C_2 \mu'_1 \mu'_1{}^2 - \mu'_1{}^3$$
$$\mu_3 = \mu'_3 - 3\mu'_2 \mu'_1 + 2\mu'_1{}^3 \qquad \ldots (B)$$
$$\mu_4 = \mu'_4 - {}^4C_1 \mu'_3 \mu'_1 + {}^4C_2 \mu'_2 \mu'_1{}^2 - {}^4C_2 \mu'_1 \mu'_1{}^3 + {}^4C_4 \mu'_1{}^4$$
$$= \mu'_4 - 4\mu'_3 \mu'_1 + 6\mu'_2 \mu'_1{}^2 - 4\mu'_1{}^4 + \mu'_1{}^4$$
$$\mu_4 = \mu'_4 - 4\mu'_3 \mu'_1 + 6\mu'_2 \mu'_1{}^2 - 3\mu'_1{}^4 \qquad \ldots (C)$$

The moments of higher order μ_5, μ_6 etc. can be similarly expressed.

To reduce the calculation of μ'_r further while dealing with data presented in group frequency distribution, we use the following procedure.

Put $u = \dfrac{x - A}{h}$ where, h is taken generally width of class interval, then the expressions for the moments μ_r about any point A (arbitrary assumed convenient mean) are given by

$$\mu'_r = \frac{1}{N} \Sigma f(x - A)^r, \qquad N = \Sigma f$$
$$= \frac{1}{N} \Sigma f (hu)^r$$
$$= h^r \frac{1}{N} \Sigma f u^r, \qquad r = 1, 2, 3, \ldots \qquad \ldots (D)$$

We know that first moment about mean $\bar{x}$ is $\mu_1 = 0$. The second, third and fourth moments about the mean $\bar{x}$ are obtained using relations (A), (B) and (C).

Remark :

(i) **Change of Origin Property :** The central moments are invariant to the change of origin. If $u = x - A$ then (μ_r of u) = (μ_r of x).

(ii) **Change of Origin and Scale :** If $u = \dfrac{x - A}{h}$ then (μ_r or u) = $\dfrac{1}{h^r}$ (μ_r of x).

Sheppard's Correction for Moments : In case of grouped frequency distribution, we take mid-values of class intervals to represent the class interval. This involves some error in calculation of moments. W.F. Sheppard suggested some corrective formulae :

$$\mu_2 \text{ (corrected)} = \mu_2 - \frac{1}{12} h^2$$
$$\mu_3 = \mu_3$$
$$\mu_4 \text{ (corrected)} = \mu_4 - \frac{1}{2} h^2 \mu_1 + \frac{7}{240} h^4$$

where, h is the width of class interval.

5.5.2 Skewness

Skewness signifies departure from symmetry. We study skewness to have an idea about the shape of the curve which we draw with the given data.

If the frequency curve stretches to the right as in Fig. 5.3 (a) i.e. the mean is to the right of the mode then the distribution is right skewed or is said to have positive skewness. If the curve stretches to left or mode is to the right of the mean then the distribution is said to have negative skewness.

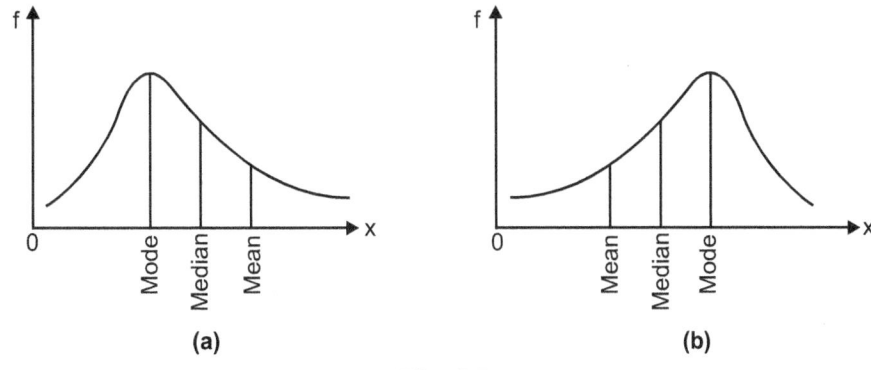

Fig. 5.3

The different measures of skewness are :

(i) Skewness $= \dfrac{3 \, (\text{Mean} - \text{Median})}{\text{Standard deviation}}$

(ii) Coefficient of skewness, $\beta_1 = \dfrac{\mu_3^2}{\mu_2^3}$

5.5.3 Kurtosis

To get complete idea of the distribution in addition to the knowledge of mean, dispersion and skewness, we should have an idea of the flatness or peakedness of the curve. It is measured by the coefficient β_2 given by,

$$\beta_2 = \dfrac{\mu_4}{\mu_2^2}$$

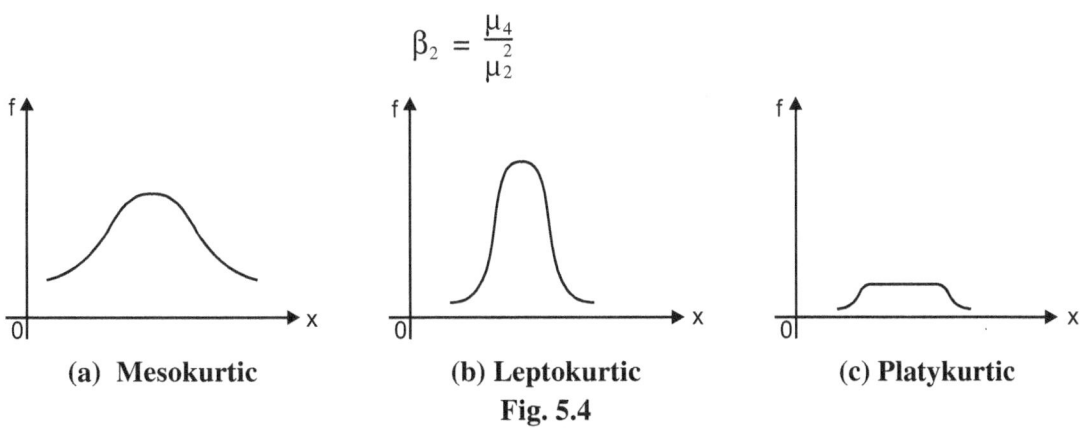

(a) Mesokurtic (b) Leptokurtic (c) Platykurtic

Fig. 5.4

The curve of Fig. 5.4 (a) which is neither flat nor peaked is called the normal curve or Mesokurtic curve. $\gamma = \beta_2 - 3$ gives the excess of kurtosis. For a normal distribution, $\beta_2 = 3$ and the excess is zero. The curve of Fig. 5.4 (c) which is flatter than the normal curve is called Platykurtic and that of Fig. 5.4 (b) which is more peaked is called Leptokurtic. For Platykurtic curves $\beta_2 < 3$, for Leptokurtic curves $\beta > 3$.

Ex. 5 : *Calculate the first four moments about the mean of the given distribution. Also find β_1 and β_2.*

x	2.0	2.5	3.0	3.5	4.0	4.5	5.0
f	4	36	60	90	70	40	10

Sol. : Taking $A = 3.5$, $h = 0.5$ and $u = \dfrac{x - 3.5}{0.5}$

We prepare the table for calculating μ'_1, μ'_2, μ'_3 and μ'_4.

x	f	$u = \dfrac{x - 3.5}{0.5}$	fu	fu²	fu³	fu⁴
2.0	4	−3	−12	36	−108	342
2.5	36	−2	−72	144	−288	576
3.0	60	−1	−60	60	−60	60
3.5	90	0	0	0	0	0
4.0	70	1	70	70	70	70
4.5	40	2	80	160	320	640
5.0	10	3	30	90	270	810
Total	$\Sigma f = 310$		$\Sigma fu = 36$	$\Sigma fu^2 = 560$	$\Sigma fu^3 = 204$	$\Sigma fu^4 = 2480$

For moments about arbitrary mean $A = 3.5$, we use formula (D).

$$\mu'_r = h^r \dfrac{\Sigma fu^r}{\Sigma f}$$

$$\mu'_1 = h \dfrac{\Sigma fu}{\Sigma f} = (0.5) \dfrac{36}{310} = 0.058064$$

$$\mu'_2 = h^2 \dfrac{\Sigma fu^2}{\Sigma f} = (0.5)^2 \dfrac{560}{310} = 0.451612$$

$$\mu'_3 = h^3 \dfrac{\Sigma fu^3}{\Sigma f} = (0.5)^3 \dfrac{204}{310} = 0.082259$$

$$\mu'_4 = h^4 \dfrac{\Sigma fu^4}{\Sigma f} = (0.5)^4 \dfrac{2480}{310} = 0.5$$

Using relations A, B, C of section 5.5 central moments are

$$\mu_1 = 0$$
$$\mu_2 = \mu'_2 - \mu'^2_1 = (0.451612) - (0.058064)^2 = 0.44824$$
$$\mu_3 = \mu'_3 - 3\mu'_2\mu'_1 + 2\mu'^3_1$$
$$= (0.082259) - 3(0.451612)(0.058064) + 2(0.058064)^3$$
$$= 0.082259 - 0.078668 + 0.0003916$$
$$= 3.9826 \times 10^{-3} = 0.0039826$$
$$\mu_4 = \mu'_4 - 4\mu'_3\mu'_1 + 6\mu'_2(\mu'_1)^2 - 3(\mu'_1)^4$$
$$= 0.5 - 0.01911 + 0.009136 - 0.0000341$$
$$= 0.48999$$

$$\beta_1 = \frac{\mu_3^2}{\mu_2^3} = \frac{0.0000159}{0.0900599} = 1.76549$$

$$\beta_2 = \frac{\mu_4}{\mu_2^2} = \frac{0.48999}{0.20092} = 2.43874$$

Ex. 6 : *Compute the first four central moments for the following frequencies :*

No. of jobs completed	0-10	10-20	20-30	30-40	40-50
No. of workers	6	26	47	15	6

Sol. :

Class	Mid-Pts. (x)	Freq. (f)	$u = \frac{x-25}{10}$	fu	fu^2	fu^3	fu^4
0-10	5	6	-2	-12	24	-48	96
10-20	15	26	-1	-26	26	-26	26
20-30	25	47	0	0	0	0	0
30-40	35	15	1	15	15	15	15
40-50	45	6	2	12	24	48	96
Total	–	100	–	-11	89	-11	233

For moments about arbitrary mean A = 25 we use the formula (D)

$$\mu'_r = h^r \frac{\Sigma fu^r}{\Sigma f}$$

∴ $$\mu'_1 = h \frac{\Sigma fu}{\Sigma f} = 10\left(\frac{-11}{100}\right) = 10(-0.11) = -1.1$$

$$\mu'_2 = h^2 \frac{\Sigma fu^2}{\Sigma f} = (10)^2 \left(\frac{89}{100}\right) = 100(0.89) = 89$$

$$\mu'_3 = h^3 \frac{\Sigma fu^3}{\Sigma f} = (10)^3 \left(\frac{-11}{100}\right) = (1000)(-0.11) = -110$$

$$\mu'_4 = h^4 \frac{\Sigma fu^4}{\Sigma f} = (10)^4 \left(\frac{233}{100}\right) = (10)^4 (2.33) = 23300$$

Using relations A, B, C of section 5.5 central moments are

$$\mu_1 = 0$$

$$\mu_2 = \mu'_2 - \mu'^2_1$$
$$= 89 - (-1.1)^2$$
$$= 89 - (1.21) = 87.79$$

$$\mu_3 = \mu'_3 - 3\mu'_2 \mu'_1 + 2\mu'^3_1$$
$$= -110 - 3(89)(-1.1) + 2(-1.1)^3$$
$$= -110 + 293.7 + 2(-1.331)$$
$$= -110 + 293.7 - 2.662$$
$$= 181.038$$

$$\mu_4 = \mu'_4 - 4\mu'_3 \mu'_1 + 6\mu'_2 (\mu'_1)^2 - 3(\mu'_1)^4$$
$$= 23300 - 4(-110)(-1.1) + 6(89)(-1.1)^2 - 3(-1.1)^4$$
$$= 23300 - 484 + 646.14 - 4.3923$$
$$= 23457.7477$$

Ex. 7 : *For the following distribution, find (i) first 4 moments about the mean, (ii) β_1 and β_2, (iii) arithmetic mean, (iv) standard deviation.*

x	2	2.5	3	3.5	4	4.5	5
f	5	38	65	92	70	40	10

Sol. : Let $u = \frac{x - 3.5}{0.5}$, $A = 3.5$, $h = 0.5$.

x	f	u	fu	fu²	fu³	fu⁴
2	5	−3	−15	45	−135	405
2.5	38	−2	−76	152	−304	608
3	65	−1	−65	65	−65	65
3.5	92	0	0	0	0	0
4	70	1	70	70	70	70
4.5	40	2	80	160	320	640
5	10	3	30	90	270	810
Total	320	−	24	582	156	2598

(i) Moment about the mean M.

When assumed mean is A = 3.5 and using (D), we have

$$\mu'_1 = h \frac{\Sigma fu}{\Sigma f} = 0.5 \left(\frac{24}{320}\right) = 0.0375$$

$$\mu'_2 = h^2 \frac{\Sigma fu^2}{\Sigma f} = (0.5)^2 \left(\frac{582}{320}\right) = 0.4546$$

$$\mu'_3 = h^3 \frac{\Sigma fu^3}{\Sigma f} = (0.5)^3 \left(\frac{156}{320}\right) = 0.0609$$

$$\mu'_4 = h^4 \frac{\Sigma fu^4}{\Sigma f} = (0.5)^4 \left(\frac{2598}{320}\right) = 0.5074$$

Using results (A), (B), (C), we have four moments about the mean M

$$\mu_1 = 0$$

$$\mu_2 = \mu'_2 - \mu'^2_1 = (0.4546) - (0.0375)^2, \ [d = \mu'_1] = 0.453$$

$$\mu_3 = \mu'_3 - 3\mu'_2\mu'_1 + 2\mu'^3_1$$
$$= (0.0609) - 3(0.4546)(0.0375) + 2(0.0375)^3$$
$$= 0.0600$$

$$\mu_4 = \mu'_4 - 4\mu'_3\mu'_1 + 6\mu'^2_1\mu'_2 - 3\mu'^4_1$$
$$= (0.5074) - 4(0.0609)(0.0375) + 6(0.0375)^2(0.4546)$$
$$- 3(0.0375)^4$$
$$= 0.502$$

(ii) By definition of β_1 and β_2, we have

$$\beta_1 = \frac{\mu_3^2}{\mu_2^3} = \frac{(0.0600)^2}{(0.453)^3} = 0.0387$$

$$\beta_2 = \frac{\mu_4}{\mu_2^2} = \frac{0.502}{(0.453)^2} = 2.4463$$

Since $\beta_2 < 3$, the distribution is platy kurtic i.e. it is flatter than the normal distribution.

(iii) **Arithmetic Mean :** Using result (B), we have

$$A = \frac{\Sigma fu}{\Sigma f} = \frac{24}{320} = 0.075$$

(iv) **Standard Deviation :**

$$\sigma^2 = h^2 \left\{ \frac{\Sigma fu^2}{\Sigma f} - \left(\frac{\Sigma fu}{\Sigma f}\right)^2 \right\}$$

$$= (0.5)^2 \left\{ \frac{582}{320} - \left(\frac{24}{320}\right)^2 \right\} = 0.453$$

$$\sigma = 0.673$$

Ex. 8 : *The first four moments about the working mean 30.2 of a distribution are 0.255, 6.222, 30.211 and 400.25. Calculate the first four moments about the mean. Also evaluate β_1, β_2 and comment upon the skewness and kurtosis of the distribution.*

(Dec. 2005, May 2010)

Sol. : Given : The first four moments about the arbitrary origin 30.2 are

$$\mu_1' = 0.255, \; \mu_2' = 6.222, \; \mu_3' = 30.211, \; \mu_4' = 400.25$$

$\therefore \quad \mu_1' = \dfrac{1}{N}\Sigma f_i(x_i - 30.2) = \dfrac{1}{N}\Sigma f_i x_i - 30.2 = \bar{x} - 30.2 = 0.255$

Or $\quad \bar{x} = 30.455$

$\mu_2 = \mu_2' - \mu_1'^2 = 6.222 - (0.255)^2 = 6.15698$

$\mu_3 = \mu_3' - 3\mu_2' \mu_1' + 2\mu_1'^3 = 30.211 - 3(6.222)(0.255) + 2(0.255)^3$

$\quad = 30.211 - 4.75983 + 0.03316275$

$\mu_3 = 25.48433$

$\mu_4 = \mu_4' - 4\mu_3' \mu_1' + 6\mu_2' \mu_1'^2 - 3\mu_1'^4$

$\quad = 440.25 - 4(30.211)(0.255) + 6(6.222)(0.255) - 3(0.255)^4$

$\mu_4 = 378.9418$

$\therefore \quad \beta_1 = \dfrac{\mu_3^2}{\mu_2^3} = \dfrac{(25.48433)^2}{(6.15698)^3} = 2.78255$

$\beta_2 = \dfrac{\mu_4}{\mu_2^2} = \dfrac{378.9418}{(6.15698)^2}$

$\beta_2 = 9.99625$

$\therefore \quad \gamma_1 = \sqrt{\beta_1} = \sqrt{2.78255} = 1.6681$

which indicates considerable skewness of the distribution.

$\gamma_2 = \beta_2 - 3 = 9.99625 - 3 = 6.99625$

which shows that the distribution is leptokurtic.

Ex. 9 : *The first four moments of a distribution about the value 5 are 2, 20, 40 and 50. From the given information obtain the first four central moments, mean, standard deviation and coefficient of skewness and kurtosis.* **(Dec. 2007)**

Sol. : $A = 5$, $\mu_1' = 2$, $\mu_2' = 20$, $\mu_3' = 40$ and $\mu_4' = 50$.

On the basis of given information we can calculate the various central moments, mean, standard deviation and coefficient of skewness and kurtosis.

The first moment about zero gives the value of the distribution.

∴ Mean $= \bar{x} = A + \mu_1' = 5 + 2 = 7$

Now we calculate central moments.

$$\mu_1 = 0$$

$$\mu_2 = \mu_2' - (\mu_1')^2 = 20 - (2)^2 = 16$$

$$\mu_3 = \mu_3' - 3\mu_1' \mu_2' + 2(\mu_1')^3$$
$$= 40 - 3(2)(20) + 2(2)^3$$
$$= 40 - 120 + 16$$
$$= -64$$

$$\mu_4 = \mu_4' - 4\mu_1' \mu_3' + 6(\mu_1')^2 \mu_2' - 3(\mu_1')^4$$
$$= 50 - 4(2)(40) + 6(2)^2(20) - 3(2)^4$$
$$= 50 - 320 + 480 - 48$$
$$= 162$$

The second central moment gives the value of variance.

∴ Variance $= \mu_2 = 16$

∴ Standard deviation $= \sqrt{\mu_2} = \sqrt{16} = 4$

Coefficient of skewness is given by,

$$\beta_1 = \frac{\mu_3^2}{\mu_2^3} = \frac{(-64)^2}{(16)^3} = 1$$

Since $\beta_1 = 1$, the distribution is positively skewed. Coefficient of kurtosis is given by,

$$\beta_2 = \frac{\mu_4}{\mu_2^2} = \frac{162}{(16)^2} = 0.63$$

Since the value of β_2 is less than 3, hence the distribution is platykurtic.

Ex. 10 : *The first four central moments of distribution are 0, 2.5, 0.7 and 18.75. Comment on the skewness and kurtosis of the distribution.* **(May 2009)**

Sol. : Testing of Skewness : $\mu_1 = 0$, $\mu_2 = 2.5$, $\mu_3 = 0.7$ and $\mu_4 = 18.75$

Coefficient of skewness is given by,

$$\beta_1 = \frac{\mu_3^2}{\mu_2^3} = \frac{(0.7)^2}{(2.5)^3} = 0.0314$$

Since, $\beta_1 = +0.0314$, the distribution is slightly skewed i.e. it is not perfectly symmetrical.

Testing of kurtosis : Coefficient of kurtosis is given by

$$\beta_2 = \frac{\mu_4}{\mu_2^2}$$

When $\beta_2 = 3$, a distribution is mesokurtic, when β_2 is more than 3, a distribution is leptokurtic and when β_2 is less than 3, a distribution is platykurtic.

$$\beta_2 = \frac{\mu_4}{\mu_2^2} = \frac{18.75}{(2.5)^2} = 3$$

Since, β_2 is exactly three, the distribution is mesokurtic.

EXERCISE 5.1

1. Find the Arithmetic Mean, Median and Standard deviation for the following frequency distribution.

x	5	9	12	15	20	24	30	35	42	49
f	3	6	8	8	9	10	8	7	6	2

   Ans. $\bar{x} = 22.9851$, $M = 20$, $\sigma = 11.3538$

2. Following table gives the Marks obtained in a paper of statistics out of 50, by the students of two divisions :

C.I.	0 – 5	5 – 10	10 – 15	15 – 20	20 – 25	25 – 30	30 – 35	35 – 40	40 – 45	45 – 50
Div. A f	2	6	8	8	15	18	12	11	9	4
Div. B f	3	5	7	9	12	16	11	5	6	2

   Find out which of the two divisions show greater variability.
   Also find the common mean and standard deviation.

   Ans. B has greater variability
   $\bar{x} = 26.1458$
   $\sigma = 11.1267$

3. Calculate the first four moments about the mean of the following distribution. Find the coefficient of Skewness and Kurtosis.

x	1	2	3	4	5	6	7	8	9	10
f	6	15	23	42	62	60	40	24	13	5

   Ans. $\mu_1 = 0$
   $\mu_2 = 3.703$
   $\mu_3 = 0.04256$
   $\mu_4 = 37.5$
   $\beta_1 = 0.00005572$
   $\beta_2 = 2.8411$

4. The Mean and Standard deviation of 25 items is found to be 11 and 3 respectively. It was observed that one item 9 was incorrect. Calculate the Mean and Standard deviation if :

   (i) the wrong item is omitted.

   (ii) it is replaced by 13.

   Ans. (i) $\bar{x} = 11.08$, $\sigma = 3.345$

   (ii) $\bar{x} = 11.16$, $\sigma = 2.9915$

5. Age distribution of 150 life insurance policy-holders is as follows :

Age as on nearest birthday	Number
15 – 19.5	10
20 – 24.5	20
25 – 29.5	14
30 – 34.5	30
35 – 39.5	32
40 – 44.5	14
45 – 49.5	15
50 – 54.5	10
55 – 59.5	5

Calculate mean deviation from median age.

Ans. M.D. = 8.4284

MULTIPLE CHOICE QUESTIONS (MCQ's)

Type : Measures of Central Tendencies and Dispersion :

1. If the data is presented in the forms of frequency distribution then arithmetic mean $\bar{x}$ is given by ($N = \Sigma f$) (1)

   (A) $\dfrac{\Sigma fx}{N}$ (b) $\dfrac{1}{N}\Sigma f|x - A|$

   (C) $N \Sigma fx$ (D) $\dfrac{\Sigma fx^2}{N}$

2. For the data presented in the form of frequency distribution, mean deviation (M.D.) from the average A is given by ($N = \Sigma f$) (1)

   (A) $\dfrac{\Sigma fx}{N}$ (B) $\Sigma f|x - A|$

   (C) $\dfrac{1}{N}\Sigma f|x - A|$ (D) $\dfrac{1}{N}\Sigma f|x - A|^2$

3. If the data is presented in the form of frequency distribution then standard deviation σ is given by ($\bar{x}$ is arithmetic mean and $N = \sum f$) (1)

   (A) $\frac{1}{N}\sum f(x-\bar{x})^2$
   (B) $\sqrt{\frac{1}{N}\sum f(x-\bar{x})^2}$
   (C) $\frac{\sum fx}{N}$
   (D) $\frac{1}{N}\sum f|x-\bar{x}|$

4. If the data is presented in the form of frequency distribution then variance V is given by ($\bar{x}$ is arithmetic mean and $N = \sum f$) (1)

   (A) $\frac{1}{N}\sum f|x-\bar{x}|$
   (B) $\sqrt{\frac{1}{N}\sum f(x-\bar{x})^2}$
   (C) $\frac{\sum fx}{N}$
   (D) $\frac{1}{N}\sum f(x-\bar{x})^2$

5. To compare the variability of two or more than two series, coefficient of variation (C.V.) is obtained using ($\bar{x}$ is arithmetic mean and σ is standard deviation). (1)

   (A) $\frac{\bar{x}}{\sigma} \times 100$
   (B) $\frac{\sigma}{\bar{x}} \times 100$
   (C) $\sigma \times \bar{x} \times 100$
   (D) $\frac{\bar{x}}{\sigma^2} \times 100$

6. If the data is presented in the form of frequency distribution then r^{th} moment μ_r about the arithmetic mean $\bar{x}$ of distribution is given by ($N = \sum f$) (1)

   (A) $\frac{1}{N}\sum f(x+\bar{x})^r$
   (B) $N \times \sum f(x-\bar{x})^r$
   (C) $\frac{1}{N}\sum f(x-\bar{x})$
   (D) $\frac{1}{N}\sum f(x-\bar{x})^r$

7. If the data is presented in the form of frequency distribution then 1st moment μ_1 about the arithmetic mean $\bar{x}$ of distribution is ($N = \sum f$) (1)

   (A) 1
   (B) σ^2
   (C) 0
   (D) $\frac{1}{N}\sum f(x-\bar{x})^3$

8. If μ_1' and μ_2' are the first two moments of the distribution about certain number then second moment μ_2 of the distribution about the arithmetic mean is given by (1)

   (A) $\mu_2' - (\mu_1')^2$
   (B) $2\mu_2' - \mu_1'$
   (C) $\mu_2' + (\mu_1')^2$
   (D) $\mu_2' + 2(\mu_1')^2$

9. If μ_1', μ_2', μ_3' are the first three moments of the distribution about certain number then third moment μ_3 of the distribution about the arithmetic mean is given by (1)
   (A) $\mu_3' - 3\mu_2' \mu_1' + 2(\mu_1')^3$
   (B) $\mu_3' - 3\mu_1' + (\mu_2')^3$
   (C) $\mu_3' + 2\mu_2' \mu_1' + (\mu_3')^3$
   (D) $\mu_3' + 3\mu_2' \mu_1' + (\mu_1')^2$

10. If μ_1', μ_2', μ_3', μ_4' are the first four moments of the distribution about certain number then fourth moment μ_4 of the distribution about the arithmetic mean is given by (1)
    (1) $\mu_4' + 4\mu_3' \mu_1' + 6\mu_2' (\mu_1')^4 + 3(\mu_1')^4$
    (B) $\mu_4' - 4\mu_3' \mu_1' + 6\mu_2' (\mu_1')^2 - 3(\mu_1')^4$
    (C) $\mu_4' + 4\mu_3' \mu_1' - 6\mu_2' (\mu_1')^4 - 3(\mu_1')^4$
    (D) $\mu_4' + 2\mu_3' \mu_1' - 6\mu_2' (\mu_1')^2 - 3(\mu_1')^4$

11. If μ_1' be the first moment of the distribution about any number A then arithmetic mean $\bar{x}$ is given by (1)
    (A) $\mu_1' + A$
    (B) μ_1'
    (C) $\mu_1' - A$
    (D) $\mu_1' A$

12. Second moment μ_2 about mean is (1)
    (A) Mean
    (B) Standard deviation
    (C) Variance
    (D) Mean deviation

13. Coefficient of skewness β_1 is given by (1)
    (A) $\dfrac{\mu_2^3}{\mu_3^2}$
    (B) $\dfrac{\mu_1^2}{\mu_2^3}$
    (C) $\dfrac{\mu_2^2}{\mu_3^2}$
    (D) $\dfrac{\mu_3^2}{\mu_2^3}$

14. Coefficient of kurtosis β_2 is given by (1)
    (A) $\dfrac{\mu_4}{\mu_3}$
    (B) $\dfrac{\mu_4}{\mu_2^2}$
    (C) $\dfrac{\mu_3}{\mu_2^2}$
    (D) $\dfrac{\mu_4}{\mu_2^3}$

15. For a distribution coefficient of kurtosis $\beta_2 = 2.5$, this distribution is (1)
    (A) Leptokurtic
    (B) Mesokurtic
    (C) Platykurtic
    (D) None of these

16. For a distribution coefficient of kurtosis $\beta_2 = 3.9$, this distribution is (1)
    (A) Leptokurtic
    (B) Mesokurtic
    (C) Platykurtic
    (D) None of these

17. The first four moments of a distribution about the mean are 0, 16, −64 and 162. Standard deviation of a distribution is (1)
    (A) 21 (B) 12
    (C) 16 (D) 4

18. Standard deviation of three numbers 9, 10, 11 is (2)
    (A) $\frac{2}{3}$ (B) $\frac{1}{3}$
    (C) $\sqrt{\frac{2}{3}}$ (D) $\sqrt{2}$

19. Standard deviation of four numbers 9, 11, 13, 15 is (2)
    (A) 2 (B) 4
    (C) $\sqrt{6}$ (D) $\sqrt{5}$

20. From the given information $\sum x = 235$, $\sum x^2 = 6750$, n = 10. Standard deviation of x is (2)
    (A) 11.08 (B) 13.08
    (C) 8.08 (D) 7.6

21. Coefficient of variation of the data 1, 3, 5, 7, 9 is (2)
    (A) 54.23 (B) 56.57
    (C) 55.41 (D) 60.19

22. The standard deviation and arithmetic mean of the distribution are 12 and 45.5 respectively. Coefficient of variation of the distribution is (2)
    (A) 26.37 (B) 32.43
    (C) 12.11 (D) 22.15

23. The Standard Deviation and Arithmetic Mean of three distribution x, y, z are as follow:

	Arithmetic mean	Standard deviation
x	18.0	5.4
y	22.5	4.5
z	24.0	6.0

    The more stable distribution is (2)
    (A) x (B) y
    (C) z (D) x and z

24. The standard deviation and arithmetic mean of scores of three batsman x, y, z in ten inning during a certain season are

	Arithmetic mean	Standard deviation
x	50	24.43
y	46	25.495
z	40	27

    The more consistent batsman is (2)
    (A) y and z (B) y
    (C) z (D) x

25. The standard deviation and arithmetic mean of aggregate marks obtained three group of students x, y, z are as follow :

	Arithmetic mean	Standard deviation
x	532	11
y	831	9
z	650	10

The more variable group is (2)

(A) y and z (B) z
(C) y (D) x

26. Arithmetic mean of four numbers is 16, one item 20 is replaced by 24, what is the new arithmetic mean (2)

(A) 15 (B) 17
(C) 18 (D) 16

27. The first moment of the distribution about the value 5 is 2. Arithmetic mean of the distribution is (2)

(A) 5 (B) 2
(C) 4 (D) 7

28. The first and second moments of the distribution about the value 3 are 2 and 20. Second moment about the mean is (2)

(A) 12 (B) 14
(C) 16 (D) 20

29. The first three moments of a distribution about the value 5 are 2, 20 and 40. Third moment about the mean is (2)

(A) −64 (B) 64
(C) 32 (D) −32

30. The first four moments of a distribution about the value 5 are 2, 20, 40 and 50. Fourth moment about the mean is (2)

(A) 160 (B) 162
(C) 210 (D) 180

31. The first moments of a distribution about the value 2 are −2, 12, −20 and 100. Fourth moment about the mean is (2)

(A) 200 (B) 190
(C) 170 (D) 180

32. The first three moments of a distribution about the value 2 are −2, 12, −20. Third moment about the mean is (2)

(A) 36 (B) 30

(C) 22 (D) 8

33. The first and second moments of the distribution about the value 2 are 1 and 16. Variance of the distribution is (2)

(A) 12 (B) 3

(C) 15 (D) 17

34. The second and third moments of a distribution about the arithmetic mean are 16 and −64 respectively. Coefficient of skewness β_1 is given by (2)

(A) −0.25 (B) 1

(C) 4 (D) −1

35. The second and fourth moments of a distribution about the arithmetic mean are 16 and 162 respectively. Coefficient of kurtosis β_2 is given by (2)

(A) 1 (B) 1.51

(C) 0.63 (D) 1.69

Answers

1. (A)	2. (C)	3. (B)	4. (D)	5. (B)	6. (D)	7. (C)	8. (A)
9. (A)	10. (B)	11. (A)	12. (C)	13. (D)	14. (B)	15. (C)	16. (A)
17. (D)	18. (C)	19. (D)	20. (A)	21. (B)	22. (A)	23. (B)	24. (D)
25. (D)	26. (B)	27. (D)	28. (C)	29. (A)	30. (B)	31. (D)	32. (A)
33. (C)	34. (B)	35. (C)					

5.6 CORRELATION

We have already considered distributions involving one variable or what we call as univariate distributions. In many problems of practical nature, we are required to deal with two or more variables. If we consider the marks obtained by a group of students in two or more subjects, the distribution will involve two or more variables. Distributions using two variables are called *Bivariate distributions*. In such distributions, we are often interested in knowing whether there exists some kind of relationship between the two variables involved. In language of statistics, this means whether there is correlation or co-variance between the two variables. If the change in one variable affects the change in the other variable, the variables are said to be correlated. For example, change in rainfall will affect the crop output and thus the variables 'Rainfall recorded' and 'crop output' are correlated. Similarly for a group of workers, the variables 'income' and 'expenditure' would be correlated. If the increase (or decrease) in one variable causes corresponding increase (or decrease) in the other, the correlation is said to be *positive* or *direct*. On the other hand, if increase in the value of one variable shows a corresponding decrease in the value of the other or vice versa, the correlation is called *negative* or *inverse*. As the income of a worker increases, as a natural course his expenditure also increases, hence the correlation between income and expenditure is positive or direct. Correlation between heights and weights of a group of students will also be positive. If we consider the price and demand of a certain commodity then our experience tells us that as the price of a commodity rises, its demand falls and thus the correlation between these variables is negative or inverse. Several such examples can be given. Correlation can also be classified as linear and non-linear. It is based upon the constancy of the ratio of change between the two variables. As an example, consider the values assumed by variables x and y.

x	5	8	11	15	17	19	20
y	10	16	22	30	34	38	40

Here the ratio $\frac{y}{x}$ is equal to 2 for all the values of x and y.

Correlation in such case is called *linear*.

When the amount of change in one variable is not in a constant ratio to the amount of change in other variable, the correlation is called *non-linear*. In such a case, the relationship between the variables x and y is not of the form y = mx (or of the form y = mx + c). In practical situations, the correlation is generally non-linear, but its analysis is quite complicated. Usually, it is assumed that the relation between x and y is linear and further analysis is made. There are different methods to determine whether the two variables are correlated. Some of these methods such as 'Scatter Diagram' are graphical methods and give rough idea about the correlation. These methods are not suitable if the number of observations is large. There are mathematical methods such as *'Karl Pearson's* Coefficient of Correlation', 'Concurrent Deviation Method' etc. which are more suitable. We shall discuss *'Karl Pearson's* Coefficient of Correlation' which is widely used in practice.

5.7 KARL PEARSON'S COEFFICIENT OF CORRELATION

To measure the intensity or degree of linear relationship between two variables, Karl Pearson developed a formula called *correlation coefficient.*

Correlation coefficient between two variables x and y denoted by r (x, y) is defined as

$$r(x, y) = \frac{\text{cov}(x, y)}{\sigma_x \sigma_y}$$

In bivariate distribution if (x_i, y_i) take the values (x_1, y_1) (x_2, y_2) ... (x_n, y_n)

$$\text{cov}(x, y) = \frac{1}{n} \sum (x_i - \bar{x})(y_i - \bar{y})$$

where $\bar{x}$, $\bar{y}$ are arithmetic means for x and y series respectively.

Similarly, $\sigma_x = \sqrt{\dfrac{1}{n}\sum(x_i-\bar{x})^2}$ and $\sigma_y = \sqrt{\dfrac{1}{n}\sum(y_i-\bar{y})^2}$

which are the standard deviations for x and y series.

$$\text{cov}(x,y) = \dfrac{1}{n}\sum(x_i-\bar{x})(y_i-\bar{y})$$

$$= \dfrac{1}{n}\sum(x_i y_i - x_i \bar{y} - \bar{x} y_i + \bar{x}\bar{y})$$

$$= \dfrac{1}{n}\sum x_i y_i - \bar{y}\dfrac{1}{n}\sum x_i - \bar{x}\dfrac{1}{n}\sum y_i + \dfrac{1}{n}\sum \bar{x}\bar{y}$$

$$= \dfrac{1}{n}\sum x_i y_i - \bar{y}\bar{x} - \bar{x}\bar{y} + \dfrac{1}{n}(n\bar{x}\bar{y})$$

$$= \dfrac{1}{n}\sum x_i y_i - \bar{x}\bar{y}$$

$$\sigma_x^2 = \dfrac{1}{n}\sum(x_i-\bar{x})^2 = \dfrac{1}{n}\sum x_i^2 - 2x_i\bar{x} + \bar{x}^2$$

$$= \dfrac{1}{n}\sum x_i^2 - 2\dfrac{\bar{x}}{n}\sum x_i + \dfrac{1}{n}\sum \bar{x}^2$$

$$= \dfrac{1}{n}\sum x_i^2 - 2\bar{x}^2 + \dfrac{1}{n}(n\bar{x}^2) = \dfrac{1}{n}\sum x_i^2 - \bar{x}^2$$

Similarly, $\sigma_y^2 = \dfrac{1}{n}\sum y_i^2 - \bar{y}^2$

$$r(x,y) = \dfrac{\text{cov}(x,y)}{\sigma_x \sigma_y} \text{ can then be calculated.}$$

If we put $u_i = x_i - A$ or $\dfrac{x_i - A}{h}$

and $v_i = y_i - B$ or $\dfrac{y_i - B}{k}$

then $\text{cov}(u,v) = \dfrac{1}{n}\sum u_i v_i - \bar{u}\bar{v}$ $\qquad \sigma_u^2 = \dfrac{1}{n}\sum u_i^2 - \bar{u}^2$

$$\sigma_v^2 = \dfrac{1}{n}\sum v_i^2 - \bar{v}^2$$

$r(u,v)$ is given by, $r(u,v) = \dfrac{\text{cov}(u,v)}{\sigma_u \sigma_v}$

It can be established that $r(x,y) = r(u,v)$.

Calculation of $r(u,v)$ is simpler as compared to $r(x,y)$.

ILLUSTRATIONS

Ex. 1 : *Following are the values of import of raw material and export of finished product in suitable units.*

Export	10	11	14	14	20	22	16	12	15	13
Import	12	14	15	16	21	26	21	15	16	14

Calculate the coefficient of correlation between the import values and export values.

Solution : Let X : Quantity exported, Y : Quantity imported, Preparing table as follows calculations can be made simple.

x	y	x^2	y^2	xy
10	12	100	144	120
11	14	121	196	154
14	15	196	225	210
14	16	196	256	224
20	21	400	441	420
22	26	484	676	572
16	21	256	441	336
12	15	144	225	180
15	16	225	256	240
13	14	169	196	182
Total = 147	**170**	**2291**	**3056**	**2638**

Here, n = 10, hence $\bar{x} = \dfrac{\Sigma x}{N} = \dfrac{147}{10} = 14.7$

and $\bar{y} = \dfrac{\Sigma y}{N} = \dfrac{170}{10} = 17$

$$r = \dfrac{\Sigma xy - n\bar{x}\bar{y}}{\sqrt{(\Sigma x^2 - n\bar{x}^2) \times (\Sigma y^2 - n\bar{y}^2)}}$$

$$= \dfrac{2638 - 10 \times 14.7 \times 17}{\sqrt{(2291 - 10 \times 14.7^2)(3056 - 10 \times 17^2)}}$$

$$= \dfrac{139}{\sqrt{130.1 \times 166}} = 0.9458$$

Ex. 2 : *From a group of 10 students, marks obtained by each in papers of Mathematics and Applied Mechanics are given as :*

x Marks in Maths	23	28	42	17	26	35	29	37	16	46
y Marks in App. Mech.	25	22	38	21	27	39	24	32	18	44

Calculate Karl Pearson's Coefficient of correlation. **(Dec. 2012)**

Sol. : The data is tabulated as :

x	y	u = x − 35	v = y − 39	u²	v²	uv
16	18	− 19	− 21	361	441	399
17	21	− 18	− 18	324	324	324
23	25	− 12	− 14	144	196	168
26	27	− 09	− 12	81	144	108
28	22	− 07	− 17	49	289	119
29	24	− 06	− 15	36	225	90
35	39	− 00	00	00	00	00
37	32	02	− 07	04	49	− 14
42	38	07	− 01	49	01	− 07
46	44	11	05	121	25	55
Total		$\sum u = -51$	$\sum v = -100$	$\sum u^2 = 1169$	$\sum v^2 = 1694$	$\sum uv = 1242$

$$\bar{u} = \frac{-51}{10} = -5.1, \qquad \bar{u}^2 = 26.01$$

$$\bar{v} = \frac{-100}{10} = -10, \qquad \bar{v}^2 = 100$$

$$\text{cov}(u, v) = \frac{1}{n} \sum u_i v_i - \bar{u}\,\bar{v}$$

$$= \frac{1}{10}(1242) - 51 = 73.2$$

$$\sigma_u^2 = \frac{1}{n} \sum u_i^2 - \bar{u}^2 = \frac{1169}{10} - 26.01 = 90.89$$

$$\sigma_u = \sqrt{90.89} = 9.534$$

$$\sigma_v^2 = \frac{1}{n} \sum v_i^2 - \bar{v}^2 = \frac{1694}{10} - 100 = 69.4$$

$$\sigma_v = \sqrt{69.4} = 8.33$$

$$r(x, y) = r(u, v) = \frac{\text{cov}(u, v)}{\sigma_u \sigma_v} = \frac{73.2}{9.534 \times 8.33} = 0.9217$$

Ex. 3 : *Compute correlation coefficient between supply and price of commodity using following data.*

Supply	152	158	169	182	160	166	182
Price	198	178	167	152	180	170	162

Sol. : Let x = Supply, u = x − 150, y = price, v = y − 160

x	y	u	v	u²	v²	uv
152	198	2	38	4	1444	76
158	178	8	18	64	324	144
169	167	19	7	361	49	133
182	152	32	− 8	1024	64	− 256
160	180	10	20	100	400	200
166	170	16	10	256	100	160
182	162	32	2	1024	4	64
Total	−	**119**	**87**	**2833**	**2385**	**521**

Here, $n = 7$, $\sum u = 119$, $\sum v = 87$, $\sum u^2 = 2833$, $\sum v^2 = 2385$, $\sum uv = 521$

$\therefore \quad \bar{u} = 17, \bar{v} = 12.4286$

$$r = \frac{\sum uv - n\bar{u}\bar{v}}{\sqrt{(\sum u^2 - n\bar{u}^2) \times (\sum v^2 - n\bar{v}^2)}}$$

$$r = \frac{521 - 7 \times 17 \times 12.4286}{\sqrt{(2833 - 7 \times 17^2)(2.385 - 7 \times 12.4286)^2}}$$

$$r = \frac{-958}{\sqrt{810 \times 1303.7142}} = \frac{-958}{1027.6227}$$

$$= -0.9322$$

Interpretation : There is high negative correlation between supply and price.

Ex. 4 : *Calculate the coefficient of correlation for the following distribution.*

x	5	9	15	19	24	28	32
y	7	9	14	21	23	29	30
f	6	9	13	20	16	11	7

Sol. : Tabulating the data as

x	y	f	u = x−19	v = y−21	fu	fv	fu²	fv²	fuv
5	7	6	− 14	− 14	− 84	− 84	1176	1176	1176
9	9	9	− 10	− 12	− 90	− 108	900	1296	1080
15	14	13	− 4	− 7	− 52	− 91	208	637	364
19	21	20	0	0	0	0	0	0	0
24	23	16	5	2	80	32	400	64	160
28	29	11	9	8	99	88	891	704	792
32	30	7	13	9	91	63	1183	567	819
Total		$\sum f = 82$			$\sum fu = 44$	$\sum fv = -100$	$\sum fu^2 = 4758$	$\sum fv^2 = 4444$	$\sum fuv = 4391$

$$\bar{u} = \frac{\sum fu}{\sum f} = \frac{44}{82} = 0.5366; \quad \bar{u}^2 = 0.288$$

$$\bar{v} = \frac{\sum fv}{\sum f} = \frac{-100}{82} = 1.2195; \quad \bar{v}^2 = 1.4872$$

$$\text{cov}(u, v) = \frac{1}{\sum f} \sum fu_i v_i - \bar{u}\,\bar{v} = \frac{4391}{82} - 0.6544 = 52.89$$

$$\sigma_u^2 = \frac{1}{\sum f} \sum fu_i^2 - \bar{u}^2 = \frac{758}{82} - 0.288 = 57.7364$$

$$\sigma_v^2 = \frac{1}{\sum f} \sum fv_i^2 - \bar{v}^2 = \frac{4444}{82} - 1.4872 = 52.708$$

$$\sigma_u = 7.598$$

$$\sigma_v = 7.26$$

$$r(u, v) = \frac{\text{cov}(u, v)}{\sigma_u \sigma_v} = \frac{52.89}{55.16} = 0.9588$$

∴ Coefficient of correlation = $r(x, y) = 0.9588$

5.8 CORRELATION COEFFICIENT FOR A BIVARIATE DISTRIBUTION

When the data is large it is presented into two way frequency distribution table, called correlation table or Bivariate frequency table. The variable x or its deviation u from some number, is presented in a row and y or its deviation v is presented in a column. Corresponding frequencies are similarly presented. The formula to calculate coefficient of correlation is given by,

$$r(x, y) = \frac{N \sum fuv - \sum fu \sum fv}{\sqrt{N \sum fu^2 - (\sum fu)^2} \sqrt{N \sum fv^2 - (\sum fv)^2}} \qquad \ldots (1)$$

where, N is total frequency.

u is the deviation of x from some number A.

v is the deviation of y from some number B.

We proceed as follows :

(1) Multiply u, v and the respective frequency of each cell and write the figure obtained in right hand upper corner of each cell.

(2) Add together all the concerned values as calculated in step (1) and obtain the total $\sum fuv$.

(3) Multiply the frequencies of the variable x by the deviations of x (u) and obtain the total $\sum fu$.

(4) Take the squares of the deviations u^2 and multiply them by the respective frequencies and obtain $\sum fu^2$.

(5) Multiply the frequencies of the variable y by the deviations of y (v) and obtain the total $\sum fv$.

(6) Obtain $\sum fv^2$.

Substitute in formula (1) and calculate r (x, y).

ILLUSTRATIONS

Ex. 1 : *The following table gives according to age the frequency of marks obtained by 200 students in a test to determine talent in Mathematics.*

Marks \ Age in years	20	21	22	23	24	Total
0 – 10	10	8	6	10	4	38
10 – 20	8	10	8	–	11	37
20 – 30	–	11	7	8	5	31
30 – 40	20	–	10	12	10	52
40 – 50	2	6	7	15	12	42
Total	40	35	38	45	42	200

Sol. :

Age in years

v	y	y \ x	u	20	21	22	23	24	f	fv	fv²	fuv
$\frac{y-25}{10}$				-2	-1	0	1	2				
-2	5	0 - 10	-2	40 / 10	16 / 8	0 / 6	-20 / 10	-16 / 4	38	-76	152	20
-1	15	10 - 20	-1	16 / 8	10 / 10	0 / 8		-22 / 11	37	-37	37	4
0	25	20 - 30	0	0 / 11	0 / 7	0 / 8	0	31	0	0	0	0
1	35	30 - 40	1	-40 / 20		0 / 10	12 / 12	20 / 10	52	52	52	-8
2	45	40 - 50	2	-8 / 2	-12 / 6	0 / 7	30 / 15	48 / 12	42	84	168	58
		Total		40	35	38	45	42	$N=\sum f$ = 200	$\sum fv$ = 23	$\sum fv^2$ = 409	$\sum fuv$ = 74
		fu		-80	-35	0	45	84	$\sum fu$ = 14			
		fu²		160	-35	0	45	168	$\sum fu^2$ = 408			
		fuv		8	14	0	22	30	$\sum fuv$ = 74			

Here $u = x - 22$, $v = \dfrac{y - 25}{10}$

Substituting in formula (1),

$N = 200$, $\sum fuv = 74$, $\sum fu = 14$, $\sum fv = 23$, $\sum fu^2 = 408$, $\sum fv^2 = 409$.

$$r(x, y) = \dfrac{200 \times 74 - 14 \times 23}{\sqrt{200 \times 408 - (14)^2}\sqrt{200 \times 409 - (23)^2}}$$

$$= \dfrac{14478}{285.314 \times 285.08} = \dfrac{14478}{81337.315} = 0.178$$

Ex. 2 : *Find correlation coefficient between X and Y, given that,*

$n = 25$, $\sum x = 75$, $\sum y = 100$, $\sum x^2 = 250$, $\sum y^2 = 500$, $\sum xy = 325$.

Solution : Here $\bar{x} = \dfrac{75}{25} = 3$, $\bar{y} = \dfrac{100}{25} = 4$.

$$\therefore \quad r = \dfrac{\sum xy - n\bar{x}\bar{y}}{\sqrt{(\sum x^2 - n\bar{x}^2) \times \sum(y^2 - n\bar{y}^2)}}$$

$$r = \dfrac{325 - 25 \times 3 \times 4}{\sqrt{(250 - 25 \times 9)(500 - 25 \times 16)}} = \dfrac{25}{\sqrt{25 \times 100}} = \dfrac{25}{50} = 0.5$$

Ex. 3 : *Compute the product moment coefficient of correlation for the following data* : $n = 100$, $\bar{x} = 62$, $\bar{y} = 53$, $\sigma_x = 10$, $\sigma_y = 12$, $\sum(x - \bar{x})(y - \bar{y}) = 8000$.

Solution : Here we need to use formula given by,

$$r = \dfrac{\sum (x - \bar{x})(y - \bar{y})}{\sqrt{\sum(x - \bar{x})^2 \sum(y - \bar{y})^2}}$$

Dividing numerator and denominator by n we get,

$$r = \dfrac{\sum(x - \bar{x})(y - \bar{y})/n}{\sqrt{\dfrac{\sum(x - \bar{x})^2}{n} \dfrac{\sum(y - \bar{y})^2}{n}}} = \dfrac{\sum(x - \bar{x})(y - \bar{y})/n}{\sigma_x \sigma_y}$$

$$= \dfrac{8000/100}{10 \times 12} = 0.6667$$

Ex. 4 : *The following table gives, according to age, the frequency of marks obtained by 100 students in an intelligence test.*

Marks \ Age in years	18	19	20	21	Total
10-20	4	2	2	-	8
20-30	5	4	6	4	19
30-40	6	8	10	11	35
40-50	4	4	6	8	22
50-60	-	2	4	4	10
60-70	-	2	3	1	6
Total	19	22	31	28	100

Calculate the correlation coefficient.

Sol. :

x	y	u \\ x Marks	-1 \\ 18	0 \\ 19	1 \\ 20	2 \\ 21	Total f(v)	vf(v)	v²f(v)	Σ uv f(u,v) u
-2	15	10-20	(8) 4	(0) 2	(-4) 2		8	-16	32	4
-1	25	20-30	(5) 5	(0) 4	(-6) 6	(-8) 4	10	-19	19	-9
0	35	30-40	(0) 6	(0) 8	(0) 10	(0) 11	35	0	0	0
1	45	40-50	(-4) 4	(0) 4	(6) 6	(16) 8	22	22	22	18
2	55	50-60		(0) 2	(8) 4	(16) 4	10	20	40	24
3	65	60-70		(0) 2	(9) 3	(6) 1	6	18	54	15
		Total f(u)	-19	22	31	28	100	25	167	52
		uf(u)	19	0	31	56	68			
		u²f(u)	19	0	31	112	162			
		u Σ vf(u,v) v	9	0	13	30	52			

Let, $u = X - 19$, $v = \dfrac{Y - 35}{10}$

$$\bar{u} = \dfrac{1}{N} \sum_u uf(u) = \dfrac{68}{100} = 0.68$$

$$\bar{v} = \frac{1}{N} \sum_v v\, g(v) = \frac{25}{100} = 0.25$$

$$\text{cov}(u,v) = \frac{1}{N} \sum_u \sum_v uv\, f(u,v) - \bar{u}\,\bar{v}$$

$$= \frac{1}{100}(52) - 0.68 \times 0.25$$

$$\therefore \quad \text{cov}(u,v) = 0.35$$

$$\sigma_u^2 = \frac{1}{N} \sum_u u^2 f(u) - (\bar{u})^2 = \frac{162}{100} - (0.68)^2$$

$$\therefore \quad \sigma_u^2 = 1.1576 \quad \therefore \quad \sigma_u = 1.0759$$

$$\sigma_v^2 = \frac{1}{N} \sum_v v^2 g(v) - (\bar{v})^2 = \frac{167}{100} - (0.25)^2$$

$$\therefore \quad \sigma_v^2 = 1.6075 \quad \therefore \quad \sigma_v = 1.2679$$

Coefficient of correlation between the variables U and V is given by,

$$r_{uv} = \frac{\text{cov}(u,v)}{\sigma_u \sigma_v} = \frac{0.35}{1.0759 \times 1.2679} = 0.256.$$

Since, correlation coefficient is independent of change of origin and scale,

$$\therefore \quad r_{xy} = r_{uv} = 0.256.$$

Ex. 5 : *Calculate the Karl Pearson's coefficient of correlation between pig iron (percentage of trend) and industrial production (percentage of trend) from the following tables :*

Industrial production	Pig iron production				
	50-70	*70-90*	*90-110*	*110-130*	*130-150*
50-70	6	2	–	–	–
70-90	3	16	–	–	–
90-110	–	2	21	3	–
110-130	–	–	1	27	4
130-150	–	–	–	1	14

Sol. : Let $\quad x$ = Pig iron production,

y = Industrial production,

$$u = \frac{x - 100}{20}$$

$$v = \frac{y - 100}{20}$$

Statistics, Correlation and Regression

Classes		50-70	70-90	90-110	110-130	130-150	f_j	$f_j v_j$	$f_j v_j^2$	$f_{ij} u_i v_j$
	Mid pts. x_i	60	80	100	120	140				
Mid pts. y_j	u_i \ v_j	-2	-1	0	1	2				
60	-2	[24] 6	[4] 2	0	1	2	8	-16	32	28
80	-1	[6] 3	[16] 16				19	-19	19	22
100	0		[0] 2	21	[0] 3		26	0	0	0
120	1			1	[27] 27	[8] 4	32	32	32	35
140	2				[2] 1	[56] 14	15	30	60	58
f_i		9	20	22	31	18	100 = N	27 ← $\Sigma f_i v_j$	143 ← $\Sigma f_i v_j^2$	143 ← $\Sigma\Sigma f_{ij} u_i v_j$
$f_i u_i$		-18	-20	0	31	36	29 → $\Sigma f_i u_i$			
$f_i u_i^2$		36	20	0	31	72	159 → $\Sigma f_i u_i^2$			
$f_{ij} u_i v_j$		30	20	0	29	64	143 → $\Sigma\Sigma f_{ij} u_i v_j$			

Note that $r_{xy} = r_{uv} = \dfrac{Cov(u, v)}{\sigma_u \sigma_v}$

$\sigma_u^2 = \dfrac{\Sigma f_i u_i^2}{N} - \left(\dfrac{\Sigma f_i u_i}{N}\right)^2 = \dfrac{159}{100} - \left(\dfrac{29}{100}\right)^2 = 1.3571, \quad \sigma_v^2 = \dfrac{\Sigma f_j v_j^2}{N} - \left(\dfrac{\Sigma f_j v_j}{N}\right)^2 = \dfrac{143}{100} - \left(\dfrac{27}{100}\right)^2 = 1.5059$

$Cov(U, V) = \dfrac{\Sigma\Sigma f_{ij} u_i v_j}{N} - \left(\dfrac{\Sigma f_i u_i}{N}\right)\left(\dfrac{\Sigma f_j v_j}{N}\right) = \dfrac{143}{100} - \left(\dfrac{29}{100}\right)\left(\dfrac{27}{100}\right) = 1.3517, \quad r = \dfrac{1.3571}{\sqrt{1.3571 \times 1.5059}} = 0.9455$

$\therefore$

5.9 REGRESSION

After having established that the two variables are correlated, we are generally interested in estimating the value of one variable for a given value of the other variable. For example, if we know that rainfall affects the crop output then it is possible to predict the crop output at the end of a rainy season. If the variables in a bivariate distribution are related, the points in scatter diagram cluster round some curve called the curve of regression or the regression curve. If the curve is a straight line, it is called the line of regression and in such case the regression between two variables is linear. The line of regression gives best estimate for the value of one variable for some specified value of the other variable. Being the line of best fit, the regression line is obtained by using the method of least squares.

Consider the set of values of (x_i, y_i), $i = 1, 2, \ldots n$. Let the line of regression of y on x be $y = mx + c$

From the method of least squares, the normal equations for estimating m and c are given by

$$\sum y_i = nc + m \sum x_i \qquad \ldots (1)$$

$$\sum x_i y_i = c \sum x_i + m \sum x_i^2 \qquad \ldots (2)$$

Dividing (1) by n, we get

$$\frac{1}{n} \sum y_i = c + m \left(\frac{1}{n} \sum x_i \right)$$

i.e. $\qquad \bar{y} = c + m \bar{x} \qquad \ldots (3)$

which shows that the point $(\bar{x}, \bar{y})$ lies on the line of regression.

We know that $\qquad \mu_{11} = \text{cov}(x, y) = \frac{1}{n} \sum x_i y_i - \bar{x}\bar{y}$

$\therefore \qquad \frac{1}{n} \sum x_i y_i = \mu_{11} + \bar{x}\bar{y} \qquad \ldots (4)$

Also $\qquad \sigma_x^2 = \frac{1}{n} \sum x_i^2 - \bar{x}^2$

$\therefore \qquad \frac{1}{n} \sum x_i^2 = \sigma_x^2 + \bar{x}^2 \qquad \ldots (5)$

Dividing (2) by n, we get

$$\frac{1}{n} \sum x_i y_i = c \frac{\sum x_i}{n} + m \frac{\sum x_i^2}{n} \qquad \ldots (6)$$

Substituting from (4) and (5) in (6),

$$\mu_{11} + \bar{x}\bar{y} = c\bar{x} + m(\sigma_x^2 + \bar{x}^2) \qquad \ldots (7)$$

Multiplying (3) by $\bar{x}$ and subtracting from (7), we get

$$\mu_{11} = m\,\sigma_x^2$$

$$m = \frac{\mu_{11}}{\sigma_x^2}$$

Equation of regression line which passes through $(\bar{x}, \bar{y})$ and which has slope $\frac{\mu_{11}}{\sigma_x^2}$ is thus given by the equation

$$y - \bar{y} = \frac{\mu_{11}}{\sigma_x^2}(x - \bar{x}) \qquad \ldots (8)$$

This equation gives regression line of y on x.

Similarly, if we start with regression line of x on y as

$$x = my + c$$

same procedure will give

$$x - \bar{x} = \frac{\mu_{11}}{\sigma_y^2}(y - \bar{y}) \qquad \ldots (9)$$

Now, $\qquad r(x, y) = \dfrac{\text{cov}(x, y)}{\sigma_x \sigma_y}$

Or $\qquad r = \dfrac{\mu_{11}}{\sigma_x \sigma_y}$

Putting for μ_{11} in (8) and (9), we have

$$y - \bar{y} = \frac{r\,\sigma_x \sigma_y}{\sigma_x^2}(x - \bar{x})$$

Or $\qquad y - \bar{y} = r\dfrac{\sigma_y}{\sigma_x}(x - \bar{x}) = b_{yx}(x - \bar{x}) \qquad \ldots (10)$

which is the regression line of y on x.

Similarly, $\qquad x - \bar{x} = r\dfrac{\sigma_x}{\sigma_y}(y - \bar{y}) = b_{xy}(y - \bar{y}) \qquad \ldots (11)$

is the regression line of x on y.

For obtaining (10) and (11) we have to calculate $r = r(x, y)$ the correlation coefficient, which can be determined using change of scale property.

Thus, $\qquad r = r(x, y) = \dfrac{\text{cov}(x, y)}{\sigma_x \sigma_y} = \dfrac{\text{cov}(u, v)}{\sigma_u \sigma_v}$

If $\qquad u = \dfrac{x - a}{h}, \quad v = \dfrac{y - b}{k}$

then $\sigma_x = h\sigma_u$, $\sigma_y = k\sigma_v$

where $\sigma_u^2 = \dfrac{1}{n}\sum u_i^2 - \bar{u}^2$ and $\sigma_v^2 = \dfrac{1}{n}\sum v_i^2 - \bar{v}^2$

In particular, if $u = x - a$, $v = y - b$

then $h = k = 1$

and $\sigma_x = \sigma_u$ and $\sigma_y = \sigma_v$

Similarly, $\bar{x} = a + h\bar{u}$, $\bar{y} = b + k\bar{v}$

These results help us to determine (10) and (11).

ILLUSTRATIONS

Ex. 1 : *Find the lines of regression for the following data :*

x	10	14	19	26	30	34	39
y	12	16	18	26	29	35	38

and estimate y for x = 14.5 and x for y = 29.5. **(May 2010)**

Sol. : Tabulating the data as :

x	y	u = x − 26	v = y − 26	u²	v²	uv
10	12	− 16	− 14	256	196	224
14	16	− 12	− 10	144	100	120
19	18	− 7	− 8	49	64	56
26	26	0	0	0	0	0
30	29	4	3	16	9	12
34	35	8	9	64	81	72
39	38	13	12	169	144	156
Total	−	$\sum u = -10$	$\sum v = -8$	$\sum u^2 = 698$	$\sum v^2 = 594$	$\sum uv = 640$

Here n = 7, $\bar{u} = \dfrac{-10}{7} = -1.429$, $\bar{v} = \dfrac{-8}{7} = -1.143$

$\overline{u^2} = 2.042$, $\overline{v^2} = 1.306$

$\text{cov}(u, v) = \dfrac{1}{n}\sum uv - \bar{u}\bar{v}$

$= \dfrac{1}{7}(640) - (1.429)(1.143) = 89.795$

$$\sigma_u^2 = \frac{1}{n}\sum u_i^2 - \bar{u}^2 = \frac{1}{7}(698) - 2.042 = 97.672$$

$\therefore \quad \sigma_u = 9.883$

$$\sigma_v^2 = \frac{1}{n}\sum v_i^2 - \bar{v}^2 = \frac{1}{7}(594) - 1.306 = 83.551$$

$\therefore \quad \sigma_v = 9.14$

$$r = r(x, y) = r(u, v) = \frac{\text{cov}(u, v)}{\sigma_u \sigma_v} = \frac{89.795}{9.883 \times 9.14}$$

$$= \frac{89.795}{90.33062} = 0.9941$$

$$r \times \frac{\sigma_y}{\sigma_x} = r \times \frac{\sigma_v}{\sigma_u} = 0.9941 \times \frac{9.14}{9.883} = 0.9194$$

$$r \times \frac{\sigma_x}{\sigma_y} = r \times \frac{\sigma_u}{\sigma_v} = 0.9941 \times \frac{9.883}{9.14} = 1.0749$$

$$\bar{x} = a + \bar{u} = 26 - 1.429 = 24.571$$

$$\bar{y} = b + \bar{v} = 26 - 1.143 = 24.857$$

Regression line of y on x is given by equation (10)

$$y - 24.857 = 0.9194(x - 24.571) \qquad \ldots \text{(i)}$$

Regression line of x on y is given by equation (ii)

$$x - 24.571 = 1.0749(y - 24.857) \qquad \ldots \text{(ii)}$$

To estimate y for x = 14.5

put x = 14.5 in (i), $\therefore \quad y = 24.857 + 0.9194(14.5 - 24.571) = 15.5977$

Estimate of x for y = 29.5 is obtained from (ii).

$$x = 24.571 + 1.0749(29.5 - 24.857)$$

$$= 29.56176$$

Ex. 2 : *Obtain regression lines for the following data :*

X	2	3	5	7	9	10	12	15
Y	2	5	8	10	12	14	15	16

Find estimate of (i) Y when X = 6 and (ii) X when Y = 20.

Solution : To find regression lines we require to calculate regression coefficients b_{xy} and b_{yx}. These coefficients depend upon $\sum x$, $\sum y$, $\sum x^2$, $\sum y^2$, $\sum xy$. So we prepare the following table and simplify the calculations :

x_i	y_i	x_i^2	y_i^2	$x_i y_i$
2	2	4	4	4
3	5	9	25	15
5	8	25	64	40
7	10	49	100	70
9	12	81	144	108
10	14	100	196	140
12	15	144	225	180
15	16	225	256	240
Total = 63	82	637	1014	797

n = number of pairs of observations = 8

$$\bar{x} = \frac{\Sigma x_i}{n} = \frac{63}{8} = 7.875$$

$$\sigma_x^2 = \frac{\Sigma x_i^2}{n} - (\bar{x})^2$$

$$= \frac{637}{8} - (7.875)^2 = 17.6094$$

$$\bar{y} = \frac{\Sigma y_i}{n} = \frac{82}{8} = 10.25$$

$$\sigma_y^2 = \frac{\Sigma y_i^2}{n} - (\bar{y})^2$$

$$= \frac{1014}{8} - (10.25)^2 = 21.6875$$

$$\text{Cov}(x, y) = \frac{\Sigma x_i y_i}{n} - \bar{x}\bar{y} = \frac{797}{8} - 7.875 \times 10.25$$

$$= 18.9063$$

$$b_{yx} = \frac{\text{Cov}(x, y)}{\sigma_x^2} = \frac{18.9063}{17.6094} = 1.0736$$

$$b_{xy} = \frac{\text{Cov}(x, y)}{\sigma_y^2} = \frac{18.9063}{21.6875} = 0.8718$$

Regression line of Y on X : $Y - \bar{Y} = b_{yx}(X - \bar{X})$

$$y - 10.25 = 1.0736 (X - 7.875)$$

$$Y = 1.0736 X + 1.7954$$

(i) Estimate of y for x = 6 can be obtained by substituting x = 6 in the above regression equation.

$\therefore$ $\quad Y = 1.0736 \times 6 + 1.7954 = 8.237$

Regression line of X on Y :

$$X - \bar{X} = b_{xy}(Y - \bar{Y})$$
$$X - 7.875 = 0.8718(Y - 10.25)$$
$$X = 0.8718\,Y - 1.06095$$

(ii) Estimate of x can be obtained by substituting y = 20 in the above equation.

$$X = 16.37505$$

Note : For estimation of x and estimation of y, separate equations are to be used.

Ex. 3 : *The table below gives the respective heights x and y of a sample of 10 fathers and their sons :*

(i) Find regression line of y on x.
(ii) Find regression line of x on y.
(iii) Estimate son's height if father's height is 65 inches.
(iv) Estimate father's height if son's height is 60 inches.
(v) Compute correlation coefficient between x and y.
(vi) Find the angle between the regression lines.

Height of father x (inches)	65	63	67	64	68	62	70	66	68	67
Height of son y (inches)	68	66	68	65	69	66	68	65	71	67

Sol. : Let u = x − 62, v = y − 65. We prepare the table to simplify the computations.

x	y	u	v	u^2	v^2	uv
65	68	3	3	9	9	9
63	66	1	1	1	1	1
67	68	5	3	25	9	15
64	65	2	0	4	0	0
68	69	6	4	36	16	24
62	66	0	1	0	1	0
70	68	8	3	64	9	24
66	65	4	0	16	0	0
68	71	6	6	36	36	36
67	67	5	2	25	4	10
Total		40	23	216	85	119

$$n = \text{Number of pairs} = 10$$

$$\bar{u} = \frac{40}{10} = 4, \quad \sigma_u^2 = \frac{216}{10} - 4^2 = 5.6$$

$$\bar{v} = \frac{23}{10} = 2.3, \quad \sigma_v^2 = \frac{85}{10} - (2.3)^2 = 3.21$$

$$\text{Cov}(u, v) = \frac{119}{10} - 4 \times 2.3 = 2.7$$

$$\therefore \quad b_{xy} = b_{uv} = \frac{2.7}{3.21} = 0.8411, \text{ and } b_{yx} = b_{vu} = \frac{2.7}{5.6} = 0.4821$$

$$\bar{x} = \bar{u} + 62 = 66, \quad \bar{y} = \bar{v} + 65 = 67.3$$

(i) Regression line of y on x is $Y - \bar{Y} = b_{yx}(X - \bar{X})$

$\therefore \qquad Y - 67.3 = 0.4821(X - 66)$

$\therefore \qquad Y = 0.4821X + 35.4814$

(ii) Regression line of x on y is $X - \bar{X} = b_{xy}(Y - \bar{Y})$

$\therefore \qquad X - 66 = 0.8411(Y - 67.3)$

$\therefore \qquad X = 0.8411Y + 9.3940$

(iii) Estimate of son's height Y for x = 65

$$Y = 0.4821 \times 65 + 35.4814 = 66.8179 \text{ inches}$$

(iv) Estimate of father's height x for y = 60

$$X = 0.8411 \times 60 + 9.394 = 59.86 \text{ inches}$$

(v) Correlation coefficient,

$$r = \sqrt{b_{xy} \cdot b_{yx}} = \sqrt{0.8411 \times 0.4821} = 0.63678$$

We choose positive square root because regression coefficients are positive.

(vi) The acute angle between the regression lines is given by

$$\tan \theta = \frac{1 - r^2}{|r|} \cdot \frac{\sigma_x \sigma_y}{\sigma_x^2 + \sigma_y^2} = \frac{1 - (0.63678)^2}{0.63678} \times \frac{\sqrt{5.6 \times 3.21}}{(5.6 + 3.21)}$$

$$= 0.933621 \times \frac{4.2398}{8.81} = 0.4493$$

$\therefore \qquad \theta = \tan^{-1}(0.4493) = 24.19°$

Ex. 4: *Calculate the correlation coefficient for the following weights (in kg) of husband (x) and wife (y).*

x	65	66	67	67	68	69	70	72
y	55	58	72	55	66	71	70	50

Sol. :

x	y	x²	y²	xy
65	55	4225	3025	3575
66	58	4356	3364	3828
67	72	4489	5184	4824
67	55	4489	3025	3685
68	66	4624	4354	4488
69	71	4761	5041	4899
70	70	4900	4900	4900
72	50	5184	2500	3600
544	**497**	**37028**	**31393**	**33799**

$$\bar{x} = \frac{\Sigma x}{n} = \frac{544}{8} = 68$$

$$\bar{y} = \frac{\Sigma y}{n} = \frac{497}{8} = 62.125$$

Correlation coefficient between x and y is given by

$$r(x, y) = \frac{\text{Cov}(x, y)}{\sigma_x \sigma_y} = \frac{\frac{1}{n}\Sigma xy - \bar{x}\bar{y}}{\sqrt{\left[\frac{1}{n}\Sigma x^2 - (\bar{x})^2\right]\left[\frac{1}{n}\Sigma y^2 - (\bar{y})^2\right]}}$$

$$= \frac{\frac{1}{8}(33799) - 68(62.125)}{\sqrt{\left[\frac{37028}{8} - (68)^2\right]\left[\frac{31398}{8} - (62.125)^2\right]}}$$

$$= \frac{4224.875 - 4224.5}{\sqrt{(4628.5 - 4624)(3924.125 - 3859.52)}}$$

$$= \frac{0.375}{\sqrt{4.5 \times 64.605}} = \frac{0.375}{\sqrt{290.7225}} = \frac{0.375}{17.051}$$

$$r(x, y) = 0.022$$

Ex. 5 : *Obtain correlation coefficient between population density (per square miles) and death rate (per thousand persons) from data related to 5 cities.*

Population density	200	500	400	700	800
Death rate	12	18	16	21	10

Sol. : Let x = Population density and y = Death rate.

Let,
$$u = x - a \qquad \text{and} \qquad v = y - b$$
$$= x - 500 \qquad \qquad \qquad = y - 15$$

x	y	u = x − 500	v	u²	v²	uv
200	12	− 300	− 3	90000	9	900
500	18	0	3	0	9	0
400	16	− 100	1	10000	1	− 100
700	21	200	6	40000	36	1200
800	10	300	− 5	90000	25	− 1500
Total	−	100	2	230000	80	500

Here, $n = 5$, $\Sigma u = 100$, $\Sigma v = 2$, $\Sigma u^2 = 230000$, $\Sigma v^2 = 80$, $\Sigma uv = 500$

$$\bar{u} = \frac{\Sigma u}{n} = \frac{100}{5} = 20$$

$$\bar{v} = \frac{\Sigma v}{n} = \frac{2}{5} = 0.4$$

$$r(u, v) = \frac{\Sigma uv - n\bar{u}\bar{v}}{\sqrt{[\Sigma u^2 - n(\bar{u})^2][\Sigma v^2 - n(\bar{v})^2]}}$$

$$= \frac{500 - 5(20)(0.4)}{\sqrt{230000 - 5(20)^2}\sqrt{80 - 5(0.4)^2}}$$

$$= \frac{460}{\sqrt{228000}\sqrt{79.2}}$$

$$= \frac{460}{4249.42} = 0.1082$$

Ex. 6 : *Calculate the coefficient of correlation from the following information.*
$n = 10$, $\Sigma x = 40$, $\Sigma x^2 = 190$, $\Sigma y^2 = 200$, $\Sigma xy = 150$, $\Sigma y = 40$.

Sol. : Here,
$$\bar{x} = \frac{\Sigma x}{n} = \frac{40}{10} = 4$$

$$\bar{y} = \frac{\Sigma y}{n} = \frac{40}{10} = 4$$

Coefficient of correlation is given by,

$$r = \frac{\Sigma xy - n\bar{x}\bar{y}}{\sqrt{(\Sigma x^2 - n(\bar{x})^2) \times (\Sigma y^2 - n(\bar{y})^2)}}$$

$$r = \frac{150 - 10(4)(4)}{\sqrt{190 - 10(4)^2}\sqrt{200 - 10(4)^2}}$$

$$= \frac{150 - 160}{\sqrt{30}\sqrt{40}} = \frac{-10}{34.6410} = -0.2886$$

Ex. 7 : *Given : $r = 0.9$, $\sum XY = 70$, $\sigma_y = 3.5$, $\sum X^2 = 100$.*
Find the number of items, if X and Y are deviations from arithmetic mean.

Sol. : $\sum X^2 = 100 \qquad \sum XY = 70$

$\qquad r = 0.9 \qquad \sigma_y = 3.5$

We have to find the value of n

$$\sigma_x^2 = \frac{1}{n}\sum(x - \bar{x})^2 = \frac{1}{n}\sum X^2 = \frac{100}{n}$$

$$r = \frac{\sum(x - \bar{x})(y - \bar{y})}{n\,\sigma_x\,\sigma_y} = \frac{\sum XY}{n\,\sigma_x\,\sigma_y}$$

Squaring we get, $\quad r^2 = \frac{(\sum XY)^2}{n^2\,\sigma_x^2\,\sigma_y^2}$

$$(0.9)^2 = \frac{(70)^2}{n^2 \times \left(\frac{100}{n}\right) \times (3.5)^2}$$

$$0.81 = \frac{4900}{1225 \cdot n}$$

$0.81 \times 1225\,n = 4900$

$992.25\,n = 4900$

$n = 4.9383$

$n \approx 5$

Ex. 8 : *Given : $n = 6$, $\sum(x - 18.5) = -3$, $\sum(y - 50) = 20$, $\sum(x - 18.5)^2 = 19$, $\sum(y - 50)^2 = 850$, $\sum(x - 18.5)(y - 50) = -120$.*
Calculate coefficient of correlation.

Sol. : Let $u = x - 18.5$ and $v = y - 50$

$$\bar{u} = \frac{-3}{6} = -0.5$$

and $\qquad \bar{v} = \frac{20}{6} = 3.33$

From the given data $\sum u = -3$, $\sum v = 20$, $\sum u^2 = 19$, $\sum v^2 = 850$ and $\sum uv = -120$.

Coefficient of correlation is given by

$$r = \frac{\sum uv - n\bar{u}\bar{v}}{\sqrt{[\sum u^2 - n(\bar{u})^2] \times [\sum v^2 - n(\bar{v})^2]}}$$

$$= \frac{-120 - 6(-0.5) \times (3.33)}{\sqrt{[19 - 6(-0.5)^2] \times [850 - 6(3.33)^2]}}$$

$$= \frac{-120 + 9.99}{\sqrt{(17.5)(783.47)}} = \frac{-110.01}{117.0928}$$

$$r = -0.9395$$

Ex. 9 : *Obtain regression lines for the following data :*

x	6	2	10	4	8
y	9	11	5	8	7

(Dec. 2012)

Sol. : To find regression lines we require to calculate regression coefficient b_{xy} and b_{yx}. These coefficients depend upon $\sum x$, $\sum y$, $\sum x^2$, $\sum y^2$ and $\sum xy$. So we prepare the following table and simplify the calculations.

x_i	y_i	x_i^2	y_i^2	$x_i y_i$
6	9	36	81	54
2	11	4	121	22
10	5	100	25	50
4	8	16	64	32
8	7	64	49	56
$\sum x_i = 30$	$\sum y_i = 40$	$\sum x_i^2 = 220$	$\sum y_i^2 = 340$	$\sum x_i y_i = 214$

No. of observations = n = 5

$$\bar{x} = \frac{\sum x_i}{n} = \frac{30}{5} = 6 \text{ and } \bar{y} = \frac{\sum y_i}{n} = \frac{40}{5} = 8$$

$$\sigma_x^2 = \frac{\sum x_i^2}{n} - (\bar{x})^2 = \frac{220}{5} - (6)^2 = 44 - 36 = 8$$

$$\sigma_y^2 = \frac{\sum y_i^2}{n} - (\bar{y})^2 = \frac{340}{5} - (8)^2 = 68 - 64 = 4$$

$$\text{Cov}(x, y) = \frac{\sum (x_i y_i)}{n} - \bar{x}\bar{y}$$

$$= \frac{214}{5} - 6 \times 8$$

$$\text{Cov}(x, y) = 42.8 - 48 = -5.2$$

$$b_{yx} = \frac{\text{Cov}(x, y)}{\sigma_x^2} = \frac{-5.2}{8} = -0.65$$

$$b_{xy} = \frac{\text{Cov}(x, y)}{\sigma_y^2} = \frac{-5.2}{6} = -1.3$$

Regression line of Y on X is

$$y - \bar{y} = b_{yx}(x - \bar{x})$$
$$y - 8 = -0.65(x - 6)$$
$$y = -0.65x + 3.9 + 8$$
$$y = -0.65x + 11.9$$

Regression line of X on Y is

$$x - \bar{x} = b_{xy}(y - \bar{y})$$
$$x - 6 = -1.3(y - 8)$$
$$x - 6 = -1.3y + 10.4$$
$$x = -1.3y + 10.4 + 6$$
$$x = -1.3y + 16.4$$

Ex. 10 : *Find the coefficient of correlation for distribution in which S.D. of x = 4, and S.D. of y = 1.8. Coefficient of regression of y on x is 0.32.*

Sol. : $\sigma_x = 4$, $\sigma_y = 1.8$ and $b_{yx} = 0.32$

We have,
$$b_{yx} = r \frac{\sigma_y}{\sigma_x}$$

$$0.32 = r \times \frac{1.8}{4}$$

$$\therefore \quad r = \frac{0.32 \times 4}{1.8} = 0.711$$

Ex. 11 : *Given the following information*

	Variable x	Variable y
Arithmetic mean	8.2	12.4
Standard deviation	6.2	20

Coefficient of correlation between x and y is 0.9. Find the linear regression estimate of x, given y = 10.

Sol. : Given that $\bar{x} = 8.2$, $\bar{y} = 12.4$, $\sigma_x = 6.2$, $\sigma_y = 20$ and $r_{xy} = 0.9$. We want to find x for y = 10.

Line of regression of x on y is

$$x - \bar{x} = b_{xy}(y - \bar{y})$$

$$b_{xy} = r \cdot \frac{\sigma_x}{\sigma_y} = 0.9 \times \frac{6.2}{20} = 0.279$$

Substituting value of $\bar{x}, \bar{y}$ and b_{xy} in above equation, we get

$$x - 8.2 = 0.279 (y - 12.4)$$
$$x = 0.279 y - 3.4596 + 8.2$$
$$x = 0.279 y + 4.7404$$

Putting y = 10 in equation, we get

$$x = 0.279 \times 10 + 4.7404$$
$$x = 7.5304$$

Ex. 12 : *The following are marks obtained by 10 students in Statistics and Economics.*

No.	1	2	3	4	5	6	7	8	9	10
Marks in Economics	25	28	35	32	31	36	29	38	34	32
Marks in Statistics	43	46	49	41	36	32	31	30	33	39

Marks are out of 50. Obtain regression equation to estimate marks in Statistics if marks in Economics are 30.

Sol. : n = 10. Let us denote marks in Economics by x and marks in Statistics by y.

Let u = x – 30 and v = y – 35.

x	y	u = x – 30	v = y – 35	u²	v²	uv
25	43	– 5	8	25	64	– 40
28	46	– 2	11	4	121	– 22
35	49	5	14	25	196	70
32	41	2	6	4	36	12
31	36	1	1	1	1	1
36	32	6	– 3	36	9	– 18
29	31	– 1	– 4	1	16	4
38	30	8	– 5	64	25	– 40
34	33	4	– 2	16	4	– 8
32	39	2	4	4	16	8
–	–	$\Sigma u = 2$	$\Sigma v = 30$	$\Sigma u^2 = 180$	$\Sigma v^2 = 488$	$\Sigma uv = -33$

$$\bar{u} = \frac{\Sigma u}{n} = \frac{20}{10} = 2 \text{ and } \bar{v} = \frac{\Sigma v}{n} = \frac{30}{10} = 3$$

$$u = x - 30 \quad \therefore \quad \bar{u} = \bar{x} - 30$$

$$\therefore \quad \bar{x} = \bar{u} - 30 = 2 + 30 = 32$$

$v = y - 35$ $\therefore$ $\bar{v} = \bar{y} - 35$

$\therefore$ $\bar{y} = \bar{v} + 35 = 3 + 35 = 38$

$\sigma_u^2 = \dfrac{\Sigma u^2}{n} - (\bar{u})^2 = \dfrac{180}{10} - (2)^2 = 18 - 4 = 14$

$\sigma_v^2 = \dfrac{\Sigma v^2}{n} - (\bar{v})^2 = \dfrac{488}{10} - (3)^2 = 48.8 - 9 = 39.8$

$\therefore$ $\sigma_u = 3.742$ and $\sigma_v = 6.309$

Standard deviation is invariant to the change of origin.

$\therefore$ $\sigma_x = 3.742$ and $\sigma_y = 6.309$

$\therefore$ $\sigma_x^2 = 14$ and $\sigma_y^2 = 39.8$

$\text{Cov}(u, v) = \dfrac{\Sigma uv}{n} - \bar{u}\,\bar{v} = \dfrac{-33}{10} - 2(3) = -3.3 - 6$

$\therefore$ $\text{Cov}(u, v) = -9.3$

Covariance is invariant to the change of origin.

$\therefore$ $\text{Cov}(x, y) = \text{Cov}(u, v) = -9.3$

We have to find regression equation of y on x. It is given by

$y - \bar{y} = b_{yx}(x - \bar{x})$

$b_{yx} = \dfrac{\text{Cov}(x, y)}{\sigma_x^2} = \dfrac{-9.3}{14} = -0.664$

$\therefore$ Regression equation becomes,

$y - 38 = -0.664(x - 32)$

$y = -0.664x + 21.248 + 38$

$y = -0.664x + 59.248$

Now, we have to estimate marks in Statistics if marks in Economics are 30, i.e. we have to find value of y when x = 30.

Substituting x = 30 in above equation, we get

$y = -0.664 \times 30 + 59.248$

$y = 39.328$

$\therefore$ Marks in Economics are 39.328 i.e. approximately 39.

Ex. 13 : *If the two lines of regression are $9x + y - \lambda = 0$ and $4x + y = \mu$ and the means of x and y are 2 and −3 respectively, find the values of λ, μ and the coefficient of correlation between x and y.*

Sol. : $\bar{x} = 2$ and $\bar{y} = -3$.

The lines of regression are $9x + y = \lambda$ and $4x + y = \mu$.

The point of intersection of two regression lines is (x, y) i.e. ($\bar{x}$, $\bar{y}$) lies on both the regression lines.

$$9\bar{x} + \bar{y} = \lambda \qquad \ldots (1)$$

$$4\bar{x} + \bar{y} = \mu \qquad \ldots (2)$$

Substituting values of $\bar{x}$ and $\bar{y}$, we get

$$9(2) + (-3) = \lambda$$
$$\lambda = 18 - 3 = 15$$

and $\quad 4(2) + (-3) = \mu$

∴ $\quad \mu = 8 - 3 = 5$

Thus, the regression lines are,

$$9x + y = 15 \quad \text{and} \quad 4x + y = 15$$

Let $9x + y = 15$ be the regression line of x on y, so it can be written as

$$x = \frac{15}{9} - \frac{y}{9}$$

∴ $\quad b_{xy} = -\frac{1}{9} = -0.11$

Let $4x + y = 5$ be the regression line of y on x. So it can be written as $y = 5 - 4x$.

∴ $\quad b_{yx} = -4$

Correlation coefficient between x and y is given as,

$$r = \sqrt{b_{yx} \cdot b_{xy}} = \sqrt{(-4) \times (-0.11)} = \sqrt{0.44} = 0.663$$

Since both the regression coefficients are negative, we take $r = -0.663$.

Ex. 14 : *The regression equations are $8x - 10y + 66 = 0$ and $40x - 18y = 214$. The value of variance of x is 9. Find :*

(1) The mean values of x and y.

(2) The correlation x and y and

(3) The standard deviation of y.

Sol. : (1) Since both the regression lines pass through the point ($\bar{x}$, $\bar{y}$), we have

$$8\bar{x} - 10\bar{y} + 66 = 0 \quad \text{and} \quad 40\bar{x} - 18\bar{y} = 214$$

Solving these two equations, we get

$$\bar{x} = 13 \quad \text{and} \quad \bar{y} = 17$$

(2) Let $8x - 10y + 66 = 0$ be the line of regression of y on x and $40x - 18y = 214$ be the line of regression of x on y. These equations can be written in the form

$$y = \frac{8}{10}x + \frac{66}{10} \quad \text{and} \quad x = \frac{18}{40}y + \frac{214}{40}$$

i.e. $\quad y = 0.8x + 6.6$ and $x = 0.45y + 5.35$

∴ b_{yx} = Regression coefficient of y on x
$= 0.8$

and b_{xy} = Regression coefficient of x on y
$= 0.45$

Correlation coefficient between x and y is given by
$$r = \sqrt{b_{xy} \times b_{yx}} = \sqrt{0.45 \times 0.8} = \pm 0.6$$
But since both the regression coefficients are positive, we take
$$r = +0.6$$

(3) Variance of $x = 9$, i.e. $\sigma_x^2 = 9$

∴ $\sigma_x = 3$

We have, $b_{yx} = r \cdot \dfrac{\sigma_y}{\sigma_x}$

$0.8 = 0.6 \times \dfrac{\sigma_y}{3}$

$\sigma_y = 4$

5.10 RELIABILITY OF REGRESSION ESTIMATES

Standard Error of Regression Estimate :

In order to study the reliability of regression estimate, we require to know its standard error. For further statistical analysis such as testing the significance of regression coefficient, standard error is required.

Suppose $\{(x_i, y_i), i = 1, 2, \ldots, n\}$ is a sample on the variables X and Y. The sample variances of X and Y are σ_x^2 and σ_y^2 respectively. The sample correlation coefficient between X and Y is r. The regression line of Y on X is given by $y - \bar{y} = b_{yx}(x - \bar{x})$. We can write it as $y = b_{yx}(x - \bar{x}) + \bar{y}$. Clearly, the error in estimation is (observed value of y) − (regression estimate of y). The positive square root of the mean sum of squares of error is called as *standard error of regression estimate*. We denote it by S_y.

If y_i is observed value of y; and $\hat{y}_i$ is the regression estimate for given x_i then
$y_i = b_{yx}(x_i - \bar{x}) + \bar{y}$.

Therefore, $S_y^2 = \dfrac{\sum_{i=1}^{n}(y_i - \hat{y}_i)^2}{n} = \dfrac{1}{n} \sum_{i=1}^{n} [y_i - b_{yx}(x_i - \bar{x}) - \bar{y}]^2$

$= \dfrac{1}{n} \sum_{i=1}^{n} [(y_i - \bar{y}) - b_{yx}(x_i - \bar{x})]^2$

$$= \frac{1}{n}\left[\sum (y_i - \bar{y})^2 + b_{yx}^2 \sum (x_i - \bar{x})^2 - 2 b_{yx} \sum (x_i - \bar{x})(y_i - \bar{y})\right]$$

$$= \sigma_y^2 + b_{yx}^2 \sigma_x^2 - 2 b_{yx} \text{ cov}(x, y)$$

$$\left(\because b_{yx} = r\frac{\sigma_y}{\sigma_x}, \text{ cov}(x, y) = r \sigma_x \sigma_y\right)$$

$$= \sigma_y^2 + r^2 \sigma_y^2 - 2r^2 \sigma_y^2 = \sigma_y^2 (1 - r^2)$$

Hence the standard error of regression estimate of y on x is

$$S_y = \sigma_y \sqrt{1 - r^2}$$

Note that larger the value of r^2, smaller is the error. Hence the regression estimates are close to the actual values of y_i for large r^2. If $r = \pm 1$, the correlation is perfect and the standard error is zero, which means observed values and estimated values of y agree.

The standard error of regression estimate of x on y is given by,

$$S_x = \sigma_x \sqrt{1 - r^2}$$

Note : The above discussion leads to conclusion that rather than r we should consider r^2 for testing reliability of regression estimates. Therefore, regression analysis claims validity if r^2 is sufficiently large. The quantity r^2 is called as the coefficient of determination.

EXERCISE 5.2

1. Find Karl Pearson's coefficient of correlation for the following data and determine the probable error.

x	20	22	23	25	25	28	29	30	30	34
y	18	20	22	24	21	26	26	25	27	29

[**Hint :** Probable error $= 0.6745 \left(\dfrac{1 - r^2}{\sqrt{N}}\right)$

where, r is the coefficient correlation and N the number of pairs of observations.]

Ans. 0.952, 0.02.

2. For the following tabulated data, find the coefficient of correlation.

y \ x	18	19	20	21	Total
10 – 20	4	2	2	–	8
20 – 30	5	4	6	4	19
30 – 40	6	8	10	11	35
40 – 50	4	4	6	8	22
50 – 60	–	2	4	4	10
60 – 70	–	2	3	1	6
Total	19	22	31	28	100

Ans. 0.25

3. Two examiners A and B independently award marks to seven students.

R. No.	1	2	3	4	5	6	7
Marks by A	40	44	28	30	44	38	31
Marks by B	32	39	26	30	38	34	28

Obtain the equations of regression lines. If examiner A awards 36 marks to Roll No. 8, what would be the marks expected to be awarded by examiner B to the same candidate ?

Ans. $y = 11.885 + 0.587 x$, 33.017.

4. Determine the equations of regression lines for the following data :

x	1	2	3	4	5	6	7	8	9
y	9	8	10	12	11	13	14	16	15

and obtain an estimate of y for x = 4.5. **(May 2014)**

Ans. $0.95 x + 7.25$, $x = 0.957 - 6.4 = 11.525$.

5. Determine the reliability of estimates for the data :

x	10	14	19	26	30	34	39
y	12	16	18	26	29	35	38

Ans. $r^2 = 0.988$ high.

6. The following marks have been obtained by a group of students in Engineering Mathematics.

Paper I	80	45	55	56	58	60	65	68	70	75	85
Paper II	82	56	50	48	60	62	64	65	70	74	90

Calculate the coefficient of correlation.

Ans. 9277

7. Coefficient of correlation between two variables X and Y is 0.8. Their covariance is 20. The variance of X is 16. Find the standard deviation of Y series.

Ans. 1.5625.

8. Find the coefficient of correlation for the following table : **(Dec. 06)**

x	10	14	18	22	26	30
y	18	12	24	6	30	36

Ans. $r = 0.6013$

9. The two regression equations of the variables x and y are
$$x = 19.13 - 0.87 y \qquad y = 11.64 - 0.50 x$$

Find (i) $\bar{x}, \bar{y}$, (ii) The correlation coefficient between x and y. **(Dec. 2006)**

Ans. $\bar{x} = 15.935$, $\bar{y} = 3.673$, $r = 0.6595$

10. If θ is the acute angle between the two regression lines in the case of two variables x and y, show that

$$\tan \theta = \frac{1 - r^2}{r} \cdot \frac{\sigma_x \sigma_y}{\sigma_x^2 + \sigma_y^2}$$

MULTIPLE CHOICE QUESTIONS (MCQ's)

Type : Correlation and Regression :

1. Covariance between two variables x and y is given by (1)

   (A) $\dfrac{1}{n}\sum (x-\bar{x})(y-\bar{y})$

   (B) $\dfrac{1}{n}\sum (x+\bar{x})(y+\bar{y})$

   (C) $n\sum (x-\bar{x})(y-\bar{y})$

   (D) $\dfrac{1}{n}\sum [(x-\bar{x})+(y-\bar{y})]$

2. Correlation coefficient r between two variables x and y is given by (1)

   (A) $\dfrac{cov(x,y)}{\sigma_x^2 \sigma_y^2}$

   (B) $\dfrac{\sigma_y}{\sigma_x}$

   (C) $\dfrac{\sigma_x}{\sigma_y}$

   (D) $\dfrac{cov(x,y)}{\sigma_x \sigma_y}$

3. Range of coefficient of correlation r is (1)

   (A) $-\infty < \dfrac{1}{r} < \infty$

   (B) $-\infty < r < \infty$

   (C) $-1 \leq r \leq 1$

   (D) $0 \leq r \leq 1$

4. Probable error of coefficient of correlation r is (1)

   (A) $0.6745 \left(\dfrac{1+r^2}{\sqrt{N}}\right)$

   (B) $0.6745 \left(\dfrac{1-r^2}{\sqrt{N}}\right)$

   (C) $0.6745 \left(\dfrac{1-r^2}{N}\right)$

   (D) $0.6547 \left(\dfrac{1-r^2}{N}\right)$

5. Line of regression y on x is (1)

   (A) $y+\bar{y} = r\dfrac{\sigma_x}{\sigma_y}(x+\bar{x})$

   (B) $x-\bar{x} = r\dfrac{\sigma_x}{\sigma_y}(y-\bar{y})$

   (C) $y-\bar{y} = r\dfrac{\sigma_y}{\sigma_x}(x-\bar{x})$

   (D) $y-\bar{y} = r\dfrac{\sigma_x}{\sigma_y}(x-\bar{x})$

6. Line of regression x on y is (1)

   (A) $y-\bar{y} = r\dfrac{\sigma_y}{\sigma_x}(x-\bar{x})$

   (B) $x+\bar{x} = r\dfrac{\sigma_x}{\sigma_y}(y+\bar{y})$

   (C) $x-\bar{x} = r\dfrac{\sigma_y}{\sigma_x}(y-\bar{y})$

   (D) $x-\bar{x} = r\dfrac{\sigma_x}{\sigma_y}(y-\bar{y})$

7. Slope of regression line of y on x is (1)

    (A) $r(x, y)$
    (B) $r \dfrac{\sigma_y}{\sigma_x}$
    (C) $r \dfrac{\sigma_x}{\sigma_y}$
    (D) $\dfrac{\sigma_y}{\sigma_x}$

8. Slope of regression line of x on y is (1)

    (A) $r \dfrac{\sigma_x}{\sigma_y}$
    (B) $r(x, y)$
    (C) $\dfrac{\sigma_x}{\sigma_y}$
    (D) $r \dfrac{\sigma_y}{\sigma_x}$

9. In regression line y on x, b_{yx} is given by (1)

    (A) $cov(x, y)$
    (B) $r(x, y)$
    (C) $\dfrac{cov(x, y)}{\sigma_x^2}$
    (D) $\dfrac{cov(x, y)}{\sigma_y^2}$

10. In regression line x on y, b_{xy} is given by (1)

    (A) $cov(x, y)$
    (B) $r(x, y)$
    (C) $\dfrac{cov(x, y)}{\sigma_x^2}$
    (D) $\dfrac{cov(x, y)}{\sigma_y^2}$

11. If b_{xy} and b_{yx} are the regression coefficient x on y and y on x respectively then the coefficient of correlation $r(x, y)$ is given by (1)

    (A) $\sqrt{b_{xy} + b_{yx}}$
    (B) $b_{xy} \, b_{yx}$
    (C) $\sqrt{\dfrac{b_{xy}}{b_{yx}}}$
    (D) $\sqrt{b_{xy} \, b_{yx}}$

12. If θ is the acute angle between the regression line of y on x and the regression line of x on y, then tan θ is (1)

    (A) $\dfrac{(1-r^2)}{|r|} \dfrac{\sigma_x \sigma_y}{\sigma_x^2 + \sigma_y^2}$
    (B) $\dfrac{|r|}{(1-r^2)} \dfrac{\sigma_x \sigma_y}{\sigma_x^2 + \sigma_y^2}$
    (C) $|r| \dfrac{\sigma_x \sigma_y}{\sigma_x^2 + \sigma_y^2}$
    (D) $\dfrac{1}{|r|} \dfrac{\sigma_x^2 + \sigma_y^2}{\sigma_x \sigma_y}$

13. If $\sum xy = 2638$, $\bar{x} = 14$, $\bar{y} = 17$, $n = 10$ then cov (x, y) is (1)
(A) 24.2
(B) 25.8
(C) 23.9
(D) 20.5

14. If $\sum xy = 1242$, $\bar{x} = -5.1$, $\bar{y} = -10$, $n = 10$, then cov (x, y) is (2)
(A) 67.4
(B) 83.9
(C) 58.5
(D) 73.2

15. If $\sum x^2 = 2291$, $\sum y^2 = 3056$, $\sum (x+y)^2 = 10623$, $n = 10$, $\bar{x} = 14.7$, $\bar{y} = 17$ then cov (x, y) is (2)
(A) 1.39
(B) 13.9
(C) 139
(D) – 13.9

16. If the two regression coefficient are 0.16 and 4 then the correlation coefficient is (2)
(A) 0.08
(B) – 0.8
(C) 0.8
(D) 0.64

17. If the two regression coefficient are $-\frac{8}{15}$ and $-\frac{5}{6}$ then the correlation coefficient is (2)
(A) – 0.667
(B) 0.5
(C) – 1.5
(D) 0.537

18. If covariance between x and y is 10 and the variance of x and y are 16 and 9 respectively then coefficient of correlation r(x, y) is (2)
(A) 0.833
(B) 0.633
(C) 0.527
(D) 0.745

19. If cov (x, y) = 25.8 $\sigma_x = 6$, $\sigma_y = 5$ then correlation coefficient r(x, y) is equal to (2)
(A) 0.5
(B) 0.75
(C) 0.91
(D) 0.86

20. If $\sum xy = 190$, $\bar{x} = 4$, $\bar{y} = 4$, $n = 10$, $\sigma_x = 1.732$, $\sigma_y = 2$ then correlation coefficient r(x, y) is equal to (2)
(A) 0.91287
(B) 0.8660
(C) 0.7548
(D) 0.5324

21. If $\sum xy = 2800$, $\bar{x} = 16$, $\bar{y} = 16$, $n = 10$, variance of x is 36 and variance of y is 25 then correlation coefficient r(x, y) is equal to (2)
(A) 0.95
(B) 0.73
(C) 0.8
(D) 0.65

22. The correlation coefficient for the following data

    $n = 10, \sum x = 140, \sum y = 150, \sum x^2 = 1980, \sum y^2 = 2465, \sum xy = 2160$ is (2)

    (A) 0.753 (B) 0.4325
    (C) 0.556 (D) 0.9013

23. You are given the following information related to a distribution comprising 10 observation $\bar{x} = 5.5, \bar{y} = 4, \sum x^2 = 385, \sum y^2 = 192, \sum (x+y)^2 = 947$. The correlation coefficient $r(x, y)$ is (2)

    (A) − 0.924 (B) − 0.681
    (C) − 0.542 (D) − 0.813

24. Given the following data

    $r = 0.022, \sum xy = 33799, \sigma_x = 4.5, \sigma_y = 64.605, \bar{x} = 68, \bar{y} = 62.125$. The value of n (number of observation) is (2)

    (A) 5 (B) 7
    (C) 8 (D) 10

25. Given the following data $r = 0.5, \sum xy = 350, \sigma_x = 1, \sigma_y = 4, \bar{x} = 3, \bar{y} = 4$. The value of n (number of observation) is (2)

    (A) 25 (B) 5
    (C) 20 (D) 15

26. Coefficient of correlation between the variables x and y is 0.8 and their covariance is 20, the variance of x is 16. Standard deviation of y is (2)

    (A) 6.75 (B) 6.25
    (C) 7.5 (D) 8.25

27. Line of regression y on x is $8x - 10y + 66 = 0$. Lie of regression x on y is $40x - 18y - 214 = 0$. Mean values of x and y are (2)

    (A) $\bar{x} = 12, \bar{y} = 15$ (B) $\bar{x} = 10, \bar{y} = 11$
    (C) $\bar{x} = 13, \bar{y} = 17$ (D) $\bar{x} = 9, \bar{y} = 8$

28. If the two lines of regression of $9x + y - \lambda = 0$ and $4x + y = \mu$ and the mean of x and y are 2 and −3 respectively then the values of λ and μ are (2)

    (A) $\lambda = 15$ and $\mu = 5$ (B) $\lambda = -15$ and $\mu = -5$
    (C) $\lambda = 5$ and $\mu = 15$ (D) $\lambda = 15$ and $\mu = -5$

29. Line of regression y on x is 8x − 10y + 66 = 0. Line of regression x on y is 40x − 18y − 214 = 0. Correlation coefficient r(x, y) is given by (2)

(A) 0.6 (B) 0.5
(C) 0.75 (D) 0.45

30. The regression lines are 9x + y = 15 and 4x + y = 5. Correlation r(x, y) is given by (2)

(A) 0.444 (B) − 0.11
(C) 0.663 (D) 0.7

31. Line of regression y on x is 8x − 10y + 66 = 0. Line of regression x on y is 40x − 18y − 214 = 0. The value of variance of x is 9. The standard deviation of y is equal to (2)

(A) 2 (B) 5
(C) 6 (D) 4

32. Line of regression y on x is 8x − 10y + 66 = 0. Line of regression x on y is 40x − 18y − 214 = 0. The value of variance of y is 16. The standard deviation of x is equal to (2)

(A) 3 (B) 2
(C) 6 (D) 7

33. Line of regression y on x is 3x + 2y = 26, line of regression x on y is 6x + y = 31. The value of variance of x is 25. Then the standard deviation of y is (2)

(A) − 15 (B) 15
(C) 1.5 (D) − 1.5

34. The correlation coefficient between two variable x and y is 0.6. If $\sigma_x = 1.5$, $\sigma_y = 2.00$, $\bar{x} = 10$, $\bar{y} = 20$ then the lines of regression are (2)

(A) x = 0.45y + 12 and y = 0.8x + 1
(B) x = 0.45y + 1 and y = 0.8x + 12
(C) x = 0.65y + 10 and y = 0.4x + 12
(D) x = 0.8y + 1 and y = 0.45x + 12

35. The correlation coefficient between two variable x and y is 0.711. If $\sigma_x = 4$, $\sigma_y = 1.8$, $\bar{x} = 5$, $\bar{y} = 4$ then the lines of regression are (2)

(A) x − 5 = 1.58 (y − 4) and y − 4 = 0.32 (x − 5)
(B) x + 5 = 1.58 (y + 4) and y + 4 = 0.32 (x + 5)
(C) x − 5 = 0.32 (y − 4) and y − 4 = 1.58 (x − 5)
(D) x − 4 = 1.58 (y − 5) and y − 5 = 0.32 (x − 4)

36. Your are given below the following information about advertisement expenditure and sales

	Adv. Expenditure (X) ₹ (Crore)	Sales (Y) ₹ (Crore)
Mean	10	90
Standard Deviation	3	12

Correlation coefficient = 0.8

The two lines of regression are (2)

(A) x = 58 + 3.2y and y = −8 + 0.2x
(B) x = −8 + 2.2y and y = 8 + 1.2x
(C) x = −8 + 3.2y and y = 58 + 0.2x
(D) x = −8 + 0.2y and y = 58 + 3.2x

37. You are given below the following information about rainfall and production of rice

	Rainfall (X) in inches	Production of Rice (Y) in Kg
Mean	30	500
Standard Deviation	5	100

Correlation coefficient = 0.8

The two lines of regression are (2)

(A) x + 30 = 0.04 (y + 500) and y + 500 = 6 (x + 30)

(B) x − 30 = 0.4 (y − 500) and y − 500 = 1.6 (x − 30)

(C) x − 30 = 0.04 (y − 500) and y − 500 = 16 (x − 30)

(D) x − 30 = 16 (y − 500) and y − 500 = 0.04 (x − 30)

38. Given $b_{xy} = 0.85$, $b_{yx} = 0.89$ and the standard deviation of x is 6 then the value of correlation coefficient r(x, y) and standard deviation of y is (2)

(A) r = 0.87, σ_y = 6.14
(B) r = − 0.87, σ_y = 0.614
(C) r = 0.75, σ_y = 6.14
(D) r = 0.89, σ_y = 4.64

39. Given $b_{xy} = 0.8411$, $b_{yx} = 0.4821$ and the standard deviation of y is 1.7916 then the value of correlation coefficient r(x, y) and standard deviation of x is (2)

(A) r = −0.6368 and σ_x = −2.366
(B) r = 0.63678 and σ_x = 2.366
(C) r = 0.40549 and σ_x = 2.366
(D) r = 0.63678 and σ_x = 5.6

40. For a given set of Bivariate data $\bar{x} = 53.2$, $\bar{y} = 27.9$ Regression coefficient of y on x = −1.5. By using line of regression y on x the most probable value of y when x is 60 is (2)

(A) 15.7 (B) 13.7
(C) 17.7 (D) 21.7

41. Given the following data $\bar{x} = 36$, $\bar{y} = 85$, $\sigma_x = 11$, $\sigma_y = 8$, $r = 0.66$. By using line of regression x on y, the most probable value of x when y = 75 is (2)

(A) 29.143 (B) 24.325
(C) 31.453 (D) 26.925

42. For a given set of Bivariate data $\bar{x} = 2$, $\bar{y} = -3$ Regression coefficient of x on y = −0.11. By using line of regression x on y the most probable value of x when y is 10 is (2)

(A) 0.77 (B) 0.57
(C) 1.77 (D) 0.87

Answers

1. (A)	2. (D)	3. (C)	4. (B)	5. (C)	6. (D)	7. (B)	8. (A)
9. (C)	10. (D)	11. (D)	12. (A)	13. (B)	14. (D)	15. (B)	16. (C)
17. (A)	18. (A)	19. (D)	20. (B)	21. (C)	22. (D)	23. (B)	24. (C)
25. (A)	26. (B)	27. (C)	28. (A)	29. (A)	30. (C)	31. (D)	32. (A)
33. (B)	34. (B)	35. (A)	36. (D)	37. (C)	38. (A)	39. (B)	40. (C)
41. (D)	42. (B)						

CHAPTER SIX

PROBABILITY AND PROBABILITY DISTRIBUTIONS

6.1 INTRODUCTION

Theory of Probability had its origin in Mid-eighteenth century studies in games of chance related to dice throw gambling. Galileo was the first man to attempt at a quantitative measure of probability. The first foundation of Modern Mathematical theory of probability was laid down by French Mathematicians B. Pascal and P. Fermat. J. Bernoulli, Demoivre, T. Bayes, P. S. Laplace alongwith many others did considerable work in this field. Almost every human activity involves some kind of chance element and the role for the theory of probability to play. The subject of statistics originated much earlier than probability and dealt mainly with the collection and organisation of data. With the advent of probability, it was realized that statistics could be used in drawing valid conclusions and making reasonable decisions on the basis of analysis of data, such as in sampling theory and prediction of forecasting. As time progressed, probability theory found its way into many applications not only in Engineering and Science but also in the fields like Actuarial Science, Agriculture, Commerce, Medicine and Psychology.

The scope of this work is to introduce to the readers the modern concept of probability and the subject of probability distribution, which forms the basis of the modern theory of probability.

6.2 TERMINOLOGY

Before we take-up the subject matter, we shall define and explain certain terms which are encountered so very often.

(i) Experiment : Students of Science and Engineering are familiar with experiments which when performed repeatedly under the same conditions give identical results. In theory of probability, our interest is centred around the kind of experiment, which though repeated under essentially identical conditions, does not give unique results but may result in any one of the several possible outcomes. Such an experiment is also called a trial and the outcome an event or a case. For example, the throw of a coin is an experiment or a trial which can result in one of the two outcomes a Head or a Tail. Drawing a card from a well shuffled pack is a trial which may result in any one of 52 outcomes.

(ii) Equally Likely : The outcomes of a trial are said to be equally likely if any one of them cannot be expected to occur in preference to another. In tossing an unbiased coin, the outcomes Head or Tail are equally likely.

(iii) Mutually Exclusive : The outcomes of a trial are said to be mutually exclusive, if the occurrence of one of them precludes the occurrence of all other outcomes. In the experiment of throw of a die, the occurrence of number 1 at uppermost face will exclude automatically the occurrence of numbers 2, 3, 4, 5 and 6.

In tossing a coin, events Head or Tail are mutually exclusive.

(iv) Exhaustive : All possible outcomes of a trial form exhaustive set of cases or events. In throw of a coin, the events Head and Tail constitute exhaustive set of events. In throw of a die, appearance of numbers 1, 2, 3, 4, 5, 6 constitute exhaustive set of events.

(v) Sample Space : A set of all possible outcomes of a trial which are exhaustive is called a sample space. In a throw with two dice, sample space consists of following outcomes :

$$(1, 1), \quad (1, 2), \quad (1, 3), \quad (1, 4), \quad (1, 5), \quad (1, 6)$$
$$(2, 1), \quad (2, 2), \quad (2, 3), \quad (2, 4), \quad (2, 5), \quad (2, 6)$$
$$(3, 1), \quad (3, 2), \quad (3, 3), \quad (3, 4), \quad (3, 5), \quad (3, 6)$$
$$(4, 1), \quad (4, 2), \quad (4, 3), \quad (4, 4), \quad (4, 5), \quad (4, 6)$$
$$(5, 1), \quad (5, 2), \quad (5, 3), \quad (5, 4), \quad (5, 5), \quad (5, 6)$$
$$(6, 1), \quad (6, 2), \quad (6, 3), \quad (6, 4), \quad (6, 5), \quad (6, 6)$$

which forms a sample space.

(vi) Independent : Events A and B are said to be independent if happening of A has nothing to do with the happening of B and vice-a-versa. If a coin is thrown twice, the event 'Occurrence of Head in first throw' has nothing to do with the event '*Occurrence of Head in second throw*'. The two successive throws, or for that matter n successive throws, are considered as independent trials, which result in independent outcomes. Note that independent events are quite different from mutually exclusive events.

If the occurrence of event B is affected by the occurrence of event A, then such events are Dependent events. For example, if two cards are drawn successively from a well shuffled pack of cards *without replacement*, then the event of appearance of king at second draw will certainly depend upon the result of the first draw.

6.3 DEFINITION OF PROBABILITY AND RELATED EXAMPLES

Question of defining Probability is quite delicate. In Modern Axiomatic approach, the term 'Probability' is left undefined. However, we shall give two definitions of probability, which have got their limitations, but serve the purpose in many cases.

(1) Classical or '*a priori*' Probability : If a trial results in n exhaustive cases which are mutually exclusive and equally likely and out of which m are favourable to the happening of event A, then the probability P of the happening of event A also denoted by P (A) is given by,

$$p = P(A) = \frac{m}{n}$$

If $\bar{A}$ indicates non-happening of A, then the number of cases favourable to this event are obviously n – m and

$$q = P(\bar{A}) = \frac{n-m}{n} = 1 - \frac{m}{n}$$

∴ $\quad P(\bar{A}) = 1 - P(A)$

Or $\quad P(A) + P(\bar{A}) = 1 \quad$ i.e. $\quad p + q = 1$

If an event A is certain to happen

$$P(\bar{A}) = 0 \text{ and } P(A) = 1.$$

(2) Statistical or Empirical Definition : If a trial be repeated for a large number of times, say n, under the same conditions and a certain event A occurs on p × n occasions, then, the probability of happening of event A is given by

$$P(A) = \lim_{n \to \infty} \frac{p \times n}{n} = p$$

The classical definition of probability gives the relative frequency of favourable cases to the total number of cases, which in the empirical definition is the limit of the relative frequency of the happening of the event.

Note that $\quad 0 \leq P(A) \leq 1.$

$P(A) = \frac{m}{n}$ is sometimes expressed by saying that the odds in favour of A are m : (n – m) or the odds against A are (n – m) : n.

ILLUSTRATIONS

Ex. 1 : *Find the probability of drawing the king from a well shuffled pack of cards.*

Sol. : *Here the total number of outcomes is n = 52 and there are four kings in the pack of cards.*

∴ *Required probability* $= p = \frac{m}{n} = \frac{4}{52} = \frac{1}{13}$

Ex. 2 : *If 3 of 20 tubes are defective and 4 of them are randomly chosen for inspection (i.e. each tube has the same chance of being selected), then what is the probability that only one of the defective tubes will be included ?* **(May 2010)**

Sol. : 4 tubes can be selected out of 20 in $^{20}C_4$ ways.

∴ $\quad n = {}^{20}C_4 = \frac{20 \cdot 19 \cdot 18 \cdot 17}{1 \cdot 2 \cdot 3 \cdot 4} = 4845$

One defective tube can be chosen in $^3C_1$ ways and each of which should be associated with 3 non-defective tubes which can be selected in $^{17}C_3$ ways.

Thus $$m = {}^3C_1 \times {}^{17}C_3 = 3 \times \frac{17 \cdot 16 \cdot 15}{1 \cdot 2 \cdot 3} = 2040$$

$$p = \frac{m}{n} = \frac{2040}{4845} = \frac{8}{19} = 0.42 \text{ approximately.}$$

Ex. 3 : *A throw is made with two dice. Find the probability of getting a score of*

(i) 10 points; (ii) At least 10 points; (iii) At most 10 points.

Sol. : All possible outcomes are sample space.

(1, 1), (1, 2), (1, 3), (1, 4), (1, 5), (1, 6)
(2, 1), (2, 2), (2, 3), (2, 4), (2, 5), (2, 6)
(3, 1), (3, 2), (3, 3), (3, 4), (3, 5), (3, 6)
(4, 1), (4, 2), (4, 3), (4, 4), (4, 5), (4, 6)
(5, 1), (5, 2), (5, 3), (5, 4), (5, 5), (5, 6)
(6, 1), (6, 2), (6, 3), (6, 4), (6, 5), (6, 6)

(1) The total number of outcomes are n = 36, the number of cases favourable to the event.

(i) of total of 10 points are (4, 6), (5, 5), (6, 4) i.e. m = 3

$\therefore$ p (score of 10 points) $= \frac{3}{36} = \frac{1}{12}$.

(ii) The number of cases favourable to the event score of at least 10 points are the score with 10, 11 and 12 points.

These are (4, 6), (5, 5), (6, 4), (5, 6), (6, 5), (6, 6) i.e. m = 6

$\therefore$ p (at least 10 points) $= \frac{6}{36} = \frac{1}{6}$.

(iii) The number of cases favourable to the event at most 10 points are the score with less than or equal to 10 points. These are all the first four rows of sample space containing 24 cases, 5 cases from fifth row and 4 cases from fourth row.

$$m = 24 + 5 + 4 = 33$$

$\therefore$ p (at most 10 points) $= \frac{33}{36} = \frac{11}{12}$

Ex. 4 : *What is the probability that a leap year selected at random will contain 53 Mondays ?*

Sol. : Leap year will have 366 days, 52 Mondays will be contained in 364 days. Now the extra two days could be

(1) Sunday, Monday, (2) Monday, Tuesday, (3) Tuesday, Wednesday, (4) Wednesday, Thursday, (5) Thursday, Friday, (6) Friday, Saturday or (7) Saturday, Sunday. Thus there are seven possible ways in which two extra days can occur i.e. n = 7 out of these, first two cases contain Monday.

Thus in m = 2 cases, there will be extra Monday.

Thus required probability,

$$p = \frac{2}{7}$$

Ex. 5 : *From a well shuffled pack of cards, three cards are drawn at random. Find the probability that they form a King, Queen, Jack combination.*

Sol. : 3 cards can be drawn in $^{52}C_3$ ways.

$$n = {}^{52}C_3 = \frac{52 \cdot 51 \cdot 50}{1 \cdot 2 \cdot 3}$$

King, Queen and Jack each can be chosen in $^4C_1$ ways.

The combination can be chosen in

$$^4C_1 \times {}^4C_1 \times {}^4C_1 = 64$$

$$m = 64$$

$$p = p\,(KQJ) = \frac{64}{\frac{52 \cdot 51 \cdot 50}{1 \cdot 2 \cdot 3}} = \frac{64}{26 \cdot 17 \cdot 50} = \frac{16}{5525}$$

Ex. 6 : *Among six books, there are two volume of one book. These books are arranged in a random order on a shelf. Find the probability that the two volumes are always together.*

Sol. : Six books can be arranged on a shelf in 6! = 720 ways, thus n = 720.

If first two places are occupied by same volume and remaining by other four books, this can happen in 2! × 4! = 48 ways.

Two volume can come together if they occupy 1st and 2nd, 2nd and 3rd, 3rd and 4th, 4th and 5th or 5th and 6th positions. Each of which can happen in 48 ways.

Thus $\qquad m = 48 \times 5 = 240$

$\therefore \qquad p = \frac{m}{n} = \frac{240}{720} = \frac{1}{3}$

6.4 ALGEBRA OF SETS

We discuss below elementary ideas about sets, Venn diagrams and operations on sets.

Set : Set can be thought of as a well-defined collection of objects, called members or elements of the set. In order for a set to be well-defined, we must be able to determine whether a particular object does or does not belong to the set. Elements of the set can be enumerated by roster method or by the property method. The set of all vowels in the English alphabet can be defined by the roster method as (a, e, i, o, u). In this method, we actually list all the elements. The set of all natural numbers can be written as {1, 2, 3, ...}. Here we do not list all the elements, but write the elements in such a way that the complete description is evident. Set of vowels can be described as {x | x is a vowel} which reads as, the set of all elements x and that x is a vowel. This is a property method to define a set. If an element a belongs to the set D, we write a ∈ D. If a does not belong to D, we write a ∉ D.

Subsets : If each element of set A also belongs to a set B then we call A as subset of B, written as A ⊂ B or B ⊃ A and 'A is contained in B' or 'B contains A' respectively.

It follows that for all sets A, we have A ⊂ A.

If A ⊂ B and B ⊂ A then we call A and B equal and write A = B. In such a case, A and B have exactly the same elements.

If A is not equal to B i.e. if A and B do not have exactly the same elements, then we write A ≠ B.

If A ⊂ B but A ≠ B, then we call A a proper subset of B. For example, if A = {1, 2, 5}, B = {1, 2, 3, 4, 5} then A ≠ B and A ⊂ B. Thus A is proper subset of B.

It can be easily established that if A ⊂ B and B ⊂ C then A ⊂ C.

Universal Set and Empty Set : For many purposes, we restrict our discussion to subsets of some particular set called the universal set denoted by U.

It is also useful to consider a set having no elements at all. This is called the empty set or null set and it is denoted by φ. It is a subset of any set.

In dealing with a problem of throw of a die, the universal set is {1, 2, 3, 4, 5, 6}. The set of outcomes consisting of faces 8 or 10 on a single die is the null set.

In dealing with problems on probability, the sample space S usually constitutes a Universal set.

Venn Diagrams : A universal set U can be represented geometrically by the set of points inside a rectangle. In such a case, subsets of U (such as A and B shown shaded in Fig. 6.1) are represented by sets of points inside circles. Such diagrams called Venn diagrams, often serve to provide geometric intuition regarding possible relationships between sets.

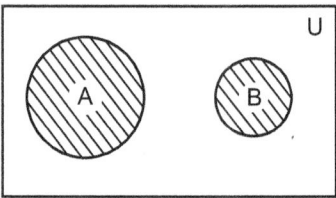

Fig. 6.1

Set Operations :

1. Union : The set of all elements (or points) which belong to either A or B or both A and B is called the union of A and B and is denoted by A ∪ B, shown by shaded region in Fig. 6.2.

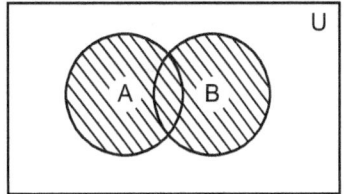

Fig. 6.2

2. Intersection : The set of all elements which belong to both A and B is called the intersection of A and B and is denoted by A ∩ B, shown by shaded region in Fig. 6.3.

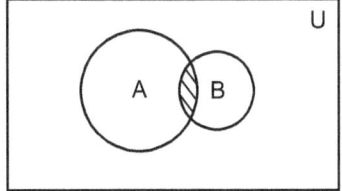

Fig. 6.3

Two sets A and B such that A ∩ B = φ i.e. which have no elements in common are called disjoint sets. In Fig. 6.1, A and B are disjoint.

3. Difference : The set consisting of all the elements of A which do not belong to B is called the difference of A and B, denoted by A − B, shown by shaded region in Fig. 6.4.

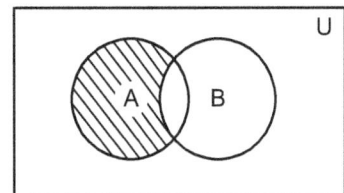

Fig. 6.4

4. Complement : If B ⊂ A then A − B is called the complement of B relative to A and is denoted by B'_A, shown by shaded region in Fig. 6.5.

If A = U, the universal set, we refer to U − B as simply the complement of B and denote it by B', shown shaded in Fig. 6.6. The complement of A ∪ B is denoted by (A ∪ B)'.

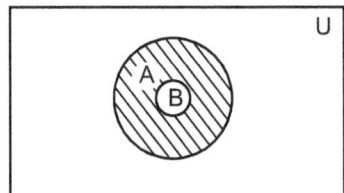

Fig. 6.5

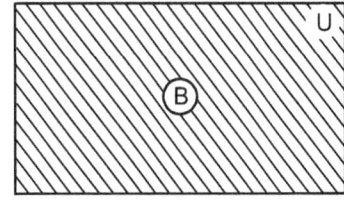

Fig. 6.6

Operations Involving Sets

1. Commutative law for Unions   A ∪ B = B ∪ A
2. Associative law for Unions   A ∪ (B ∪ C) = (A ∪ B) ∪ C = A ∪ B ∪ C
3. Commutative law for intersections   A ∩ B = B ∩ A

4. Associative law for intersections $A \cap (A \cap C) = (A \cap B) \cap C = A \cap B \cap C$
5. First Distributive law $A \cap (B \cup C) = (A \cap B) \cup (A \cap C)$
6. Second Distributive law $A \cup (B \cap C) = (A \cup B) \cap (A \cup C)$
7. $A - B = A \cap B'$
8. If $A \subset B$, then $A' \supset B'$ or $B' \subset A'$
9. $A \cup \phi = A, A \cap \phi = \phi$
10. $A \cup U = U, A \cap U = A$
11. Demorgan's first law $(A \cap B)' = A' \cup B'$
12. Demorgan's second law $(A \cap B)' = A' \cup B'$
13. For any sets A and B $A = (A \cap B) \cup (A \cap B')$

An event is a subset A of the sample space S, i.e. it is a set of all possible outcomes. If the outcome of an experiment is an element of A, then we say that the event A has occurred.

If A and B are any two events, then

1. $A \cup B$ is the event either A or B or both, sometimes this is denoted by $A + B$.
2. $A \cap B$ is the event both A and B, alternatively it is denoted by AB.
3. A' or $\overline{A}$ is the event not A.
4. $A - B$ is the event A but not B.

If the sets corresponding to events A and B are disjoint i.e. $A \cap B = \phi$, then we often say that the events are mutually exclusive.

6.5 THEOREMS ON PROBABILITY

(1) Theorem of Total probability : If A and B are any two events then

$$P(A \cup B) = P(A) + P(B) - P(A \cap B)$$

Proof : Consider the sample space containing n cases, out of which m_1 are favourable to the event A, m_2 are favourable to the event B and m_3 are favourable to the event $A \cap B$ (or AB).

$n(A) = m_1, n(B) = m_2, n(A \cap B) = m_3$

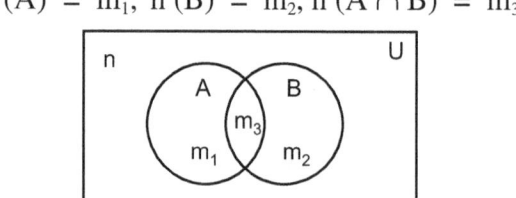

Fig. 6.7

∴ Total number of cases favourable to the event $A \cup B$ (or $A + B$) are $m_1 + m_2 - m_3$ (Because addition of m_1 and m_2 cases includes m_3 twice).

∴ $$P(A \cup B) = \frac{m_1 + m_2 - m_3}{n} = \frac{m_1}{n} + \frac{m_2}{n} - \frac{m_3}{n}$$

$$= P(A) + P(B) - P(A \cap B)$$

If the events A, B, are mutually exclusive then $P(A \cap B) = 0$
∴ $P(A \cup B) = P(A) + P(B)$
Similarly for three events A, B, C, it can be proved that
$$P(A \cup B \cup C) = P(A) + P(B) + P(C) - P(A \cap B) - P(B \cap C)$$
$$- P(C \cap A) + P(A \cap B \cap C)$$
Generalization of this theorem for n events $A_1, A_2, A_3 \ldots A_n$ can also be made.
In particular if $A_1, A_2, A_3 \ldots A_n$ are mutually exclusive event, then
$$P(A_1 \cup A_2 \cup A_3 \cup \ldots \cup A_n) = P(A_1) + P(A_2) + \ldots + P(A_n).$$

(2) Theorem of Compound Probability :
$$P(A \cap B) = P(A) P(B|A)$$
where, B|A means occurrence of event B, subject to the condition that A has already occurred.

Proof : Consider the sample space containing n cases, out of which m_1 are favourable to the event A and out of these m_1 cases, m_2 are favourable to the event B $(B \subset A)$.

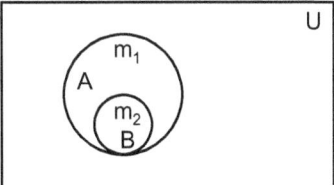

Fig. 6.8

Thus m_2 cases correspond to the event $A \cap B$.

Now we can write, $\dfrac{m_2}{n} = \dfrac{m_2}{m_1} \cdot \dfrac{m_1}{n}$

It is clear that $\dfrac{m_2}{m_1} = P(B|A)$

∴ $\dfrac{m_2}{n} = P(A \cap B)$

$\dfrac{m_1}{n} = P(A)$

∴ $P(A \cap B) = P(B|A) \cdot P(A)$

Similarly, if $A \subset B$ then $P(A \cap B) = P(A|B) \cdot P(B)$

If A and B are independent events, then
$$P(B|A) = P(B) \text{ or } P(A|B) = P(A)$$
and we have $P(A \cap B) = P(A) \cdot P(B)$

Similarly, it can be proved that for any three events A_1, A_2, A_3

$$P(A_1 \cap A_2 \cap A_3) = P(A_1) P(A_2|A_1) P(A_3|A_1 \cap A_2)$$

In particular if A_1, A_2, A_3 are independent events, then

$$P(A_1 \cap A_2 \cap A_3) = P(A_1) \cdot P(A_2) \cdot P(A_3)$$

(3) Baye's theorem : If $A_1, A_2, \ldots, A_n$ are mutually exclusive events whose union is the sample space and A is any event, then

$$P(A_k|A) = \frac{P(A_k) P(A|A_k)}{\sum_{k=1}^{n} P(A_k) P(A|A_k)}$$

Proof :
$$P(A) = P(A_1) P(A|A_1) + P(A_2) P(A|A_2) + \ldots + P(A_n) P(A|A_n)$$

$$= \sum_{k=1}^{n} P(A_k) P(A|A_k)$$

Thus,
$$P(A_k|A) = \frac{P(A_k \cap A)}{P(A)} = \frac{P(A_k) P(A|A_k)}{\sum_{k=1}^{n} P(A_k) P(A|A_k)}$$

This proves the theorem.

ILLUSTRATIONS

Ex. 1 : *Two cards are drawn from a well shuffled pack of 52 cards. Find the probability that they are both kings if*

(i) the first card drawn is replaced, (ii) first card drawn is not replaced.

Sol. : (i) First card drawn is replaced : Let A_1 be event of king on first draw and A_2 be the event of king on second draw. $A_1 \cap A_2$ is the event of king at both draws.

If first card drawn is replaced before the second draw then A_1, A_2 are independent.

$\therefore \qquad P(A_1 \cap A_2) = P(A_1) \cdot P(A_2)$

$$P(A_1) = \frac{4}{52} = \frac{1}{13} \text{ (as there are four kings)}$$

$$P(A_2) = \frac{4}{52} = \frac{1}{13}$$

$\therefore \qquad P(A_1 \cap A_2) = \frac{1}{13} \cdot \frac{1}{13} = \frac{1}{169}$

(ii) **First card drawn is not replaced :** In this case, the two events are dependent.

$$P(A_1 \cap A_2) = P(A_1) \cdot P(A_2|A_1)$$

$$\therefore \quad P(A_1) = \frac{4}{52} = \frac{1}{13}$$

If first draw is king then for second draw, 3 kings are left to be chosen out of 51 cards.

$$P(A_2|A_1) = \frac{3}{51} = \frac{1}{17}$$

$$\therefore \quad P(A_1 \cap A_2) = \frac{1}{13} \cdot \frac{1}{17} = \frac{1}{221}$$

Ex. 2 : *A can hit the target 1 out of 4 times, B can hit the target 2 out of 3 times, C can hit the target 3 out of 4 times. Find the probability of at least two hit the target.*

Sol. : Let A be the event of A hitting the target, B the event of B hitting the target, C the event of C hitting the target.

$$P(A) = \frac{1}{4}, \quad P(\bar{A}) = 1 - \frac{1}{4} = \frac{3}{4}$$

$$P(B) = \frac{2}{3}, \quad P(\bar{B}) = \frac{1}{3}$$

$$P(C) = \frac{3}{4}, \quad P(\bar{C}) = \frac{1}{4}$$

The required event 'at least two hitting the target' can occur in following mutually exclusive cases : $A \cap B \cap \bar{C}$, $A \cap \bar{B} \cap C$, $\bar{A} \cap B \cap C$, $A \cap B \cap C$

P (at least two hitting the target)

$$= P(A \cap B \cap \bar{C}) + P(A \cap \bar{B} \cap C) + P(\bar{A} \cap B \cap C) + P(A \cap B \cap C)$$

Now A, B, $\bar{C}$ etc. are all independent.

$$\therefore \quad P(A \cap B \cap \bar{C}) = P(A) P(B) P(\bar{C}) = \frac{1}{4} \times \frac{2}{3} \times \frac{1}{4} = \frac{1}{24}$$

$$P(A \cap \bar{B} \cap C) = P(A) P(\bar{B}) P(C) = \frac{1}{4} \times \frac{1}{3} \times \frac{3}{4} = \frac{1}{16}$$

$$P(\bar{A} \cap B \cap C) = P(\bar{A}) P(B) P(C) = \frac{3}{4} \times \frac{2}{3} \times \frac{3}{4} = \frac{3}{8}$$

$$P(A \cap B \cap C) = P(A) P(B) P(C) = \frac{1}{4} \times \frac{2}{3} \times \frac{3}{4} = \frac{1}{8}$$

P (at least two hit the target)

$$= \frac{1}{24} + \frac{1}{16} + \frac{3}{8} + \frac{1}{8} = \frac{2 + 3 + 18 + 6}{48} = \frac{29}{48}$$

Ex. 3 : *An envelope contains 6 tickets with numbers 1, 2, 3, 5, 6, 7. Another envelope contains 4 tickets with numbers 1, 3, 5, 7. An envelope is chosen at random and ticket is drawn from it. Find the probability that the ticket bears the numbers (i) 2 or 5, (ii) 2.*

Sol. : (i) Required event can happen in the following mutually exclusive ways.

(1) First envelope is chosen and then ticket is drawn.

(2) Second envelope is chosen and then ticket is drawn. Probability of choosing an envelope is 1/2.

Required probability p is

$$p = p(1) + p(2) = \frac{1}{2} \times \frac{2}{6} + \frac{1}{2} \times \frac{1}{4} = \frac{1}{6} + \frac{1}{8} = \frac{4+3}{24} = \frac{7}{24}$$

(ii)
$$p = p(1) + p(2) = \frac{1}{2} \times \frac{1}{6} + \frac{1}{2} \times 0 = \frac{1}{12}$$

Ex. 4 : *An urn contains 6 white and 8 red balls. Second urn contains 9 white and 10 red balls. One ball is drawn at random from the first urn and put into the second urn without noticing its colour. A ball is then drawn at random from the second urn. What is the probability that it is red ?*

Sol. : There are two mutually exclusive cases.

(i) The white ball is transferred from the first urn to the second and then red ball is drawn from it.

(ii) The red ball is transferred from the first urn to the second and then ball is drawn from it.

Let A be the event of transferring a white ball from the first urn, B be the event of transferring a red ball from the first urn, and C the event of drawing a red ball from the second urn.

$$P(A) = \frac{6}{14} = \frac{3}{7}$$

$$P(B) = \frac{8}{14} = \frac{4}{7}$$

$$P(C|A) = \frac{10}{20} = \frac{1}{2}$$

(In this, second urn will contain 10 white and 10 red)

$$P(C|B) = \frac{11}{20}$$ (In this case, second urn will contain 9 white and 11 red)

∴ $\quad P(i) = P(A \cap C) = P(A) P(C|A) = \frac{3}{7} \times \frac{1}{2} = \frac{3}{14}$

∴ $\quad P(ii) = P(B \cap C)$

$$= P(B) \cdot P(C|B) = \frac{4}{7} \times \frac{11}{20} = \frac{11}{35}$$

Required probability P is given by

$$P = P(i) + P(ii) = \frac{3}{14} + \frac{11}{35} = \frac{105 + 154}{490} = \frac{259}{490}$$

Ex. 5 : *A, B play a game of alternate tossing a coin, one who gets head first wins the game. Find the probability of B winning the game if A has a start.*

Sol. : In following mutually exclusive run or trails, B wins the game.

$A \to T, B \to H$ \qquad\qquad Run TH

$A \to T, B \to T, A \to T, B \to H$ \qquad Run TTTH

Similarly, \qquad\qquad\qquad TTTTTH

....

....

$$P(TH) = P(T)P(H) = \frac{1}{2} \cdot \frac{1}{2} = \frac{1}{4} = \frac{1}{2^2}$$

$$P(TTTH) = P(T)P(T)P(T)P(H) = \frac{1}{2} \cdot \frac{1}{2} \cdot \frac{1}{2} \cdot \frac{1}{2} = \frac{1}{2^4}$$

$$P(TTTTTH) = \frac{1}{2^6}$$

Required probability is $P = \frac{1}{2^2} + \frac{1}{2^4} + \frac{1}{2^6} + \ldots\ldots$

which is G.P. with common ratio $= \frac{1}{4}$

$$P = \frac{\frac{1}{4}}{1 - \frac{1}{4}} = \frac{1}{3}$$

Ex. 6 : *A box contains 6 red balls, 4 white balls and 5 blue balls. Three balls are drawn successively from the box. Find the probability that they are drawn in the order red, white and blue if each ball is not replaced.*

Sol. : Let A be the event - red on the first draw, B be the event - white on second draw, C be the event - blue on third draw. We want to find $P(A \cap B \cap C)$.

By theorem on Compound probability,

$$P(A \cap B \cap C) = P(A) \cdot P(B|A) \cdot P(C|A \cap B)$$

$$P(A) = \frac{6}{15} = \frac{2}{5}$$

$$P(B|A) = \frac{4}{14}$$

$$P(C|A \cap B) = \frac{5}{13}$$

$\therefore \qquad P(A \cap B \cap C) = \frac{2}{5} \cdot \frac{4}{14} \cdot \frac{5}{13} = \frac{4}{91}$

Ex. 7 : *Supposing that out of 12 test matches played between India and Pakistan during last 3 years, 6 are won by India, 4 are won by Pakistan and 2 have ended in a draw. If they agree to play a test series consisting of three matches, find the probability that India wins the test series on the basis of past performance.*

Sol. : India wins test series in following mutually exclusive cases :
(1) one win for India, 2 draws
(2) two wins for India, 1 draw
(3) two wins for India, 1 win for Pakistan.
(4) three wins for India.

On the basis of past performance

$$P(\text{Indian win}) = \frac{6}{12} = \frac{1}{2} \quad P(\text{Pakistan win}) = \frac{4}{12} = \frac{1}{3}$$

$$P(\text{Draw}) = \frac{2}{12} = \frac{1}{6}$$

(i) One sequence in which Indian win and 2 draws can occur is Indian win, draw, draw (WDD).

$$\therefore \quad P(WDD) = P(W) P(D) P(D) = \frac{1}{2} \cdot \frac{1}{6} \cdot \frac{1}{6} = \frac{1}{72}$$

One Indian win and 2 draws can occur in $^3C_1$ or 3 mutually exclusive ways.

$$P(i) = 3 \cdot \frac{1}{72} = \frac{1}{24}$$

(ii) One sequence in which two Indian wins and a draw can occur is Indian win, Indian win, draw (WWD)

$$\therefore \quad P(WWD) = P(W) P(W) P(D) = \frac{1}{2} \cdot \frac{1}{2} \cdot \frac{1}{6} = \frac{1}{24}$$

Two Indian wins and a draw can occur in 3 mutually exclusive ways

$$\therefore \quad P(ii) = 3 \cdot \frac{1}{24} = \frac{1}{8}$$

(iii) One sequence in which two Indian wins and one Pakistan win can occur is Indian win, Indian win, Pakistan win.

$$P(\text{Indian win, Indian win, Pakistan win}) = \frac{1}{2} \cdot \frac{1}{2} \cdot \frac{1}{3} = \frac{1}{12}$$

$$P(iii) = 3 \cdot \frac{1}{12} = \frac{1}{4}$$

(iv) Three Indian wins can occur in only one way. Indian win, Indian win, Indian win.

$$P(iv) = \frac{1}{2} \cdot \frac{1}{2} \cdot \frac{1}{2} = \frac{1}{8}$$

Required probability P of Indian winning the series is

$$P = P(i) + P(ii) + P(iii) + P(iv)$$

$$= \frac{1}{24} + \frac{1}{8} + \frac{1}{4} + \frac{1}{8} = \frac{1 + 3 + 6 + 3}{24} = \frac{13}{24}$$

Ex. 8 : *A six faced die is so biased that it is twice as likely to show an even number as an odd number when thrown. It is thrown twice. What is the probability that the sum of the two numbers thrown is even ?*

Sol. : Let probability of an odd number be P, so probability of an even number appearing is 2P.

Now there are 6 outcomes (1, 2, 3, 4, 5, 6)

∴ $P(1) = P(3) = P(5) = P$, $P(2) = P(4) = P(6) = 2P$

$P(1) + P(2) + P(3) + P(4) + P(5) + P(6) = 1$

∴ $9P = 1$ ∴ $P = \dfrac{1}{9}$

When a die is thrown twice, the sample space is described as,

(1, 1),	(1, 2),	(1, 3),	(1, 4),	(1, 5),	(1, 6)
(2, 1),	(2, 2),	(2, 3),	(2, 4),	(2, 5),	(2, 6)
(3, 1),	(3, 2),	(3, 3),	(3, 4),	(3, 5),	(3, 6)
(4, 1),	(4, 2),	(4, 3),	(4, 4),	(4, 5),	(4, 6)
(5, 1),	(5, 2),	(5, 3),	(5, 4),	(5, 5),	(5, 6)
(6, 1),	(6, 2),	(6, 3),	(6, 4),	(6, 5),	(6, 6)

We want to find the probability of event of sum of the two numbers even.

In first row, cases (1, 1), (1, 3), (1, 5) are favourable to the event with probabilities

$$P(1, 1) = P(1, 3) = P(1, 5) = \dfrac{1}{9} \times \dfrac{1}{9} = \dfrac{1}{81}$$

In second row, cases (2, 2), (2, 4), (2, 6) are favourable to the event where

$$P(2, 2) = P(2, 4) = P(2, 6) = \dfrac{2}{9} \times \dfrac{2}{9} = \dfrac{4}{81}$$

Similarly 3rd and 5th row have cases (3, 1), (3, 3), (3, 5) and (5, 1), (5, 3), (5, 5); and 4th and 6th row have cases (4, 2), (4, 4), (4, 6) and (6, 2), (6, 4), (6, 6).

Required probability P is given by,

$P = P(1, 1) + P(1, 3) + P(1, 5) + P(2, 2) + P(2, 4) + P(2, 6)$
$\quad + P(3, 1) + P(3, 3) + P(3, 5) + P(4, 2) + P(4, 4) + P(4, 6)$
$\quad + P(5, 1) + P(5, 3) + P(5, 5) + P(6, 2) + P(6, 4) + P(6, 6)$

$= \dfrac{1}{81} + \dfrac{1}{81} + \dfrac{1}{81} + \dfrac{4}{81} + \dfrac{4}{81} + \dfrac{4}{81} + \dfrac{1}{81} + \dfrac{1}{81} + \dfrac{1}{81} + \dfrac{4}{81} + \dfrac{4}{81} + \dfrac{4}{81}$

$\quad + \dfrac{1}{81} + \dfrac{1}{81} + \dfrac{1}{81} + \dfrac{4}{81} + \dfrac{4}{81} + \dfrac{4}{81} = \dfrac{45}{81} = \dfrac{5}{9}$

Ex. 9 : *A is one of the eight horses entered for a race and is to be ridden by one of the two jockeys B and C. It is 2 to 1 that B rides A, in which case all the horses are equally likely to win, whereas with rider C, A's chance is doubled.*

(1) Find the probability that A wins.

(2) What are odds against A's winning ?

Sol. : (1) A can win in the following two mutually exclusive cases.

(i) B rides A and A wins.

(ii) C rides A and A wins.

$$P(i) = \frac{2}{3} \times \frac{1}{8} = \frac{1}{12} \qquad P(ii) = \frac{1}{3} \times \frac{2}{8} = \frac{1}{12}$$

Probability of A winning

$$= P(i) + P(ii) = \frac{1}{12} + \frac{1}{12} = \frac{1}{6}$$

(2) Probability of A's losing $= 1 - \frac{1}{6} = \frac{5}{6}$.

Hence odds against A's winning are $\frac{5}{6} : \frac{1}{6}$, i.e. 5 : 1.

EXERCISE 6.1

1. A throw is made with two dice. Find the probability that (i) the sum is 7 or less, (ii) the sum is a perfect square.

    Ans. (i) $\frac{7}{12}$; (ii) $\frac{7}{36}$.

2. Three coins are tossed simultaneously. Find the probability of getting at least 2 Heads.

    Ans. $\left(\frac{1}{2}\right)$

3. From a deck of 52 cards, two cards are drawn at random. Find the probability that (i) Both are Hearts, (i) Both the cards are of different suits.

    Ans. (i) $\frac{39}{613}$; (ii) $\frac{13}{17}$.

4. There are six married couples in a room. If two persons are chosen at random, find the probability that (i) they are of different sex, (ii) they are married to each other.

    Ans. (i) $\frac{6}{11}$; (ii) $\frac{1}{11}$.

5. Find the probability that six people selected at random will have six different birth dates.

   [**Hint :** Sample space $(365)^6$]   **Ans.** 0.9595.

6. A five figure number is formed by the digits 0, 1, 3, 4, (without repetition). Find the probability that the number formed is divisible by 4.

   Ans. $\dfrac{3}{10}$.

7. A, B, C throw the coin alternatively in that order. One who gets Tail first wins the game. Find the probability of B winning the game if C has a start.

   Ans. $\dfrac{1}{7}$.

8. A box contains 5 red and 4 white marbles. 2 marbles are drawn successively from the box without replacement and it is noted that the second one is white. What is the probability that the first is also white ?

   Ans. $\dfrac{1}{6}$.

9. Box A contains 3 red and 2 blue marbles. The box B contains 2 red and 8 blue marbles. A fair coin is tossed. If the coin shows Head, a marble is chosen from box A, if it shows Tail, a marble is chosen from box B. Find the probability that a red marble is chosen.

   Ans. $\dfrac{2}{5}$.

10. One shot is fired from each of the three guns. E_1, E_2, E_3 denote the events that the target is hit by the first, second and third guns respectively. If $P(E_1) = 0.5$, $P(E_2) = 0.6$, $P(E_3) = 0.7$ and E_1, E_2, E_3 are independent events, then find the probability that at least two hits are registered.

    Ans. 0.65

11. A problem on computer mathematics is given to the three students A, B and C whose chances of solving it are $\dfrac{1}{2}, \dfrac{3}{4}$ and $\dfrac{1}{4}$ respectively. What is the probability that the problem will be solved ?

    Ans. $\dfrac{29}{32}$.

12. Urn I contains 6 white and 4 black balls and urn II contains 4 white and 5 black balls. From urn I, two balls are transferred to urn II without noticing the colour. Sample of size 2 is then drawn without replacement from urn II. What is the probability that the sample contains exactly 1 white ball ?

    Ans. $\dfrac{4}{5}$.

MULTIPLE CHOICE QUESTIONS (MCQ's)

Type : Simple Probability

1. A throw is made with two dice. The probability of getting a score of 10 points is (1)

   (A) $\dfrac{1}{12}$ (B) $\dfrac{1}{6}$

   (C) $\dfrac{1}{5}$ (D) $\dfrac{2}{3}$

2. A throw is made with two dice. The probability of getting a score of at least 10 points is (1)

   (A) $\dfrac{1}{12}$ (B) $\dfrac{1}{6}$

   (C) $\dfrac{1}{4}$ (D) $\dfrac{5}{6}$

3. Probability that a leap year selected at random will contain 53 Sunday is (2)

   (A) $\dfrac{1}{7}$ (B) $\dfrac{6}{7}$

   (C) $\dfrac{3}{7}$ (D) $\dfrac{2}{7}$

4. Two cards are drawn from a well shuffled pack of 52 cards. If the first card drawn is replaced, the probability that they are both kings is (2)

   (A) $\dfrac{1}{15}$ (B) $\dfrac{1}{221}$

   (C) $\dfrac{1}{169}$ (D) $\dfrac{2}{221}$

5. Two cards are drawn from a well shuffled pack of 52 cards. If the first card drawn is not replaced, the probability that they are both kings is (2)

   (A) $\dfrac{1}{15}$ (B) $\dfrac{1}{17}$

   (C) $\dfrac{1}{221}$ (D) $\dfrac{2}{221}$

6. An envelope contains six tickets with numbers 1, 2, 3, 5, 6, 7. Another envelope contains four tickets with numbers 1, 3, 5, 7. An envelope is chosen at random and ticket is drawn from it. Probability that the ticket bears the numbers 2 or 7 is (2)

   (A) $\dfrac{1}{6}$ (B) $\dfrac{7}{24}$

   (C) $\dfrac{1}{8}$ (D) $\dfrac{5}{24}$

7. Three coins are tossed simultaneously. The probability of getting at least two head is (2)

   (A) $\frac{1}{2}$
   (B) $\frac{3}{8}$
   (C) $\frac{1}{4}$
   (D) $\frac{3}{4}$

8. There are six married couples in a room. If two persons are chosen at random, the probability that they are of different sex is (2)

   (A) $\frac{3}{11}$
   (B) $\frac{1}{11}$
   (C) $\frac{5}{11}$
   (D) $\frac{6}{11}$

9. A ball is drawn from a box containing 6 red balls, 4 white balls and 5 black balls. Determine the probability that it is not red is (2)

   (A) $\frac{4}{15}$
   (B) $\frac{1}{3}$
   (C) $\frac{2}{5}$
   (D) $\frac{3}{5}$

10. A problem in statistics is given to three students A, B, C whose chance of solving it are $\frac{1}{2}, \frac{1}{3}, \frac{1}{4}$ respectively. The probability that all of them can solved the problems is (2)

    (A) $\frac{1}{8}$
    (B) $\frac{1}{24}$
    (C) $\frac{1}{12}$
    (D) $\frac{1}{6}$

11. The probability that A can solve a problem is $\frac{2}{3}$ and B can solve it is problem is $\frac{3}{4}$. If both attempt the problem, then the probability that the problem get solved is (2)

    (A) $\frac{11}{12}$
    (B) $\frac{7}{12}$
    (C) $\frac{5}{12}$
    (D) $\frac{9}{12}$

Answers

| 1. (A) | 2. (B) | 3. (D) | 4. (C) | 5. (C) | 6. (B) | 7. (A) | 8. (D) |
| 9. (D) | 10. (B) | 11. (A) | | | | | |

6.6 PROBABILITY DISTRIBUTION

In Chapter 7, we have seen that statistical data can be presented in the form of frequency distribution, giving tabulated values of variate x and corresponding frequencies. Probability distribution for a variate x can be presented in a similar manner. Consider an experiment of simultaneous throw with three coins. The results of three tosses are independent of each other and all the outcomes can be given as,

HHH (all the three tosses giving Heads), HHT, HTH, HTT, THH, THT, TTH and TTT.

There are in all eight outcomes. Probability of any of these outcomes viz. the event HHH is given by
$$P(HHH) = P(H)\,P(H)\,P(H) = \frac{1}{2} \cdot \frac{1}{2} \cdot \frac{1}{2} = \frac{1}{8}$$

All these outcomes will have the same probabilities.

Let x denote the number of Heads appearing in each case.

∴ (i) $P(x=0) = P(TTT) = \frac{1}{8}$

(ii) $P(x=1) = P(HTT) + P(TTH) + P(THT)$, mutually exclusive events
$$= \frac{1}{8} + \frac{1}{8} + \frac{1}{8} = \frac{3}{8}$$

(iii) $P(x=2) = P(HTH) + P(THH) + P(HHT)$, mututally exclusive events
$$= \frac{1}{8} + \frac{1}{8} + \frac{1}{8} = \frac{3}{8}$$

and (iv) $P(x=3) = P(HHH) = \frac{1}{8}$

x	0	1	2	3
f	1	3	3	1
P(x)	$\frac{1}{8}$	$\frac{3}{8}$	$\frac{3}{8}$	$\frac{1}{8}$

Here the variate x is taking the values x = 0, 1, 2, 3 and the corresponding probabilities are $\frac{1}{8}, \frac{3}{8}, \frac{3}{8}, \frac{1}{8}$ respectively.

The frequencies are replaced by corresponding probabilities in the probability distribution table.

Here $\sum P(x) = \frac{1}{8} + \frac{3}{8} + \frac{3}{8} + \frac{1}{8} = 1$ which is always the case when all possible outcomes are considered.

Corresponding to the number $\bar{x}$ which is *Arithmetic mean* in frequency distribution and is given by,

$$\bar{x} = \frac{\sum fx}{\sum f}$$

we have, $E(x) = \dfrac{\sum x P(x)}{\sum P(x)} = \sum x P(x)$

E (x) is called Mathematical Expectation or simply the Expectation of the variable x. In above example, the expectation of x,

i.e. $E(x) = 0 \cdot \dfrac{1}{8} + 1 \cdot \dfrac{3}{8} + 2 \cdot \dfrac{3}{8} + 3 \cdot \dfrac{1}{8} = \dfrac{12}{8} = \dfrac{3}{2} = 1.5$

In an experiment of throw of a dice, which results in outcomes (1, 2, 3, 4, 5, 6) with probability $\dfrac{1}{6}$ for every outcome,

$$E(x) = \frac{1}{6} \cdot 1 + \frac{1}{6} \cdot 2 + \frac{1}{6} \cdot 3 + \frac{1}{6} \cdot 4 + \frac{1}{6} \cdot 5 + \frac{1}{6} \cdot 6$$

$$= \frac{21}{6} = \frac{7}{2} = 3.5$$

We shall now consider various types of Probability Distributions.

6.7 BINOMIAL PROBABILITY DISTRIBUTIONS

Consider the experiment or a trial which has only two outcomes, a success or failure with p as the probability of success and q as the probability of failure. Since there are only two outcomes, $p + q = 1$.

Let us consider series of n such trials each of which either results in success or failure. To find the probability of r successes in n trials, consider one run of outcomes.

$$\underbrace{SSS \ldots\ldots\ldots S}_{r} \quad \underbrace{FFF \ldots\ldots\ldots F}_{n-r}$$

In which there are r consecutive successes and n – r failures.

Probability of this event is given by

$P(SSS \ldots S\, FFF \ldots F) = P(S) P(S) \ldots (r\text{ times}) \times P(F) P(F) \ldots \{(n-r)\text{ times}\}$

$\hspace{3cm} = pp \ldots p\, (r\text{ times}) \times qq \ldots q\, (n-r\text{ times})$

$\hspace{3cm} = p^r q^{n-r}$

r success and n – r failures can occur in ^nC_r mutually exclusive cases each of which has the probability $p^r q^{n-r}$.

∴ Probability of r success in n trials is $^nC_r \cdot p^r q^{n-r}$. This formula gives probability of r = 0, 1, 2, 3, ... n success in n trials.

Putting it in tabular form,

r	0	1	2	3	......	n
p (r)	$^nC_0 p^0 q^n$	$^nC_1 p^1 q^{n-1}$	$^nC_2 p^2 q^{n-2}$	$^nC_3 p^3 q^{n-3}$	......	$^nC_n p^n q^{n-n}$

$$^nC_0 = 1, \quad ^nC_n = 1$$

Consider now the Binomial expansion of

$$(q + p)^n = q^n + {}^nC_1 q^{n-1} p + {}^nC_2 q^{n-2} p^2 + \ldots + p^n$$

Terms on R.H.S. of this expansion give probability of r = 0, 1, 2, ..., n success. This is the reason for above probability distribution to be called Binomial probability distribution. It is denoted by B (n, p, r).

Thus, $\quad B(n, p, r) = {}^nC_r p^r q^{n-r}$

ILLUSTRATIONS

Ex. 1 : *An unbiased coin is thrown 10 times. Find the probability of getting exactly 6 Heads, at least 6 Heads.*

Sol. : Here $p = q = \dfrac{1}{2}$ and n = 10. Here occurrence of Head is treated as success.

Probability of getting exactly 6 Heads is

$$P(6) = {}^{10}C_6 \left(\frac{1}{2}\right)^6 \left(\frac{1}{2}\right)^4$$

Events of at least six Heads occur when coin shows up Head 6, 7, 8, 9 or 10 times the probabilities for these events are

$$P(7) = {}^{10}C_7 \left(\frac{1}{2}\right)^7 \left(\frac{1}{2}\right)^3 \qquad P(8) = {}^{10}C_8 \left(\frac{1}{2}\right)^8 \left(\frac{1}{2}\right)^2$$

$$P(9) = {}^{10}C_9 \left(\frac{1}{2}\right)^9 \left(\frac{1}{2}\right)^1 \qquad P(10) = {}^{10}C_{10} \left(\frac{1}{2}\right)^{10} \left(\frac{1}{2}\right)^0 = \left(\frac{1}{2}\right)^{10}$$

p (at least 6 Heads) = p (6) + p (7) + p (8) + p (9) + p (10)

[The events of 6, 7, ... etc. Heads are mutually exclusive].

Ex. 2 : *Probability of Man aged 60 years will live for 70 years is $\dfrac{1}{10}$. Find the probability of 5 mean selected at random 2 will live for 70 years.*

Sol. : Here $\quad p = \dfrac{1}{10}, \quad q = \dfrac{9}{10}, \quad r = 2, \quad n = 5.$

$$P(\text{2 men living for 70 years}) = {}^5C_2 \left(\frac{1}{10}\right)^2 \left(\frac{9}{10}\right)^3 = 0.0729$$

Ex. 3 : *A department in a works has 10 machines which may need adjustment from time to time during the day. Three of these machines are old, each having a probability of $\frac{1}{10}$ of needing adjustment during the day and 7 are new, having corresponding probability $\frac{1}{20}$. Assuming that no machine needs adjustment twice on the same day, determine the probabilities that on a particular day*

(i) *just two old and no new machines need adjustment.*

(ii) *just two machines need adjustment which are of the same type.*

Sol. : Out of 3 old machines, if 2 need adjustment then this combination of 2 needing adjustment and one needing cannot occur in $^3C_2$ ways.

p_1 = Probability of old machine needing adjustment $= \frac{1}{10}$

q_1 = Probability of old machine not needing an adjustment $= \frac{9}{10}$

p_2 = Probability of new machine needing an adjustment $= \frac{1}{20}$

q_2 = Probability of new machine not needing an adjustment $= \frac{19}{20}$

We are looking for an event A where 2 old machines needing adjustment alongwith one not needing and remaining 7 new machines not needing an adjustment. Hence

$$P(A) = {}^3C_2 \left(\frac{1}{10}\right)^2 \left(\frac{9}{10}\right) \left(\frac{19}{20}\right)^7 = \frac{3 \times 9 \times (19)^7}{10^3 (20)^7} = 0.0189$$

Consider the event B in which case, no old machine out of 3 need adjustment and 2 out of 7 new machines need adjustment. Proceeding in the same way

$$P(B) = \left(\frac{9}{10}\right)^3 {}^7C_2 \left(\frac{1}{20}\right)^2 \left(\frac{19}{20}\right)^5 = \frac{7 \cdot 6}{1 \cdot 2} \left(\frac{9}{10}\right)^3 \left(\frac{1}{20}\right)^2 \left(\frac{19}{20}\right)^5$$

$$= 21 \left(\frac{9}{10}\right)^3 \left(\frac{1}{20}\right)^2 \left(\frac{19}{20}\right)^5 = 0.0296$$

Event, two machines needing an adjustment which are of the same type A + B.

∴ $P(A + B) = P(A) + P(B)$ [A, B are mutually exclusive].

Required probability $= 0.0189 + 0.0296 = 0.0485$

If n independent trials constitute one experiment and the experiment is repeated N times then r successes would be expected to occur $N \times {}^nC_r \, p^r \, q^{n-r}$ times. This is called the expected frequency of r success in N experiments.

Ex. 4 : *On an average a box containing 10 articles is likely to have 2 defectives. If we consider a consignment of 100 boxes, how many of them are expected to have three or less defectives ?*

$$p = \text{Probability of box containing defective articles} = \frac{2}{10} = \frac{1}{5}$$

$$q = \text{Probability of non-defective items} = \frac{4}{5}$$

Sol. : Probability of box containing three or less defective articles

$$= p(r \leq 3) = p(r=0) + p(r=1) + p(r=2) + p(r=3)$$

[r denotes the number of defective items.]

$$p(r=0) = {}^{10}C_0 \left(\frac{1}{5}\right)^0 \left(\frac{4}{5}\right)^{10} = 0.1074$$

$$p(r=1) = {}^{10}C_1 \left(\frac{1}{5}\right)^1 \left(\frac{4}{5}\right)^9 = 0.2684$$

$$p(r=2) = {}^{10}C_2 \left(\frac{1}{5}\right)^2 \left(\frac{4}{5}\right)^8 = 0.302$$

$$p(r=3) = {}^{10}C_3 \left(\frac{1}{5}\right)^3 \left(\frac{4}{5}\right)^7 = 0.2013$$

$$p(r \leq 3) = 0.1074 + 0.2684 + 0.302 + 0.2013 = 0.8791$$

$$= 100 \times 0.8791 = 87.91$$

88 boxes are expected to contain three or less defectives.

Ex. 5 : *In a quality control department of a rubber tube manufacturing factory, 10 rubber tubes are randomly selected from each day's production for inspection. If not more than 1 of the 10 tubes is found to be defective, the production lot is approved. Otherwise it is rejected. Find the probability of the rejection of a day's production lot if the true proportion of defectives in the lot is 0.3.*

Solution : Suppose X denotes the number of defective tubes in the 10 randomly selected tubes.

$$\therefore \quad X \to B(n=10, p=0.3)$$

The production lot is accepted if not more than one tube (i.e. at the most one tube) is found defective.

$$\therefore \quad P(\text{Accepting the lot}) = P(X=0) + P(X=1)$$

$$= q^n + npq^{n-1}$$

$$= (0.7)^{10} + 10(0.3)(0.7)^9$$

$$= (0.7)^9 [3.7] = 0.1493$$

$$\therefore \quad P(\text{Rejection of the lot}) = 1 - 0.1493 = 0.8507$$

Ex. 6 : *A r.v. X   B (n = 6, p). Find p if 9 P (R = 4) = P (R = 2).*

Solution : $P(R = r) = {}^nC_r p^r q^{n-r}$ $r = 0, 1, \ldots n$
Here, $n = 6$
$\therefore \qquad 9P(4) = P(2)$
$\Rightarrow \qquad 9 \cdot \binom{6}{4} p^4 q^2 = \binom{6}{2} p^2 q^4$
$\therefore \qquad 9p^2 = q^2 \qquad \because \binom{6}{4} = \binom{6}{2}$
$\therefore \qquad 9p^2 = (1-p)^2 = 1 - 2p + p^2$
$\therefore \qquad 8p^2 + 2p - 1 = 0$
$\therefore \qquad (4p - 1)(2p + 1) = 0$
$\Rightarrow \qquad p = \dfrac{1}{4} \text{ or } p = -\dfrac{1}{2}$

The value $p = -\dfrac{1}{2}$ is inadmissible. Hence, the answer is $p = \dfrac{1}{4}$.

Mean and Variance of Binomial Distribution :

We shall first obtain moments of the binomial distribution about $r = 0$ (about origin).

$$\mu_1' = \sum_{r=0}^{n} r \cdot {}^nC_r p^r q^{n-r}$$

$$= 0 \cdot q^n + 1 \cdot {}^nC_1 p^1 q^{n-1} + 2 \cdot {}^nC_2 p^2 q^{n-2} + 3 \cdot {}^nC_3 p^3 q^{n-3} \ldots np^n$$

$$= npq^{n-1} + 2 \cdot \dfrac{n(n-1)}{2!} p^2 q^{n-2} + 3 \cdot \dfrac{n(n-1)(n-2)}{2!} p^3 q^{n-3} \ldots np^n$$

$$= np \times \left[q^{n-1} + (n-1) pq^{n-2} + \dfrac{(n-1)(n-2)}{2!} p^2 q^{n-3} \ldots p^{n-1} \right]$$

$$= np \left[(q + p)^{n-1} \right] \quad \boxed{\mu' = np}$$

But $\mu_1' = \mu_1 = $ Mean

Hence Mean of the Binomial distribution or which is also the expectation of variable r is np.

Now consider

$$\mu_2' = \sum_{r=0}^{n} r^2 \, {}^nC_r p^r q^{n-r}$$

$$= \sum_{r=0}^{n} \{r(r-1) + r\} \, {}^nC_r p^r q^{n-r} = \sum_{r=2}^{n} r(r-1) \, {}^nC_r p^r q^{n-r} + \sum_{r=0}^{n} r \, {}^nC_r p^r q^{n-r}$$

$$= \sum_{r=2}^{n} r(r-1) \, {}^nC_r p^r q^{n-r} + np$$

$$= 1.2\, {}^nC_2 p^2 q^{n-2} + 2.3\, {}^nC_3 p^3 q^{n-3} + 3.4\, {}^nC_4 p^4 q^{n-4} \ldots n(n-1)p^n + np$$

$$= 1.2 \frac{n(n-1)}{2!} p^2 q^{n-2} + 2.3 \frac{n(n-1)(n-2)}{3!} p^3 q^{n-3}$$

$$+ 3.4 \frac{n(n-1)(n-2)(n-3)}{4!} p^4 q^{n-4} \ldots n(n-1)p^n + np$$

$$= n(n-1) \times p^2 \left[q^{n-2} + (n-2)p\, q^{n-3} + \frac{(n-2)(n-3)}{2!} p^2 q^{n-4} \ldots p^{n-2} \right] + np$$

$$= n(n-1)p^2 \{q+p\}^{n-2} + np = n(n-1)p^2 + np$$

$$= n^2 p^2 - np^2 + np = n^2 p^2 + np\{1-p\} = n^2 p^2 + npq$$

$$\mu_2 = \text{Variance} = \mu_2' - {\mu_1'}^2 = n^2 p^2 + npq - (np)^2$$

$$\boxed{\sigma^2 = npq}$$

$$\boxed{\sigma = \text{Standard deviation} = \sqrt{npq}}$$

ILLUSTRATIONS

Ex. 1 : *Point out the fallacy of the statement 'The Mean of Binomial distribution is 3 and variance 5'.*

Sol. : Given Mean = $np = 3$, Variance = $npq = 5$

$$\therefore \quad q = \frac{npq}{np} = \frac{5}{3} > 1$$

which is not possible since probability cannot exceed unity.

Ex. 2 : *The Mean and Variance of Binomial distribution are 6 and 2 respectively. Find $p(r \geq 1)$.* **(Dec. 2012)**

Sol. : Here r denotes the number of successes in n trials. Given that

$$\text{Mean} = np = 6 \quad \text{and} \quad \text{Variance} = npq = 2$$

$$\therefore \quad q = \frac{npq}{np} = \frac{2}{6} = \frac{1}{3}$$

$$p = 1 - q = 1 - \frac{1}{3} = \frac{2}{3}$$

$$np = 6 \quad \therefore \quad n = \frac{6}{2/3} = 9$$

$$p(r \geq 1) = 1 - p(r = 0) = 1 - q^n = 1 - \left(\frac{1}{3}\right)^9 = 0.999949$$

6.8 HYPERGEOMETRIC DISTRIBUTION

We know that binomial distribution is applied whenever we draw a random sample *with* replacement. This is because, in sampling with replacement, the probability of getting 'success' p, remains same at every draw. Also, the successive draws remain independent. Thus, the assumptions of binomial experiment are satisfied. Now, consider the following situation.

A bag contains 4 red and 5 black balls. Suppose 3 balls are drawn at random from this bag *without* replacement and we are interested in the number of red balls drawn. Clearly at the first draw, probability of getting a red ball is $\frac{4}{9}$. Now, suppose a red ball is selected at the first draw. Because, it would be kept aside, the probability of getting a red ball at the second draw would be $\frac{3}{8}$. Thus 'p' does not remain constant. Also, the successive draws are not independent. Probability of getting red balls in the second draw is dependent on which ball you have drawn at the first draw. Thus, in case of sampling *without* replacement, the binomial distribution cannot be applied.

In such situations the hypergeometric distribution is used. Consider the following situation.

Suppose a bag contains N balls of which M are red and N – M are black. A sample of 'n' balls is drawn *without replacement* from the N balls. Let X denote the number of red balls in the *sample*. Hence, the possible values of X are 0, 1, 2, ..., n (assuming n ≤ M). The p.m.f. is obtained in the following manner.

We want to get P [X = x].

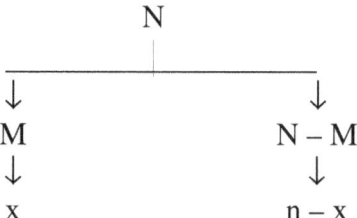

If the sample of 'n' balls contains 'x' red balls, then it will contain 'n – x' black balls. Hence, number of ways in which x red balls can be selected from M red balls is $\binom{M}{x}$ and number of ways in which n – x black balls can be selected from N – M black balls is $\binom{N-M}{n-x}$. The sample contains both red and black balls. Therefore, the total number of ways in which the above event can occur is $\binom{M}{x}\binom{N-M}{n-x}$. In all 'n' balls are selected from N balls. Therefore, the total number of possible selections is $\binom{N}{n}$. Using the definition of probability of an event, we get,

$$P(x) = P[X = x] = \frac{\binom{M}{x}\binom{N-M}{n-x}}{\binom{N}{n}} \quad ; \quad x = 0, 1, ..., n$$

$$= 0 \quad ; \quad \text{otherwise}$$

The above P (x) is called as the p.m.f. of hypergeometric distribution with parameters N, M and n.

Notation : $X \to H(N, M, n)$.

If we don't assume $n \leq M$, then the range X is 0, 1, 2, ..., min (n, M). This is because at the most M red balls can be there in the sample.

Remark : Applicability of Hypergeometric Distribution

Hypergeometric distribution is applied whenever a random sample is taken *without* replacement from a population consisting of two classes. Some situations are

(i) In quality control department, a random sample of items is inspected from a consignment containing defective and non-defective items.

(ii) A lake contains N fish. A sample of fish is taken from the lake, marked and released back in the lake. Next time, another sample of fish is selected and number of marked fish are counted.

(iii) A committee of n persons is to be formed from N persons of whom M are ladies and N – M are gentlemen. The number of ladies on the committee follows hypergeometric distribution.

(iv) In opinion surveys, where the persons have to give answers of 'yes', 'no' type.

The following conditions should be satisfied for the application of hypergeometric distribution.

1. The population is divided into two mutually exclusive categories.
2. The successive outcomes are dependent.
3. The probability of 'success' changes from trial to trial.
4. The number of draws are fixed.

ILLUSTRATIONS

Ex. 1 : *A room has 4 sockets. From a collection of 12 bulbs of which only 5 are good. A person selects 4 bulbs at random (without replacement) and puts them in the sockets. Find the probability that (i) the room is lighted, (ii) exactly one bulb in the selected bulbs is good.*

Solution : Notice that $N = 12$, $M = 5$, $n = 4$, $X = $ number of good bulbs in the sample.

$$\therefore X \to H(N=12, M=5, n=4)$$

$$\therefore P(x) = \frac{\binom{5}{x}\binom{7}{4-x}}{\binom{12}{4}} \; ; \qquad x = 0, 1, \ldots, 4$$

(i) The room is lighted even if a single bulb is good. Therefore the required probability is

$$P(X \geq 1) = 1 - P(X = 0)$$

$$= 1 - \frac{\binom{5}{0}\binom{7}{4}}{\binom{12}{4}} = 0.9292$$

(ii) $\quad P[X=1] = \dfrac{\binom{5}{1}\binom{7}{3}}{\binom{12}{4}} = 0.707$

Ex. 2 : *Among the 200 employees of a company, 160 are union numbers and the others are non-union. If four employees are to be chosen to serve on the staff welfare committee, find the probability that two of them will be union members and the others non-union, using hypergeometric distribution.*

Solution : Let X denote number of union members selected in the sample.

∴ $X \to H(N = 200, M = 160, n = 4)$.

(i) The required probability is

$$P[X=2] = \dfrac{\binom{160}{2}\binom{40}{2}}{\binom{200}{4}} = \dfrac{\dfrac{160 \times 159}{2} \times \dfrac{40 \times 39}{2}}{\dfrac{200 \times 199 \times 198 \times 197}{4 \times 3 \times 2}}$$

$$= 0.1534$$

6.9 POISSON DISTRIBUTION

When 'p' be the probability of success is very small and n the number of trials is very large and np is finite then we get another distribution called Poisson distribution. It is considered as limiting case of Binomial distribution with $n \to \infty$, $p \to 0$ and np remaining finite.

Consider the Binomial distribution

$$B(n, p, r) = {}^nC_r \, p^r q^{n-r}$$

$$= \dfrac{n(n-1)(n-2)\ldots(n-(r-1))}{r!} p^r (1-p)^{n-r}$$

Let $z = np$ ∴ $p = \dfrac{z}{n}$

$$B(n, p, r) = \dfrac{np(np-p)(np-2p)\ldots(np-(r-1)p)}{r!} \times \dfrac{(1-p)^n}{(1-p)^r}$$

$$= \dfrac{z\left(z - \dfrac{z}{n}\right)\left(z - \dfrac{2z}{n}\right)\ldots\left[z - (r-1)\dfrac{z}{n}\right]}{r!} \times \dfrac{\left(1 - \dfrac{z}{n}\right)^n}{\left(1 - \dfrac{z}{n}\right)^r}$$

Now taking the limit as $n \to \infty$ and $np = z$, $p \to 0$

$$\lim B(n, p, r) = \dfrac{z^r e^{-z}}{r!} \left[\lim_{n \to \infty}\left(1 - \dfrac{z}{n}\right)^n = e^{-z} \text{ and } \lim_{n \to \infty}\left(1 - \dfrac{z}{n}\right)^r = 1\right]$$

This is called Poisson distribution which may be denoted by p(r).

Thus the probability of r successes in a series of large number of trials n with p the probability of success at each trial, a small number is given by,

$$p(r) = \frac{z^r e^{-z}}{r!}$$

Here Mean of the Poisson distribution is given by

$$\text{Mean} = \text{Lim } np = z$$
$$\text{Variance} = \text{Lim } npq = z \text{ [Lim } q = 1 \text{ as } p \to 0]$$
$$\text{Standard deviation} = \sqrt{z}$$

ILLUSTRATIONS

Ex. 1 : *A manufacturer of cotter pins knows that 2% of his product is defective. If he sells cotter pins in boxes of 100 pins and guarantees that not more than 5 pins will be defective in a box, find the approximate probability that a box will fail to meet the guaranteed quality.* **(May 2010)**

Sol. : Here, n = 100.

p the probability of defective pins $= \frac{2}{100} = 0.02$

z = mean number of defective pins in a box

z = np = 100 × 0.02 = 2

Since p is small, we can use Poisson distribution.

$$p(r) = \frac{e^{-z} z^r}{r!} = \frac{e^{-2} 2^r}{r!}$$

Probability that a box will fail to meet the guaranteed quality is

$$p(r > 5) = 1 - p(r \leq 5)$$

$$= 1 - \sum_{r=0}^{5} \frac{e^{-2} 2^r}{r!} = 1 - e^{-2} \sum_{r=0}^{5} \frac{2^r}{r!} = 0.0165$$

Ex. 2 : *In a certain factory turning out razor blades, there is a small chance of 1/500 for any blade to be defective. The blades are supplied in a packet of 10. Use Poisson distribution to calculate the approximate number of packets containing no defective and two defective blades, in a consignment of 10,000 packets.*

Sol. : Here p = 0.002, n = 10, z = np = 0.02

$$p(\text{no defective}) = p(r = 0) = \frac{e^{-0.02} (0.02)^0}{0!} = \frac{1}{e^{0.02}}$$

$$p(2 \text{ defectives}) = p(r = 2) = \frac{e^{-0.02} (0.02)^2}{2}$$

Number of packets containing no defective blades in a consignment of 10,000 packets

$$= 10{,}000 \times \frac{1}{e^{0.02}} = 9802$$

Number of packets containing 2 defective blades

$$= 10{,}000 \times \frac{(0.02)^2}{2 \times e^{0.02}} = 2$$

Ex. 3 : *In a Poisson distribution if $p(r = 1) = 2p(r = 2)$, find $p(r = 3)$.*

Sol. :
$$p(r) = \frac{e^{-z} z^r}{r!}$$

$$p(r = 1) = \frac{e^{-z} z}{1}, \quad p(r = 2) = \frac{e^{-z} z^2}{2}$$

∴ $\quad z e^{-z} = 2 \times \dfrac{e^{-z} z^2}{2}\quad$ which gives $z = 1$

$$p(r = 3) = \frac{e^{-1}(1)}{3!} = e^{-1} \frac{1}{6} = \frac{1}{6e} = 0.0613$$

Ex. 4 : *The accidents per shift in a factory are given by the table :*

Accidents x per shift	0	1	2	3	4	5
Frequency f	142	158	67	27	5	1

Fit a Poisson distribution to the above table and calculate theoretical frequencies.

Sol. : $\quad z =$ The mean number of accidents

$$= \frac{0 \times 142 + 1 \times 158 + 2 \times 67 + 3 \times 27 + 4 \times 5 + 5 \times 1}{142 + 158 + 67 + 27 + 5 + 1}$$

$$= \frac{158 + 134 + 81 + 20 + 5}{400} = \frac{398}{400} = 0.995$$

$$p(r) = \frac{e^{-0.995}(0.995)^r}{r!} \qquad p(0) = e^{-0.995} = 0.3697$$

$p(1) = 0.36785 \qquad\qquad p(2) = 0.813$
$p(3) = 0.0607 \qquad\qquad p(4) = 0.0151$
$p(5) = 0.003$

Theoretical frequencies are

$p(0) \times 400 = 0.3697 \times 400 = 148$
$p(1) \times 400 = 0.36785 \times 400 = 147$
$p(2) \times 400 = 0.183 \times 400 = 73$
$p(3) \times 400 = 0.0607 \times 400 = 24$
$p(4) \times 400 = 0.0151 \times 400 = 6$
$p(5) \times 400 = 0.003 \times 400 = 1$

Ex. 5 : *Show that in a Poisson distribution with unit mean, mean deviation about mean is (2/e) times the standard deviation.*

Sol. : Here $z = 1$, $\quad p(r) = \dfrac{e^{-z} z^r}{r!} = \dfrac{e^{-1}(1)^r}{r!} = \dfrac{e^{-1}}{r!}$

Mean deviation about mean 1 is

$$\sum_{r=0}^{\infty} |r-1| p(r) = \sum_{r=0}^{\infty} |r-1| \dfrac{e^{-1}}{r!}$$

$$= e^{-1}\left[1 + \dfrac{1}{2!} + \dfrac{2}{3!} + \dfrac{3}{4!} + \ldots \right]$$

We have, $\quad \dfrac{n}{(n+1)!} = \dfrac{(n+1)-1}{(n+1)!} = \dfrac{1}{n!} - \dfrac{1}{(n+1)!}$

∴ Mean deviation about mean

$$= e^{-1}\left[1 + \left(1 - \dfrac{1}{2!}\right) + \left(\dfrac{1}{2!} - \dfrac{1}{3!}\right) + \left(\dfrac{1}{3!} - \dfrac{1}{4!}\right) + \ldots \right]$$

$$= e^{-1}(1+1) = \dfrac{2}{e} \times 1$$

But for Poisson distribution, standard deviation $\sqrt{z} = 1$.

∴ Mean deviation about mean $= \dfrac{2}{e}$ (standard deviation).

Ex. 6 : *The average number of misprints per page of a book is 1.5. Assuming the distribution of number of misprints to be Poisson, find*

(i) the probability that a particular book is free from misprints.

(ii) number of pages containing more than one misprint if the book contains 900 pages.

Sol. : Let X : Number of misprints on a page in the book.

Given : $X \to P(Z = 1.5)$ $\quad$ $E(r) = Z = 1.5$

Here the p.m.f. is given by,

$$P(r) = \dfrac{e^{-z} Z^r}{r!}$$

$$P(r) = \dfrac{e^{-1.5}(1.5)^r}{r!}$$

(i) $\quad P(r=0) = \dfrac{e^{-1.5}(1.5)^0}{0!} = e^{-1.5} = 0.223130 \quad$ (From statistical tables)

Note : The Poisson probabilities for m = 0.1, 0.2, 0.3 ... 15.0 are given in the statistical tables.

(ii) $P[r > 1] = 1 - P[r \leq 1]$
$= 1 - \{P(R = 0) + P(r = 1)\}$
$= 1 - \left\{e^{-1.5} + \dfrac{e^{-1.5}(1.5)^1}{1!}\right\}$
$= 1 - \{0.223130 + 0.334695\}$ $\begin{bmatrix}\text{From statistical}\\ \text{tables}\end{bmatrix}$
$= 0.442175$

∴ Number of pages in the book containing more than one misprint.
$= (900) P[r > 1] = (900)(0.442175)$
$= 397.9575 \approx 398$

Ex. 7 : *Number of road accidents on a high way during a month follows a Poisson distribution with mean 5. Find the probability that in a certain month number of accidents on the highway will be*

(i) Less than 3

(ii) Between 3 and 5

(iii) More than 3.

Sol. : Let X : number of road accidents on a highway during a month.

Given : $X \to P(Z = 5)$

∴ The p.m.f is given by,

$$P[r] = \dfrac{e^{-z} Z^{-r}}{r!} \; ; \; r = 0, 1, 2 \ldots$$

$$P[r] = \dfrac{e^{-5} 5^r}{r!}$$

(i) $P[r < 3] = P[r \leq 2] = P[r = 0] + P[r = 1] + P[r = 2]$
$= \dfrac{e^{-5} 5^0}{0!} + \dfrac{e^{-5} 5^1}{1!} + \dfrac{e^{-5} 5^2}{2!}$
$= 0.006738 + 0.033690 + 0.084224$
(From statistical tables)
$= 0.124652$

(ii) $P[3 \leq r \leq] = P(3) + P(4) + P(5)$
$= 0.140374 + 0.175467 + 0.175467$
$= 0.491308$

(iii) $P[r > 3] = 1 - P[r \leq 3]$
$= 1 - [P(0) + P(1) + P(2) + P(3)]$
$= 0.734974$

6.10 NORMAL DISTRIBUTION

Normal distribution is obtained as a limiting form of Binomial distribution when n the number of trials is very large and neither p nor q is very small. Most of the modern statistical methods have been based on this distribution.

Normal distribution curve is given by the equation

$$y = \frac{1}{\sigma\sqrt{2\pi}} e^{-(x-\mu)^2/2\sigma^2} \qquad \ldots (1)$$

Its shape is as shown in Fig. 6.9.

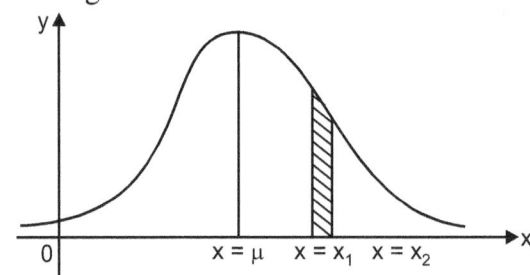

Fig. 6.9

The area under the curve from $x = x_1$ to $x = x_2$ gives the probability of the variable x lying between the values $x = x_1$ and $x = x_2$. The total area under the curve (which is symmetrical about $x = \mu$) is given by $\int_{-\infty}^{\infty} y \, dx = 1$.

Numbers μ and σ occurring in equation (1) are respectively the mean and the standard deviation of the distribution.

If the origin is shifted to $(\mu, 0)$, the equation of curve becomes

$$y = \frac{1}{\sigma\sqrt{2\pi}} e^{-x^2/2\sigma^2} \qquad \ldots (2)$$

We shall now obtain Normal distribution as a limiting case of Binomial distribution as $n \to \infty$.

The probability function of the Binomial distribution with parameters n and p is given by

$$p(x) = {}^nC_x \, p^x q^{n-x} = \frac{n!}{x!(n-x)!} p^x q^{n-x}, \; x = 0, 1, 2, \ldots n \qquad \ldots (3)$$

Let us now consider the standard Binomial variate.

$$z = \frac{x - np}{\sqrt{npq}} \; ; \quad x = 0, 1, 2 \ldots n \qquad \ldots (4)$$

When $\quad x = 0, \quad z = \dfrac{-np}{\sqrt{npq}} = \sqrt{\dfrac{np}{q}}$

and when $\quad x = n, \quad z = \dfrac{n - np}{\sqrt{npq}} = \sqrt{\dfrac{nq}{p}}$

Thus in the limit as $n \to \infty$, z takes the values from $-\infty$ to ∞.

Hence the distribution of x will be a continuous distribution over the range $-\infty$ to ∞.
Using Stirling's approximation to n! for large n i.e.

$$\lim_{n \to \infty} n! = \sqrt{2\pi}\ e^{-n}\ n^{n+1/2}$$

Now considering $\lim n \to \infty$ and hence $x \to \infty$

$$\lim p(x) = \lim \left[\frac{\sqrt{2\pi}\ e^{-n}\ n^{n+1/2}\ p^x\ q^{n-x}}{\sqrt{2\pi}\ e^{-x}\ x^{x+1/2} \sqrt{2\pi}\ e^{-(n-x)}\ (n-x)^{n-x+1/2}} \right]$$

$$= \lim \left[\frac{1}{\sqrt{2\pi}} \cdot \frac{1}{\sqrt{npq}} \frac{(np)^{x+1/2}\ (nq)^{n-x+1/2}}{x^{x+1/2}\ (n-x)^{n-x+1/2}} \right]$$

$$= \lim \left[\frac{1}{\sqrt{2\pi}} \cdot \frac{1}{\sqrt{npq}} \left(\frac{np}{x}\right)^{x+1/2} \left(\frac{nq}{n-x}\right)^{n-x+1/2} \right] \quad \ldots (5)$$

From (4), we have $\quad x = np + z\sqrt{npq}$

$\therefore \quad \dfrac{x}{np} = 1 + z\sqrt{\dfrac{q}{np}}$

Also $\quad n - x = n - np - z\sqrt{npq} = nq - z\sqrt{npq}$

$\therefore \quad \dfrac{n-x}{nq} = 1 - z\sqrt{\dfrac{p}{nq}}$

Also $\quad dz = \dfrac{1}{\sqrt{npq}}\ dx$

Hence the probability differential of the distribution of z in the limit is given from (5) by

$$d\,G(z) = g(z)\,dz = \lim_{n \to \infty} \left[\frac{1}{\sqrt{2\pi}} \times \frac{1}{N} \right] dz \quad \ldots (6)$$

where $\quad N = \left[\dfrac{x}{np}\right]^{x+1/2} \left[\dfrac{n-x}{nq}\right]^{n-x+1/2}$

Taking log on both the sides,

$$\log N = \left(x + \frac{1}{2}\right) \log(x/np) + \left(n - x + \frac{1}{2}\right) \log\left(\frac{n-x}{nq}\right)$$

$$= \left(np + z\sqrt{npq} + \frac{1}{2}\right) \log\left[1 + z\sqrt{q/np}\right] + \left(nq - z\sqrt{npq}\ \frac{1}{2}\right) \log\left[1 - z\sqrt{p/nq}\right]$$

$$= \left(np + z\sqrt{npq} + \frac{1}{2}\right) \left[z\sqrt{\frac{q}{np}} - \frac{1}{2} z^2 \left(\frac{q}{np}\right) + \frac{1}{3} z^2 \left(\frac{q}{np}\right)^{3/2} \ldots + \ldots \right]$$

$$+ \left(nq - z\sqrt{npq} + \frac{1}{2}\right) \left[-z\sqrt{\frac{p}{nq}} - \frac{1}{2} z^2 \left(\frac{p}{nq}\right) - \frac{1}{3} z^3 \left(\frac{p}{nq}\right)^{3/2} \ldots + \ldots \right]$$

$$= \left\{ z\sqrt{npq} - \frac{1}{2} qz^2 + \frac{1}{3} z^3 \frac{q^{3/2}}{\sqrt{np}} + z^2 q - \frac{1}{2} z^3 \frac{q^{3/2}}{\sqrt{np}} + \frac{1}{2} z\sqrt{\frac{q}{np}} \right.$$

$$\left. - \frac{1}{4} z^2 \frac{q}{np} + \frac{+1}{6} z^3 \left(\frac{q}{np}\right)^{3/2} \ldots \right\}$$

$$+\left[-z\sqrt{npq}-\frac{1}{2}z^2p-\frac{1}{3}z^3\frac{p^{3/2}}{\sqrt{nq}}+z^2p+\frac{1}{2}z^3\frac{p^{3/2}}{\sqrt{nq}}-\frac{1}{2}z\sqrt{\frac{p}{nq}}-\frac{1}{4}z^2\left(\frac{p}{nq}\right)-\frac{1}{6}z^3\left(\frac{p}{nq}\right)^{3/2}\ldots\right]$$

(terms higher than fourth power of z are neglected.)

Now, we can write

$$\log N = \left[\frac{z}{2\sqrt{n}}\left\{\sqrt{\frac{q}{p}}-\sqrt{\frac{p}{q}}\right\}-\frac{1}{2}z(p+q)+z^2(p+q)\right]$$

+ terms containing power of n in denominator

Taking the limit as $n \to \infty$

$$\lim_{n\to\infty}\log N = \frac{z^2}{2} \quad \text{or} \quad \lim_{n\to\infty} N = e^{-z^2/2}$$

Putting in (6), we get $dG(z) = g(z)\,dz = \dfrac{1}{\sqrt{2\pi}}e^{-z^2/2}\,dz$ for $-\infty < z < \infty$.

This is the probability density function of the normal distribution with mean 0 and unit variance.

If X is a normal variate with mean μ and s.d. σ then $Z = (X - \mu)/\sigma$ is a standard normal variate. The probability density function of a normal variate with mean μ and variance σ^2 is given by

$$p(X) = \frac{1}{\sigma\sqrt{2\pi}}e^{-(x-\mu)^2/2\sigma^2}, \quad -\infty < x < \infty$$

6.10.1 Mean Deviation from the Mean

$$\text{M.D.} = \int_{-\infty}^{\infty}|x-\mu|\,p(x)\,dx$$

$$= \frac{1}{\sigma\sqrt{2\pi}}\int_{-\infty}^{\infty}|x-\mu|\,e^{-(x-\mu)^2/2\sigma^2}\,dx$$

Put $\dfrac{x-\mu}{\sigma} = z; \; dx = \sigma\,dz = \dfrac{1}{\sigma\sqrt{2\pi}}\displaystyle\int_{-\infty}^{\infty}\sigma^2|z|\,e^{-z^2/2}\,dz = \dfrac{\sigma}{\sqrt{2\pi}}\displaystyle\int_{-\infty}^{\infty}|z|\,e^{-z^2/2}\,dz$

$$= \frac{\sigma}{\sqrt{2\pi}}\cdot 2\int_0^{\infty}|z|\,e^{-z^2/2}\,dz$$

$[f(z) = |z| = e^{-z^2/2}$ is even function of z]

$$\text{M.D.} = \sqrt{\frac{2}{\pi}}\,\sigma\int_0^{\infty}ze^{-z^2/2}\,dz \quad [|z| = z \text{ for } 0 < z < \infty]$$

$$= \sqrt{\frac{2}{\pi}}\,\sigma\int_0^{\infty}\frac{1}{2}e^{-z^2/2}\,d(z^2) = \sqrt{\frac{2}{\pi}}\cdot\frac{\sigma}{2}\left[\frac{e^{-z^2/2}}{-1.2}\right]_0^{\infty}$$

$$= \sqrt{\frac{2}{\pi}}\,\sigma\,[1] = \frac{4}{5}\sigma \text{ (approximately)}$$

6.10.2 Area Property (Normal Probability Integral)

The probability of random value x lying between $x = \mu$ and $x = x_1$ is given by

Table 6.1

Z	0.00	0.01	0.02	0.03	0.04	0.05	0.06	0.07	0.08	0.09
0.0	0.5000	0.5040	0.5080	0.5120	0.5160	0.5199	0.5239	0.5279	0.5319	0.5259
0.1	0.5398	0.5438	0.5478	0.5517	0.5557	0.5596	0.5636	0.5675	0.5714	0.5753
0.2	0.5793	0.5832	0.5871	0.5910	0.5948	0.5987	0.6026	0.6064	0.6103	0.6141
0.3	0.6179	0.6217	0.6255	0.6293	0.6331	0.6368	0.6406	0.6443	0.6480	0.6517
0.4	0.6554	0.6591	0.6628	0.6664	0.6700	0.6736	0.6772	0.6808	0.6844	0.6879
0.5	0.6915	0.6950	0.6985	0.7019	0.7054	0.7088	0.7123	0.7157	0.7190	0.7224
0.6	0.7257	0.7291	0.7324	0.7357	0.7389	0.7422	0.7454	0.7486	0.7517	0.7549
0.7	0.7580	0.7611	0.7642	0.7673	0.7703	0.7734	0.7764	0.7793	0.7823	0.7852
0.8	0.7881	0.7910	0.7939	0.7967	0.7995	0.8023	0.8051	0.8078	0.8106	0.8133
0.9	0.8159	0.8186	0.8212	0.8238	0.8264	0.8289	0.8315	0.8340	0.8365	0.8389
1.0	0.8413	0.8438	0.8461	0.8485	0.8508	0.8531	0.8554	0.8577	0.8599	0.8621
1.1	0.8643	0.8665	0.8686	0.8708	0.8729	0.8749	0.8770	0.8790	0.8810	0.8830
1.2	0.8849	0.8869	0.8888	0.8906	0.8925	0.8943	0.8962	0.8980	0.8997	0.9015
1.3	0.9032	0.9049	0.9066	0.9082	0.9099	0.9115	0.9131	0.9147	0.9162	0.9177
1.4	0.9192	0.9207	0.9222	0.9236	0.9251	0.9265	0.9279	0.9292	0.9306	0.9319
1.5	0.9332	0.9345	0.9357	0.9370	0.9382	0.9394	0.9406	0.9418	0.9429	0.9441
1.6	0.9452	0.9463	0.9474	0.9494	0.9495	0.9505	0.9515	0.9525	0.9535	0.9545
1.7	0.9554	0.9564	0.9573	0.9582	0.9591	0.9599	0.9608	0.9616	0.9625	0.9633
1.8	0.9641	0.9649	0.9656	0.9664	0.9871	0.9678	0.9686	0.9693	0.9699	0.9708
1.9	0.9713	0.9719	0.9726	0.9732	0.9738	0.9744	0.9750	0.9756	0.9761	0.9767
2.0	0.9772	0.9778	0.9783	0.9788	0.9793	0.9783	0.9803	0.9808	0.9812	0.9817
2.1	0.9821	0.9826	0.9830	0.9634	0.9838	0.9842	0.9846	0.9850	0.9854	0.9857
2.2	0.9861	0.9864	0.98686	0.9871	0.9875	0.9878	0.9881	0.9884	0.9887	0.9890
2.3	0.9893	0.9896	0.9898	0.9901	0.9904	0.9906	0.9809	0.9911	0.9913	0.9916
2.4	0.9918	0.9920	0.9922	0.9925	0.9927	0.9929	0.9931	0.9932	0.9934	0.9936
2.5	0.9938	0.9940	0.9941	0.9943	0.9945	0.9946	0.9948	0.9949	0.9951	0.9952
2.6	0.9953	0.9955	0.9956	0.9957	0.9959	0.9960	0.9961	0.9962	0.9963	0.9964
2.7	0.9965	0.9966	0.9967	0.9968	0.9969	0.9970	0.9971	0.9972	0.9973	0.9974
2.8	0.9974	0.9975	0.9976	0.977	0.9977	0.9978	0.9979	0.9979	0.9980	0.9981
2.9	0.9981	0.9982	0.9982	0.9983	0.9984	0.9984	0.9985	0.9985	0.9988	0.9986
3.0	0.9987	0.9987	0.9987	0.9988	0.9988	0.9989	0.9989	0.9989	0.9990	0.9990
3.1	0.9990	0.9991	0.9991	0.9991	0.9992	0.9992	0.9992	0.9992	0.9993	0.9993
3.2	0.9993	0.9993	0.9994	0.9994	0.9994	0.9994	0.9994	0.9995	0.9995	0.9995
3.3	0.9995	0.9995	0.9995	0.9996	0.9996	0.9996	0.9996	0.9996	0.9998	0.9997
3.4	0.9997	0.9997	0.9997	0.9997	0.9997	0.9997	0.9997	0.9997	0.9997	0.9898

In each row and each column 0.5 to be subtracted.

$$P(\mu < x < x_1) = \int_\mu^{x_1} P(x)\, dx = \frac{1}{\sigma\sqrt{2\pi}} \int_\mu^{x_1} e^{-(x-\mu)^2/2\sigma^2}\, dx$$

Put $\dfrac{x-\mu}{\sigma} = z$ i.e. $x - \mu = \sigma z$

when $x = \mu$, $z = 0$

$x = x_1$, $z = z_1$ (say)

$P(\mu < x < x_1) = P(0 < z < z_1)$

$$= \frac{1}{\sigma\sqrt{2\pi}} \int_0^{z_1} e^{-z^2/2} \cdot \sigma\, dz = \frac{1}{\sqrt{2\pi}} \int_0^{z_1} e^{-z^2/2}\, dz = \int_0^{z_1} f(z)\, dz$$

The definite integral $\int_0^{z_1} f(z)$ is known as normal probability integral and gives the area under standard normal curve between $z = 0$ and $z = z_1$.

ILLUSTRATIONS

Ex. 1: *The mean weight of 500 students is 63 kgs and the standard deviation is 8 kgs. Assuming that the weights are normally distributed, find how many students weigh 52 kgs? The weights are recorded to the nearest kg.*

Sol.: The frequency curve for the given distribution is

$$y = \frac{500}{8\sqrt{2\pi}} \operatorname{Exp}\left(-\frac{1}{2}\left(\frac{x-63}{8}\right)^2\right) \quad \ldots (1)$$

Since the weights are recorded to the nearest kg, the students weighing 52 kgs have their actual weights between $x = 51.5$ and 52.5 kg. So the area under the curve (1) from $x = 51.5$ to $x = 52.5$ is to be obtained.

$z = \dfrac{x - \mu}{\sigma} \Rightarrow z_1 = \dfrac{51.5 - 63}{8} = -1.4375 = -1.44$ (appx)

$z_2 = \dfrac{52.5 - 63}{8} = -1.3125 = -1.31$ (appx)

The number of students weighing 52 kg

$$= 500 \int_{51.5}^{52.5} p(x)\, dx = \frac{500}{\sqrt{2\pi}} \int_{-1.4375}^{-1.3125} e^{-z^2/2}\, dz$$

$= 500\, (A_1 - A_2)$

$= 500\, (0.4251 - 0.4049) = 10$ students approximately.

where, $A_1 = 0.4251$ is the area for $z_1 = 1.44$,

and $A_2 = 0.4049$ is the area for $z_2 = 1.31$.

Ex. 2 : *For a normal distribution when mean $\bar{x} = 1$, S.D. = 3, find the probabilities for the intervals :*
(i) $3.43 \leq x \leq 6.19$; (ii) $-1.43 \leq x \leq 6.19$

Sol. : (i) $z_1 = \dfrac{3.43 - 1}{3} = 0.81$, $z_2 = \dfrac{6.19 - 1}{3} = 1.73$

Required probability $= A_1 - A_2$
where, A_1 is area corresponding to $z_1 = 1.73$
A_2 is area corresponding to $z_2 = 0.81$
$= (0.4582 - 0.2910) = 0.1672$

(ii) $z_1 = \dfrac{-1.43 - 1}{3} = -0.81$, $z_2 = \dfrac{6.19 - 1}{3} = 1.73$

Required probability $= A_1 + A_2 = 0.2910 + 0.4582 = 0.7492$

Ex. 3 : *Assuming that the diameters of 1000 brass plugs taken consecutively from machine form a normal distribution with mean 0.7515 cm and standard deviation 0.0020 cm. How many of the plugs are likely to be approved if the acceptable diameter is 0.752 ± 0.004 cm ?*

Sol. :
$\sigma = 0.0020$, $\mu = 0.7515$
$x_1 = 0.752 + 0.004 = 0.756$
$x_2 = 0.752 - 0.004 = 0.748$

$z_1 = \dfrac{x_1 - \mu}{\sigma} = \dfrac{0.756 - 0.7515}{0.0020} = 2.25$

$z_2 = \dfrac{x_2 - \mu}{\sigma} = \dfrac{0.748 - 0.7515}{0.0020} = -1.75$

A_1 corresponding to $z_1 = 2.25$ (Refer table 6.1)
$= 0.4878$
A_2 corresponding to $z_2 = 1.75 = 0.4599$
$p(0.748 < x < 0.756) = 0.4878 + 0.4599 = 0.9477$

Number of plugs likely to be approved $= 1000 \times 0.9477 = 948$ approximately.

Ex. 4 : *In a certain examination test, 2000 students appeared in a subject of statistics. Average marks obtained were 50% with standard deviation 5%. How many students do you expect to obtain more than 60% of marks, supposing that marks are distributed normally ?* **(May 2010, 2014, Dec. 2012)**

Sol. :
$\mu = 0.5$, $\sigma = 0.05$
$x_1 = 0.6$, $z_1 = \dfrac{0.6 - 0.5}{0.05} = 2$

A corresponding to $z = 2$ is 0.4772
$p(x \geq 6) = 0.5 - 0.4772 = 0.0228$

Number of students expected to get more than 60% marks
$= 0.0228 \times 2000 = 46$ students approximately.

Ex. 5 : *In a distribution, exactly normal, 7% of the items are under 35 and 89% are under 63. Find the mean and standard deviation of the distribution.*

Sol. : From Fig. 6.10, it is clear that 7% of items are under 35 means area under 35 is 0.07. Similarly area for x > 63 is 0.11.

$$p(x < 35) = 0.07 \text{ and } p(x > 63) = 0.11$$
$$x = 35, \quad x = 63 \text{ are located as shown in Fig. 6.10.}$$

When $x = 35$, $z = \dfrac{35 - \mu}{\sigma} = -z_1$ (say), (– ve sign because x = 35 to the left of x = μ)

When $x = 63$, $z = \dfrac{63 - \mu}{\sigma} = z_2$ (say), (+ve sign for x = 63 lies to the right of x = μ)

∴ From Table 6.1, we get

Area $A_1 = p(0 < z < z_1) = 0.43$ corresponds to $z_1 = 1.48$ (appx)
& Area $A_2 = p(0 < z < z_2) = 0.39$ corresponds to $z_2 = 1.23$ (appx)

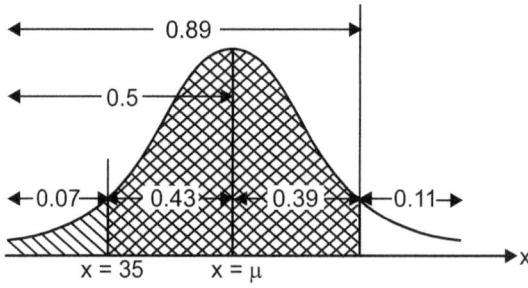

Fig. 6.10

Thus, we get two simultaneous equations

$$\dfrac{35 - \mu}{\sigma} = -z_1 = -1.48 \quad \ldots (1)$$

$$\dfrac{63 - \mu}{\sigma} = z_2 = 1.23 \quad \ldots (2)$$

Subtracting (1) from (2),

$$\dfrac{28}{\sigma} = 2.71 \Rightarrow \sigma = 10.33 \text{ (approximately)}$$

and (2) ⇒ $\mu = 63 - \sigma \times 1.23$
           $= 63 - 10.33 \times 1.23 = 50.3$ (approximately)

Ex. 6 : *Let $x \to N(4, 16)$. Find (i) $P(x > 5)$, (ii) $P(x < 2)$, (iii) $P(x > 0)$, (iv) $P(6 < x < 8)$, (v) $P(|x| > 6)$.*

Sol. : Let $x \to N(4, 16) = N(\mu, \sigma^2)$, hence $\mu = 4$, and $\sigma^2 = 16 \Rightarrow \sigma = 4$.

(i) $$P(x > 5) = P\left(z = \frac{x-\mu}{\sigma} > \frac{5-4}{4}\right)$$
$$= P(z > 1/4)$$

∴ From normal probability integral table we get area of shaded region as,
$$p(z > 1/4) = 0.40129$$

(ii) $$p(x < 2) = P\left(\frac{x-\mu}{\sigma} > \frac{2-4}{4}\right)$$
$$= P\left(z < \frac{-2}{4}\right)$$
$$= P(z < -0.5)$$
$$= P(z > 0.5) \qquad \text{(Due to symmetry)}$$
$$= 0.30854 \qquad \text{(From the table)}$$

(iii) $$p(x > 0) = P\left(\frac{x-\mu}{\sigma} > \frac{0-4}{4}\right)$$
$$= P(z > -1) = B$$

Since, only tail area is given in the table we use the fact that $A + B = 1$.

∴ $$p(z > -1) = 1 - A = 1 - p(z < -1)$$
$$= 1 - p(z > 1) \qquad \text{(Due to symmetry)}$$
$$= 1 - 0.15866$$
$$= 0.84134$$

(iv) $$p(6 < x < 8) = P\left(\frac{6-4}{4} < \frac{x-\mu}{\sigma} < \frac{8-4}{\sigma}\right)$$
$$= P\left(\frac{2}{4} < z < 1\right)$$
$$= P(0.5 < z < 1) = A$$
$$= (A + B) - B$$
$$= P(z > 0.3) - P(z > 1)$$
$$= 0.30854 - 0.15866$$
$$= 0.14988$$

(v) $$p(|x| > 6) = p(x > 6) + P(x < -6)$$
$$= p\left(\frac{x-\mu}{6} > \frac{6-4}{4}\right) + P\left(\frac{x-\mu}{\sigma} > \frac{-6-4}{4}\right)$$
$$= p(z > 0.5) + p(z < -2.5)$$
$$= p(z > 0.5) + p(z > 2.5)$$
$$= 0.30854 + 0.0062097)$$
$$= 0.31475$$

Ex. 7 : *A fair coin is tossed 600 times. Using normal approximation find the probability of getting (i) number of heads less than 270. (ii) number of heads between 280 to 360.*

Sol. : A fair coin tossing 600 times result into head or tail each with probability 0.5.

Let, $\quad x$ = Number of heads in 600 tosses

$$x \to B(600, 0.5)$$
$$E(X) = np = 600 \times 0.5 = 300 \text{ and}$$
$$Var(X) = npq = 600 \times 0.5 \times 0.5 = 150$$

(i) p (number of heads less than 270).

$$p(x < 270) = p\left(\frac{x - np}{\sqrt{npq}} < \frac{270 - 300}{\sqrt{150}}\right)$$
$$= p(z < -2.4495) \qquad \text{(Using normal approximate)}$$
$$= p(z > 2.4495) \qquad \text{(Due to symmetry)}$$
$$= 0.0071428$$

(ii) p (Number of heads are between 280 and 350)

$$= p(280 < x < 350)$$
$$= p\left(\frac{280 - 300}{\sqrt{150}} < z < \frac{350 - 300}{\sqrt{150}}\right)$$

Using normal approximate we get,

$$z = \frac{x - np}{\sqrt{npq}} \to N(0, 1)$$

$$p \approx p(-1.633 < z < 4.0823) = B$$
$$= 1 - A - C$$
$$= 1 - p(z < -1.633) - p(z > 4.0823) \qquad \text{(Due to symmetry)}$$
$$= 1 - p(z > 1.633) - p(z > 4.0823)$$
$$= 1 - 0.51551 - 0.000022518 = 0.4845$$

Ex. 8 : *If x is a random variable with p.d.f.*

$$f(x) = \frac{1}{3\sqrt{2\pi}} e^{(-1/18)(x-6)^2}$$

Find : (i) $p(x > 5)$, (ii) $p(2x + 3 > 10)$.

Sol. :
$$f(x) = \frac{1}{\sigma\sqrt{2\pi}} e^{-\frac{1}{2\sigma^2}(x-\mu)^2}$$

$$= \frac{1}{3\sqrt{2\pi}} e^{-\frac{1}{18}(x-\sigma)^2}$$

Comparing the p.d.f. we get,
$$\mu = 6, \quad \sigma^2 = 9$$
$$x \to N(6, 9)$$

(i) $$p(x > 5) = p\left(\frac{x-6}{3} > \frac{5-6}{3}\right) = P(z > -0.3)$$

$$p\left(z > \frac{-1}{3} = -0.3333\right) = 0.5 + p\left(z < z < \frac{1}{3}\right) = 0.5 + 0.1293 = 0.6293$$

(ii) $$2x + 3 \to N(\mu', \sigma^2)$$
$$\mu' = E(2x + 3) = 2\mu + 3$$
$$= 2(6) + 3 = 12 + 3 = 15$$
$$\sigma'^2 = \text{Var}(2x + 2) = 4\,\text{Var}(x) = 36$$
$$2x + 3 \to N(15, 36)$$

$\therefore$ $$p(2x + 3 > 10) = p\left(\frac{2x+3-15}{6} > \frac{10-15}{6}\right)$$
$$= p(z > -0.8333)$$
$$= 1 - p(z > 0.8333)$$
$$= 1 - 0.20327$$
$$= 0.79673$$

Ex. 9 : *Suppose heights of students follows normal distribution with mean 190 cm and variance 80 cm². In a school of 1000, students how many would you expect to be above 200 an tall.*

Sol. : Let, $\quad x$ = Height of students
$$x \to N(190, 80)$$
Proportion of students having height above 200 cm.
$$= p(x > 200)$$
$$= p\left(\frac{x-\mu}{\sigma} > \frac{200-190}{\sqrt{80}}\right)$$
$$= p(z > 1.1180)$$
$$= 0.13136$$

$\therefore \begin{pmatrix}\text{Number of students}\\\text{out of 1000}\\\text{having height above}\\\text{200 cm}\end{pmatrix} = 1000 \times \begin{pmatrix}\text{Proportion of students}\\\text{having height above}\\\text{200 cm}\end{pmatrix}$

$$= 1000 \times 0.13136$$
$$= 131.36$$
$$= 131$$

Ex. 10 : *Fit a normal distribution to the following data and find expected frequencies.*

Class	10-15	15-20	20-25	25-30	30-35	35-40
Frequency	18	30	40	21	9	0

Sol. :

Class	Mid-points x_i	Freq. f_i	l_i	$z_i = \dfrac{l_i - \mu}{\sigma}$	$\phi(z_i)$	$p_i = \phi(z_i + 1) - \phi(z_i)$	Np
$-\infty$–10	–	–	$-\infty$	$-\infty$	0		
10-15	12.5	18	10	– 0.5254	0.30153	0.30153	35.5805
15-20	17.5	30	15	– 0.2941	0.38591	0.08438	9.9474
20-25	22.5	40	20	– 0.0627	0.47608	0.09017	10.6401
25-30	27.5	21	25	0.1686	0.43644	– 0.03964	– 4.6775
30-35	32.5	9	30	0.3999	0.34827	– 0.08817	– 10.4041
35-40	37.5	0	35	0.6313	0.26435	– 0.08392	– 9.9026
40-∞	–	–	40	0.8627	0.19489	– 0.06946	– 8.1963
Total	–	118	–	–	–	–	22.9875

$$\bar{x} = \frac{\Sigma f_i x_i}{\Sigma f_i} = \frac{2520}{118} = 21.3559$$

$$\sigma^2 = \frac{\Sigma f_i x_i^2}{\Sigma f_i} - \bar{X} = 467.0975$$

$$\hat{\mu} = \bar{x} = 21.3559$$

$$\hat{\sigma} = 21.6124$$

6.11 SAMPLING DISTRIBUTIONS

In order to draw inference about a certain phenomenon, sampling is a well accepted tool. Entire population cannot be studied due to several reasons. In such a situation sampling is the only alternative. A properly drawn sample is much useful in drawing reliable conclusions. Here, we draw a sample from probability distribution rather than a group of objects. Using simulation technique sample is drawn.

Random Sample from a Continuous Distribution

A random sample from a continuous probability distribution $f(x, \theta)$ is nothing but the values of independent and identically distributed random variables with the common probability density function $f(x, \theta)$.

Definition : If $X_1, X_2, \ldots, X_n$ are independent and identically distributed random variables, with p.d.f. $f(x, \theta)$, then we say that, they form a sample from the population with p.d.f. $f(x, \theta)$.

Note :

(1) For drawing inference, we use the numerical values of $X_1, X_2, \ldots, X_n$.

(2) The joint p.d.f. of $X_1, X_2, \ldots X_n$ is,

$$f(x_1, x_2, \ldots, x_n) = f(x_1), f(x_2), \ldots, f(x_n) = \prod_{i=1}^{n} f(x_i)$$

6.12 STATISTIC AND PARAMETER

Using the random sample $X_1, X_2, \ldots, X_n$ we draw conclusion about the unknown probability distribution. However probability distribution can be studied if the parameter θ is known. In other words study of probability distribution reduces to the study of parameter θ. We use sampled observations for this purpose. There are various ways of summarizing the sampled observations. The summarized quantity is called as statistic. We define it precisely as follows.

Definition : If $X_1, X_2, \ldots, X_n$ is a random sample from a probability distribution $f(x, \theta)$, then $T = T(x_1, x_2, \ldots, x_n)$ a function of sample values which does not involve unknown parameter θ is called as a *statistic (or estimator)*.

Some typical statistics are given below :

(i) Sample mean : $\quad T = T(x_1, x_2, \ldots, x_n) = \dfrac{\sum x_i}{n}$

$\therefore \qquad\qquad\qquad T = \bar{X}$ is a statistic

(ii) Sample variance :

$$T = T(x_1, x_2, \ldots x_n)$$

$$= \dfrac{1}{n-1} \sum (x_i - \bar{x})^2 \text{ is a statistic.}$$

6.13 CHI-SQUARE DISTRIBUTION

Introduction :

The Chi-square (pronounced as Ki, sky without 's') distribution is one of the important distributions in Statistics. It is mainly applied in testing of hypothesis for testing the independence of attributes, testing the goodness of fit of a model etc.

The chi-square variable is denoted by χ_n^2. Hence n is the parameter of the distribution, also, called as the 'degrees of freedom' (d.f.). The χ_n^2 variate is defined as sum of squares of n independent standard normal [$N(0, 1)$] variables.

6.14 DEFINITION

Let $X_1, X_2, \ldots, X_n$ be n independent $N(0, 1)$ variables, then

$$Y = \sum_{i=1}^{n} X_i^2$$ follows chi-square distribution with n degrees of freedom (d.f.).

Notation : $Y \to \chi_n^2$. ($\because$ in positive integer)

6.15 ADDITIVE PROPERTY

Statement : If Y_1 and Y_2 are independent χ^2 variates with n_1 and n_2 d.f. respectively, then $Y_1 + Y_2$ has χ^2 distribution with $(n_1 + n_2)$ degrees of freedom.

6.16 APPLICATIONS OF CHI-SQUARE DISTRIBUTION TO TESTS OF HYPOTHESIS

Meaning of Statistical Hypothesis

We are mainly interested in testing certain claims about the population parameters such as mean, variance, proportion. For example, a particular scooter gives average of 50 km per litre, proportion of unemployed persons is same for two states etc. These claims stated in terms of population parameters or statistical distribution are called hypothesis.

Definition : Hypothesis : It is a statement or assertion about the statistical distribution or unknown parameter of statistical distribution.

In other words, hypothesis is a claim to be tested.

6.17 CONCEPTS OF NULL HYPOTHESIS AND ALTERNATIVE HYPOTHESIS

In each problem of test of significance, two hypothesis are to be set. These are set in such a way that if one is rejected, the other is to be accepted. These hypothesis are referred to as null hypothesis and alternative hypothesis.

Null Hypothesis : A hypothesis of "no difference" is called as null hypothesis according to R. A. Fisher. Null hypothesis is denoted by H_0.

For example : $H_0 : \mu = 100$. Here the hypothesis states that there is no difference in population mean and 100. $H_0 : \mu_1 = \mu_2$. This hypothesis states that there is no difference between two population means. While conducting the test, some difference will be observed in sample value and hypothesized value. Whether this difference is just due to chance element, is decided in testing procedure.

Alternative Hypothesis : It is a hypothesis to be accepted in case null hypothesis is rejected. In other words, a complementary hypothesis to null hypothesis is called as alternative hypothesis. It is denoted by H_1.

For example : If $H_0 : \mu_1 = \mu_2$ then alternative hypothesis may be $H_1 : \mu_1 \neq \mu_2$ or $H_1 : \mu_1 < \mu_2$ or $H_1 : \mu_1 > \mu_2$.

6.18 ONE AND TWO TAILED HYPOTHESIS

By considering the nature of hypothesis, these are classified as one sided or two sided.

Hypothesis of the type $H_1 : \mu > \mu_0$, $H_1 : P < 0.5$, $H_1 : \mu_1 < \mu_2$, $H_0 : \sigma_1 > \sigma_2$ etc. are called as *one sided*. On the other hand, the hypothesis of the type $H_1 : P_1 \neq 0.5$, $H_1 : \sigma_1 \neq \sigma_2$, $H_1 : \mu \neq \mu_0$ etc. are called as *two sided*.

In this text we will consider null hypothesis to be hypothesis of equality and alternative hypothesis to be two sided. Choice of one sided hypothesis as null hypothesis is beyond the scope of the book.

6.19 TYPE I AND TYPE II ERRORS

Since decision of acceptance or rejection of H_0, is based on sampling, it is subject to two kinds of errors. For instance, in the inspection of a lot of manufactured items, the inspector will choose a sample of suitable size and accordingly take decision whether to accept or reject the lot. In this process, two errors are possible viz, rejection of a good lot and acceptance of a bad lot. In testing of hypothesis these errors are called as type I and type II errors.

Type I error : Rejecting H_0 when it is true.

Type II error : Accepting H_0 when it is false.

These errors can be put in tabular form to remember easily.

Actual Situation	Decision	
	Reject H_0	Accept H_0
H_0 is true	Type I error	Correct decision
H_0 is false	Correct decision	Type II error

6.20 CRITICAL REGION

Let $x_1, x_2, \ldots, x_n$ be a random sample taken for testing H_0. The set of values of $(x_1, x_2, \ldots, x_n)$ for which H_0 is rejected is called as critical region or rejection region.

Many a times, critical region is expressed with the help of test statistic e.g. $\bar{x} \geq c$, where c is constant. Critical region is denoted by W. The set of all sample observations can be partitioned into two subsets : critical region (W) and acceptance region (W^c) as shown below.

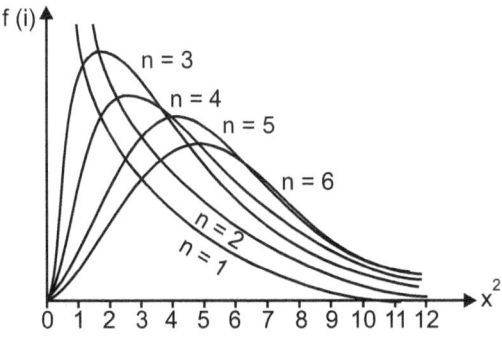

Fig. 6.11

6.21 TEST OF HYPOTHESIS

A rule which leads to the decision of acceptance of H_0 or rejection of H_0 on the basis of observations in a random sample is called test of hypothesis.

Statistical inference is that branch of statistics which concerned with using probability concept to deal with uncertainly in decision making field of statistical inference has a fruitful development since the letter half of the 19th century. It refers to the process of selecting and using a sample statistic to draw inference about a population parameter based on a sub-set of it the simple drawn from the population. Statistical inference treats two different classes of problems.

(i) Hypothesis testing and (ii) Estimation.

Hypothesis testing begins with us assumption called as hypothesis, which is made by the population parameter. A hypothesis is a supposition made as basis for reasoning.

In article 6.14 to 6.21 we discussed the various terms like statistical hypothesis, null hypothesis and alternative hypothesis, critical region, level of significance etc.

Now we will see the method of testing population mean (μ) equal to specified value (μ_0).

Testing Population Mean (μ) equal to specified value (μ_0) : Test statistic is

$$U = \frac{\bar{X} - \mu_0}{\sigma/\sqrt{n}}$$

Under H_0, $\quad U = \dfrac{\bar{X} - \mu_0}{\sigma/\sqrt{n}} \to N(0, 1)$

Critical region : Value of $|U| > 1.96$ at 5% level of significance.

If calculated value of U is more than 1.96 or less than -1.96, H_0 is rejected and accepted otherwise.

6.22 ONE SIDED AND TWO SIDED TESTS

The tests used for testing null hypothesis are called as one sided or two sided tests according as the alternative hypothesis are one sided or two sided.

6.23 TEST STATISTIC

A function of sample observations which is used to test null hypothesis H_0 is called a *test statistic*. The distribution of test statistic is completely known under H_0. Hence, it can be used to test H_0.

6.24 LEVEL OF SIGNIFICANCE

Probability of rejecting H_0 when it is true is called as *level of significance*. Thus, it is probability of committing type I error. It is denoted by α.

Level of significance can be interpreted as proportion of cases in which H_0 is rejected though it is true.

If we try to minimize level of significance, the probability of type II error increases. So level of significance cannot be made zero. However, we can fix it in advance as 0.05 (i.e. 5%) or 0.01 (i.e. 1 %). In most of the cases, it is taken as 5%.

Test for Goodness of Fit of χ^2 Distribution :

For a given data (frequency distribution), we try to fit some probability distribution. Since there are several probability distributions, which distribution will fit properly may be a question of interest. In such cases, we want to test the appropriateness of the fit. Hence we desire to test H_0 : Fitting of the probability distribution to given data is proper (good). The test based on χ^2 distribution used to test this H_0 is called χ^2 test of goodness of fit.

In this case, we compare the expected and observed frequencies. Thus we can take H_0. There is no significant difference between observed and (theoretical) expected frequencies. The test is carried out as follows :

Suppose $o_1, o_2, ..., o_i, ..., o_k$ be a set of observed frequencies and $e_1, e_2, ..., e_i - e_k$ be corresponding expected frequencies obtained under H_0.

$$\sum_{i=1}^{k} o_i = N = \sum_{i=1}^{k} e_i$$

p = number of parameters estimated for fitting the probability distribution.

If H_0 is true, then the statistic

$$\chi^2 = \sum_{i=1}^{k} \frac{(o_i - e_i)^2}{e_i} = \sum_{i=1}^{k} \left(\frac{o_i^2}{e_i}\right) - N$$

has χ^2 distribution with (k – p – 1) degrees of freedom. In this case, the critical region at *l*.o.s. α is

$$\chi^2_{k-p-1} \geq \chi^2_{k-p-1\,;\,\alpha}$$

It is shown by the shaded region in Fig. 6.12.

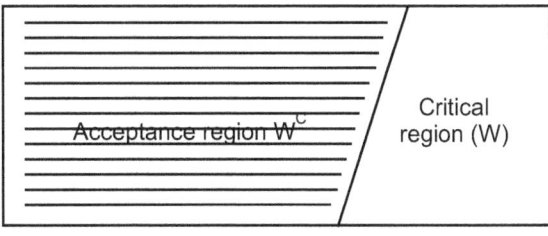

Fig. 6.12

Thus, we reject H_0 at *l*.o.s. α if,

$$\chi^2_{k-p-1} \geq \chi^2_{k-p-1;\,\alpha}$$

Note :

1. We can apply this test if expected frequencies are greater than or equal to 5 (i.e. $e_i \geq 5$) and total of cell frequencies is sufficiently large (greater than 50).
2. When expected frequency of a class is less than 5, the class is merged into neighbouring class alongwith its observed and expected frequencies until total of expected frequencies becomes ≥ 5. This procedure is called *'pooling the classes'*. In this case, k is the number of class frequencies after pooling.
3. It is obvious that if any parameters are not estimated while fitting a probability distribution or obtaining expected frequencies, the value of p is zero.
4. This test is not applicable for testing goodness of fitting of straight line or curves such as second degree curve, exponential curve etc.

Remark :

Yate's Correction : If in a 2×2 contingency table, any cell frequency is less than 5 then the test statistic χ^2 is corrected in a specific way. This correction is due to Yate's and hence is known as Yate's correction. It is beyond the scope of this book.

ILLUSTRATIONS

Ex. 1 : *A nationalized bank utilizes four teller windows to render fast service to the customers. On a particular day, 800 customers were observed. They were given service at the different windows as follows :*

Window Number	Expected Number of customers
1	150
2	250
3	170
4	230

Test whether the customers are uniformly distributed over the windows.

Sol. : Here we want to test H_0 : Customers are uniformly distributed over the windows. i.e. H_0: customers on all windows are equal against H_1 : They are not equal on all windows.

Under H_0, the expected frequencies are :

Window Number	Expected Number of customers (e_i)
1	200
2	200
3	200
4	200

The test statistic is

$$\chi^2_{k-p-1} = \sum_{i=1}^{k} \frac{(o_i - e_i)^2}{e_i} = \frac{(-50)^2}{200} + \frac{50}{200} + \frac{(-30)^2}{200} + \frac{(30)^2}{200}$$

Here number of parameters estimated = p = 0, k = 4.

∴ $\chi_3^2 = 34$ [Calculated value]

$\chi_3^2 = 34 > \chi_{3;\,0.05}^2 = 7.815$ [Table value]

We reject H_0 at 5 % l.o.s.

Conclusion : The customers in the nationalized bank may not be uniformly distributed over different windows.

Ex. 2 : *One hundred samples were drawn from a production process each after 5 hours. The number of defectives in these samples were noted. A Poisson distribution by estimating the parameter m was fitted to these data. The results obtained are as follows :*

Number of defectives	Number of samples (observed)	Expected number of samples
0	63	60.65
1	28	30.33
2	6	7.58
3	2	1.26
4	1	0.16
5 and above	0	0.02

Test the goodness of fit of Poisson distribution in above situation.
[Use 5 % level of significance]

Sol. : We want to test

H_0 : Fitting of Poisson distribution is good (proper) against
H_1 : Fitting of Poisson distribution is not proper.

Here we pool expected frequencies until their sum becomes ≥ 5 and also pool corresponding observed frequencies. Thus the frequencies can be written as :

Observed frequencies (o_i)	Expected frequencies (e_i)
63	60.65
28	30.33
9	9.02

We use the test statistic

$$\chi_{k-p-1}^2 = \sum_{i=1}^{k} \left(\frac{o_i^2}{e_i}\right) - N$$

Here number of parameters estimated = p = 1, N = 100, k = 3.

∴ $\chi_1^2 = 100.27009 - 100$

∴ $\chi_1^2 = 0.27009$ [Calculated value]

$\chi_1^2 = 0.27009 < \chi_{1;\,0.05}^2 = 3.841$ [Table value]

Hence we accept H_0 at 5 % l.o.s.

Conclusion : Fitting of Poisson distribution may be good to the given data.

Ex. 3 : *Among 64 offsprings of a certain cross between guinea pigs 34 were red, 10 were black and 20 were white. According to a genetic model, these numbers should be in the ratio 9 : 3 : 4.*

Are the data consistent with the model at 5 % level ?

Sol. : Here H_0 : The offsprings red, black and white in the colour are in the ratio 9 : 3 : 4. In this problem, N = 64. Hence observed and expected frequencies are as follows :

Observed frequencies (o_i)	34	10	20
Expected frequencies (e_i)	$\frac{9}{16} \times 64 = 36$	$\frac{3}{16} \times 64 = 12$	$\frac{4}{16} \times 54 = 16$

To test H_0, the test statistic is

$$\chi^2_{k-p-1} = \sum_{i=1}^{k} \frac{(o_i - e_i)^2}{e_i} \quad \text{Here } p = 0 \text{ and } k = 3.$$

∴ $\chi^2_2 = 1.444444$ [Calculated value]

$\chi^2_{2\,:\,0.05} = 5.991$ [Table value]

$\chi^2_2 = 1.444444 < \chi^2_{2;\,0.05} = 5.99$

We accept H_0 at 5 % l.o.s.

Conclusion : The data are consistent with the genetic model that the offsprings red, black and white in colour are in the ratio 9 : 3 : 4.

Ex. 4 : *The table below gives number of books issued from a certain library on the various days of a week.* **(Dec. 2012)**

Days	No. of books issued	$(o_i - e_i)^2$
Mon.	120	0
Wed.	130	100
Thr.	110	100
Fri.	115	25
Sat.	135	225
Sun.	110	100

Test at 5 % l.o.s. whether issuing the book is day dependent.

Sol. : The issuing of the book is not dependent on the day of the week.

$$\chi^2_{k-p-1} = \chi^2_{6-0-1} = \chi^2_5$$

∴ $$\chi^2_5 = \frac{\sum (o_i - e_i)^2}{e_i}$$

$$\therefore \quad \chi_5^2 = \frac{550}{120} = 4.5833$$

$$\chi_{5,\,0.05}^2 = 11.07$$

$$\chi_5^2 < \chi_{5,\,0.05}^2$$

Accept H_0.

i.e. issuing of book is independent of day.

Ex. 5 : *In experiment on pea breeding, the following frequencies of seeds were obtained :*

Round and green	Wrinkled and green	Round and yellow	Wrinkled and yellow	Total
222	120	32	150	524

Theory predicts that the frequencies should be in proportion 8 : 2 : 2 : 1. Examine the correspondence between theory and experiment.

Sol. : From the given data the corresponding frequencies are, i.e. expected frequencies are

Expected frequencies (e_i)	$\frac{8}{13} \times 524 = 323$	$\frac{2}{13} \times 524 = 81$	$\frac{2}{13} \times 524 = 81$	$\frac{1}{13} \times 524 = 40$

$$\chi_{k-p-1}^2 = \chi_3^2 = \frac{\sum (o_i - e_i)^2}{e_i}$$

$$\chi_3^2 = \frac{(222-323)^2}{323} + \frac{(120-81)^2}{81} + \frac{(32-81)^2}{81} + \frac{(150-40)^2}{40}$$

$$\chi_3^2 = 31.5820 + 18.7778 + 29.64198 + 302.5$$

$$\chi_3^2 = 382.502$$

$$\chi_{3,\,0.05}^2 = 7.815$$

The calculated value of χ^2 is much more than $\chi_{3,\,0.05}^2$, there is a very low degree of agreement between the theory and experiment.

Ex. 6 : *A set of five similar coins is tossed 210 times and the result is*

No. of heads	0	1	2	3	4	5
Frequency	2	5	20	60	100	23

Test the hypothesis that the data follow a binomial distribution.

Sol. : Here $k - p - 1 = 5$.

$$p \,:\, \text{Probability of getting a head} = \frac{1}{2}$$

$$q \,:\, \text{Probability of getting a tail} = \frac{1}{2}.$$

Hence the theoretical frequencies of getting 0, 1, 2, 3, 4, 5 heads are the successive terms of the binomial expansion $210(p+q)^5$

$$= 210[p^5 + 5p^4q + 10p^3q^2 + 10p^2q^3 + 5pq^4 + q^5]$$

$$= 210\left[\frac{1}{32} + \frac{5}{32} + \frac{10}{32} + \frac{10}{32} + \frac{5}{32} + \frac{1}{32}\right]$$

$$= 7 + 33 + 66 + 66 + 33 + 7$$

∴ The theoretical frequencies are 7, 33, 66, 66, 33, 7.

Hence, $\chi_5^2 = \dfrac{(2-7)^2}{7} + \dfrac{(5-33)^2}{33} + \dfrac{(20-66)^2}{66} + \dfrac{(60-66)^2}{66} + \dfrac{(100-33)^2}{33} + \dfrac{(23-7)^2}{7}$

$\chi_5^2 = 3.57143 + 23.7576 + 32.06061 + 0.5455 + 136.0303 + 36.5714$

$\chi_5^2 = 232.53684$

∴ $\chi_{5,\,0.05}^2 = 11.070$

Since the calculated value of χ^2 is much greater than $\chi_{5,\,0.05}^2$, the hypothesis that the data follow the binomial distribution is rejected.

Ex. 7 : *The figures given below are (a) the theoretical frequencies of a distribution and (b) the frequencies of a normal distribution having the same mean, standard deviation and the total frequency as in (a).*

(a)	1	5	20	28	42	22	15	5	2
(b)	1	6	18	25	40	25	18	6	1

Apply the χ^2 test of goodness of fit.

Sol. : Since the observed and expected frequencies are less and 10 in the beginning and end of the series, we pull the classes and then apply the χ^2 test.

o_i	e_i	$(o_i - e_i)^2$	$(o_i - e_i)^2/E_i$
$\left.\begin{array}{c}1\\5\end{array}\right\}6$	$\left.\begin{array}{c}1\\6\end{array}\right\}7$	1	0.1429
20	18	4	0.2222
28	25	9	0.36
42	40	4	0.1
22	25	9	0.36
15	18	9	0.5
$\left.\begin{array}{c}5\\2\end{array}\right\}7$	$\left.\begin{array}{c}6\\1\end{array}\right\}7$	0	0

Now, $\chi_{6,\,0.05}^2 = \sum_i \dfrac{(o_i - e_i)^2}{e_i}$

We take table value of χ_6^2. Because, we have total 9 classes, 2 classes are pulled, so after pulling number of classes is 7.

∴ The degree of freedom for this experiment is 6.

∴ $\chi^2_{6, 0.05} = 12.592$

Now, we have,

$$\chi^2_6 < \chi^2_{6, 0.05}$$

∴ Accept H_0.

Conclusion : The fit is good.

Ex. 8 : *The demand for a particular spare part in a factory was found to vary from day to day. In a sample study the following information was obtained.*

Days	Mon.	Tues.	Wed.	Thurs.	Fri.	Sat.
No. of parts demanded	1124	1125	1110	1120	1126	1115

Test the hypothesis that the number of parts demanded does not depend on the day of the week.

Sol. : To test : H_0 : The number of parts demanded does not depend on the day of the week.

Vs H_1 : The number of parts demanded depend on the day of the week.

The number of parts demanded during six days = 6720.

∴ Expected no. of parts to be demanded each day of the week $= \dfrac{6720}{6} = 1120$.

Applying χ^2 test :

Days	o_i	e_i	$(o_i - e_i)^2$	$(o_i - e_i)^2/e_i$
Monday	1124	1120	16	0.01429
Tuesday	1125	1120	25	0.0223
Wednesday	1110	1120	100	0.0893
Thursday	1120	1120	0	0
Friday	1126	1120	36	0.0321
Saturday	1115	1120	25	0.0223

Now, $\chi^2_5 = \sum \dfrac{(o_i - e_i)^2}{e_i}$

The critical value at 5% l.o.s. is $\chi^2_{5, 0.05} = 11.07$

∴ $\chi^2_5 < \chi^2_{5, 0.05}$

∴ Accept H_0.

Conclusion : The number of parts demanded does not depend on the day of the week.

EXERCISE 6.2

1. 10 coins are thrown simultaneously. Find the probability that
   (i) Exactly 3 Heads will appear. (ii) Three or less Heads will appear.
   Ans. (i) 0.1172; (ii) 0.1718.

2. Probability of man now aged 60 years will live upto 70 years of age is 0.65. Find the probability of out of 10 men sixty years old 6 or more will live upto the age of 70 years.
   Ans. 0.2377

3. In sampling the large numbers of parts manufactured by a machine, the mean number of defectives in a sample of 20 is 2 out of 1000 such samples. How many would be expected to contain at least 3 defective parts?
   Ans. 323.

4. According to past record of one day internationals between India and Pakistan, India has won 15 matches and lost 10. If they decide to play a series of 6 matches now, what is the probability of India winning the series? (Draw is ruled out).
   Ans. 0.5443

5. Two dice are thrown 100 times and the number of nines recorded. What is the probability that 'r' nines occur? Find the probability that at least 3 nines occur.
   Ans. 0.00045

6. Fit a Poisson distribution to the following frequency distribution and compare the theoretical frequencies with observed frequencies.

x	0	1	2	3	4	5
f	158	160	60	25	10	2

7. A source of liquid is known to contain bacteria with the mean number of bacteria per cubic centimetre equal to 2. Five 1 c.c. test tubes are filled with the liquid, assuming that Poisson distribution is applicable, calculate the probability that all test tubes show growth.
   Ans. 0.036

8. Between 2 p.m. and 3 p.m. the average number of phone calls per minute coming into the company are 2. Find the probability that during one particular minute, there will be
   (i) No phone calls at all.
   (ii) 2 or less calls.
   Ans. (i) 0.1353; 6/e^2

9. In a Telephone exchange, the probability that any one call is wrongly connected is 0.02. What is the minimum number of calls required to ensure a probability 0.1 that at least one call is wrongly connected?
   Ans. 6 calls approximately

10. A manufacturer of electronic goods has 4% of his product defective. He sells the articles in packets of 300 and guarantees 90% good quality. Determine the probability that a particular packet will violate the guarantee.
    Ans. $1 - \sum_{r=1}^{r} \dfrac{e^{-12}(12)^r}{r!}$

11. Obtain the equation of normal curve that may be fitted to the following distribution.

x	50	60	70	80	90	100
f	5	20	120	250	240	5

Also obtain expected normal frequencies.

12. X is normally distributed and the mean of X is 15 and standard deviation 3. Determine the probability of
    (i) $0 < X < 10$; (ii) $X \geq 18$

    Ans. (i) 0.10483; (ii) 0.1587

13. In a certain examination, the percentage of passes and distinction were 48 and 10 respectively. Estimate the average marks obtained by the candidates, the minimum pass and distinction marks being 40 and 75 respectively.

    Ans. 38.5772

14. 5000 candidates appeared in a certain paper carrying a maximum of 100 marks. It was found that marks were normally distributed with mean 39.5 and standard deviation 12.5. Determine approximately the number of candidates who secured a first class for which a minimum of 60 marks is necessary.

    Ans. 253

15. In a normal distribution, 31 % of the items are under 45 and 8 % are over 64. Find the mean and standard deviation of distribution.

    Ans. $\sigma = 10.0529$; $\mu = 49.9259$

16. A random sample of 200 screws is drawn from a population which represents the size of screws. If a sample is distributed normally with a mean 3.15 cm and standard deviation 0.025 cm, find expected number of screws whose size falls between 3.12 cm and 3.2 cm.

    Area corresponding to $1.2 \to 0.3849$; Area corresponding to $2.0 \to 0.4772$

    [**Note :** $p(-1.2 < z < 2) = p(0 < z < 1.2) + p(0 < z < 2)$]. **(Nov. 2014)**

    Ans. 172 Approximately.

17. Fit a Binomial distribution to the following data.

x	0	1	2	3	4	5
f	2	22	63	76	96	56

    Ans. $[315(0.34 + 0.66)^5]$

18. For a normal distribution, $N = 300$, $\mu = 75$ and $\sigma = 15$. How many values lie between $x = 60$ and $x = 70$?

    The area under the normal curve for various values of Z is given as,

Z	Area
0.33	0.12930
0.34	0.13307
1.0	0.34134

    Ans. 63 approximately.

19. Prove that the following data represents Poisson distribution.

x	0	1	2	3	4
y	109	65	22	3	1

Ans. Mean = Variance = 0.61

20. In a certain city, 2000 electric lamps are installed. If the lamps have average life of 1000 burning hours with standard deviation of 200 hours,
(i) What number of lamps might be expected to fail in first 700 burning hours?
(ii) After what period of burning hours, 10% of lamps would still be burning?

Given that if $F(z) = \dfrac{1}{\sqrt{2\pi}} \displaystyle\int_{-\infty}^{z} e^{-\frac{1}{2}z^2} dz$

then $F(1.5) = 0.933$
and $F(1.28) = 0.900$

Ans. (i) 866, (ii) 1256

21. Explain the test procedure for testing the independence of two attributes in an r × s contingency table.

22. Describe χ^2 test for goodness of fit. State the assumptions we make while applying the test.

23. The table below gives the number of accidents that occurred in the certain factory on the various days of a particular week.

Days of week	Sun.	Mon.	Tues.	Wed.	Thurs.	Fri.	Sat.
No. of accidents	6	4	9	7	8	10	12

Test at 5% level whether accidents are uniformly distributed over the different days
$\chi_6^2 = 5.25$; χ_6^2; $0.05 = 15.592$ Accept 40.

Ans. $\chi_6^2 = 5.25$ $\chi_{6;\,0.05}^2 = 15.592$ Accept H_0

24. The following is a 2 × 2 contingency table:

Eye colour in father	Eye colour in son	
	Not light	Light
Not light	23	15
Light	15	47

Test whether the eye colour in son is associated with the eye colour in father.

Ans. $\chi_1^2 = 13.2$ $\chi_{1;\,0.05}^2 = 3.841$ Reject H_0

25. A die when tossed 300 times gave the following results:

Score	1	2	3	4	5	6
Frequency	43	49	56	45	66	41

Are the data consistent at 5 % level of significance with the hypothesis that the die is true?

Ans. $\chi_5^2 = 8.56$ $\chi_{5;\,0.05}^2 = 11.07$ Accept H_0

26. The table below gives the number of books issued from a certain library on the various days of a week.

Days	Mon.	Tues.	Wed.	Thurs.	Fri.	Sat.
No. of books issued	120	130	110	115	135	110

Test at 5% l.o.s. whether the issuing of books is independent of a day.

Ans. $\chi_5^2 = 4.583333$ $\chi_{5;\,0.05}^2 = 11.07$ Accept H_0

27. In a locality, 100 persons were randomly selected and asked for their educational achievements. The results are given as under.

Sex	Education		
	Primary school	High school	College
Male	10	15	25
Female	25	10	15

Test whether education depends on sex at 1% level of significance.

Ans. $\chi_2^2 = 9.929$ $\chi_{2;\,0.05}^2 = 5.991$ Reject H_0

28. In an experiment on pea breeding, a scientist obtained the following frequencies of seeds : 316 round and yellow, 102 wrinkled and yellow, 109 round and green and 33 wrinkled and green. Theory predicts that the frequencies of seeds should be in the proportion 9 : 3 : 3 : 1 respectively. Set a proper hypothesis and test it at 5 % l.o.s.

Ans. $\chi_3^2 = 0.3555554$, $\chi_{3;\,0.5}^2 = 7.815$ Accept H_0

29. A newspaper publisher is interested in testing whether newspaper readership in the society is associated with readers' educational achievement. A related survey showed the followed results :

Type of readership	Level of Education			
	Post graduate	Graduate	Passed S.S.C	Not passed S.S.C.
Never	09	12	30	60
Sometimes	25	20	15	20
Daily	68	48	40	10

Test whether type of newspaper readership depends on level of education.
[Take $\alpha = 0.05$]

Ans. $\chi_6^2 = 97.651$, $\chi_{6;\,0.05}^2 = 12.592$ Reject H_0

30. From the information given below, test whether the type of occupation and attitude towards the social laws are independent. [Use 1 % l.o.s.]

Occupation	Attitude towards Social Laws		
	Favourable	Neutral	Opposite
Blue-collar	29	26	37
White-collar	25	32	56
Professional	34	21	42

Ans. $\chi_4^2 = 5.415$ $\chi_{4;\,0.01}^2 = 9.488$ Accept H_0

MULTIPLE CHOICE QUESTIONS (MCQ's)

Type : Probability Distributions.

1. In binomial probability distribution, probability of r successes in n trials is (where p probability of successes and q probability of failure in a single trial) (1)
   (A) $p^r q^{n-r}$
   (B) $^nC_r p^r q^{n+r}$
   (C) $^nC_r p^r q^{n-r}$
   (D) $^rC_n p^n q^{n-r}$

2. Mean of binomial probability distribution is (1)
   (A) nq
   (B) n^2p
   (C) npq
   (D) np

3. Variance of binomial probability distribution is (1)
   (A) npq
   (B) np
   (C) np^2q
   (D) npq^2

4. Standard deviation of binomial probability distribution is (1)
   (A) $\sqrt{pq}$
   (B) $\sqrt{npq}$
   (C) $\sqrt{np}$
   (D) np

5. An unbiased coin is thrown five times. Probability of getting three heads is (2)
   (A) $\dfrac{1}{16}$
   (B) $\dfrac{3}{16}$
   (C) $\dfrac{5}{16}$
   (D) $\dfrac{5}{8}$

6. 20% of bolts produced by machine are defective. The probability that out of three bolts chosen at random 1 is defective is (2)
   (A) 0.384
   (B) 0.9728
   (C) 0.5069
   (D) 0.6325

7. Probability of man now aged 60 years will live upto 70 years of age is 0.65. The probability that out of 10 men 60 years old 2 men will live upto 70 is (2)
   (A) 0.5
   (B) 0.002281
   (C) 0.003281
   (D) 0.004281

8. The probability that a person hit a target in shooting practice is 0.3. If the shoots 10 times, the probability that he hits the target is (2)
   (A) 1
   (B) $1 - (0.7)^{10}$
   (C) $(0.7)^{10}$
   (D) $(0.3)^{10}$

9. An unbiased coin is tossed five times. The probability of getting at least one head is (2)
   (A) $\dfrac{1}{32}$
   (B) $\dfrac{31}{32}$
   (C) $\dfrac{16}{32}$
   (D) $\dfrac{13}{32}$

10. A box contains 100 bulbs out of which 10 are defective. A sample of 5 bulks is drawn. The probability that none is defective is (2)

(A) $\left(\dfrac{1}{10}\right)^5$ 　　　　　(B) $\left(\dfrac{1}{2}\right)^5$

(C) $\left(\dfrac{9}{10}\right)^5$ 　　　　　(D) $\dfrac{9}{10}$

11. On an average a packet containing 10 blades is likely to have two defective blades. In a box containing 100 packets, number of packets expected to contain less than two defective blades is (2)

(A) 38 　　　　　(B) 52

(C) 26 　　　　　(D) 47

12. Out of 2000 families with 4 children each, the number of families you would expect to have no girls is

p = probability of having a boy = $\dfrac{1}{2}$, q = probability of having a girl = $1 - \dfrac{1}{2} = \dfrac{1}{2}$ (2)

(A) 300 　　　　　(B) 150

(C) 200 　　　　　(D) 125

13. In 100 set of 10 tosses of a coin, the number of cases you expect 7 head and 3 tail is (2)

(A) 8 　　　　　(B) 12

(C) 15 　　　　　(D) 17

14. 20% of bolts produced by machine are defective. The mean and standard deviation of defective bolts in total of 900 bolts are respectively (2)

(A) 180 and 12 　　　　　(B) 12 and 180

(C) 90 and 12 　　　　　(D) 9 and 81

15. The mean and variance of binomial probability distribution are $\dfrac{5}{4}$ and $\dfrac{15}{16}$ respectively. Probability of success in a single trial p is equal to (2)

(A) $\dfrac{1}{2}$ 　　　　　(B) $\dfrac{15}{16}$

(C) $\dfrac{1}{4}$ 　　　　　(D) $\dfrac{3}{4}$

16. The mean and variance of binomial probability distribution are 6 and 4 respectively. Number of trials n is given by (2)
    (A) 14
    (B) 10
    (C) 12
    (D) 18

17. The mean and standard derivation of binomial probability distribution are 36 and 3 respectively. Number of trials n is given by (2)
    (A) 42
    (B) 36
    (C) 48
    (D) 24

18. The mean and variance of binomial probability distribution are 6 and 2 respectively. $p(r \geq 2)$ is (2)
    (A) 0.66
    (B) 0.88
    (C) 0.77
    (D) 0.99

19. If X follows the binomial distribution with parameter $n = 6$ and p and $9P(X = 4) = P(X = 2)$, then p is equal to (2)
    (A) $\dfrac{1}{4}$
    (B) $\dfrac{1}{3}$
    (C) $\dfrac{3}{4}$
    (D) $\dfrac{2}{3}$

20. If X follows the binomial distribution with parameter n and $p = \dfrac{1}{2}$ and $P(X = 6) = P(X = 8)$, then n is equal to (2)
    (A) 10
    (B) 14
    (C) 12
    (D) 7

21. If X follows the binomial distribution with parameter n and $p = \dfrac{1}{2}$ and $P(X = 4) = P(X = 5)$, then $P(X = 2)$ is equal to (2)
    (A) $^7C_2 \left(\dfrac{1}{2}\right)^7$
    (B) $^{11}C_2 \left(\dfrac{1}{2}\right)^{11}$
    (C) $^{10}C_2 \left(\dfrac{1}{2}\right)^{10}$
    (D) $^9C_2 \left(\dfrac{1}{2}\right)^9$

22. If $z = np$ where n the number of trials is very large and p the probability of success at each trial, then in Poisson's probability distribution p(r) the probability of r successes is given by (1)
    (A) $\dfrac{e^z z}{r!}$
    (B) $\dfrac{e^{-z} z^r}{r}$
    (C) $\dfrac{e^{-z} z^r}{r!}$
    (D) $\dfrac{e^z z^r}{r!}$

23. In a Poisson's probability distribution if n = 100, p = 0.01, p(r = 0) is given by (2)

(A) $\dfrac{1}{e}$ (B) $\dfrac{2}{e}$

(C) $\dfrac{3}{e}$ (D) $\dfrac{4}{e}$

24. In a Poisson's probability distribution if n = 100, p = 0.02, p(r = 1) is given by (2)

(A) $\dfrac{1}{e^2}$ (B) $\dfrac{2}{e^2}$

(C) $\dfrac{2}{e}$ (D) $\dfrac{1}{e}$

25. For a tabular data (2)

x	0	1	2	3
F	2	4	6	8

Poisson's fit p(r) is given by

(A) $\dfrac{e^{-1}\, 2^r}{r!}$ (B) $\dfrac{e^{-2}\, 2^r}{r!}$

(C) $\dfrac{e^{-2}\, 2^3}{r!}$ (D) $\dfrac{e^{-3}\, 3^r}{r!}$

26. For a tabulated data : (2)

x	0	1	2	3
f	1	4	15	24

Poisson's fit p(r) is given by

(A) $\dfrac{e^{-4.609}\, (4.609)^r}{r!}$ (B) $\dfrac{e^{-6.709}\, (6.709)^r}{r!}$

(C) $\dfrac{e^{-3.509}\, (3.509)^r}{r!}$ (D) $\dfrac{e^{-2.409}\, (2.409)^r}{r!}$

27. In a Poisson's probability distribution if p (r = 1) = 2p (r = 2) and p (r = 3) is given by (2)

(A) $\dfrac{1}{6e}$ (B) $\dfrac{2}{3e}$

(C) $\dfrac{1}{8e}$ (D) $\dfrac{1}{9e}$

28. In a Poisson's probability distribution if 3p (r = 4) = p (r = 5) and p (r = 6) is given by (2)

(A) $\dfrac{e^{-12}\, (12)^6}{6!}$ (B) $\dfrac{e^{-18}\, (18)^6}{6!}$

(C) $\dfrac{e^{-15}\, (15)^6}{6!}$ (D) $\dfrac{e^{-10}\, (10)^6}{6!}$

29. In a Poisson's probability distribution if $p(r=2) = 9p(r=4) + 90p(r=6)$ then mean of the distribution is (2)

(A) ± 1 (B) ± 2

(C) ± 3 (D) ± 4

30. Number of road accidents on a highway during a month follows a Poisson distribution with mean 2. Probability that in a certain month number of accidents on the highway will be equal to 2 is (2)

(A) 0354   (B) 0.2707

(C) 0.435   (D) 0.521

31. Between 2 P.M. and 3 P.M. the average number of phone calls per minute coming into company are 2. Using Poisson's probability distribution, the probability that during one particular minute there will be no phone call at all, is given by (2)

(A) 0.354   (B) 0.356

(C) 0.135   (D) 0.457

32. Average number of phone calls per minute coming into company are 3, during certain period. These calls follows Poisson's probability distribution. Probability that during one particular minute there will be less than two calls, is given by (2)

(A) 0.299   (B) 0.333

(C) 0.444   (D) 0.199

33. In a certain factory turning out razor blades, there is a small chance of $\frac{1}{500}$ for any blade to be defective. The blades are supplied in a packets of 10. Using Poisson distribution, the probability that a packet contain one defective blade is (2)

(A) 0.0196   (B) 0.0396

(C) 0.0596   (D) 0.0496

34. The average number of misprints per page of a book is 1.5. Assuming the distribution of number of misprints to be Poisson. The probability that a particular book is free from misprints, is (2)

(A) 0.329   (B) 0.435

(C) 0.549   (D) 0.2231

35. Normal distribution curve is given by the equation $y = \dfrac{1}{\sigma\sqrt{2\pi}} e^{-\frac{(x-\mu)^2}{2\sigma^2}}$. Integral $\int_{\mu}^{\infty} y\, dx$ has the value. (1)

(A) 0.025 (B) 1
(C) 0.5   (D) 0.75

36. Normal distribution curve is given by the equation $y = \dfrac{1}{\sigma\sqrt{2\pi}} e^{-\frac{(x-\mu)^2}{2\sigma^2}}$. Integral $\int_{-\infty}^{\infty} y\, dx$ has the value (1)

(A) 0.025 (B) 1
(C) 0.5   (D) 0.75

37. X is normally distributed. The mean of X is 15 and standard deviation 3. Given that for z = 1, A = 0.3413, p (X ≥ 18) is given by (2)

(A) 0.1587 (B) 0.4231
(C) 0.2231 (D) 0.3413

38. X is normally distributed. The mean of X is 15 and standard deviation 3. Given that for z = 1, A = 0.3413, p (X ≥ 12) is given by (2)

(A) 0.6587 (B) 0.8413
(C) 0.9413 (D) 0.7083

39. X is normally distributed. The mean of X is 15 and standard deviation 3. Given that for z = 1.666, A = 0.4515, p (0 ≤ x ≤ 10) is given by (2)

(A) 0.0585 (B) 0.0673
(C) 0.0485 (D) 0.1235

40. X is normally distributed. The mean of X is 30 and variance 25. The probability p (26 ≤ x ≤ 40) is (Given : Area corresponding to z = 0.8 is 0.2881 and Area corresponding to z = 2 is 0.4772). (2)

(A) 0.8562 (B) 0.6574
(C) 0.3745 (D) 0.7653

41. In a sample of 1000 candidates, the mean of certain test is 14 and standard deviation is 2.5. Assuming Normal distribution, the probability of candidates getting less than eight marks i.e. p (x ≤ 8) is

(Given : Area corresponding to z = 2.4 is 0.4918) (2)

(A) 0.0054 (B) 0.0075
(C) 0.0082 (D) 0.0035

42. In a normally distributed group of 450 students with mean 42 and standard deviation 8, the number of students scoring less than 48 marks is (2)

(Given : Area corresponding to z = 0.75 is 0.2734).

(A) 348 (B) 102
(C) 127 (D) 250

43. In a certain examination test 10000 students appeared in a subject of mathematics. Average marks obtained were 50% with standard deviation 5%. Marks are normally distributed. Number of students expected to get more than 60% marks is equal to (2)
(z = 2, A = 0.4772)

(A) 200 (B) 300
(C) 325 (D) 228

Answers

1. (C)	2. (D)	3. (A)	4. (B)	5. (C)	6. (A)	7. (D)	8. (B)
9. (B)	10. (C)	11. (A)	12. (D)	13. (B)	14. (A)	15. (C)	16. (D)
17. (C)	18. (D)	19. (A)	20. (B)	21. (D)	22. (C)	23. (A)	24. (B)
25. (B)	26. (D)	27. (A)	28. (C)	29. (A)	30. (B)	31. (C)	32.(D)
33. (A)	34. (D)	35. (C)	36. (B)	37. (A)	38. (B)	39. (C)	40. (D)
41. (C)	42. (A)	43. (D)					

Type II : Chi-square Distribution :

1. A bank utilizes three teller windows to render service to the customer. On a particular day 600 customer were served. If the customers are uniformly distributed over the counters. Expected numbers of customer served on each counter is (2)

(A) 100 (B) 200
(C) 300 (D) 150

2. 200 digits are chosen at random from a set of tables. The frequencies of the digits are as follows :

Digit	0	1	2	3	4	5	6	7	8	9
Frequency	18	19	23	21	16	25	22	20	21	15

The expected frequency and degree of freedom for uniform distribution is

(A) 20 and 10 (B) 21 and 9
(C) 20 and 9 (D) 15 and 8

3. In experiment on pea breeding, the observed frequencies are 222, 120, 32, 150 and expected frequencies are 323, 81, 81, 40, then χ_3^2 has the value (2)

(A) 382.502   (B) 380.50

(C) 429.59   (D) 303.82

4. If observed frequencies O_1, O_2, O_3 are 5, 10, 15 and expected frequencies e_1, e_2, e_3 are each equal to 10, then χ_2^2 has the value (2)

(A) 20   (B) 10

(C) 15   (D) 5

5. Number of books issued on six days of the week, excluding Sunday which is holiday are given as 120, 130, 110, 115, 135, 110 and expectation is 120 books on each day, then χ_5^2 is (2)

(A) 2.58   (B) 3.56

(C) 6.56   (D) 4.58

6. A coin is tossed 160 times and following are expected and observed frequencies for number of heads (2)

No. of heads	0	1	2	3	4
Observed frequency	17	52	54	31	6
Expected Frequency	10	40	60	40	10

Then χ_4^2 is

(A) 12.72   (B) 9.49

(C) 12.8   (D) 9.00

7. Among 64 offspring's of a certain cross between guinea pig 34 were red, 10 were black and 20 were white. Acceding to genetic model, these number should in the ratio 9 : 3 : 4. Expected frequencies in the order (2)

(A) 36, 12, 16   (B) 12, 36, 16

(C) 20, 12, 16   (D) 36, 12, 25

8. A sample analysis of examination results of 500 students was made. The observed frequencies are 220, 170, 90 and 20 and the numbers are in the ratio 4 : 3 : 2 : 1 for the various categories. Then the expected frequencies are

(A) 150, 150, 50, 25   (B) 200, 100, 50, 10

(C) 200, 150, 100, 50   (D) 400, 300, 200, 100

9. In experiment on pea breeding, the observed frequencies are 222, 120, 32, 150 and the theory predicts that the frequencies should be in proportion 8 : 2 : 2 : 1. Then the expected frequencies are (2)

(A) 323, 81, 40, 81
(B) 81, 323, 40, 81
(C) 323, 81, 81, 40
(D) 433, 81, 81, 35

Answers

1. (B)	2. (C)	3. (A)	4. (D)	5. (D)	6. (A)	7. (A)	8. (C)
9. (C)							

UNIT - IV : VECTOR DIFFERENTIAL CALCULUS

CHAPTER SEVEN

VECTOR ALGEBRA

7.1 INTRODUCTION

Subject of vector analysis had its development since nineteenth century. It has helped engineers, mathematicians and physicists in presenting mathematical formulations of physical phenomena in a very compact manner. Equations which take different shapes in different co-ordinate systems can be combined into a single equation and dealt in a precise manner. Whenever required, this single equation in vector form or its solution can be readily expressed in desired coordinate system. Besides this, vector analysis helps in understanding the physical nature of the problem and in correlating mathematical ideas and physical aspects of a problem.

Aim of this work is to acquaint the readers with the subject of vector calculus. Before we take-up the subject of vector calculus, we shall briefly discuss the elementary aspects of vector algebra.

7.2 VECTOR ALGEBRA

A quantity which has got both *magnitude* and *direction* is termed as a *vector quantity*. Physical quantities like displacement, velocity, acceleration, force, current etc. come under this category.

A quantity which has *magnitude alone but not direction* is termed as a *scalar quantity*. Some examples of scalar quantity are mass, length, time, temperature, speed, etc.

Formally a vector is defined as a *directed line segment* and is graphically represented by an arrow AB (See Fig. 7.1) defining the direction. The magnitude of the vector is given by length of the line segment AB, and we write vector AB as $\overrightarrow{AB}$ or $\overline{AB}$ or by Bold faced type **AB**. The magnitude of the vector, that is the length AB is simply expressed as AB = $|\overrightarrow{AB}|$. The tail end A of the arrow is called the initial point of the *vector* and the other end B is called the *terminal point*.

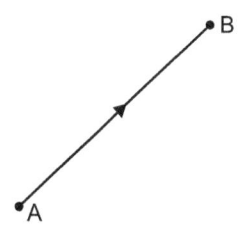

Fig. 7.1

Position Vector : A point A in space can be associated with a vector by joining the point A with some point 'O' in space called origin of reference. Thus, $\overrightarrow{OA} = \overline{a}$, is associated with point A and is called position vector (p.v.) of the point A. (See Fig. 7.2)

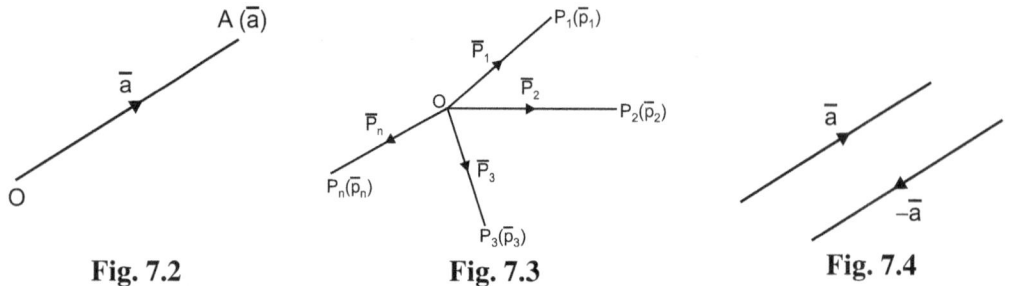

Fig. 7.2   Fig. 7.3   Fig. 7.4

Various points $P_1, P_2, P_3, \ldots P_n$ can be associated with vectors

$$\vec{OP_1} = \bar{p_1}, \quad \vec{OP_2} = \bar{p_2}$$

$$\vec{OP_3} = \bar{p_3}, \quad \vec{OP_n} = \bar{p_n}$$

and are called position vectors of $P_1, P_2, \ldots P_n$ respectively (See Fig. 7.3).

Many times, vectors are graphically represented without specifying initial and/or terminal points. A vector having direction opposite to that of vector $\bar{a}$ but having the same magnitude is denoted by $-\bar{a}$. (Refer to Fig. 7.4)

Equality of Vectors : Two vectors $\vec{AB}$ and $\vec{CD}$ are said to be equal if they are of the same magnitude and direction. Graphically, they are represented along parallel lines (See Fig. 7.5) or could be represented on the same line with different initial points, an arrow indicating the same direction.

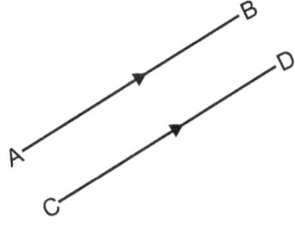

Fig. 7.5

We shall now define the basic operations of addition, subtraction, multiplication of vector quantities.

1. Addition of Vectors : The sum of vectors $\bar{a}$ and $\bar{b}$ is the vector $\bar{c}$ formed by placing the initial point of $\bar{b}$ on the terminal point of $\bar{a}$ and then joining the initial point of $\bar{a}$ to the terminal point of $\bar{b}$.

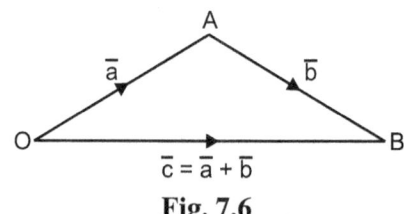

Fig. 7.6

$$\therefore \quad \bar{c} = \bar{a} + \bar{b} = \vec{OA} + \vec{AB} = \vec{OB}$$

The definition here is equivalent to the parallelogram law for vector addition. The vector $\bar{c}$ is called the resultant of $\bar{a}$ and $\bar{b}$. The definition of vector addition can be easily extended to cover the addition of more than two vectors.

Now, $\vec{OA} + \vec{AB} = \vec{OB} \Rightarrow \vec{OA} + \vec{AB} - \vec{OB} = \bar{0} \Rightarrow \vec{OA} + \vec{AB} + \vec{BO} = \bar{0}$
which is the triangle law of vectors.

2. The Difference of Vectors : The difference of vectors $\bar{a}$ and $\bar{b}$ represented by $\bar{a} - \bar{b}$ is defined as the sum $\bar{a} + (-\bar{b})$. If $\bar{a} = \bar{b}$, then $\bar{a} - \bar{b}$ is zero vector $\bar{0}$ or simply 0, it has zero magnitude and can have any direction.

3. Multiplication of Vector by a Scalar : The multiplication of vector $\bar{a}$ by a scalar m is a vector $m\bar{a}$, its magnitude is |m| times the magnitude of $\bar{a}$. If $\hat{a}$ denote a unit vector along $\bar{a}$ then we can write $\bar{a} = a\hat{a}$, where a is the magnitude of $\bar{a}$ i.e. $a = |\bar{a}|$.

4. Laws of Vector Algebra : For any vectors $\bar{a}$, $\bar{b}$, $\bar{c}$ and scalars m and n, following laws can be easily established. They are stated here without proof.

(a) $\bar{a} + \bar{b} = \bar{b} + \bar{a}$ (Commutative law for addition)

(b) $\bar{a} + (\bar{b} + \bar{c}) = (\bar{a} + \bar{b}) + \bar{c}$ (Associative law for addition)

(c) $m\bar{a} = \bar{a}m$ (Commutative law for multiplication)

(d) $m(n\bar{a}) = (mn)\bar{a}$ (Associative law for multiplication)

(e) $(m+n)\bar{a} = m\bar{a} + n\bar{a}$ (Distributive law)

(f) $m(\bar{a} + \bar{b}) = m\bar{a} + m\bar{b}$ (Distributive law)

5. Product of Vectors : The two vectors $\bar{a}$ and $\bar{b}$ do not multiply like scalars m and n. In respect of vectors $\bar{a}$ and $\bar{b}$, two types of product are defined.

(a) Scalar or Dot Product of Vectors : If $\bar{a}$ and $\bar{b}$ are two vectors inclined at an angle 'θ' with respect to each other then the dot product of vectors $\bar{a}$ and $\bar{b}$ is denoted by $\bar{a} \cdot \bar{b}$ or $\bar{a} \circ \bar{b}$ (read as $\bar{a}$ dot $\bar{b}$) and is given by

$$\bar{a} \circ \bar{b} = \bar{a} \cdot \bar{b} = |\bar{a}||\bar{b}| \cos \theta = ab \cos \theta$$

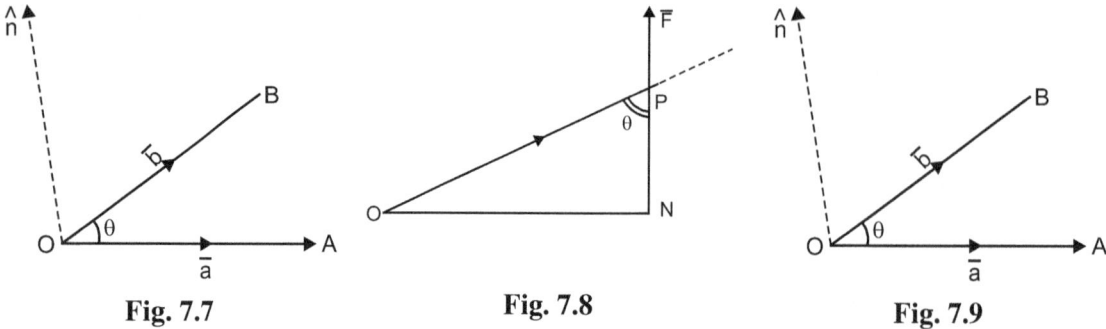

Fig. 7.7   Fig. 7.8   Fig. 7.9

This product gives a scalar quantity and hence the product $\bar{a} \cdot \bar{b}$ is also called scalar product. If $\theta = 90°$, $\cos \theta = 0$ and $\bar{a} \cdot \bar{b} = 0$. To interpret physically, consider force vector $\bar{F}$ and the displacement vector $\bar{d}$ (See Fig. 7.8). $\bar{F} \cdot \bar{d} = Fd \cos \theta$ gives the work done by the force $\bar{F}$ in causing a displacement $\bar{d}$.

(b) Vector or Cross Product of Vectors : Another type of product that exists between the two vectors $\bar{a}$ and $\bar{b}$ is the vector product or cross product. Unlike (a), it gives a vector quantity. Consider the vectors $\bar{a}$, $\bar{b}$ (See Fig. 7.9), inclined at an angle θ. The vector product or cross product of $\bar{a}$ and $\bar{b}$ is denoted by $\bar{a} \times \bar{b}$ (read as $\bar{a}$ cross $\bar{b}$) and is given by

$$\bar{a} \times \bar{b} = |\bar{a}||\bar{b}| \sin \theta \, \hat{n} = ab \sin \theta \, \hat{n}$$

where, $\hat{n}$ is a unit vector perpendicular to the plane of $\bar{a}$ and $\bar{b}$ such that $\bar{a}$, $\bar{b}$ and $\hat{n}$ form a right handed system. (If a screw is rotated from the first vector $\bar{a}$ to the second vector $\bar{b}$ i.e. in an anticlockwise sense then it will come out, indicating the direction of $\hat{n}$). It is obvious from the definition that $\bar{b} \times \bar{a}$ will have opposite direction of $\bar{a} \times \bar{b}$ and $\bar{a} \times \bar{b} = -(\bar{b} \times \bar{a})$. Thus, in taking the cross product of two vectors, the order in which they occur is of importance.

$$|\bar{a} \times \bar{b}| = ab \sin \theta$$

If $\bar{a}$ and $\bar{b}$ are parallel vectors i.e., if the angle $\theta = 0$ or π, then $\sin \theta = 0$ and $\bar{a} \times \bar{b} = 0$.

Similarly, $\bar{a} \times \bar{a} = 0$ as $\theta = 0$

To interpret vector product physically, we shall consider two examples.

(i) Moment of a Force : In statics, Moment of Force about a point is given by the product of the magnitude of the force and the perpendicular distance of the point from the line of action of the force. With reference to Fig. 7.10, moment of the force F about the point 'O' is given by F multiplied by ON or OP $\sin \theta$ i.e. F × OP $\sin \theta$. The sense of the moment is anticlockwise as shown in Fig. 7.10. Since, the moment has got both the magnitude and direction, it can be represented in vector form by the cross product $\bar{r} \times \bar{F}$, where $\bar{r} = \overrightarrow{OP}$ (the position vector of P, any point on the line of action $\bar{F}$).

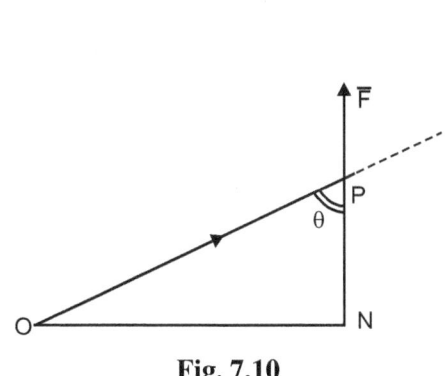

Fig. 7.10　　　　　　　　　　**Fig. 7.11**

By definition, $\bar{r} \times \bar{F} = rF \sin\theta \, \hat{n}$,　　($\bar{r}, \bar{F}, \hat{n}$ forming a right handed system)

$\therefore$　　$|\bar{r} \times \bar{F}| = rF \sin\theta$　or　$Fr \sin\theta$

which is same as the moment of $\bar{F}$ about O. The direction of the moment is associated with $\hat{n}$. Thus, $\bar{r} \times \bar{F}$ represents the moment vector $\bar{M}$ which represents the moment of the force $\bar{F}$ about the point 'O'.

(ii) Rigid Body Rotation about an Axis : Consider a rigid body rotating with angular velocity $\bar{\omega}$ about an axis OA. Vector $\bar{\omega}$ has magnitude ω and direction parallel to the axis OA (See Fig. 7.11). If P ($\bar{r}$) is any point on the body, the linear velocity $\bar{v}$ of the point has magnitude AP ω i.e. $r \sin\theta \, \omega$ (AP = $r \sin\theta$) and the direction along the tangent to the circle at P as shown in Fig. 7.11. $\overrightarrow{OP} = \bar{r}$ is the position vector of the point P with respect to 'O' as the origin of the reference. From Fig. 7.11, it is clear that $\bar{\omega}, \bar{r}, \bar{v}$ constitute a right handed system and we can express $\bar{v}$ as

$$\bar{v} = \bar{\omega} \times \bar{r} \quad \text{or} \quad \bar{r} \times \bar{v} = \bar{\omega}$$

[Note that $|\bar{v}| = |\bar{\omega} \times \bar{r}| = \omega r \sin\theta$]

6. Scalar Triple Product or Box Product : Between three vectors $\bar{a}, \bar{b}, \bar{c}$ there exists scalar triple product or mixed product $\bar{a} \times \bar{b} \cdot \bar{c}$ which can also be written as $[\bar{a} \ \bar{b} \ \bar{c}]$. Here dot and cross are interchangeable and $\bar{a} \times \bar{b} \cdot \bar{c} = \bar{a} \cdot \bar{b} \times \bar{c}$. Hence the positions of '·' and 'x' are immaterial which leads to the notation $[\bar{a} \ \bar{b} \ \bar{c}]$ read as Box

Product. This product of three vectors is a scalar quantity hence the name Scalar Triple Product. It can be easily established that $[\bar{a}\ \bar{b}\ \bar{c}] = [\bar{b}\ \bar{c}\ \bar{a}] = [\bar{c}\ \bar{a}\ \bar{b}]$ i.e. cyclic change between $\bar{a}, \bar{b}, \bar{c}$ does not alter the value of the scalar triple product. To interpret it physically, consider a rectangular parallelopiped (See Fig. 7.12) with edges OA, OB, OC of lengths a, b, c respectively. Consider the vectors $\bar{a}, \bar{b}, \bar{c}$ along OA, OB, OC as shown. 'p' is the length of the perpendicular from 'C' on the base OADB. 'θ' is the angle between OA and OB, α is the angle between OC and OM.

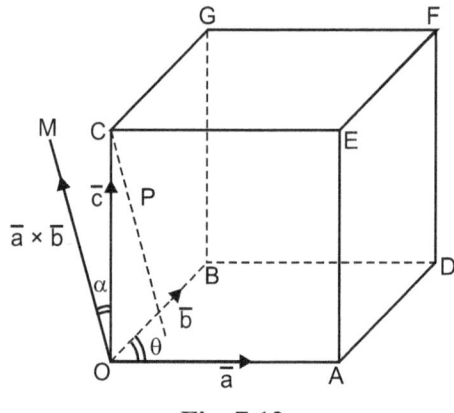

Fig. 7.12

$\bar{a} \times \bar{b}$ is a vector perpendicular to the plane of $\bar{a}$ and $\bar{b}$; $\bar{a}, \bar{b}$ and $\bar{a} \times \bar{b}$ forming a right handed system. $|\bar{a} \times \bar{b}| = ab \sin\theta$ which is equal to the area of the parallelogram OADB, direction of $\bar{a} \times \bar{b}$ is along OM.

By definition, $\qquad \bar{a} \times \bar{b} \cdot \bar{c} = |\bar{a} \times \bar{b}||\bar{c}|\cos\alpha = ab \sin\theta\, c \cos\alpha$
$\qquad\qquad\qquad\qquad\qquad = ab \sin\theta\, p \qquad\qquad [\because p = c \cos\alpha]$

Or $\qquad\qquad\qquad \bar{a} \times \bar{b} \cdot \bar{c} =$ Area of parallelogram × Altitude
$\qquad\qquad\qquad\qquad\qquad =$ Volume of parallelopiped

Thus $\bar{a} \times \bar{b} \cdot \bar{c}$ represents volume of a parallelopiped with coterminus edges of lengths a, b, c.

Obviously $\bar{a} \times \bar{b} \cdot \bar{c} = \bar{a} \cdot \bar{b} \times \bar{c} =$ volume of the parallelopiped which shows that dot and cross are interchangeable in scalar triple product. It can also be seen that out of $\bar{a}, \bar{b}, \bar{c}$ if any two vectors are equal or parallel then $\bar{a} \times \bar{b} \cdot \bar{c} = 0$.

7. Vector Triple Product : Between three vectors, we can consider another type of product $\bar{a} \times (\bar{b} \times \bar{c})$ which is called *vector triple product*. It can be proved that,

$$\bar{a} \times (\bar{b} \times \bar{c}) = (\bar{a} \cdot \bar{c})\bar{b} - (\bar{a} \cdot \bar{b})\bar{c}.$$

This follows from the fact that $\bar{a} \times (\bar{b} \times \bar{c})$ is a vector which lies in the plane of $\bar{b}$ and $\bar{c}$ and can be expressed as a linear combination of $\bar{b}, \bar{c}$. The proof is left to the students as an exercise.

To obtain $(\bar{a} \times \bar{b}) \times \bar{c}$, we write it as

$$(\bar{a} \times \bar{b}) \times \bar{c} = -\bar{c} \times (\bar{a} \times \bar{b}), \ [\because \ \bar{a} \times \bar{b} = -\bar{b} \times \bar{a}]$$
$$= -[(\bar{c} \cdot \bar{b})\bar{a} - (\bar{c} \cdot \bar{a})\bar{b}] = (\bar{c} \cdot \bar{a})\bar{b} - (\bar{c} \cdot \bar{b})\bar{a}$$

Expression for $\bar{a} \times (\bar{b} \times \bar{c})$ is of great importance and students are advised to memorise it.

8. Quadruple Products :

(a) Consider the product $(\bar{a} \times \bar{b}) \cdot (\bar{c} \times \bar{d})$ involving four vectors $\bar{a}, \bar{b}, \bar{c}$ and $\bar{d}$.

$$(\bar{a} \times \bar{b}) \cdot (\bar{c} \times \bar{d}) = (\bar{a} \times \bar{b}) \cdot \bar{p} = \bar{a} \cdot \bar{b} \times \bar{p}, \ [\text{where } \bar{p} = \bar{c} \times \bar{d}]$$
$$= \bar{a} \cdot [\bar{b} \times (\bar{c} \times \bar{d})] = \bar{a} \cdot [(\bar{b} \cdot \bar{d})\bar{c} - (\bar{b} \cdot \bar{c})\bar{d}]$$
$$= (\bar{a} \cdot \bar{c})(\bar{b} \cdot \bar{d}) - (\bar{a} \cdot \bar{d})(\bar{b} \cdot \bar{c}) \rightarrow \text{a scalar.}$$

This product is known as scalar quadruple product.

(b) We can also consider the product $(\bar{a} \times \bar{b}) \times (\bar{c} \times \bar{d})$.

$$(\bar{a} \times \bar{b}) \times (\bar{c} \times \bar{d}) = (\bar{a} \times \bar{b}) \times \bar{p} = -\bar{p} \times (\bar{a} \times \bar{b})$$
$$= -[(\bar{p} \cdot \bar{b})\bar{a} - (\bar{p} \cdot \bar{a})\bar{b}], \ [\bar{p} = \bar{c} \times \bar{d}]$$
$$= (\bar{p} \cdot \bar{a})\bar{b} - (\bar{p} \cdot \bar{b})\bar{a} = [(\bar{c} \times \bar{d}) \cdot \bar{a}]\bar{b} - [(\bar{c} \times \bar{d}) \cdot \bar{b}]\bar{a}$$
$$= [\bar{c} \ \bar{d} \ \bar{a}]\bar{b} - [\bar{c} \ \bar{d} \ \bar{b}]\bar{a}$$

Similarly, if $\bar{a} \times \bar{b} = \bar{p}$

$$(\bar{a} \times \bar{b}) \times (\bar{c} \times \bar{d}) = \bar{p} \times (\bar{c} \times \bar{d}) = (\bar{p} \cdot \bar{d})\bar{c} - (\bar{p} \cdot \bar{c})\bar{d}$$
$$= [\bar{a} \times \bar{b} \cdot \bar{d}]\bar{c} - [\bar{a} \times \bar{b} \cdot \bar{c}]\bar{d} = [\bar{a} \ \bar{b} \ \bar{d}]\bar{c} - [\bar{a} \ \bar{b} \ \bar{c}]\bar{d}$$
$$\rightarrow \text{a vector}$$

Thus it is seen that $(\bar{a} \times \bar{b}) \times (\bar{c} \times \bar{d})$ can be expressed as linear combination of $\bar{a}$ and $\bar{b}$ or that of $\bar{c}$ and $\bar{d}$ i.e. it lies in the plane of $(\bar{a}, \bar{b})$ and $(\bar{c}, \bar{d})$ both or along the common section of the planes of $\bar{a}, \bar{b}$ and $\bar{c}, \bar{d}$. This product is known as vector quadruple product.

7.3 ORTHOGONAL VECTOR TRIAD

It is quite useful to consider a set of three mutually perpendicular unit vectors $\bar{i}, \bar{j}, \bar{k}$ taken along x, y, z axes (which are mutually perpendicular) as shown in Fig. 7.13. If $\bar{a}$ is any vector in space, it can always be expressed as a linear combination of any three non-coplaner vectors. $\bar{i}, \bar{j}, \bar{k}$ being three non-coplaner vectors, $\bar{a}$ can be expressed as $\bar{a} = a_1 \bar{i} + a_2 \bar{j} + a_3 \bar{k}$, where a_1, a_2, a_3 are the scalar components of $\bar{a}$ along x, y and z axes. If P (x, y, z) is any point in space then vector $\overline{OP}$ is generally denoted by $\bar{r}$ and can be expressed as $\bar{r} = x\bar{i} + y\bar{j} + z\bar{k}$.

From the definitions of the dot and the cross product, it can be easily seen that

$$\bar{i} \cdot \bar{i} = |\bar{i}||\bar{i}|\cos 0 = 1 \text{ [as } |\bar{i}| = 1, \cos 0 = 1]$$
$$\bar{j} \cdot \bar{j} = 1, \bar{k} \cdot \bar{k} = 1$$
$$\bar{i} \cdot \bar{j} = \bar{j} \cdot \bar{k} = \bar{k} \cdot \bar{i} = 0$$

∵ $\bar{i}, \bar{j}, \bar{k}$ are mutually perpendicular and $\cos\left(\frac{\pi}{2}\right) = 0$.

Also $\bar{i} \times \bar{i} = 0, \bar{j} \times \bar{j} = 0, \bar{k} \times \bar{k} = 0$
$$\bar{i} \times \bar{j} = \bar{k}, \bar{j} \times \bar{k} = \bar{i}, \bar{k} \times \bar{i} = \bar{j}$$

[$\bar{i}, \bar{j}, \bar{k}$ constitute a right handed system].

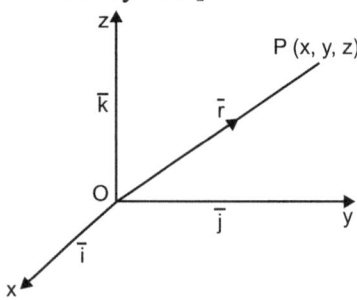

Fig. 7.13

If $\quad \bar{a} = a_1 \bar{i} + a_2 \bar{j} + a_3 \bar{k}, \quad \bar{b} = b_1 \bar{i} + b_2 \bar{j} + b_3 \bar{k}$

$$\bar{a} \cdot \bar{b} = (a_1 \bar{i} + a_2 \bar{j} + a_3 \bar{k}) \cdot (b_1 \bar{i} + b_2 \bar{j} + b_3 \bar{k})$$
$$= a_1 \bar{i} \cdot (b_1 \bar{i} + b_2 \bar{j} + b_3 \bar{k}) + a_2 \bar{j} \cdot (b_1 \bar{i} + b_2 \bar{j} + b_3 \bar{k}) +$$
$$a_3 \bar{k} \cdot (b_1 \bar{i} + b_2 \bar{j} + b_3 \bar{k})$$
$$= a_1 b_1 + a_2 b_2 + a_3 b_3 \qquad (\because \bar{i} \cdot \bar{i} = 1, \bar{i} \cdot \bar{j} = 0 \text{ etc.)}$$

If θ is the angle between $\bar{a}$ and $\bar{b}$,

$$\bar{a} \cdot \bar{b} = |\bar{a}||\bar{b}|\cos\theta = a_1b_1 + a_2b_2 + a_3b_3$$

$$\therefore \quad \cos\theta = \frac{a_1b_1 + a_2b_2 + a_3b_3}{|\bar{a}||\bar{b}|}$$

To determine $|\bar{a}|, |\bar{b}|$ consider

$$\bar{a} \cdot \bar{a} = (a_1\bar{i} + a_2\bar{j} + a_3\bar{k}) \cdot (a_1\bar{i} + a_2\bar{j} + a_3\bar{k}) = a_1^2 + a_2^2 + a_3^2$$

But $\quad \bar{a} \cdot \bar{a} = |\bar{a}||\bar{a}|\cos 0 = |\bar{a}|^2$

$\therefore \quad |\bar{a}| = \sqrt{\bar{a}\cdot\bar{a}} = \sqrt{a_1^2 + a_2^2 + a_3^2}$ Similarly, $|\bar{b}| = \sqrt{b_1^2 + b_2^2 + b_3^2}$

The angle θ between vectors $\bar{a}, \bar{b}$ can now be calculated from the formula,

$$\cos\theta = \frac{a_1b_1 + a_2b_2 + a_3b_3}{\sqrt{a_1^2 + a_2^2 + a_3^2}\sqrt{b_1^2 + b_2^2 + b_3^2}}$$

To obtain $\hat{a}$ [the unit vector along $\bar{a}$] $\bar{a} = a\hat{a} \therefore \hat{a} = \frac{\bar{a}}{a} = \frac{a_1\bar{i} + a_2\bar{j} + a_3\bar{k}}{\sqrt{a_1^2 + a_2^2 + a_3^2}}$

To obtain cross product $\bar{a} \times \bar{b}$

$$\bar{a} \times \bar{b} = (a_1\bar{i} + a_2\bar{j} + a_3\bar{k}) \times (b_1\bar{i} + b_2\bar{j} + b_3\bar{k})$$

$$= a_1\bar{i} \times (b_1\bar{i} + b_2\bar{j} + b_3\bar{k}) + a_2\bar{j} \times (b_1\bar{i} + b_2\bar{j} + b_3\bar{k})$$

$$+ a_3\bar{k} \times (b_1\bar{i} + b_2\bar{j} + b_3\bar{k})$$

$$= a_1b_2\bar{k} - a_1b_3\bar{j} - a_2b_1\bar{k} + a_2b_3\bar{i} + a_3b_1\bar{j} - a_3b_2\bar{i}$$

$$[\bar{i} \times \bar{i} = 0, \bar{i} \times \bar{j} = \bar{k}, \bar{i} \times \bar{k} = -\bar{j} \text{ etc.}]$$

$$= (a_2b_3 - a_3b_2)\bar{i} + (a_3b_1 - a_1b_3)\bar{j} + (a_1b_2 - a_2b_1)\bar{k}$$

This result can be expressed in a more convenient determinant form as

$$\bar{a} \times \bar{b} = \begin{vmatrix} \bar{i} & \bar{j} & \bar{k} \\ a_1 & a_2 & a_3 \\ b_1 & b_2 & b_3 \end{vmatrix}$$

To compute mixed product

$\bar{a} \times \bar{b} \cdot \bar{c}$ where, $\bar{c} = c_1 \bar{i} + c_2 \bar{j} + c_3 \bar{k}$

$$\bar{a} \times \bar{b} \cdot \bar{c} = [(a_2 b_3 - a_3 b_2) \bar{i} + (a_3 b_1 - a_1 b_3) \bar{j} + (a_1 b_2 - a_2 b_1) \bar{k}] \cdot [c_1 \bar{i} + c_2 \bar{j} + c_3 \bar{k}]$$

$$= (a_2 b_3 - a_3 b_2) c_1 + (a_3 b_1 - a_1 b_3) c_2 + (a_1 b_2 - a_2 b_1) c_3$$

which can also be expressed as $= \begin{vmatrix} a_1 & a_2 & a_3 \\ b_1 & b_2 & b_3 \\ c_1 & c_2 & c_3 \end{vmatrix}$

ILLUSTRATION

Ex. 1: If $\bar{a} = 2\bar{i} + 2\bar{j} + \bar{k}$; $\bar{b} = \bar{i} - \bar{j} + 2\bar{k}$; $\bar{c} = \bar{i} + \bar{j} - \bar{k}$

find (i) the angle between $\bar{a}$ and $\bar{b}$ (ii) $\hat{a}$

(iii) $\bar{a} \times \bar{b}$ (iv) $\bar{a} \times \bar{b} \cdot \bar{c}$

Sol.: (i) If θ is the angle between $\bar{a}, \bar{b}$

$$\cos \theta = \frac{\bar{a} \cdot \bar{b}}{|\bar{a}||\bar{b}|} = \frac{2 - 2 + 2}{\sqrt{4 + 4 + 1}\sqrt{1 + 1 + 4}} = \frac{2}{3\sqrt{6}}$$

$$\theta = \cos^{-1}\left(\frac{2}{3\sqrt{6}}\right)$$

(ii) $\hat{a} = \dfrac{\bar{a}}{|\bar{a}|} = \dfrac{2\bar{i} + 2\bar{j} + \bar{k}}{\sqrt{4 + 4 + 1}} = \dfrac{2\bar{i} + 2\bar{j} + \bar{k}}{3}$

(iii) $\bar{a} \times \bar{b} = \begin{vmatrix} \bar{i} & \bar{j} & \bar{k} \\ 2 & 2 & 1 \\ 1 & -1 & 2 \end{vmatrix}$

$= \bar{i}(4 + 1) + \bar{j}(1 - 4) + \bar{k}(-2 - 2) = 5\bar{i} - 3\bar{j} - 4\bar{k}$

(iv) $\bar{a} \times \bar{b} \cdot \bar{c} = \begin{vmatrix} 2 & 2 & 1 \\ 1 & -1 & 2 \\ 1 & 1 & -1 \end{vmatrix}$

$= 2(1 - 2) + 2(2 + 1) + 1(1 + 1)$

$= -2 + 6 + 2 = 6$

CHAPTER EIGHT

VECTOR DIFFERENTIATION

8.1 DEFINITION AND ELEMENTARY RULES

In ordinary differentiation (not involving vectors), the derivative $\frac{dy}{dx}$ [where $y = f(x)$] is defined as

$$\frac{dy}{dx} = \lim_{h \to 0} \left[\frac{f(x+h) - f(x)}{h} \right]$$

Consider vector $\bar{r}$, which may depend for its value on scalar variable t, the functional relationship being $\bar{r} = \bar{F}(t)$

Here we have vector function $\bar{r} = \bar{F}(t)$ depending upon scalar variable t. Corresponding to a change δt in t, let there be a change $\delta \bar{r}$ in $\bar{r}$ i.e.

$$\delta \bar{r} = \bar{F}(t + \delta t) - \bar{F}(t)$$

The vector derivative can now be defined as

$$\frac{d\bar{r}}{dt} = \lim_{\delta t \to 0} \left[\frac{\bar{F}(t + \delta t) - \bar{F}(t)}{\delta t} \right]$$

This limit when exists is denoted by $\bar{F}'(t)$ or $\frac{d\bar{r}}{dt}$ and is called *rate of change of* $\bar{r}$ *with respect to t*. Thus, the vector derivative is defined in the same way as the scalar derivative and all the laws of scalar differentiation can be suitably extended to cover vector differentiation.

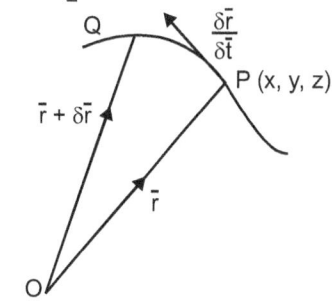

Fig. 8.1

To interpret physically, consider a point P on the curve whose position vector is $\bar{r}(t)$. Corresponding to different values of t, we get different points on the curve. Let t change by an amount δt and the point P move to Q. Let $\bar{r} + \delta \bar{r}$ be the position vector of Q.

$$\vec{PQ} = \vec{OQ} - \vec{OP} = \bar{r} + \delta \bar{r} - \bar{r} = \delta \bar{r}$$

Consider the vector $\frac{\vec{PQ}}{\delta t} = \frac{\delta \bar{r}}{\delta t}$

(8.1)

Now taking the limit as $\delta t \to 0$, i.e. $Q \to P$, $\lim\limits_{\delta t \to 0} \dfrac{\overrightarrow{PQ}}{\delta t} = \lim\limits_{\delta t \to 0} \dfrac{\delta \overline{r}}{\delta t} = \dfrac{d\overline{r}}{dt}$

In the limiting case when $Q \to P$, the vector $\overrightarrow{PQ}$ assumes the position of tangent vector at P. Thus $\dfrac{d\overline{r}}{dt}$ represents the tangent vector $\overline{T}$ at P (See Fig. 8.1).

In particular, if t is the time variable, $\overrightarrow{PQ}$ represents displacement vector then $\dfrac{d\overline{r}}{dt}$ represents the velocity vector $\overline{V}$.

Thus, in general, $\dfrac{d\overline{r}}{dt}$ will represent tangent vector denoted by $\overline{T}$ and in particular when t is the time variable, $\dfrac{d\overline{r}}{dt}$ represents velocity vector denoted by $\overline{V}$. The second and higher order derivatives can be defined in the same way as first order derivative. $\dfrac{d\overline{V}}{dt} = \dfrac{d^2\overline{r}}{dt^2}$ represents acceleration vector denoted by $\overline{a}$.

In another particular case, if the arc $PQ = \delta s$ and P, Q are very close to each other, chord PQ is approximately equal to arc PQ i.e. δs and from the distance formula,

$\delta s^2 = \delta x^2 + \delta y^2 + \delta z^2$ (See Fig. 8.1)

Dividing by δs^2 and taking the limit as $Q \to P$ or $\delta s \to 0$

$$1 = \left(\dfrac{dx}{ds}\right)^2 + \left(\dfrac{dy}{ds}\right)^2 + \left(\dfrac{dz}{ds}\right)^2$$

just as $\lim \dfrac{\overrightarrow{PQ}}{\delta t}$ represents tangent vector.

$$\lim \dfrac{\overrightarrow{PQ}}{\delta s} = \lim \dfrac{\delta \overline{r}}{\delta s} = \dfrac{d\overline{r}}{ds} \text{ also represents a tangent vector}$$

Now, $\overline{r} = x\overline{i} + y\overline{j} + z\overline{k}$

$d\overline{r} = \overline{i}\,dx + \overline{j}\,dy + \overline{k}\,dz$

$$\therefore \quad \frac{d\bar{r}}{ds} = \bar{i}\frac{dx}{ds} + \bar{j}\frac{dy}{ds} + \bar{k}\frac{dz}{ds}$$

$$\left|\frac{d\bar{r}}{ds}\right| = \sqrt{\left(\frac{dx}{ds}\right)^2 + \left(\frac{dy}{ds}\right)^2 + \left(\frac{dz}{ds}\right)^2} = 1$$

Thus, $\dfrac{d\bar{r}}{ds}$ represents a tangent vector at P with unit magnitude denoted by $\hat{T}$.

From the definition of vector derivative, following results can be easily established.

For vectors $\bar{u}(t)$, $\bar{v}(t)$, $\bar{w}(t)$

(i) $\dfrac{d}{dt}(\bar{u} + \bar{v}) = \dfrac{d\bar{u}}{dt} + \dfrac{d\bar{v}}{dt}$ (ii) $\dfrac{d}{dt}(\bar{u} - \bar{v}) = \dfrac{d\bar{u}}{dt} - \dfrac{d\bar{v}}{dt}$

(iii) $\dfrac{d}{dt}(\bar{u} \cdot \bar{v}) = \bar{v} \cdot \dfrac{d\bar{u}}{dt} + \bar{u} \cdot \dfrac{d\bar{v}}{dt}$ (iv) $\dfrac{d}{dt}(\bar{u} \times \bar{v}) = \dfrac{d\bar{u}}{dt} \times \bar{v} + \bar{u} \times \dfrac{d\bar{v}}{dt}$

[The order in which $\bar{u}$, $\bar{v}$ occur is maintained]

(v) $\dfrac{d}{dt}[\bar{u} \times \bar{v} \cdot \bar{w}] = \dfrac{d\bar{u}}{dt} \times \bar{v} \cdot \bar{w} + \bar{u} \times \dfrac{d\bar{v}}{dt} \cdot \bar{w} + \bar{u} \times \bar{v} \cdot \dfrac{d\bar{w}}{dt}$

(vi) $\dfrac{d}{dt}[\bar{u} \times (\bar{v} \times \bar{w})] = \dfrac{d\bar{u}}{dt} \times (\bar{v} \times \bar{w}) + \bar{u} \times \left(\dfrac{d\bar{v}}{dt} \times \bar{w}\right) + \bar{u} \times \left(\bar{v} \times \dfrac{d\bar{w}}{dt}\right)$

[In (iv), (v) and (vi) order in which $\bar{u}, \bar{v}, \bar{w}$ occur is maintained]

(vii) If s is any scalar depending upon t,

$$\frac{d}{dt}(s\bar{u}) = \frac{ds}{dt}\bar{u} + s\frac{d\bar{u}}{dt}$$

(viii) $\dfrac{d}{dt}\left(\dfrac{\bar{u}}{s}\right) = \dfrac{s\dfrac{d\bar{u}}{dt} - \bar{u}\dfrac{ds}{dt}}{s^2}$

(ix) If s is constant, $\dfrac{d}{dt}(s\bar{u}) = s\dfrac{d\bar{u}}{dt}$

Since $\dfrac{\bar{u}}{\bar{v}}$ is not defined, hence $\dfrac{d}{dt}\left(\dfrac{\bar{u}}{\bar{v}}\right)$ is also not defined or has no meaning.

If $\bar{u}(x, y)$, $\bar{v}(x, y)$ are vector functions of scalars x, y; the partial derivatives $\frac{\partial \bar{u}}{\partial x}, \frac{\partial \bar{u}}{\partial y}$ are defined as

$$\frac{\partial \bar{u}}{\partial x} = \lim_{\delta x \to 0} \left[\frac{\bar{u}(x + \delta x, y) - \bar{u}(x, y)}{\delta x} \right], \quad \frac{\partial \bar{u}}{\partial y} = \lim_{\delta y \to 0} \left[\frac{\bar{u}(x, y + \delta y) - \bar{u}(x, y)}{\delta y} \right]$$

if the limits exist.

The mixed derivatives $\frac{\partial^2 \bar{u}}{\partial x \, \partial y}$ and higher order partial derivatives $\frac{\partial^2 \bar{u}}{\partial x^2}, \frac{\partial^2 \bar{u}}{\partial y^2}, \frac{\partial^2 \bar{v}}{\partial x^2}, \frac{\partial^3 \bar{u}}{\partial x^3}$ can be similarly defined and can be computed.

Rules for partial differentiation of vectors are similar to those used in calculus for scalar functions. Following results can be easily established :

$$\frac{\partial}{\partial x}(\bar{u} \pm \bar{v}) = \frac{\partial \bar{u}}{\partial x} \pm \frac{\partial \bar{v}}{\partial x}$$

$$\frac{\partial}{\partial x}(\bar{u} \cdot \bar{v}) = \frac{\partial \bar{u}}{\partial x} \cdot \bar{v} + \bar{u} \cdot \frac{\partial \bar{v}}{\partial x}$$

$$\frac{\partial}{\partial x}(\bar{u} \times \bar{v}) = \frac{\partial \bar{u}}{\partial x} \times \bar{v} + \bar{u} \times \frac{\partial \bar{v}}{\partial x}$$

8.2 APPLICATIONS OF MECHANICS

This includes a study of the motion of particles along curves. Newton's second law of motion states that $\bar{F} = \frac{d}{dt}(m\bar{V})$, where $m\bar{V}$ is the momentum of the object. If m is constant, then this becomes $\bar{F} = m \frac{d\bar{V}}{dt} = m \bar{a}$, where $\bar{a}$ is the acceleration of the object. This law is quite useful in the study of dynamics.

(A) Plane motion of a particle along a circle : Consider a particle P moving along a circle of radius r with constant angular speed ω.

$$\omega = \frac{d\theta}{dt}$$

$$\bar{r} = \overline{OP} = x\bar{i} + y\bar{j} = r\cos\theta\, \bar{i} + r\sin\theta\, \bar{j}$$

Differentiating w.r.t. t

$$\bar{V} = \frac{d\bar{r}}{dt} = -r\sin\theta\,\bar{i}\,\frac{d\theta}{dt} + r\cos\theta\,\bar{j}\,\frac{d\theta}{dt} = (-r\sin\theta\,\bar{i} + r\cos\theta\,\bar{j})\,\omega$$

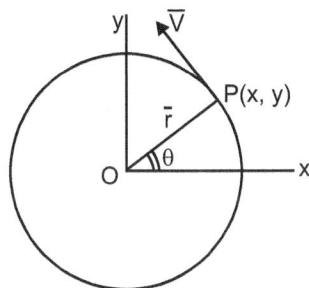

Fig. 8.2

Differentiating again w.r.t. t,

$$\frac{d\bar{V}}{dt} = \bar{a} = \left(-r\cos\theta\,\frac{d\theta}{dt}\,\bar{i} - r\sin\theta\,\frac{d\theta}{dt}\,\bar{j}\right)\omega = (-r\cos\theta\,\bar{i} - r\sin\theta\,\bar{j})\,\omega^2 = -\bar{r}\,\omega^2$$

Hence the acceleration is directed towards the centre.

(B) Radial and Transverse Components of Velocity and Acceleration : Consider a particle moving along a curve C (See Fig. 8.3).

Let $\overrightarrow{OP} = \bar{r}$ be the position vector of point P, $\hat{r}$ and $\hat{s}$ be unit vectors along the radius vector $\bar{r}$ (radial direction) and perpendicular to $\bar{r}$ (transverse direction).

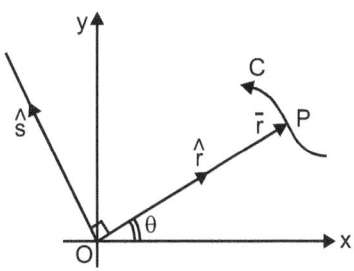

Fig. 8.3

$$\hat{r} = \cos\theta\,\bar{i} + \sin\theta\,\bar{j}$$

$$\hat{s} = \cos\left(\frac{\pi}{2} + \theta\right)\bar{i} + \sin\left(\frac{\pi}{2} + \theta\right)\bar{j}$$

$$= -\sin\theta\,\bar{i} + \cos\theta\,\bar{j}$$

Differentiating both w.r.t. t, we get

$$\frac{d\hat{r}}{dt} = -\sin\theta\,\frac{d\theta}{dt}\,\bar{i} + \cos\theta\,\frac{d\theta}{dt}\,\bar{j} = (-\sin\theta\,\bar{i} + \cos\theta\,\bar{j})\,\frac{d\theta}{dt} = \hat{s}\,\frac{d\theta}{dt}$$

Similarly, $\quad \dfrac{d\hat{s}}{dt} = -\hat{r}\,\dfrac{d\theta}{dt}$

Now $\quad \bar{r} = r\,\hat{r}$

and $\bar{V}$ the velocity of the point P is

$$\bar{V} = \frac{d\bar{r}}{dt} = \frac{d}{dt}(r\hat{r}) = \frac{dr}{dt}\hat{r} + r\frac{d\hat{r}}{dt}$$

$$\boxed{\bar{V} = \frac{dr}{dt}\hat{r} + \left(r\frac{d\theta}{dt}\right)\hat{s}} \qquad \ldots (1)$$

Thus the radial and transverse components of velocity are $\frac{dr}{dt}$ (or $\dot{r}$) and $r\frac{d\theta}{dt}$ (or $r\dot{\theta}$) respectively.

To obtain radial and transverse components of acceleration,

$$\bar{a} = \frac{d\bar{v}}{dt} = \frac{d}{dt}\left[\frac{dr}{dt}\hat{r} + \left(r\frac{d\theta}{dt}\right)\hat{s}\right] = \frac{d^2r}{dt^2}\hat{r} + \frac{dr}{dt}\frac{d\hat{r}}{dt} + \left(\frac{dr}{dt}\frac{d\theta}{dt} + r\frac{d^2\theta}{dt^2}\right)\hat{s} + \left(r\frac{d\theta}{dt}\right)\frac{d\hat{s}}{dt}$$

but $\quad \dfrac{d\hat{r}}{dt} = \hat{s}\dfrac{d\theta}{dt} \quad$ and $\quad \dfrac{d\hat{s}}{dt} = -\hat{r}\dfrac{d\theta}{dt}$

$$\therefore \quad \bar{a} = \frac{d\bar{v}}{dt} = \frac{d^2r}{dt^2}\hat{r} + \frac{dr}{dt}\left(\hat{s}\frac{d\theta}{dt}\right) + \frac{dr}{dt}\frac{d\theta}{dt}\hat{s} + r\frac{d^2\theta}{dt^2}\hat{s} + r\frac{d\theta}{dt}\left(-\hat{r}\frac{d\theta}{dt}\right)$$

$$= \left[\frac{d^2r}{dt^2} - r\left(\frac{d\theta}{dt}\right)^2\right]\hat{r} + \left[2\frac{dr}{dt}\frac{d\theta}{dt} + r\frac{d^2\theta}{dt^2}\right]\hat{s}$$

$$\therefore \quad \boxed{\bar{a} = [\ddot{r} - r(\dot{\theta})^2]\hat{r} + [2\dot{r}\dot{\theta} + r\ddot{\theta}]\hat{s}} \qquad \ldots (2)$$

Thus $\ddot{r} - r\dot{\theta}^2$ is radial and $2\dot{r}\dot{\theta} + r\ddot{\theta}$ is transverse component of acceleration.

(C) Tangential and Normal Components of Acceleration :

$$\bar{V} = \frac{d\bar{r}}{dt} = \frac{d\bar{r}}{ds}\frac{ds}{dt}$$

but $\quad \dfrac{d\bar{r}}{ds} = \hat{T}$ [unit tangent vector] and $\dfrac{ds}{dt} = v = |\bar{V}|$ [speed]

$$\therefore \quad \bar{V} = \frac{ds}{dt}\hat{T} = v\hat{T}$$

and $\quad \bar{a} = \dfrac{d\bar{V}}{dt} = \dfrac{dv}{dt}\hat{T} + v\dfrac{d\hat{T}}{dt}$

$$= \frac{d^2s}{dt^2}\hat{T} + \frac{ds}{dt}\left(\frac{d\hat{T}}{ds}\frac{ds}{dt}\right) = \frac{d^2s}{dt^2}\hat{T} + \left(\frac{ds}{dt}\right)^2\frac{d\hat{T}}{ds}$$

From Serret-Frenet formulae,

$$\frac{d\hat{T}}{ds} = k\hat{N}, \qquad [\hat{N} \text{ is unit principal normal vector}]$$

$$\bar{a} = \frac{d^2s}{dt^2}\hat{T} + \left(\frac{ds}{dt}\right)^2 k\hat{N}, \qquad [k \text{ is curvature}]$$

$$= \frac{d^2s}{dt^2}\hat{T} + \frac{1}{\rho}\left(\frac{ds}{dt}\right)^2 \hat{N}, \quad \left[k = \frac{1}{\rho}, \text{ where } \rho \text{ is radius of curvature}\right]$$

$$\boxed{\bar{a} = \frac{dv}{dt}\hat{T} + \frac{v^2}{\rho}\hat{N} = a_T\hat{T} + a_N\hat{N}}$$

where $\quad a_T = \dfrac{dv}{dt} = \dfrac{d^2s}{dt^2} = \dfrac{\bar{r}\cdot\bar{r}}{|\bar{r}|}, \quad$ is tangential component of $\bar{a}$,

and $\quad a_N = \dfrac{v^2}{\rho} = \dfrac{1}{\rho}\left(\dfrac{ds}{dt}\right)^2 = \dfrac{|\bar{r}\times\bar{r}|}{|\bar{r}|}, \quad$ is normal component of $\bar{a}$.

(D) Law of central orbits (orbital motion): Consider a particle P, describing the curve C under the action of a force F always directed towards the centre 'O'. From equation (2) of (b),

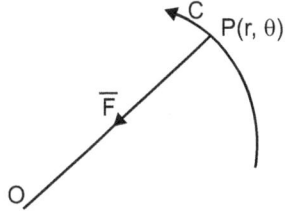

Fig. 8.4

$$F = -\left[\frac{d^2r}{dt^2} - r\left(\frac{d\theta}{dt}\right)^2\right] \qquad \ldots (1)$$

As the force or acceleration is directed towards the centre and since there is no transverse component of acceleration,

$$2\dot{r}\dot{\theta} + r\ddot{\theta} = 0 \qquad \therefore \quad \frac{1}{r}(2r\dot{r}\dot{\theta} + r^2\ddot{\theta}) = 0$$

i.e. $\quad \dfrac{1}{r}\dfrac{d}{dt}\left[r^2\dfrac{d\theta}{dt}\right] = 0$

which implies $r^2\dfrac{d\theta}{dt} = h$ (constant), taking $u = \dfrac{1}{r}$, we get

$$\therefore \quad \frac{d\theta}{dt} = \frac{h}{r^2} = hu^2 \quad \Rightarrow \quad \frac{dr}{dt} = \frac{dr}{d\theta}\frac{d\theta}{dt} = hu^2\frac{dr}{d\theta}$$

but $\quad r = \dfrac{1}{u} \quad \Rightarrow \quad \dfrac{dr}{d\theta} = -\dfrac{1}{u^2}\dfrac{du}{d\theta}$

$$\therefore \quad \frac{dr}{dt} = hu^2\left(-\frac{1}{u^2}\frac{du}{d\theta}\right) = -h\frac{du}{d\theta}$$

$$\frac{d^2r}{dt^2} = -h\frac{d^2u}{d\theta^2}\frac{d\theta}{dt} = -h\frac{d^2u}{d\theta^2}hu^2 = -h^2u^2\frac{d^2u}{d\theta^2}$$

Putting in (1) for $\frac{d\theta}{dt}$, $\frac{d^2r}{dt^2}$

$$F = -\left[-h^2u^2\frac{d^2u}{d\theta^2} - \frac{1}{u}(h^2u^4)\right] = h^2u^2\left(\frac{d^2u}{d\theta^2} + u\right)$$

$$\therefore \quad \boxed{F = h^2u^2\left(\frac{d^2u}{d\theta^2} + u\right)}$$

Which gives the law of force or acceleration which is always directed towards the centre (pole) when the particle describes the given orbit. In above discussion, $r^2\frac{d\theta}{dt}$ = constant, represents moment of velocity of the particle about the centre, which remains constant throughout the motion of the particle.

ILLUSTRATIONS

Ex. 1 : *A curve is given by the equations* $x = t^2 + 1$, $y = 4t - 3$, $z = 2t^2 - 6t$. *Find the angle between tangents at* $t = 1$ *and at* $t = 2$.

Sol. : $\bar{r} = x\bar{i} + y\bar{j} + z\bar{k}$, where $x = t^2 + 1$, $y = 4t - 3$, $z = 2t^2 - 6t$

$$\therefore \quad \bar{T} = \frac{d\bar{r}}{dt} = \bar{i}\frac{dx}{dt} + \bar{j}\frac{dy}{dt} + \bar{k}\frac{dz}{dt} = 2t\bar{i} + 4\bar{j} + (4t - 6)\bar{k}$$

$$\therefore \quad \bar{T}_1 = \{\bar{T}\}_{t=1} = 2\bar{i} + 4\bar{j} - 2\bar{k} \text{ and } \bar{T}_2 = \{\bar{T}\}_{t=2} = 4\bar{i} + 4\bar{j} + 2\bar{k}$$

$$\therefore \quad \hat{T}_1 = \frac{2\bar{i} + 4\bar{j} - 2\bar{k}}{\sqrt{4 + 16 + 4}} = \frac{2\bar{i} + 4\bar{j} - 2\bar{k}}{2\sqrt{6}} = \frac{\bar{i} + 2\bar{j} - \bar{k}}{\sqrt{6}}$$

and $\hat{T}_2 = \frac{4\bar{i} + 4\bar{j} + 2\bar{k}}{\sqrt{16 + 16 + 4}} = \frac{4\bar{i} + 4\bar{j} + 2\bar{k}}{6} = \frac{2\bar{i} + 2\bar{j} + \bar{k}}{3}$

Now, $\hat{T}_1 \cdot \hat{T}_2 = |\hat{T}_1||\hat{T}_2|\cos\theta$ [θ is the angle between the tangents]

$\cos\theta = \hat{T}_1 \cdot \hat{T}_2 = \frac{2 + 4 - 1}{3\sqrt{6}} = \frac{5}{3\sqrt{6}}$

$$\therefore \quad \theta = \cos^{-1}\left\{\frac{5}{3\sqrt{6}}\right\}$$

Ex. 2 : *For the curve* $x = e^t \cos t$, $y = e^t \sin t$, $z = e^t$ *find the velocity and acceleration of the particle moving on the curve at* $t = 0$.

Sol. :
$$\bar{V} = \bar{i}\frac{dx}{dt} + \bar{j}\frac{dy}{dt} + \bar{k}\frac{dz}{dt}$$

$$= \bar{i}\{e^t \cos t - e^t \sin t\} + \bar{j}\{e^t \sin t + e^t \cos t\} + \bar{k}\{e^t\}$$

$$\bar{a} = \frac{d\bar{V}}{dt} = \bar{i}\{e^t \cos t - e^t \sin t - e^t \sin t - e^t \cos t\}$$

$$+ \bar{j}\{e^t \sin t + e^t \cos t + e^t \cos t - e^t \sin t\} + \bar{k}\{e^t\}$$

$$= \bar{i}\{-2e^t \sin t\} + \bar{j}\{2e^t \cos t\} + \bar{k}\{e^t\}$$

$$\bar{V}|_{t=0} = \bar{i} + \bar{j} + \bar{k}$$

$$\bar{a}|_{t=0} = 2\bar{j} + \bar{k}$$

Ex. 3 : *If* $\bar{r}$ *is the position vector of a particle of mass m w.r.t. 'O' as origin and* $\bar{F}$ *is the external force on the particle, then show that the moment of* $\bar{F}$ *about O is given by* $\bar{M} = \frac{d\bar{H}}{dt}$, *where* $\bar{H} = \bar{r} \times m\bar{V}$ *and* $\bar{V}$ *is the velocity of the particle.*

Sol. :
$$\bar{M} = \bar{r} \times \bar{F} = \bar{r} \times \frac{d}{dt}(m\bar{V})$$

$$\frac{d\bar{H}}{dt} = \frac{d}{dt}(\bar{r} \times m\bar{V}) = \frac{d\bar{r}}{dt} \times m\bar{V} + \bar{r} \times \frac{d}{dt}(m\bar{V})$$

$$= \bar{V} \times m\bar{V} + \bar{r} \times \frac{d}{dt}(m\bar{V}) = 0 + \bar{r} \times \frac{d}{dt}(m\bar{V})$$

Thus,
$$\bar{M} = \bar{r} \times \frac{d}{dt}(m\bar{V}) = \frac{d\bar{H}}{dt}$$

Ex. 4 : *For the curve* $x = t^3 + 1$, $y = t^2$, $z = t$, *find the magnitude of tangential and normal components of acceleration for a particle moving on the curve at* $t = 1$.

Sol. : Let
$$\bar{a} = a_T \hat{T} + a_N \hat{N} \qquad \ldots (i)$$

where a_T, a_N are tangential and normal components of acceleration, respectively.

$$\bar{V} = \frac{d\bar{r}}{dt} = \bar{i}\frac{dx}{dt} + \bar{j}\frac{dy}{dt} + \bar{k}\frac{dz}{dt}$$

$$= \bar{i}(3t^2) + 2t\bar{j} + \bar{k} = 3\bar{i} + 2\bar{j} + \bar{k} \text{ at } t = 1$$

$$\bar{a} = \frac{d^2\bar{r}}{dt^2} = 6t\bar{i} + 2\bar{j} = 6\bar{i} + 2\bar{j} \text{ at } t = 1$$

From (i), $\bar{a} \cdot \hat{T} = a_T \hat{T} \cdot \hat{T} + a_N \hat{N} \cdot \hat{T} = a_T$ as $\hat{N} \cdot \hat{T} = 0$

$$\hat{T} = \frac{d\bar{r}/dt}{\left|\frac{d\bar{r}}{dt}\right|} = \frac{3\bar{i}+2\bar{j}+\bar{k}}{\sqrt{9+4+1}} = \frac{1}{\sqrt{14}}(3\bar{i}+2\bar{j}+\bar{k})$$

$$\bar{a} \cdot \hat{T} = (6\bar{i}+2\bar{j}) \cdot \frac{1}{\sqrt{14}}(3\bar{i}+2\bar{j}+\bar{k}) = \frac{1}{\sqrt{14}}(18+4) = \frac{22}{\sqrt{14}}$$

Thus $a_T = \dfrac{22}{\sqrt{14}}$ (Magnitude of tangential component of acceleration).

To obtain normal component, consider

$$a_N \hat{N} = \bar{a} - a_T \hat{T}$$

Taking the dot product with itself

$$a_N \hat{N} \cdot a_N \hat{N} = (\bar{a} - a_T \hat{T}) \cdot (\bar{a} - a_T \hat{T})$$

$$a_N^2 = \left((6\bar{i}+2\bar{j}) - \frac{22}{\sqrt{14}}\frac{(3\bar{i}+2\bar{j}+\bar{k})}{\sqrt{14}}\right) \cdot \left((6\bar{i}+2\bar{j}) - \frac{22}{\sqrt{14}}\frac{(3\bar{i}+2\bar{j}+\bar{k})}{\sqrt{14}}\right)$$

$\therefore \quad a_N^2 = \left[\left(\dfrac{84\bar{i}-66\bar{i}+28\bar{j}-44\bar{j}-22\bar{k}}{14}\right) \cdot \left(\dfrac{84\bar{i}-66\bar{i}+28\bar{j}-44\bar{j}-22\bar{k}}{14}\right)\right]$

$\quad = \left[\left(\dfrac{18\bar{i}-16\bar{j}-22\bar{k}}{14}\right) \cdot \left(\dfrac{18\bar{i}-16\bar{j}-22\bar{k}}{14}\right)\right]$

$\quad = \left(\dfrac{9\bar{i}-8\bar{j}-11\bar{k}}{7}\right) \cdot \left(\dfrac{9\bar{i}-8\bar{j}-11\bar{k}}{7}\right)$

$\quad = \dfrac{1}{49}[81+64+121] = \dfrac{266}{49} = \dfrac{38}{7}$

$\therefore \quad a_N = \sqrt{\dfrac{38}{7}}$ [Magnitude of normal component of acceleration]

Ex. 5 : *For the curve $x = \cos t + t \sin t$, $y = \sin t - t \cos t$, find the tangential and normal components of acceleration at any time t.*

Sol. : $\dfrac{dx}{dt} = -\sin t + \sin t + t \cos t = t \cos t$

$\dfrac{d^2x}{dt^2} = \cos t - t \sin t$

$\dfrac{dy}{dt} = \cos t - \cos t + t \sin t = t \sin t$

$$\frac{d^2y}{dt^2} = \sin t + t \cos t$$

$$\overline{r} = x\,\overline{i} + y\,\overline{j}$$

$$\overline{T} = \overline{i}\,\frac{dx}{dt} + \overline{j}\,\frac{dy}{dt} = \overline{i}\,(t \cos t) + \overline{j}\,(t \sin t)$$

$$\overline{a} = \overline{i}\,\frac{d^2x}{dt^2} + \overline{j}\,\frac{d^2y}{dt^2} = \overline{i}\,(\cos t - t \sin t) + \overline{j}\,(\sin t + t \cos t)$$

Let $\quad \overline{a} = a_T\,\hat{T} + a_N\,\hat{N}$

$$\overline{a} \cdot \hat{T} = a_T$$

$$\hat{T} = \frac{\overline{i}\,(t \cos t) + \overline{j}\,(t \sin t)}{\sqrt{t^2 \cos^2 t + t^2 \sin^2 t}} = \overline{i}\,(\cos t) + \overline{j}\,(\sin t)$$

$$\overline{a} \cdot \hat{T} = [\overline{i}\,(\cos t - t \sin t) + \overline{j}\,(\sin t + t \cos t)] \cdot [\overline{i}\,(\cos t) + \overline{j}\,(\sin t)]$$
$$= \cos^2 t - t \sin t \cos t + \sin^2 t + t \cos t \sin t = 1$$

Thus $\quad a_T = \overline{a} \cdot \hat{T} = 1 \qquad$ (tangential component)

$$a_N\,\hat{N} = \overline{a} - a_T\,\hat{T}$$

$$\therefore\;(a_N\,\hat{N}) \cdot (a_N\,\hat{N}) = (\overline{a} - a_T\,\hat{T}) \cdot (\overline{a} - a_T\,\hat{T})$$

$$a_N^2 = (\overline{a} - a_T\,\hat{T}) \cdot (\overline{a} - a_T\,\hat{T})$$

$$\overline{a} - a_T\,\hat{T} = \overline{i}\,(\cos t - t \sin t) + \overline{j}\,(\sin t + t \cos t) - \overline{i}\,(\cos t) - \overline{j}\,(\sin t)$$
$$= (-t \sin t)\,\overline{i} + (t \cos t)\,\overline{j}$$

$$a_N^2 = [(-t \sin t)\,\overline{i} + (t \cos t)\,\overline{j}] \cdot [(-t \sin t)\,\overline{i} + (t \cos t)\,\overline{j}]$$
$$= t^2 \sin^2 t + t^2 \cos^2 t = t^2$$

$$a_N = t \qquad \text{(Normal component of acceleration)}$$

Ex. 6 : *A particle describes the cardioide $r = a\,(1 + \cos \theta)$ under the attraction of a force directed towards the pole. Find the law of force.*

Sol. : From article 8.2 (d), law of force is given by

$$F = h^2 u^2 \left(\frac{d^2 u}{d\theta^2} + u\right)$$

where $u = \dfrac{1}{r}$ $\qquad u = \dfrac{1}{a}\dfrac{1}{(1+\cos\theta)}$

$$\dfrac{du}{d\theta} = \dfrac{1}{a}\left[\dfrac{1(\sin\theta)}{(1+\cos\theta)^2}\right] = \dfrac{\sin\theta}{a(1+\cos\theta)^2}$$

$$\dfrac{d^2u}{d\theta^2} = \dfrac{1}{a}\left[\dfrac{\cos\theta(1+\cos\theta)^2 + 2(1+\cos\theta)\sin^2\theta}{(1+\cos\theta)^4}\right]$$

$$= \dfrac{1}{a}\left[\dfrac{\cos\theta(1+\cos\theta) + 2\sin^2\theta}{(1+\cos\theta)^3}\right] = \dfrac{1}{a}\left[\dfrac{\cos\theta + 1 + \sin^2\theta}{(1+\cos\theta)^3}\right]$$

$$\dfrac{d^2u}{d\theta^2} + u = \dfrac{1}{a}\left[\dfrac{\cos\theta + 1 + \sin^2\theta}{(1+\cos\theta)^3} + \dfrac{1}{(1+\cos\theta)}\right]$$

$$= \dfrac{1}{a}\left[\dfrac{\cos\theta + 1 + \sin^2\theta + 1 + 2\cos\theta + \cos^2\theta}{(1+\cos\theta)^3}\right]$$

$$= \dfrac{1}{a}\left[\dfrac{3(1+\cos\theta)}{(1+\cos\theta)^3}\right] = \dfrac{1}{a}\dfrac{3}{(1+\cos\theta)^2}$$

$$F = h^2 u^2 \left(\dfrac{d^2u}{d\theta^2} + u\right) = h^2 \dfrac{1}{a^2(1+\cos\theta)^2} \cdot \dfrac{3}{a} \cdot \dfrac{1}{(1+\cos\theta)^2}$$

$$= \dfrac{3h^2 a}{a^4(1+\cos\theta)^4} = \dfrac{3h^2 a}{r^4}$$

Or force is proportional to r^{-4}.

Ex. 7 : *A particle describes the curve $r = 2a\cos\theta$ with constant angular speed ω. Find the radial and transverse components of velocity and acceleration.*

Sol. : From article 8.2 (b),

$$\bar{V} = \dfrac{dr}{dt}\hat{r} + \left(r\dfrac{d\theta}{dt}\right)\hat{s}$$

$$\bar{a} = \left[\dfrac{d^2r}{dt^2} - r\left(\dfrac{d\theta}{dt}\right)^2\right]\hat{r} + \left[2\dfrac{dr}{dt}\dfrac{d\theta}{dt} + r\dfrac{d^2\theta}{dt^2}\right]\hat{s}$$

Consider $\qquad r = 2a\cos\theta$

$$\dfrac{dr}{dt} = -2a\sin\theta\,\dfrac{d\theta}{dt} = -2a\omega\sin\theta \qquad r\dfrac{d\theta}{dt} = 2a\cos\theta\,\omega$$

Thus, the radial and transverse components of velocity are $-2a\omega\sin\theta$ and $2a\omega\cos\theta$ respectively.

$$\dfrac{d^2r}{dt^2} = -2a\omega\cos\theta\,\dfrac{d\theta}{dt} = -2a\omega^2\cos\theta$$

Radial component of acceleration is

$$\frac{d^2r}{dt^2} - r\left(\frac{d\theta}{dt}\right)^2 = -2a\omega^2\cos\theta - 2a\cos\theta\,\omega^2 = -4a\omega^2\cos\theta$$

Transverse component of acceleration is

$$2\frac{dr}{dt}\frac{d\theta}{dt} + r\frac{d^2\theta}{dt^2} = 2\frac{dr}{dt}\omega \quad\left[\text{as } \frac{d^2\theta}{dt^2} = 0\right]$$

i.e. $2(-2a\omega\sin\theta)\omega = -4a\omega^2\sin\theta$

Ex. 8 : *A particle P moves in a plane with constant angular velocity ω about O. If the rate of increase of acceleration is parallel to PO, prove that*

$$\frac{d^2r}{dt^2} = \frac{1}{3}r\omega^2$$

Sol. : From result (2) of article 8.2 (b),

$$\bar{a} = \left[\frac{d^2r}{dt^2} - r\left(\frac{d\theta}{dt}\right)^2\right]\hat{r} + \left[2\frac{dr}{dt}\frac{d\theta}{dt} + r\frac{d^2\theta}{dt}\right]\hat{s}$$

In proving this result, we had also seen that

$$\frac{d\hat{r}}{dt} = \hat{s}\frac{d\theta}{dt} \qquad\qquad \frac{d\hat{s}}{dt} = -\hat{r}\frac{d\theta}{dt}$$

$$\therefore \quad \frac{d\theta}{dt} = \omega = \text{constant}$$

$$\bar{a} = \left[\frac{d^2r}{dt^2} - r\omega^2\right]\hat{r} + \left[2\omega\frac{dr}{dt}\right]\hat{s} \qquad \left[\text{as }\frac{d^2\theta}{dt^2} = 0\right]$$

Differentiating w.r.t. t

$$\frac{d\bar{a}}{dt} = \left[\frac{d^3r}{dt^3} - \frac{dr}{dt}\omega^2\right]\hat{r} + \left[\frac{d^2r}{dt^2} - r\omega^2\right]\frac{d\hat{r}}{dt} + 2\omega\frac{d^2r}{dt^2}\hat{s} + 2\omega\frac{dr}{dt}\frac{d\hat{s}}{dt}$$

Putting $\quad \dfrac{d\hat{r}}{dt} = \hat{s}\dfrac{d\theta}{dt},\quad \dfrac{d\hat{s}}{dt} = -\hat{r}\dfrac{d\theta}{dt}$

$$\frac{d\bar{a}}{dt} = \left[\frac{d^3r}{dt^3} - \frac{dr}{dt}\omega^2\right]\hat{r} + \left[\frac{d^2r}{dt^2} - r\omega^2\right]\hat{s}\frac{d\theta}{dt} + 2\omega\frac{d^2r}{dt^2}\hat{s} + 2\omega\frac{dr}{dt}\left(-\hat{r}\frac{d\theta}{dt}\right)$$

Putting ω for $\dfrac{d\theta}{dt}$ and rearranging,

$$\frac{d\bar{a}}{dt} = \left[\frac{d^3r}{dt^3} - \frac{dr}{dt}\omega^2 - 2\omega^2\frac{dr}{dt}\right]\hat{r} + \left[\omega\frac{d^2r}{dt^2} - r\omega^3 + 2\omega\frac{d^2r}{dt^2}\right]\hat{s}$$

Since $\dfrac{d\bar{a}}{dt}$ is parallel to PO i.e. along $\hat{r}$, coefficient of $\hat{s}$ must be zero.

i.e. $\quad 3\omega\dfrac{d^2r}{dt^2} - r\omega^3 = 0 \qquad\qquad$ Or $\qquad\qquad \dfrac{d^2r}{dt^2} = \dfrac{1}{3}r\omega^2$

Ex. 9 : If $\bar{r} \times \dfrac{d\bar{r}}{dt} = 0$, show that $\bar{r}$ has a constant direction. **(Dec. 07, May 11)**

Sol. : Let $\bar{r} = r\hat{r}$, where $\hat{r}$ is a unit vector in the direction of $\bar{r}$ and $r = |\bar{r}|$.

$$\dfrac{d\bar{r}}{dt} = r \dfrac{d\hat{r}}{dt} + \hat{r} \dfrac{dr}{dt}$$

$$\bar{r} \times \dfrac{d\bar{r}}{dt} = r\hat{r} \times \left(r \dfrac{d\hat{r}}{dt} + \hat{r} \dfrac{dr}{dt} \right) = r^2 \hat{r} \times \dfrac{d\hat{r}}{dt} + r \dfrac{dr}{dt} (\hat{r} \times \hat{r})$$

$$= r^2 \hat{r} \times \dfrac{d\hat{r}}{dt} \quad [\hat{r} \times \hat{r} = 0]$$

Now, $\bar{r} \times \dfrac{d\bar{r}}{dt} = 0$ (given) $\quad \therefore \quad r^2 \hat{r} \times \dfrac{d\hat{r}}{dt} = 0$

i.e. $\hat{r} \times \dfrac{d\hat{r}}{dt} = 0$ [as $r \neq 0$] ...(i)

Again $\hat{r} \cdot \hat{r} = 1 \quad \therefore \quad \hat{r} \cdot \dfrac{d\hat{r}}{dt} = 0$ ... (ii)

(i) implies $\dfrac{d\hat{r}}{dt}$ is parallel to $\hat{r}$ $\qquad$ (ii) implies $\dfrac{d\hat{r}}{dt}$ is perpendicular to $\hat{r}$

both cannot be true simultaneously $\qquad \therefore \quad \dfrac{d\hat{r}}{dt} = 0$

which means $\hat{r}$ has constant direction.

Ex. 10 : *Show that tangential and normal components of acceleration are given by*

$$\dfrac{\bar{V} \cdot \bar{a}}{V} \quad \text{and} \quad \dfrac{|\bar{V} \times \bar{a}|}{|\bar{V}|}$$

Also show that $\quad \rho = \dfrac{V^3}{|\bar{V} \times \bar{a}|}$

Sol. : Let $\bar{a} = a_T \hat{T} + a_N \hat{N}, \ \bar{V} = V \hat{T}$

$\therefore \qquad \bar{V} \cdot \bar{a} = V\hat{T} \cdot (a_T \hat{T} + a_N \hat{N}) = V a_T \hat{T} \cdot \hat{T} + V a_N \hat{T} \cdot \hat{N}$

but $\qquad \hat{T} \cdot \hat{T} = 1, \ \hat{T} \cdot \hat{N} = 0$

$\therefore \qquad a_T = \dfrac{\bar{V} \cdot \bar{a}}{V}$ ... (1)

$$\bar{V} \times \bar{a} = V\hat{T} \times (a_T \hat{T} + a_N \hat{N}) = V a_t \hat{T} \times \hat{T} + V a_N \hat{T} \times \hat{N}$$

but $\hat{T} \times \hat{T} = 0$

∴ $|\bar{V} \times \bar{a}| = V a_N |\hat{T} \times \hat{N}| = V a_N$ as $|\hat{T} \times \hat{N}| = 1$

∴ $a_N = \dfrac{|\bar{V} \times \bar{a}|}{V}$ or $\dfrac{|\bar{V} \times \bar{a}|}{|\bar{V}|}$ ... (2)

From article 8.2 (c), we know that

$$\bar{a} = \dfrac{dV}{dt}\hat{T} + \dfrac{V^2}{\rho}\hat{N}$$

$$\bar{V} \times \bar{a} = V\hat{T} \times \left(\dfrac{dV}{dt}\hat{T} + \dfrac{V^2}{\rho}\hat{N}\right) = \dfrac{V^3}{\rho}\hat{T} \times \hat{N} \quad [\because \hat{T} \times \hat{T} = 0]$$

∴ $|\bar{V} \times \bar{a}| = \dfrac{V^3}{\rho}|\hat{T} \times \hat{N}| = \dfrac{V^3}{\rho}$

∴ $\rho = \dfrac{V^3}{|\bar{V} \times \bar{a}|}$ ... (3)

(1), (2), (3) are the required results.

Ex. 11 : *If a particle moves along the cardioide $r = a(1 + \cos\theta)$ with constant velocity, show that $\dfrac{d\theta}{dt}$ is proportional to $\dfrac{1}{\sqrt{r}}$.*

Sol. : From article 8.2 (b), we know that

$$\bar{V} = \dfrac{d\bar{r}}{dt} = \dfrac{dr}{dt}\hat{r} + \left(r\dfrac{d\theta}{dt}\right)\hat{s} = \dfrac{dr}{d\theta}\dfrac{d\theta}{dt}\hat{r} + \left(r\dfrac{d\theta}{dt}\right)\hat{s} = \dfrac{d\theta}{dt}\left(\dfrac{dr}{d\theta}\hat{r} + r\hat{s}\right)$$

∴ $|\bar{V}| = \dfrac{d\theta}{dt}\left|\dfrac{dr}{d\theta}\hat{r} + r\hat{s}\right| = \dfrac{d\theta}{dt}\sqrt{\left(\dfrac{dr}{d\theta}\right)^2 + r^2}$

$$= \dfrac{d\theta}{dt}\sqrt{a^2\sin^2\theta + a^2(1+\cos\theta)^2}$$

$$= a\dfrac{d\theta}{dt}\sqrt{\sin^2\theta + 1 + 2\cos\theta + \cos^2\theta} = \dfrac{d\theta}{dt}\sqrt{2}\,a\sqrt{1+\cos\theta}$$

but $|\bar{V}| =$ constant (given) and $\sqrt{1+\cos\theta} = \dfrac{\sqrt{r}}{\sqrt{a}}$

∴ $\dfrac{d\theta}{dt} = \dfrac{c\sqrt{a}}{\sqrt{2}\,a\sqrt{r}} = \dfrac{c}{\sqrt{2}\,a}\dfrac{1}{\sqrt{r}}$

∴ $\dfrac{d\theta}{dt}$ is proportional to $\dfrac{1}{\sqrt{r}}$.

Ex. 12 : *A particle moves along the curve s = a log (sec ψ + tan ψ), where ψ is the angle made by the tangent with x-axis. If the motion is such that the tangent to the curve rotates uniformly, then show that the resultant acceleration of the particle varies as the square of radius of curvature.*

Sol. : Since the tangent rotates uniformly, $\dfrac{d\psi}{dt} = \omega$ = constant.

$$\rho = \dfrac{ds}{d\psi} = a \cdot \dfrac{(\sec\psi \tan\psi + \sec^2\psi)}{\sec\psi + \tan\psi} = a \cdot \dfrac{\sec\psi(\tan\psi + \sec\psi)}{(\sec\psi + \tan\psi)}$$

$$\rho = a \sec\psi$$

$$\dfrac{ds}{dt} = \dfrac{ds}{d\psi} \dfrac{d\psi}{dt} = a\omega \sec\psi$$

From article 8.2 (c),

$$\bar{a} = \dfrac{d^2s}{dt^2} \hat{T} + \dfrac{1}{\rho}\left(\dfrac{ds}{dt}\right)^2 \hat{N} = a_T \hat{T} + a_N \hat{N}$$

$$|\bar{a}| = \sqrt{a_T^2 + a_N^2}$$

$$a_T = \dfrac{d^2s}{dt^2} = a\omega \sec\psi \tan\psi \dfrac{d\psi}{dt} = a\omega^2 \sec\psi \tan\psi$$

$$a_N = \dfrac{1}{\rho}\left(\dfrac{ds}{dt}\right)^2 = \dfrac{1}{a\sec\psi} a^2\omega^2 \sec^2\psi = a\omega^2 \sec\psi$$

$$|\bar{a}|^2 = a^2\omega^4 \sec^2\psi \tan^2\psi + a^2\omega^4 \sec^2\psi$$

$$= a^2\omega^4 \sec^2\psi (\tan^2\psi + 1) = a^2\omega^4 \sec^4\psi$$

∴ $\quad |\bar{a}| = a\omega^2 \sec^2\psi$

but $\quad \rho = a\sec\psi \quad \therefore \sec\psi = \dfrac{\rho}{a}$

∴ $\quad |\bar{a}| = a\omega^2 \cdot \dfrac{\rho^2}{a^2} = \dfrac{\omega^2}{a} \cdot \rho^2 \quad \therefore |\bar{a}| = k\rho^2$

as ω, a are constants.

∴ Acceleration varies as the square of radius of curvature.

Ex. 13 : *A particle moves along a curve $x = 2t^2$, $y = t^2 - 4t$, $z = 2t - 5$. Find components of velocity and acceleration at $t = 1$ in the direction $\bar{i} - 3\bar{j} + 2\bar{k}$.*

Sol. :
$$\bar{r} = x\bar{i} + y\bar{j} + z\bar{k}$$
$$= 2t^2 \bar{i} + (t^2 - 4t)\bar{j} + (2t - 5)\bar{k}$$

$$\bar{v} = \dfrac{d\bar{r}}{dt} = 4t\bar{i} + (2t - 4)\bar{j} + 2\bar{k}$$

$$\bar{v}|_{t=1} = 4\bar{i} - 2\bar{j} + 2\bar{k}$$

$$\bar{a} = \frac{d^2\bar{r}}{dt^2} = 4\bar{i} + 2\bar{j}, \quad \bar{a}]_{t=1} = 4\bar{i} + 2\bar{j}$$

$$\bar{b} = \bar{i} - 3\bar{j} + 2\bar{k}$$

$$\hat{b} = \frac{\bar{i} - 3\bar{j} + 2\bar{k}}{\sqrt{1+9+4}} = \frac{1}{\sqrt{14}}(\bar{i} - 3\bar{j} + 2\bar{k})$$

Velocity component along

$$\hat{b} = \bar{v} \cdot \hat{b} = (4\bar{i} - 2\bar{j} + 2\bar{k}) \cdot \frac{1}{\sqrt{14}}(\bar{i} - 3\bar{j} + 2\bar{k})$$

$$= \frac{1}{\sqrt{14}}(4 + 6 + 4) = \frac{14}{\sqrt{14}} = \sqrt{14}$$

Acceleration component along

$$\hat{b} = \bar{a} \cdot \hat{b} = (4\bar{i} + 2\bar{j}) \cdot \frac{1}{\sqrt{14}}(\bar{i} - 3\bar{j} + 2\bar{k})$$

$$= \frac{1}{\sqrt{14}}(4 - 6) = -\frac{2}{\sqrt{14}}$$

EXERCISE 8.1

1. Find the angle between tangents to the curve :

   $\bar{r} = (t^3 + 2)\bar{i} + (4t - 5)\bar{j} + (2t^2 - 6t)\bar{k}$ at $t = 0$ and $t = 2$.

   (**Ans.** $\frac{1}{\sqrt{13}\sqrt{14}}$)

2. For the curve $\bar{r} = e^{-t}\bar{i} + \log(t^2 + 1)\bar{j} - \tan t\,\bar{k}$, find velocity and acceleration at $t = 0$.

   (**Ans.** $-\bar{i} - \bar{k}, \bar{i} + 2\bar{j}$)

3. If $\bar{r} = \bar{a}\,e^{2t} + \bar{b}\,e^{3t}$, where $\bar{a}, \bar{b}$ are constant vectors, then show that

   $\frac{d^2\bar{r}}{dt^2} - 5\frac{d\bar{r}}{dt} + 6\bar{r} = 0$.

4. If $\bar{r} = \bar{a}\cos nt + \bar{b}\sin nt$, where $\bar{a} = 2\bar{i} + 2\bar{j} - \bar{k}, \bar{b} = 3\bar{i} - 2\bar{j} + 2\bar{k}$ then show that (i) $\frac{d^2\bar{r}}{dt^2} + n^2\bar{r} = 0$; (ii) Find $\bar{r} \cdot \bar{v}$; (iii) $\bar{r} \times \bar{v}$.

   (**Ans.** (ii) $4n \sin 2nt$, (iii) $n(2\bar{i} + 7\bar{j} - 10\bar{k})$)

5. A particle describes the straight line $r = a \sec\theta$ with constant angular velocity ω. Find the radial and transverse components of velocity and acceleration.

   (**Ans.** (i) $a\omega \sec\theta \tan\theta$, $a\omega \sec\theta$, (ii) $2a\omega^2 \sec\theta \tan^2\theta$, $2a\omega^2 \sec\theta \tan\theta$)

6. A particle describes the following curves : (i) $\dfrac{l}{r} = 1 + e\cos\theta$, (ii) $r^2 = a^2 \cos 2\theta$ under the action of a force directed towards the pole. Find the law of force in each case.

   (**Ans.** (i) $F \propto r^{-2}$, (ii) $F \propto r^{-7}$)

7. Find the tangential and normal components of acceleration at any time t for the curve
   $\bar{r} = at\cos t\ \bar{i} + at\sin t\ \bar{j}$.

   (**Ans.** $\dfrac{at}{\sqrt{1+t^2}}$, $\dfrac{a(t^2+2)}{\sqrt{1+t^2}}$)

8. The vector $\bar{r}$ satisfies the equation

   $m \dfrac{d^2\bar{r}}{dt^2} = e\bar{E} + \dfrac{e}{c}\dfrac{d\bar{r}}{dt} \times \bar{H}$, where $\bar{E} = E\bar{j}$, $\bar{H} = H\bar{k}$. Find the solution satisfying the conditions $\bar{r} = \dfrac{d\bar{r}}{dt} = 0$ at $t = 0$, where e, m, c, E and H are constants.

9. If $\bar{r} \cdot \dfrac{d\bar{r}}{dt} = 0$, then show that $\bar{r}$ has constant magnitude. **(Dec. 2004, 2008)**

10. A particle moves along the curve $x = a\cos t$, $y = a\sin t$, $z = bt$ with constant angular velocity ω. Find the radial and transverse components of its linear velocity and acceleration at any time t.

    (**Ans.** $\dfrac{b^2 t}{\sqrt{a^2 + b^2 t^2}}$, $\omega\sqrt{a^2 + b^2 t^2}$; $\dfrac{a^2 b^2}{(a^2 + b^2 t^2)^{3/2}} - \omega^2\sqrt{a^2 + b^2 t^2}$, $\dfrac{2b^2 t\omega}{\sqrt{a^2 + b^2 t^2}}$)

11. An electron moves such that its velocity is always perpendicular to its radius vector. Show that its path is a circle. **(May 2010)**

12. A particle describes an ellipse $\dfrac{l}{r} = 1 + e\cos\theta$ with uniform angular velocity ω. Show that when the particle is at one end of latus rectum through the pole, the component of acceleration towards the pole is $(1 - 2e^2)\omega^2 l$.

13. Prove that $\dfrac{d}{dt}\left(\bar{v} \cdot \dfrac{d\bar{v}}{dt} \times \dfrac{d^2\bar{v}}{dt^2}\right) = \bar{v} \cdot \dfrac{d\bar{v}}{dt} \times \dfrac{d^3\bar{v}}{dt^3}$. **(Dec. 2010)**

14. If $\bar{r} = \bar{a}\, e^{mt} + \bar{b}\, e^{nt}$, where $\bar{a}, \bar{b}$ are constant vectors, show that $\bar{r}$ satisfies the differential equation $\dfrac{d^2\bar{r}}{dt^2} - (m+n)\dfrac{d\bar{r}}{dt} + mn\,\bar{r} = 0$.

15. Show that tangent at any point on the curve $x = e^t \cos t$, $y = e^t \sin t$, $z = e^t$ makes constant angle with z-axis. **(May 2005, 2012)**

(Ans. $\phi = \cos^{-1}\dfrac{1}{\sqrt{3}}$)

16. If $\bar{r}(t) = t^2\,\bar{i} + t\,\bar{j} - 2t^3\,\bar{k}$, then evaluate $\displaystyle\int_1^2 \bar{r} \times \dfrac{d^2\bar{r}}{dt^2}\, dt$. **(May 2012)**

(Ans. $-28\,\bar{i} + 30\,\bar{j} - 3\,\bar{k}$)

17. If $\bar{r} = \bar{a}\sinh t + \bar{b}\cosh t$, then prove that

(i) $\dfrac{d^2\bar{r}}{dt^2} = \bar{r}$ (ii) $\dfrac{d\bar{r}}{dt} \times \dfrac{d^2\bar{r}}{dt^2} = $ constant (iii) $\bar{r} \cdot \dfrac{d\bar{r}}{dt} \times \dfrac{d^2\bar{r}}{dt^2} = 0$

18. The position vector of a particle at time t is

$$\bar{r} = \cos(t-1)\,\bar{i} + \sinh(t-1)\,\bar{j} + mt^3\,\bar{k}$$

Find the condition imposed on m by requiring that at time t = 1, the acceleration is normal to the position vector. **(Dec. 2005, May 2006)**

(Ans. $m = \dfrac{1}{\sqrt{6}}$)

19. Prove that if a particle moves always on the surface of the sphere

(i) $\bar{r} \cdot \bar{a} + \bar{V} \cdot \bar{V} = 0$ (ii) $\bar{r} \cdot \bar{a} \leq 0$

20. If a particle P moves along the curve $r = ae^\theta$ with constant angular velocity ω, then show that the radial and transverse components of its velocity are equal and its acceleration is always perpendicular to radius vector and is equal to $2r\omega^2$.

MULTIPLE CHOICE QUESTIONS (MCQ's)

Type : Vector Differentiation :

1. If $\bar{r}(t)$ is position vector of a point on the curve C where t is a scalar variable then $\dfrac{d\bar{r}}{dt}$ represents (1)

(A) Tangent vector (B) Normal vector
(C) Radius vector (D) Orthogonal vector

2. If $\bar{r}(t) = x(t)\bar{i} + y(t)\bar{j} + z(t)\bar{k}$ be the position vector of a particle moving along the curve at time t then $\frac{d\bar{r}}{dt}$ represents (1)

   (A) Acceleration vector
   (B) Velocity vector
   (C) Radius vector
   (D) Normal vector

3. If $\bar{r}(t) = x(t)\bar{i} + y(t)\bar{j} + z(t)\bar{k}$ be the position vector of a particle moving along the curve at time t then $\frac{d^2\bar{r}}{dt^2}$ represents (1)

   (A) Radius vector
   (B) Velocity vector
   (C) Acceleration vector
   (D) Orthogonal vector

4. For vector function $\bar{u}(t)$ and $\bar{v}(t)$, $\frac{d}{dt}(\bar{u} \cdot \bar{v}) =$ (1)

   (A) $\bar{u} \cdot \frac{d\bar{v}}{dt} - \frac{d\bar{u}}{dt} \cdot \bar{v}$
   (B) $\bar{u} \times \frac{d\bar{v}}{dt} + \frac{d\bar{u}}{dt} \times \bar{v}$
   (C) $\bar{u} \cdot \frac{d\bar{u}}{dt} + \frac{d\bar{v}}{dt} \cdot \bar{v}$
   (D) $\bar{u} \cdot \frac{d\bar{v}}{dt} + \frac{d\bar{u}}{dt} \cdot \bar{v}$

5. For vector functiosn $\bar{u}(t)$ and $\bar{v}(t)$, $\frac{d}{dt}(\bar{u} \times \bar{v}) =$ (1)

   (A) $\bar{v} \times \frac{d\bar{u}}{dt} + \frac{d\bar{v}}{dt} \times \bar{u}$
   (B) $\frac{d\bar{u}}{dt} \times \bar{v} + \bar{u} \times \frac{d\bar{v}}{dt}$
   (C) $\frac{d\bar{v}}{dt} \times \bar{v} - \bar{u} \times \frac{d\bar{v}}{dt}$
   (D) $\bar{u} \cdot \frac{d\bar{v}}{dt} + \frac{d\bar{u}}{dt} \cdot \bar{v}$

6. For vector functions $\bar{u}(t)$, $\bar{v}(t)$ and $\bar{w}(t)$, $\frac{d}{dt}[\bar{u} \cdot (\bar{v} \times \bar{w})] =$ (1)

   (A) $\frac{d\bar{u}}{dt} \cdot (\bar{v} \times \bar{w}) - \bar{u} \cdot \left(\frac{d\bar{v}}{dt} \times \bar{w}\right) - \bar{u} \cdot \left(\bar{v} \times \frac{d\bar{w}}{dt}\right)$

   (B) $\frac{d\bar{u}}{dt} \times (\bar{v} \times \bar{w}) + \bar{u} \times \left(\frac{d\bar{v}}{dt} \times \bar{w}\right) + \bar{u} \times \left(\bar{v} \times \frac{d\bar{w}}{dt}\right)$

   (C) $\frac{d\bar{u}}{dt} \cdot (\bar{v} \times \bar{w}) + \bar{u} \cdot \left(\frac{d\bar{v}}{dt} \times \bar{w}\right) + \bar{u} \cdot \left(\bar{v} \times \frac{d\bar{w}}{dt}\right)$

   (D) $\frac{d\bar{u}}{dt} \cdot (\bar{w} \times \bar{v}) + \bar{u} \cdot \left(\frac{d\bar{v}}{dt} \times \bar{w}\right) + \bar{u} \cdot \left(\frac{d\bar{w}}{dt} \times \bar{v}\right)$

7. For vector functions $\bar{u}(t)$, $\bar{v}(t)$ and $\bar{w}(t)$, $\dfrac{d}{dt}[\bar{u} \times (\bar{v} \times \bar{w})] =$ (1)

(A) $\dfrac{d\bar{u}}{dt} \times (\bar{v} \times \bar{w}) + \bar{u} \times \left(\dfrac{d\bar{v}}{dt} \times \bar{w}\right) + \bar{u} \times \left(\bar{v} \times \dfrac{d\bar{w}}{dt}\right)$

(B) $\dfrac{d\bar{u}}{dt} \cdot (\bar{v} \times \bar{w}) + \bar{u} \cdot \left(\dfrac{d\bar{v}}{dt} \times \bar{w}\right) + \bar{u} \cdot \left(\bar{v} \times \dfrac{d\bar{w}}{dt}\right)$

(C) $\dfrac{d\bar{u}}{dt} \times (\bar{w} \times \bar{v}) + \bar{u} \times \left(\bar{w} \times \dfrac{d\bar{v}}{dt}\right) + \bar{u} \times \left(\dfrac{d\bar{w}}{dt} \times \bar{v}\right)$

(D) $\dfrac{d\bar{u}}{dt} \times (\bar{w} \times \bar{v}) + \left(\dfrac{d\bar{v}}{dt} \times \bar{w}\right) \times \bar{u} + \left(\dfrac{d\bar{w}}{dt} \times \bar{v}\right) \times \bar{u}$

8. For scalar function s(t) and vector functions $\bar{u}(t)$, $\dfrac{d}{dt}[s(t)\,\bar{u}(t)] =$ (1)

(A) $\dfrac{ds}{dt} \cdot \bar{u} + s \cdot \dfrac{d\bar{u}}{dt}$

(B) $\dfrac{ds}{dt}\bar{u} - s\dfrac{d\bar{u}}{dt}$

(C) $\dfrac{\dfrac{ds}{dt}\bar{u} - s\dfrac{d\bar{u}}{dt}}{s^2}$

(D) $\dfrac{ds}{dt}\bar{u} + s\dfrac{d\bar{u}}{dt}$

9. If $\bar{r} = r\cos\theta\,\bar{i} + r\sin\theta\,\bar{j}$, then $\hat{r}$ is given by (1)

(A) $\cos\theta\,\bar{i} + \sin\theta\,\bar{j}$

(B) $\sin\theta\,\bar{i} + \sec\theta\,\bar{j}$

(C) $\cos\theta\,\bar{i} + \operatorname{cosec}\theta\,\bar{j}$

(D) $\tan\theta\,\bar{i} + \cos\theta\,\bar{j}$

10. A curve is given by $x = t^2 + 1$, $y = 4t - 3$, $z = 2t^2 - 6t$. Tangent vectors to the curve at $t = 1$ and $t = 2$ are (2)

(A) $2\bar{i} + 4\bar{j} + 2\bar{k}$, $2\bar{i} + 4\bar{j} + \bar{k}$

(B) $2\bar{i} + 4\bar{j} - 2\bar{k}$, $4\bar{i} + 4\bar{j} + 2\bar{k}$

(C) $2\bar{i} + 4\bar{j} - 2\bar{k}$, $2\bar{i} + 4\bar{j} - 2\bar{k}$

(D) $3\bar{i} + 4\bar{j} + 2\bar{k}$, $5\bar{i} + 4\bar{j} - 2\bar{k}$

11. A curve is given by $\bar{r} = (t^3 + 2)\,\bar{i} + (4t - 5)\,\bar{j} + (2t^2 - 6t)\,\bar{k}$. Tangent vectors to the curve at $t = 0$ and $t = 2$ are (2)

(A) $3\bar{i} + 4\bar{j} - 6\bar{k}$, $6\bar{i} + 4\bar{j} + 2\bar{k}$

(B) $3\bar{i} - 6\bar{k}$, $12\bar{i} + 4\bar{j} + 2\bar{k}$

(C) $4\bar{j} - 6\bar{k}$, $12\bar{i} + 4\bar{j} + 2\bar{k}$

(D) $4\bar{j} - 6\bar{k}$, $12\bar{i} + 2\bar{k}$

12. A curve is given by $\bar{r} = 2t^2 \bar{i} + (t^2 - 4t) \bar{j} + (2t - 5) \bar{k}$. Tangent vectors to the curve at $t = 1$ and $t = 3$ are (1)

    (A) $2\bar{i} - 2\bar{j} + 2\bar{k}, 3\bar{i} + 2\bar{j} + 2\bar{k}$
    (B) $4\bar{i} + 2\bar{j} + 2\bar{k}, 12\bar{i} - 2\bar{j} + 2\bar{k}$
    (C) $4\bar{i} - 2\bar{j}, 12\bar{i} + 2\bar{j}$
    (D) $4\bar{i} - 2\bar{j} + 2\bar{k}, 12\bar{i} + 2\bar{j} + 2\bar{k}$

13. The tangent vector to the curve $x = a \cos t$, $y = a \sin t$, $z = at \tan \alpha$ at $t = \frac{\pi}{4}$, where a and α are constants is (2)

    (A) $-\frac{a}{\sqrt{2}} \bar{i} + \frac{a}{\sqrt{2}} \bar{j} + a \tan \alpha \, \bar{k}$
    (B) $\frac{a}{\sqrt{2}} \bar{i} - \frac{a}{\sqrt{2}} \bar{j} + a \tan \alpha \, \bar{k}$
    (C) $-\frac{a}{2} \bar{i} + \frac{a}{2} \bar{j} + a \tan \alpha \, \bar{k}$
    (D) $-\frac{a}{\sqrt{2}} \bar{i} + \frac{a}{\sqrt{2}} \bar{j} + \alpha \bar{k}$

14. A curve is given by $\bar{r} = (e^t \cos t) \bar{i} + (e^t \sin t) \bar{j} + (e^t) \bar{k}$. Tangent vector to the curve at $t = 0$ is (2)

    (A) $-\bar{i} - \bar{j} - \bar{k}$
    (B) $\bar{j} + \bar{k}$
    (C) $2\bar{i} + 2\bar{j} + \bar{k}$
    (D) $\bar{i} + \bar{j} + \bar{k}$

15. For the curve $\bar{r} = e^{-t} \bar{i} + \log(t^2 + 1) \bar{j} - \tan t \, \bar{k}$, velocity and acceleration vectors at $t = 0$ are (2)

    (A) $\bar{i} + 2\bar{j} - \bar{k}, \bar{i} + 2\bar{j}$
    (B) $\bar{i} + \bar{k}, \bar{i} + 2\bar{j}$
    (C) $-\bar{i} - \bar{k}, \bar{i} + 2\bar{j}$
    (D) $-\bar{i} - \bar{k}, \bar{i} - 2\bar{k}$

16. For the curve $x = t^3 + 1$, $y = t^2$, $z = t$, velocity and acceleration vectors at $t = 1$ are (2)

    (A) $4\bar{i} + 2\bar{j}, 6\bar{i} + 2\bar{j}$
    (B) $3\bar{i} + 2\bar{j} + \bar{k}, 6\bar{i} + 2\bar{j}$
    (C) $2\bar{i} + 2\bar{j} + \bar{k}, 3\bar{i} + 2\bar{j}$
    (D) $3\bar{i} + 2\bar{j}, 6\bar{i} + \bar{j}$

17. For the curve $x = t$, $y = t^2$, $z = t^3$, angle between tangents at $t = 0$ and $t = 1$ is given by (1)

    (A) $\frac{\pi}{2}$
    (B) $\cos^{-1} \frac{1}{\sqrt{5}}$
    (C) $\cos^{-1} \frac{1}{3}$
    (D) $\cos^{-1} \left(\frac{1}{\sqrt{14}}\right)$

18. Angle between tangents $\bar{T}_1 = 2\bar{i} + 4\bar{j} - 2\bar{k}$, $\bar{T}_2 = 4\bar{i} + 4\bar{j} + 2\bar{k}$ to the curve $x = t^2 + 1$, $y = 4t - 3$, $z = 2t^2 - 6t$ at $t = 1$ and $t = 2$ is   (2)

   (A) $\cos^{-1}\left(\dfrac{5}{\sqrt{6}}\right)$
   (B) $\cos^{-1}\left(\dfrac{1}{3\sqrt{6}}\right)$
   (C) $\cos^{-1}\left(\dfrac{5}{3\sqrt{6}}\right)$
   (D) $\tan^{-1}\left(\dfrac{5}{3\sqrt{6}}\right)$

19. Angle between tangents to the curve $x = 2t^2$, $y = t^2 - 4t$, $z = 2t - 5$ at $t = 0$ and $t = 1$ is   (2)

   (A) $\cos^{-1}\left(\dfrac{12}{\sqrt{6}\sqrt{5}}\right)$
   (B) $\cos^{-1}\left(\dfrac{3}{\sqrt{6}\sqrt{5}}\right)$
   (C) $\cos^{-1}\left(\dfrac{3}{\sqrt{5}}\right)$
   (D) $\tan^{-1}\left(\dfrac{3}{\sqrt{6}\sqrt{5}}\right)$

20. Angle between tangent to the curve $\bar{r} = (e^t \cos t)\bar{i} + (e^t \sin t)\bar{j} + (e^t)\bar{k}$ at $t = 0$ and z axis is given by   (2)

   (A) $\cos^{-1}\left(\dfrac{1}{\sqrt{3}}\right)$
   (B) $\cos^{-1}\left(\dfrac{2}{\sqrt{3}}\right)$
   (C) $\cos^{-1}(\sqrt{3})$
   (D) $\dfrac{\pi}{2}$

21. If $\bar{r} = \bar{a} e^{5t} + \bar{b} e^{-5t}$ where $\bar{a}$ and $\bar{b}$ are constant vectors then $\dfrac{d^2\bar{r}}{dt^2} - 25\bar{r}$ is equal to   (2)

   (A) 1
   (B) 2
   (C) zero
   (D) 5

22. If $\bar{r} = \bar{a} \cos 2t + \bar{b} \sin 2t$ where $\bar{a}$ and $\bar{b}$ are constant vectors then $\dfrac{d^2\bar{r}}{dt^2}$ is equal to   (2)

   (A) $-4\bar{r}$
   (B) $4\bar{r}$
   (C) $-\bar{r}$
   (D) $\bar{r}$

23. If $\bar{r} = at \cos t\, \bar{i} + bt \sin t\, \bar{j}$ where a and b are constants then $\dfrac{d^2\bar{r}}{dt^2}$ at $t = 0$ is equal to   (2)

   (A) $2b\bar{j}$
   (B) $-2a\bar{i}$
   (C) $a\bar{i} + b\bar{j}$
   (D) $\bar{0}$

24. If $\bar{r} = \bar{a} \cosh t + \bar{b} \sinh t$ where $\bar{a}$ and $\bar{b}$ are constant vectors then $\frac{d^2\bar{r}}{dt^2}$ is equal to (2)

(A) $-2\bar{r}$ (B) $2\bar{r}$
(C) $-\bar{r}$ (D) $\bar{r}$

25. If acceleration vector $\frac{d^2\bar{r}}{dt^2} = -\bar{i} + 6m\bar{k}$, m is constant, is normal to the position vector $\bar{r} = \bar{i} + m\bar{k}$ then value of m is (1)

(A) $\pm\sqrt{6}$ (B) $\pm\frac{1}{\sqrt{6}}$
(C) 0 (D) ± 1

26. If $\bar{r} = \cos(t-1)\bar{i} + \sinh(t-1)\bar{j} + t^3\bar{k}$ then $\bar{r} \cdot \frac{d^2\bar{r}}{dt^2}$ at $t=1$ is given by (1)

(A) 4 (B) 5
(C) 2 (D) 1

27. If $\bar{r}(t) = t^2\bar{i} + t\bar{j} - 2t^3\bar{k}$ then the value of $\bar{r} \times \frac{d^2\bar{r}}{dt^2}$ is (2)

(A) $12t^2\bar{i} + 8t^3\bar{j} + 2t\bar{k}$ (B) $-12t^2\bar{i} + 8t^3\bar{j}$
(C) $-12t^2\bar{i} + 16t^3\bar{j} + (t^2 - 2t)\bar{k}$ (D) $-12t^2\bar{i} + 8t^3\bar{j} - 2t\bar{k}$

28. If $\bar{r} = \bar{a} \cosh t + \bar{b} \sinh t$ where $\bar{a}$ and $\bar{b}$ are constant vectors then $\frac{d\bar{r}}{dt} \times \frac{d^2\bar{r}}{dt^2}$ is equal to (2)

(A) $\bar{b} \times \bar{a}$ (B) $\bar{a} \times \bar{b}$
(C) $\bar{r}$ (D) zero

29. If $\bar{r} = t\bar{i} + 2t\bar{j} + t^2\bar{k}$ then $\bar{r} \cdot \left(\frac{d\bar{r}}{dt} \times \frac{d^2\bar{r}}{dt^2}\right)$ is equal to (1)

(A) 1 (B) -1
(C) 0 (D) $\bar{k}$

30. If $\bar{r} \cdot \frac{d\bar{r}}{dt} = 0$ then $\bar{r}$ has

(A) Constant direction
(B) Constant magnitude
(C) Both constant magnitude and direction
(D) None of these

31. An electron moves such that its velocity is always perpendicular to its radius vector then its path is (2)
(A) Ellipse (B) Hyperbola
(C) Straight line (D) Circle

32. $\dfrac{d}{dt}\left[\bar{r}\cdot\left(\dfrac{d\bar{r}}{dt}\times\dfrac{d^2\bar{r}}{dt^2}\right)\right] =$ (2)

(A) $\left(\dfrac{d\bar{r}}{dt}\times\dfrac{d^2\bar{r}}{dt^3}\right)$
(B) $\bar{r}\cdot\left(\dfrac{d^2\bar{r}}{dt^2}\times\dfrac{d^3\bar{r}}{dt^3}\right)$
(C) $\bar{r}\cdot\left(\dfrac{d\bar{r}}{dt}\times\dfrac{d^3\bar{r}}{dt^3}\right)$
(D) 0

33. If $\dfrac{d\bar{u}}{dt} = \bar{w}\times\bar{u}$ and $\dfrac{d\bar{v}}{dt} = \bar{w}\times\bar{v}$ then $\dfrac{d}{dt}(\bar{u}\times\bar{v}) =$ (2)

(A) $(\bar{v}\cdot\bar{w})\bar{u} - (\bar{u}\cdot\bar{w})\bar{v}$
(B) $(\bar{v}\cdot\bar{w})\bar{u} + (\bar{v}\cdot\bar{w})\bar{u}$
(C) $(\bar{u}\cdot\bar{w})\bar{v} - (\bar{u}\cdot\bar{v})\bar{w}$
(D) $(\bar{v}\cdot\bar{w})\bar{u} + (\bar{u}\cdot\bar{v})\bar{w}$

34. If $\bar{a}$ is a constant vector then $\dfrac{d}{dt}\left[r^3\bar{r} + \bar{a}\times\dfrac{d^2\bar{r}}{dt^2}\right] =$ (2)

(A) $r^3\dfrac{d\bar{r}}{dt} + \bar{a}\times\dfrac{d^2\bar{r}}{dt^2}$
(B) $3r^2\dfrac{dr}{dt}\bar{r} + r^3\dfrac{d\bar{r}}{dt} + \bar{a}\times\dfrac{d^3\bar{r}}{dt^3}$
(C) $3r^2\bar{r} + r^3\dfrac{d\bar{r}}{dt}$
(D) $r^2\bar{r} + r^2\dfrac{d\bar{r}}{dt} + \bar{a}\times\dfrac{d^2\bar{r}}{dt^2}$

35. If $\bar{v} = t^2\bar{i} + 2t\bar{j} + (4t-5)\bar{k}$ then the value of $\bar{v}\cdot\left(\dfrac{d\bar{v}}{dt}\times\dfrac{d^2\bar{v}}{dt^2}\right)$ is (2)
(A) $t^2 - 4t + 5$ (B) 10
(C) $16t + 10$ (D) 20

36. If $\bar{r} = t^2\bar{i} + t\bar{j}$, value of $\int_0^1\left(\bar{r}\times\dfrac{d\bar{r}}{dt}\right)dt$ is given by (1)

(A) $\bar{i} + \bar{j}$
(B) $-\dfrac{1}{3}\bar{k}$
(C) $\dfrac{2}{3}(\bar{i} + \bar{k})$
(D) $(\bar{i} - \bar{k})$

Answers

1. (A)	2. (B)	3. (C)	4. (D)	5. (B)	6. (C)	7. (A)	8. (D)
9. (A)	10. (B)	11. (C)	12. (D)	13. (A)	14. (D)	15. (C)	16. (B)
17. (D)	18. (C)	19. (B)	20. (A)	21. (C)	22. (A)	23. (A)	24. (D)
25. (B)	26. (B)	27. (D)	28. (A)	29. (C)	30. (B)	31. (D)	32. (C)
33. (A)	34. (B)	35. (D)	36. (B)				

8.3 GRADIENT, DIVERGENCE AND CURL

Before we define these quantities which are so often encountered in vector analysis, we shall introduce certain terms.

(i) Scalar point function : If a scalar quantity ϕ depends for its value on its position say (x, y, z) in space, then $\phi(x, y, z)$ is called scalar point function. Pressure in a fluid usually varies according to its depth, hence $p(x, y, z)$ is a scalar point function. Temperature, density, potential etc. are other examples of a scalar point functions, as these quantities usually take different values at different points.

(ii) Vector point function : If a vector quantity $\bar{F}$ depends for its value on its position (x, y, z) in space, then $\bar{F}(x, y, z)$ is called vector point function. Velocity, Force, Electric Intensity etc. are examples of vector point functions.

In dealing with scalar point function $\phi(x, y, z)$ and vector point function $\bar{F}(x, y, z)$, following operations of differential calculus are found quite useful.

$$d\phi = \frac{\partial \phi}{\partial x} dx + \frac{\partial \phi}{\partial y} dy + \frac{\partial \phi}{\partial z} dz \qquad \frac{\partial \phi}{\partial s} = \frac{\partial \phi}{\partial x}\frac{\partial x}{\partial s} + \frac{\partial \phi}{\partial y}\frac{\partial y}{\partial s} + \frac{\partial \phi}{\partial z}\frac{\partial z}{\partial s}$$

$$d\bar{F} = \frac{\partial \bar{F}}{\partial x} dx + \frac{\partial \bar{F}}{\partial y} dy + \frac{\partial \bar{F}}{\partial z} dz \qquad \frac{\partial \bar{F}}{\partial s} = \frac{\partial \bar{F}}{\partial x}\frac{\partial x}{\partial s} + \frac{\partial \bar{F}}{\partial y}\frac{\partial y}{\partial s} + \frac{\partial \bar{F}}{\partial z}\frac{\partial z}{\partial s}$$

If required these results can be converted into spherical polar or cylindrical co-ordinate system.

(iii) Level surface : Let scalar point function $\phi(x, y, z)$ be continuous and is defined in a certain region of space. *The surface drawn in space containing all those points where $\phi(x, y, z)$ has same value is called a level surface.* Equipotential or isothermal surfaces are examples of level surface.

(iv) Operator 'Del' or 'Nabla' (∇) : The vector differential operator $\bar{i}\frac{\partial}{\partial x} + \bar{j}\frac{\partial}{\partial y} + \bar{k}\frac{\partial}{\partial z}$ is denoted by the symbol ∇ called **Del** or **Nabla**. When it operates on a scalar point function $\phi(x, y, z)$, we get a vector quantity $\nabla\phi = \bar{i}\frac{\partial \phi}{\partial x} + \bar{j}\frac{\partial \phi}{\partial y} + \bar{k}\frac{\partial \phi}{\partial z}$, called Gradient of the scalar point function $\phi(x, y, z)$. This is also written as Gradient ϕ or simply Grad ϕ.

$$\therefore \quad \text{Grad } \phi = \nabla\phi = \bar{i}\frac{\partial \phi}{\partial x} + \bar{j}\frac{\partial \phi}{\partial y} + \bar{k}\frac{\partial \phi}{\partial z}$$

Consider
$$\bar{r} = x\bar{i} + y\bar{j} + z\bar{k}$$

$$\therefore \quad d\bar{r} \equiv \bar{i}\, dx + \bar{j}\, dy + \bar{k}\, dz$$

$$\nabla\phi \cdot d\bar{r} \equiv \left(\bar{i}\frac{\partial \phi}{\partial x} + \bar{j}\frac{\partial \phi}{\partial y} + \bar{k}\frac{\partial \phi}{\partial z}\right) \cdot (\bar{i}\, dx + \bar{j}\, dy + \bar{k}\, dz)$$

$$\equiv \frac{\partial \phi}{\partial x} dx + \frac{\partial \phi}{\partial y} dy + \frac{\partial \phi}{\partial z} dz \equiv d\phi$$

This result has many useful applications. To interpret Gradient or $\nabla\phi$ physically, consider the level surfaces through $P(\bar{r})$ and $Q\ (\bar{r} + \delta\bar{r})$ where scalar function has values ϕ and $\phi + \delta\phi$ respectively (See Fig. 8.5).

$$\overrightarrow{PQ} = \bar{r} + \delta\bar{r} - \bar{r} = \delta\bar{r}$$

$$\left|\overrightarrow{PQ}\right| = \delta r.$$

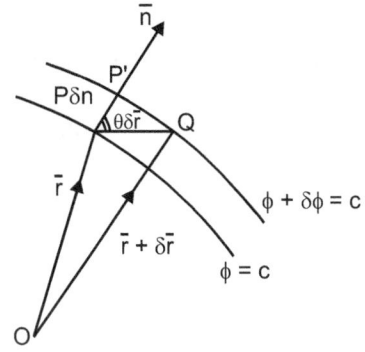

Fig. 8.5

Let $\bar{n}$ be a vector normal to the level surface $\phi = c$ at P, $\hat{n}$ be a unit vector in the same direction.

Let θ be the angle between vectors $\delta\bar{r}$ and $\hat{n}$ and let $PP' = \delta n$, then $\dfrac{\partial\phi}{\partial r}$ represents the rate of change of ϕ along the direction $\overrightarrow{PQ}$ and $\dfrac{\partial\phi}{\partial n}$ the rate of change of ϕ along the direction of normal $\hat{n}$.

We can easily see that rate of change of ϕ is maximum along the normal direction.

For
$$\frac{\delta\phi}{\delta r} = \frac{\delta\phi}{\delta n} \cdot \frac{\delta n}{\delta r} = \frac{\delta\phi}{\delta n} \cos\theta$$

$$\lim \frac{\delta\phi}{\delta r} = \frac{\partial\phi}{\partial r} \text{ and } \lim \frac{\delta\phi}{\delta n} = \frac{\partial\phi}{\partial n}$$

Above relation clearly shows that

$$\frac{\partial\phi}{\partial r} \leq \frac{\partial\phi}{\partial n}, \text{ as } \cos\theta \leq 1$$

Since $PP' = \delta n$ = projection of PQ along the normal

We have $\qquad dn \equiv \hat{n} \cdot d\bar{r}$

Writing $\qquad d\phi \equiv \dfrac{\partial\phi}{\partial n} dn \equiv \dfrac{\partial\phi}{\partial n} (\hat{n} \cdot d\bar{r})$

But $\qquad d\phi \equiv \nabla\phi \cdot d\bar{r}$

$\therefore \qquad \nabla\phi \cdot d\bar{r} \equiv \dfrac{\partial\phi}{\partial n} \hat{n} \cdot d\bar{r}$

Thus $\qquad \nabla\phi = \dfrac{\partial\phi}{\partial n} \hat{n}$

Which shows that $\nabla \phi$ (grad ϕ) represents maximum rate of change of ϕ, which is along the outward drawn normal to the level surface, $\phi =$ constant.

$\dfrac{\partial \phi}{\partial r}$ represents rate of change of ϕ in any other direction and is termed as **directional derivative**. Among all the directional derivatives, $|\nabla \phi| = \dfrac{\partial \phi}{\partial n}$ has the maximum value.

It is also clear that the directional derivative of ϕ along $\overrightarrow{PQ}$ is the scalar resolute of $\nabla \phi$ in that direction. The directional derivative of ϕ along certain direction $\bar{a}$ is given by $\nabla \phi \cdot \hat{a}$.

By virtue of its definition, the vector differential operator ∇ behaves like ordinary differential operator $D = \dfrac{d}{dx}$.

Following deductions follow from the definition :

For any scalars u and v

(i) $\nabla (u + v) = \nabla u + \nabla v$ 　　　　　(ii) $\nabla (u - v) = \nabla u - \nabla v$

(iii) $\nabla (uv) = u\nabla v + v\nabla u$ 　　　　　(iv) $\nabla \left(\dfrac{u}{v}\right) = \dfrac{v\nabla u - u\nabla v}{v^2}$

(v) $\nabla [f(u)] = f'(u) \nabla u$ 　　　　　(vi) $\nabla (au) = a\nabla u$.

ILLUSTRATIONS

Ex. 1 : Find $\nabla \phi$ for (i) $\phi = x^2 + y^2 + z^2$ at $(1, 1, 1)$.

(ii) $\phi = r^m$, where $\bar{r} = x\bar{i} + y\bar{j} + z\bar{k}$

(iii) $\phi = e^{-r} r^3$,　　(iv) $\nabla f(r) = \dfrac{f'(r)}{r} \bar{r}$, where $\bar{r} = x\bar{i} + y\bar{j} + z\bar{k}$.

Sol. : (i) $\phi = x^2 + y^2 + z^2$

$$\dfrac{\partial \phi}{\partial x} = 2x, \quad \dfrac{\partial \phi}{\partial y} = 2y, \quad \dfrac{\partial \phi}{\partial z} = 2z.$$

$$\nabla \phi = \bar{i} \dfrac{\partial \phi}{\partial x} + \bar{j} \dfrac{\partial \phi}{\partial y} + \bar{k} \dfrac{\partial \phi}{\partial z} = (2x\bar{i} + 2y\bar{j} + 2z\bar{k})$$

$\therefore \quad \{\nabla \phi\}_{(1, 1, 1)} = 2\bar{i} + 2\bar{j} + 2\bar{k}$, 　　　　　[putting $x = y = z = 1$]

(ii) $\phi = r^m$, $\bar{r} = x\bar{i} + y\bar{j} + z\bar{k}$,

$$r = \sqrt{x^2 + y^2 + z^2} \qquad \dfrac{\partial \phi}{\partial x} = mr^{m-1} \dfrac{\partial r}{\partial x}$$

$$\frac{\partial r}{\partial x} = \frac{1 \cdot 2x}{2\sqrt{x^2+y^2+z^2}} = \frac{x}{r} \qquad \therefore \frac{\partial \phi}{\partial x} = mr^{m-1} \cdot \frac{x}{r} = mr^{m-2} \cdot x$$

Similarly, $\quad \dfrac{\partial \phi}{\partial y} = mr^{m-2} y, \quad \dfrac{\partial \phi}{\partial z} = mr^{m-2} z$

$$\nabla \phi = \bar{i} \frac{\partial \phi}{\partial x} + \bar{j} \frac{\partial \phi}{\partial y} + \bar{k} \frac{\partial \phi}{\partial z}$$

$$= \bar{i}\, mr^{m-2}\, x + \bar{j}\, mr^{m-2}\, y + \bar{k}\, mr^{m-2}\, z$$

$$= mr^{m-2}\, (x\,\bar{i} + y\,\bar{j} + z\,\bar{k})$$

$$\nabla \phi = mr^{m-2}\, \bar{r}$$

This is taken as a standard result.

(iii) $\phi = e^{-r} r^3 \qquad \nabla \phi = \nabla (e^{-r} r^3)$

$$= r^3 \nabla (e^{-r}) + e^{-r} \nabla (r^3) = r^3 (-e^{-r}) \nabla (r) + e^{-r} 3r\, \bar{r}$$

$$= -r^3 e^{-r} \frac{1}{r}\, \bar{r} + 3r\, e^{-r}\, \bar{r} = e^{-r}\, \bar{r}\, (-r^2 + 3r)$$

(iv) $\qquad \nabla f(r) = f'(r)\, \nabla r \qquad\qquad (\because \nabla f(u) = f'(u)\, \nabla u)$

$$= f'(r) \left(\bar{i} \frac{\partial r}{\partial x} + \bar{j} \frac{\partial r}{\partial y} + \bar{k} \frac{\partial r}{\partial z} \right)$$

$$= f'(r) \left(\bar{i} \frac{x}{r} + \bar{j} \frac{y}{r} + \bar{k} \frac{z}{r} \right)$$

$$\boxed{\nabla f(r) = \frac{f'(r)}{r}\, \bar{r}}\ .\ \text{This is also taken as a standard result.}$$

Ex. 2 : *Find the directional derivative of $\phi = xy^2 + yz^3$ at $(1, -1, 1)$,*

(i) along the vector $\bar{i} + 2\bar{j} + 2\bar{k}$

(ii) towards the point $(2, 1, -1)$

(iii) along the direction normal to the surface $x^2 + y^2 + z^2 = 9$ at $(1, 2, 2)$. **(May 09)**

Sol. : (i) $\dfrac{\partial \phi}{\partial x} = y^2,\ \dfrac{\partial \phi}{\partial y} = 2xy + z^3,\ \dfrac{\partial \phi}{\partial z} = 3yz^2$

$$\nabla \phi = y^2\,\bar{i} + (2xy + z^3)\,\bar{j} + 3yz^2\,\bar{k}$$

$$[\nabla \phi]_{(1,-1,1)} = \bar{i} - \bar{j} - 3\bar{k}$$

$$\bar{a} = \bar{i} + 2\bar{j} + 2\bar{k}, \hat{a} = \frac{\bar{i} + 2\bar{j} + 2\bar{k}}{\sqrt{1+4+4}} = \frac{1}{3}(\bar{i} + 2\bar{j} + 2\bar{k})$$

∴ Directional derivative $= \nabla\phi \cdot \hat{a} = (\bar{i} - \bar{j} - 3\bar{k}) \cdot \frac{1}{3}(\bar{i} + 2\bar{j} + 2\bar{k})$

$$= \frac{1}{3}[1 - 2 - 6] = \frac{-7}{3}$$

(ii) $\bar{a}$ is along the line joining (1, –1, 1) and (2, 1, –1).

∴ $\bar{a} = (2-1)\bar{i} + (1+1)\bar{j} + (-1-1)\bar{k} = \bar{i} + 2\bar{j} - 2\bar{k}$

$$\hat{a} = \frac{\bar{i} + 2\bar{j} - 2\bar{k}}{\sqrt{1+4+4}} = \frac{1}{3}(\bar{i} + 2\bar{j} - 2\bar{k})$$

∴ Directional derivative $= \nabla\phi \cdot \hat{a} = (\bar{i} - \bar{j} - 3\bar{k}) \cdot \frac{1}{3}(\bar{i} + 2\bar{j} - 2\bar{k})$

$$= \frac{1}{3}(1 - 2 + 6) = \frac{5}{3}$$

(iii) $\quad \phi_1 = x^2 + y^2 + z^2 - 9 \qquad \nabla\phi_1 = 2x\bar{i} + 2y\bar{j} + 2z\bar{k}$

∴ $[\nabla\phi_1]_{(1,2,2)} = 2\bar{i} + 4\bar{j} + 4\bar{k} \qquad \bar{a} = 2\bar{i} + 4\bar{j} + 4\bar{k}$

$$\hat{a} = \frac{2\bar{i} + 4\bar{j} + 4\bar{k}}{\sqrt{4+16+16}} = \frac{2\bar{i} + 4\bar{j} + 4\bar{k}}{6}$$

∴ Directional derivative $= \nabla\phi \cdot \hat{a} = (\bar{i} - \bar{j} - 3\bar{k}) \cdot \left(\frac{2\bar{i} + 4\bar{j} + 4\bar{k}}{6}\right)$

$$= \frac{1}{6}(2 - 4 - 12) = \frac{-14}{6} = \frac{-7}{3}$$

Ex. 3 : *If the directional derivative of $\phi = axy + byz + czx$ at (1, 1, 1) has maximum magnitude 4 in a direction parallel to x-axis, find the values of a, b, c.* **(Dec. 2012)**

Sol. : $\quad \frac{\partial\phi}{\partial x} = ay + cz, \quad \frac{\partial\phi}{\partial y} = ax + bz, \quad \frac{\partial\phi}{\partial z} = by + cz$

∴ $\nabla\phi = \bar{i}(ay + cz) + \bar{j}(ax + bz) + \bar{k}(by + cx)$

and $\quad [\nabla\phi]_{(1,1,1)} = (a+c)\bar{i} + (a+b)\bar{j} + (b+c)\bar{k}$

Now $(a+c)\bar{i} + (a+b)\bar{j} + (b+c)\bar{k} = 4\bar{i}$ (given)

∴   a + c = 4,   a + b = 0,   b + c = 0

which gives on solving a = 2, b = –2, c = 2.

Ex. 4 : *The directional derivative of $\phi(x, y)$ at the point A (3, 2) towards the point B (2, 3) is $3\sqrt{2}$ and towards the point C (1, 0) is $\sqrt{8}$. Find the directional derivative at the point A towards the point D (2, 4).* **(May 2005, 2007)**

Sol. : For function $\phi(x, y)$, $\nabla\phi = \bar{i}\dfrac{\partial\phi}{\partial x} + \bar{j}\dfrac{\partial\phi}{\partial y}$

$$\vec{AB} = (2-3)\bar{i} + (3-2)\bar{j} = -\bar{i} + \bar{j}$$

Directional derivative of $\phi(x, y)$ towards $\vec{AB}$ is

$$\nabla\phi \cdot \hat{AB} = \left(\bar{i}\dfrac{\partial\phi}{\partial x} + \bar{j}\dfrac{\partial\phi}{\partial y}\right) \cdot \left(\dfrac{-\bar{i}+\bar{j}}{\sqrt{2}}\right) = 3\sqrt{2}$$

∴ $-\dfrac{\partial\phi}{\partial x} + \dfrac{\partial\phi}{\partial y} = 6$ ... (1)

Directional derivative at A (3, 2) towards C (1, 0) is

$$\nabla\phi \cdot \hat{AC} = \left(\bar{i}\dfrac{\partial\phi}{\partial x} + \bar{j}\dfrac{\partial\phi}{\partial y}\right) \cdot \dfrac{(-2\bar{i} - 2\bar{j})}{\sqrt{8}} = \sqrt{8}$$

∴ $-2\dfrac{\partial\phi}{\partial x} - 2\dfrac{\partial\phi}{\partial y} = 8$ or $\dfrac{\partial\phi}{\partial x} + \dfrac{\partial\phi}{\partial y} = -4$ ... (2)

From (1) and (2), $\dfrac{\partial\phi}{\partial y} = 1$, $\dfrac{\partial\phi}{\partial x} = -5$

∴ $\nabla\phi = -5\bar{i} + \bar{j}$

Hence, directional derivative at A (3, 2) towards D (2, 4) is

$$\nabla\phi \cdot \hat{AD} = (-5\bar{i} + \bar{j}) \cdot \left(\dfrac{-\bar{i} + 2\bar{j}}{\sqrt{5}}\right) = \dfrac{7}{\sqrt{5}}$$

Ex. 5 : *For the function $f = x^2y + 2y^2x$, find the following at the point P (1, 3) :*
(i)   *the direction of the greatest increase in f.*
(ii) *the direction of the greatest decrease in f.*
(iii) *the directional derivative of f in the direction of the greatest increase in f.*
(iv) *the directions in which the directional derivative is zero.*

Sol. : (i) Direction of greatest increase in f is along ∇f

and $\qquad \nabla f = \bar{i} \dfrac{\partial f}{\partial x} + \bar{j} \dfrac{\partial f}{\partial y} = \bar{i}(2xy + 2y^2) + \bar{j}(x^2 + 4yx)$

i.e. $\qquad [\nabla f]_{(1,3)} = 24\bar{i} + 13\bar{j}$

(ii) Direction of greatest decrease in f is along

$$[-\nabla f]_{(1,3)} = -24\bar{i} - 13\bar{j}$$

(iii) Directional derivative of f along the direction of greatest increase in f

$$= [\nabla f]_{(1,3)} \cdot \dfrac{(24\bar{i} + 13\bar{j})}{\sqrt{(24)^2 + (13)^2}} = (24\bar{i} + 13\bar{j}) \cdot \dfrac{(24\bar{i} + 13\bar{j})}{\sqrt{(24)^2 + (13)^2}}$$

$$= \sqrt{(24)^2 + (13)^2} = 27.294$$

(iv) If directional derivative is zero along $a_1 \bar{i} + a_2 \bar{j}$

then $\qquad [\nabla f]_{(1,3)} \cdot (a_1 \bar{i} + a_2 \bar{j}) = 0$

$$(24\bar{i} + 13\bar{j}) \cdot (a_1 \bar{i} + a_2 \bar{j}) = 0$$

$$24 a_1 + 13 a_2 = 0 \qquad \therefore \dfrac{a_1}{13} = \dfrac{-a_2}{24}$$

$\therefore$ Directions are $\bar{u}_1 = 13\bar{i} - 24\bar{j}$, $\bar{u}_2 = -13\bar{i} + 24\bar{j}$.

Ex. 6 : *In what direction from the point (2, 1, −1) is the directional derivative of $\phi = x^2 yz^3$ a maximum ? What is the magnitude of this maximum ?*

Sol. : $\qquad \phi = x^2 y z^3$

$$\nabla \phi = (2xyz^3)\bar{i} + (x^2 z^3)\bar{j} + (3x^2 yz^2)\bar{k}$$

$$(\nabla \phi)_{(2,1,-1)} = -4\bar{i} - 4\bar{j} + 12\bar{k}$$

$\therefore$ Directional derivative of ϕ is maximum in the direction of $\nabla \phi$ i.e. in the direction of $-4\bar{i} - 4\bar{j} + 12\bar{k}$.

The maximum magnitude $= |\nabla \phi| = \sqrt{16 + 16 + 144} = 4\sqrt{11}$.

Ex. 7 : *Find the directional derivative of $\phi = e^{2x} \cdot \cos yz$ at (0, 0, 0) in the direction of tangent to the curve $x = a \sin t$; $y = a \cos t$; $z = at$, at $t = \dfrac{\pi}{4}$.* **(May 06, 07, 10)**

Sol. : $\phi = e^{2x} \cos yz$

$$\nabla\phi = (2e^{2x} \cos yz)\,\bar{i} - (e^{2x} z \cdot \sin yz)\,\bar{j} - (e^{2x} y \sin yz)\,\bar{k}$$

$\therefore \quad (\nabla\phi)_{(0,0,0)} = 2\,\bar{i}$

Also, for $\bar{r} = x\,\bar{i} + y\,\bar{j} + z\,\bar{k} = (a \sin t)\,\bar{i} + (a \cos t)\,\bar{j} + (at)\,\bar{k}$

tangent to the curve $= \dfrac{d\bar{r}}{dt} = (a \cos t)\,\bar{i} - a \sin t\,\bar{j} + a\,\bar{k}$

$\therefore$ At $t = \dfrac{\pi}{4}$, $\dfrac{d\bar{r}}{dt} = \dfrac{a}{\sqrt{2}}\,\bar{i} - \dfrac{a}{\sqrt{2}}\,\bar{j} + a\,\bar{k} = \bar{u}$ (say)

$\therefore$ Directional derivative $= \nabla\phi \cdot \hat{u}$

$$= (2\bar{i}) \cdot \left(\dfrac{\dfrac{a}{\sqrt{2}}\,\bar{i} - \dfrac{a}{\sqrt{2}}\,\bar{j} + a\,\bar{k}}{\sqrt{\dfrac{a^2}{2} + \dfrac{a^2}{2} + a^2}} \right) = \dfrac{\sqrt{2}\,a}{\sqrt{2}\,a} = 1$$

Ex. 8 : *If directional derivative of $\phi = ax^2 y + by^2 z + cz^2 x$ at $(1, 1, 1)$ has maximum magnitude 15 in the direction parallel to $\dfrac{x-1}{2} = \dfrac{y-3}{-2} = \dfrac{z}{1}$, hence find the values of a, b, c.*

Sol. : $\phi = ax^2 y + by^2 z + cz^2 x$

$$\nabla\phi = (2axy + cz^2)\,\bar{i} + (ax^2 + 2byz)\,\bar{j} + (by^2 + 2czx)\,\bar{k}$$

$(\nabla\phi)_{(1,1,1)} = (2a + c)\,\bar{i} + (a + 2b)\,\bar{j} + (b + 2c)\,\bar{k}$

Given direction is $2\,\bar{i} - 2\,\bar{j} + \bar{k}$.

$\therefore \quad \dfrac{2a + c}{2} = \dfrac{a + 2b}{2} = \dfrac{b + 2c}{1}$

Solving first two $\quad 3a + 2b + c = 0$
Solving last two $\quad a + 4b + 4c = 0$

$\therefore \quad \dfrac{a}{4} = \dfrac{b}{-11} = \dfrac{c}{10} = \lambda$ (say)

$a = 4\lambda, \; b = -11\lambda, \; c = 10\lambda$

$\therefore \quad 15 = |\nabla\phi| = \sqrt{(2a + c)^2 + (a + 2b)^2 + (b + 2c)^2}$

$\qquad\qquad\qquad = \sqrt{(18\lambda)^2 + (-18\lambda)^2 + (9\lambda)^2}$

$$15 = \pm 27\lambda \qquad \therefore \lambda = \pm \frac{5}{9}$$

$$a = \pm \frac{20}{9}, \quad b = \pm \frac{55}{9}, \quad c = \pm \frac{50}{9}$$

Ex. 9 : *If T be the temperature at a point (x, y, z) then find the directional derivative of T at (1, 1, 1) in the direction of the vector $\bar{i} - \bar{j} + 2\bar{k}$ assuming that ∇T at (1, 1, 1) is $2\bar{i} + 3\bar{j} + 4\bar{k}$ and further estimate the change in the temperature as we move from the point to a distance 0.2 units in the direction of the vector $\bar{i} - \bar{j} + 2\bar{k}$. Also find two unit vectors such that the directional derivative of T is zero at (1, 1, 1).*

Sol. :
$$(\nabla T)_{(1,1,1)} = 2\bar{i} + 3\bar{j} + 4\bar{k}$$

$$\bar{a} = \bar{i} - \bar{j} + 2\bar{k} \qquad \therefore \hat{a} = \frac{\bar{i} - \bar{j} + 2\bar{k}}{\sqrt{6}}$$

$\therefore$ Directional derivative $= (\nabla T) \cdot \hat{a}$

$$= (2\bar{i} + 3\bar{j} + 4\bar{k}) \cdot \frac{\bar{i} - \bar{j} + 2\bar{k}}{\sqrt{6}} = \frac{7}{\sqrt{6}}$$

The change in T that results from moving away $\Delta s = 0.2$ units from (1, 1, 1) in the direction of $\hat{a}$ is $(\nabla T \cdot \hat{a}) \Delta s = \frac{7}{\sqrt{6}} (0.2) = \frac{7}{5\sqrt{6}}$

Let $\hat{a} = \dfrac{a_1 \bar{i} + a_2 \bar{j} + a_3 \bar{k}}{\sqrt{a_1^2 + a_2^2 + a_3^2}}$ be the unit vector such that directional derivative of T is zero at (1, 1, 1).

$\therefore \qquad (\nabla T) \cdot \hat{a} = 0 \Rightarrow (2\bar{i} + 3\bar{j} + 4\bar{k}) \cdot (a_1 \bar{i} + a_2 \bar{j} + a_3 \bar{k}) = 0$

$$2a_1 + 3a_2 + 4a_3 = 0$$

Let $a_3 = 0$

$\therefore \qquad 2a_1 + 3a_2 = 0$

$$\frac{a_1}{3} = -\frac{a_2}{2} \qquad \therefore \hat{a} = \frac{3\bar{i} - 2\bar{j}}{\sqrt{13}}$$

Similarly, $\hat{b} = \dfrac{-3\bar{i} + 2\bar{j}}{\sqrt{13}}$

Ex. 10 : *If $\nabla \phi = (y^2 + 2y + z) \bar{i} + (2xy + 2x) \bar{j} + x\bar{k}$, find ϕ if $\phi(1, 1, 0) = 5$.*

Sol. :
$$\frac{\partial \phi}{\partial x} = y^2 + 2y + z \qquad \ldots (1)$$

$$\frac{\partial \phi}{\partial y} = 2xy + 2x \qquad \ldots(2)$$

$$\frac{\partial \phi}{\partial z} = x \qquad \ldots(3)$$

Integrating (1) partially w.r.t. x,

$$\phi(x, y, z) = xy^2 + 2xy + zx + c_1(y, z)$$

$$\frac{\partial \phi}{\partial y} = 2xy + 2x + \frac{\partial c_1}{\partial y} = 2xy + 2x$$

$$\therefore \quad \frac{\partial c_1}{\partial y} = 0$$

Integrating, $\quad c_1 = c_2(z)$

$$\phi = xy^2 + 2xy + zx + c_2(z)$$

$$\frac{\partial \phi}{\partial z} = x + 2\frac{dc_2}{dz} = x$$

$$\therefore \quad \frac{dc_2}{dz} = 0 \quad \text{or} \quad c_2 = c$$

$$\therefore \quad \phi(x, y, z) = xy^2 + 2xy + zx + c$$

$$\phi(1, 1, 0) = 1 + 2 + c = 5$$

$$\therefore \quad c = 2$$

$$\therefore \quad \phi(x, y, z) = xy^2 + 2xy + zx + 2$$

V. DIVERGENCE OF A VECTOR

When a vector differential operator ∇ operates scalarly on vector point function $\bar{F}$, it gives a scalar quantity $\nabla \cdot \bar{F}$, called **Divergence of $\bar{F}$** or **Div $\bar{F}$**.

As an illustration, consider $\bar{r} = x\bar{i} + y\bar{j} + z\bar{k}$

$$\therefore \quad \nabla \cdot \bar{r} = \left(\bar{i}\frac{\partial}{\partial x} + \bar{j}\frac{\partial}{\partial y} + \bar{k}\frac{\partial}{\partial z}\right) \cdot (x\bar{i} + y\bar{j} + z\bar{k})$$

$$= \frac{\partial}{\partial x}(x) + \frac{\partial}{\partial y}(y) + \frac{\partial}{\partial z}(z) = 1 + 1 + 1 = 3$$

This is taken as a standard result.

In general, if $\quad \bar{F} = F_1\bar{i} + F_2\bar{j} + F_3\bar{k}$

$$\nabla \cdot \bar{F} = \frac{\partial F_1}{\partial x} + \frac{\partial F_2}{\partial y} + \frac{\partial F_3}{\partial z}$$

it is also written as div $\bar{F}$.

In particular, if $\nabla \cdot \bar{F} = 0$, **the vector field $\bar{F}$ is called solenoidal.**

It may also be noted here that, while $\nabla \cdot \bar{F}$ gives divergence of a vector field

$$\bar{F} \cdot \nabla = (F_1 \bar{i} + F_2 \bar{j} + F_3 \bar{k}) \cdot \left(\bar{i} \frac{\partial}{\partial x} + \bar{j} \frac{\partial}{\partial y} + \bar{k} \frac{\partial}{\partial z} \right)$$

$$= F_1 \frac{\partial}{\partial x} + F_2 \frac{\partial}{\partial y} + F_3 \frac{\partial}{\partial z}$$

gives a scalar differential operator.

Note : $\qquad \nabla \cdot \bar{F} \neq \bar{F} \cdot \nabla$

If $\bar{a} = a_1 \bar{i} + a_2 \bar{j} + a_3 \bar{k}$ is a constant vector and $\bar{r} = x \bar{i} + y \bar{j} + z \bar{k}$

$$(\bar{a} \cdot \nabla) \bar{r} = \left(a_1 \frac{\partial}{\partial x} + a_2 \frac{\partial}{\partial y} + a_3 \frac{\partial}{\partial z} \right) \bar{r} = a_1 \frac{\partial \bar{r}}{\partial x} + a_2 \frac{\partial \bar{r}}{\partial y} + a_3 \frac{\partial \bar{r}}{\partial z}$$

$$= a_1 \bar{i} + a_2 \bar{j} + a_3 \bar{k} \quad \left[\because \frac{\partial \bar{r}}{\partial x} = \bar{i} \text{ etc.} \right]$$

$\therefore \qquad (\bar{a} \cdot \nabla) \bar{r} = \bar{a}$

This is also taken as a standard result.

To interpret divergence of a vector field physically, consider the motion of fluid with velocity $\bar{v} = V_1 \bar{i} + V_2 \bar{j} + V_3 \bar{k}$ at a point A (x, y, z). Consider a small parallelopiped with edges δx, δy, δz parallel to the axes in the mass of fluid with one of its corners at the point A. (See Fig. 8.6).

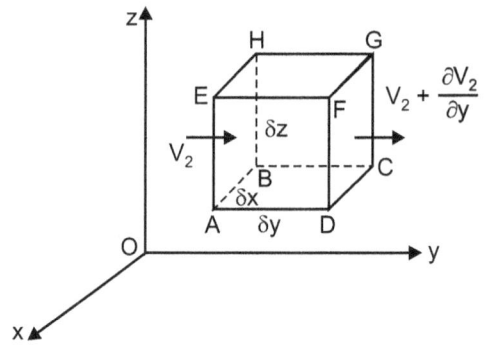

Fig. 8.6

Consider the flow parallel to y-axis that is across the faces ABEH and DCFG. Flow per unit time across the face ABEH $= V_2 \cdot \delta x \, \delta z$
where, V_2 is y component of velocity at the face ABEH.

Now, the y component of velocity at the face DCFG is $V_2 + \dfrac{\partial V_2}{\partial y} \delta y$

$\therefore \qquad$ Flow per unit time across the face DCFG is $\left(V_2 + \dfrac{\partial V_2}{\partial y} \delta y \right) \delta x \, \delta z$.

Thus the rate at which fluid flows out from the elementary volume along the y direction is $\left(V_2 + \dfrac{\partial V_2}{\partial y} \delta y\right) \delta x\, \delta z - V_2\, \delta x\, \delta z = \dfrac{\partial V_2}{\partial y} \delta x\, \delta y\, \delta z$.

Similarly, the rate of outward flow along x and z directions will be given by $\dfrac{\partial V_1}{\partial x} \delta x\, \delta y\, \delta z$, $\dfrac{\partial V_3}{\partial z} \delta x\, \delta y\, \delta z$ respectively.

Thus the rate at which fluid flows out of the volume

$$= \left(\dfrac{\partial V_1}{\partial x} + \dfrac{\partial V_2}{\partial y} + \dfrac{\partial V_3}{\partial z}\right) \delta x\, \delta y\, \delta z$$

The rate of outward flow per unit volume

$$= \dfrac{\partial V_1}{\partial x} + \dfrac{\partial V_2}{\partial y} + \dfrac{\partial V_3}{\partial z} = \nabla \cdot \bar{v}$$

Thus the divergence of $\bar{v}$ represents the rate of outward flow through unit volume. Similarly, if $\bar{V}$ represents an electric flux, div $\bar{V}$ is the amount of flux which diverges per unit volume. Various other examples can be quoted to interpret the divergence of $\bar{F}$ in a similar manner.

VI. CURL OF A VECTOR

When a vector differential operator ∇ operates vertorially on vector point function $\bar{F}$, it gives a vector quantity $\nabla \times \bar{F}$, called **curl of** $\bar{F}$ or simply **curl** $\bar{F}$.

If $\qquad \bar{F} = F_1 \bar{i} + F_2 \bar{j} + F_3 \bar{k}$

$$\begin{aligned}
\operatorname{curl} \bar{F} &= \nabla \times \bar{F} = \left(\bar{i}\dfrac{\partial}{\partial x} + \bar{j}\dfrac{\partial}{\partial y} + \bar{k}\dfrac{\partial}{\partial z}\right) \times (F_1 \bar{i} + F_2 \bar{j} + F_3 \bar{k}) \\
&= \bar{k}\dfrac{\partial F_2}{\partial x} - \bar{j}\dfrac{\partial F_3}{\partial x} - \bar{k}\dfrac{\partial F_1}{\partial y} + \bar{i}\dfrac{\partial F_3}{\partial y} + \bar{j}\dfrac{\partial F_1}{\partial z} - \bar{i}\dfrac{\partial F_2}{\partial z} \\
&= \bar{i}\left(\dfrac{\partial F_3}{\partial y} - \dfrac{\partial F_2}{\partial z}\right) + \bar{j}\left(\dfrac{\partial F_1}{\partial z} - \dfrac{\partial F_3}{\partial x}\right) + \bar{k}\left(\dfrac{\partial F_2}{\partial x} - \dfrac{\partial F_1}{\partial y}\right)
\end{aligned}$$

Conveniently, this can also be expressed in the determinant form as

$$\operatorname{curl} \bar{F} = \nabla \times \bar{F} = \begin{vmatrix} \bar{i} & \bar{j} & \bar{k} \\ \dfrac{\partial}{\partial x} & \dfrac{\partial}{\partial y} & \dfrac{\partial}{\partial z} \\ F_1 & F_2 & F_3 \end{vmatrix}$$

For $\bar{r} = x\bar{i} + y\bar{j} + z\bar{k}$

$$\nabla \times \bar{r} = \begin{vmatrix} \bar{i} & \bar{j} & \bar{k} \\ \dfrac{\partial}{\partial x} & \dfrac{\partial}{\partial y} & \dfrac{\partial}{\partial z} \\ x & y & z \end{vmatrix} = \bar{i}\left(\dfrac{\partial z}{\partial y} - \dfrac{\partial y}{\partial z}\right) + \bar{j}\left(\dfrac{\partial x}{\partial z} - \dfrac{\partial z}{\partial x}\right) + \bar{k}\left(\dfrac{\partial y}{\partial x} - \dfrac{\partial x}{\partial y}\right)$$

$\therefore \quad \nabla \times \bar{r} = 0$

This result is taken as a standard result and can be used in the solution of problems.

Vector field $\bar{F}$ is called irrotational if $\nabla \times \bar{F} = 0$

To interpret curl of a vector field physically, consider the motion of a rigid body about a fixed axis passing through O [Refer article 8.2 (b) (ii)]. If $\bar{\omega}$ is the angular velocity of the rigid body, $\bar{v}$ the linear velocity of a point P $(\bar{r})$, then

$$\bar{v} = \bar{\omega} \times \bar{r}$$

$$\text{Curl } \bar{v} = \nabla \times (\bar{\omega} \times \bar{r})$$

Let $\bar{\omega} = \omega_1 \bar{i} + \omega_2 \bar{j} + \omega_3 \bar{k}$

$\therefore \quad \bar{\omega} \times \bar{r} = \begin{vmatrix} \bar{i} & \bar{j} & \bar{k} \\ \omega_1 & \omega_2 & \omega_3 \\ x & y & z \end{vmatrix}$

$= \bar{i}(\omega_2 z - \omega_3 y) + \bar{j}(\omega_3 x - \omega_1 z) + \bar{k}(\omega_1 y - \omega_2 x)$

$\therefore \quad \nabla \times (\bar{\omega} \times \bar{r}) = \begin{vmatrix} \bar{i} & \bar{j} & \bar{k} \\ \dfrac{\partial}{\partial x} & \dfrac{\partial}{\partial y} & \dfrac{\partial}{\partial z} \\ \omega_2 z - \omega_3 y & \omega_3 x - \omega_1 z & \omega_1 y - \omega_2 x \end{vmatrix}$

$= \bar{i}\left\{\dfrac{\partial}{\partial y}(\omega_1 y - \omega_2 x) - \dfrac{\partial}{\partial z}(\omega_3 x - \omega_1 z)\right\} + \bar{j}\left\{\dfrac{\partial}{\partial z}(\omega_2 z - \omega_3 y) - \dfrac{\partial}{\partial x}(\omega_1 y - \omega_2 x)\right\}$

$+ \bar{k}\left\{\dfrac{\partial}{\partial x}(\omega_3 x - \omega_1 z) - \dfrac{\partial}{\partial y}(\omega_2 z - \omega_3 y)\right\}$

$$= \bar{i}(\omega_1 + \omega_1) + \bar{j}(\omega_2 + \omega_2) + \bar{k}(\omega_3 + \omega_3) = 2(\omega_1 \bar{i} + \omega_2 \bar{j} + \omega_3 \bar{k})$$

$$\operatorname{curl} \bar{v} = 2\bar{\omega}$$

or

$$\bar{\omega} = \frac{1}{2} \operatorname{curl} \bar{v}$$

Thus the angular velocity of rotation at any point is equal to half the curl of the velocity vector. **The curl of vector thus signifies rotation**.

8.4 VECTOR IDENTITIES

Given scalar function ϕ and vector functions $\bar{u}, \bar{v}$. Following results involving operation of ∇ are quite useful.

(1) $\quad \nabla \cdot (\phi \bar{u}) = \nabla \phi \cdot \bar{u} + \phi (\nabla \cdot \bar{u}) \qquad$ (May 2010)

or $\quad \operatorname{Div}(\phi \bar{u}) = \bar{u} \cdot \operatorname{Grad} \phi + \phi \operatorname{Div} \bar{u}$

Let $\quad \bar{u} = u_1 \bar{i} + u_2 \bar{j} + u_3 \bar{k}$

$\therefore \quad \phi \bar{u} = \phi u_1 \bar{i} + \phi u_2 \bar{j} + \phi u_3 \bar{k}$

$$\text{L.H.S.} = \nabla \cdot (\phi \bar{u}) = \frac{\partial}{\partial x}(\phi u_1) + \frac{\partial}{\partial y}(\phi u_2) + \frac{\partial}{\partial z}(\phi u_3)$$

$$= \phi \frac{\partial u_1}{\partial x} + u_1 \frac{\partial \phi}{\partial x} + \phi \frac{\partial u_2}{\partial y} + u_2 \frac{\partial \phi}{\partial y} + \phi \frac{\partial u_3}{\partial z} + u_3 \frac{\partial \phi}{\partial z}$$

$$= \phi \left(\frac{\partial u_1}{\partial x} + \frac{\partial u_2}{\partial y} + \frac{\partial u_3}{\partial z} \right) + u_1 \frac{\partial \phi}{\partial x} + u_2 \frac{\partial \phi}{\partial y} + u_3 \frac{\partial \phi}{\partial z}$$

$$= \phi (\nabla \cdot \bar{u}) + (u_1 \bar{i} + u_2 \bar{j} + u_3 \bar{k}) \cdot \left(\bar{i} \frac{\partial \phi}{\partial x} + \bar{j} \frac{\partial \phi}{\partial y} + \bar{k} \frac{\partial \phi}{\partial z} \right)$$

$$= \phi (\nabla \cdot \bar{u}) + \bar{u} \cdot \nabla \phi = \text{R.H.S.}$$

Alternatively, the result can be proved by symbolic procedure.

∇ being vector differential operator, it behaves like an operator $D = \dfrac{d}{dx}$ just as

$$D(uv) = uDv + vDu = D_u(uv) + D_v(uv)$$

We can write $\quad \nabla \cdot (\phi \bar{u}) = \nabla_\phi \cdot (\phi \bar{u}) + \nabla_{\bar{u}} \cdot (\phi \bar{u})$

(the suffix of ∇ is to be treated as constant in each expression.)

$$= \phi (\nabla_\phi \cdot \bar{u}) + \bar{u} \cdot \nabla_{\bar{u}} \phi$$

Omitting the suffix now $= \phi (\nabla \cdot \bar{u}) + \bar{u} \cdot \nabla \phi$

Symbolic procedure is not rigorous way of presenting the proof of vector identities, but is quite useful in solution of problems.

(2) $\nabla \times (\phi \bar{u}) = \nabla\phi \times \bar{u} + \phi(\nabla \times \bar{u})$ **(May 2010)**

or $\quad$ curl $(\phi \bar{u})$ = Grad $\phi \times \bar{u} + \phi$ curl $\bar{u}$

As before, let $\quad \bar{u} = u_1 \bar{i} + u_2 \bar{j} + u_3 \bar{k}$

L.H.S. $= \nabla \times (\phi \bar{u})$

$$= \begin{vmatrix} \bar{i} & \bar{j} & \bar{k} \\ \dfrac{\partial}{\partial x} & \dfrac{\partial}{\partial y} & \dfrac{\partial}{\partial z} \\ \phi u_1 & \phi u_2 & \phi u_3 \end{vmatrix}$$

$= \bar{i}\left\{\dfrac{\partial}{\partial y}(\phi u_3) - \dfrac{\partial}{\partial z}(\phi u_2)\right\} + \bar{j}\left\{\dfrac{\partial}{\partial z}(\phi u_1) - \dfrac{\partial}{\partial x}(\phi u_3)\right\} + \bar{k}\left\{\dfrac{\partial}{\partial x}(\phi u_2) - \dfrac{\partial}{\partial y}(\phi u_1)\right\}$

$= \bar{i}\left\{\phi\dfrac{\partial u_3}{\partial y} + u_3\dfrac{\partial \phi}{\partial y} - \phi\dfrac{\partial u_2}{\partial z} - u_2\dfrac{\partial \phi}{\partial z}\right\} + \bar{j}\left\{\phi\dfrac{\partial u_1}{\partial z} + u_1\dfrac{\partial \phi}{\partial z} - \phi\dfrac{\partial u_3}{\partial x} - u_3\dfrac{\partial \phi}{\partial x}\right\}$

$\qquad + \bar{k}\left\{u_2\dfrac{\partial \phi}{\partial x} + \phi\dfrac{\partial u_2}{\partial x} - \phi\dfrac{\partial u_1}{\partial y} - u_1\dfrac{\partial \phi}{\partial y}\right\}$

$= \phi\left[\bar{i}\left(\dfrac{\partial u_3}{\partial y} - \dfrac{\partial u_2}{\partial z}\right) + \bar{j}\left(\dfrac{\partial u_1}{\partial z} - \dfrac{\partial u_3}{\partial x}\right) + \bar{k}\left(\dfrac{\partial u_2}{\partial x} - \dfrac{\partial u_1}{\partial y}\right)\right]$

$\qquad + \bar{i}\left(u_3\dfrac{\partial \phi}{\partial y} - u_2\dfrac{\partial \phi}{\partial z}\right) + \bar{j}\left(u_1\dfrac{\partial \phi}{\partial z} - u_3\dfrac{\partial \phi}{\partial x}\right) + \bar{k}\left(u_2\dfrac{\partial \phi}{\partial x} - u_1\dfrac{\partial \phi}{\partial y}\right)$

$= \phi(\nabla \times \bar{u}) + \nabla\phi \times \bar{u}$

For $\quad \nabla\phi \times \bar{u} = \begin{vmatrix} \bar{i} & \bar{j} & \bar{k} \\ \dfrac{\partial \phi}{\partial x} & \dfrac{\partial \phi}{\partial y} & \dfrac{\partial \phi}{\partial z} \\ u_1 & u_2 & u_3 \end{vmatrix}$

$= \bar{i}\left(u_3\dfrac{\partial \phi}{\partial y} - u_2\dfrac{\partial \phi}{\partial z}\right) + \bar{j}\left(u_1\dfrac{\partial \phi}{\partial z} - u_3\dfrac{\partial \phi}{\partial x}\right) + \bar{k}\left(u_2\dfrac{\partial \phi}{\partial x} - u_1\dfrac{\partial \phi}{\partial y}\right)$

which proves the result.

Alternatively, $\nabla \times (\phi \bar{u}) = \nabla_\phi \times (\phi \bar{u}) + \nabla_{\bar{u}} \times (\phi \bar{u})$

$\qquad\qquad\qquad = \phi(\nabla_\phi \times \bar{u}) + \nabla_{\bar{u}} \times (\phi \bar{u})$

$\qquad\qquad\qquad = \phi(\nabla \times \bar{u}) + \nabla\phi \times \bar{u}$ $\qquad$ (Dropping the suffixes)

(3) $\nabla \cdot (\bar{u} \times \bar{v}) = \bar{v} \cdot (\nabla \times \bar{u}) - \bar{u} \cdot (\nabla \times \bar{v})$

or $\quad\quad$ Div $(\bar{u} \times \bar{v}) = \bar{v} \cdot \text{curl } \bar{u} - \bar{u} \cdot \text{curl } \bar{v}$

Using symbolic procedure,

$$\nabla \cdot (\bar{u} \times \bar{v}) = \nabla_{\bar{u}} \cdot (\bar{u} \times \bar{v}) + \nabla_{\bar{v}} \cdot (\bar{u} \times \bar{v})$$

Using the property of scalar triple product and remembering that $\nabla_{\bar{u}}$ must immediately precede $\bar{v}$ as $\bar{u}$ is to be treated as constant and $\nabla_{\bar{v}}$ must precede $\bar{u}$ as $\bar{v}$ is to be treated as constant, we write

$$\nabla \cdot (\bar{u} \times \bar{v}) = -\bar{u} \cdot (\nabla_{\bar{u}} \times \bar{v}) + \bar{v} \cdot (\nabla_{\bar{v}} \times \bar{u})$$

$$[\bar{a} \cdot \bar{b} \times \bar{c}] = -\bar{b} \cdot (\bar{a} \times \bar{c}) = \bar{c} \cdot (\bar{a} \times \bar{b})$$

Dropping the suffixes $= -\bar{u} \cdot (\nabla \times \bar{v}) + \bar{v} \cdot (\nabla \times \bar{u})$

which establishes the result.

Students are advised to establish the result by components method i.e. taking

$$\bar{u} = u_1 \bar{i} + u_2 \bar{j} + u_3 \bar{k} \text{ etc. and proving}$$

L.H.S. = R.H.S. by actually obtaining dot and cross products.

(4) $\nabla \times (\bar{u} \times \bar{v}) = \bar{u}(\nabla \cdot \bar{v}) - (\bar{u} \cdot \nabla) \bar{v} + (\bar{v} \cdot \nabla) \bar{u} - \bar{v}(\nabla \cdot \bar{u})$

$$\nabla \times (\bar{u} \times \bar{v}) = \nabla_{\bar{u}} \times (\bar{u} \times \bar{v}) + \nabla_{\bar{v}} \times (\bar{u} \times \bar{v}) \quad \ldots (1)$$

Using $\bar{a} \times (\bar{b} \times \bar{c}) = (\bar{a} \cdot \bar{c}) \bar{b} - (\bar{a} \cdot \bar{b}) \bar{c}$ and remembering that when $\bar{u}$ is to be treated as constant $\bar{u} \cdot \nabla$ is meaningful rather than $\nabla \cdot \bar{u}$ and $\nabla_{\bar{u}}$ must precede $\bar{v}$ etc.

$$\nabla_{\bar{u}} \times (\bar{u} \times \bar{v}) = (\nabla_{\bar{u}} \cdot \bar{v}) \bar{u} - (\bar{u} \cdot \nabla_{\bar{u}}) \bar{v},$$

$$\nabla_{\bar{v}} \times (\bar{u} \times \bar{v}) = (\bar{v} \cdot \nabla_{\bar{v}}) \bar{u} - (\nabla_{\bar{v}} \cdot \bar{u}) \bar{v}$$

Dropping the suffixes and putting the values of $\nabla_{\bar{u}} (\bar{u} \times \bar{v})$ and $\nabla_{\bar{v}} \times (\bar{u} \times \bar{v})$ in (1), we get $\quad\quad \nabla \times (\bar{u} \times \bar{v}) = (\nabla \cdot \bar{v}) \bar{u} - (\bar{u} \cdot \nabla) \bar{v} + (\bar{v} \cdot \nabla) \bar{u} - (\nabla \cdot \bar{u}) \bar{v}$

which establishes the result.

(5) $\nabla (\bar{u} \cdot \bar{v}) = \bar{u} \times (\nabla \times \bar{v}) + (\bar{u} \cdot \nabla) \bar{v} + \bar{v} \times (\nabla \times \bar{u}) + (\bar{v} \cdot \nabla) \bar{u}$

$$\nabla (\bar{u} \cdot \bar{v}) = \nabla_{\bar{u}} (\bar{u} \cdot \bar{v}) + \nabla_{\bar{v}} (\bar{u} \cdot \bar{v}) \quad \ldots (1)$$

Consider $\bar{u} \times (\nabla_{\bar{u}} \times \bar{v}) = \nabla_{\bar{u}} (\bar{u} \cdot \bar{v}) - (\bar{u} \cdot \nabla_{\bar{u}}) \bar{v}$

$\therefore \quad \nabla_{\bar{u}} (\bar{u} \cdot \bar{v}) = \bar{u} \times (\nabla_{\bar{u}} \times \bar{v}) + (\bar{u} \cdot \nabla_{\bar{u}}) \bar{v}$

$= \bar{u} \times (\nabla \times \bar{v}) + (\bar{u} \cdot \nabla) \bar{v}$ (Dropping the suffixes)

Similarly, $\bar{v} \times (\nabla_{\bar{v}} \times \bar{u}) = \nabla_{\bar{v}} (\bar{u} \cdot \bar{v}) - (\bar{v} \cdot \nabla_{\bar{v}}) \bar{u}$

$\therefore \quad \nabla_{\bar{v}} (\bar{u} \cdot \bar{v}) = \bar{v} \times (\nabla_{\bar{v}} \times \bar{u}) + (\bar{v} \cdot \nabla_{\bar{v}}) \bar{u}$

$= \bar{v} \times (\nabla \times \bar{u}) + (\bar{v} \cdot \nabla) \bar{u}$ (Dropping the suffixes)

Putting the values of $\nabla_{\bar{u}} (\bar{u} \cdot \bar{v})$ and $\nabla_{\bar{v}} (\bar{u} \cdot \bar{v})$ in (1), the required result is established.

Results (iv) and (v) can also be established by component method.

Using component method, the expressions involving second order differential operators can also be obtained.

Let us find equivalent expressions for

(1) $\nabla \cdot \nabla \phi$ or divergence Grade ϕ

$$\nabla \cdot \nabla \phi = \nabla \cdot \left\{ \bar{i} \frac{\partial \phi}{\partial x} + \bar{j} \frac{\partial \phi}{\partial y} + \bar{k} \frac{\partial \phi}{\partial z} \right\}$$

$$= \frac{\partial}{\partial x} \left(\frac{\partial \phi}{\partial x} \right) + \frac{\partial}{\partial y} \left(\frac{\partial \phi}{\partial y} \right) + \frac{\partial}{\partial z} \left(\frac{\partial \phi}{\partial z} \right)$$

$$= \frac{\partial^2 \phi}{\partial x^2} + \frac{\partial^2 \phi}{\partial y^2} + \frac{\partial^2 \phi}{\partial z^2}$$

We can write $\nabla \cdot \nabla \phi = (\nabla \cdot \nabla) \phi = \nabla^2 \phi$

Thus $\nabla^2 \phi = \frac{\partial^2 \phi}{\partial x^2} + \frac{\partial^2 \phi}{\partial y^2} + \frac{\partial^2 \phi}{\partial z^2}$

Operator $\nabla^2 \equiv \frac{\partial^2}{\partial x^2} + \frac{\partial^2}{\partial y^2} + \frac{\partial^2}{\partial z^2}$

which is a second order differential operator and is known as Laplacian operator and the equation $\nabla^2 \phi = 0$ is called Laplace equation, frequently encountered in engineering problems.

(2) $\nabla \times (\nabla \phi)$ or curl Grad ϕ

$$\nabla \times (\nabla \phi) = \nabla \times \left\{ \bar{i} \frac{\partial \phi}{\partial x} + \bar{j} \frac{\partial \phi}{\partial y} + \bar{k} \frac{\partial \phi}{\partial z} \right\}$$

$$= \begin{vmatrix} \bar{i} & \bar{j} & \bar{k} \\ \dfrac{\partial}{\partial x} & \dfrac{\partial}{\partial y} & \dfrac{\partial}{\partial z} \\ \dfrac{\partial \phi}{\partial x} & \dfrac{\partial \phi}{\partial y} & \dfrac{\partial \phi}{\partial z} \end{vmatrix}$$

$$= \bar{i}\left\{\dfrac{\partial^2 \phi}{\partial y \partial z} - \dfrac{\partial^2 \phi}{\partial y \partial z}\right\} + \bar{j}\left\{\dfrac{\partial^2 \phi}{\partial x \partial z} - \dfrac{\partial^2 \phi}{\partial x \partial z}\right\} + \bar{k}\left\{\dfrac{\partial^2 \phi}{\partial x \partial y} - \dfrac{\partial^2 \phi}{\partial x \partial y}\right\}$$

$$= 0$$

We can write $\nabla \times (\nabla \phi) = (\nabla \times \nabla) \phi = 0$

Thus curl Grad $\phi = 0$

(3) $\nabla (\nabla \cdot \bar{u}) =$ **Grad Div** $\bar{u}$

Let $\bar{u} = u_1 \bar{i} + u_2 \bar{j} + u_3 \bar{k}$

$$\nabla \cdot \bar{u} = \dfrac{\partial u_1}{\partial x} + \dfrac{\partial u_2}{\partial y} + \dfrac{\partial u_3}{\partial z}$$

$$\nabla (\nabla \cdot \bar{u}) = \bar{i} \dfrac{\partial}{\partial x}\left\{\dfrac{\partial u_1}{\partial x} + \dfrac{\partial u_2}{\partial y} + \dfrac{\partial u_3}{\partial z}\right\} + \bar{j} \dfrac{\partial}{\partial y}\left\{\dfrac{\partial u_1}{\partial x} + \dfrac{\partial u_2}{\partial y} + \dfrac{\partial u_3}{\partial z}\right\}$$

$$+ \bar{k} \dfrac{\partial}{\partial z}\left\{\dfrac{\partial u_1}{\partial x} + \dfrac{\partial u_2}{\partial y} + \dfrac{\partial u_3}{\partial z}\right\}$$

$$= \bar{i}\left[\dfrac{\partial^2 u_1}{\partial x^2} + \dfrac{\partial^2 u_2}{\partial x \partial y} + \dfrac{\partial^2 u_3}{\partial x \partial z}\right] + \bar{j}\left[\dfrac{\partial^2 u_1}{\partial x \partial y} + \dfrac{\partial^2 u_2}{\partial y^2} + \dfrac{\partial^2 u_3}{\partial y \partial z}\right]$$

$$+ \bar{k}\left[\dfrac{\partial^2 u_1}{\partial x \partial z} + \dfrac{\partial^2 u_2}{\partial y \partial z} + \dfrac{\partial^2 u_3}{\partial z^2}\right]$$

(4) $\nabla \cdot (\nabla \times \bar{u})$ or **Div curl** $\bar{u}$

$$\nabla \times \bar{u} = \begin{vmatrix} \bar{i} & \bar{j} & \bar{k} \\ \dfrac{\partial}{\partial x} & \dfrac{\partial}{\partial y} & \dfrac{\partial}{\partial z} \\ u_1 & u_2 & u_3 \end{vmatrix} = \bar{i}\left(\dfrac{\partial u_3}{\partial y} - \dfrac{\partial u_2}{\partial z}\right) + \bar{j}\left(\dfrac{\partial u_1}{\partial z} - \dfrac{\partial u_3}{\partial x}\right) + \bar{k}\left(\dfrac{\partial u_2}{\partial x} - \dfrac{\partial u_1}{\partial y}\right)$$

$$\nabla \cdot (\nabla \times \bar{u}) = \dfrac{\partial}{\partial x}\left\{\dfrac{\partial u_3}{\partial y} - \dfrac{\partial u_2}{\partial z}\right\} + \dfrac{\partial}{\partial y}\left\{\dfrac{\partial u_1}{\partial z} - \dfrac{\partial u_3}{\partial x}\right\} + \dfrac{\partial}{\partial z}\left\{\dfrac{\partial u_2}{\partial x} - \dfrac{\partial u_1}{\partial y}\right\}$$

$$= \dfrac{\partial^2 u_3}{\partial x \partial y} - \dfrac{\partial^2 u_2}{\partial x \partial z} + \dfrac{\partial^2 u_1}{\partial y \partial z} - \dfrac{\partial^2 u_3}{\partial x \partial y} + \dfrac{\partial^2 u_2}{\partial x \partial z} - \dfrac{\partial^2 u_1}{\partial y \partial z} = 0$$

Thus Divergence curl $\bar{u} = 0$. (Note that scalar triple product with two identical vectors is zero.)

(5) $\nabla \times (\nabla \times \bar{u})$ or curl curl $\bar{u}$

Instead of taking $\bar{u} = u_1 \bar{i} + u_2 \bar{j} + u_3 \bar{k}$, etc., we find the equivalent expression by using the property $\bar{a} \times (\bar{b} \times \bar{c}) = (\bar{a} \cdot \bar{c}) \bar{b} - (\bar{a} \cdot \bar{b}) \bar{c}$.

$$\nabla \times (\nabla \times \bar{u}) = \nabla (\nabla \cdot \bar{u}) - (\nabla \cdot \nabla) \bar{u} = \nabla (\nabla \cdot \bar{u}) - \nabla^2 \bar{u}$$

LIST OF FORMULAE

$\nabla = \bar{i} \dfrac{\partial}{\partial x} + \bar{j} \dfrac{\partial}{\partial y} + \bar{k} \dfrac{\partial}{\partial z}$	$\nabla \phi = \bar{i} \dfrac{\partial \phi}{\partial x} + \bar{j} \dfrac{\partial \phi}{\partial y} + \bar{k} \dfrac{\partial \phi}{\partial z}$
$\nabla (u \pm v) = \nabla u \pm \nabla v$	$\nabla (uv) = u \nabla v + v \nabla u$
$\nabla \left(\dfrac{u}{v} \right) = \dfrac{v \nabla u - u \nabla v}{v^2}$	$\nabla (au) = a \nabla u$
$\nabla (f(u)) = f'(u) (\nabla u)$	$\nabla f(r) = \left(\dfrac{f'(r)}{r} \right) \bar{r}$
$d\phi \equiv \nabla \phi \cdot d\bar{r}$	D.D. of $\phi = \nabla \phi \cdot \hat{a}$
$\text{div } \bar{F} = \nabla \cdot \bar{F} = \dfrac{\partial F_1}{\partial x} + \dfrac{\partial F_2}{\partial y} + \dfrac{\partial F_3}{\partial z}$	$\nabla \cdot \bar{F} = 0 \Rightarrow \bar{F}$ is solenoidal
$\text{rot } \bar{F} = \text{curl } \bar{F} = \nabla \times \bar{F} = \begin{vmatrix} \bar{i} & \bar{j} & \bar{k} \\ \dfrac{\partial}{\partial x} & \dfrac{\partial}{\partial y} & \dfrac{\partial}{\partial z} \\ F_1 & F_2 & F_3 \end{vmatrix}$	$\nabla \times \bar{F} = 0 \Rightarrow \bar{F}$ is irrotational.
$\nabla (\bar{a} \cdot \bar{r}) = \bar{a}$	$\nabla (\bar{a} \cdot \bar{b}) = 0$
$\nabla \cdot \bar{a} = 0, \nabla \times \bar{a} = 0$	$\nabla \cdot \bar{r} = 3, \nabla \times \bar{r} = 0$
$\nabla \cdot (\phi \bar{u}) = \phi (\nabla \cdot \bar{u}) + \nabla \phi \cdot \bar{u}$	$\nabla \times (\phi \bar{u}) = \phi (\nabla \times \bar{u}) + \nabla \phi \times \bar{u}$
$\nabla \cdot (\bar{u} \times \bar{v}) = \bar{v} \cdot (\nabla \times \bar{u}) - \bar{u} \cdot (\nabla \times \bar{v})$	$\nabla \times (\bar{u} \times \bar{v}) = \bar{u} (\nabla \cdot \bar{v}) - (\bar{u} \cdot \nabla) \bar{v}$ $+ (\bar{v} \cdot \nabla) \bar{u} - \bar{v} (\nabla \cdot \bar{u})$
$\nabla (\bar{u} \cdot \bar{v}) = \bar{u} \times (\nabla \times \bar{v}) + (\bar{u} \cdot \nabla) \bar{v} + \bar{v} \times (\nabla \times \bar{u}) + (\bar{v} \cdot \nabla) \bar{u}$	
$\nabla \cdot (r^n \bar{r}) = (n + 3) r^n$	$\nabla \times (r^n \bar{r}) = 0$
$\nabla \cdot (\nabla \phi) = (\nabla \cdot \nabla) \phi$ $\nabla^2 \phi = \dfrac{\partial^2 \phi}{\partial x^2} + \dfrac{\partial^2 \phi}{\partial y^2} + \dfrac{\partial^2 \phi}{\partial z^2}$	$\nabla^2 \equiv \dfrac{\partial^2}{\partial x^2} + \dfrac{\partial^2}{\partial y^2} + \dfrac{\partial^2}{\partial z^2}$; $\nabla^2 \phi = 0$ is Laplace equation
$\nabla \times (\nabla \phi) = 0; \nabla \cdot (\nabla \times \bar{u}) = 0$	Curl curl $\bar{u} = \nabla \times (\nabla \times \bar{u}) = \nabla (\nabla \cdot \bar{u}) - \nabla^2 \bar{u}$

- $\nabla(\nabla \cdot \bar{u}) = \nabla \times (\nabla \times \bar{u}) + \nabla^2 \bar{u}$

- Group operator
$$\equiv \bar{a} \cdot \nabla \equiv a_1 \frac{\partial}{\partial x} + a_2 \frac{\partial}{\partial y} + a_3 \frac{\partial}{\partial z}$$
$$(\bar{a} \cdot \nabla)\bar{r} = \bar{a}$$

ILLUSTRATIONS

Ex. 1 : *Given*
$$\bar{u} = xyz\,\bar{i} + (2x^2z - y^2x)\,\bar{j} + xz^3\,\bar{k}$$
$$\bar{v} = x^2\,\bar{i} + 2yz\,\bar{j} + (1 + 2z)\,\bar{k}$$
$$\phi = xy + yz + z^2$$

Find (i) $\nabla \cdot \bar{u}$ *(ii)* $\nabla \times \bar{v}$ *(iii)* $\nabla \cdot (\phi \bar{u})$ *(iv)* $\nabla \times (\phi \bar{v})$ *at* $(1, 0, -1)$.

Sol. :

(i) $\nabla \cdot \bar{u} = \dfrac{\partial}{\partial x}(xyz) + \dfrac{\partial}{\partial y}(2x^2z - y^2x) + \dfrac{\partial}{\partial z}(xz^3) = yz - 2xy + 3xz^2$

$\therefore \quad [\nabla \cdot \bar{u}]_{(1, 0, -1)} = 3$

(ii) $[\nabla \times \bar{v}] = \begin{vmatrix} \bar{i} & \bar{j} & \bar{k} \\ \dfrac{\partial}{\partial x} & \dfrac{\partial}{\partial y} & \dfrac{\partial}{\partial z} \\ x^2 & 2yz & (1+2z) \end{vmatrix}$

$= \bar{i}(0 - 2y) + \bar{j}(0 - 0) + \bar{k}(0 - 0) = -2y\,\bar{i}$

$\therefore \quad [\nabla \times \bar{v}]_{(1, 0, -1)} = 0$

(iii) $\nabla \cdot (\phi \bar{u}) = \nabla \phi \cdot \bar{u} + \phi \nabla \cdot \bar{u}$

$\nabla \phi = \bar{i}\dfrac{\partial \phi}{\partial x} + \bar{j}\dfrac{\partial \phi}{\partial y} + \bar{k}\dfrac{\partial \phi}{\partial z} = y\,\bar{i} + (x+z)\,\bar{j} + (y+2z)\,\bar{k}$

$\nabla \phi \,|_{(1, 0, -1)} = 0 + 0 - 2\bar{k} = -2\bar{k}$

$\phi\,|_{(1, 0, -1)} = 1, \quad \nabla \cdot \bar{u} = 3$

$\therefore \quad \nabla \cdot (\phi \bar{u}) = -2\bar{k} \cdot (-2\bar{j} - \bar{k}) + 1(3) = 2 + 3 = 5$

(iv) $\nabla \times (\phi \bar{v}) = \nabla \phi \times \bar{v} + \phi \nabla \times \bar{v}$

$= \nabla \phi \times \bar{v} \text{ as } \nabla \times \bar{v} = 0$

$\bar{v}\,|_{(1, 0, -1)} = \bar{i} - \bar{k}, \quad \nabla \phi = -2\bar{k}$

$\therefore \quad \nabla \times (\phi \bar{v}) = \nabla \phi \times \bar{v} = -2\bar{k} \times (\bar{i} - \bar{k}) = -2\bar{j}$

Ex. 2 : *For scalar functions ϕ and ψ, show that*

(i) $\nabla \cdot (\phi \nabla \psi - \psi \nabla \phi) = \phi \nabla^2 \psi - \psi \nabla^2 \phi$.

(ii) $\nabla^2 (\phi \psi) = \phi \nabla^2 \psi + 2 \nabla \phi \cdot \nabla \psi + \psi \nabla^2 \phi$

Sol. : (i) $\quad \nabla \cdot (\phi \nabla \psi) = \nabla \phi \cdot \nabla \psi + \phi (\nabla \cdot (\nabla \psi)) = \nabla \phi \cdot \nabla \psi + \phi \nabla^2 \psi$

$\quad \nabla \cdot (\psi \nabla \phi) = \nabla \psi \cdot \nabla \phi + \psi \nabla^2 \phi$

$\therefore \quad \nabla \cdot (\phi \nabla \psi - \psi \nabla \phi) = \nabla \cdot (\phi \nabla \psi) - \nabla \cdot (\psi \nabla \phi)$

$\quad = \nabla \phi \cdot \nabla \psi + \phi \nabla^2 \psi - \nabla \psi \cdot \nabla \phi - \psi \nabla^2 \phi$

$\quad = \phi \nabla^2 \psi - \psi \nabla^2 \phi$

(ii) $\nabla^2 (\phi \psi) = \nabla \cdot \nabla (\phi \psi) = \nabla \cdot (\phi \nabla \psi + \psi \nabla \phi)$

$\quad = \nabla \cdot (\phi \nabla \psi) + \nabla \cdot (\psi \nabla \phi)$

$\quad = \nabla \phi \cdot \nabla \psi + \phi \nabla^2 \psi + \nabla \psi \cdot \nabla \phi + \psi \nabla^2 \phi$

$\quad = \phi \nabla^2 \psi + 2 \nabla \phi \cdot \nabla \psi + \psi \nabla^2 \phi$

Ex. 3 : *For constant vector $\bar{a}$, show that,*

(i) $\nabla (\bar{a} \cdot \bar{r}) = \bar{a}$ (ii) $\nabla \times (\bar{a} \times \bar{r}) = 2 \bar{a}$ **(May 2011)**

(iii) $\nabla \left(\dfrac{\bar{a} \cdot \bar{r}}{r^n} \right) = \dfrac{\bar{a}}{r^n} - \dfrac{n (\bar{a} \cdot \bar{r})}{r^{n+2}} \bar{r}$ **(May 2005, 2012; Dec. 2006, 2007)**

where, $\quad \bar{r} = x \bar{i} + y \bar{j} + z \bar{k}, \quad\quad r = \sqrt{x^2 + y^2 + z^2}$

Sol. : (i) Let $\quad \bar{a} = a_1 \bar{i} + a_2 \bar{j} + a_3 \bar{k}$

$\therefore \quad \bar{a} \cdot \bar{r} = a_1 x + a_2 y + a_3 z$

$\quad \nabla (\bar{a} \cdot \bar{r}) = \bar{i} \dfrac{\partial}{\partial x} (a_1 x + a_2 y + a_3 z) + \bar{j} \dfrac{\partial}{\partial y} (a_1 x + a_2 y + a_3 z)$

$\quad\quad\quad\quad\quad\quad + \bar{k} \dfrac{\partial}{\partial z} (a_1 x + a_2 y + a_3 z)$

$\quad = \bar{i} a_1 + \bar{j} a_2 + \bar{k} a_3$

$\therefore \quad \nabla (\bar{a} \cdot \bar{r}) = \bar{a}$

(ii) $\quad \nabla \times (\bar{a} \times \bar{r}) = (\nabla \cdot \bar{r}) \bar{a} - (\bar{a} \cdot \nabla) \bar{r}$

$\quad = 3 \bar{a} - \bar{a}$ $[(\bar{a} \cdot \nabla) \bar{r} = \bar{a}]$

$\quad = 2 \bar{a}$

(iii) $\quad \nabla\left(\dfrac{\bar{a} \cdot \bar{r}}{r^n}\right) = \dfrac{1}{r^n} \nabla (\bar{a} \cdot \bar{r}) + (\bar{a} \cdot \bar{r}) \nabla \left(\dfrac{1}{r^n}\right)$

$\quad\quad\quad\quad\quad = \dfrac{\bar{a}}{r^n} + (\bar{a} \cdot \bar{r})(-n) \, r^{-n-2} \, \bar{r}$

$\quad\quad\quad\quad\quad = \dfrac{\bar{a}}{r^n} - \dfrac{n(\bar{a} \cdot \bar{r})}{r^{n+2}} \, \bar{r}$

Ex. 4 : *With usual notations, show that*

(i) $\quad \nabla \times [\bar{a} \times (\bar{b} \times \bar{r})] = \bar{a} \times \bar{b}$ **(Dec. 2004, May 2011)**

(ii) $\nabla[(\bar{r} \times \bar{a}) \cdot (\bar{r} \times \bar{b})] = \bar{b} \times (\bar{r} \times \bar{a}) + \bar{a} \times (\bar{r} \times \bar{b})$

Sol. : (i) $\quad \bar{a} \times (\bar{b} \times \bar{r}) = (\bar{a} \cdot \bar{r})\bar{b} - (\bar{a} \cdot \bar{b})\bar{r}$

$\quad\quad \nabla \times [\bar{a} \times (\bar{b} \times \bar{r})] = \nabla \times [(\bar{a} \cdot \bar{r})\bar{b} - (\bar{a} \cdot \bar{b})\bar{r}]$

$\quad\quad\quad\quad\quad\quad = \nabla \times [(\bar{a} \cdot \bar{r})\bar{b}] - \nabla \times [(\bar{a} \cdot \bar{b})\bar{r}]$

$\quad\quad\quad\quad\quad\quad = \nabla(\bar{a} \cdot \bar{r}) \times \bar{b} + (\bar{a} \cdot \bar{r}) \nabla \times \bar{b}$

$\quad\quad\quad\quad\quad\quad\quad\quad\quad\quad - \nabla(\bar{a} \cdot \bar{b}) \times \bar{r} - (\bar{a} \cdot \bar{b})(\nabla \times \bar{r})$

$\quad\quad\quad\quad\quad\quad = \bar{a} \times \bar{b} \quad [\bar{a}, \bar{b} \text{ being constant vectors}]$

$\quad\quad \nabla \times \bar{b} = 0, \; \nabla(\bar{a} \cdot \bar{b}) = 0 \text{ and } \nabla \times \bar{r} = 0$

(ii) $\quad\quad\quad\quad$ L.H.S. $= \nabla[(\bar{r} \times \bar{a}) \cdot (\bar{r} \times \bar{b})]$

Let $\quad\quad\quad\quad\quad \bar{p} = \bar{r} \times \bar{a}$

$\therefore \quad (\bar{r} \times \bar{a}) \cdot (\bar{r} \times \bar{b}) = \bar{p} \cdot (\bar{r} \times \bar{b}) = (\bar{p} \times \bar{r}) \cdot \bar{b}$ [by interchanging dot and cross]

$\quad\quad\quad\quad\quad\quad = \{(\bar{r} \times \bar{a}) \times \bar{r}\} \cdot \bar{b} = -\{\bar{r} \times (\bar{r} \times \bar{a})\} \cdot \bar{b}$

$\quad\quad\quad\quad\quad\quad = -\{(\bar{r} \cdot \bar{a})\bar{r} - (\bar{r} \cdot \bar{r})\bar{a}\} \cdot \bar{b}$

$\quad\quad\quad\quad\quad\quad = -(\bar{r} \cdot \bar{a})(\bar{r} \cdot \bar{b}) + (\bar{r} \cdot \bar{r})(\bar{a} \cdot \bar{b})$

$\therefore \quad\quad\quad\quad$ L.H.S. $= \nabla[(\bar{r} \cdot \bar{r})(\bar{a} \cdot \bar{b}) - (\bar{r} \cdot \bar{a})(\bar{r} \cdot \bar{b})]$

$\quad\quad\quad\quad\quad = \nabla\{(\bar{r} \cdot \bar{r})(\bar{a} \cdot \bar{b})\} - \nabla\{(\bar{r} \cdot \bar{a})(\bar{r} \cdot \bar{b})\}$

$\quad\quad\quad\quad\quad = (\bar{a} \cdot \bar{b}) \nabla(r^2) - (\bar{r} \cdot \bar{r}) \nabla(\bar{a} \cdot \bar{b}) - (\bar{r} \cdot \bar{b}) \nabla(\bar{r} \cdot \bar{a})$

$\quad\quad\quad\quad\quad\quad\quad\quad\quad\quad - (\bar{r} \cdot \bar{a}) \nabla(\bar{r} \cdot \bar{b})$

Now, $\nabla(r^2) = 2\bar{r}$, $\nabla(\bar{a} \cdot \bar{b}) = 0$, $\nabla(\bar{r} \cdot \bar{a}) = \bar{a}$, $\nabla(\bar{r} \cdot \bar{b}) = \bar{b}$

L.H.S. $= 2(\bar{a} \cdot \bar{b})\bar{r} - (\bar{r} \cdot \bar{b})\bar{a} - (\bar{r} \cdot \bar{a})\bar{b}$ $[\nabla(\bar{a} \cdot \bar{b}) = 0]$

R.H.S. $= \bar{b} \times (\bar{r} \times \bar{a}) + \bar{a} \times (\bar{r} \times \bar{b})$

$= (\bar{b} \cdot \bar{a})\bar{r} - (\bar{b} \cdot \bar{r})\bar{a} + (\bar{a} \cdot \bar{b})\bar{r} - (\bar{a} \cdot \bar{r})\bar{b}$

$= 2(\bar{a} \cdot \bar{b})\bar{r} - (\bar{r} \cdot \bar{b})\bar{a} - (\bar{r} \cdot \bar{a})\bar{b}$

L.H.S. = R.H.S. which proves the result.

Ex. 5 : *Show that*

(i) $\quad \nabla^2[\nabla \cdot (\bar{r}/r^2)] = \dfrac{2}{r^4}$ **(Dec. 2006, 2007, 2008)**

(ii) $\quad \nabla \times \left(\dfrac{\bar{a} \times \bar{r}}{r^3}\right) = -\dfrac{\bar{a}}{r^3} + \dfrac{3(\bar{a} \cdot \bar{r})}{r^5}\bar{r}$ **(May 2006, 2007)**

Sol. : (i) $\quad \nabla \cdot (\bar{r}/r^2) = \nabla \cdot (\bar{r}\, r^{-2}) = \nabla(r^{-2}) \cdot \bar{r} + r^{-2}\nabla \cdot \bar{r}$

$= -2r^{-4}\bar{r} \cdot \bar{r} + 3r^{-2}$ $[\because \nabla \cdot \bar{r} = 3]$

$= -\dfrac{2}{r^2} + \dfrac{3}{r^2} = \dfrac{1}{r^2}$

$\nabla^2[\nabla \cdot (\bar{r}/r^2)] = \nabla^2\left(\dfrac{1}{r^2}\right) = \nabla \cdot \nabla\left(\dfrac{1}{r^2}\right)$

$= \nabla \cdot \{-2r^{-4}\bar{r}\} = -2[\nabla(r^{-4}) \cdot \bar{r} + r^{-4}(\nabla \cdot \bar{r})]$

$= -2[-4r^{-6}\bar{r} \cdot \bar{r} + 3r^{-4}] = -2[-4r^{-6}r^2 + 3r^{-4}] = \dfrac{2}{r^4}$

(ii) $\quad \nabla \times \left(\dfrac{\bar{a} \times \bar{r}}{r^3}\right) = \nabla \times (\bar{a} \times \bar{r}\, r^{-3})$

$= \{\nabla \cdot (\bar{r}\, r^{-3})\}\bar{a} - (\bar{a} \cdot \nabla)\bar{r}\, r^{-3}$

$\nabla \cdot (\bar{r}\, r^{-3}) = \nabla(r^{-3}) \cdot \bar{r} + r^{-3}\nabla \cdot \bar{r}$

$= -3r^{-5}\bar{r} \cdot \bar{r} + 3r^{-3} = -3r^{-3} + 3r^{-3} = 0$

Treating operator $\bar{a} \cdot \nabla$ like operator D,

$(\bar{a} \cdot \nabla)\bar{r}\, r^{-3} = r^{-3}(\bar{a} \cdot \nabla)\bar{r} + \bar{r}(\bar{a} \cdot \nabla)r^{-3}$

But $\quad (\bar{a} \cdot \nabla)\bar{r} = \bar{a}$

and $\quad (\bar{a} \cdot \nabla)r^{-3} = \bar{a} \cdot \nabla r^{-3} = \bar{a} \cdot (-3)r^{-5}\bar{r} = \dfrac{-3(\bar{a} \cdot \bar{r})}{r^5}$

$$\therefore \quad (\bar{a} \cdot \nabla)\, \bar{r}\, r^{-3} = \frac{\bar{a}}{r^3} - \frac{3(\bar{a} \cdot \bar{r})}{r^5}\, \bar{r}$$

$$\therefore \quad \nabla \times \left(\frac{\bar{a} \times \bar{r}}{r^3}\right) = \frac{-\bar{a}}{r^3} + \frac{3(\bar{a} \cdot \bar{r})}{r^5}\, \bar{r}$$

Ex. 6 : *Show that*

(i) $\nabla^2 f(r) = \dfrac{d^2 f}{dr^2} + \dfrac{2}{r}\dfrac{df}{dr}$ **(Dec. 2004, 2012; May 2006, 2008)**

(ii) $\nabla^4 e^r = e^r + \dfrac{4}{r} e^r$ **(May 2007)**

Sol. : (i) $\quad \nabla^2 f(r) = \nabla \cdot (\nabla f(r)) = \nabla \cdot \left\{\dfrac{f'(r)}{r} \bar{r}\right\} = \dfrac{f'(r)}{r}(\nabla \cdot \bar{r}) + \nabla\left(\dfrac{f'(r)}{r}\right) \cdot \bar{r}$

$$= \frac{f'(r)}{r}(3) + \left(\frac{r f''(r) - f'(r)}{r^2}\right)\frac{\bar{r}}{r} \cdot \bar{r}$$

$$= \frac{3 f'(r)}{r} + \left(\frac{r f''(r) - f'(r)}{r^3}\right)(\bar{r} \cdot \bar{r})$$

$$= \frac{3 f'(r)}{r} + \left(\frac{r f''(r) - f'(r)}{r}\right) = \frac{3 f'(r)}{r} + f''(r) - \frac{f'(r)}{r}$$

$$\therefore \quad \nabla^2 f(r) = f''(r) + \frac{2}{r} f'(r) \quad \ldots (i)$$

(ii) $\quad \nabla^4 e^r = \nabla^2 \nabla^2 (e^r)$

Let $f(r) = e^r \Rightarrow f'(r) = e^r, \quad f''(r) = e^r$

$$\therefore \quad \nabla^2(e^r) = \frac{2}{r} e^r + e^r = \left(\frac{2}{r} + 1\right) e^r \quad \ldots \text{ by result (i)}$$

Let $\quad F(r) = e^r \left(\dfrac{2}{r} + 1\right) \Rightarrow F'(r) = e^r\left(\dfrac{2}{r}+1\right) + e^r\left(-\dfrac{2}{r^2}\right)$

$$\therefore \quad F''(r) = e^r\left(\frac{2}{r}+1\right) + e^r\left(-\frac{2}{r^2}\right) + \frac{4}{r^3} e^r - \frac{2}{r^2} e^r$$

$$= e^r\left(\frac{2}{r} + 1 - \frac{4}{r^2} + \frac{4}{r^3}\right)$$

$$\therefore \quad \frac{2}{r} F'(r) = \frac{4}{r^2} e^r + \frac{2}{r} e^r - \frac{4}{r^3} e^r$$

and $\quad \nabla^4 e^r = \nabla^2(\nabla^2 e^r) = \nabla^2\left\{e^r\left(\dfrac{2}{r} + 1\right)\right\}$

$$= e^r\left\{\frac{2}{r} + 1 - \frac{4}{r^2} + \frac{4}{r^3} + \frac{4}{r^2} + \frac{2}{r} - \frac{4}{r^3}\right\} \quad \ldots \text{ by result (i)}$$

$$= \frac{4}{r} e^r + e^r.$$

Ex. 7 : If $\rho \bar{E} = \nabla \phi$, prove that $\bar{E} \cdot \text{curl } \bar{E} = 0$. **(Dec. 04, 12; May 08)**

Sol. :
$$\bar{E} = \frac{1}{\rho} \nabla \phi$$

$\therefore \quad \text{curl } \bar{E} = \nabla \times \left(\frac{1}{\rho} \nabla \phi\right) = \nabla \left(\frac{1}{\rho}\right) \times \nabla \phi + \frac{1}{\rho} \nabla \times (\nabla \phi)$

$$= \nabla \left(\frac{1}{\rho}\right) \times \nabla \phi \qquad \text{[as } \nabla \times \nabla \phi = 0\text{]}$$

$$\bar{E} \cdot \text{curl } \bar{E} = \bar{E} \cdot \left[\nabla \left(\frac{1}{\rho}\right) \times \nabla \phi\right]$$

$$= \nabla \left(\frac{1}{\rho}\right) \cdot [\nabla \phi \times \bar{E}] \qquad \text{[By } \bar{a} \cdot (\bar{b} \times \bar{c}) = \bar{b} \cdot (\bar{c} \times \bar{a})\text{]}$$

$$= \nabla \left(\frac{1}{\rho}\right) \cdot [\rho \bar{E} \times \bar{E}] = 0 \qquad \text{[as } \bar{E} \times \bar{E} = 0\text{]}$$

Ex. 8 : For a solenoidal vector field $\bar{E}$, show that $\text{curl curl curl curl } \bar{E} = \nabla^4 \bar{E}$.

(Dec. 04, May 07)

Sol. : $\bar{E}$ being solenoidal,

$$\nabla \cdot \bar{E} = 0$$

$$\text{curl curl } \bar{E} = \nabla \times (\nabla \times \bar{E})$$

$$= \nabla (\nabla \cdot \bar{E}) - (\nabla \cdot \nabla) \bar{E}$$

$$= -\nabla^2 \bar{E} \qquad \text{[as } \nabla \cdot \bar{E} = 0\text{]}$$

Let $\quad \bar{F} = -\nabla^2 \bar{F}$

$\therefore \quad \text{curl curl curl curl } \bar{E} = \text{curl curl } \bar{F}$

$$= \nabla \times (\nabla \times \bar{F}) = \nabla (\nabla \cdot \bar{F}) - (\nabla \cdot \nabla) \bar{F}$$

$$= \nabla [\nabla \cdot (-\nabla^2 \bar{E})] - \nabla^2 \bar{F}$$

$$= \nabla [-\nabla^2 (\nabla \cdot \bar{E})] - \nabla^2 (-\nabla^2 \bar{E})$$

[By commutative property of partial derivatives]

$$= \nabla^4 \bar{E} \qquad \text{[as } \nabla \cdot \bar{E} = 0\text{]}$$

Ex. 9 : *Show that* $\bar{F} = (6xy + z^3)\bar{i} + (3x^2 - z)\bar{j} + (3xz^2 - y)\bar{k}$ *is irrotational. Find scalar ϕ such that* $\bar{F} = \nabla\phi$. **(May 05, 06, 10; Dec. 12)**

Sol. :
$$\nabla \times \bar{F} = \begin{vmatrix} \bar{i} & \bar{j} & \bar{k} \\ \dfrac{\partial}{\partial x} & \dfrac{\partial}{\partial y} & \dfrac{\partial}{\partial z} \\ 6xy + z^3 & 3x^2 - z & 3xz^2 - y \end{vmatrix}$$

$$= \bar{i}\left\{\dfrac{\partial}{\partial y}(3xz^2 - y) - \dfrac{\partial}{\partial z}(3x^2 - z)\right\} + \bar{j}\left\{\dfrac{\partial}{\partial z}(6xy + z^3) - \dfrac{\partial}{\partial x}(3xz^2 - y)\right\}$$

$$+ \bar{k}\left\{\dfrac{\partial}{\partial x}(3x^2 - z) - \dfrac{\partial}{\partial y}(6xy + z^3)\right\}$$

$$= \bar{i}\{-1 + 1\} + \bar{j}\{3z^2 - 3z^2\} + \bar{k}\{6x - 6x\} = 0$$

which shows that $\bar{F}$ is irrotational. To find corresponding scalar ϕ, consider the relation

$$d\phi \equiv \nabla\phi \cdot d\bar{r}$$

but $\bar{F} \equiv \nabla\phi$

$\therefore \quad d\phi \equiv \bar{F} \cdot d\bar{r}$

$$\equiv [(6xy + z^3)\bar{i} + (3x^2 - z)\bar{j} + (3xz^2 - y)\bar{k}] \cdot [\bar{i}\,dx + \bar{j}\,dy + \bar{k}\,dz]$$

$$\equiv (6xy + z^3)\,dx + (3x^2 - z)\,dy + (3xz^2 - y)\,dz$$

$$\equiv (6xy\,dx + 3x^2\,dy) + (z^3\,dx + 3xz^2\,dz) - (z\,dy + y\,dz)$$

$$\equiv d(3x^2 y) + d(z^3 x) - d(yz)$$

Integrating, we get

$$\phi = 3x^2 y + z^3 x - yz + c$$

Ex. 10 : *Show that the vector field $f(r)\,\bar{r}$ is always irrotational and determine $f(r)$ such that the field is solenoidal also. Also find $f(r)$ such that $\nabla^2 f(r) = 0$.*
(Dec. 04, 07; May 09)

Sol. : Consider $\nabla \times f(r)\,\bar{r} = [\nabla f(r)] \times \bar{r} + f(r)\,[\nabla \times \bar{r}]$

$$= \dfrac{f'(r)}{r}\,\bar{r} \times \bar{r} + \bar{0} \qquad (\because \nabla \times \bar{r} = 0)$$

$$= \bar{0} \qquad\qquad (\because \bar{r} \times \bar{r} = \bar{0})$$

Hence the vector field $f(r)\,\bar{r}$ is irrotational. Now, for vector field $f(r)\,\bar{r}$ to be solenoidal, we must have

$$\nabla \cdot [f(r)\,\bar{r}] = 0$$

$$\nabla \cdot [f(r)\,\bar{r}] = \nabla f(r) \cdot \bar{r} + f(r)\,[\nabla \cdot \bar{r}]$$

$$= \frac{f'(r)}{r}\,\bar{r} \cdot \bar{r} + 3\,f(r) = f'(r)\,r + 3\,f(r)$$

$$\therefore \quad f'(r)\,r + 3\,f(r) = 0 \quad \text{or} \quad \frac{f'(r)}{f(r)} + \frac{3}{r} = 0$$

On integrating,

$$\log f(r) + 3 \log r = \log C \quad \text{or} \quad \log f(r)\,r^3 = \log C$$

or $\quad f(r)\,r^3 = C \quad$ or $\quad f(r) = \dfrac{C}{r^3}$

Now, to find $f(r)$ such that $\nabla^2 f(r) = 0$, we have

$$\nabla^2 f(r) = f''(r) + \frac{2}{r}\,f'(r)$$

$$\therefore \quad f''(r) + \frac{2}{r}\,f'(r) = 0$$

$$\frac{f''(r)}{f'(r)} + \frac{2}{r} = 0$$

On integrating,

$$\log f'(r) + 2 \log r = \log C_1$$

or $\quad \log f'(r)\,r^2 = \log C_1$

or $\quad f'(r) = \dfrac{C_1}{r^2}$

Again integrating, we have

$$f(r) = \int \frac{C_1}{r^2}\,dr + C_2$$

$$f(r) = -\frac{C_1}{r} + C_2$$

Ex. 11 : *Prove that* $\nabla \times \left(\bar{a} \times \nabla \dfrac{1}{r}\right) + \nabla \left(\bar{a} \cdot \nabla \dfrac{1}{r}\right) = 0$ (Dec. 2004, 2010)

Sol. : $\quad \nabla \times \left(\bar{a} \times \nabla \dfrac{1}{r}\right) = \nabla \times \left(\bar{a} \times -\dfrac{1}{r^3}\,\bar{r}\right)$

$$= -\nabla \times (\bar{a} \times \bar{r}\, r^{-3})$$

$$= -\left\{[\nabla \cdot (r^{-3}\,\bar{r})]\,\bar{a} - (\bar{a} \cdot \nabla)(\bar{r}\,r^{-3})\right\}$$

$$= -\{0 - [(\bar{a} \cdot \nabla)\,\bar{r}\,]\,r^{-3} - \bar{r}\,[(\bar{a} \cdot \nabla)\,r^{-3}]\}$$

$$= (\bar{a}) r^{-3} + \bar{r} [\bar{a} \cdot \nabla (r^{-3})]$$

$$= \frac{\bar{a}}{r^3} + \bar{r} \left[\bar{a} \cdot \left(\frac{-3}{r^5} \right) \bar{r} \right]$$

$$\nabla \times \left(\bar{a} \times \nabla \frac{1}{r} \right) = \frac{\bar{a}}{r^3} - \frac{3(\bar{a} \cdot \bar{r}) \bar{r}}{r^5} \qquad \ldots (1)$$

$$\nabla \left(\bar{a} \cdot \nabla \frac{1}{r} \right) = \nabla \left[\bar{a} \cdot -\frac{1}{r^3} \bar{r} \right]$$

$$= -(\bar{a} \cdot \bar{r}) \nabla (r^{-3}) - r^{-3} \nabla (\bar{a} \cdot \bar{r})$$

$$= -(\bar{a} \cdot \bar{r}) \left(-\frac{3}{r^5} \right) \bar{r} - r^{-3} \bar{a}$$

$$\nabla \left(\bar{a} \cdot \nabla \frac{1}{r} \right) = \frac{3(\bar{a} \cdot \bar{r}) \bar{r}}{r^5} - \frac{\bar{a}}{r^3} \qquad \ldots (2)$$

By adding (1) and (2), $\nabla \times \left(\bar{a} \times \nabla \frac{1}{r} \right) + \nabla \left(\bar{a} \cdot \nabla \frac{1}{r} \right) = 0$

Ex. 12 : *Prove that*

(i) $\nabla(\bar{r} \cdot \bar{u}) = \bar{r} \times (\nabla \times \bar{u}) + (\bar{r} \cdot \nabla) \bar{u} + \bar{u}$

(ii) $\nabla \times (\bar{r} \times \bar{u}) = \bar{r} (\nabla \cdot \bar{u}) - (\bar{r} \cdot \nabla) \bar{u} - 2 \bar{u}$ **(May 2010, 2011)**

Sol. : (i) We have,

$$\nabla (\bar{u} \cdot \bar{v}) = \bar{u} \times (\nabla \times \bar{v}) + (\bar{u} \cdot \nabla) \bar{v} + \bar{v} \times (\nabla \times \bar{u}) + (\bar{v} \cdot \nabla) \bar{u}$$

∴ $\nabla (\bar{r} \cdot \bar{u}) = \bar{r} \times (\nabla \times \bar{u}) + (\bar{r} \cdot \nabla) \bar{u} + \bar{u} \times (\nabla \times \bar{r}) + (\bar{u} \cdot \nabla) \bar{r}$

$\nabla (\bar{r} \cdot \bar{u}) = \bar{r} \times (\nabla \times \bar{u}) + (\bar{r} \cdot \nabla) \bar{u} + \bar{u}$

$$(\because \nabla \times \bar{r} = 0, (\bar{u} \cdot \nabla) \bar{r} = \bar{u})$$

(ii) We have, $\nabla \times (\bar{u} \times \bar{v}) = \bar{u} (\nabla \cdot \bar{v}) - (\bar{u} \cdot \nabla) \bar{v} + (\bar{v} \cdot \nabla) \bar{u} - \bar{v} (\nabla \cdot \bar{u})$

∴ $\nabla \times (\bar{r} \times \bar{u}) = \bar{r} (\nabla \cdot \bar{u}) - (\bar{r} \cdot \nabla) \bar{u} + (\bar{u} \cdot \nabla) \bar{r} - \bar{u} (\nabla \cdot \bar{r})$

$$= \bar{r} (\nabla \cdot \bar{u}) - (\bar{r} \cdot \nabla) \bar{u} + \bar{u} - 3 \bar{u}$$

$$(\because \nabla \cdot \bar{r} = 3, (\bar{u} \cdot \nabla) \bar{r} = \bar{u})$$

$$= \bar{r} (\nabla \cdot \bar{u}) - (\bar{r} \cdot \nabla) \bar{u} - 2 \bar{u}$$

Ex. 13 : *Show that* $\bar{F} = \dfrac{1}{r}[r^2\,\bar{a} + (\bar{a}\cdot\bar{r})\,\bar{r}]$ *is irrotational. Hence find scalar potential* ϕ. **(Dec. 2008, 2010, 2012)**

Sol. :
$$\bar{F} = r\bar{a} + (\bar{a}\cdot\bar{r})\,\dfrac{\bar{r}}{r}$$

$$\nabla\times\bar{F} = \nabla\times(r\,\bar{a}) + \nabla\times\left[(\bar{a}\cdot\bar{r})\dfrac{\bar{r}}{r}\right]$$

$$= r(\nabla\times\bar{a}) + \nabla r\times\bar{a} + (\bar{a}\cdot\bar{r})\left(\nabla\times\dfrac{\bar{r}}{r}\right) + \nabla(\bar{a}\cdot\bar{r})\times\dfrac{\bar{r}}{r}$$

$$= \dfrac{\bar{r}}{r}\times\bar{a} + \bar{a}\times\dfrac{\bar{r}}{r} = 0$$

$\therefore\quad \nabla\times\bar{F} = 0 \Rightarrow \bar{F}$ is irrotational.

We have $\quad d\phi \equiv \nabla\phi\cdot d\bar{r}$

Since $\bar{F}$ is irrotational, therefore $\bar{F} = \nabla\phi$

$\therefore\quad d\phi \equiv \bar{F}\cdot d\bar{r} \equiv \left[r\,\bar{a} + (\bar{a}\cdot\bar{r})\dfrac{\bar{r}}{r}\right]\cdot d\bar{r}$

$$\equiv r(\bar{a}\cdot d\bar{r}) + (\bar{a}\cdot\bar{r})\dfrac{\bar{r}\cdot d\bar{r}}{r}$$

$$\equiv r\,d(\bar{a}\cdot\bar{r}) + (\bar{a}\cdot\bar{r})\left(\dfrac{r\,dr}{r}\right) \qquad (\because \bar{r}\cdot d\bar{r} = r\,dr)$$

$\therefore\quad \equiv r\,d(\bar{a}\cdot\bar{r}) + (\bar{a}\cdot\bar{r})\,dr$

$$\equiv d[r(\bar{a}\cdot\bar{r})]$$

$\therefore\quad \phi = r(\bar{a}\cdot\bar{r}) + c$

Ex. 14 : *Find curl curl* $\bar{F}$ *at the point (0, 1, 2) where,*
$$\bar{F} = x^2 y\,\bar{i} + xyz\,\bar{j} + z^2 y\,\bar{k}$$

Sol. $\quad (\nabla\times\bar{F}) = \begin{vmatrix} \bar{i} & \bar{j} & \bar{k} \\ \dfrac{\partial}{\partial x} & \dfrac{\partial}{\partial y} & \dfrac{\partial}{\partial z} \\ x^2 y & xyz & z^2 y \end{vmatrix}$

$$= \bar{i}\,(z^2 - xy) + \bar{j}\,(0 - 0) + \bar{k}\,(yz - x^2)$$

$$\nabla \times (\nabla \times \overline{F}) = \begin{vmatrix} \overline{i} & \overline{j} & \overline{k} \\ \dfrac{\partial}{\partial x} & \dfrac{\partial}{\partial y} & \dfrac{\partial}{\partial z} \\ z^2 - xy & 0 & yz - x^2 \end{vmatrix}$$

$$= \overline{i}(z) + \overline{j}(2z + 2x) + \overline{k}(x)$$

$\therefore$ curl curl $\overline{F}$ at $(0, 1, 2) = 2\overline{i} + 4\overline{j}$

Ex. 15 : *Show that $\overline{F} = r^2 \overline{r}$ is conservative and obtain the scalar potential associated with it.* **(May 2007)**

Sol. :
$$\nabla \times \overline{F} = \nabla \times (r^2 \overline{r}) = \nabla r^2 \times \overline{r} + r^2 \nabla \times \overline{r}$$

$$= 2r^{2-2} \overline{r} \times \overline{r} + r^2 \nabla \times \overline{r}$$

$$= 0 + 0$$

$\therefore$ $\overline{F}$ is conservative.

$$d\phi = \overline{F} \cdot d\overline{r}$$

$$= r^2 \overline{r} \cdot d\overline{r} = \dfrac{1}{2} r^2 d(\overline{r} \cdot \overline{r}) = \dfrac{1}{2} r^2 d(r^2)$$

$$= \dfrac{1}{2} r^2 \cdot 2r \, dr = r^3 \, dr$$

$$\phi = \dfrac{r^4}{4} + c$$

Ex. 16 : *Show that $\overline{F} = (ye^{xy} \cos z) \overline{i} + (xe^{xy} \cos z) \overline{j} - e^{xy} \sin z \, \overline{k}$ is irrotational. Find corresponding scalar ϕ, such that $\overline{F} = \nabla \phi$.* **(May 2008)**

Sol. :
$$\nabla \times \overline{F} = \begin{vmatrix} \overline{i} & \overline{j} & \overline{k} \\ \dfrac{\partial}{\partial x} & \dfrac{\partial}{\partial y} & \dfrac{\partial}{\partial z} \\ ye^{xy} \cos z & xe^{xy} \cos z & -e^{xy} \sin z \end{vmatrix}$$

$$= \overline{i}(-xe^{xy} \sin z + xe^{xy} \sin z) + \overline{j}(-ye^{xy} \sin z + ye^{xy} \sin z)$$

$$+ \overline{k}(e^{xy} \cos z + xye^{xy} \cos z - e^{xy} \cos z - xye^{xy} \cos z)$$

$$= 0$$

$$d\phi = \nabla\phi \cdot d\bar{r} = \bar{F} \cdot d\bar{r}$$
$$= F_1\, dx + F_2\, dy + F_3\, dz$$
$$= y\, e^{xy} \cos z\, dx + x\, e^{xy} \cos z\, dy - e^{xy} \sin z\, dz$$
$$= \cos z\, (y\, e^{xy} dx + x\, e^{xy} dy) - e^{xy} \sin z\, dz$$
$$= \cos z\, d(e^{xy}) + e^{xy}\, d(\cos z)$$
$$= d(e^{xy} \cos z)$$
$$\therefore \quad \phi = e^{xy} \cos z + c$$

Ex. 17 : *Evaluate* $\displaystyle\int_C \frac{x\, dx + y\, dy}{(x^2 + y^2)^{3/2}}$ *along the curve* $\bar{r}(t) = e^t \cos t\, \bar{i} + e^t \sin t\, \bar{j}$ *from* $(1, 0)$ *to* $(2\pi, 0)$.

Sol. :
$$x = e^t \cos t,\ y = e^t \sin t$$
$$dx = (e^t \cos t - e^t \sin t)\, dt,\quad dy = (e^t \sin t + e^t \cos t)\, dt$$
$$x^2 + y^2 = e^{2t}(\cos^2 t + \sin^2 t) = e^{2t}$$
$$I = \int \frac{e^{2t}(\cos^2 t - \sin t \cos t + \sin^2 t + \sin t \cos t)\, dt}{e^{2t}}$$

$x = 1,\ y = 0$ correspond to $t = 0$.

$x = 2\pi,\ y = 0$ correspond to $t = \log 2\pi$.

$$\therefore \quad I = \int_0^{\log 2\pi} dt = [t]_0^{\log 2\pi} = \log 2\pi$$

EXERCISE 8.2

1. Find $\nabla\phi$ for
   (i) $\phi = \log(x^2 + y^2 + z^2)$ (ii) $\phi = 2x z^4 - x^2 y$; at $(2, -2, 1)$

   (Ans. (i) $\dfrac{2}{(x^2 + y^2 + z^2)}(x\,\bar{i} + y\,\bar{j} + z\,\bar{k})$, (ii) $10\,\bar{i} - 4\,\bar{j} + 6\,\bar{k}$ **)**

2. For $\bar{u} = 3xyz^2\,\bar{i} + 2xy^3\,\bar{j} - x^2yz\,\bar{k},\ \bar{v} = x^3 yz\,\bar{i} + 2xy\,\bar{j} + z^2\,\bar{k},\ \phi = 3x^2 - yz$

   find (i) $\nabla \cdot \bar{u}$, (ii) $\bar{u} \cdot \nabla\phi$, (iii) $\nabla \cdot (\phi\,\bar{u})$, (iv) $\nabla \times \bar{v}$, (v) $\nabla \times (\phi\,\bar{u})$,

   (vi) $\bar{u} \times \nabla\phi$ at $(1, 2, -1)$.

   (Ans. (i) 28, (ii) 48, (iii) 188, (iv) $2\bar{i} + 3\,\bar{k}$, (v) $\bar{i} - 72\,\bar{j} + 129\,\bar{k}$, (vi) 6

3. If $\bar{v}_1, \bar{v}_2$ are the vectors which join the fixed points P (x_1, y_1, z_1), Q (x_2, y_2, z_2) to the variable point R (x, y, z) then, show that **(May 2009)**
   (i) $\nabla (\bar{v}_1 \cdot \bar{v}_2) = \bar{v}_2 + \bar{v}_1$, (ii) $\nabla \times (\bar{v}_1 \times \bar{v}_2) = 2 (\bar{v}_1 - \bar{v}_2)$, (iii) $\nabla \cdot (\bar{v}_1 \times \bar{v}_2) = 0$.
   (**Ans.** (i) Irrotational, xy sin z + cos x + y²z, (ii) Irrotational log r,
   (iii) Irrotational, $\frac{1}{2} (a \cdot r)^2$)

4. Show that $\nabla \int f(u) \, du = f(u) \nabla u$.

5. If $\bar{F} = (x^2 - y^2 + 2xz) \bar{i} + (xz - xy + yz) \bar{j} + (z^2 + x^2) \bar{k}$
   then show that curl $\bar{F}$ at $(1, 2, -3)$ and $(2, 3, 12)$ are orthogonal.

6. If $u = x + y$, $v = x - y + z$, $w = (2x + z)^2 + (2y - z)^2$ then show that $\nabla u, \nabla v, \nabla w$ are coplanar vectors.

7. If $\bar{F} = 2x^3 \bar{i} - 3yz \bar{j} + xz \bar{k}$ and $\phi = 2x - z^3 y$, find
   (i) $\bar{F} \cdot \nabla \phi$, (ii) $\bar{F} \times \nabla \phi$ at the point $(1, 2, 1)$.

   (**Ans.** (i) 4, (ii) $37 \bar{i} + 14 \bar{j} + 10 \bar{k}$)

8. Find the directional derivative of $\phi = 4xz^3 - 3x^2 y^2 z$ at $(2, -1, 2)$
   (i) In the direction $2 \bar{i} - 3 \bar{j} + 6 \bar{k}$. (ii) Towards the point $\bar{i} + \bar{j} - \bar{k}$.
   (iii) Along a line equally inclined with co-ordinate axes, **(May 2008, 2014)**
   (iv) Along tangent to the curve $x = e^t \cos t$, $y = e^t \sin t$, $z = e^t$ at $t = 0$.

   (**Ans.** (i) $\frac{664}{7}$, (ii) $\frac{64}{\sqrt{14}}$, (iii) $\frac{140}{\sqrt{3}}$, (iv) $\frac{140}{\sqrt{3}}$)

9. Find directional derivative of $xy^2 + yz^3$ at $(2, -1, 1)$ along the line
   $2(x - 2) = (y + 1) = (z - 1)$. **(May 2014)**

10. Find the directional derivative of the function $\phi = e^{2x - y - z}$ at $(1, 1, 1)$ in the direction of the tangent to the curve $x = e^{-t}$, $y = 2 \sin t + 1$, $z = t - \cos t$ at $t = 0$.

    (**Ans.** $-5/\sqrt{6}$)

11. Find the directional derivative of f at $(1, 2, -1)$ where $f(x, y, z) = x^2 y + xyz + z^3$ along normal to the surface $x^2 y^3 = 4xy + y^2 z$ at the point $(1, 2, 0)$.

    (**Ans.** $-\frac{1}{3}$)

12. If the directional derivative of $\phi = a(x + y) + b(y + z) + c(x + z)$ has maximum value 12 in the direction parallel to the line $\frac{x-1}{1} = \frac{y-2}{2} = \frac{z-1}{3}$, find the values of a, b, c. **(Dec. 2008)**

13. Find the values of the constants a, b, c so that the directional derivative of $\phi = axy^2 + byz + cz^2x^2$ at (2, 1, 1) has a maximum magnitude 12 in a direction parallel to x-axis.

(Ans. a = 4, b = –16, c = 2)

14. The directional derivative of a given function f(x, y) at a point P(2, 3) in a direction towards Q(1, –1) is $\sqrt{17}$ and in a direction towards R(–2, 1) is $\sqrt{20}$. Find the directional derivative of f(x, y) at P(2, 3) towards the point S(6, 2).

(Ans. $\dfrac{-68}{7\sqrt{17}}$)

15. Find the constants a and b, so that the surface $ax^2 - byz = (a + 2)x$ will be orthogonal to the surface $4x^2y + z^3 = 4$ at the point (1, –1, 2).

(Dec. 06, 07; May 05, 06, 08, 09, 11) (Ans. a = $\dfrac{5}{2}$, b = 1)

16. Evaluate (i) $\nabla \cdot (r^3 \bar{r})$, (ii) $\nabla \cdot [r\nabla(1/r^3)]$

(Ans. (i) $3r^3 + 3r$, (ii) $\dfrac{3}{r^4}$)

17. Show that

(i) $\nabla \cdot \left(\dfrac{\bar{a} \times \bar{r}}{r}\right) = 0$ (Dec. 2008, Nov. 2014)

(ii) $\nabla \times \left(\dfrac{\bar{a} \times \bar{r}}{r^n}\right) = \dfrac{(2-n)}{r^n}\bar{a} + \dfrac{n}{r^{n+2}}(\bar{a} \cdot \bar{r})\bar{r}$. (Dec. 2005, May 2011)

18. $\bar{a} \cdot \nabla\left[\bar{b} \cdot \nabla\left(\dfrac{1}{r}\right)\right] = \dfrac{3(\bar{a} \cdot \bar{r})(\bar{b} \cdot \bar{r})}{r^5} - \dfrac{\bar{a} \cdot \bar{b}}{r^3}$ (Dec. 05, 10, 12; May 08, 09, 12)

19. Prove that $\bar{b} \times \nabla[\bar{a} \cdot \nabla \log r] = \dfrac{\bar{b} \times \bar{a}}{r^2} - \dfrac{2(\bar{a} \cdot \bar{r})}{r^4}(\bar{b} \times \bar{r})$ (May 2005)

20. Show that

(i) $\nabla^4 (r^2 \log r) = \dfrac{6}{r^2}$ (Dec. 2006, 2007, 2008, Nov. 2014)

(ii) $\nabla \cdot \left[r\nabla\left(\dfrac{1}{r^n}\right)\right] = \dfrac{n(n-2)}{r^{n+1}}$ (May 2006, 2007, 2008, 2009, 2014)

(iii) $\nabla^2 \left(\dfrac{\bar{a} \cdot \bar{b}}{r}\right) = 0$. (Dec. 2005)

21. If $\bar{r}$ be a position vector such that $r = |\bar{r}|$ and $\bar{u}$ be a differentiable vector function, then using vector identities, prove that,

   (i) $\nabla \int r^n \, dr = r^{n-1} \, \bar{r}$

   (ii) $\nabla^2 (r^n \log r) = [n(n+1) \log r + 2n + 1] r^{n-2}$ **(May 2005)**

22. For scalars ϕ and ψ, show that $\nabla \times (\phi \nabla \psi) = \nabla \phi \times \nabla \psi = -\nabla \times (\psi \nabla \phi)$.

23. If $\bar{F} = (y+z)\bar{i} + (z+x)\bar{j} + (x+y)\bar{k}$ then show that

    curl curl curl curl $\bar{F} = \nabla^4 [(y+z)\bar{i} + (z+x)\bar{j} + (x+y)\bar{k}]$

24. If $\bar{w}$ is constant vector and $\bar{v} = \bar{w} \times \bar{r}$, prove that div $\bar{v} = 0$.

25. (i)   Prove that $\bar{F} = \dfrac{1}{(x^2 + y^2)} (x\bar{i} + y\bar{j})$ is solenoidal.

    (ii)   Find the function $f(r)$ so that $f(r) \bar{r}$ is solenoidal.

26. If $\bar{u}$ and $\bar{v}$ are irrotational vectors then prove that $\bar{u} \times \bar{v}$ is solenoidal vector.
                                                                                        (Dec. 2005, 2006, 2007)

27. If ϕ, ψ satisfy Laplace equation, then prove that the vector $(\phi \nabla \psi - \psi \nabla \phi)$ is solenoidal.

28. Show that $\bar{F} = \dfrac{\bar{a} \times \bar{r}}{r^n}$ is solenoidal field.

29. If $\bar{F}_1 = yz\bar{i} + zx\bar{j} + xy\bar{k}$, $\bar{F}_2 = (\bar{a} \cdot \bar{r})\bar{a}$ then show that $\bar{F}_1 \times \bar{F}_2$ is solenoidal.
                                                                                                       (May 2006)

30. Verify whether following fields are irrotational and if so, find corresponding potential ϕ.

   (i) $(y \sin z - \sin x)\bar{i} + (x \sin z + 2yz)\bar{j} + (xy \cos z + y^2)\bar{k}$. **(May 2009, Nov. 2014)**

   (ii) $\dfrac{\bar{r}}{r^2}$ (iii) $(\bar{a} \cdot \bar{r})\bar{a}$.

31. Show that the vector field given by $\bar{F} = (y^2 \cos x + z^2)\bar{i} + (2y \sin x)\bar{j} + 2xz\bar{k}$ is conservative and find scalar field such that $\bar{F} = \nabla \phi$.   **(Dec. 04, 12; May 12)**

32. If the vector field $\bar{F} = (x + 2y + az)\bar{i} + (bx - 3y - z)\bar{j} + (4x + cy + 2z)\bar{k}$ is irrotational, find a, b, c and determine ϕ such that $\bar{F} = \nabla \phi$.   **(Dec. 05, 06))**

33. Show that $\bar{F} = r^2 \bar{r}$ is conservative and obtain the scalar potential associated with it.

34. Show that $\bar{F} = (2xz^3 + 6y)\bar{i} + (6x - 2yz)\bar{j} + (3x^2z^2 - y^2)\bar{k}$ is irrotational. Find scalar potential ϕ such that $\bar{F} = \nabla \phi$.   **(Ans.** $\phi = 6xy + x^2z^3 - y^2z$**)**

35. Show that vector field $\bar{F} = (x^2 - yz)\bar{i} + (y^2 - zx)\bar{j} + (z^2 - xy)\bar{k}$ is irrotational. Find scalar potential ϕ such that $\bar{F} = \nabla\phi$. **(May 2014)** (Ans. $\phi = x^3/3 + y^3/3 + z^3/3 - xyz + c$)

MULTIPLE CHOICE QUESTIONS (MCQ's)

Type : Gradient, Divergence, Curl and Directional Derivative

1. Vector differential oprator ∇ is defined by (1)
   (A) $\bar{i}\dfrac{\partial}{\partial x} + \bar{j}\dfrac{\partial}{\partial y} + \bar{k}\dfrac{\partial}{\partial z}$
   (B) $\dfrac{\partial}{\partial x} + \dfrac{\partial}{\partial y} + \dfrac{\partial}{\partial z}$
   (C) $\dfrac{\partial^2}{\partial x^2} + \dfrac{\partial^2}{\partial y^2} + \dfrac{\partial^2}{\partial z^2}$
   (D) $\bar{i}\dfrac{\partial^2}{\partial x^2} + \bar{j}\dfrac{\partial^2}{\partial y^2} + \bar{k} + \dfrac{\partial^2}{\partial z^2}$

2. Gradient of scalar point function $\phi(x, y, z)$ is (1)
   (A) $\dfrac{\partial^2 \phi}{\partial x^2} + \dfrac{\partial^2 \phi}{\partial y^2} + \dfrac{\partial^2 \phi}{\partial z^2}$
   (B) $\dfrac{\partial \phi}{\partial x} + \dfrac{\partial \phi}{\partial y} + \dfrac{\partial \phi}{\partial z}$
   (C) $\dfrac{\partial \phi}{\partial x} \dfrac{\partial \phi}{\partial y} \dfrac{\partial \phi}{\partial z}$
   (D) $\dfrac{\partial \phi}{\partial x}\bar{i} + \dfrac{\partial \phi}{\partial y}\bar{j} + \dfrac{\partial \phi}{\partial z}\bar{k}$

3. For the level surface $\phi(x, y, z) = c$, gradient of ϕ represents (1)
   (A) unive vector
   (B) tangent vector
   (C) normal vector
   (D) radius vector

4. For the scalar point functions ϕ and ψ, $\nabla(\phi\psi) =$ (1)
   (A) $\phi\nabla\psi - \psi\nabla\phi$
   (B) $\phi\nabla\psi + \psi\nabla\phi$
   (C) $\phi(\nabla^2\psi) + \psi(\nabla^2\phi)$
   (D) $\dfrac{\phi\nabla\psi - \psi\nabla\phi}{\psi^2}$

5. For the scalar point function ϕ and ψ, $\nabla\left(\dfrac{\phi}{\psi}\right) =$ (1)
   (A) $\phi\nabla\psi + \psi\nabla\phi$
   (B) $\dfrac{\phi\nabla\psi - \psi\nabla\phi}{\psi^2}$
   (C) $\dfrac{\psi\nabla\phi + \phi\nabla\psi}{\psi^2}$
   (D) $\dfrac{\psi\nabla\phi - \phi\nabla\psi}{\psi^2}$

6. If $\bar{F} = F_1(x, y, z)\bar{i} + F_2(x, y, z)\bar{j} + F_3(x, y, z)\bar{k}$ is a vector field then divergence of $\bar{F}$ is (1)
   (A) $\dfrac{\partial F_1}{\partial x} + \dfrac{\partial F_2}{\partial y} + \dfrac{\partial F_3}{\partial z}$
   (B) $\dfrac{\partial F_1}{\partial x}\bar{i} + \dfrac{\partial F_2}{\partial y}\bar{j} + \dfrac{\partial F_3}{\partial z}\bar{k}$
   (C) $\dfrac{\partial F_1}{\partial x} \dfrac{\partial F_2}{\partial y} \dfrac{\partial F_3}{\partial z}$
   (D) $\left(\bar{i}\dfrac{\partial}{\partial x} + \bar{j}\dfrac{\partial}{\partial y} + \bar{k}\dfrac{\partial}{\partial z}\right) \times (F_1\bar{i} + F_2\bar{j} + F_3\bar{k})$

7. If $\bar{F} = F_1(x, y, z)\bar{i} + F_2(x, y, z)\bar{j} + F_3(x, y, z)\bar{k}$ is a vector field then curl of $\bar{F}$ is (1)

    (A) $\dfrac{\partial F_1}{\partial x}\bar{i} + \dfrac{\partial F_2}{\partial y}\bar{j} + \dfrac{\partial F_3}{\partial z}\bar{k}$

    (B) $\dfrac{\partial F_1}{\partial x} + \dfrac{\partial F_2}{\partial y} + \dfrac{\partial F_3}{\partial z}$

    (C) $\left(\bar{i}\dfrac{\partial}{\partial x} + \bar{j}\dfrac{\partial}{\partial y} + \bar{k}\dfrac{\partial}{\partial z}\right) \times (F_1\bar{i} + F_2\bar{j} + F_3\bar{k})$

    (D) $\dfrac{\partial F_1}{\partial x}\dfrac{\partial F_2}{\partial y}\dfrac{\partial F_3}{\partial z}$

8. A rigid body rotating with constant angular velocity $\bar{\omega}$ about a fixed axis, if $\bar{v}$ is the linear velocity of a point of the body then curl $\bar{v}$ is (1)

    (A) $\bar{\omega}$
    (B) $2\bar{\omega}$
    (C) $\dfrac{\bar{\omega}}{2}$
    (D) $3\bar{\omega}$

9. Vector field $\bar{F}$ is solenoidal if (1)

    (A) $\nabla \times \bar{F} = 0$
    (B) $\nabla \cdot \bar{F} = 0$
    (C) $\nabla^2 \bar{F} = 0$
    (D) $\bar{F} \cdot \nabla = 0$

10. Vector field $\bar{F}$ is irrotational if (1)

    (A) $\nabla \cdot \bar{F} = 0$
    (B) $\bar{F} \times \nabla = 0$
    (C) $\nabla^2 \bar{F} = 0$
    (D) $\nabla \times \bar{F} = \bar{0}$

11. Directional derivative of scalar point function $\phi(x, y, z)$ at a point $P(x_1, x_2, x_3)$ in the direction of vector $\bar{u}$ is (1)

    (A) $\nabla \cdot (\phi \hat{u})_{(x_1, x_2, x_3)}$
    (B) $(\nabla \phi)_{(x_1, x_2, x_3)} \times \hat{u}$
    (C) $(\nabla \phi)_{(x_1, x_2, x_3)} \cdot \hat{u}$
    (D) $(\nabla^2 \phi)_{(x_1, x_2, x_3)} \cdot \hat{u}$

12. Magnitude of maximum directional derivative of scalar point function $\phi(x, y, z)$ in the given direction is (1)

    (A) $|\nabla \phi|$
    (B) $|\nabla^2 \phi|$
    (C) $|\phi \nabla \phi|$
    (D) zero

13. Maximum directional derivative of scalar point function $\phi(x, y, z)$ is in the direction of (1)

(A) tangent vector
(B) $\bar{i} + \bar{j} + \bar{k}$
(C) radius vector
(D) normal vector

14. If $\phi = xy^2 + yz^2$ and $(\nabla\phi)_{(1, -1, 1)} = \bar{i} - \bar{j} - 3\bar{k}$ then the value of maximum directional derivative is (1)

(A) $\dfrac{\bar{i} - \bar{j} - 3\bar{k}}{\sqrt{11}}$
(B) $\dfrac{1}{\sqrt{11}}$
(C) $\sqrt{4}$
(D) $\sqrt{11}$

15. If $\bar{r} = x\bar{i} + y\bar{j} + z\bar{k}$ and $r = \sqrt{x^2 + y^2 + z^2}$ then ∇r is given by (2)

(A) $\dfrac{\bar{r}}{r}$
(B) $\bar{r}$
(C) $\dfrac{\bar{r}}{r^2}$
(D) $\dfrac{1}{r^3}$

16. If $\phi = x + y + z$, $\bar{a} = \bar{i} + \bar{j} + \bar{k}$ then $\nabla\phi \cdot \hat{a}$ is equal to (2)

(A) $\dfrac{3}{2}$
(B) $\sqrt{3}$
(C) 0
(D) $-\dfrac{5}{2}$

17. If $\phi = mx^2 + y + z$, $\bar{b} = 2\bar{i} + 3\bar{j} - \bar{k}$ and $\nabla\phi$ at the point $(1, 0, 1)$ is perpendicular to $\bar{b}$ then m is equal to (2)

(A) 0
(B) $\dfrac{3}{2}$
(C) $\dfrac{1}{2}$
(D) $-\dfrac{5}{2}$

18. The divergence of vector field $\bar{F} = 3xz\,\bar{i} + 2xy\,\bar{j} - yz^2\,\bar{k}$ at a point $(1, 1, 1)$ is (2)

(A) 3
(B) 4
(C) 7
(D) 0

19. The divergence of vector field $\bar{F} = x^2y\,\bar{i} + y^2\,\bar{j} + z^2x\,\bar{k}$ at a point $(1, 2, 1)$ is (2)

(A) 5
(B) 8
(C) 10
(D) 12

20. If vector field $\bar{v} = (x + 3y)\bar{i} + (y - 2z)\bar{j} + (x + az)\bar{k}$ is solenoidal then value of a is (2)

(A) 0 (B) 3
(C) 2 (D) −2

21. The value of λ so that the vector field $\bar{u} = (2x + 3y)\bar{i} + (4y - 2z)\bar{j} + (3x - \lambda 6z)\bar{k}$ is solenoidal is (2)

(A) −6 (B) 1
(C) 0 (D) −1

22. The curl of vector field $\bar{F} = x^2y\,\bar{i} + xyz\,\bar{j} + z^2y\,\bar{k}$ at the point (0, 1, 2) is (2)

(A) $4\bar{i} - 2\bar{j} + 2\bar{k}$ (B) $4\bar{i} + 2\bar{j} + 2\bar{k}$
(C) $4\bar{i} + 2\bar{k}$ (D) $2\bar{i} + 4\bar{k}$

23. If the vector field $\bar{F} = (x + 2y + az)\bar{i} + (2x - 3y - z)\bar{j} + (4x - y + 2z)\bar{k}$ is irrotational then the value of a is (2)

(A) −4 (B) 3
(C) −3 (D) 4

24. If $\bar{u} = x^2y\,\bar{i} + y^2x^3\,\bar{j} - 3x^2z^2\,\bar{k}$ and $\phi = x^2yz$, then $(\bar{u} \cdot \nabla)\phi$ at the point (1, 2, 1) is (2)

(A) 6 (B) 9
(C) 18 (D) 5

25. If $u = x + y + z$, $v = x + y$, $w = -2xz - 2yz - z^2$ then $\nabla u \cdot (\nabla v \times \nabla w)$ is (2)

(A) $-2y - 2z$ (B) 0
(C) $-4x - 4y - 4z$ (D) $-2x - 2y - 2z$

26. Unit vector in the direction normal to the surface $x^2 + y^2 + z^2 = 9$ at (1, 2, 2) is (2)

(A) $\frac{1}{3}(\bar{i} + 2\bar{j} + 2\bar{k})$ (B) $\frac{1}{3}(\bar{i} - 2\bar{j} - 2\bar{k})$
(C) $\frac{1}{3}(\bar{i} + \bar{j} + \bar{k})$ (D) $\frac{1}{9}(\bar{i} + 2\bar{j} + 2\bar{k})$

27. Unit vector in the direction normal to the surface $xy = z^2$ at (1, 1, 1) is (2)

(A) $\frac{1}{\sqrt{6}}(2\bar{i} + \bar{j} + 2\bar{k})$ (B) $\frac{1}{\sqrt{6}}(\bar{i} - \bar{j} + 2\bar{k})$
(C) $\frac{1}{6}(\bar{i} - \bar{j} - 2\bar{k})$ (D) $\frac{1}{\sqrt{6}}(\bar{i} + \bar{j} - 2\bar{k})$

28. Unit vector in the direction normal to the surfae $2x + 3y + 4z = 7$ at $(1, -1, 2)$ is (2)

(A) $\dfrac{1}{\sqrt{29}}(2\bar{i} + \bar{j} - 4\bar{k})$

(B) $\dfrac{1}{\sqrt{29}}(2\bar{i} + 3\bar{j} + 4\bar{k})$

(C) $\dfrac{1}{29}(2\bar{i} - 3\bar{j} + 4\bar{k})$

(D) $\dfrac{1}{\sqrt{29}}(8\bar{i} + 6\bar{j} + 48\bar{k})$

29. Unit vector in the direction of tangent to the curve $x = \sin t$, $y = \cos t$, $z = t$ at $t = \dfrac{\pi}{4}$ is (2)

(A) $\dfrac{1}{2}(\bar{i} - \bar{j} + \bar{k})$

(B) $-\dfrac{1}{2}\bar{i} + \dfrac{1}{2}\bar{j} + \dfrac{1}{\sqrt{2}}\bar{k}$

(C) $\dfrac{1}{2}\bar{i} - \dfrac{1}{2}\bar{j} + \dfrac{1}{\sqrt{2}}\bar{k}$

(D) $\dfrac{1}{4}\bar{i} - \dfrac{1}{4}\bar{j} + \dfrac{1}{\sqrt{2}}\bar{k}$

30. Unit vector in the direction of tangent to the curve $x = e^{-t}$, $y = 2\sin t + 1$, $z = t - \cos t$ at $t = 0$ is (2)

(A) $\dfrac{1}{\sqrt{6}}(-\bar{i} + 2\bar{j} + \bar{k})$

(B) $\dfrac{1}{6}(-\bar{i} + 2\bar{j} + \bar{k})$

(C) $\dfrac{1}{\sqrt{6}}(-2\bar{i} + \bar{j} + \bar{k})$

(D) $\dfrac{1}{\sqrt{6}}(-\bar{i} + \bar{j} - \bar{k})$

31. Unit vector in the direction of tangent to the curve $x = t^3 - 1$, $y = 3t - 1$, $z = t^2 - 1$ at $t = 1$ is (2)

(A) $\dfrac{1}{22}(3\bar{i} + 3\bar{j} + \bar{k})$

(B) $\dfrac{1}{\sqrt{22}}(3\bar{i} + \bar{j} + \bar{k})$

(C) $\dfrac{1}{\sqrt{22}}(\bar{i} - 3\bar{j} + 2\bar{k})$

(D) $\dfrac{1}{\sqrt{22}}(3\bar{i} + 3\bar{j} + 2\bar{k})$

32. Unit vector along the line equally inclined with co-ordinate axes is (2)

(A) $\dfrac{1}{\sqrt{3}}(\bar{i} + \bar{j} + \bar{k})$

(B) $\dfrac{1}{\sqrt{3}}(\bar{i} - \bar{j} - \bar{k})$

(C) $\dfrac{1}{3}(\bar{i} + \bar{j} + \bar{k})$

(D) $\dfrac{1}{\sqrt{3}}(-\bar{i} + \bar{j} - \bar{k})$

33. Unit vector along the direction of line $2(x - 2) = (y + 1) = (z - 1)$ is (2)

(A) $\dfrac{1}{\sqrt{3}}(\bar{i} + 2\bar{j} - 2\bar{k})$

(B) $\dfrac{1}{3}(\bar{i} + 2\bar{j} + 2\bar{k})$

(C) $\dfrac{1}{3}(\bar{i} - 2\bar{j} + 2\bar{k})$

(D) $\dfrac{1}{3}(2\bar{i} + \bar{j} + 2\bar{k})$

34. Unit vector along the direction of line $\frac{x-1}{2} = \frac{y+2}{1} = \frac{z-3}{5}$ is (2)

(A) $\frac{1}{\sqrt{14}}(\bar{i} - 2\bar{j} - 3\bar{k})$
(B) $\frac{1}{\sqrt{30}}(\bar{i} + 2\bar{j} + 5\bar{k})$

(C) $\frac{1}{30}(2\bar{i} + \bar{j} - 5\bar{k})$
(D) $\frac{1}{\sqrt{30}}(2\bar{i} + \bar{j} + 5\bar{k})$

35. The directional derivative of $\phi = 2x^2 + 3y^2 + z^2$ at the point (2, 1, 3) in the direction of vector $\bar{u} = \bar{i} - 2\bar{j} + 2\bar{k}$ is (2)

(A) $\frac{8}{3}$
(B) 8

(C) $\frac{4}{3}$
(D) $\frac{16}{3}$

36. The directional derivative of $\phi = xy^2 + yz^3$ at the point (1, –1, 1) in the direction of vector $\bar{u} = 2\bar{i} + 4\bar{j} + 4\bar{k}$ is (2)

(A) $\frac{7}{3}$
(B) $-\frac{7}{3}$

(C) – 7
(D) $-\frac{7}{6}$

37. The directional derivative of $\phi = xy + yz + xz$ at the point (1, 2, 0) in the direction of vector $\bar{u} = 2\bar{i} + \bar{j} + 3\bar{k}$ is (2)

(A) $\frac{14}{\sqrt{6}}$
(B) $\frac{10}{\sqrt{14}}$

(C) $\sqrt{14}$
(D) $\frac{8}{\sqrt{14}}$

38. The directional derivative of $\phi = e^{2x - y - z}$ at the point (1, 1, 1) in the direction of vector $\bar{u} = -\bar{i} + 2\bar{j} + \bar{k}$ is (2)

(A) $-\frac{5}{2}$
(B) $-\frac{1}{\sqrt{6}}$

(C) $-\frac{5}{\sqrt{6}}$
(D) $\frac{5}{\sqrt{6}}$

39. The directional derivative of $\phi = e^{2x} \cos(yz)$ at origin in the direction of vector $\bar{u} = \bar{i} + \bar{j} + \bar{k}$ is (2)

(A) $\frac{4}{\sqrt{3}}$
(B) $\frac{2}{\sqrt{3}}$

(C) 0
(D) $\frac{5}{\sqrt{3}}$

40. The directional derivative of $\phi = xy^2 + yz^3$ at $(1, -1, 1)$ in the direction towards the point $(2, 1, -1)$ is [Given : $(\nabla\phi)_{(1,-1,1)} = \overline{i} - \overline{j} - 3\overline{k}$] (2)

(A) $\dfrac{5}{3}$ (B) 5

(C) 3   (D) $\dfrac{5}{\sqrt{3}}$

41. If the partial derivatives of certain function $\phi(x, y)$ are given by the equations $-\dfrac{\partial\phi}{\partial x} + \dfrac{\partial\phi}{\partial y} = 6$, $\dfrac{\partial\phi}{\partial x} + \dfrac{\partial\phi}{\partial y} = -4$ then the directional derivative of $\phi(x, y)$, along the direction of the vector $\overline{i} + \overline{j}$ is given by (2)

(A) $2\sqrt{2}$ (B) $3\sqrt{2}$

(C) $\sqrt{2}$ (D) $-2\sqrt{2}$

42. For what values of a, b, c the directional derivative of $\phi = axy + byz + czx$ at $(1, 1, 1)$ has maximum magnitude 4 in a direction paralllel to x-axis (2)

[Given : $(\nabla\phi)_{(1,1,1)} = (a+c)\overline{i} + (a+b)\overline{j} + (b+c)\overline{k}$]

(A) $a = -2, b = 2, c = -2$ (B) $a = 1, b = -1, c = 1$

(C) $a = 2, b = -2, c = 2$ (D) $a = 2, b = 2, c = 2$

43. For what values of a, b, c the directional derivative of $\phi = axy^2 + byz + cz^2x^3$ at $(1, 2, -1)$ has maximum magnitude 64 in a direction parallel to z-axis (2)

[Given : $(\nabla\phi)_{(1,2,-1)} = (4a+3c)\overline{i} + (4a-b)\overline{j} + (2b-2c)\overline{k}$]

(A) $a = 24, b = 6, c = -8$ (B) $a = -6, b = -24, c = 8$

(C) $a = 4, b = 16, c = 16$ (D) $a = 6, b = 24, c = -8$

44. The directional derivative of $\phi = x^2yz^3$ at $(2, 1, -1)$ has maximum value in the direction of vector (2)

(A) $-4\overline{i} - 4\overline{j} - 2\overline{k}$ (B) $-4\overline{i} - 4\overline{j} + 12\overline{k}$

(C) $-\overline{i} + 4\overline{j} + 12\overline{k}$ (D) $4\overline{i} - 4\overline{j} - 12\overline{k}$

45. The dierctional derivative of $\phi = xy + yz + xz$ at $(1, 2, 0)$ has maximum value in the direction of vector (2)

(A) $2\overline{i} + \overline{j} + 3\overline{k}$ (B) $\overline{i} + 2\overline{j} + 3\overline{k}$

(C) $2\overline{i} + 3\overline{j}$ (D) $2\overline{j} + 3\overline{j} + \overline{k}$

46. The directional derivative of $f = x^2y + 2y^2x$ at $(1, 3)$ has maximum value in the direction of vector (2)

(A) $42\bar{i} + 13\bar{j}$
(B) $24\bar{i} + 31\bar{j}$
(C) $13\bar{i} + 24\bar{j}$
(D) $24\bar{i} + 13\bar{j}$

47. If the directional derivatived of $\phi = ax + by$ has maximum magnitude 2 along x-axis, then a, b are respectively given by (2)

(A) 1, 0
(B) 0, 1
(C) 2, 0
(D) 1, 1

48. Maximum value of directional derivative of $\phi = 4xy^2 - 16yz + 2z^2x^2$ at $(2, 1, 1)$ is (2)

(A) 12
(B) 8
(C) 16
(D) 4

49. Maximum value of directional derivative of $\phi = xyz^2$ at $(1, 0, 3)$ is (2)

(A) 12
(B) 9
(C) 3
(D) 17

50. Maximum value of directional derivative of $\phi = 2xy - 2yz + 2xz$ at $(1, 1, 1)$ is (2)

(A) 2
(B) 13
(C) 4
(D) 11

51. The angle between the surfaces $\phi = x \log z - y^2 - 1 = 0$ and $\psi = x^2y + z + 2 = 0$ at $(1, 1, 1)$ is [Given : $\nabla\phi = \log z\bar{i} + (-2y)\bar{j} + \frac{x}{z}\bar{k}$ and $\nabla\psi = 2xy\bar{i} + x^2\bar{j} + \bar{k}$] (2)

(A) $\cos^{-1}\left(-\frac{3}{\sqrt{10}}\right)$
(B) $\cos^{-1}\left(-\frac{1}{\sqrt{30}}\right)$
(C) $\cos^{-1}\left(-\frac{1}{2\sqrt{3}}\right)$
(D) $\cos^{-1}\left(-\frac{2}{\sqrt{30}}\right)$

52. The angle between the surfaces $\phi = \frac{5}{2}x^2 - yz - \frac{9}{2}x = 0$ and $\psi = 4x^2y + z^3 - 4 = 0$ at $(1, 1, 1)$ is (2)

[Given : $\nabla\phi = \left(5x - \frac{9}{2}\right)\bar{i} + (-z)\bar{j} + (-y)\bar{k}$ and $\nabla\psi = 8xy\bar{i} + 4x^2\bar{j} + 3z^2\bar{k}$]

(A) $\cos^{-1}\left(-\frac{2}{\sqrt{89}}\right)$
(B) $\cos^{-1}\left(-\frac{9}{2\sqrt{89}}\right)$
(C) $\cos^{-1}\left(\frac{2}{\sqrt{89}}\right)$
(D) $\cos^{-}\left(-\frac{10}{3\sqrt{89}}\right)$

53. If the surfaces $\phi_1 = xyz - 1 = 0$ and $\phi_2 = x^2 + ay^2 + z^2 = 0$ are orthogonal at $(1, 1, 1)$ then a is equal to (2)

(A) -1 (B) 2

(C) 1 (D) -2

Answers

1. (A)	2. (D)	3. (C)	4. (B)	5. (D)	6. (A)	7. (C)	8. (B)
9. (B)	10. (D)	11.(C)	12. (A)	13. (D)	14. (D)	15. (A)	16. (B)
17. (C)	18. (A)	19. (C)	20. (D)	21. (B)	22. (C)	23. (D)	24.(A)
25. (B)	26. (A)	27. (D)	28. (B)	29. (C)	30. (A)	31. (D)	32. (A)
33. (B)	34. (D)	35. (A)	36. (B)	37. (C)	38. (C)	39. (B)	40. (A)
41. (D)	42. (C)	43. (D)	44. (B)	45. (A)	46. (D)	47. (C)	48. (A)
49. (B)	50. (C)	51. (B)	52. (A)	53. (D)			

Type : Vector Identities :

1. $\nabla f(r)$ is equal to (1)

(A) $\dfrac{f(r)}{r} \bar{r}$ (B) $\dfrac{f'(r)}{r} \bar{r}$

(C) $\dfrac{r}{f'(r)} \bar{r}$ (D) $f'(r) \bar{r}$

2. For a constant vector $\bar{a}$, $\nabla (\bar{a} \cdot \bar{r})$ is equal to (1)

(A) $\bar{a}$ (B) $3\bar{a}$

(C) $\bar{r}$ (D) 0

3. For constant vectors $\bar{a}$ and $\bar{b}$, $\nabla (\bar{a} \cdot \bar{b})$ is equal to (1)

(A) $\bar{a} \cdot \bar{b}$ (B) $\bar{a}$

(C) $\bar{b}$ (D) 0

4. $\nabla \cdot \bar{r}$ is equal to (1)

(A) 0 (B) $\dfrac{1}{r} \bar{r}$

(C) 3 (D) 1

5. $\nabla \times \bar{r} =$ (1)

(A) $\bar{r}$ (B) 3

(C) $\dfrac{1}{r} \bar{r}$ (D) $\bar{0}$

6. For a constant vector $\bar{a}$, $(\bar{a} \cdot \nabla) \bar{r}$ is equal to (1)

   (A) $\bar{a}$
   (B) $\bar{a} \cdot \bar{r}$
   (C) $\bar{a} \cdot \dfrac{1}{r}\bar{r}$
   (D) 3

7. For scalar function ϕ and vector function $\bar{u}$, $\nabla \cdot (\phi \bar{u})$ is equal to (1)

   (A) $\phi(\nabla \times \bar{u}) + \nabla\phi \times \bar{u}$
   (B) $\phi(\nabla \cdot \bar{u}) + \nabla\phi \cdot \bar{u}$
   (C) $\phi(\nabla \cdot \bar{u}) - \nabla\phi \cdot \bar{u}$
   (D) $\phi(\bar{u} \cdot \nabla) + \bar{u} \cdot \nabla\phi$

8. For scalar function ϕ and vector function $\bar{u}$, $\nabla \times (\phi \bar{u})$ is equal to (1)

   (A) $\phi(\nabla \times \bar{u}) + \bar{u} \times \nabla\phi$
   (B) $\phi(\nabla \cdot \bar{u}) - \nabla\phi \cdot \bar{u}$
   (C) $\phi(\nabla \times \bar{u}) + \nabla\phi \times \bar{u}$
   (D) $\phi(\nabla \cdot \bar{u}) + \nabla\phi \cdot \bar{u}$

9. For the vector function $\bar{u}$ and $\bar{v}$, $\nabla \cdot (\bar{u} \times \bar{v})$ is equal to (1)

   (A) $\bar{v} \cdot (\nabla \times \bar{u}) - \bar{u} \cdot (\nabla \times \bar{v})$
   (B) $\bar{v} \times (\nabla \cdot \bar{u}) - \bar{u} \times (\nabla \cdot \bar{v})$
   (C) $\bar{u} \cdot (\nabla \times \bar{v}) - \bar{v} \cdot (\nabla \times \bar{u})$
   (D) $\bar{v} \cdot (\bar{u} \times \nabla) + \bar{u} \cdot (\bar{v} \times \nabla)$

10. For the scalar function ϕ, div (grad ϕ) is equal to (1)

    (A) 1
    (B) $\dfrac{\partial\phi}{\partial x}\bar{i} + \dfrac{\partial\phi}{\partial y}\bar{j} + \dfrac{\partial\phi}{\partial z}\bar{k}$
    (C) $\dfrac{\partial^2\phi}{\partial x^2} + \dfrac{\partial^2\phi}{\partial y^2} + \dfrac{\partial^2\phi}{\partial z^2}$
    (D) 0

11. For the scalar function ϕ, curl (grad ϕ) is equal to (1)

    (A) $\dfrac{\partial^2\phi}{\partial x^2}\bar{i} + \dfrac{\partial^2\phi}{\partial y^2}\bar{j} + \dfrac{\partial^2\phi}{\partial z^2}\bar{k}$
    (B) $\dfrac{\partial\phi}{\partial x}\bar{i} + \dfrac{\partial\phi}{\partial y}\bar{j} + \dfrac{\partial\phi}{\partial z}\bar{k}$
    (C) $\dfrac{\partial^2\phi}{\partial x^2} + \dfrac{\partial^2\phi}{\partial y^2} + \dfrac{\partial^2\phi}{\partial z}$
    (D) $\bar{0}$

12. For vector function $\bar{u}$, div (curl $\bar{u}$) is equal to (1)

    (A) $(\nabla \cdot \bar{u}) - \nabla^2\bar{u}$
    (B) 0
    (C) $\nabla(\nabla \cdot \bar{u}) - \nabla^2\bar{u}$
    (D) $\nabla(\nabla \cdot \bar{u}) + \nabla^2\bar{u}$

13. For vector function $\bar{u}$, curl (curl $\bar{u}$) is equal to (1)

    (A) $\nabla(\nabla \cdot \bar{u}) - \nabla^2\bar{u}$
    (B) $\nabla(\nabla \cdot \bar{u}) + \nabla^2\bar{u}$
    (C) $\nabla(\nabla \times \bar{u}) - \nabla \cdot \bar{u}$
    (D) $\nabla \cdot (\nabla \times \bar{u}) + \nabla^2\bar{u}$

14. $\nabla^2 f(r)$ is equal to (1)

(A) $\dfrac{f'(r)}{r}\bar{r}$

(B) $\dfrac{d^2 f}{dr^2} + \dfrac{df}{dr}$

(C) $\dfrac{d^2 f}{dr^2} - \dfrac{2}{r}\dfrac{df}{dr}$

(D) $\dfrac{d^2 f}{dr^2} + \dfrac{2}{r}\dfrac{df}{dr}$

15. If $\bar{F}$ is irrotational vector field then there exists scalar potential ϕ such that (1)

(A) $\bar{F} = \nabla^2 \phi$

(B) $\bar{F} = \nabla \phi$

(C) $\phi = \nabla \cdot \bar{F}$

(D) $\nabla \times \bar{F} = \nabla \phi$

16. ∇e^r is equal to (1)

(A) $e^r \bar{r}$

(B) $\dfrac{e^r}{r}$

(C) $\dfrac{e^r}{r}\bar{r}$

(D) $\dfrac{r}{e^r}\bar{r}$

17. $\nabla \log r$ is equal to (1)

(A) $\dfrac{\log r}{r}\bar{r}$

(B) $\dfrac{1}{r^2}\bar{r}$

(C) $\bar{r}$

(D) $\dfrac{1}{r}\bar{r}$

18. ∇r^n is equal to (1)

(A) $n r^{n-1}$

(B) $\dfrac{r^{n+1}}{n+1}\bar{r}$

(C) $\dfrac{3 r^{n-2}}{r}$

(D) $n r^{n-2} \bar{r}$

19. $\nabla (r^2 e^{-r})$ is given by (2)

(A) $(2-r)\bar{r} e^{-r}$

(B) $(2+r^2)\bar{r} e^{-r}$

(C) $(2-r) e^{-r}$

(D) $\bar{r} e^{-r}$

20. $\nabla (r^2 \log r)$ is equal to (2)

(A) $(2 \log r + 1) r \bar{r}$

(B) $(2r + 1) \log r \bar{r}$

(C) $(2 \log r + 1) \bar{r}$

(D) $(2 \log r + 1)$

21. For constant vector $\bar{a}$, $\nabla \left(\dfrac{\bar{a} \cdot \bar{r}}{r^n} \right)$ is equal to (2)

(A) $\dfrac{\bar{a} \cdot \bar{r}}{r^n} - \dfrac{1}{r^{n+2}}\bar{r}$

(B) $\dfrac{\bar{a}}{r^n} - \dfrac{n(\bar{a} \cdot \bar{r})}{r^{n+2}}\bar{r}$

(C) $\dfrac{\bar{a}}{r^n} + \dfrac{(\bar{a} \cdot \bar{r})}{r^{n+2}}\bar{r}$

(D) $\dfrac{\bar{a}}{r^n} - \dfrac{n(\bar{a} \cdot \bar{r})}{r^{n+1}}$

22. $\nabla \cdot (r^n \bar{r})$ is equal to (2)

(A) $(n+3) r^n$ (B) $3r^n + \dfrac{n}{r^{-n-2}}$

(C) $(n-3) r^n$ (D) $(n+3) r^{-n}$

23. For constant vector $\bar{a}$, $\nabla \cdot [(\bar{a} \cdot \bar{r}) \bar{a}]$ is equal to (2)

(A) $\bar{a} \cdot \bar{r}$ (B) 0

(C) $\bar{a} \cdot \bar{a}$ (D) $|a|$

24. $\nabla \cdot [(\log r) \bar{r}]$ is equal to (2)

(A) $3 \log r + \dfrac{1}{r}$ (B) $3 \log r + \dfrac{1}{r^2} \bar{r}$

(C) $5 + 6 \log r$ (D) $1 + 3 \log r$

25. $\nabla \cdot \left[r \nabla \left(\dfrac{1}{r^3} \right) \right]$ is equal to (2)

(A) $\dfrac{3}{r^4}$ (B) $\dfrac{3}{r^2}$

(C) $\dfrac{1}{r^4}$ (D) $3r^4$

26. If $\nabla^2 \phi = 0$ and $\nabla^2 \psi = 0$ then $\nabla \cdot [\phi \nabla \psi - \psi \nabla \phi]$ is equal to (2)

(A) 0 (B) $2 \nabla \phi \cdot \nabla \psi$

(C) $\nabla \phi + \nabla \psi$ (D) $[\phi \nabla \psi - \psi \nabla \phi]$

27. $\nabla \left[\bar{b} \cdot \nabla \left(\dfrac{1}{r} \right) \right] =$ (2)

(A) $\dfrac{\bar{b}}{r^3} - \dfrac{3}{r^4} (\bar{b} \cdot \bar{r}) \bar{r}$ (B) $-\dfrac{\bar{b}}{r^3} + \dfrac{3}{r^5} \bar{r}$

(C) $\dfrac{\bar{b}}{r^3} - \dfrac{3}{r^5} (\bar{b} \cdot \bar{r})$ (D) $-\dfrac{\bar{b}}{r^3} + \dfrac{3}{r^5} (\bar{b} \cdot \bar{r}) \bar{r}$

28. $\nabla [\bar{a} \cdot \nabla \log r] =$ (2)

(A) $\dfrac{\bar{a}}{r^2} + \dfrac{2}{r^4} \bar{r}$ (B) $\dfrac{\bar{a}}{r} + \dfrac{1}{r^3} (\bar{a} \cdot \bar{r}) \bar{r}$

(C) $\dfrac{\bar{a}}{r^2} - \dfrac{2}{r^4} (\bar{a} \cdot \bar{r}) \bar{r}$ (D) $\dfrac{\bar{a}}{r^2} - \dfrac{2}{r^3} (\bar{a} \cdot \bar{r})$

29. $\nabla \times \left(\dfrac{\bar{r}}{r^3}\right)$ is equal to (2)

(A) $\dfrac{3}{r^2}$ (B) $\bar{0}$

(C) $-\dfrac{2}{r^2}$ (D) $\dfrac{1}{r^2}\bar{r}$

30. $\nabla \times \left(\dfrac{\bar{a} \times \bar{r}}{r^n}\right) =$ (2)

(A) $\dfrac{2+n}{r^n}\bar{a} + \dfrac{1}{r^{n+2}}(\bar{a}\cdot\bar{r})\bar{r}$ (B) $\dfrac{2-n}{r^n} + \dfrac{n}{r^n}(\bar{a}\cdot\bar{r})\bar{r}$

(C) $\dfrac{2-n}{r^n}\bar{a} + \dfrac{n}{r^{n+2}}(\bar{a}\cdot\bar{r})\bar{r}$ (D) $\dfrac{2-n}{r^n}\bar{a} + \dfrac{n}{r^{-n-2}}(\bar{a}\cdot\bar{r})$

31. $\nabla \times \left((\bar{a}\cdot\bar{r})\dfrac{\bar{r}}{r}\right) =$ (2)

(A) $\bar{a}\times\dfrac{\bar{r}}{r}$ (B) $\dfrac{\bar{r}}{r}\times\bar{a}$

(C) $\bar{a}\times\bar{r}$ (D) $\dfrac{\bar{r}}{r} + \dfrac{1}{r^2}(\bar{a}\cdot\bar{r})$

32. Given $\bar{v} = 2y^2 z\,\bar{i} + (3xy - yz^4)\,\bar{j} + 2x^3 z\,\bar{k}$, the value of $\nabla(\nabla\cdot\bar{v})$ at $(1, 1, 2)$ is (2)

(A) $7\bar{i} + 8\bar{j} - 32\bar{k}$ (B) $2\bar{i} + 3\bar{j} + 2\bar{k}$

(C) $9\bar{i} + 32\bar{k}$ (D) $9\bar{i} - 32\bar{k}$

33. $\nabla^2\left(\dfrac{1}{r^2}\right)$ is equal to (2)

(A) $\dfrac{1}{r^3}$ (B) $\dfrac{2}{r^4}$

(C) $-\dfrac{2}{r^4}\bar{r}$ (D) $\dfrac{6}{r^4}$

34. $\nabla^2 e^r$ is equal to (2)

(A) $e^r + \dfrac{2}{r}e^r$ (B) $e^r + \dfrac{1}{r}e^r$

(C) $\dfrac{e^r}{r}\bar{r}$ (D) $e^r - \dfrac{2}{r}e^r$

35. $\nabla^2 (r^2 \log r)$ is equal to (2)

(A) $\dfrac{(1 + \log r)}{r} \bar{r}$ (B) $(3 + 2 \log r)$

(C) $(5 + 6 \log r)$ (D) $(5 + 6 \log r) r$

36. $\nabla^2 \left(\dfrac{\bar{a} \cdot \bar{b}}{r} \right)$ is equal to (2)

(A) $-(\bar{a} \cdot \bar{b}) \dfrac{1}{r^2} \bar{r}$ (B) $\dfrac{4}{r^3} (\bar{a} \cdot \bar{b})$

(C) $(\bar{a} \cdot \bar{b}) \left(\dfrac{2}{r^3} - \dfrac{1}{r^2} \right)$ (D) 0

37. If $\nabla^2 (r^2 \log r) = 5 + 6 \log r$ then $\nabla^4 (r^2 \log r) =$ (2)

(A) $\dfrac{18}{r^2}$ (B) $\dfrac{6}{r^2}$

(C) $-\dfrac{6}{r^2}$ (D) $-\dfrac{6}{r^2} + \dfrac{6}{r}$

38. If $\phi = 2xz + 2yz + z^2$ then $\nabla^2 \phi$ is (2)

(A) $2(x + y + z)$ (B) 2

(C) 0 (D) $6z$

39. For constant vector $\bar{a}$, $\nabla \times (\bar{a} \times \bar{r}) =$ (2)

(A) $3\bar{a}$ (B) $\bar{a}$

(C) 0 (D) $2\bar{a}$

40. div (grad r^3) = $\nabla \cdot (\nabla r^3) =$ (2)

(A) $12r$ (B) $8r$

(C) $2r$ (D) $4r$

41. If $\phi = 2x^2 - 3y^2 + 4z^2$ then curl (grad ϕ) is (2)

(A) 3 (B) $4x \bar{i} - 6y \bar{j} + 8z \bar{k}$

(C) 0 (D) $4x - 6y + 2z$

42. If $\bar{F}$ is a solenoidal vector field then curl curl $\bar{F}$ is (2)

(A) $\nabla^2 \bar{F}$
(B) $-\nabla^2 \bar{F}$
(C) $\nabla^4 \bar{F}$
(D) $\nabla(\nabla \cdot \bar{F})$

43. If $\bar{F}$ is a solenoidal vector field and curl curl $\bar{F} = -\nabla^2 \bar{F}$ then curl curl curl curl $\bar{F}$ is (2)

(A) $\nabla^2 \bar{F}$
(B) $\nabla^4 \bar{F}$
(C) $-\nabla^4 \bar{F}$
(D) $\bar{0}$

44. For the vector field $\bar{F} = (6xy + z^3)\bar{i} + (3x^2 - z)\bar{j} + (3xz^2 - y)\bar{k}$, $\nabla \times \bar{F}$ is (2)

(A) $6y\,\bar{i} + 6xz\,\bar{k}$
(B) $-2\bar{i} + 6z^2\,\bar{j} + 12x\,\bar{k}$
(C) $\bar{0}$
(D) $6y + 6xz$

45. For the vector field $\bar{F} = (2xz^3 + 6y)\bar{i} + (6x - 2yz)\bar{j} + (3x^2z^2 - y^2)\bar{k}$, $\nabla \times \bar{F}$ is (2)

(A) $2z^3\bar{i} - 2z\bar{j} + 6xz^2\,\bar{k}$
(b) $4y\,\bar{i} - 12xz^2\,\bar{j} + 12\bar{k}$
(C) $2z^3 - 2z + 6xz^2$
(D) $\bar{0}$

46. If for the vector field $\bar{u}$ and $\bar{v}$ are irrotational vectors then the value of $\nabla \cdot (\bar{u} \times \bar{v})$ is (2)

(A) 2
(B) 1
(C) 3
(D) 0

47. The vector field $\bar{F} = (6xy + z^3)\bar{i} + (3x^2 - z)\bar{j} + (3xz^2 - y)\bar{k}$ is irrotational. Corresponding scalar function ϕ satisfying $\bar{F} = \nabla\phi$ is (2)

(A) $3x^2y + z^3x - yz + c$
(B) $3x^2y + z^2x + c$
(C) $6x^2y + x^3 + xy - yz + c$
(D) $x^2y + z^3x - y^3 + c$

48. For irrotational vector field $\bar{F} = (x + 2y + 4z)\bar{i} + (2x - 3y - z)\bar{j} + (4x - y + 2z)\bar{k}$, scalar function ϕ such that $\bar{F} = \nabla\phi$ is (2)

(A) $\dfrac{x^2}{2} + 2xy + 4xz - \dfrac{3}{2}y^2 - yz + z^2 + c$
(B) $x^2 + xy + xz - y^2 - yz + z^2 + c$
(C) $\dfrac{x^2}{2} + 2xy + 4xz - \dfrac{1}{2}y^2 - yz + c$
(D) $\dfrac{x^2}{2} + y^2 + 4xz - yz + 2z^2 + c$

49. For irrotational vector field $\bar{F} = (2xz^3 + 6y)\bar{i} + (6x - 2yz)\bar{j} + (3x^2z^2 - y^2)\bar{k}$, scalar function ϕ such that $\bar{F} = \nabla\phi$ is (2)

(A) $x^2z^3 + 3y^2 + 3x^2 - \dfrac{y^3}{3} + c$

(B) $x^2z^3 + 6xy + 3x^2 - 2y^2z + x^2z^3 + c$

(C) $xz^3 + 6xy + y^2z + \dfrac{y^3}{3} + c$

(D) $x^2z^3 + 6xy - y^2z + c$

50. For irrotational vector field $\bar{F} = (y^2 \cos x + z^2)\bar{i} + (2y \sin x - 4)\bar{j} + (2xz + 2)\bar{k}$, scalar function ϕ such that $\bar{F} = \nabla\phi$ is (2)

(A) $-y^2 \sin x + z^2x + y^2 \sin x + xz^2 + c$

(B) $y^2 \sin x + z^2x - 4y + 2z + c$

(C) $y^2 \cos x + z^2x + y^2 \sin x - 4y + xz^3 + c$

(D) $\dfrac{y^2}{3} \sin x + z^3y + 2y \cos x - 4x + c$

51. If $\bar{F} = yz\,\bar{i} + zx\,\bar{j} + xy\,\bar{k}$ and $\bar{F} = \nabla\phi$, then ϕ is given by (2)

(A) $x + y + z + c$

(B) $x^2 + y^2 + z^2 + c$

(C) $xyz + c$

(D) $x^2 + y + z + c$

52. If $\nabla\phi = (y^2 + 2y + z)\bar{i} + (2xy + 2x)\bar{j} + x\,\bar{k}$ and $\phi(1, 1, 0) = 5$ then ϕ is (2)

(A) $xy^2 + 4xy + 2zx + xy^2 - 5$

(B) $xy^2 + 2xy + zx + 2$

(C) $xy^2 + xy + zx + 2$

(D) $xy^2 + 2xy + 2zx + y^2 - 2$

53. If $\bar{F} = r^2\,\bar{r}$ is conservative, then scalar ϕ associated with it is given by (2)

(A) $\dfrac{r^4}{4} + c$

(B) $\dfrac{r^2}{2} + c$

(C) $\dfrac{r^3}{3} + c$

(D) $r + c$

54. If $\nabla\{f(r)\,\bar{r}\} = 0$, then $f(r)$ is given by (c is constant) (2)

(A) $\dfrac{c}{r^2}$

(B) $\dfrac{c}{r}$

(C) $\dfrac{c}{r^4}$

(D) $\dfrac{c}{r^3}$

Answers

1. (B)	2. (A)	3. (D)	4. (C)	5. (D)	6. (A)	7. (B)	8. (C)
9. (A)	10. (C)	11. (D)	12. (B)	13. (A)	14. (D)	15. (B)	16. (C)
17. (B)	18. (D)	19. (A)	20. (C)	21. (B)	22. (A)	23. (C)	24. (D)
25. (A)	26. (A)	27. (D)	28. (C)	29. (B)	30. (C)	31. (A)	32. (D)
33. (B)	34. (A)	35. (C)	36. (D)	37. (B)	38. (B)	39. (D)	40. (A)
41. (C)	42. (B)	43. (B)	44. (C)	45. (D)	46. (D)	47. (A)	48. (A)
49. (D)	50. (B)	51. (C)	52. (B)	53. (A)	54. (D)		

UNIT - V : VECTOR INTEGRAL CALCULUS & APPLICATIONS
CHAPTER NINE

VECTOR INTEGRATION

9.1 LINE INTEGRAL

Uptil now we have discussed various aspects of vector differentiation. We shall now consider integration of vector point functions. Let $\overline{F}(x, y, z)$ be a vector point function defined in certain region of the space. 'C' is some smooth continuous curve in this region. Let $P(\overline{r})$ be certain point on the curve 'C' at which $\overline{F}$ acts in a direction shown (See Fig. 9.1).

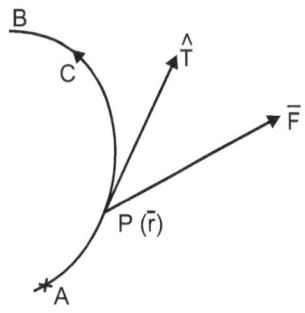

Fig. 9.1

$\hat{T}$ is unit tangent vector at P. Integral of tangential component of $\overline{F}$ along the curve 'C' between some fixed points A and B is denoted by $\int_{C:A}^{B} \overline{F} \cdot \hat{T} \, ds$ [δs is an arc element] and is called line integral of $\overline{F}$ along the curve C between points A and B. In general, line integral along the curve 'C' is written as $\int_{C} \overline{F} \cdot \hat{T} \, ds$, if the curve 'C' is closed one, it is written as $\oint_{C} \overline{F} \cdot \hat{T} \, ds$.

$\overline{F} \cdot \hat{T} \, \delta s$ represents work done in the force field $\overline{F}$ in displacing the particle of unit mass through distance δs along the curve 'C'. Integration being summation process. $\int_{C:A}^{B} \overline{F} \cdot \hat{T} \, ds$ will represent work done in moving a particle of unit mass along the curve 'C' from A to B in the force field $\overline{F}$. This is the physical interpretation of Line integration.

For evaluation of line integral,

$$\hat{T} = \frac{d\overline{r}}{ds} \quad \text{hence} \quad \int_{C} \overline{F} \cdot \hat{T} \, ds = \int_{C} \overline{F} \cdot \frac{d\overline{r}}{ds} \, ds = \int_{C} \overline{F} \cdot d\overline{r}$$

$\therefore$ $\boxed{\text{A line integral} = \int_{C} \overline{F} \cdot d\overline{r}}$

(9.1)

This form is quite convenient for calculating the value of the integral.

Let
$$\overline{F} = F_1 \overline{i} + F_2 \overline{j} + F_3 \overline{k}$$
$$\overline{dr} = \overline{i}\, dx + \overline{j}\, dy + \overline{k}\, dz$$

∴
$$\int_C \overline{F} \cdot \overline{dr} = \int_C (F_1 \overline{i} + F_2 \overline{j} + F_3 \overline{k}) \cdot (\overline{i}\, dx + \overline{j}\, dy + \overline{k}\, dz)$$
$$= \int_C F_1\, dx + F_2\, dy + F_3\, dz$$

∴
$$\boxed{\text{A line integral} = \int_C \overline{F} \cdot \overline{dr} = \int_C F_1\, dx + F_2\, dy + F_3\, dz}$$

As an illustration, consider $\overline{F} = x^2 \overline{i} + xy\, \overline{j}$, we shall obtain $\int_C \overline{F} \cdot \overline{dr}$ for the two cases (i) C is the curve $y^2 = x$ joining (0, 0) and (1, 1). (ii) C is the curve $y = x$ joining the same points.

$$\int_C \overline{F} \cdot \overline{dr} = \int_C (x^2 \overline{i} + xy\, \overline{j}) \cdot (\overline{i}\, dx + \overline{j}\, dy) = \int_C x^2\, dx + xy\, dy$$

(i) Consider the parabolic path OP joining (0, 0) and (1, 1).

Equation of parabola is $y^2 = x$

∴ $2y\, dy = dx$

∴ $\int_C x^2\, dx + xy\, dy = \int_0^1 y^4 \cdot 2y\, dy + y^2 \cdot y\, dy$

$$= \int_0^1 (2y^5 + y^3)\, dy$$

$$= \left[2\frac{y^6}{6} + \frac{y^4}{4} \right]_0^1$$

$$= \frac{1}{3} + \frac{1}{4} = \frac{7}{12}$$

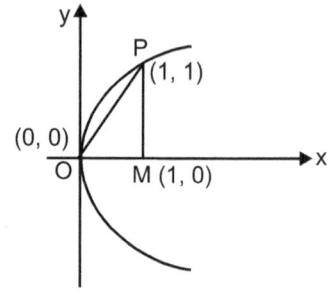

Fig. 9.2

(ii) Consider the straight line path $y = x$ joining (0, 0) and (1, 1).

$y = x$ ∴ $dy = dx$

∴ $\int_C x^2\, dx + xy\, dy = \int_0^1 x^2\, dx + x \cdot x\, dx = \int_0^1 (x^2 + x^2)\, dx = 2\frac{x^3}{3}\Big]_0^1 = \frac{2}{3}$

Thus we get different values for different paths.

Normally the value of line integral $\int_{C:A}^{B} \bar{F} \cdot d\bar{r}$ depends upon the curve C joining the points A and B i.e. we get different values of line integrals along the different curves joining the same points. But if $\bar{F}$ is expressible as gradient of scalar point function ϕ.

i.e. $\bar{F} = (\nabla\phi$ then $\int_{C:A}^{B} \bar{F} \cdot d\bar{r} = \int_{C:A}^{B} \nabla\phi \cdot d\bar{r} = \int_{C:A}^{B} d\phi = \phi)\Big|_{A}^{B} = \phi_{B} - \phi_{A}$

Thus in this case, the value of the line integral depends upon the value that ϕ takes at A and B irrespective of the curve joining A and B. Such field $\bar{F} = \nabla\phi$ is called **conservative field**.

In particular for a closed path integration in a conservative field,

$$\oint_{C} \bar{F} \cdot d\bar{r} = \oint_{C} \nabla\phi \cdot dr = \oint_{C} d\phi = \phi\Big|_{A}^{A} = \phi_{A} - \phi_{A} = 0$$

[For a closed curve, starting point and end point are the same.]

$\oint_{C} \bar{F} \cdot d\bar{r}$ for a closed curve 'C' is called **circulation**, which is zero in a conservative field. Physically it means, work done in carrying a particle of unit mass along a closed curve in a conservative force field is zero.

It may also be noted that conservative force field $\bar{F} = \nabla\phi$ is also irrotational, for $\nabla \times \bar{F} = \nabla \times \nabla\phi = 0$.

As an illustration, consider the conservative (irrotational) field $\bar{F} = x^2 \bar{i} + y^2 \bar{j}$ (This field can be easily seen to be an irrotational field) and let us find $\int_{C} \bar{F} \cdot d\bar{r}$ along the same two paths considered in earlier problem.

(i) Consider the path $y^2 = x$ joining (0, 0) and (1, 1).

$$\int_{C} \bar{F} \cdot d\bar{r} = \int_{C} x^2 dx + y^2 dy$$

Now $2y\, dy = dx$ $\therefore \int_{C} \bar{F} \cdot d\bar{r} = \int_{0}^{1} y^4 \cdot 2y\, dy + y^2 dy = \int_{0}^{1} (2y^5 + y^2)\, dy$

$$= \left[2\frac{y^6}{6} + \frac{y^3}{3}\right]_{0}^{1} = \frac{2}{6} + \frac{1}{3} = \frac{2}{3}$$

(ii) Consider the path $y = x$ (straight line).

$$\int_{C} \bar{F} \cdot d\bar{r} = \int_{C} x^2 dx + y^2 dy, \qquad [x = y \Rightarrow dx = dy]$$

$$= \int_{0}^{1} y^2 dy + y^2 dy = \int_{0}^{1} 2y^2 dy = 2 \cdot \frac{y^3}{3}\Big|_{0}^{1} = \frac{2}{3}$$

To illustrate the point further, consider the path OMP (See Fig. 9.2).

(iii) $$\int_C \bar{F} \cdot d\bar{r} = \int_{OM} \bar{F} \cdot d\bar{r} + \int_{MP} \bar{F} \cdot d\bar{r}$$

$$= \int_{OM} x^2 dx + y^2 dy + \int_{MP} x^2 dx + y^2 dy$$

along OM, y = 0, dy = 0

along MP, x = 1, dx = 0

$$\int_C \bar{F} \cdot d\bar{r} = \int_0^1 x^2 dx + \int_0^1 y^2 dy = \frac{x^3}{3}\Big]_0^1 + \frac{y^3}{3}\Big]_0^1 = \frac{1}{3} + \frac{1}{3} = \frac{2}{3}$$

Values of $\int_C \bar{F} \cdot d\bar{r}$ come out to be the same for all the three paths joining (0, 0) and (1, 1) because $\bar{F}$ is conservative.

9.2 GREEN'S LEMMA

Consider the closed curve C enclosing an area A. Let u (x, y), v (x, y) and their first partials $\frac{\partial u}{\partial x}$, $\frac{\partial u}{\partial y}$, $\frac{\partial v}{\partial x}$, $\frac{\partial v}{\partial y}$ be continuous and single valued over the region bounded by the curve C, then

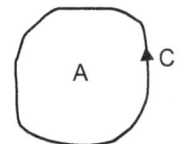

Fig. 9.3

$$\oint_C u\, dx + v\, dy = \iint_A \left(\frac{\partial v}{\partial x} - \frac{\partial u}{\partial y}\right) dx\, dy$$

To express it in vector form

let $\bar{F} = u\bar{i} + v\bar{j}$ [a vector function in xy plane]

$$\nabla \times \bar{F} = \begin{vmatrix} \bar{i} & \bar{j} & \bar{k} \\ \frac{\partial}{\partial x} & \frac{\partial}{\partial y} & \frac{\partial}{\partial z} \\ u & v & 0 \end{vmatrix}$$

$$= \bar{i}\left(0 - \frac{\partial v}{\partial z}\right) + \bar{j}\left(\frac{\partial u}{\partial z} - 0\right) + \bar{k}\left(\frac{\partial v}{\partial x} - \frac{\partial u}{\partial y}\right)$$

as the vector function is in xy plane

$$\therefore \quad z = 0 \qquad \therefore \quad \frac{\partial v}{\partial z} = \frac{\partial u}{\partial z} = 0$$

$$\therefore \quad \nabla \times \bar{F} = \bar{k}\left(\frac{\partial v}{\partial x} - \frac{\partial u}{\partial y}\right)$$

$$\bar{k} \cdot (\nabla \times \bar{F}) = \bar{k} \cdot \bar{k}\left(\frac{\partial v}{\partial x} - \frac{\partial u}{\partial y}\right) = \frac{\partial v}{\partial x} - \frac{\partial u}{\partial y}$$

dx dy = dS is an area element in xy plane.

$$\therefore \quad \iint_A \left(\frac{\partial v}{\partial x} - \frac{\partial u}{\partial y}\right) dx\, dy \text{ can be expressed as } \iint \bar{k} \cdot (\nabla \times \bar{F})\, dS$$

$$\oint_C u\, dx + v\, dy = \oint_C \bar{F} \cdot d\bar{r}$$

Thus the Green's Lemma can be expressed in vector form as

$$\oint_C \bar{F} \cdot d\bar{r} = \iint_A \bar{k} \cdot (\nabla \times \bar{F})\, dS.$$

To illustrate the use of Green's Lemma in evaluation of line integral, consider the following example.

Evaluate $\oint_C (\cos y\, \bar{i} + x(1-\sin y)\, \bar{j}) \cdot d\bar{r}$ for a closed curve which is given by $x^2 + y^2 = 1$, $z = 0$. **(Dec. 2006, 2007)**

Given integral is written as

$$I = \oint_C \cos y\, dx + \{x(1-\sin y)\}\, dy.$$

Here $u = \cos y$, $v = x(1-\sin y)$

$$\frac{\partial v}{\partial x} = 1 - \sin y, \quad \frac{\partial u}{\partial y} = -\sin y$$

$$I = \iint_A \left(\frac{\partial v}{\partial x} - \frac{\partial u}{\partial y}\right) dy\, dx \quad [\text{A is the area of circle } x^2 + y^2 = 1]$$

$$I = \iint_A (1 - \sin y + \sin y)\, dx\, dy$$

$$= \iint_A dx\, dy$$

$$= \pi \cdot (1)^2 = \pi, \qquad \left[\text{The area of the circle is given by } \iint_A dx\, dy\right]$$

Consider some more illustrations on the line integration.

ILLUSTRATIONS

Ex. 1 : *Evaluate* $\int_C \bar{F} \cdot d\bar{r}$ *for* $\bar{F} = 3x^2 \bar{i} + (2xz - y) \bar{j} + z \bar{k}$ *along the following paths :* **(May 2008)**

(i) The straight line joining (0, 0, 0) and (2, 1, 3).
(ii) The curve $x = 2t^2$, $y = t$, $z = 4t^2 - t$ from $t = 0$ to $t = 1$.
(iii) Along the curve defined by $x^2 = 4y$, $3x^3 = 8z$ from $x = 0$ to $x = 2$.

Sol. : (i) $\int_C \bar{F} \cdot d\bar{r} = \int_C 3x^2 dx + (2xz - y) dy + z\, dz$

Along the straight line joining (0, 0, 0) and (2, 1, 3) which is given by $\frac{x}{2} = \frac{y}{1} = \frac{z}{3} = t$
i.e. $x = 2t$, $y = t$, $z = 3t$ and $dx = 2\, dt$, $dy = dt$, $dz = 3\, dt$ and t varies from 0 to 1 along the path.

$$\int_C \bar{F} \cdot d\bar{r} = \int_0^1 3(4t^2)\, 2\, dt + (12t^2 - t)\, dt + 3t \cdot 3\, dt$$

$$= \int_0^1 (24t^2 + 12t^2 - t + 9t)\, dt = \int_0^1 (36t^2 + 8t)\, dt$$

$$= \left[36 \frac{t^3}{3} + 8 \frac{t^2}{2} \right]_0^1 = \frac{36}{3} + \frac{8}{2} = 12 + 4 = 16$$

(ii) Along the curve $x = 2t^2$, $y = t$, $z = 4t^2 - t$

$$dx = 4t\, dt, \quad dy = dt, \quad dz = (8t - 1)\, dt$$

$$\int_C \bar{F} \cdot d\bar{r} = \int_0^1 3(4t^4)\, 4t\, dt + (16t^4 - 4t^3 - t)\, dt + (4t^2 - t)(8t - 1)\, dt$$

$$= \int_0^1 (48t^5 + 16t^4 - 4t^3 - t + 32t^3 - 12t^2 + t)\, dt$$

$$= \int_0^1 (48t^5 + 16t^4 + 28t^3 - 12t^2)\, dt$$

$$= \left[48 \frac{t^6}{6} + 16 \frac{t^5}{5} + 28 \frac{t^4}{4} - 12 \frac{t^3}{3} \right]_0^1 = 8 + \frac{16}{5} + 7 - 4 = 11 + \frac{16}{5} = \frac{71}{5}$$

(iii) Along the curve $x^2 = 4y$, $3x^3 = 8z$ from $x = 0$ to $x = 2$.
The parametric equations may be taken as

$$x = 2t, \qquad y = t^2, \qquad z = 3t^3 \text{ (from } t = 0 \text{ to } t = 1\text{)}$$
$$dx = 2\, dt, \qquad dy = 2t\, dt, \qquad dz = 9t^2\, dt$$

$$\int_C \bar{F} \cdot d\bar{r} = \int_0^1 3(4t^2) 2dt + (12t^4 - t^2) 2t\, dt + 3t^3 \cdot 9t^2\, dt$$

$$= \int_0^1 (24t^2 + 24t^5 - 2t^3 + 27t^5)\, dt = \int_0^1 (51\, t^5 - 2t^3 + 24\, t^2)\, dt$$

$$= 51\frac{t^6}{6} - 2\frac{t^4}{4} + 24\frac{t^3}{3}\Big]_0^1$$

$$= \frac{51}{6} - \frac{1}{2} + 8 = \frac{51 - 3 + 48}{6} = \frac{96}{6} = 16$$

Ex. 2 : *Find the work done in moving a particle once round the ellipse* $\frac{x^2}{25} + \frac{y^2}{16} = 1$, $z = 0$ *under the field of force given by*

$$\bar{F} = (2x - y + z)\bar{i} + (x + y - z^2)\bar{j} + (3x - 2y + 4z)\bar{k}$$

Is the field conservative ? **(Dec. 2012)**

Sol. : Work done, $W = \oint_C (2x - y + z)\, dx + (x + y - z^2)\, dy + (3x - 2y + 4z)\, dz$

where, C is the arc of the ellipse.

Since $z = 0$ ∴ $dz = 0$

∴ $W = \oint_C (2x - y)\, dx + (x + y)\, dy$

Taking the parametric equations of the ellipse

$x = 5\cos\theta,\ y = 4\sin\theta$

$dx = -5\sin\theta\, d\theta,\ dy = 4\cos\theta\, d\theta$

$$W = \int_0^{2\pi} (10\cos\theta - 4\sin\theta)(-5\sin\theta)\, d\theta + (5\cos\theta + 4\sin\theta)(4\cos\theta)\, d\theta$$

$$= \int_0^{2\pi} \{-50\sin\theta\cos\theta + 20\sin^2\theta + 20\cos^2\theta + 16\sin\theta\cos\theta\}\, d\theta$$

$$= \int_0^{2\pi} 20(\sin^2\theta + \cos^2\theta)\, d\theta - 34\int_0^{2\pi} \sin\theta\cos\theta\, d\theta$$

$$= 20[\theta]_0^{2\pi} = 40\pi \qquad \left[\because \int_0^{2\pi} \sin\theta\cos\theta\, d\theta = 0\right]$$

Since the work done is not zero, the vector field is not conservative.

Ex. 3 : *Verify Green's theorem for the field* $\bar{F} = x^2\,\bar{i} + xy\,\bar{j}$ *over the region R enclosed by $y = x^2$ and then line $y = x$.* **(Dec. 2007, May 2010)**

Sol. : By Green's theorem

$$\oint_C u\,dx + v\,dy = \iint_R \left(\frac{\partial v}{\partial x} - \frac{\partial u}{\partial y}\right) dx\,dy$$

L.H.S. $= \oint_C x^2\,dx + xy\,dy = \int_{OP} x^2\,dx + xy\,dy + \int_{PAO} x^2\,dx + xy\,dy$

$= I_1 + I_2$

For $\quad I_1 = \int_{OP} x^2\,dx + xy\,dy$

$y = x, \quad \therefore \quad dy = dx$

$\therefore \quad I_1 = \int_0^1 x^2\,dx + x^2\,dx = 2\left[\frac{x^3}{3}\right]_0^1 = \frac{2}{3}$

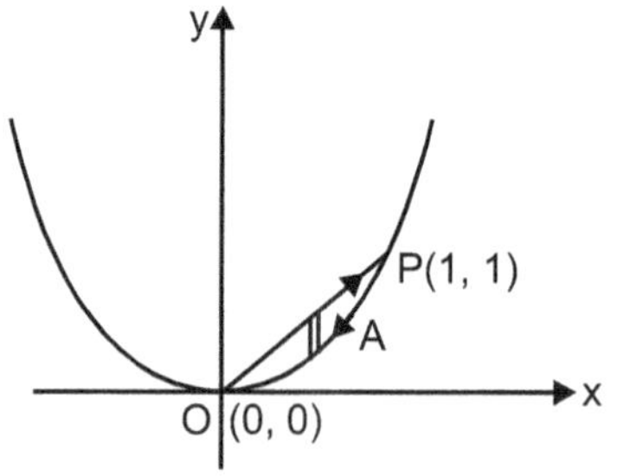

For $\quad I_2 = \int_{PAO} x^2\,dx + xy\,dy$

$y = x^2, \quad \therefore \quad dy = 2x\,dx$

$= \int x^2\,dx + x \cdot x^2 \cdot 2x\,dx$

$= \int_1^0 (x^2 + 2x^4)\,dx$

$= \left[\frac{x^3}{3} + 2\frac{x^5}{5}\right]_1^0 = -\frac{1}{3} - \frac{2}{5} = \frac{-11}{15}$

$\therefore \quad$ L.H.S. $= I_1 + I_2 = \frac{2}{3} - \frac{11}{15} = \frac{10 - 11}{15} = -\frac{1}{15}$

Now, R.H.S. $= \iint_R \left(\frac{\partial v}{\partial x} - \frac{\partial u}{\partial y}\right) dx\,dy$

Put $v = xy,\ u = x^2$ $= \int_0^1 \int_{x^2}^{x} (y - 0)\,dx\,dy = \int_0^1 \left[\frac{y^2}{2}\right]_{x^2}^{x} dx$

$= \frac{1}{2}\int_0^1 (x^2 - x^4)\,dx = \frac{1}{2}\left[\frac{x^3}{3} - \frac{x^5}{5}\right]_0^1$

$\therefore \quad$ R.H.S. $= \frac{1}{2}\left[\frac{1}{3} - \frac{1}{5}\right] = \frac{1}{15}\quad$ and $\quad$ L.H.S. $= -\frac{1}{15}$

L.H.S. value is with –ve sign (∵ the path is considered clockwise.)

Hence the theorem is verified.

Fig. 9.4

Ex. 4 : *Verify Green's theorem for* $\bar{F} = x\bar{i} + y^2\bar{j}$ *over the first quadrant of the circle* $x^2 + y^2 = a^2$.

Sol. :

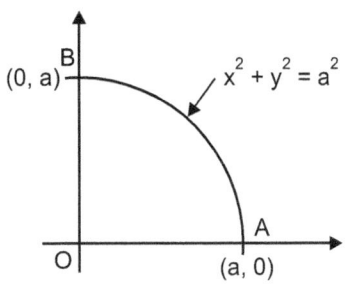

Fig. 9.5

$$I = \int \bar{F} \cdot d\bar{r} = \int_{OABO} x\, dx + y^2\, dy$$

By Green's theorem,

$$I = \int_C P\, dx + Q\, dy = \iint_A \left(\frac{\partial Q}{\partial x} - \frac{\partial P}{\partial y}\right) dx\, dy$$

$$Q = y^2, \quad \frac{\partial Q}{\partial x} = 0, \quad P = x, \quad \frac{\partial P}{\partial y} = 0$$

$$\therefore \quad \iint_A \left(\frac{\partial Q}{\partial x} - \frac{\partial P}{\partial y}\right) dx\, dy = 0$$

$\int_C x\, dx + y^2\, dy$ where, C is the path OABO

Along OA, $\quad y = 0, \quad dy = 0, \quad I_1 = \int_0^a x\, dx = \left[\frac{x^2}{2}\right]_0^a = \frac{a^2}{2}$

Along arc AB, $\quad x = a\cos\theta, \quad y = a\sin\theta$
$\quad dx = -a\sin\theta\, d\theta, \quad dy = a\cos\theta\, d\theta$

$$I_2 = \int_{AB} x\, dx + y^2\, dy = \int_0^{\pi/2} (-a^2 \sin\theta \cos\theta + a^3 \sin^2\theta \cos\theta)\, d\theta$$

$$= a^2\left[-\frac{1.1}{2} + \frac{1.1}{3.1}a\right] = \frac{-a^2}{2} + \frac{a^3}{3}$$

$$I_3 = \int_{BO} y^2\, dy \text{ as } dx = 0$$

$$= \left[\frac{y^3}{3}\right]_a^0 = -\frac{a^3}{3}$$

$$\therefore \quad I = \frac{a^2}{2} - \frac{a^2}{2} + \frac{a^3}{3} - \frac{a^3}{3} = 0 \quad\quad \text{[Adding } I_1, I_2, I_3\text{]}$$

L.H.S. = R.H.S.

∴ Green's theorem is verified.

Ex. 5 : *Using Green's theorem, show that the area bounded by a simple closed curve C is given by $\frac{1}{2} \int x\, dy - y\, dx$. Hence find the area of the ellipse $x = a \cos \theta$, $y = b \sin \theta$.*

Sol. : By Green's theorem, (May 2007)

$$\oint_C P\, dx + Q\, dy = \iint_A \left(\frac{\partial Q}{\partial x} - \frac{\partial P}{\partial y}\right) dx\, dy$$

Comparing $\oint_C P\, dx + Q\, dy$ with $\frac{1}{2} \int x\, dy - y\, dx$

we get $\quad P = -\frac{y}{2}, \quad Q = \frac{x}{2}$

$\therefore \quad \frac{\partial Q}{\partial x} = \frac{1}{2}, \quad \frac{\partial P}{\partial y} = -\frac{1}{2}$

$\therefore \quad \frac{1}{2} \oint_C x\, dy - y\, dx = \iint_A \left(\frac{1}{2} + \frac{1}{2}\right) dx\, dy = \iint_A dx\, dy$

i.e. the area bounded by closed curve.

In case of ellipse $\quad x = a \cos \theta, \quad y = b \sin \theta$

$\frac{1}{2} \oint_C x\, dy - y\, dx = \frac{1}{2} \int (a \cos \theta\, b \cos \theta + b \sin \theta\, a \sin \theta)\, d\theta$

$= \frac{1}{2} \int_0^{2\pi} ab (\cos^2 \theta + \sin^2 \theta)\, d\theta = \frac{1}{2} ab\, [\theta]_0^{2\pi}$

$= \frac{1}{2} ab \cdot 2\pi = \pi ab$ which is the area of the ellipse.

EXERCISE 9.1

1. Show that $\int_C \phi \nabla \phi \cdot d\bar{r} = 0$ for any closed curve C.

2. Evaluate $\int_C \bar{F} \cdot d\bar{r}$ for $\bar{F} = (2x + y)\,\bar{i} + (3y - x)\,\bar{j}$ and C is the curve
   (i) Straight line joining (0, 0) and (3, 2)
   (ii) Along the path joining (0, 0) and (2, 0) and then from (2, 0) to (0, 3).

   Ans. (i) 15, (ii) $\frac{15}{2}$

3. Evaluate $\int_C \bar{F} \cdot d\bar{r}$ for $\bar{F} = (2y + 3)\,\bar{i} + xz\,\bar{j} + (yz - x)\,\bar{k}$ along the following paths :
   (i) $x^2 = 2t^2$, $y = t$, $z = t^3$ from $t = 0$ to $t = 1$. (May 2006)
   (ii) The straight lines from (0, 0, 0) to (0, 0, 1), then to (0, 1, 1) and then to (2, 1, 1).
   (iii) The straight line joining (0, 0, 0) and (3, 1, 1).

   Ans. (i) $\frac{483\sqrt{2} + 60}{140}$, (ii) 10, (iii) $\frac{71}{6}$

4. A vector field is given by

$$\overline{F} = \sin y\, \overline{i} + x(1 + \cos y)\, \overline{j},$$ evaluate the integral $\int_C \overline{F} \cdot d\overline{r}$

where, C is the ellipse $\dfrac{x^2}{a^2} + \dfrac{y^2}{b^2} = 1$, $z = 0$.   **Ans.** πab **(May 2011, 2014)**

5. Find the work done in moving a particle from $(0, 1, -1)$ to $\left(\dfrac{\pi}{2}, -1, 2\right)$ in a force field

$$\overline{F} = (y^2 \cos x + z^3)\, \overline{i} + (2y \sin x - 4)\, \overline{j} + (3xz^2 + 2)\, \overline{k}.$$ Is the field conservative ?

Ans. $15 + 4\pi$ **(May 2007, Dec. 2008, Nov. 2014)**

6. If $\overline{F} = (2x + y^2)\, \overline{i} + (3y - 4x)\, \overline{j}$ then evaluate $\int_C \overline{F} \cdot d\overline{r}$ around the following paths :

   (i) Triangle ABC where A, B, C have the co-ordinates $(0, 0)$, $(2, 0)$, $(2, 1)$ respectively.

   (ii) The parabolic arc $y = x^2$ joining $(0, 0)$ and $(1, 1)$.

   (iii) The parabolic arc $y^2 = x$ joining $(0, 0)$ and $(1, 1)$.   **Ans.** (i) $-\dfrac{14}{3}$, (ii) $\dfrac{1}{30}$, (iii) $\dfrac{5}{3}$

7. Find the work done in moving a particle along $x = a \cos \theta$, $y = a \sin \theta$, $z = b\theta$ from $\theta = \dfrac{\pi}{4}$ to $\theta = \dfrac{\pi}{2}$ under a field of force given by

$$\overline{F} = -3a \sin^2 \theta \cos \theta\, \overline{i} + a(2 \sin \theta - 3 \sin^3 \theta)\, \overline{j} + b \sin 2\theta\, \overline{k}.$$ **(Dec. 06, May 2014)**

Ans. $\dfrac{a^2 + b^2}{2}$

8. Find work done by the force $(x^2 - yz)\, \overline{i} + (y^2 - zx)\, \overline{j} + (z^2 - xy)\, \overline{k}$ in taking a particle from $(1, 1, 1)$ to $(3, -5, 7)$.   **Ans.** $\left(\dfrac{560}{3}\right)$

(May 2005, 2006, Nov. 2014)

9. Evaluate $\oint_C \overline{F} \cdot d\overline{r}$ where $\overline{F} = \sin z\, \overline{i} + \cos x\, \overline{j} + \sin y\, \overline{k}$ and C is the boundary of the rectangle $0 \le x \le \pi$ and $0 \le y \le 1$ and $z = 3$.   **Ans.** -2

10. If $\overline{F} = (2xy + 3z^2)\, \overline{i} + (x^2 + 4yz)\, \overline{j} + (2y^2 + 6xz)\, \overline{k}$, evaluate $\int_C \overline{F} \cdot d\overline{r}$ where C is the curve $x = t$, $y = t^2$, $z = t^3$ joining the points $(0, 0, 0)$ and $(1, 1, 1)$.

(Dec. 2004, 2005) Ans. 6

11. If $\bar{F} = \dfrac{1}{x^2+y^2}(-y\,\bar{i} + x\,\bar{j})$ then show that $\oint_C \bar{F} \cdot d\bar{r} = 2\pi$, where, C is a circle containing the origin. **(May 2011)**

12. Verify green's theorem for $\bar{F} = x\bar{i} + y^2\bar{j}$ over the first quadrant of the circle $x^2 + y^2 = 1$.

9.3 SURFACE INTEGRAL

The surface integral of a vector point function $\bar{F}$ over a surface S is defined as the integral of the normal component of $\bar{F}$ taken over the surface S.

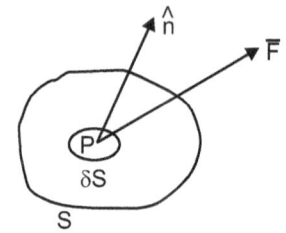

Fig. 9.6

Consider a surface S (Fig. 9.6). Let $\bar{F}$ act at P enclosed by an element of area δS, $\hat{n}$ is a unit vector normal to the surface at P. Normal component of $\bar{F}$ is given by $\bar{F} \cdot \hat{n}$. The surface integral can be expressed as

$$\int_S \bar{F} \cdot \hat{n}\, dS \quad \text{or} \quad \iint_S (\bar{F} \cdot \hat{n})\, dS$$

If we write $d\bar{S} = \hat{n}\, dS$, the above integral can also be written as

$$\int_S \bar{F} \cdot d\bar{S} \quad \text{or} \quad \iint_S \bar{F} \cdot d\bar{S}$$

Physically the surface integral of a vector function $\bar{F}$ expresses the normal flux through a surface. If $\bar{F}$ represents velocity vector $\bar{q}$ of a fluid, the surface integral of $\bar{q}$ over a closed surface, represents the rate of flow of fluid through the surface.

We shall now consider an important theorem known as Gauss-Divergence theorem, which connects a surface integral with volume integral.

9.4 GAUSS-DIVERGENCE THEOREM

Statement : Gauss-Divergence theorem states that **the surface integral of the normal component of a vector point function $\bar{F}$ over a closed surface S is equal to the volume integral of the Divergence of $\bar{F}$ taken throughout the volume V enclosed by the surface S.**

It is written as

$$\boxed{\iint_S \bar{F} \cdot \hat{n}\, dS = \iiint_V \nabla \cdot \bar{F}\, dV} \qquad \ldots (1)$$

Here $\hat{n}$ is a unit vector at a point P enclosed by an element of area δS, along an outward drawn normal to the surface at P.

Equation (1) sometimes, could also be expressed in the form

$$\int_S \bar{F} \cdot d\bar{S} = \int_V \nabla \cdot \bar{F} \, dV$$

where $d\bar{S} = \hat{n} \, dS$

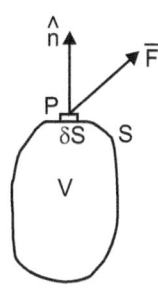

Fig. 9.7

Proof : Let S be a closed surface which is such that any line parallel to the co-ordinate axes cuts S in atmost two points. Let the equations of the upper and lower portions be $z = f(x, y)$ and $z = \phi(x, y)$ respectively. Let the projection on the xy plane be R.

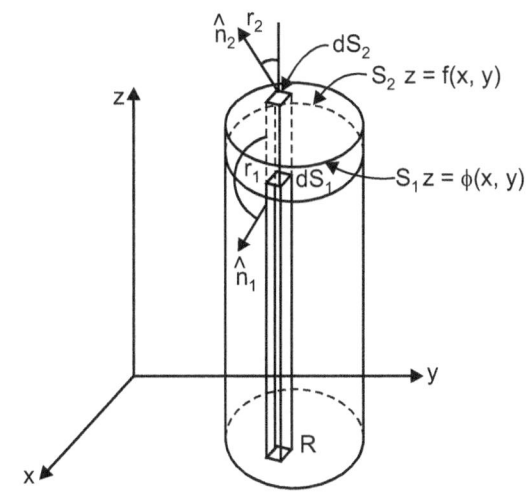

Fig. 9.8

Let, $\quad\quad\quad\quad \bar{F} = F_1 \bar{i} + F_2 \bar{j} + F_3 \bar{k}$

Consider $\quad \iiint_V \dfrac{\partial F_3}{\partial z} dV = \iiint_V \dfrac{\partial F_3}{\partial z} dx \, dy \, dz$

Integrating $\quad\quad\quad = \iint_R \left[\int_{\phi(x,y)}^{f(x,y)} \dfrac{\partial F_3}{\partial z} dz \right] dx \, dy$

$\quad\quad\quad\quad\quad\quad = \iint_R F_3(x, y, z) \}_{z=\phi(x,y)}^{z=f(x,y)} dx \, dy$

$\quad\quad\quad\quad\quad\quad = \iint_R \{F_3(x, y, f) - F_3(x, y, \phi)\} dx \, dy$

For the upper portion S_2, $dx \, dy = \cos \gamma_2$, $dS_2 = \bar{k} \cdot \hat{n}_2 \, dS_2$.

For the lower portion S_1, $dx\,dy = -\cos\gamma_1$, $dS_1 = -\bar{k}\cdot\hat{n}_1\,dS_1$

(Since the normal $\hat{n}_1$ to S_1 makes an obtuse angle γ_1 with $\bar{k}$)

Now
$$\iint_R F_3(x,y,f)\,dx\,dy = \iint_{S_2} F_3\,\bar{k}\cdot\hat{n}_2\,dS_2$$

$$\iint_R F_3(x,y,\phi)\,dx\,dy = -\iint_{S_1} F_3\,\bar{k}\cdot\hat{n}_1\,dS_1$$

$\therefore$
$$\iint_R F_3(x,y,f)\,dx\,dy = -\iint_R F_3(x,y,\phi)\,dx\,dy$$

$$= \iint_{S_2} F_3\,\bar{k}\cdot\hat{n}_2\,dS_1 + \iint_{S_1} F_3\,\bar{k}\cdot\hat{n}_1\,dS_1$$

$$= \iint_S F_3\,\bar{k}\cdot\hat{n}\,dS$$

Thus
$$\iiint_V \frac{\partial F_3}{\partial z}\,dV = \iint_S F_3\,\bar{k}\cdot\hat{n}\,dS$$

Similarly by projecting S on the other co-ordinate planes, we can establish that

$$\iiint_V \frac{\partial F_2}{\partial z}\,dV = \iint_S F_2\,\bar{j}\cdot\hat{n}\,dS$$

$$\iiint_V \frac{\partial F_1}{\partial z}\,dV = \iint_S F_1\,\bar{i}\cdot\hat{n}\,dS$$

$\therefore$ Summation gives

$$\iiint_V \left(\frac{\partial F_1}{\partial x} + \frac{\partial F_2}{\partial y} + \frac{\partial F_3}{\partial z}\right)dV = \iint_S (F_1\,\bar{i} + F_2\,\bar{j} + F_3\,\bar{k})\cdot\hat{n}\,ds$$

or
$$\iiint_V \nabla\cdot\bar{F}\,dV = \iint_S \bar{F}\cdot\hat{n}\,dS$$

which proves the theorem.

ILLUSTRATIONS

Ex. 1: *Verify Divergence theorem for $\bar{F} = 4xz\,\bar{i} - y^2\,\bar{j} + yz\,\bar{k}$ and S, the surface of the cube bounded by the planes $x = 0$, $x = 2$, $y = 0$, $y = 2$, $z = 0$, $z = 2$.* **(Dec. 2005)**

Sol.: Taking the co-ordinate axes as shown in Fig. 9.9, we proceed to evaluate volume and surface integrals.

$$\nabla\cdot\bar{F} = \frac{\partial}{\partial x}(4xz) + \frac{\partial}{\partial y}(-y^2) + \frac{\partial}{\partial z}(yz) = 4z - 2y + y = 4z - y$$

$$\iiint_V \nabla \cdot \bar{F}\, dV = \int_{x=0}^{2}\int_{y=0}^{2}\int_{z=0}^{2}(4z - y)\, dx\, dy\, dz$$

$$= \int_0^2 \int_0^2 \left(\frac{4z^2}{2} - yz\right)_0^2 dx\, dy = \int_0^2 \int_0^2 (8 - 2y)\, dx\, dy$$

$$= \int_0^2 \left(8y - \frac{2y^2}{2}\right)_0^2 dx = \int_0^2 (16 - 4)\, dx = 12\,[x]_0^2 = 24$$

Thus $\iiint_V \nabla \cdot \bar{F}\, dV = 24$

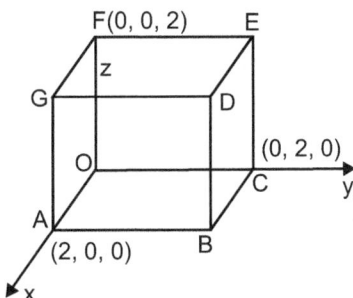

Fig. 9.9

Now to evaluate surface integrals, consider the surfaces S_1 = OABC, S_2 = GDEF, S_3 = OAGF, S_4 = BCED, S_5 = OCEF, S_6 = ABDG.

$$I_1 = \iint_{S_1} \bar{F} \cdot \hat{n}\, dS$$

For S_1, $\hat{n} = -\bar{k}$, $dS = dx\, dy$

$\bar{F} \cdot \hat{n} = \bar{F} \cdot (-\bar{k}) = (4xz\,\bar{i} - y^2\bar{j} + yz\,\bar{k}) \cdot (-\bar{k}) = -yz$

$I_1 = \iint -yz\, dx\, dy$. But $z = 0$ in the plane OABC

$I_1 = 0$

For S_2, $\hat{n} = \bar{k}$, $dS = dx\, dy$, $\bar{F} \cdot \hat{n} = yz$

$I_2 = \iint yz\, dx\, dy.$ \hspace{2em} Here $z = 2$

$$= 2\int_0^2\int_0^2 y\, dx\, dy = 2\int_0^2 \left[\frac{y^2}{2}\right]_0^2 dx = 4\,[x]_0^2 = 8$$

For S_3, i.e. surface OAGF,

$\hat{n} = -\bar{j}$

$$dS = dx\,dz, \quad \bar{F}\cdot\hat{n} = \bar{F}\cdot(-\bar{j}) = y^2$$

$$I_3 = \iint y^2\,dx\,dz. \text{ But } y = 0 \text{ in the plane } S_3$$

$$\therefore \quad I_3 = 0$$

For S_4, i.e. surface BCED, $\hat{n} = \bar{j}$, $dS = dx\,dz$

$$\bar{F}\cdot\hat{n} = -y^2$$

$$I_4 = \int_0^2\int_0^2 -y^2\,dx\,dz$$

but $y = 2$

$$= -4\int_0^2 [z]_0^2\,dx = -4\int_0^2 2\,dx = -8[x]_0^2 = -16$$

For S_5, i.e. surface OCEF, $\hat{n} = -\bar{i}$

$$dS = dy\,dz, \quad \bar{F}\cdot\hat{n} = \bar{F}\cdot(-\bar{i}) = -4xz$$

$$I_5 = \int_0^2\int_0^2 -4xz\,dy\,dz. \text{ But } x = 0 \text{ in this plane}$$

$$\therefore \quad I_5 = 0$$

Lastly for the surface S_6 i.e. ABDG, $\hat{n} = \bar{i}$

$$\bar{F}\cdot\hat{n} = \bar{F}\cdot\bar{i} = 4xz, \quad dS = dy\,dz, \quad x = 2,$$

$$\therefore \quad I_6 = \int_0^2\int_0^2 4xz\,dy\,dz = \int_0^2\int_0^2 8z\,dy\,dz$$

$$= 8\int_0^2 \left[\frac{z^2}{2}\right]_0^2 dy = 16[y]_0^2 = 32$$

Thus the surface integral which is the sum of all these integrals
$$= I_1 + I_2 + I_3 + I_4 + I_5 + I_6$$
$$= 0 + 8 + 0 - 16 + 0 + 32 = 24$$

i.e. $$\iint_S \bar{F}\cdot\hat{n}\,dS = 24 = \iiint_V \nabla\cdot\bar{F}\,dV$$

which verifies the divergence theorem.

Ex. 2 : *Verify the divergence theorem for*

$$\bar{F} = (x + y^2)\bar{i} - 2x\bar{j} + 2yz\bar{k}$$

and the volume of a tetrahedron bounded by co-ordinate planes and the plane $2x + y + 2z = 6$. **(Nov. 2014)**

Sol. : Let us first evaluate the volume integral.

Given plane cuts-off intercepts 3, 6, 3 on x, y and z axes respectively.

$$\nabla \cdot \bar{F} = \frac{\partial}{\partial x}(x + y^2) + \frac{\partial}{\partial y}(-2x) + \frac{\partial}{\partial z}(2yz)$$

$$= 1 + 0 + 2y = (1 + 2y)$$

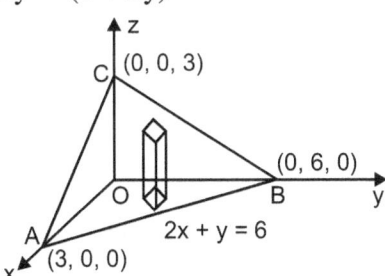

Fig. 9.10

$$\iiint_V \nabla \cdot \bar{F}\, dV = \int_0^3 \int_0^{6-2x} \int_0^{(6-2x-y)/2} (1 + 2y)\, dx\, dy\, dz$$

$$= \int_0^3 \int_0^{6-2x} (1 + 2y)\, [z]_0^{(6-2x-y)/2}\, dx\, dy$$

$$= \int_0^3 \int_0^{6-2x} (1 + 2y)\, \frac{(6 - 2x - y)}{2}\, dx\, dy$$

$$= \frac{1}{2} \int_0^3 \left\{ (6 - 2x)\left(y + 2\frac{y^2}{2}\right) - \frac{y^2}{2} - 2\frac{y^3}{3} \right\}_0^{6-2x} dx$$

$$= \frac{1}{2} \int_0^3 \left[(6 - 2x)\{6 - 2x + (6 - 2x)^2\} - \frac{(6 - 2x)^2}{2} - \frac{2}{3}(6 - 2x)^3 \right] dx$$

$\therefore$ Volume integral $= \frac{1}{2} \left[\frac{(6-2x)^3}{-6} + \frac{(6-2x)^4}{-8} + \frac{(6-2x)^3}{12} + \frac{(6-2x)^4}{12} \right]_0^3$

$$= \frac{1}{2}[36 + 162 - 18 - 108] = 36$$

To evaluate the surface integrals, consider the four surfaces S_1 [plane ABC (S_2) plane $z = 0$], S_3 (plane $y = 0$), S_4 (plane $x = 0$). First consider the surface S_1 whose equation is $2x + y + 2z - 6 = 0$

Let, $\phi = 2x + y + 2z - 6$

$$\frac{\partial \phi}{\partial x} = 2, \quad \frac{\partial \phi}{\partial y} = 1, \quad \frac{\partial \phi}{\partial z} = 2$$

$$\nabla \phi = 2\bar{i} + \bar{j} + 2\bar{k}$$

$$\hat{n} = \frac{2\bar{i} + \bar{j} + 2\bar{k}}{\sqrt{4+1+4}} = \frac{2\bar{i} + \bar{j} + 2\bar{k}}{3}$$

$$\bar{F} \cdot \hat{n} = \left\{(x+y^2)\bar{i} - 2x\bar{j} + 2yz\bar{k}\right\} \cdot \left\{\frac{2\bar{i} + \bar{j} + 2\bar{k}}{3}\right\}$$

$$= \frac{1}{3} \{2(x+y^2) - 2x + 4yz\}$$

Let dS be an element of area in plane ABC.

Taking its projection in xoy plane, we get dS cos θ = dx dy, where θ is angle between normals to the surfaces S_1 and xoy plane respectively. Unit normal to the xoy plane is $\bar{k}$.

$$\therefore \quad \cos\theta = \hat{n} \cdot \bar{k} \quad \text{or} \quad dS = \frac{dx\,dy}{|\hat{n} \cdot \bar{k}|}$$

In the problem, $\quad \hat{n} = \dfrac{2\bar{i} + \bar{j} + 2\bar{k}}{3}$

$$\hat{n} \cdot \bar{k} = \frac{(2\bar{i} + \bar{j} + 2\bar{k})}{3} \cdot \bar{k} = \frac{2}{3}$$

$$dS = \frac{dx\,dy}{2/3} = \frac{3}{2} dx\,dy$$

$$I_1 = \iint_{S_1} \bar{F} \cdot \hat{n}\,dS = \iint_{S_1} \frac{1}{3}\{2(x+y^2) - 2x + 4yz\} \cdot \frac{3}{2} dx\,dy$$

Putting $\quad z = \dfrac{6-2x-y}{2}$

$$I_1 = \frac{1}{2} \int_0^3 \int_0^{6-2x} \left\{2(x+y^2) - 2x + 4y\left(\frac{6-2x-y}{2}\right)\right\} dx\,dy$$

$$= \frac{1}{2} \int_0^3 \left\{2\frac{y^3}{3} + (6-2x)2\frac{y^2}{2} - 2\frac{y^3}{3}\right\}_0^{6-2x} dx$$

$$= \frac{1}{2} \int_0^3 (6-2x)^3\,dx = \frac{1}{2} \cdot \frac{(6-2x)^4}{-8}\Big|_0^3 = 81$$

Next consider the surface S_2, (plane z = 0)

$$\hat{n} = -\bar{k}, \quad \bar{F} \cdot \hat{n} = \bar{F} \cdot (-\bar{k}) = -2yz, \quad dS = dx\,dy$$

$$I_2 = \iint -2yz\, dx\, dy = 0 \text{ as } z = 0$$

Now consider the surface S_3, (plane $y = 0$)

$$\hat{n} = -\bar{j} \qquad \bar{F}\cdot(-\bar{j}) = 2x$$

$$I_3 = \int_0^3 \int_0^{3-x} 2x\, dx\, dz = \int_0^3 2x\, [z]_0^{3-x}\, dx$$

$$= \int_0^3 2x(3-x)\, dx = \left\{6\frac{x^2}{2} - 2\frac{x^3}{3}\right\}_0^3 = 27 - 18 = 9$$

Lastly consider the surface S_4 (plane $x = 0$)

$$\hat{n} = -\bar{i},\quad \bar{F}\cdot(-\bar{i}) = -(x+y^2)$$

$$I_4 = \iint_{S_4} -(x+y^2)\, dy\, dz$$

$$= \int_0^6 \int_0^{(6-y)/2} -y^2\, dz = -\int_0^6 y^2\, [z]_0^{(6-y)/2}\, dy$$

$$= -\frac{1}{2}\int_0^6 y^2(6-y)\, dy = -\frac{1}{2}\left[\frac{6y^3}{3} - \frac{y^4}{4}\right]_0^6$$

$$= -\frac{1}{2}[2 \times 216 - 324] = -\frac{108}{2} = -54$$

Surface integral $= I_1 + I_2 + I_3 + I_4$

$= 81 + 0 + 9 - 54 = 36 = $ Volume integral.

Hence the divergence theorem is verified.

Ex. 3 : *Verify divergence theorem for* $\bar{F} = 4xz\,\bar{i} + xyz^2\,\bar{j} + 3z\,\bar{k}$ *over the region above the xoy plane bounded by the cone* $z^2 = x^2 + y^2$ *and the plane* $z = 4$.

Sol. : Region is the interior of the cone bounded by the plane $z = 4$. (See Fig. 9.11).

To verify divergence theorem, let us first evaluate volume integral.

$$\nabla \cdot \bar{F} = \frac{\partial}{\partial x}(4xz) + \frac{\partial}{\partial y}(xyz^2) + \frac{\partial}{\partial z}(3z) = 4z + xz^2 + 3$$

Volume integral $= \iiint_V \nabla \cdot \bar{F}\, dV$, where V is the volume of the cone.

$$I = \iiint (4z + xz^2 + 3)\, dx\, dy\, dz$$

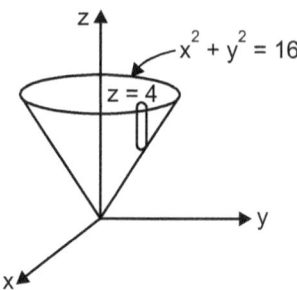

Fig. 9.11

To evaluate the integral, let us transform to cylindrical system

$$x = \rho \cos \phi, \ y = \rho \sin \phi, \ z = z$$

$$dx\, dy\, dz = \rho\, d\rho\, d\phi\, dz$$

$$I = \int_{\phi=0}^{2\pi} \int_{\rho=0}^{4} \int_{z=\rho}^{4} (4z + \rho \cos \phi\, z^2 + 3)\, \rho\, d\rho\, d\phi\, dz$$

[Limits of z are obtained by considering a rectangular block which touches the cone $z^2 = \rho^2$ i.e. $z = \rho$ and the plane $z = 4$. Limits of ρ and ϕ are obtained from the circle $x^2 + y^2 = 16$ i.e. $\rho = 4$]

$$I = \int_0^{2\pi}\int_0^4 \left\{\frac{4z^2}{2} \rho \cos\phi \frac{z^3}{3} + 3z\right\}_\rho^4 \rho\, d\rho\, d\phi$$

$$= \int_0^{2\pi}\int_0^4 \left\{2\times 16 - 2\rho^2 + \frac{\rho \cos\phi}{3}\times 64 - \frac{\rho^4 \cos\phi}{3} + 12 - 3\rho\right\} \rho\, d\rho\, d\phi$$

$$= \int_0^{2\pi}\left\{32\frac{\rho^2}{2} - 2\frac{\rho^4}{4} + \frac{64}{3}\frac{\rho^3}{3} \cos\phi - \frac{\cos\phi}{3}\frac{\rho^6}{6} + \frac{12\rho^2}{2} - \frac{3\rho^3}{3}\right\}_0^4 d\phi$$

$$I = \int_0^{2\pi}\left\{256 - 128 + \frac{64\times 64}{9} \cos\phi - \frac{1}{18}(16\times 256) \cos\phi + 96 - 64\right\} d\phi$$

Integrals of terms containing $\cos\phi$ vanish as the limits are from 0 to 2π.

$$\therefore \quad I = \int_0^{2\pi} 160\, d\phi = 160\, [\phi]_0^{2\pi} = 160 \times 2\pi = 320\, \pi$$

To obtain surface integrals, we have to consider two surfaces S_1, S_2 where S_1 is the plane surface of the circle $x^2 + y^2 = 16$ in the plane $z = 4$ and surface S_2 which is curved surface of the cone.

For surface S_1, $\quad \hat{n} = \bar{k}, \quad dS = dx\, dy$

$$\bar{F} \cdot \hat{n} = \bar{F} \cdot \bar{k} = 3z$$

$$I_1 = \iint_{S_1} 3z \, dx \, dy, \quad \text{where } z = 4$$

$$= 12 \iint_{S_1} dx \, dy = 12 \times \text{Area of circle} = 12 \times \pi (4)^2 = 192 \pi$$

For surface S_2, $\hat{n} = \dfrac{\nabla \phi}{|\nabla \phi|}$, where $\phi = x^2 + y^2 - z^2$

$$\nabla \phi = 2x \, \bar{i} + 2y \, \bar{j} - 2z \, \bar{k}$$

$$\hat{n} = \frac{2x \, \bar{i} + 2y \, \bar{j} - 2z \, \bar{k}}{\sqrt{4x^2 + 4y^2 + 4z^2}} = \frac{x \, \bar{i} + y \, \bar{j} - z \, \bar{k}}{\sqrt{x^2 + y^2 + z^2}}$$

$$\bar{F} \cdot \hat{n} = (4xz \, \bar{i} + xyz^2 \, \bar{j} + 3z\bar{k}) \cdot \left(\frac{x \, \bar{i} + y \, \bar{j} + z \, \bar{k}}{\sqrt{x^2 + y^2 + z^2}} \right) = \frac{4x^2 z + xy^2 z^2 - 3z^2}{\sqrt{x^2 + y^2 + z^2}}$$

Let dS be an element of area on the curved surface of the cone.

Taking its projection in xoy plane,

$$dS \cos \theta = dx \, dy$$

or

$$dS = \frac{dx \, dy}{|\hat{n} \cdot \bar{k}|}$$

$$\hat{n} \cdot \bar{k} = \frac{x \, \bar{i} + y \, \bar{j} - z \, \bar{k}}{\sqrt{x^2 + y^2 + z^2}} \cdot \bar{k} = \frac{-z}{\sqrt{x^2 + y^2 + z^2}}$$

$$dS = \frac{\sqrt{x^2 + y^2 + z^2}}{z} dx \, dy$$

$$I_2 = \iint \bar{F} \cdot \hat{n} \, dS = \iint \frac{4x^2 z + xy^2 z^2 - 3z^2}{\sqrt{x^2 + y^2 + z^2}} \cdot \frac{\sqrt{x^2 + y^2 + z^2}}{z} dx \, dy$$

$$= \iint (4x^2 + xy^2 z - 3z) \, dx \, dy$$

where, the integration is to be carried over the circle $x^2 + y^2 = 16$ in xoy plane after replacing z by $\sqrt{x^2 + y^2}$.

$$I_2 = \iint \left\{ 4x^2 + xy^2 \sqrt{x^2 + y^2} - 3 \sqrt{x^2 + y^2} \right\} dx \, dy$$

For evaluation of the integral over the plane of the circle, transforming to polars.

i.e. $x = r \cos \theta$ and $y = r \sin \theta$

$\therefore \qquad dx \, dy = r \, dr \, d\theta$

$$I_2 = \int_{\theta=0}^{2\pi} \int_{r=0}^{4} \{4r^2 \cos^2\theta + r\cos\theta \, r^2 \sin^2\theta \cdot r - 3r\} \, r \, d\theta \, dr$$

$$= \int_0^{2\pi} \left\{ 4\cos^2\theta \frac{r^4}{4} + \frac{r^6}{6} \sin^2\theta \cos\theta - \frac{3r^3}{3} \right\}_0^4 d\theta$$

$$= \int_0^{2\pi} \left\{ 4\cos^2\theta \times 64 + \frac{64 \times 64}{6} \sin^2\theta \cos\theta - 64 \right\} d\theta$$

Integral of the second term is zero as the limits are from 0 to 2π.

$$I_2 = \int_0^{2\pi} (256 \cos^2\theta - 64) \, d\theta = 4 \int_0^{\pi/2} (256 \cos^2\theta - 64) \, d\theta$$

$$= 4 \left\{ 256 \frac{1}{2} \frac{\pi}{2} - 64 \, [\theta]_0^{\pi/2} \right\} = 4 [64\pi - 32\pi] = 128\pi$$

Surface integral $= I_1 + I_2 = 192\pi + 128\pi = 320\pi =$ Volume integral.

Hence the divergence theorem is verified.

Ex. 4 : *Use the divergence theorem to evaluate* $\iint_S (y^2 z^2 \, \bar{i} + z^2 x^2 \, \bar{j} + x^2 y^2 \, \bar{k}) \cdot d\bar{S}$, *where, S is the upper part of the sphere* $x^2 + y^2 + z^2 = 9$ *above the xoy plane.* **(Nov. 2014)**

Sol. : To apply the divergence theorem, consider the closed surface S bounded by plane surface S_1 (plane of the circle $x^2 + y^2 = 9$).

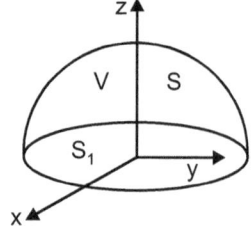

Fig. 9.12

$$\bar{F} = y^2 z^2 \, \bar{i} + z^2 x^2 \, \bar{j} + x^2 y^2 \, \bar{k}$$

$$\nabla \cdot \bar{F} = \frac{\partial}{\partial x}(y^2 z^2) + \frac{\partial}{\partial y}(z^2 x^2) + \frac{\partial}{\partial z}(x^2 y^2) = 0$$

By the divergence theorem,

$$\iiint_V \nabla \cdot \bar{F} \, dV = \iint_S \bar{F} \cdot d\bar{S} + \iint_{S_1} \bar{F} \cdot d\bar{S}$$

where, V is the volume enclosed between S and S_1.

Now, $\iiint\limits_V \nabla \cdot \overline{F}\, dV = 0$ as $\nabla \cdot \overline{F} = 0$

$\therefore \quad \iint\limits_S \overline{F} \cdot d\overline{S} = -\iint\limits_{S_1} \overline{F} \cdot d\overline{S}$

For surface S_1, $\hat{n} = -\overline{k}$

$\overline{F} \cdot \hat{n} = \overline{F} \cdot (-\overline{k}) = (y^2 z^2 \overline{i} + z^2 x^2 \overline{j} + x^2 y^2 \overline{k}) \cdot (-\overline{k})$
$\qquad = -x^2 y^2$

$dS = dx\, dy$

$\iint\limits_{S_1} \overline{F} \cdot d\overline{S} = \iint\limits_{S_1} \overline{F} \cdot \hat{n}\, dx\, dy = -\iint\limits_{S_1} x^2 y^2\, dx\, dy$

S_1 is the plane of the circle $x^2 + y^2 = 9$.

Converting to polars $x = r \cos\theta$, $y = r \sin\theta$, $x^2 + y^2 = 9$

$dx\, dy = r\, d\theta\, dr$

$\iint\limits_{S_1} x^2 y^2\, dx\, dy = \int_0^{2\pi} \int_{r=0}^{3} r^4 \cos^2\theta \sin^2\theta\, r\, d\theta\, dr$

$\qquad = \int_0^{2\pi} \left[\frac{r^6}{6}\right]_0^3 \cos^2\theta \sin^2\theta\, d\theta = \int_0^{2\pi} \frac{27 \times 27}{6} \cos^2\theta \sin^2\theta\, d\theta$

$\qquad = 4 \int_0^{2\pi} \frac{243}{2} \cos^2\theta \sin^2\theta\, d\theta$

$\qquad = 2 \times 243 \cdot \frac{1 \cdot 1}{4 \cdot 2} \cdot \frac{\pi}{2} \qquad$ [Applying reduction formula]

$\qquad = \frac{243\,\pi}{8}$

$\iint\limits_{S_1} \overline{F} \cdot d\overline{S} = -\frac{243\,\pi}{8}$

$\iint\limits_S \overline{F} \cdot d\overline{S} = -\left(-\frac{243\,\pi}{8}\right) = \frac{243\,\pi}{8}$

Ex. 5 : Evaluate $\iint_S (x^3\,\vec{i} + y^3\,\vec{j} + z^3\,\vec{k}) \cdot d\vec{S}$, where S is the surface of the sphere $x^2 + y^2 + z^2 = 16$. **(Dec. 2004, 2012; May 2006, 2008)**

Sol. :
$$\vec{F} = x^3\,\vec{i} + y^3\,\vec{j} + z^3\,\vec{k}$$
$$\nabla \cdot \vec{F} = \frac{\partial}{\partial x}(x^3) + \frac{\partial}{\partial y}(y^3) + \frac{\partial}{\partial z}(z^3) = 3x^2 + 3y^2 + 3z^2$$

Applying the divergence theorem,
$$\iint_S (x^3\,\vec{i} + y^3\,\vec{j} + z^3\,\vec{k}) \cdot d\vec{S} = \iiint_V \nabla \cdot \vec{F}\, dV$$
$$I = \iiint 3(x^2 + y^2 + z^2)\, dx\, dy\, dz$$

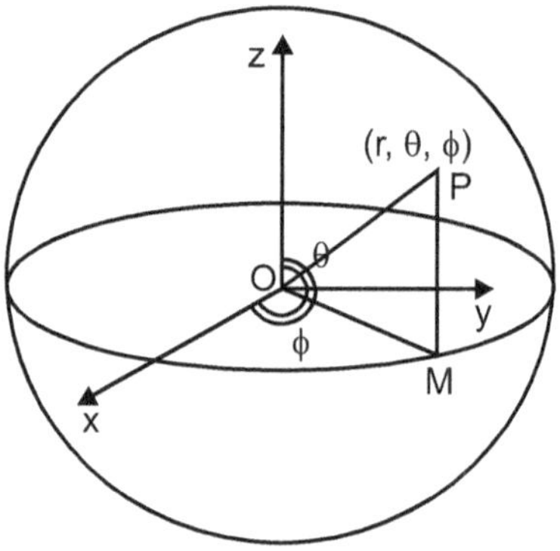

Fig. 9.13

Transforming to spherical polars
$$x = r \sin\theta \cos\phi, \quad y = r \sin\theta \sin\phi, \quad z = r \cos\theta$$
$$x^2 + y^2 + z^2 = r^2, \quad dx\, dy\, dz = r^2 \sin\theta\, dr\, d\theta\, d\phi$$

For the entire sphere, r will vary from $r = 0$ to $r = 4$, θ from 0 to π, ϕ from 0 to 2π. Substituting the limits for I

$$I = \int_{\phi=0}^{2\pi} \int_{\theta=0}^{\pi} \int_{r=0}^{4} 3\, r^2 r^2 \sin\theta\, dr\, d\theta\, d\phi$$

$$= 3 \int_0^{2\pi} \int_0^{\pi} \left[\frac{r^5}{5}\right]_0^4 \sin\theta\, d\theta\, d\phi = 3 \cdot \frac{(4)^5}{5} \int_0^{2\pi} [-\cos\theta]_0^{\pi}\, d\phi$$

$$= \frac{3}{5} \times 4 \times 256 \int_0^{2\pi} (1+1)\, d\phi$$

$$= \frac{6}{5} \times 4 \times 256\, [\phi]_0^{2\pi} = \frac{48 \times 256\, \pi}{5} = \frac{12288\, \pi}{5}$$

Ex. 6 : *Evaluate* $\iint_S 2x^2 y \, dy \, dz - y^2 \, dz \, dx + 4xz^2 \, dx \, dy$ *over the curved surface of the cylinder* $y^2 + z^2 = 9$, *bounded by* $x = 0$ *and* $x = 2$. **(Dec. 2006, 2007; May 2010)**

Sol. : Let dS be the element of the area on the curved surface of the cylinder.

Expressing $d\overline{S}$ in terms of its projections on co-ordinate planes, we can write

$$d\overline{S} = \overline{i} \, dy \, dz + \overline{j} \, dz \, dx + \overline{k} \, dx \, dy$$

Taking $\quad \overline{F} = 2x^2 y \, \overline{i} - y^2 \overline{j} + 4xz^2 \, \overline{k}$

the given integral can be written as

$$\iint_S \overline{F} \cdot d\overline{S},$$

where S is the curved surface of the cylinder.

$d\overline{S} = \hat{n} \, dS$, where $\hat{n}$ is unit outward drawn normal vector to the cylinder

Let $\quad \phi = y^2 + z^2 - 9$

$$\frac{\partial \phi}{\partial x} = 0, \qquad \frac{\partial \phi}{\partial y} = 2y, \qquad \frac{\partial \phi}{\partial z} = 2z$$

$$\nabla \phi = 2y \, \overline{j} + 2z \, \overline{k}, \qquad \hat{n} = \frac{\nabla \phi}{|\nabla \phi|}$$

$$\hat{n} = \frac{2y \, \overline{j} + 2z \, \overline{k}}{\sqrt{4y^2 + 4z^2}} = \frac{y \, \overline{j} + z \, \overline{k}}{\sqrt{y^2 + z^2}} = \frac{1}{3} (y \, \overline{j} + z \, \overline{k})$$

$$\overline{F} \cdot \hat{n} = (2x^2 y \, \overline{i} - y^2 \overline{j}) + 4xz^2 \overline{k} \cdot \frac{1}{3} (y \, \overline{j} + z \, \overline{k}) = \frac{1}{3} (-y^3 + 4xz^3)$$

$$I = \iint_S \overline{F} \cdot d\overline{S} = \frac{1}{3} \iint (-y^3 + 4xz^3) \, dS$$

Transforming to cylindrical co-ordinate system

$$y = \rho \cos \phi, \quad z = \rho \sin \phi, \quad x = x$$

$$dS = \rho \, dx \, d\phi$$

but $\quad \rho = 3$

$$I = \frac{1}{3} \int_{\phi=0}^{2\pi} \int_{x=0}^{2} (-27 \cos^3 \phi + 4x \cdot 27 \sin^3 \phi) \, 3 \, dx \, d\phi$$

$$= \int_0^{2\pi} \left\{ -27 \cos^3 \phi \, x + 108 \sin^3 \phi \, \frac{x^2}{2} \right\}_0^2 d\phi$$

$$= \int_0^{2\pi} \{-54 \cos^3 \phi + 216 \sin^3 \phi\} \, d\phi = 0$$

[Integrals of odd powers of sine and cosine vanish for limits 0 to 2π]

Ex. 7 : Show that $\iiint_V \dfrac{dV}{r^2} = \iint_S \dfrac{\bar{r} \cdot \hat{n}}{r^2} \, dS.$ **(Dec. 2005, May 2006, 2014)**

Sol. : By divergence theorem,

$$\iint_S \dfrac{\bar{r} \cdot \hat{n} \, dS}{r^2} = \iiint_V \nabla \cdot \left(\dfrac{\bar{r}}{r^2}\right) dV$$

Now, $\nabla \cdot \left(\dfrac{\bar{r}}{r^2}\right) = \nabla \cdot (\bar{r} \, r^{-2}) = (\nabla \cdot \bar{r}) r^{-2} + \nabla (r^{-2}) \cdot \bar{r}$

$$= \dfrac{3}{r^2} - 2r^{-4} \bar{r} \cdot \bar{r} = \dfrac{3}{r^2} - \dfrac{2}{r^4} r^2 = \dfrac{1}{r^2}$$

$\therefore \quad \iint_S \dfrac{\bar{r} \cdot \hat{n} \, dS}{r^2} = \iiint_V \dfrac{dV}{r^2}$ which is the required result.

Ex. 8 : Prove that : $\iint_S (\phi \nabla \psi - \psi \nabla \phi) \cdot d\bar{S} = \iiint_V (\phi \nabla^2 \psi - \psi \nabla^2 \phi) \, dV.$ **(Dec. 2006)**

Sol. : Let $\bar{F} = \phi \nabla \psi - \psi \nabla \phi$

$\nabla \cdot \bar{F} = \nabla \cdot [\phi \nabla \psi - \psi \nabla \phi]$

$\nabla \cdot (\phi \nabla \psi) = \nabla \phi \cdot \nabla \psi + \phi \nabla \cdot \nabla \psi$

$\qquad = \nabla \phi \cdot \nabla \psi + \phi \nabla^2 \psi$

$\nabla \cdot (\psi \nabla \phi) = \nabla \psi \cdot \nabla \phi + \psi \nabla \cdot \nabla \phi$

$\qquad = \nabla \psi \cdot \nabla \phi + \psi \nabla^2 \phi$

$\nabla \cdot \bar{F} = \nabla \phi \cdot \nabla \psi + \phi \nabla^2 \psi - \nabla \psi \cdot \nabla \phi - \psi \nabla^2 \phi$

$\qquad = \phi \nabla^2 \psi - \psi \nabla^2 \phi$

By divergence theorem,

$$\iint_S (\phi \nabla \psi - \psi \nabla \phi) \cdot d\bar{S} = \iiint_V \nabla \cdot \{\phi \nabla \psi - \psi \nabla \phi\} \, dV = \iiint_V \{\phi \nabla^2 \psi - \psi \nabla^2 \phi\} \, dV$$

which is the required result.

Ex. 9 : If $\bar{u}, \bar{v}$ are two vector point functions, show that for a closed surface S,

$$\iiint_V [\bar{v} \cdot (\nabla \times \nabla \times \bar{u}) - \bar{u} \cdot (\nabla \times \nabla \times \bar{v})] \, dV = \iint_S [\bar{u} \times (\nabla \times \bar{v}) - \bar{v} \times (\nabla \times \bar{u})] \cdot d\bar{S}$$

Sol. : By the divergence theorem,

$$\iint_S [\bar{u} \times (\nabla \times \bar{v}) - \bar{v} \times (\nabla \times \bar{u})] \cdot d\bar{S} = \iiint_V \nabla \cdot [\bar{u} \times (\nabla \times \bar{v}) - \bar{v} \times (\nabla \times \bar{u})] \, dV$$

$$= \iiint_V \{\nabla \cdot [\bar{u} \times (\nabla \times \bar{v})] - \nabla \cdot [\bar{v} \times (\nabla \times \bar{u})]\} \, dV$$

... (1)

Now $\nabla \cdot [\bar{u} \times (\nabla \times \bar{v})] = (\nabla \times \bar{v}) \cdot (\nabla \times \bar{u}) - \bar{u} \cdot (\nabla \times \nabla \times \bar{v})$

Similarly $\nabla \cdot [\bar{v} \times (\nabla \times \bar{u})] = (\nabla \times \bar{u}) \cdot (\nabla \times \bar{v}) - \bar{v} \cdot (\nabla \times \nabla \times \bar{u})$

$\therefore \nabla \cdot [\bar{u} \times (\nabla \times \bar{v})] - \nabla \cdot [\bar{v} \times (\nabla \times \bar{u})] = (\nabla \times \bar{v}) \cdot (\nabla \times \bar{u}) - \bar{u} \cdot (\nabla \times \nabla \times \bar{v})$
$\qquad - (\nabla \times \bar{u}) \cdot (\nabla \times \bar{v}) + \bar{v} \cdot (\nabla \times \nabla \times \bar{u})$
$\qquad = \bar{v} \cdot (\nabla \times \nabla \times \bar{u}) - \bar{u} \cdot (\nabla \times \nabla \times \bar{v})$

Substituting in (1), required result follows.

Ex. 10 : *Show that the value of* $\iint p \left(\dfrac{x^4}{a^2} + \dfrac{y^4}{b^2} + \dfrac{z^4}{c^2} \right) dS$ *taken over the surface of the ellipsoid* $\dfrac{x^2}{a^2} + \dfrac{y^2}{b^2} + \dfrac{z^2}{c^2} = 1$, *where p is the length of the perpendicular from origin to the tangent plane at (x, y, z) is :* $\dfrac{4\pi}{5} abc (a^2 + b^2 + c^2)$.

Sol. : Tangent plane of the ellipsoid at (x, y, z) is

$$\dfrac{X \cdot x}{a^2} + \dfrac{Y \cdot y}{b^2} + \dfrac{Z \cdot z}{c^2} = 1$$

$$p = \dfrac{1}{\sqrt{\dfrac{x^2}{a^4} + \dfrac{y^2}{b^4} + \dfrac{z^2}{c^4}}}$$

$$I = \iint \dfrac{1}{\sqrt{\dfrac{x^2}{a^4} + \dfrac{y^2}{b^4} + \dfrac{z^2}{c^4}}} \left(\dfrac{x^4}{a^2} + \dfrac{y^4}{b^2} + \dfrac{z^4}{c^2} \right) dS$$

$$\Phi = \dfrac{x^2}{a^2} + \dfrac{y^2}{b^2} + \dfrac{z^2}{c^2} - 1$$

$$\nabla \phi = \dfrac{2x\, \bar{i}}{a^2} + \dfrac{2y\, \bar{j}}{b^2} + \dfrac{2z\, \bar{k}}{c^2}$$

$$\hat{n} = \dfrac{\nabla \phi}{|\nabla \phi|} = \dfrac{\dfrac{x}{a^2}\bar{i} + \dfrac{y}{b^2}\bar{j} + \dfrac{z}{c^2}\bar{k}}{\sqrt{\dfrac{x^2}{a^4} + \dfrac{y^2}{b^4} + \dfrac{z^2}{c^4}}}$$

If $\bar{F} = x^3\,\bar{i} + y^3\,\bar{j} + z^3\,\bar{k}$

$$I = \iint \bar{F} \cdot \hat{n}\, dS$$

$$I = \iiint \nabla \cdot \bar{F}\, dV \qquad \text{(by divergence theorem)}$$

$$= 3 \iiint_V (x^2 + y^2 + z^2)\, dx\, dy\, dz$$

where, V is the volume of the ellipsoid

$$\frac{x^2}{a^2} + \frac{y^2}{b^2} + \frac{z^2}{c^2} = 1$$

Put $\quad x = aX, \quad y = bY, \quad z = cZ$

$$I = 3 \iiint_V (a^2X^2 + b^2Y^2 + c^2Z^2) \, abc \, dX \, dY \, dZ$$

where, V is the volume of the sphere

$$X^2 + Y^2 + Z^2 = 1$$

Put $\quad X = r \sin\theta \cos\phi, \quad Y = r \sin\theta \sin\phi, \quad Z = r \cos\theta$

$$dX \, dY \, dZ = r^2 \sin\theta \, dr \, d\theta \, d\phi$$

$$I = 3 \int_0^{2\pi} \int_{\theta=0}^{\pi} \int_{r=0}^{1} \{a^2 r^2 \sin^2\theta \cos^2\phi + b^2 r^2 \sin^2\theta \sin^2\phi + c^2 r^2 \cos^2\theta\}$$

$$\times abc \, r^2 \sin\theta \, dr \, d\theta \, d\phi$$

$$= 4 \times 3 \times 2 \int_0^{\pi/2} \int_0^{\pi/2} \int_0^{1} \{r^4 a^2 \sin^3\theta \cos^2\phi + r^4 b^2 \sin^3\theta \sin^2\phi$$

$$+ r^4 c^2 \cos^2\theta \sin\theta\} \, dr \, d\theta \, d\phi \, abc$$

$$= 24 \left[\frac{r^5}{5}\right]_0^1 \int_0^{\pi/2} \int_0^{\pi/2} \{a^2 \sin^3\theta \cos^2\phi + b^2 \sin^3\theta \sin^2\phi + c^2 \cos^2\theta \sin\theta\} \, d\theta \, d\phi \, abc$$

$$= \frac{24}{5} \int_0^{\pi/2} \left\{a^2 \cos^2\phi \cdot \frac{2}{3} + b^2 \sin^2\phi \cdot \frac{2}{3} + c^2 \cdot \frac{1 \cdot 1}{3}\right\} d\phi \, abc$$

$$= \frac{24}{5} \left[a^2 \cdot \frac{1}{2} \cdot \frac{\pi}{2} \cdot \frac{2}{3} + b^2 \cdot \frac{1}{2} \cdot \frac{\pi}{2} \cdot \frac{2}{3} + c^2 \cdot \frac{1}{3} \cdot \frac{\pi}{2}\right] abc$$

$$= \frac{24}{5} \left[\frac{\pi}{6} a^2 + \frac{\pi}{6} b^2 + \frac{\pi}{6} c^2\right] abc = \frac{4}{5} \pi \, abc \, (a^2 + b^2 + c^2)$$

Ex. 11 : *Evaluate* $\iint_S (x\overline{i} + y\overline{j} + z^2\overline{k}) \cdot d\overline{s}$ *where S is the curved surface of the cylinder* $x^2 + y^2 = 4$, *bounded by the planes* $z = 0$ *and* $z = 2$. **(Dec. 2008)**

Sol. : S_1 is the plane surface of the circle $z = 0$, $x^2 + y^2 = 4$ and S_2 is the plane surface of the circle $z = 2$, $x^2 + y^2 = 4$. S_1, S_2 and S together enclose the volume bounded by the cylinder.

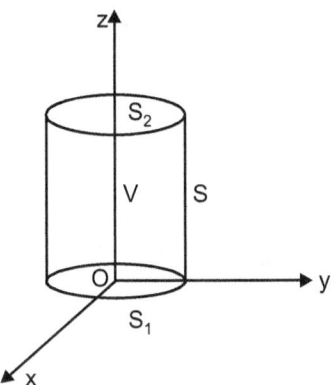

Fig. 9.14

By divergence theorem,

$$\iint_S \bar{F} \cdot d\bar{s} + \iint_{S_1} \bar{F} \cdot d\bar{s} + \iint_{S_2} \bar{F} \cdot d\bar{s} = \iiint_V \nabla \cdot \bar{F} \cdot dv$$

where, $\bar{F} = x\bar{i} + y\bar{j} + z^2\bar{k}$

$\nabla \cdot \bar{F} = 1 + 1 + 2z$

$$\text{R.H.S.} = \iiint (2 + 2z)\, dx\, dy\, dz$$

$$= 2 \iint \int_{z=0}^{2} (1 + z)\, dx\, dy\, dz$$

$$= 2 \iint \left\{ z + \frac{z^2}{2} \right\}_0^2 dx\, dy = 2 \iint_{S_1} \left(2 + \frac{4}{2} \right) dx\, dy$$

$$= 8 \iint_{S_1} dx\, dy = 8 \cdot \pi \times 4 = 32\pi$$

For S_1, $\hat{n} = -\bar{k}$, $\bar{F} \cdot d\bar{s} = \bar{F} \cdot (-\bar{k})\, ds = -z^2\, dx\, dy$

$$\iint_{S_1} -z^2\, dx\, dy = 0 \quad \text{as the plane is } z = 0.$$

For S_2, $\hat{n} = \bar{k}$, $\bar{F} \cdot \hat{n}\, ds = z^2\, dx\, dy$

$$\iint_{S_2} \bar{F} \cdot d\bar{s} = \iint_{S_2} \bar{F} \cdot \hat{n}\, ds = \iint_{S_2} z^3\, dx\, dy \quad \text{where } z = 2$$

∴ $$\iint_{S_2} \bar{F} \cdot d\bar{s} = \iint_{S_2} 4\, dx\, dy = 4 \cdot \pi 4 = 16\pi$$

$$\therefore \iint_S \bar{F} \cdot d\bar{s} = \iiint_V \nabla \cdot \bar{F} \, dv - \iint_{S_1} \bar{F} \cdot d\bar{s} - \iint_{S_2} \bar{F} \cdot d\bar{s}$$

$$= 32\pi - 0 - 16\pi$$

$$= 16\pi$$

EXERCISE 9.2

1. Verify divergence theorem for $\bar{F} = 2y^2x \, \bar{i} + (xz^2 - y^3) \, \bar{j} + z^3 \, \bar{k}$ over the volume of a cube with edges of length unity parallel to the co-ordinate axes.

   Ans. Common value $= -\dfrac{2}{3}$

2. Show that $\iint \dfrac{\bar{r}}{r^3} \cdot \hat{n} \, dS = 0$.

3. Evaluate $\iint_S (2xy \, \bar{i} + yz^2 \, \bar{j} + xz \, \bar{k}) \cdot d\bar{S}$ over the surface of the region bounded by $x = 0, y = 0, y = 3, z = 0$ and $x + 2z = 6$. **Ans.** $\dfrac{351}{2}$ (May 2010)

4. Evaluate $\iint_S \bar{r} \cdot \hat{n} \, dS$ over the surface of a sphere of radius 1 with centre at origin.

   (May 2012) **Ans.** 4π

5. If $\bar{w} = \dfrac{1}{2} \nabla \times \bar{v}$ and $\bar{v} = \nabla \times \bar{u}$, then show that

$$\dfrac{1}{2} \iiint_V (\bar{v} \cdot \bar{v}) \, dV = \dfrac{1}{2} \iint_S \bar{u} \times \bar{v} \, d\bar{S} + \iiint_V (\bar{u} \cdot \bar{w}) \, dV.$$

6. Verify divergence theorem for $\bar{F} = 2xy \, \bar{i} - y \, \bar{j} + z^2 \, \bar{k}$ over the volume bounded by $2x + y + 2z = 4$ and the co-ordinate planes. **Ans.** Common value $= \dfrac{16}{3}$

7. Evaluate $\iint_S \bar{F} \cdot d\bar{S}$ over the surface of the parabolic cylinder $y^2 = 8x$ in the first octant bounded by the planes $y = 4$ and $z = 6$ where $\bar{F} = 2y \, \bar{i} - z \, \bar{j} + x^2 \bar{k}$. (**Ans.** 132)

8. Evaluate $\iint_S xz^2 \, dy \, dz + (x^2y - z^2) \, dz \, dx + (2xy + y^2 z) \, dx \, dy$, where S is the surface enclosing a region bounded by hemisphere $x^2 + y^2 + z^2 = 4$ above the xoy plane.

   Ans. $\dfrac{64\pi}{5}$ (May 2009, May 2012, Dec. 2012)

9. Evaluate $\iint_S \bar{F} \cdot d\bar{S}$ over a closed surface of a triangular prism of unit length in the x-direction whose base is bounded by the positive y and z axes and the line $y + z = 1$, $x = 0$, where $\bar{F} = 2y^2 z \bar{j} + yz^2 \bar{k}$. **Ans.** $\dfrac{1}{3}$

10. Evaluate the surface integral $\iint_S (y^2 z^2 \bar{i} + z^2 x^2 \bar{j} + x^2 y^2 \bar{k}) \cdot d\bar{S}$, where S is the surface of the sphere $x^2 + y^2 + z^2 = a^2$ in the positive octant. **Ans.** $\dfrac{\pi a^6}{36}$

11. Evaluate $\iint_S \dfrac{dS}{\sqrt{a^2 x^2 + b^2 y^2 + c^2 z^2}}$ over the closed surface of the ellipsoid $ax^2 + by^2 + cz^2 = 1$, by applying Gauss Divergence theorem. **(Dec. 2010) Ans.** $\left(\dfrac{4\pi}{\sqrt{abc}}\right)$

12. Evaluate $\iint_S (lx^2 + my^2 + nz^2)\, dS$, where S is the surface of the sphere $(x-a)^2 + (y-b)^2 + (z-c)^2 = R^2$; l, m, n being the direction cosines of the outward normal to the surface. **Ans.** $\dfrac{8}{3}\pi(a+b+c)R^3$

13. Calculate the rate at which volume of a fluid into a cube of edges of length $2a$, if the velocity field is given by $\bar{q} = -x^3 y^2 \bar{i} + y^2 z \bar{j} + z^2 x \bar{k}$ where origin is at the centre of the cube and axes parallel to the edges of the cube. **Ans.** $\left[\dfrac{8}{3} a^7\right]$

14. Evaluate $\iint_S \bar{F} \cdot d\bar{S}$ where $\bar{F} = yz\bar{i} + zx\bar{j} + xy\bar{k}$ and S is the part of the surface of the sphere $x^2 + y^2 + z^2 = 1$ which lies in the first octant. **Ans.** $\dfrac{3}{8}$ **(Dec. 2010)**

15. Verify the divergence theorem for $\bar{F} = x\bar{i} + y\bar{j} + z^2 \bar{k}$ over the cylindrical region bounded by $x^2 + y^2 = 4$, $z = 0$, $z = 2$. **Ans.** Common value = 32π

16. Prove that $\iiint_V \frac{1}{r^2} dV = \iint_S \frac{1}{r^2} \bar{r} \cdot d\bar{S}$ where S is closed surface enclosing the volume V. Hence evaluate $\iint_S \frac{x\bar{i} + y\bar{j} + z\bar{k}}{r^2} \cdot d\bar{S}$ where S is the surface of the sphere $x^2 + y^2 + z^2 = a^2$. **(May 2014) Ans.** $4\pi a$

17. Evaluate $\iint_S (yz\bar{i} + zx\bar{j} + xy\bar{k}) \cdot d\bar{S}$ where S is the curved surface of the cone $x^2 + y^2 = z^2$, $z = 4$. **(May 2014) Ans.** 0

18. Verify Gauss divergence theorem for $\bar{F} = (x + y^2)\bar{i} - 2x\bar{j} + 2z\bar{k}$ over the volume of the tetrahedron bounded by co-ordinate planes and the plane $x + y + z = 1$. **(Dec. 2005) Ans.** Common value $= \frac{1}{2}$

19. Evaluate the surface integral $\iint_S \bar{r} \cdot \hat{n}\, dS$, $\bar{r} = x\bar{i} + y\bar{j} + z\bar{k}$ over the part of the spherical surface S of the sphere $x^2 + y^2 + z^2 = a^2$ that lies within the vertical cylinder $x^2 + y^2 = ax$. **Ans.** $2\pi a^3$

20. Evaluate $\iint_S (x^2 y^3 \bar{i} + z^2 x^3 \bar{j} + x^2 y^3 \bar{i}) \cdot d\bar{s}$, where S is the curved surface of sphere $x^2 + y^2 + z^2 = a^2$ above the plane $z = 0$. **Ans.** $\frac{\pi a^8}{64}$

9.5 STOKE'S THEOREM AND RELATED PROBLEMS

We shall now consider Stoke's theorem which connects a surface integral with a line integral.

Statement : *The surface integral of the normal component of the curl of the vector point function $\bar{F}$ taken over an open surface S bounded by closed curve C is equal to the line integral of the tangential component of $\bar{F}$ taken around the curve C.*

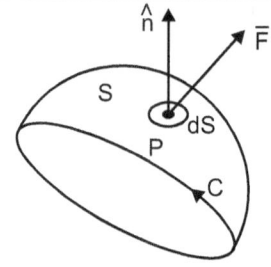

Fig. 9.15

In Fig. 9.15, S is the open surface to which $\hat{n}$ is unit outward drawn normal vector. $\bar{F}$ is acting at P enclosed by element dS. Curve 'C' is the boundary of the surface.

The Stoke's theorem can be expressed as

$$\iint_S \hat{n} \cdot \text{curl}\, \bar{F}\, dS = \oint_C \bar{F} \cdot d\bar{r} \quad \text{or} \quad \int_S \hat{n} \cdot \text{curl}\, \bar{F}\, dS = \oint_C \bar{F} \cdot d\bar{r}$$

or sometimes written as $\boxed{\oint_C \bar{F} \cdot d\bar{r} = \iint_S (\nabla \times \bar{F}) \cdot d\bar{S}}$

Proof : Let $\bar{F} = F_1\bar{i} + F_2\bar{j} + F_3\bar{k}$

Consider the surface S bounded by the curve C.

$$\int_C \bar{F} \cdot d\bar{r} = \int_C F_1 dx + F_2 dy + F_3 dz$$

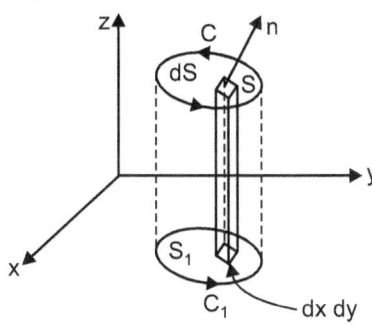

Fig. 9.16

We want to prove that $\iint_S \hat{n} \cdot \text{curl } \bar{F} \, dS$ equals the line integral. Let the equation of the surface S be $z = f(x, y)$, [It could also be $x = g(y, z)$ or $y = h(x, z)$] which is single valued and differentiable.

$$\iint_S \hat{n} \cdot \text{curl } \bar{F} \, dS = \iint_S \text{curl } \bar{F} \cdot \hat{n} \, dS = \iint_S (\nabla \times \bar{F}) \cdot \hat{n} \, dS$$

$$= \iint_S \nabla \times (F_1\bar{i} + F_2\bar{j} + F_3\bar{k}) \cdot \hat{n} \, dS$$

$$= \iint_S \{\nabla \times (F_1\bar{i})\} \cdot \hat{n} \, dS + \iint_S \{\nabla \times (F_2\bar{j})\} \cdot \hat{n} \, dS$$

$$+ \iint_S \{\nabla \times (F_3\bar{k})\} \cdot \hat{n} \, dS$$

Let us consider $\iint_S \{\nabla \times (F_1\bar{i})\} \cdot \hat{n} \, dS$

Now, $\nabla \times F_1\bar{i} = \begin{vmatrix} \bar{i} & \bar{j} & \bar{k} \\ \dfrac{\partial}{\partial x} & \dfrac{\partial}{\partial y} & \dfrac{\partial}{\partial z} \\ F_1 & 0 & 0 \end{vmatrix} = \bar{j}\dfrac{\partial F_1}{\partial z} - \bar{k}\dfrac{\partial F_1}{\partial y}$

$[\nabla \times (F_1\bar{i})] \cdot \hat{n} \, dS = \left(\dfrac{\partial F_1}{\partial z}\bar{j} \cdot \hat{n} - \dfrac{\partial F_1}{\partial y}\bar{k} \cdot \hat{n}\right) ds$ ... (1)

Let $\vec{r} = x\vec{i} + y\vec{j} + z\vec{k}$ be the position vector of any point on S.
But $z = f(x, y)$ on S.

$\therefore \quad \vec{r} = x\vec{i} + y\vec{j} + f(x, y)\vec{k}$

$$\frac{\partial \vec{r}}{\partial y} = \vec{j} + \frac{\partial f}{\partial y}\vec{k},$$

which is a tangent vector to S and hence perpendicular to $\hat{n}$.

$\therefore \quad \hat{n} \cdot \frac{\partial \vec{r}}{\partial y} = 0 = \hat{n} \cdot \vec{j} + \frac{\partial f}{\partial y} \hat{n} \cdot \vec{k}$

Or $\quad \hat{n} \cdot \vec{j} = -\frac{\partial f}{\partial y} \hat{n} \cdot \vec{k}$

i.e. $\quad \hat{n} \cdot \vec{j} = -\frac{\partial z}{\partial y} \hat{n} \cdot \vec{k}$

Putting in (1),

$$[\nabla \times (F_1 \vec{i})] \cdot \hat{n}\, dS = -\left(\frac{\partial F_1}{\partial z} \cdot \frac{\partial z}{\partial y} + \frac{\partial F_1}{\partial y}\right) \hat{n} \cdot \vec{k}\, dS$$

On S, $\quad F_1(x, y, z) = F_1[x, y, f(x, y)] = \phi(x, y)$ say

Differentiating w.r.t. y,

$$\frac{\partial F_1}{\partial y} + \frac{\partial F_1}{\partial z} \cdot \frac{\partial F_1}{\partial y} = \frac{\partial \phi}{\partial y}$$

If $dx\, dy$ is the projection of dS in xoy plane, $dS \cos\theta = dx\, dy$ or $(\hat{n} \cdot \vec{k})\, dS = dx\, dy$

$$[\nabla \times (F_1 \vec{i})] \cdot \hat{n}\, dS = -\frac{\partial \phi}{\partial y} dx\, dy$$

$\therefore \quad \iint_S [\nabla \times (F_1\vec{i})] \cdot n\, dS = \iint_{S_1} -\frac{\partial \phi}{\partial y} dx\, dy$

where, S_1 is the projection of S in xoy plane.

By Green's Lemma, $\int_C u\, dx + v\, dy = \iint_A \left(\frac{\partial v}{\partial x} - \frac{\partial u}{\partial y}\right) dx\, dy$

Taking $u = \phi$, $v = 0$

$$\iint_{S_1} -\frac{\partial \phi}{\partial y} dx\, dy = \int_{C_1} \phi\, dx \quad [C_1 \text{ is the boundary of } S_1]$$

At each point (x, y) of C_1 the value of ϕ is the same as that of F_1 at each point (x, y, z) of C and dx is the same for both curves, we have

$$\int_{C_1} \phi \, dx = \int_C F_1 \, dx$$

Thus it is established that

$$\iint_S [\nabla \times (F_1 \bar{i})] \cdot \hat{n} \, dS = \int_C F_1 \, dx$$

Similarly by considering projections of S on the other co-ordinate planes

$$\iint_S [\nabla \times (F_2 \bar{j})] \cdot \hat{n} \, dS = \int_C F_2 \, dy$$

and

$$\iint_S [\nabla \times (F_3 \bar{k})] \cdot \hat{n} \, dS = \int_C F_3 \, dz$$

$$\iint_S [\nabla \times (F_1 \bar{i} + F_2 \bar{j} + F_3 \bar{k})] \cdot \hat{n} \, dS = \int_C F_1 \, dx + F_2 \, dy + F_3 \, dz$$

which proves the Stoke's theorem.

ILLUSTRATIONS

Ex. 1 : *Verify Stoke's theorem for*

$$\bar{F} = xy^2 \bar{i} + y \bar{j} + z^2 x \bar{k}$$

for the surface of rectangular lamina bounded by $x = 0, y = 0, x = 1, y = 2, z = 0$.

(Dec. 2012)

Sol. : $\bar{F} = xy^2 \bar{i} + y \bar{j}$ as $z = 0$

$$\int_C \bar{F} \cdot d\bar{r} = \int_C xy^2 \, dx + y \, dy$$

where C is the path OABCO as shown in Fig. 9.17.

Along OA, $y = 0$, $dy = 0$,
Along AB, $x = 1$, $dx = 0$,
Along BC, $y = 2$, $dy = 0$,
Along CO, $x = 0$, $dx = 0$.

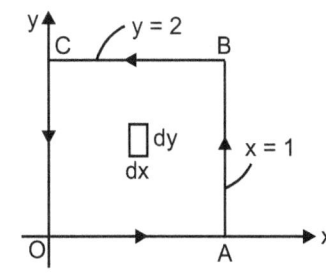

Fig. 9.17

$$\int_C \overline{F} \cdot d\overline{r} = \int_{OA} xy^2 \, dx + \int_{AB} y \, dy + \int_{BC} xy^2 \, dx + \int_{CO} y \, dy$$

$$= 0 + \int_0^2 y \, dy + \int_1^0 4x \, dx + \int_2^0 y \, dy = \int_0^2 y \, dy + \left[4 \frac{x^2}{2}\right]_1^0 - \int_0^2 y \, dy$$

$$= 2 \, [x^2]_1^0 = -2$$

To obtain surface integral

$$\nabla \times \overline{F} = \begin{vmatrix} \overline{i} & \overline{j} & \overline{k} \\ \frac{\partial}{\partial x} & \frac{\partial}{\partial y} & \frac{\partial}{\partial z} \\ xy^2 & y & 0 \end{vmatrix} = \overline{i}\,(0) + \overline{j}\,(0) + \overline{k}\,(-2xy)$$

normal to the surface $\hat{n} = \overline{k}$, $dS = dx \, dy$ is the surface element in S

$$\iint_S (\nabla \times \overline{F}) \cdot \hat{n} \, dS = \iint_S (-2xy) \, \overline{k} \cdot \overline{k} \, dx \, dy$$

$$= -2 \int_{x=0}^{1} \int_0^2 xy \, dx \, dy = -2 \int_0^1 x \left[\frac{y^2}{2}\right]_0^2 dx$$

$$= -2 \int_0^1 x \left[\frac{4}{2}\right] dx = -4 \left[\frac{x^2}{2}\right]_0^1 = -2$$

Thus $\quad \int_C \overline{F} \cdot d\overline{r} = \iint_S (\nabla \times \overline{F}) \cdot \hat{n} \, ds = -2$

which verifies the Stoke's theorem.

Ex. 2 : *Verify Stoke's theorem for* $\overline{F} = (y - z + 2)\,\overline{i} + (yz + 4)\,\overline{j} - xz\,\overline{k}$ *over the surface of a cube* $x = 0$, $y = 0$, $z = 0$, $x = 2$, $z = 2$ *above the xoy plane (open at the bottom).*

Sol. : Consider the surface of the cube as shown in Fig. 9.18. Bounding path is OABCO shown by arrows

$$\int_C \overline{F} \cdot d\overline{r} = \int_C F_1 \, dx + F_2 \, dy \quad [\text{as } z = 0]$$

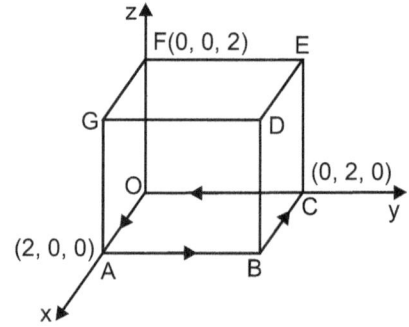

Fig. 9.18

$$\int_C \bar{F} \cdot d\bar{r} = \int (y+2)\,dx + 4\,dy \qquad \text{[Putting } z=0 \text{ in } F_1 \text{ and } F_2\text{]}$$

$$= \int_{OA}(y+2)\,dx + 4\,dy + \int_{AB}(y+2)\,dx + 4\,dy$$

$$+ \int_{BC}(y+2)\,dx + 4\,dy + \int_{CO}(y+2)\,dx + 4\,dy$$

Along OA, $y = 0$, $z = 0$ $\therefore dy = 0$

$$\int_{OA}(y+2)\,dx + 4\,dy = \int_0^2 2\,dx = 2[x]_0^2 = 4$$

Along AB, $x = 2$, $dx = 0$

$$\int_{AB}(y+2)\,dx + 4\,dy = \int_0^2 4\,d = 4[y]_0^2 = 8$$

Along BC, $y = 2$, $dy = 0$

$$\int_{BC}(y+2)\,dx + 4\,dy = \int_2^0 4\,dx = 4[x]_2^0 = -8$$

Along CO, $x = 0$, $dx = 0$

$$\int_{CO}(y+2)\,dx + 4\,dy = \int_2^0 4\,dy = 4[y]_2^0 = -8$$

$$\therefore \int_C \bar{F} \cdot d\bar{r} = 4 + 8 - 8 - 8 = -4$$

To evaluate surface integral,

consider
$$\nabla \times \bar{F} = \begin{vmatrix} \bar{i} & \bar{j} & \bar{k} \\ \dfrac{\partial}{\partial x} & \dfrac{\partial}{\partial y} & \dfrac{\partial}{\partial z} \\ y-z+2 & yz+4 & -xz \end{vmatrix}$$

$$= \bar{i}(0-y) + \bar{j}(-1+z) + \bar{k}(0-1)$$

$$= -y\bar{i} + (z-1)\bar{j} - \bar{k}$$

Over the surface GDEF, $\hat{n} = \bar{k}$, $dS = dx\,dy$

$$\nabla \times \bar{F} \cdot \hat{n} = [-y\bar{i} + (z-1)\bar{j} - \bar{k}] \cdot \bar{k} = -1$$

$$I_1 = \int_{x=0}^{2} \int_{y=0}^{2} (-1)\,dx\,dy = (-1)\int_0^2 \int_0^2 dx\,dy = -4$$

Over the surface OCEF, $(x = 0)$, $\hat{n} = -\bar{i}$

$$\text{Curl } \bar{F} \cdot \hat{n} = (-y\bar{i} + (z-1)\bar{j} - \bar{k}) \cdot (-\bar{i}) = y$$

$$I_2 = \int_{y=0}^{2} \int_{z=0}^{2} y \, dy \, dz = \int_0^2 y [z]_0^2 \, dy = 2 \left[\frac{y^2}{2}\right]_0^2 = 4$$

Over the surface GABD, $\hat{n} = \bar{i}$ $(x = 2)$

$$\text{Curl } \bar{F} \cdot \hat{n} = -y$$

$$I_3 = \int_0^2 \int_0^2 -y \, dy \, dz = -4$$

Over the surface OAGF, $(y = 0)$, $\hat{n} = -\bar{j}$

$$\text{Curl } \bar{F} \cdot \hat{n} = [-y\bar{i} + (z-1)\bar{j} - \bar{k}] \cdot (-\bar{j}) = 1 - z$$

$$I_4 = \int_{x=0}^{2} \int_{z=0}^{2} (1-z) \, dx \, dz = \int_0^2 \left(z - \frac{z^2}{2}\right)_0^2 dx$$

$$= \int_0^2 (2-2) \, dx = 0$$

Over the surface BDEC, $(y = 2)$, $\hat{n} = \bar{j}$

$$\text{Curl } \bar{F} \cdot \hat{n} = (z-1)$$

$$I_5 = \int_0^2 \int_0^2 (z-1) \, dx \, dz = 0$$

$$\text{Surface integral} = I_1 + I_2 + I_3 + I_4 + I_5$$

$$= -4 + 4 - 4 + 0 + 0 = -4$$

Thus $\iint_S \text{Curl } \bar{F} \cdot \hat{n} \, dS = \int_C \bar{F} \cdot d\bar{r} = -4$

which verifies Stoke's theorem.

Ex. 3 : *Verify Stoke's theorem for* $\bar{F} = (x^2 + y - 4)\bar{i} + 3xy\bar{j} + (2xz + z^2)\bar{k}$ *over the surface of hemisphere* $x^2 + y^2 + z^2 = 16$ *above the xoy plane. Evaluate* $\iint_S \text{curl } \bar{F} \cdot \hat{n} \, ds$ *for the surface of the paraboloid* $z = 9 - (x^2 + y^2)$. **(May 2006, 2010)**

Sol. : For verification of Stoke's theorem, consider $\int_C \overline{F} \cdot d\overline{r}$, where C is the bounding circle $x^2 + y^2 = 16$ (bounding the hemispherical surface).

$$= \int_C \overline{F} \cdot d\overline{r} = \int_C (x^2 + y - 4) \, dx + 3xy \, dy + (2xz + z^2) \, dz$$

As $z = 0$

$$= \int_C (x^2 + y - 4) \, dx + 3xy \, dy$$

Put $x = 4 \cos \theta$, $y = 4 \sin \theta$

$$dx = -4 \sin \theta \, d\theta, \quad dy = 4 \cos \theta \, d\theta$$

$$= \int_0^{2\pi} (16 \cos^2 \theta + 4 \sin \theta - 4)(-4 \sin \theta) \, d\theta + 48 \sin \theta \cos \theta (4 \cos \theta) \, d\theta$$

$$= \int_0^{2\pi} -16 \sin^2 \theta \, d\theta$$

[other integrals containing odd powers of sine and cosine vanish for the limits 0 to 2π]

$$= -16 \times 4 \int_0^{\pi/2} \sin^2 \theta \, d\theta = -64 \cdot \frac{1}{2} \cdot \frac{\pi}{2} = -16\pi$$

To evaluate the surface integral,

$$\text{Curl } \overline{F} = \begin{vmatrix} \overline{i} & \overline{j} & \overline{k} \\ \dfrac{\partial}{\partial x} & \dfrac{\partial}{\partial y} & \dfrac{\partial}{\partial z} \\ x^2 + y - 4 & 3xy & 2xz + z^2 \end{vmatrix}$$

$$= \overline{i}(0 - 0) + \overline{j}(0 - 2z) + \overline{k}(3y - 1)$$

$$\hat{n} = \frac{\nabla \phi}{|\nabla \phi|} \quad \text{where } \phi = x^2 + y^2 + z^2 - 16$$

$$\frac{\partial \phi}{\partial x} = 2x, \quad \frac{\partial \phi}{\partial y} = 2y, \quad \frac{\partial \phi}{\partial z} = 2z$$

$$\hat{n} = \frac{2x \overline{i} + 2y \overline{j} + 2z \overline{k}}{\sqrt{4x^2 + 4y^2 + 4z^2}} = \frac{x \overline{i} + y \overline{j} + z \overline{k}}{4}$$

$$\text{Curl } \overline{F} \cdot \hat{n} = \{-2z \overline{j} + (3y - 1) \overline{k}\} \cdot \left\{ \frac{x \overline{i} + y \overline{j} + z \overline{k}}{4} \right\}$$

$$= \frac{-2yz + (3y - 1) z}{4}$$

The surface element dS on hemisphere in spherical polar system is given by
$$dS = r^2 \sin\theta \, d\theta \, d\phi = 16 \sin\theta \, d\theta \, d\phi$$

For hemispherical surface, θ varies from 0 to $\pi/2$ and ϕ varies from 0 to 2π.

$$I = \iint_S \text{curl } \bar{F} \cdot \hat{n} \, dS = \frac{1}{4} \iint_S \{-2yz + (3y-1)z\} \, dS$$

Putting, $\quad y = r \sin\theta \sin\phi = 4 \sin\theta \sin\phi$
$\quad\quad\quad\quad z = r \cos\theta = 4 \cos\theta$

$$I = \frac{1}{4} \int_{\phi=0}^{2\pi} \int_{\theta=0}^{\pi/2} \{-32 \sin\theta \cos\theta \sin\phi + (12 \sin\theta \sin\phi - 1) \times 4 \cos\theta\} \, 16 \sin\theta \, d\theta \, d\phi$$

$$= \frac{1}{4} \int_0^{2\pi} \int_0^{\pi/2} \{-512 \sin^2\theta \cos\theta \sin\phi + 768 \sin^2\theta \cos\theta \sin\phi - 64 \sin\theta \cos\theta\} \, d\theta \, d\phi$$

Applying reduction formula,

$$I = \frac{1}{4} \int_0^{2\pi} \left\{-512 \frac{1 \cdot 1}{3 \cdot 1} \sin\phi + 768 \frac{1 \cdot 1}{3 \cdot 1} \sin\phi - 64 \frac{1 \cdot 1}{2}\right\} d\phi$$

Integrals of first two terms are zero between the limits 0 to 2π.

$$\therefore \quad I = \frac{1}{4} \int_0^{2\pi} -32 \, d\phi = -8 \, [\phi]_0^{2\pi} = -16\pi$$

The line integral is equal to the surface integral, hence Stoke's theorem is verified.

To obtain $\iint_S \text{curl } \bar{F} \cdot \hat{n} \, dS$ for the surface of paraboloid, we apply alternative method based on Stoke's theorem. Taking the section of the paraboloid by the plane $z = 0$, it gives a circle $x^2 + y^2 = 9$, $z = 0$. The perimeter of circle thus bounds the surface of paraboloid as well as plane surface of the circle.

By Stoke's theorem,

$$\iint_S \text{curl } \bar{F} \cdot \hat{n} \, dS = \int_C \bar{F} \cdot d\bar{r} = \iint_{S_1} \text{curl } \bar{F} \cdot \hat{n} \, dS$$

where, S is the surface of the paraboloid, C is the perimeter of the circle and S_1 is the plane surface of the circle.

For S_1, $\hat{n} = \bar{k}$, $\text{curl } \bar{F} \cdot \hat{n} = \{-2z\bar{j} + (3y-1)\bar{k}\} \cdot \bar{k} = (3y-1)$
$\quad\quad\quad\quad dS = dx \, dy$

$$\iint_S \text{curl } \bar{F} \cdot \hat{n} \, dS = \iint_{S_1} \text{curl } \bar{F} \cdot \hat{n} \, dS = \iint_{S_1} (3y-1) \, dx \, dy$$

where, S_1 is the plane of the circle $x^2 + y^2 = 9$.

Putting $x = r\cos\theta$, $y = r\sin\theta$, $dx\,dy = r\,d\theta\,dr$

$$\iint_{S_1}(3y-1)\,dx\,dy = \int_{\theta=0}^{2\pi}\int_{r=0}^{2}(3r\sin\theta-1)\,r\,d\theta\,dr$$

$$= \int_0^{2\pi}\left\{\frac{3r^3}{3}\sin\theta - \frac{r^2}{2}\right\}_0^3 d\theta = \int_0^{2\pi}\left(27\sin\theta - \frac{9}{2}\right)d\theta$$

$$= -\frac{9}{2}\int_0^{2\pi} d\theta = -\frac{9}{2}[\theta]_0^{2\pi} \qquad \left[\because \int_0^{2\pi} 27\sin\theta\,d\theta = 0\right]$$

$$= -\frac{9}{2} \times 2\pi = -9\pi$$

Ex. 4 : *Apply Stoke's theorem to calculate $\int_C 4y\,dx + 2z\,dy + 6y\,dz$, where C is the curve of intersection of $x^2 + y^2 + z^2 = 6z$ and $z = x + 3$.* **(Dec. 2006, Nov. 2014)**

Sol. : Taking $\bar{F} = 4y\,\bar{i} + 2z\,\bar{j} + 6y\,\bar{k}$ and applying Stoke's theorem,

$$\int_C 4y\,dx + 2z\,dy + 6y\,dz = \iint_S (\nabla \times F) \cdot \hat{n}\,dS \text{ where, S is the surface of the circle}$$

$x^2 + y^2 + z^2 = 6z$, $z = x + 3$, $\hat{n}$ is normal to the plane $x - z + 3 = 0$

Let, $\phi = x - z + 3$, $\dfrac{\partial\phi}{\partial x} = 1$, $\dfrac{\partial\phi}{\partial y} = 0$, $\dfrac{\partial\phi}{\partial z} = 1$

$$\hat{n} = \frac{\nabla\phi}{|\nabla\phi|} = \frac{\bar{i}-\bar{k}}{\sqrt{2}}$$

$$\nabla \times \bar{F} = \begin{vmatrix} \bar{i} & \bar{j} & \bar{k} \\ \dfrac{\partial}{\partial x} & \dfrac{\partial}{\partial y} & \dfrac{\partial}{\partial z} \\ 4y & 2z & 6y \end{vmatrix} = \bar{i}(6-2) + \bar{j}(0-0) + \bar{k}(0-4)$$

$$= 4\bar{i} - 4\bar{k}$$

$$(\nabla \times \bar{F}) \cdot \hat{n} = (4\bar{i} - 4\bar{k})\cdot\left(\frac{\bar{i}-\bar{k}}{\sqrt{2}}\right) = \frac{1}{\sqrt{2}}(4+4) = \frac{8}{\sqrt{2}} = 4\sqrt{2}$$

$$\iint_S (\nabla \times \bar{F})\cdot\hat{n}\,dS = \iint_S 4\sqrt{2}\,dS = 4\sqrt{2} \times \text{area of circle.}$$

Centre of the sphere $x^2 + y^2 + (z-3)^2 = 9$, $(0, 0, 3)$ lies on plane $z = x + 3$, that means given circle is a great circle of the sphere, where radius is same as that of the sphere.

∴ Radius of circle $= 3$, Area $= \pi(3)^2 = 9\pi$

∴ $\iint_S (\nabla \times \bar{F})\cdot\hat{n}\,dS = 4\sqrt{2} \times 9\pi = 36\pi\sqrt{2}$.

Ex. 5 : Evaluate $\iint_S (\nabla \times \bar{F}) \cdot d\bar{S}$, where $\bar{F} = (x^3 - y^3)\bar{i} - xyz\,\bar{j} + y^3\,\bar{k}$ and S is the surface $x^2 + 4y^2 + z^2 - 2x = 4$ above the plane $x = 0$. **(May 2008, 2009, 2011)**

Sol. : $\iint_S (\nabla \times \bar{F}) \cdot d\bar{S} = \int_C \bar{F} \cdot d\bar{r}$ [by Stoke's theorem], where C is the bounding curve.

$$4y^2 + z^2 = 4 \quad \text{[Putting } x = 0 \text{ in the equation of surface]}$$

i.e. the ellipse $\dfrac{y^2}{1} + \dfrac{z^2}{4} = 1$

whose parametric equations are $y = \cos\theta$, $z = 2\sin\theta$.

$$\int_C \bar{F} \cdot d\bar{r} = \int_C (x^3 - y^3)\,dx - xyz\,dy + y^3\,dz$$

Putting $x = 0$, $dx = 0$

$$= \int_C y^3\,dz = \int_0^{2\pi} \cos^3\theta \cdot 2\cos\theta\,d\theta$$

$$= 8\int_0^{\pi/2} \cos^4\theta\,d\theta = 8 \cdot \frac{3}{4} \cdot \frac{1}{2} \cdot \frac{\pi}{2} = \frac{3\pi}{2}$$

Ex. 6 : Evaluate $\iint_S (\nabla \times \bar{F}) \cdot \hat{n}\,ds$ where 'S' is the curved surface of the paraboloid $x^2 + y^2 = 2z$ bounded by the plane $z = 2$, where $\bar{F} = 3(x-y)\bar{i} + 2xz\,\bar{j} + xy\,\bar{k}$. **(Dec. 2008)**

Sol. :
$$\nabla \times \bar{F} = \begin{vmatrix} \bar{i} & \bar{j} & \bar{k} \\ \dfrac{\partial}{\partial x} & \dfrac{\partial}{\partial y} & \dfrac{\partial}{\partial z} \\ 3(x-y) & 2xz & xy \end{vmatrix}$$

$$= \bar{i}(x - 2x) + \bar{j}(0 - y) + \bar{k}(2z + 3)$$

$$= -x\bar{i} - y\bar{j} + (2z+3)\bar{k}$$

Curved surface of the paraboloid is bounded by the arc of the circle $x^2 + y^2 = 4$ [$\because z = 2$] which is also the boundary of the plane of the circle $x^2 + y^2 = 4$ for which $\hat{n} = \bar{k}$

$\therefore$ curl $\bar{F} \cdot \hat{n}\,ds$ = curl $\bar{F} \cdot \hat{k}\,ds = (2z+3)\,dx\,dy$

$\therefore \iint_S (\nabla \times \bar{F}) \cdot \hat{n}\,ds = \iint_{S_1} (2z+3)\,dx\,dy$ where $z = 2$ and S_1 is the plane of the circle $x^2 + y^2 = 4$.

$\therefore \quad I = \iint 7\,dx\,dy = 7 \times \text{Area of circle} = 7 \times 4\pi = 28\pi$

Ex. 7 : *Evaluate* $\iint_S \nabla \times \bar{F} \cdot d\bar{s}$ *for* $\bar{F} = y\bar{i} + z\bar{j} + x\bar{k}$.

where S is the surface of the paraboloid $z = 1 - x^2 - y^2$, $z \geq 0$.

Sol. : $\nabla \times \bar{F} = \begin{vmatrix} \bar{i} & \bar{j} & \bar{k} \\ \dfrac{\partial}{\partial x} & \dfrac{\partial}{\partial y} & \dfrac{\partial}{\partial z} \\ y & z & x \end{vmatrix} = \bar{i}(0-1) + \bar{j}(0-1) + \bar{k}(0-1) = -\bar{i} - \bar{j} - \bar{k}$

Surface of paraboloid has boundary, the circle, which is also the boundary of plane surface S_1 of the circle $x^2 + y^2 = 1$.

$$\iint_S (\nabla \times \bar{F}) \cdot d\bar{s} = \iint_{S_1} (\nabla \times \bar{F}) \cdot \hat{n}\, ds$$

$$\hat{n} = \bar{k} \text{ for } S_1$$

$$(\nabla \times \bar{F}) \cdot \bar{k} = -1$$

$$\therefore \iint_{S_1} (-1)\, dx\, dy = -\pi$$

EXERCISE 9.3

1. Verify Stoke's theorem for $\bar{F} = x^2\, \bar{i} + xy\, \bar{j}$ for the surface of a square lamina bounded by $x = -1$, $x = 1$, $y = -1$, $y = 1$. **Ans.** 0 **(Dec. 2005)**

2. Evaluate using Stoke's theorem $\int_C (y\, dx + z\, dy + x\, dz)$, C being intersection of $x^2 + y^2 + z^2 = a^2$, $x + z = a$. **Ans.** $-\dfrac{\pi a^2}{\sqrt{2}}$ **(May 2009, 2011)**

3. Verify Stoke's theorem for $\bar{F} = xz\, \bar{i} - y\, \bar{j} + x^2 y\, \bar{k}$, where S is the surface of the region bounded by $y = 0$, $z = 0$, $3x + y + 3z = 6$ which is not included in the yz plane. **Ans.** Common value $\dfrac{4}{3}$

4. Verify Stoke's theorem for $\bar{F} = yz\, \bar{i} + zx\, \bar{j} + xy\, \bar{k}$ and C is the curve of intersection of $x^2 + y^2 = 1$ and $y = z^2$. **Ans.** Common value 0

5. Evaluate $\iint_S \nabla \times \bar{F} \cdot \hat{n}\, dS$ for the surface of the paraboloid $z = 4 - x^2 - y^2$ ($z \geq 0$) and $\bar{F} = y^2\, \bar{i} + z\, \bar{j} + xy\, \bar{k}$. **(May 2012, Dec. 2012) Ans.** 0

6. Evaluate $\iint_S \nabla \times \bar{F} \cdot \hat{n} \, dS$ where, $\bar{F} = (x - y)\bar{i} + (x^2 + yz)\bar{j} - 3xy^2\bar{k}$ and S is the surface of the cone $z = 4 - \sqrt{x^2 + y^2}$ above xoy plane. **Ans.** -16π

7. Verify Stoke's theorem for the vector field $\bar{F} = (2y + z)\bar{i} + (x - z)\bar{j} + (y - x)\bar{k}$ over the portion of the plane $x + y + z = 1$ cut off by the co-ordinate planes.
Ans. Common value $\frac{3}{2}$

8. Verify Stoke's theorem for $\bar{F} = -y^3\bar{i} + x^3\bar{j}$ and the closed curve C is the boundary of the ellipse $\frac{x^2}{a^2} + \frac{y^2}{b^2} = 1$. **(Nov. 2014) Ans.** Common value $\frac{3\pi ab}{16}(a^2 + b^2)$

9. Using Stoke's theorem, deduce that the surface integral of curl $\bar{F}$ taken over a closed surface is zero.

10. Using Stoke's and Gauss's theorem, prove that Curl grad $\phi = 0$, Div curl $\bar{F} = 0$ respectively.

11. Prove that $\int_C (\bar{a} \times \bar{r}) \cdot d\bar{r} = 2\bar{a} \cdot \iint_S d\bar{S}$ **(Dec. 2007)**

12. Evaluate $\int_C (xy\, dx + xy^2\, dy)$ by Stoke's theorem, where C is the square in x-y plane with vertices $(1, 0), (-1, 0), (0, 1), (0, -1)$. **(Dec. 2008, 2010) Ans.** $-\frac{1}{3}$

13. Verify Stoke's theorem for $\bar{F} = xy^2\bar{i} + y\bar{j} + z^2 x\bar{k}$ for the surface of a rectangular lamina bounded by $x = 0, y = 0, x = 1, y = 2, z = 0$. **(May 10) Ans.** Common value -2

14. Use Stoke's theorem to evaluate $\int_C (4y\bar{i} + 2z\bar{j} + 6y\bar{k}) \cdot d\bar{r}$, where, C is the curve of intersection of $x^2 + y^2 + z^2 = 2z$ and $x = z - 1$. **Ans.** $4\pi\sqrt{2}$

15. Show that $\int_C [\bar{u} \times (\bar{r} \times \bar{v})] \cdot d\bar{r} = -(\bar{u} \times \bar{v}) \cdot \iint_S d\bar{S}$ **(May 2005, 2014)**
where S is the open surface bounded by closed curve C and $\bar{u}$ and $\bar{v}$ are constant vectors.

16. Verify Stoke's theorem when $\bar{F} = (2x - y)\bar{i} - yz^2\bar{j} - y^2z\bar{k}$, where S is the upper half surface of the sphere $x^2 + y^2 + z^2 = 1$ and C is the boundary. **Ans.** Common value π **(May 07)**

17. Apply Stoke's theorem to prove that $\int_C (y\bar{i} + z\bar{j} + x\bar{k}) \cdot d\bar{r} = -2\sqrt{2}\pi a^2$, where C is the curve given by $x^2 + y^2 + z^2 - 2ax - 2ay = 0, x + y = 2a$. **(Dec. 2007) Ans.** $-2\sqrt{2}\pi a^2$

CHAPTER TEN

APPLICATIONS OF VECTORS TO ELECTROMAGNETIC FIELDS

In this chapter, we will consider applications of vector calculus to some of the problems involved in electromagnetic field theory.

10.1 COULOMB FORCES AND ELECTRIC FIELD INTENSITY

Coulomb's Law : If two electric charges q_1, q_2 are separated in free space by distance r, the force $\bar{F}$ between them is given by,

$$\bar{F} = \frac{q_1 q_2}{4\pi \varepsilon_0 r^2} \hat{r}$$

or $$= \frac{q_1 q_2}{4\pi \varepsilon_0 r^3} \bar{r}$$

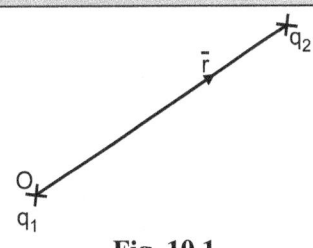

Fig. 10.1

$[\bar{r} = r\hat{r}]$ $[r = \text{distance OP}]$

ε_0 is called *permittivity of free space* and is given by $\varepsilon_0 = 8.854 \times 10^{-12} \approx \dfrac{10^{-9}}{36\pi}$ F/m

where F/m is farads per meter.

Unit of charge is coulomb C or micro coulomb μC.

ILLUSTRATION

Ex. 1 : *Find the force on charge $q_1 = 20$ μC due to charge $q_2 = -300$ μC, where q_1 is at the point M (0, 1, 2) and q_2 at N (2, 0, 0).*

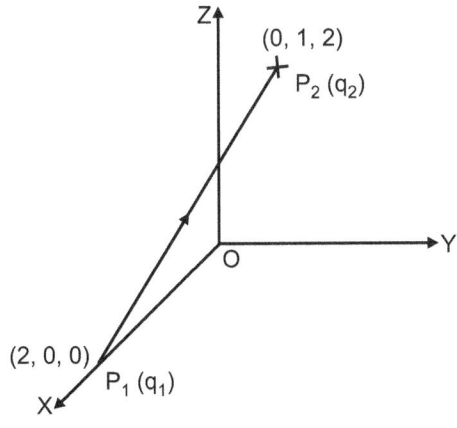

Fig. 10.2

Sol. : $\vec{r} = \overrightarrow{P_1P_2} = (0-2)\vec{i} + (1-0)\vec{j} + (2-0)\vec{k} = -2\vec{i} + \vec{j} + 2\vec{k}$

$$\hat{r} = \frac{-2\vec{i} + \vec{j} + 2\vec{k}}{\sqrt{4+1+4}} = \frac{-2\vec{i} + \vec{j} + 2\vec{k}}{3}$$

$$\vec{F} = \frac{(20 \times 10^{-6})(-300 \times 10^{-6})}{4\pi (10^{-9}/36\pi)(3)^2} \left(\frac{-2\vec{i} + \vec{j} + 2\vec{k}}{3}\right)$$

[Here 1 μC = 10^{-6} C and r = $\sqrt{(0-2)^2 + (1-0)^2 + (2-0)^2}$ = 3]

∴ $\vec{F} = -6 \left(\frac{-2\vec{i} + \vec{j} + 2\vec{k}}{3}\right)$ N

The force magnitude is 6 N and the direction is such that q_1 is attracted to q_2.

10.2 ELECTRIC FIELD INTENSITY

The electric field intensity $\vec{E}$ at a point is the force experienced by a unit charge placed at that point.

The field intensity at P due to charge q at O is given by,

$$\vec{E} = \frac{q}{4\pi \varepsilon_0 r^2} \hat{r}$$

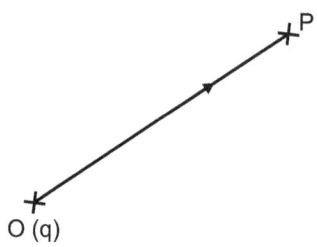

Fig. 10.3

ILLUSTRATION

Ex. 2 : *Find $\vec{E}$ at (0, 0, 5) due to $q_1 = 0.35$ μC at (0, 4, 0) m and $q_2 = -0.55$ μC at (3, 0, 0) m.*

Sol. : $\vec{r_1} = \overrightarrow{P_1P_3} = -4\vec{j} + 5\vec{k}$ $\vec{r_2} = \overrightarrow{P_2P_3} = -3\vec{i} + 5\vec{k}$

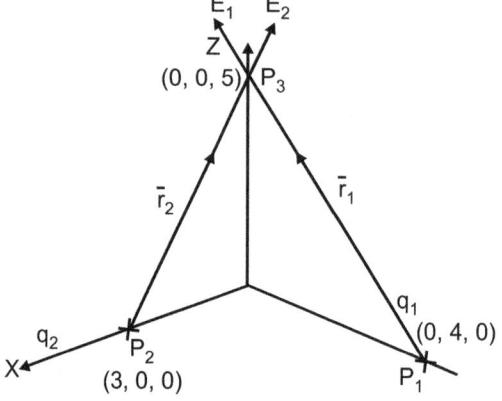

Fig. 10.4

$$\bar{E}_1 = \frac{0.35 \times 10^{-6}}{4\pi \,(10^{-9}/36\pi)\,(41)} \left(\frac{-4\bar{j}+5\bar{k}}{\sqrt{41}}\right) = -48\,\bar{j} + 60\,\bar{k} \text{ (V/m)}$$

$$\bar{E}_2 = \frac{-0.55 \times 10^{-6}}{4\pi \,(10^{-9}/36\pi)\,(34)} \left(\frac{-3\bar{i}+5\bar{k}}{\sqrt{34}}\right) = 74.9\,\bar{i} - 124.9\,\bar{k} \text{ (V/m)}$$

$$\therefore \quad \bar{E} = \bar{E}_1 + \bar{E}_2 = 74.9\,\bar{i} - 48\,\bar{j} - 64.9\,\bar{k} \text{ (V/m)}$$

10.3 ELECTRIC FLUX AND GAUSS'S LAW

Charge density ρ is defined by $\rho = \frac{dq}{dv}$. Net charge contained in a specified volume is given by,

$$q = \int_V \rho \, dV \text{ (C)}$$

Electric flux : Electric flux, ψ, originates on positive charge and terminates on negative charge. In the absence of negative charge, the flux ψ terminates at infinity. One coulomb of electric charge gives rise to one coulomb of electric flux. Hence,
$\psi = Q$ (coulomb C)

While the electric flux ψ is a scalar quantity, the density of electric flux $\bar{D}$ is a vector quantity.

$$\bar{D} = \frac{d\psi}{dS} \hat{n}$$

where $\hat{n}$ is the direction of lines of flux.

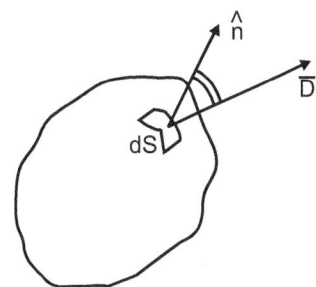

Fig. 10.5

$$d\psi = \bar{D} \cdot \hat{n}\, dS = \bar{D} \cdot d\bar{S}$$

$d\psi$ is the amount of flux passing from the interior of s to the exterior of s through ds. According to **Gauss's law**,

$$\oint_S \bar{D} \cdot d\bar{S} = Q$$

Since $\psi = Q$, **Gauss's law** states that *the total flux out of a closed surface S is equal to the net charge within the surface.*

Relation between $\bar{D}$ and $\bar{E}$ is given by,

$$\bar{D} = \varepsilon_0 \bar{E}$$

ILLUSTRATIONS

Ex. 3 : *Find the charge in the volume defined by $0 \leq x \leq 1$ m, $0 \leq y \leq 1$ m and $0 \leq z \leq 1$ m.*

Sol. : If
$$\rho = 30x^2 y \ (\mu C/m^3)$$

$$Q = \int_V \rho \, dv = \int_0^1 \int_0^1 \int_0^1 30 \, x^2 y \, dx \, dy \, dz$$

$$= \int_0^1 \int_0^1 30 \, x^2 y \, [z]_0^1 \, dx \, dy = 30 \int_0^1 x^2 \left[\frac{y^2}{2}\right]_0^1 dx$$

$$= \frac{30}{2} \left[\frac{x^3}{3}\right]_0^1 = \frac{30}{6} = 5 \ \mu C$$

Ex. 4 : *Find the charge in the volume defined by $1 \leq r \leq 2$ (m) in spherical co-ordinates, if*
$$\rho = \frac{5 \cos^2 \phi}{r^4} \ (C/m^3)$$

Sol. :
$$Q = \int_0^{2\pi} \int_0^{\pi} \int_1^2 \frac{5 \cos^2 \phi}{r^4} r^2 \sin \theta \, dr \, d\theta \, d\phi$$

$$= \int_0^{2\pi} \int_0^{\pi} 5 \cos^2 \phi \left[-\frac{1}{r}\right]_1^2 \sin \theta \, d\theta \, d\phi$$

$$= \frac{5}{2} \int_0^{2\pi} \cos^2 \phi \, (-\cos \theta)_0^{\pi} \, d\phi$$

$$= \frac{5}{2} \cdot 2 \int_0^{2\pi} \cos^2 \phi \, d\phi = 5.4 \int_0^{\pi/2} \cos^2 \phi \, d\phi$$

$$= 5.4 \frac{1}{2} \frac{\pi}{2} = 5\pi \ (C)$$

Ex. 5 : *Determine the flux crossing an area of 1 mm² on the surface of a cylindrical shell at $r = 10$ m, $z = 2$ m, $\phi = 53.2°$ where,*

$$\overline{D} = 2x \, \overline{i} + 2(1-y) \, \overline{j} + 4z \, \overline{k} \ (C/m^2)$$
$$x = r \cos \phi = 10 \cos (53.2°) = 6$$
$$y = r \sin \phi = 10 \sin (53.2°) = 8$$
$$\overline{D} = 12 \, \overline{i} - 14 \, \overline{j} + 8 \, \overline{k} \ (C/m^2)$$
$$1 \ mm^2 = 10^{-6} \ m^2$$

Sol.: Equation of cylindrical surface is,

$$x^2 + y^2 = 100$$

Let $\phi = x^2 + y^2 - 100$

$$\frac{\partial \phi}{\partial x} = 2x, \quad \frac{\partial \phi}{\partial y} = 2y, \quad \frac{\partial \phi}{\partial z} = 0$$

$$\hat{n} = \frac{\nabla \phi}{|\nabla \phi|} = \frac{2x\,\bar{i} + 2y\,\bar{j}}{\sqrt{4x^2 + 4y^2}} = \frac{x\,\bar{i} + y\,\bar{j}}{10}$$

$$d\bar{S} = \hat{n}\, dS = 10^{-6}\left(\frac{6\,\bar{i} + 8\,\bar{j}}{10}\right) = 10^{-6}(0.6\,\bar{i} + 0.8\,\bar{j})\ \text{m}^2$$

Then $d\psi = \bar{D} \cdot d\bar{S} = (12\,\bar{i} - 14\,\bar{j} + 8\,\bar{k}) \cdot 10^{-6}(0.6\,\bar{i} + 0.8\,\bar{j}) = 4.0\ \mu C$

Flux crosses the surface along inwardly drawn normal direction.

Ex. 6 : *A charge density in cylindrical co-ordinates is given by $\rho = 5\,re^{-2r}\ (C/m^3)$. Use Gauss's law to find $\bar{D}$.*

Sol. : Since ρ is not a function of ϕ or z, flux ψ is completely radial. It is also clear that for r constant, the flux density $\bar{D}$ must be of constant magnitude. The Gaussian surface is a closed right circular cylinder. The integrals over the plane ends vanish, so that Gauss's law becomes,

$$Q = \int_S \bar{D} \cdot d\bar{S} \quad \text{(S is lateral surface)}$$

$$\int_0^l \int_0^{2\pi} \int_0^r 5\,re^{-2r}\,r\,dr\,d\phi\,dz = D\,(2\pi rl)$$

$$\text{L.H.S.} = 5\int_0^l \int_0^{2\pi} \left[r^2\left(\frac{e^{-2r}}{-2}\right) - (2r)\left(\frac{e^{-2r}}{4}\right) + (2)\left(\frac{e^{-2r}}{-8}\right)\right]_0^r d\phi\,dz$$

$$= \left[5\,e^{-2r}\left(-\frac{r^2}{2} - \frac{r}{2} - \frac{1}{4}\right) + \frac{5}{4}\right] 2\pi l = 5\pi l\left[e^{-2r}\left(-r^2 - r - \frac{1}{2}\right) + \frac{1}{2}\right]$$

Equating with right hand side,

$$5\pi l\left[e^{-2r}\left(-r^2 - r - \frac{1}{2} + \frac{1}{2}\right)\right] = D\,(2\pi rl)$$

$$\therefore \quad \bar{D} = \frac{5}{2r}\left[\frac{1}{2} - e^{-2r}\left(r^2 + r + \frac{1}{2}\right)\right]\hat{n}\ (C/m^2)$$

10.4 WORK DONE IN MOVING A POINT CHARGE

In an electric field $\bar{E}$, a point charge q experiences a force given by,

$$\bar{F} = q\bar{E}$$

This unbalanced force will result in an acceleration of the charged particle and its motion will be in the direction of the field if q is positive. To put the charge in equilibrium, an applied force is required which is equal in magnitude and opposite in direction to the force from the field.

$$\bar{F}a = -q\bar{E}$$

Work done in an electric field is defined as $\int_c -q\bar{E} \cdot d\bar{r}$

With this definition, positive value will mean that work had to be done by the external agent in order to bring about charge in position, a negative result will mean that work is done by the field.

ILLUSTRATION

Ex. 7 : *Find the work done in moving a charge of + 2 C from (2, 0, 0) m to (0, 2, 0) m along the straight line path joining the two points, if the electric field is*

$$\bar{E} = 2x\,\bar{i} - 4y\,\bar{j} \text{ (V/m)}$$

Sol. :
$$\bar{E} \cdot d\bar{r} = 2x\,dx - 4y\,dy$$

$$\therefore \quad W = \int_{AB} -2\,(2x\,dx - 4y\,dy)$$

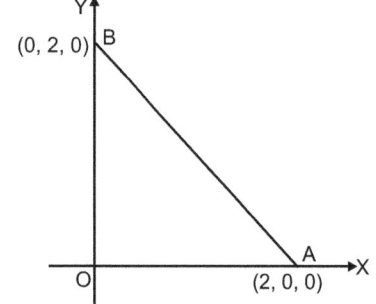

Equation of AB is

$$\frac{x}{2} + \frac{y}{2} = 1$$

or $y = 2 - x$

$dy = -dx$

Fig. 10.6

$$W = \int_2^0 -2\,\{2x\,dx - 4(2-x)(-dx)\} = \int_2^0 (-4x - 16 + 8x)\,dx$$

$$= \int_2^0 (4x - 16)\,dx = \left[4\frac{x^2}{2} - 16x\right]_2^0 = -8 + 32 = 24 \text{ (J)}$$

10.5 ELECTRIC POTENTIAL BETWEEN TWO POINTS

The potential of point A with respect to point B is defined as the work done in moving a unit positive charge 'q_u' from B to A.

$$\therefore \quad V_{AB} = \frac{W}{q_u} = -\int_B^A \bar{E} \cdot d\bar{r} \text{ (J/C or V)}$$

V_{AB} may be considered as the potential difference between points A and B. In last example, if point B is taken as (2, 0, 0) m and A (0, 2, 0) m, then

$$V_{AB} = \frac{24 \text{ J}}{2 \text{ C}} = 12 \text{ V}$$

Point A is at higher potential than B, 12 V higher. Again the potential $V_{BA} = -12$ V.

10.6 POTENTIAL OF A CHARGE DISTRIBUTION

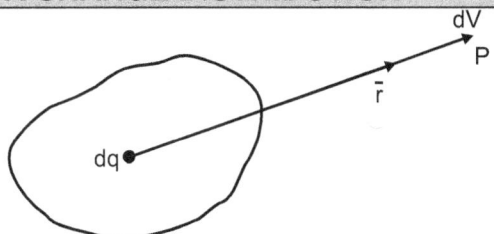

Fig. 10.7

If charge is distributed throughout some finite volume with a known charge density ρ (C/m³) then the potential at some external point can be determined.

$$dV = \frac{dq}{4\pi \varepsilon_0 r} = \int_{Vol} \frac{\rho \, dV}{4\pi \varepsilon_0 r}$$

10.7 CONDUCTION CURRENT DENSITY

Conduction current that occurs in the presence of an electric field within a conductor of fixed cross-section is of particular interest. The current density is given by,

$$\bar{J} = \rho \bar{U} \text{ (A/m}^2\text{)}$$

where $\bar{U}$ is velocity of a set of charged particles and $\bar{U} = \mu \bar{E}$ [μ is mobility]

$$\therefore \quad \bar{J} = \rho \mu \bar{E} = \sigma \bar{E}$$

where $\sigma = \rho \mu$ is called conductivity of the material.

The total current I (in A) crossing a surface S is given by,

$$I = \int_S \bar{J} \cdot d\bar{S} = -\frac{dq}{dt} = \frac{\partial}{\partial t} \int \rho \, dV$$

10.8 MAGNETIC FIELD

A static magnetic field can originate from either a constant current or a permanent magnet.

If $\bar{R}$ is positive vector of a point in space,

$$d\bar{H} = \frac{I \, d\bar{r} \times \hat{R}}{4\pi R^2} \text{ (A/m)}$$

$$\bar{H} = \oint \frac{I \, d\bar{r} \times \hat{R}}{4\pi R^2}$$

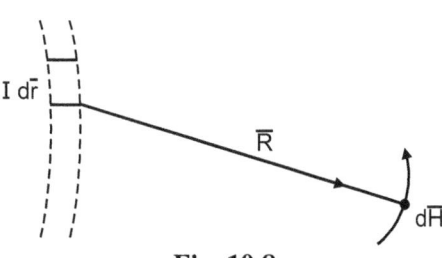

Fig. 10.8

The closed line integral requires that all current elements be inclined in order to obtain complete $\bar{H}$, the magnetic field strength.

The line integral of tangential component of $\bar{H}$ around a closed path is equal to the current enclosed by the path, this is called Ampere's law.

$$I_{(enclosed)} = \oint \bar{H} \cdot d\bar{r}$$

The x-component of $\nabla \times \bar{H}$ is determined by $\oint \bar{H} \cdot d\bar{r}$, where the path lies in a plane normal to the x-axis. According to Ampere's law, this integral is equal to the current enclosed. The direction is along $\bar{i}$ (along x-axis), so the current can be called I_x.

Thus $$(\text{curl } \bar{H}) \cdot i = \lim_{\Delta S \to 0} \frac{I_x}{\Delta S} = J_x$$

which is the x-component of current density $\bar{J}$. Similarly we can obtain J_y and J_z.

$$\therefore \quad \nabla \times \bar{H} = \bar{J}$$

Like $\bar{D}$, the magnetic field strength $\bar{H}$ depends only on moving charges and is independent of the medium. The force field associated with $\bar{H}$ is the magnetic flux density $\bar{B}$, which is given by $\bar{B} = \mu \bar{H}$ where μ is the permeability of the medium.

Magnetic flux ϕ through a surface is defined as

$$\phi = \int_S \bar{B} \cdot d\bar{S}$$

For static fields, curl $\bar{H}$ is equal to $\bar{J}$, the current density at the point. This current density which is due to the motion of actual charges such as electrons, protons and ions is generally called conduction current density and is denoted by $\bar{J}_c$.

$$\nabla \cdot \bar{J}_c = \nabla \cdot (\nabla \times \bar{H}) = 0$$

Displacement current density $\bar{J}_D$ is defined as, $\bar{J}_D = \dfrac{\partial \bar{D}}{\partial t}$

10.9 MAXWELL'S EQUATIONS

A static field $\bar{E}$ can exist in the absence of a magnetic field $\bar{H}$; a capacitor with static charge q is an example. Similarly a conductor with a constant current I has a magnetic field $\bar{H}$ without an electric field. When fields are time variable, $\bar{H}$ and $\bar{E}$ cannot co-exist.

Although static field theory gives quite a valuable information, full value of electromagnetic field theory can be realised with time variable fields. The experiments of Faraday and Hertz and the theoretical analysis of Maxwell, all involved time-variable fields.

Equations given below are called Maxwell's equations in most general form, where charges and conduction current may be present in the region.

(a) Maxwell's equations in point form are,

$$\nabla \times \bar{H} = \bar{J}_c + \frac{\partial \bar{D}}{\partial t} \qquad \ldots (1)$$

$$\nabla \times \bar{E} = -\frac{\partial \bar{B}}{\partial t} \qquad \ldots (2)$$

$$\nabla \cdot \bar{D} = \rho \qquad \ldots (3)$$

$$\nabla \cdot \bar{B} = 0 \qquad \ldots (4)$$

(b) Maxwell's equations in integral form are,

$$\oint_c \bar{H} \cdot d\bar{r} = \int_S \left(\bar{J}_c + \frac{\partial \bar{D}}{\partial t}\right) \cdot d\bar{S} \qquad \ldots (1)$$

$$\oint_c \bar{E} \cdot d\bar{r} = \int_S \left(-\frac{\partial \bar{B}}{\partial t}\right) \cdot d\bar{S} \qquad \ldots (2)$$

$$\int_S \bar{D} \cdot d\bar{S} = \int_V \rho \, dV \qquad \ldots (3)$$

$$\int_S \bar{B} \cdot d\bar{S} = 0 \qquad \ldots (4)$$

Equations (1), (2) of (a) and equations (1), (2) of (b) are equivalent under Stoke's theorem and equations (3), (4) of (a) and (3), (4) of (b) are equivalent under Gauss divergence theorem. For free space, where there are no charges i.e. $\rho = 0$ and no conduction currents $\bar{J}_c = 0$ Maxwell's equations take the forms :

(c) Point form equations as,

$$\nabla \times \bar{H} = \frac{\partial \bar{D}}{\partial t} \qquad \ldots (1)$$

$$\nabla \times \bar{E} = -\frac{\partial \bar{B}}{\partial t} \qquad \ldots (2)$$

$$\nabla \cdot \bar{D} = 0 \qquad \ldots (3)$$

$$\nabla \cdot \bar{B} = 0 \qquad \ldots (4)$$

(d) Integral form equations as,

$$\oint_c \bar{H} \cdot d\bar{r} = \int_S \left(\frac{\partial \bar{D}}{\partial t}\right) \cdot d\bar{S} \qquad \ldots (1)$$

$$\oint_c \bar{E} \cdot d\bar{r} = \int_S \left(-\frac{\partial \bar{B}}{\partial t}\right) \cdot d\bar{S} \qquad \ldots (2)$$

$$\int_S \bar{D} \cdot d\bar{S} = 0 \qquad \ldots (3)$$

$$\int_S \bar{B} \cdot d\bar{S} = 0 \qquad \ldots (4)$$

We will now consider some illustrative examples.

ILLUSTRATIONS

Ex. 8 : *Given* $\bar{E} = E_m \sin(\omega t - \beta z)\,\bar{j}$ *in free space, find* $\bar{D}$, $\bar{B}$ *and* $\bar{H}$.

$$\bar{D} = \varepsilon_o \bar{E} = \varepsilon_o E_m \sin(\omega t - \beta z)\,\bar{j}$$

Sol. : The Maxwell's equation $\nabla \times \bar{E} = \dfrac{-\partial \bar{B}}{\partial t}$ gives

$$\begin{vmatrix} \bar{i} & \bar{j} & \bar{k} \\ \dfrac{\partial}{\partial x} & \dfrac{\partial}{\partial y} & \dfrac{\partial}{\partial z} \\ 0 & E_m \sin(\omega t - \beta z) & 0 \end{vmatrix} = -\dfrac{\partial \bar{B}}{\partial t}$$

$$\therefore \qquad -\dfrac{\partial \bar{B}}{\partial t} = \beta E_m \cos(\omega t - \beta z)\,\bar{i}$$

Integrating we get, $\quad \bar{B} = -\dfrac{\beta E_m}{\omega} \sin(\omega t - \beta z)\,\bar{i}$

where the constant of integration, which is a static field has been neglected then

$$\bar{H} = \dfrac{\bar{B}}{\mu} = \dfrac{\beta E_m}{\omega \mu} \sin(\omega t - \beta z)\,\bar{i}$$

Ex. 9 : *Maxwell's equations are given by*

$$\nabla \cdot \bar{E} = 0, \quad \nabla \cdot \bar{H} = 0, \quad \nabla \times \bar{E} = -\dfrac{\partial \bar{H}}{\partial t}, \quad \nabla \times \bar{H} = \dfrac{\partial \bar{E}}{\partial t}$$

[These equations follow from article 10.9 (c) by putting $\bar{B} = \mu \bar{H}$ and $\bar{D} = \varepsilon_o \bar{E}$]

Show that $\bar{E}$ and $\bar{H}$ satisfy $\nabla^2 u = \dfrac{\partial^2 u}{\partial t^2}$. **(Dec. 2004; May 2007, 2008)**

Sol. : $\quad \nabla \times (\nabla \times \bar{E}) = \nabla(\nabla \cdot \bar{E}) - (\nabla \cdot \nabla)\bar{E} = 0 - \nabla^2 \bar{E} \qquad [\because \nabla \cdot \bar{E} = 0]$

Again $\quad \nabla \times (\nabla \times \bar{E}) = \nabla \times \left(-\dfrac{\partial \bar{H}}{\partial t}\right) \qquad \left[\because \nabla \times \bar{E} = -\dfrac{\partial \bar{H}}{\partial t}\right]$

$$= -\dfrac{\partial}{\partial t}(\nabla \times \bar{H}) = -\dfrac{\partial}{\partial t}\left(\dfrac{\partial \bar{E}}{\partial t}\right) \qquad \left[\because \nabla \times \bar{H} = \dfrac{\partial \bar{E}}{\partial t}\right]$$

∴ $\quad -\nabla^2 \bar{E} = -\dfrac{\partial}{\partial t}\left(\dfrac{\partial \bar{E}}{\partial t}\right)\quad$ or $\quad \nabla^2 \bar{E} = \dfrac{\partial^2 \bar{E}}{\partial t^2}$

which shows that $\bar{E}$ satisfies $\nabla^2 u = \dfrac{\partial^2 u}{\partial t^2}$

Similarly, $\quad \nabla \times (\nabla \times \bar{H}) = \nabla (\nabla \cdot \bar{H}) - (\nabla \cdot \nabla) \bar{H}$

$\qquad\qquad\qquad\qquad = -\nabla^2 \bar{H} \qquad\qquad\qquad [\because \nabla \cdot \bar{H} = 0]$

$\nabla \times (\nabla \times \bar{H}) = \nabla \times \left(\dfrac{\partial \bar{E}}{\partial t}\right) \qquad\qquad \left[\because \nabla \times \bar{H} = \dfrac{\partial \bar{E}}{\partial t}\right]$

$\qquad\qquad\qquad = \dfrac{\partial}{\partial t}(\nabla \times \bar{E}) = \dfrac{\partial}{\partial t}\left(-\dfrac{\partial \bar{H}}{\partial t}\right) = -\dfrac{\partial^2 \bar{H}}{\partial t^2}$

∴ $\quad -\nabla^2 \bar{H} = -\dfrac{\partial^2 \bar{H}}{\partial t^2}\quad$ or $\quad \nabla^2 \bar{H} = \dfrac{\partial^2 \bar{H}}{\partial t^2}$

which proves the result for $\bar{H}$.

Ex. 10 : *Equations of electromagnetic wave theory are given by,*

(i) $\nabla \cdot \bar{D} = \rho$, *(ii)* $\nabla \cdot \bar{H} = 0$ *(iii)* $\nabla \times \bar{H} = \dfrac{1}{c}\left(\dfrac{\partial \bar{D}}{\partial t} + \rho \bar{v}\right)$

(iv) $\nabla \times \bar{D} = -\dfrac{1}{c}\dfrac{\partial \bar{H}}{\partial t}$, *where c is constant.*

Prove that

$$\nabla^2 \bar{D} - \dfrac{1}{c^2}\dfrac{\partial^2 \bar{D}}{\partial t^2} = \nabla \rho + \dfrac{1}{c^2}\dfrac{\partial}{\partial t}(\rho \bar{V})$$

and $\quad \nabla^2 \bar{H} - \dfrac{1}{c^2}\dfrac{\partial^2 \bar{H}}{\partial t^2} = -\dfrac{1}{c}\nabla \times (\rho \bar{V})\qquad$ **(Dec. 2005; May 2006, 2012)**

Sol. : As in the previous problem

$\qquad\qquad \nabla \times (\nabla \times \bar{H}) = \nabla (\nabla \cdot \bar{H}) - (\nabla \cdot \nabla) \bar{H}$

$\qquad\qquad\qquad\qquad = 0 - \nabla^2 \bar{H}$

From (iii), $\quad \nabla \times \bar{H} = \dfrac{1}{c}\left(\dfrac{\partial \bar{D}}{\partial t} + \rho \bar{v}\right)$

∴ $\quad \nabla \times (\nabla \times \bar{H}) = \nabla \times \left\{\dfrac{1}{c}\left(\dfrac{\partial \bar{D}}{\partial t}\right) + \rho \bar{v}\right\} = \dfrac{1}{c}\dfrac{\partial}{\partial T}(\nabla \times \bar{D}) + \dfrac{1}{c}\nabla \times (\rho \bar{V})$

$\qquad\qquad\qquad = \dfrac{1}{c}\dfrac{\partial}{\partial t}\left(-\dfrac{1}{c}\dfrac{\partial \bar{H}}{\partial t}\right) + \dfrac{1}{c}\nabla \times (\rho \bar{V})$

but $\quad \nabla \times (\nabla \times \bar{H}) = -\nabla^2 \bar{H}$

$\therefore \quad -\nabla^2 \bar{H} = -\dfrac{1}{c^2} \dfrac{\partial^2 \bar{H}}{\partial t^2} + \dfrac{1}{c} \nabla \times (\rho \bar{V})$

$\therefore \quad \nabla^2 \bar{H} - \dfrac{1}{c^2} \dfrac{\partial^2 \bar{H}}{\partial t^2} = -\dfrac{1}{c} \nabla \times (\rho \bar{V})$

which proves second result.

To prove first result, consider

$$\nabla \times (\nabla \times \bar{D}) = \nabla (\nabla \cdot \bar{D}) - (\nabla \cdot \nabla) \bar{D} = \nabla \rho - \nabla^2 \bar{D}$$

From (iv), $\quad \nabla \times \bar{D} = -\dfrac{1}{c} \dfrac{\partial \bar{H}}{\partial t}$

$\therefore \quad \nabla \times (\nabla \times \bar{D}) = \nabla \times \left(-\dfrac{1}{c} \dfrac{\partial \bar{H}}{\partial t} \right) = -\dfrac{1}{c} \dfrac{\partial}{\partial t} (\nabla \times \bar{H}) = -\dfrac{1}{c} \dfrac{\partial}{\partial t} \left\{ \dfrac{1}{c} \left(\dfrac{\partial \bar{D}}{\partial t} + \rho \bar{V} \right) \right\}$

$\therefore \quad \nabla \rho - \nabla^2 \bar{D} = -\dfrac{1}{c^2} \dfrac{\partial^2 \bar{D}}{\partial t^2} - \dfrac{1}{c^2} \dfrac{\partial}{\partial t} (\rho \bar{V})$

By transposing

$$\nabla^2 \bar{D} - \dfrac{1}{c^2} \dfrac{\partial^2 \bar{D}}{\partial t^2} = \nabla \rho + \dfrac{1}{c^2} \dfrac{\partial}{\partial t} (\rho \bar{V})$$

which proves first result.

Ex. 11 : *Two of Maxwell's electromagnetic equations are* $\nabla \cdot \bar{B} = 0$, $\nabla \times \bar{E} = -\dfrac{\partial \bar{B}}{\partial t}$.

Given $\bar{B} = \text{curl } \bar{A}$ *then deduce that* $\bar{E} + \dfrac{\partial \bar{A}}{\partial t} = -\text{grad } V$, *where V is a scalar point function.* **(May 2005, 2009; Dec. 2006, 2007, 2012)**

Sol. : Given $\quad \nabla \cdot \bar{B} = 0 \quad$ and $\quad \nabla \times \bar{E} = -\dfrac{\partial \bar{B}}{\partial t}$

and $\quad \bar{B} = \nabla \times \bar{A}$

$\therefore \quad \dfrac{\partial \bar{B}}{\partial t} = \dfrac{\partial}{\partial t} (\nabla \times \bar{A}) = \nabla \times \dfrac{\partial \bar{A}}{\partial t}$

but $\quad \dfrac{\partial \bar{B}}{\partial t} = -\nabla \times \bar{E}$

$\therefore \quad \nabla \times \dfrac{\partial \bar{A}}{\partial t} = -\nabla \times \bar{E}$

$$\therefore \quad \nabla \times \left[\bar{E} + \frac{\partial \bar{A}}{\partial t} \right] = 0$$

$$\because \quad \nabla \times \bar{F} = 0, \quad \bar{F} = -\nabla V, \text{ where V is scalar point function.}$$

$$\therefore \quad \bar{E} + \frac{\partial \bar{A}}{\partial t} = -\nabla V$$

or $\quad \bar{E} + \dfrac{\partial \bar{A}}{\partial t} = -\nabla V$

Ex. 12 : *If* $\bar{E} = \nabla \phi$ *and* $\nabla^2 \phi = -4\pi \rho$ *prove that*

$$\iint_S \bar{E} \cdot d\bar{S} = -4\pi \iiint_V \rho \, dV$$

where V is volume enclosed by closed surface S. **(May 2010)**

Sol. : $\quad \iint_S \bar{E} \cdot d\bar{S} = \iiint_V \nabla \cdot \bar{E} \, dV \quad$ [By divergence theorem]

$$= \iiint_V \nabla \cdot \nabla \phi \, dV = \iiint_V \nabla^2 \phi \, dV$$

$$= \iiint_V -4\pi \rho \, dV = -4\pi \iiint_V \rho \, dV$$

Ex. 13 : *Show that* $\bar{E} = -\nabla \phi - \dfrac{1}{c} \dfrac{\partial \bar{A}}{\partial t} \quad \bar{H} = \nabla \times \bar{A}$ *are solutions of Maxwell's equations*

(i) $\nabla \times \bar{H} = \dfrac{1}{c} \dfrac{\partial \bar{E}}{\partial t}$ (ii) $\nabla \times \bar{E} = -\dfrac{1}{c} \dfrac{\partial \bar{H}}{\partial t}$ (iii) $\nabla \cdot \bar{H} = 0$ (iv) $\nabla \cdot \bar{E} = 4\pi \rho$

If (a) $\nabla \cdot \bar{A} + \dfrac{1}{c} \dfrac{\partial \phi}{\partial t} = 0$; (b) $\nabla^2 \phi - \dfrac{1}{c^2} \dfrac{\partial^2 \phi}{\partial t^2} = -4\pi \rho$; (c) $\nabla^2 \bar{A} = \dfrac{1}{c^2} \dfrac{\partial^2 \bar{A}}{\partial t}$

where c is the velocity of light and $\bar{A}$*,* ϕ *are the vector and scalar potentials respectively.*
(Dec. 2008, May 2014)

Sol. : $\quad \bar{H} = \nabla \times \bar{A}$

$\nabla \cdot \bar{H} = \nabla \cdot (\nabla \times \bar{A}) = 0 \quad$ which proves (iii)

$\nabla \times \bar{H} = \nabla \times (\nabla \times \bar{A}) = \nabla (\nabla \cdot \bar{A}) - \nabla^2 \bar{A} \quad \ldots (1)$

$\dfrac{\partial \bar{E}}{\partial t} = \dfrac{\partial}{\partial t} (-\nabla \phi) - \dfrac{1}{c} \dfrac{\partial^2 \bar{A}}{\partial t^2}$

$$\therefore \quad \frac{1}{c}\frac{\partial \bar{E}}{\partial t} = -\frac{1}{c}\nabla\left(\frac{\partial \phi}{\partial t}\right) - \frac{1}{c^2}\frac{\partial^2 \bar{A}}{\partial t^2}$$

$$= -\frac{1}{c}\nabla(-c\nabla \cdot A) - \nabla^2 \bar{A} \qquad \text{[From (a) and (c)]}$$

$$= \nabla(\nabla \cdot \bar{A}) - \nabla^2 \bar{A} \qquad \ldots (2)$$

From (1) and (2), we get

$$\nabla \times \bar{H} = \frac{1}{c}\frac{\partial \bar{E}}{\partial t} \quad \text{which proves (i)} \quad \nabla \times \bar{E} = \nabla \times \left[-\nabla\phi - \frac{1}{c}\frac{\partial \bar{A}}{\partial t}\right]$$

$$= -\frac{1}{c}\frac{\partial}{\partial t}(\nabla \times \bar{A}) = -\frac{1}{c}\frac{\partial \bar{H}}{\partial t} \quad \text{which proves (ii)}$$

$$\nabla \cdot \bar{E} = \nabla \cdot \left\{-\nabla\phi - \frac{1}{c}\frac{\partial \bar{A}}{\partial t}\right\} = -\nabla^2\phi - \frac{1}{c}\frac{\partial}{\partial t}(\nabla \cdot \bar{A})$$

$$= -\nabla^2\phi + \frac{1}{c^2}\frac{\partial^2\phi}{\partial t^2} = 4\pi\rho \quad \text{which proves (iv)}$$

EXERCISE 10.1

1. If ψ is a scalar function of x, y, z and time t, the electric and magnetic vectors $\bar{E}$ and $\bar{H}$ are given by $\bar{E} = \frac{\partial \psi}{\partial z}\bar{i} - \frac{\partial \psi}{\partial x}\bar{k}$ and $\bar{H} = -\frac{1}{c}\frac{\partial \psi}{\partial t}\bar{j}$, show that

   (i) $\nabla \times \bar{H} = \frac{1}{c}\frac{\partial \bar{E}}{\partial t}$, (ii) $\nabla \cdot \bar{H} = 0$, (iii) $\nabla \cdot \bar{E} = 0$, (iv) $\nabla \times \bar{E} = -\frac{1}{c}\frac{\partial \bar{E}}{\partial t}$.

   if, ψ satisfies the equation $\frac{\partial^2 \psi}{\partial x^2} + \frac{\partial^2 \psi}{\partial z^2} = \frac{1}{c^2}\frac{\partial^2 \psi}{\partial t^2}$.

2. In free space $\bar{D} = D_m \sin(\omega t + \beta z)\bar{i}$. Using Maxwell's equation, show that

   $$\bar{B} = -\frac{\omega \mu_o D_m}{\mu}\sin(\omega t + \beta z)\bar{j}$$

3. Use Maxwell's equations

   (i) $\nabla \cdot \bar{E} = 0$, (ii) $\nabla \cdot H = 0$, (iii) $\nabla \times \bar{E} = -\frac{\mu}{c}\frac{\partial \bar{H}}{\partial t}$, (iv) $\nabla \times \bar{H} = \frac{k}{c}\frac{\partial \bar{E}}{\partial t}$.

   to show that both $\bar{E}$ and $\bar{H}$ satisfy wave equation

   $$\nabla^2 \bar{A} = \frac{\mu k}{c^2}\frac{\partial^2 \bar{A}}{\partial t^2}.$$

   (May 98)

UNIT - VI : COMPLEX VARIABLES

CHAPTER ELEVEN

COMPLEX DIFFERENTIATION

11.1 INTRODUCTION

Students are already acquainted with utility of complex numbers in Electrical Engineering. Functions of complex variable are well defined and the concepts of limit, continuity and differentiability are extended to cover functions of complex variable. Theory of function of complex variable is widely used in fluid mechanics, potential theory, electrostatics, electromagnetic engineering and many areas of electronics and computer engineering. It is proposed to introduce this subject to the students taking these branches of engineering.

11.2 COMPLEX VARIABLE

A number of the form a + ib where $i = \sqrt{-1}$ and a, b are certain real numbers, is called a complex number. It can be represented in xoy plane by means of a point whose cartesian coordinates are (a, b). If $z = x + iy$ where x, y are real variables, then z is called a complex variable.

x is the real part of z and y is the imaginary part of z.

Briefly we write, $x = R(z)$
and $y = I(z)$.
Writing $z = x + iy = r(\cos\theta + i\sin\theta)$

and by equating real and imaginary parts, we get $x = r\cos\theta$, $y = r\sin\theta$. From these, we get, $r = \sqrt{x^2 + y^2}$ and $\tan\theta = \dfrac{y}{x}$.

Here $r = \sqrt{x^2 + y^2}$ is called modulus of z, written as |z| and $\theta = \tan^{-1}\dfrac{y}{x}$ is called amplitude or argument of z. It is written as amp z or arg z.

Geometrically, |z| = a [a is some real number] represents a circle $x^2 + y^2 = a^2$ in xoy plane with centre at origin and radius equal to a.

If $z_0 = x_0 + iy_0$ then $|z - z_0| = a$ i.e. $|(x + iy) - (x_0 + iy_0)| = a$ or $|(x - x_0) + i(y - y_0)| = a$ represents a circle $(x - x_0)^2 + (y - y_0)^2 = a^2$ with centre at $z_0 = x_0 + iy_0$ or (x_0, y_0) and radius equal to a.

$|z - z_0| \leq a$ represents the interior region of the circle, including points on the arc of the circle.

$|z - z_0| > a$ represents the exterior region of the circle.

$I(z) \geq 0$ represents the entire region above x-axis, including points on the x-axis.
$I(z) < 0$ represents the region below x-axis.
$R(z) > 0$ represents the region to the right side of y-axis.
$R(z) \leq 0$ represents the region to the left of y-axis including points on the y-axis.

11.3 FUNCTION OF COMPLEX VARIABLE

Consider two complex variables z and w. If corresponding to each value of z in some region, there is assigned a value of w, through the relation w = f (z), then w = f (z) is defined as the function of complex variable z.

Various examples of the functions of complex variable are $w = z^2$, $w = \sin z$, $w = e^z$, $w = \log z$ etc.

Consider, $\qquad w = z^2 = (x + iy)^2 = x^2 + 2ixy + i^2 y^2$

Or $\qquad w = x^2 - y^2 + 2ixy = u + iv \qquad [\because i^2 = -1]$

Here $u(x, y) = x^2 - y^2$ is the real part of the function w = f (z) and $v(x, y) = 2xy$ represents the imaginary part.

Similarly, $\qquad w = e^z = e^{(x + iy)} = e^x \cdot e^{iy} = e^x (\cos y + i \sin y) = u + iv$

Here, $\qquad R(f(z)) = u = e^x \cos y$

$\qquad I(f(z)) = v = e^x \sin y$

Various complex functions can be expressed in the form $w = f(z) = u(x, y) + iv(x, y)$ or u + iv. u, v being functions of real variables x and y, concepts of limit, continuity and differentiability of differential calculus of real variable can be applied to differential calculus of complex variable z.

For $y = f(x)$, $\qquad \dfrac{dy}{dx} = f'(x) = \lim\limits_{h \to 0} \dfrac{f(x + h) - f(x)}{h}$

Similarly, for w = f (z) the derivative of f (z) can be defined as,

$\qquad \dfrac{dw}{dz} = f'(z) = \lim\limits_{h \to 0} \dfrac{f(z + h) - f(z)}{h}$, $\quad z = x + iy$, $\quad h = h_1 + ih_2$

and h approaches '0' via any path. f ' (z) exists, if the limit exists.

Limit when exists, is unique and finite. Definition of derivative of the function of complex variable f (z) being similar to the definition of the derivative of function of real variable x i.e. f ' (x), all the elementary rules of real differential calculus are applicable in case of complex differential calculus. It can be easily established that,

$\dfrac{d}{dz}(\sin z) = \cos z$, $\dfrac{d}{dz}(\log z) = \dfrac{1}{z}$, $\dfrac{d}{dz}(e^z) = e^z$, etc.

11.4 ANALYTIC FUNCTION

A function f (z) is said to be analytic at a point $z = z_0$ if it is defined, and has derivative, at every point in some neighbourhood of z_0. It is said to be analytic in a region R if it is analytic at every point in region R. Analytic function is also called Regular or Holomorphic. The point $z = z_1$, where function ceases to be analytic is called the singular point of the function f (z).

For example, $f(z) = \dfrac{1}{z}$ is differentiable everywhere except at the point z = 0, which is a singular point of the function f (z).

11.5 NECESSARY CONDITIONS FOR ANALYTIC FUNCTION

We will now investigate the conditions which must be satisfied if the function is analytic.

Let us assume that $f(z) = u + iv$ is analytic at any point z in region R of the complex plane. This means function $f(z)$ is differentiable at all the points in some neighbourhood of the point z.

$$\therefore f'(z) = \lim_{h \to 0} \frac{f(z+h) - f(z)}{h}$$ exists at all the points in the neighbourhood of z

and limit exists and is unique if $h \to 0$ via any path.

$$z = x + iy$$
$$h = h_1 + ih_2$$
$$\therefore z + h = (x + h_1) + i(y + h_2)$$
$$f(z) = u(x, y) + iv(x, y)$$

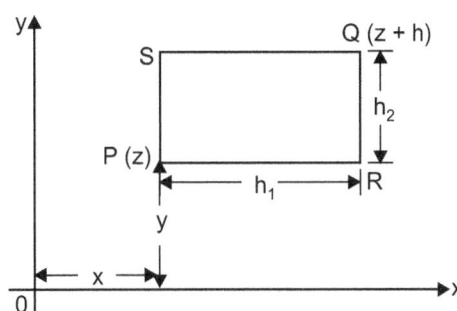

Fig. 11.1

$$f(z+h) = u(x+h_1, y+h_2) + iv(x+h_1, y+h_2)$$
$$f(z+h) - f(z) = \{u(x+h_1, y+h_2) - u(x, y)\} + i\{v(x+h_1, y+h_2) - v(x, y)\}$$
$$f'(z) = \lim_{\substack{h_1 \to 0 \\ h_2 \to 0}} \left[\frac{\{u(x+h_1, y+h_2) - u(x, y)\} + i\{v(x+h_1, y+h_2) - v(x, y)\}}{h_1 + ih_2} \right]$$

As $h \to 0$, $h_1 \to 0$, $h_2 \to 0$ and the point Q approaches P.

Let us consider the path QRP, via this path $h_2 \to 0$ first and then $h_1 \to 0$.

$$\therefore f'(z) = \lim_{h_1 \to 0} \left[\frac{u(x+h_1, y) - u(x, y)}{h_1} + i \frac{v(x+h_1, y) - v(x, y)}{h_1} \right]$$

$$= \lim_{h_1 \to 0} \frac{u(x+h_1, y) - u(x, y)}{h_1} + i \lim_{h_1 \to 0} \frac{v(x+h_1, y) - v(x, y)}{h_1}$$

$$= \frac{\partial u}{\partial x} + i\frac{\partial v}{\partial x} \qquad \ldots (1)$$

Now, we consider the path QSP. In this case, $h_1 \to 0$ first and then $h_2 \to 0$.

$$\therefore f'(z) = \lim_{h_2 \to 0} \left[\left\{ \frac{u(x, y+h_2) - u(x, y)}{ih_2} \right\} + \left\{ \frac{v(x, y+h_2) - v(x, y)}{h_2} \right\} \right]$$

$$= \lim_{h_2 \to 0} \frac{1}{i} \frac{u(x, y+h_2) - u(x, y)}{h_2} + \lim_{h_2 \to 0} \frac{v(x, y+h_2) - v(x, y)}{h_2}$$

$$= \frac{1}{i}\frac{\partial u}{\partial y} + \frac{\partial v}{\partial y}$$

$$= -i\frac{\partial u}{\partial y} + \frac{\partial v}{\partial y} \qquad \ldots (2)$$

Since f (z) is analytic, f' (z) exists and its values given by (1) and (2) must be same. Equating (1) and (2), we get

$$\frac{\partial u}{\partial x} + i\frac{\partial v}{\partial x} = -i\frac{\partial u}{\partial y} + \frac{\partial v}{\partial y} \qquad \ldots (3)$$

Equating real and imaginary parts on both sides of (3), we obtain

$$\frac{\partial u}{\partial x} = \frac{\partial v}{\partial y} \quad \text{and} \quad \frac{\partial u}{\partial y} = -\frac{\partial v}{\partial x} \qquad \ldots (4)$$

Equation (4) gives the necessary conditions for the function f (z) to be analytic at any point z in the region R. These conditions go by the name Cauchy-Riemann conditions.

Thus, if $f(z) = u + iv$ is known to be analytic then Cauchy-Riemann equations or C.R. equations

$$\frac{\partial u}{\partial x} = \frac{\partial v}{\partial y}, \; \frac{\partial u}{\partial y} = \frac{-\partial v}{\partial x} \quad \text{are satisfied.}$$

To verify these conditions, consider $f(z) = z^2$, which is analytic everywhere.

$$f(z) = z^2 = (x + iy)^2 = (x^2 - y^2) + 2ixy = u + iv$$

∴ $u = x^2 - y^2, \; v = 2xy.$

$$\frac{\partial u}{\partial x} = 2x, \; \frac{\partial u}{\partial y} = -2y; \; \frac{\partial v}{\partial x} = 2y, \; \frac{\partial v}{\partial y} = 2x.$$

Thus $\frac{\partial u}{\partial x} = \frac{\partial v}{\partial y} = 2x$ and $\frac{\partial u}{\partial y} = \frac{-\partial v}{\partial x} = -2y$ are satisfied for all values of x and y.

To establish the sufficiency of Cauchy-Riemann equations, we have to assume that u, v and their first order partial derivatives $\frac{\partial u}{\partial x}, \frac{\partial u}{\partial y}, \frac{\partial v}{\partial x}, \frac{\partial v}{\partial y}$ are continuous.

Under this assumption, we shall show that Cauchy-Riemann conditions are sufficient conditions for f (z) to be analytic.

Let, $f(z) = u(x, y) + iv(x, y)$

$f(z + h) = u(x + h_1, y + h_2) + iv(x + h_1, y + h_2)$

∴ $f(z + h) - f(z) = \{u(x + h_1, y + h_2) - u(x, y)\} + i\{v(x + h_1, y + h_2) - v(x, y)\}$

$= \delta u + i \delta v$

where, $\delta u = u(x + h_1, y + h_2) - u(x, y)$

$\delta v = v(x + h_1, y + h_2) - v(x, y)$

Consider, $\delta u = u(x+h_1, y+h_2) - u(x, y)$
$= u(x+h_1, y+h_2) - u(x, y+h_2) + u(x, y+h_2) - u(x, y)$
$= h_1 \left\{ \dfrac{u(x+h_1, y+h_2) - u(x, y+h_2)}{h_1} \right\} + h_2 \left\{ \dfrac{u(x, y+h_2) - u(x, y)}{h_2} \right\}$
$= h_1 \left\{ \dfrac{\partial u}{\partial x} + \varepsilon_1 \right\} + h_2 \left\{ \dfrac{\partial u}{\partial y} + \eta_1 \right\}$

where $\varepsilon_1, \eta_1 \to 0$ as $h_1 \to 0, h_2 \to 0$ (Because of the continuity of partial derivatives)

Similarly, we shall have

$$\delta v = h_1 \left\{ \dfrac{\partial v}{\partial x} + \varepsilon_2 \right\} + h_2 \left\{ \dfrac{\partial v}{\partial y} + \eta_2 \right\}$$

where $\varepsilon_2, \eta_2 \to 0$ as $h_1 \to 0, h_2 \to 0$

$\delta u + i\delta v = h_1 \left\{ \dfrac{\partial u}{\partial x} + i\dfrac{\partial v}{\partial x} \right\} + h_2 \left\{ \dfrac{\partial u}{\partial y} + i\dfrac{\partial v}{\partial y} \right\} + h_1(\varepsilon_1 + i\varepsilon_2) + h_2(\eta_1 + i\eta_2)$

Using C.R. equations, $\dfrac{\partial u}{\partial x} = \dfrac{\partial v}{\partial y}, \dfrac{\partial u}{\partial y} = \dfrac{-\partial v}{\partial x}$

$\delta u + i\delta v = h_1 \left\{ \dfrac{\partial u}{\partial x} + i\dfrac{\partial v}{\partial x} \right\} + h_2 \left\{ \dfrac{-\partial v}{\partial x} + i\dfrac{\partial u}{\partial x} \right\} + h_1 \varepsilon + h_2 \eta$

where $\varepsilon = \varepsilon_1 + i\varepsilon_2, \eta = \eta_1 + i\eta_2$ and $\varepsilon, \eta \to 0$ as $h_1, h_2 \to 0$.

$\delta u + i\delta v = h_1 \left\{ \dfrac{\partial u}{\partial x} + i\dfrac{\partial v}{\partial x} \right\} + h_2 \left\{ i^2\dfrac{\partial v}{\partial x} + i\dfrac{\partial u}{\partial x} \right\} + h_1 \varepsilon + h_2 \eta$

$= h_1 \left\{ \dfrac{\partial u}{\partial x} + i\dfrac{\partial v}{\partial x} \right\} + ih_2 \left\{ \dfrac{\partial u}{\partial x} + i\dfrac{\partial v}{\partial x} \right\} + h_1 \varepsilon + h_2 \eta$

$= \left\{ \dfrac{\partial u}{\partial x} + i\dfrac{\partial v}{\partial x} \right\} (h_1 + ih_2) + h_1 \varepsilon + h_2 \eta$

$\therefore \quad \dfrac{\delta u + i\delta v}{h_1 + ih_2} = \dfrac{\partial u}{\partial x} + i\dfrac{\partial v}{\partial x} + \dfrac{h_1}{h_1 + ih_2} \varepsilon + \dfrac{h_2}{h_1 + ih_2} \eta \qquad \begin{array}{l} \varepsilon, \eta \to 0 \\ h_1, h_2 \to 0 \end{array}$

Now $\delta u + i\delta v = f(z+h) - f(z)$ and $h = h_1 + ih_2$

$\therefore \displaystyle\lim_{h \to 0} \dfrac{f(z+h) - f(z)}{h} = \dfrac{\partial u}{\partial x} + i\dfrac{\partial v}{\partial x}$

$\left[\because \left| \dfrac{h_1}{h_1 + ih_2} \right| \leq 1, \left| \dfrac{h_2}{h_1 + ih_2} \right| \leq 1, \text{last two terms tend to zero as } \varepsilon \text{ and } \eta \to 0 \right]$

which proves that $f'(z)$ exists and its value is,

$$f'(z) = \frac{\partial u}{\partial x} + i\frac{\partial v}{\partial x}$$

$$= \frac{\partial v}{\partial y} - i\frac{\partial u}{\partial y} \quad \text{(By C.R. equations)}$$

Thus, the function $f(z) = u(x, y) + iv(x, y)$ is analytic in region R, if two real valued functions $u(x, y)$, $v(x, y)$ and their first partial derivatives are continuous in region R and satisfy Cauchy-Riemann equations.

Note : If $f(z) = u + iv$ is analytic at any point z, C.R. equations are definitely satisfied at z, while if C.R. equations are satisfied at the point z that does not necessarily mean $f(z)$ is analytic at z, for this continuity of partial derivatives of u, v must also be ensured. In problems where u, v are continuous, if C.R. equations are satisfied, the function $f(z)$ is analytic, while if C.R. equations are not satisfied, $f(z)$ is not analytic.

11.6 CAUCHY-RIEMANN EQUATIONS IN POLAR FORM

Consider $\quad f(z) = u + iv$

where, $\quad z = r(\cos\theta + i\sin\theta) = re^{i\theta}$

$\therefore \quad f(re^{i\theta}) = u + iv$ ... (1)

Differentiating (1) partially w.r.t. r,

$$f'(re^{i\theta}) \cdot e^{i\theta} = \frac{\partial u}{\partial r} + i\frac{\partial v}{\partial r} \qquad \text{... (2)}$$

Differentiating (1) partially w.r.t. θ,

$$f'(re^{i\theta}) \, rie^{i\theta} = \frac{\partial u}{\partial \theta} + i\frac{\partial v}{\partial \theta}$$

Or $\quad f'(re^{i\theta}) e^{i\theta} = \frac{1}{ri}\left[\frac{\partial u}{\partial \theta} + i\frac{\partial v}{\partial \theta}\right]$

$$= \frac{-i}{r}\frac{\partial u}{\partial \theta} + \frac{1}{r}\frac{\partial v}{\partial \theta} \qquad \text{... (3)}$$

From (2) and (3), equating right hand sides, we get

$$\frac{\partial u}{\partial r} + i\frac{\partial v}{\partial r} = \frac{-i}{r}\frac{\partial u}{\partial \theta} + \frac{1}{r}\frac{\partial v}{\partial \theta}$$

Equating real and imaginary parts, we get

$$\frac{\partial u}{\partial r} = \frac{1}{r}\frac{\partial v}{\partial \theta}, \quad \frac{\partial v}{\partial r} = -\frac{1}{r}\frac{\partial u}{\partial \theta} \qquad \text{... (4)}$$

which are C.R. equations in Polar form.

11.7 HARMONIC FUNCTION

A function $\phi(x, y)$ is said to be harmonic if it is continuous and has continuous first and second order partial derivatives and satisfies Laplace equation,

$$\frac{\partial^2 \phi}{\partial x^2} + \frac{\partial^2 \phi}{\partial y^2} = 0$$

We can show that if $f(z) = u + iv$ is analytic then both u, v are harmonic.

Since $f(z)$ is analytic, u, v and their partial derivatives are continuous and C.R. equations are satisfied.

i.e.
$$\frac{\partial u}{\partial x} = \frac{\partial v}{\partial y} \qquad \ldots (1)$$

$$\frac{\partial u}{\partial y} = \frac{-\partial v}{\partial x} \qquad \ldots (2)$$

Differentiating (1) partially w.r.t. x and (2) w.r.t. y, we get,

$$\frac{\partial^2 u}{\partial x^2} = \frac{\partial^2 v}{\partial x \partial y}, \quad \frac{\partial^2 u}{\partial y^2} = \frac{-\partial^2 v}{\partial x \partial y}$$

Adding these results, we obtain

$$\frac{\partial^2 u}{\partial x^2} + \frac{\partial^2 u}{\partial y^2} = 0 \text{ which shows that u is harmonic.}$$

Similarly, differentiating (1) partially w.r.t. y and (2) w.r.t. x and subtracting, we get,

$$\frac{\partial^2 v}{\partial x^2} + \frac{\partial^2 v}{\partial y^2} = 0 \text{ which shows that v is harmonic.}$$

11.8 MILNE-THOMSON METHOD

This method is used to find $f(z) = u(x, y) + iv(x, y)$ in terms of z when $u(x, y)$ and $v(x, y)$ are given.

We have $z = x + iy$ and $\bar{z} = x - iy$

$\therefore \quad z + \bar{z} = 2x$ or $x = \dfrac{z + \bar{z}}{2}$ and $z - \bar{z} = 2iy$ or $y = \dfrac{1}{2i}(z - \bar{z})$

$$f(z) = u(x, y) + iv(x, y) = u\left\{\frac{z+\bar{z}}{2}, \frac{z-\bar{z}}{2i}\right\} + iv\left\{\frac{z+\bar{z}}{2}, \frac{z-\bar{z}}{2i}\right\}$$

This being an identity in two independent variables z and $\bar{z}$, we put $\bar{z} = z$ i.e. $x = z$ and $y = 0$.

Thus, $f(z)$ is obtained in terms of z.

If $f'(z) = \dfrac{\partial u}{\partial x} + i\dfrac{\partial v}{\partial x}$ is given, then $\dfrac{\partial u}{\partial x}, \dfrac{\partial v}{\partial x}$ being functions of x, y, by substituting $x = z, y = 0$, we get $f'(z)$ in terms of z. By integration, we get $f(z)$ in terms of z.

11.9 TO FIND ANALYTIC FUNCTION F(Z) WHOSE REAL OR IMAGINARY PART IS GIVEN

Consider analytic function $f(z) = u + iv$, whose real part $u(x, y)$ is given. To find $v(x, y)$.

First we find $\dfrac{\partial u}{\partial x}$ and $\dfrac{\partial u}{\partial y}$.

By first C.R. equation, $\dfrac{\partial u}{\partial x} = \dfrac{\partial v}{\partial y}$ $\therefore \dfrac{\partial v}{\partial y}$ is known.

We now integrate $\dfrac{\partial v}{\partial y}$ w.r.t. y treating x as constant.

$\therefore \quad v = \phi(x, y) + f(x)$

Here constant of integration is taken as function of x, since in integration of $\dfrac{\partial v}{\partial x}$, x is considered as constant. Now we differentiate v partially w.r.t. x treating y as constant.

$$\dfrac{\partial v}{\partial x} = \dfrac{\partial \phi}{\partial x} + f'(x) = -\dfrac{\partial u}{\partial y} \text{ by second C.R. equation.}$$

This gives the value of $f'(x)$ and by integration, $f(x)$ is determined, determining the value of $v(x, y)$. Same procedure is adopted when $v(x, y)$ is given to find $u(x, y)$.

ILLUSTRATIONS

Ex. 1 : If $u = \dfrac{1}{2} \log(x^2 + y^2)$, find v such that $f(z) = u + iv$ is analytic. Determine $f(z)$ in terms of z. **(May 2012; Dec. 2010, 2012)**

Sol. : $u = \dfrac{1}{2} \log(x^2 + y^2)$

$\therefore \quad \dfrac{\partial u}{\partial x} = \dfrac{1}{2} \cdot \dfrac{1 \cdot 2x}{x^2 + y^2} = \dfrac{x}{x^2 + y^2}, \quad \dfrac{\partial u}{\partial y} = \dfrac{1}{2} \cdot \dfrac{1 \cdot 2y}{x^2 + y^2} = \dfrac{y}{x^2 + y^2}$

Now, $\dfrac{\partial u}{\partial x} = \dfrac{\partial v}{\partial y}$

$\therefore \quad \dfrac{\partial v}{\partial y} = \dfrac{x}{x^2 + y^2}$

Integrating w.r.t. y treating x as constant,

$$v = \int \dfrac{x}{x^2 + y^2} \, dy + f(x)$$

$$= x \cdot \dfrac{1}{x} \tan^{-1} \dfrac{y}{x} + f(x) = \tan^{-1} \dfrac{y}{x} + f(x)$$

$$\dfrac{\partial v}{\partial x} = \dfrac{1}{1 + \dfrac{y^2}{x^2}} \left(\dfrac{-y}{x^2}\right) + f'(x) = -\dfrac{y}{x^2 + y^2} + f'(x)$$

By second C.R. equation,
$$\frac{\partial v}{\partial x} = -\frac{\partial u}{\partial y}$$

∴ $\quad \dfrac{-y}{x^2+y^2} = \dfrac{-y}{x^2+y^2} + f'(x)$

∴ $\quad f'(x) = 0$ or $f(x) = $ constant

∴ $\quad v = \tan^{-1}\dfrac{y}{x} + f(x) = \tan^{-1}\dfrac{y}{x} + c$

∴ $\quad f(z) = \dfrac{1}{2}\log(x^2+y^2) + i\tan^{-1}\dfrac{y}{x} + c$

To find $f(z)$ in terms of z, we put $x = z$, $y = 0$ using Milne-Thompson method.

∴ $\quad f(z) = \dfrac{1}{2}\log(z^2) + c$

∴ $\quad f(z) = \dfrac{1}{2}\cdot 2\log z + c$ or $f(z) = \log z + c$.

Ex. 2 : *If $v = 3x^2y - y^3$, find its harmonic conjugate u. Find $f(z) = u + iv$ in terms of z.* **(Dec. 2012)**

Sol. : $\quad v = 3x^2y - y^3$

∴ $\quad \dfrac{\partial v}{\partial x} = 6xy, \quad \dfrac{\partial v}{\partial y} = 3x^2 - 3y^2$

$\dfrac{\partial u}{\partial x} = \dfrac{\partial v}{\partial y} = 3x^2 - 3y^2 \qquad$ (By first C.R. equation)

Integrating $\dfrac{\partial u}{\partial x}$ w.r.t. x, treating y as constant, we get

$$u = \frac{3x^3}{3} - 3y^2 x + f(y) \qquad \ldots (1)$$

$\dfrac{\partial u}{\partial y} = -6xy + f'(y)$

By second C.R. equation,
$$\frac{\partial u}{\partial y} = -\frac{\partial v}{\partial x}$$

∴ $\quad -6xy + f'(y) = -6xy$

∴ $\quad f'(y) = 0$ or integrating $f(y) = c$.

(1) now gives, $\quad u = x^3 - 3y^2 x + c$

∴ $\quad f(z) = u + iv = x^3 - 3y^2 x + i(3x^2 y - y^3) + c \qquad \ldots (2)$

To find $f(z)$ in terms of z, put $x = z$, $y = 0$ in (2).

$$f(z) = z^3 + c$$

Ex. 3 : *Show that $u = x \sin x \cosh y - y \cos x \sinh y$ is harmonic and find its harmonic conjugate.*

Sol. : $\dfrac{\partial u}{\partial x} = x \cos x \cosh y + \sin x \cosh y + y \sin x \sinh y$

$\dfrac{\partial^2 u}{\partial x^2} = \cos x \cosh y - x \sin x \cosh y + \cos x \cosh y + y \cos x \sinh y$ ... (1)

$\dfrac{\partial u}{\partial y} = x \sin x \sinh y - \cos x \sinh y - y \cos x \cosh y$

$\dfrac{\partial^2 u}{\partial y^2} = x \sin x \cosh y - \cos x \cosh y - \cos x \cosh y - y \cos x \sinh y$ ... (2)

Adding (1) and (2), we get

$\dfrac{\partial^2 u}{\partial x^2} + \dfrac{\partial^2 u}{\partial y^2} = 0$ which shows that u is harmonic.

To find v, $\dfrac{\partial u}{\partial x} = \dfrac{\partial v}{\partial y} = x \cos x \cosh y + \sin x \cosh y + y \sin x \sinh y$

Integrating $\dfrac{\partial v}{\partial y}$ w.r.t. y, treating x as constant,

$v = x \cos x \sinh y + \sin x \sinh y + \sin x \int y \sinh y \, dy + f(x)$

$= x \cos x \sinh y + \sin x \sinh y + \sin x (y \cosh y - \sinh y) + f(x)$

$v = x \cos x \sinh y + y \sin x \cosh y + f(x)$ ... (3)

$\dfrac{\partial v}{\partial x} = \cos x \sinh y - x \sin x \sinh y + y \cos x \cosh y + f'(x)$

$= \dfrac{-\partial u}{\partial y} = -x \sin x \sinh y + \cos x \sinh y + y \cos x \cosh y$

∴ $f'(x) = 0$ or $f(x) = $ constant, (3) then gives

$v = x \cos x \sinh y + y \sin x \cosh y + c$.

Ex. 4 : *If $w = \phi + i\psi$ represents the complex potential for an electric field and $\phi = -2xy + \dfrac{y}{x^2 + y^2}$, determine the function ψ.* **(Dec. 2005)**

Sol. : $\dfrac{\partial \phi}{\partial x} = -2y - \dfrac{y \cdot 2x}{(x^2 + y^2)^2} = -2y - \dfrac{2xy}{(x^2 + y^2)^2}$

$\dfrac{\partial \phi}{\partial y} = -2x + \dfrac{(x^2 + y^2) - 2y^2}{(x^2 + y^2)^2} = -2x + \dfrac{x^2 - y^2}{(x^2 + y^2)^2}$

By first C.R. equation,

$$\frac{\partial \phi}{\partial x} = \frac{\partial \psi}{\partial y}$$

$$\therefore \quad \frac{\partial \psi}{\partial y} = -2y - \frac{2xy}{(x^2+y^2)^2}$$

Integrating w.r.t. y treating x as constant,

$$\psi = \frac{-2y^2}{2} - \int \frac{2xy\,dy}{(x^2+y^2)^2} + f(x)$$

$$= -y^2 + \frac{x}{x^2+y^2} + f(x)$$

$$\frac{\partial \psi}{\partial x} = \frac{(x^2+y^2) - 2x^2}{(x^2+y^2)^2} + f'(x) = \frac{y^2-x^2}{(x^2+y^2)^2} + f'(x)$$

By second C.R. equation, $\dfrac{\partial \psi}{\partial x} = -\dfrac{\partial \phi}{\partial y}$

$$\therefore \quad \frac{y^2-x^2}{(x^2+y^2)^2} + f'(x) = 2x + \frac{y^2-x^2}{(x^2+y^2)^2}$$

$$\therefore \quad f'(x) = 2x \quad \text{or integrating } f(x) = x^2$$

$$\therefore \quad \psi = -y^2 + \frac{x}{x^2+y^2} + x^2 = x^2 - y^2 + \frac{x}{x^2+y^2}$$

Ex. 5 : *Find the conditions under which $u = ax^3 + bx^2y + cxy^2 + dy^3$ is harmonic.*
(May 2011, Nov. 2014)

Sol. : $\dfrac{\partial u}{\partial x} = 3ax^2 + 2bxy + cy^2$, $\dfrac{\partial u}{\partial y} = bx^2 + 2cxy + 3dy^2$

$$\frac{\partial^2 u}{\partial x^2} = 6ax + 2by, \quad \frac{\partial^2 u}{\partial y^2} = 2cx + 6dy$$

For u to be harmonic,

$$\frac{\partial^2 u}{\partial x^2} + \frac{\partial^2 u}{\partial y^2} = 0,$$

i.e. $\quad 6ax + 2by + 2cx + 6dy = 0$

Or $\quad x(6a + 2c) + y(2b + 6d) = 0$

$\therefore \quad 6a + 2c = 0 \quad \text{and} \quad 2b + 6d = 0$

$\therefore \quad c = -3a \quad \text{and} \quad b = -3d$

which are the required conditions.

Ex. 6 : If $f(z) = u + iv$ is analytic, find $f(z)$, if $u - v = (x - y)(x^2 + 4xy + y^2)$.

Sol. :
$$\frac{\partial u}{\partial x} - \frac{\partial v}{\partial x} = (x^2 + 4xy + y^2) + (x - y)(2x + 4y) \quad \ldots (1)$$

$$\frac{\partial u}{\partial y} - \frac{\partial v}{\partial y} = -(x^2 + 4xy + y^2) + (x - y)(4x + 2y) \quad \ldots (2)$$

Using C.R. equations in (2),

$$-\frac{\partial v}{\partial x} - \frac{\partial u}{\partial x} = -(x^2 + 4xy + y^2) + (x - y)(4x + 2y) \quad \ldots (3)$$

Adding (1) and (3),
$$-2\frac{\partial v}{\partial x} = (x - y)(6x + 6y) = 6(x^2 - y^2)$$

Subtracting (3) from (1),
$$2\frac{\partial u}{\partial x} = 2(x^2 + 4xy + y^2) + (x - y)(-2x + 2y)$$
$$= 8xy + 4xy = 12xy$$

Now
$$f'(z) = \frac{\partial u}{\partial x} + i\frac{\partial v}{\partial x}$$
$$= 6xy + i(-3x^2 + 3y^2)$$
$$= -3i(x^2 - y^2 + 2ixy) = -3i(x + iy)^2 = -3iz^2$$

$\therefore \quad f(z) = -3i\dfrac{z^3}{3} + c = -iz^3 + c$

Ex. 7 : If $u + v = e^x(\cos y + \sin y) + \dfrac{x - y}{x^2 + y^2}$, find analytic function $f(z) = u + iv$, where $f(1) = 1$.

Sol. :
$$u + v = e^x(\cos y + \sin y) + \frac{x - y}{x^2 + y^2}$$

$$\frac{\partial u}{\partial x} + \frac{\partial v}{\partial x} = e^x(\cos y + \sin y) + \frac{(x^2 + y^2) - 2x(x - y)}{(x^2 + y^2)^2}$$

$$= e^x(\cos y + \sin y) + \frac{y^2 - x^2 + 2xy}{(x^2 + y^2)^2} \quad \ldots (1)$$

$$\frac{\partial u}{\partial y} + \frac{\partial v}{\partial y} = e^x(-\sin y + \cos y) + \frac{-(x^2 + y^2) - 2y(x - y)}{(x^2 + y^2)^2}$$

$$= e^x(\cos y - \sin y) + \frac{y^2 - x^2 - 2xy}{(x^2 + y^2)^2}$$

By C.R. equation, $\dfrac{\partial u}{\partial x} = \dfrac{\partial v}{\partial y}, \dfrac{\partial u}{\partial y} = -\dfrac{\partial v}{\partial x}$.

$$-\frac{\partial v}{\partial x} + \frac{\partial u}{\partial x} = e^x(\cos y - \sin y) + \frac{y^2 - x^2 - 2xy}{(x^2 + y^2)^2} \quad \ldots (2)$$

Adding (1) and (2), $2\dfrac{\partial u}{\partial x} = 2e^x \cos y + \dfrac{2(y^2 - x^2)}{(x^2 + y^2)^2}$

Subtracting (2) from (1), $2\dfrac{\partial v}{\partial x} = 2e^x \sin y + \dfrac{4xy}{(x^2 + y^2)^2}$

$$f'(z) = \dfrac{\partial u}{\partial x} + i\dfrac{\partial v}{\partial x}$$

$$= e^x(\cos y + i \sin y) + \dfrac{y^2 - x^2 + 2ixy}{(x^2 + y^2)^2}$$

Putting $x = z$, $y = 0$, $f'(z) = e^z + \dfrac{-z^2}{z^4} = e^z - \dfrac{1}{z^2}$

Integrating, $f(z) = e^z + \dfrac{1}{z} + c$

Putting $z = 1$, $1 = e + 1 + c$ $\therefore c = -e$

$\therefore$ $f(z) = e^z + \dfrac{1}{z} - e$

Ex. 8 : *Find the analytic function,*

$$f(z) = u + iv$$

where $u = r^3 \cos 3\theta + r \sin \theta$ *(Nov. 2014)*

Sol. : u is given in polar form, so we use C.R. equations in polar form,

$$\dfrac{\partial u}{\partial r} = \dfrac{1}{r}\dfrac{\partial v}{\partial \theta}, \quad \dfrac{\partial v}{\partial r} = \dfrac{-1}{r}\dfrac{\partial u}{\partial \theta}$$

Here, $\dfrac{\partial u}{\partial r} = 3r^2 \cos 3\theta + \sin \theta$, $\dfrac{\partial u}{\partial \theta} = -3r^3 \sin 3\theta + r \cos \theta$

$$\dfrac{\partial v}{\partial \theta} = r\dfrac{\partial u}{\partial r} = 3r^3 \cos 3\theta + r \sin \theta$$

Integrating w.r.t. θ, treating r as constant,

$$v = 3r^3 \dfrac{\sin 3\theta}{3} - r \cos \theta + f(r)$$

$$= r^3 \sin 3\theta - r \cos \theta + f(r)$$

$$\dfrac{\partial v}{\partial r} = 3r^2 \sin 3\theta - \cos \theta + f'(r) = -\dfrac{1}{r}\dfrac{\partial u}{\partial \theta} = 3r^2 \sin 3\theta - \cos \theta$$

$\therefore$ $f'(r) = 0$ or $f(r) = $ constant

$$v = r^3 \sin 3\theta - r \cos \theta + c$$

$$f(z) = u + iv = r^3 \cos 3\theta + r \sin \theta + i(r^3 \sin 3\theta - r \cos \theta + c)$$

$$= r^3(\cos 3\theta + i \sin 3\theta) + r(\sin \theta - i \cos \theta) + ic$$

$$\therefore \quad f(z) = r^3 e^{3i\theta} - ir(\cos\theta + i\sin\theta) + c$$
$$= r^3 e^{3i\theta} - ire^{i\theta} + c$$

But $\quad z = re^{i\theta}$

$\therefore \quad f(z) = z^3 - iz + c$

Ex. 9 : *If $f(z) = u + iv$ is analytic, show that u, v satisfy Laplace equation in polar form* $\dfrac{\partial^2 \phi}{\partial r^2} + \dfrac{1}{r}\dfrac{\partial \phi}{\partial r} + \dfrac{1}{r^2}\dfrac{\partial^2 \phi}{\partial \theta^2} = 0.$

Sol. : Since $f(z) = u + iv$ is analytic u, v satisfy C.R. equations in polar form.

$$\frac{\partial u}{\partial r} = \frac{1}{r}\frac{\partial v}{\partial \theta}, \quad \frac{\partial v}{\partial r} = -\frac{1}{r}\frac{\partial u}{\partial \theta}$$

$$r\frac{\partial u}{\partial r} = \frac{\partial v}{\partial \theta} \qquad \ldots (1)$$

$$\frac{\partial v}{\partial r} = -\frac{1}{r}\frac{\partial u}{\partial \theta} \qquad \ldots (2)$$

Differentiating (1) partially w.r.t. r and (2) w.r.t. θ,

$$r\frac{\partial^2 u}{\partial r^2} + \frac{\partial u}{\partial r} = \frac{\partial^2 v}{\partial r \partial \theta} \qquad \ldots (3)$$

$$\frac{\partial^2 v}{\partial r \partial \theta} = -\frac{1}{r}\frac{\partial^2 u}{\partial \theta^2} \qquad \ldots (4)$$

Combining (3) and (4), we get

$$r\frac{\partial^2 u}{\partial r^2} + \frac{\partial u}{\partial r} = -\frac{1}{r}\frac{\partial^2 u}{\partial \theta^2}$$

Or $\quad \dfrac{\partial^2 u}{\partial r^2} + \dfrac{1}{r}\dfrac{\partial u}{\partial r} + \dfrac{1}{r^2}\dfrac{\partial^2 u}{\partial \theta^2} = 0$

which proves that u satisfies Laplace equation in polar form.

Now, consider the equations, $\quad \dfrac{\partial u}{\partial r} = \dfrac{1}{r}\dfrac{\partial v}{\partial \theta} \qquad \ldots (5)$

$$\frac{\partial u}{\partial \theta} = -r\frac{\partial v}{\partial r} \qquad \ldots (6)$$

Differentiating (5) partially w.r.t. θ and (6) w.r.t. r,

$$\frac{\partial^2 u}{\partial r \partial \theta} = \frac{1}{r}\frac{\partial^2 v}{\partial \theta^2} \qquad \ldots (7)$$

$$\frac{\partial^2 u}{\partial r \partial \theta} = \frac{-\partial v}{\partial r} - r\frac{\partial^2 v}{\partial r^2} \qquad \ldots (8)$$

Combining (7) and (8), $\dfrac{1}{r}\dfrac{\partial^2 v}{\partial \theta^2} = -\dfrac{\partial v}{\partial r} - r\dfrac{\partial^2 v}{\partial r^2}$

Or $\dfrac{\partial^2 v}{\partial r^2} + \dfrac{1}{r}\dfrac{\partial v}{\partial r} + \dfrac{1}{r^2}\dfrac{\partial^2 v}{\partial \theta^2} = 0$

which shows that v satisfies Laplace equation in polar form.

Ex. 10 : *Find k such that the function,*

$$f(z) = r^3 \cos 3\theta + ir^3 \sin k\theta \text{ is analytic} \quad \textit{(May 2014)}$$

Sol. : Let $f(z) = u + iv = r^3 \cos 3\theta + ir^3 \sin k\theta$

$u = r^3 \cos 3\theta, \quad v = r^3 \sin k\theta$

Using C.R. equations in polar form, $\dfrac{\partial u}{\partial r} = \dfrac{1}{r}\dfrac{\partial v}{\partial \theta}, \quad \dfrac{\partial v}{\partial r} = -\dfrac{1}{r}\dfrac{\partial u}{\partial \theta}$

$\dfrac{\partial u}{\partial r} = 3r^2 \cos 3\theta, \quad \dfrac{\partial u}{\partial \theta} = -3r^3 \sin 3\theta, \quad \dfrac{\partial v}{\partial r} = 3r^2 \sin k\theta$

$\dfrac{\partial v}{\partial \theta} = kr^3 \cos k\theta$

Using C.R. equations, $3r^2 \cos 3\theta = kr^2 \cos k\theta, \quad 3r^2 \sin k\theta = 3r^2 \sin 3\theta$

Both these equations are satisfied for k = 3.

Ex. 11 : *Determine k such that the function*

$$f(z) = e^x \cos y + i\, e^x \sin ky \text{ is analytic.}$$

Sol. : Here $u = e^x \cos y, \quad v = e^x \sin ky$

$\dfrac{\partial u}{\partial x} = e^x \cos y, \quad \dfrac{\partial u}{\partial y} = -e^x \sin y, \quad \dfrac{\partial v}{\partial x} = e^x \sin ky, \quad \dfrac{\partial v}{\partial y} = ke^x \cos ky$

By C.R. equations, $\dfrac{\partial u}{\partial x} = \dfrac{\partial v}{\partial y}, \quad \dfrac{\partial u}{\partial y} = \dfrac{-\partial v}{\partial x}$

∴ $e^x \cos y = k\, e^x \cos ky, \quad -e^x \sin y = -e^x \sin ky$

Both these equations are satisfied by k = 1.
So k = 1 is the required value.

Ex. 12 : *Verify whether f(z) = xy + iy is analytic.*

Sol. : Here $f(z) = u + iv = xy + iy$

∴ $u = xy, \quad v = y$

$\dfrac{\partial u}{\partial x} = y, \quad \dfrac{\partial u}{\partial y} = x, \quad \dfrac{\partial v}{\partial x} = 0, \quad \dfrac{\partial v}{\partial y} = 1$

Here $\dfrac{\partial u}{\partial x} = \dfrac{\partial v}{\partial y}$ gives y = 1 and $\dfrac{\partial u}{\partial y} = -\dfrac{\partial v}{\partial x}$ gives x = 0.

∴ C.R. equations are satisfied only at the point (0, 1) i.e. at z = i and no where else.

∴ Function is not analytic anywhere, not even at the point z = i [because for f(z) to be analytic at any point z_0, it should be differentiable in some neighbourhood of z_0].

Ex. 13 : *Show that following functions are not analytic : (i)* $\bar{z}$ *, (ii) $|z|^2$.*

Sol. : (i) $\quad f(z) = \bar{z} = x - iy = u + iv$

$u = x,\ v = -y,\ \dfrac{\partial u}{\partial x} = 1,\ \dfrac{\partial u}{\partial y} = 0,\ \dfrac{\partial v}{\partial x} = 0,\ \dfrac{\partial v}{\partial y} = -1.$

C.R. equations $\dfrac{\partial u}{\partial x} = \dfrac{\partial v}{\partial y},\ \dfrac{\partial u}{\partial y} = -\dfrac{\partial v}{\partial x}.$

C.R. equations are not satisfied.

∴ $\quad f(z) = \bar{z}$ is not analytic.

(ii) $\quad f(z) = |z|^2 = x^2 + y^2 = u + iv$

$u = x^2 + y^2,\ v = 0$

$\dfrac{\partial u}{\partial x} = 2x,\ \dfrac{\partial u}{\partial y} = 2y,\ \dfrac{\partial v}{\partial x} = 0,\ \dfrac{\partial v}{\partial y} = 0.$

C.R. equations are satisfied only at origin, no where else, hence f(z) is not analytic.

Ex. 14 : *Show that* $f(z) = \sqrt{xy}$ *is not analytic at origin eventhough C.R. equations are satisfied at origin.*

Sol. : $\quad f(z) = u + iv = \sqrt{xy}$

∴ $\quad u = \sqrt{xy},\ v = 0$

$\dfrac{\partial u}{\partial x} = \lim_{h_1 \to 0} \dfrac{u(x+h_1, y) - u(x, y)}{h_1}$

$\left.\dfrac{\partial u}{\partial x}\right]_{(0,0)} = \lim_{h_1 \to 0} \dfrac{u(0+h_1, 0) - u(0, 0)}{h_1} = \lim_{h_1 \to 0} \dfrac{\sqrt{(0+h_1)0} - 0}{h_1} = 0$

$\left.\dfrac{\partial u}{\partial y}\right]_{(0,0)} = \lim_{h_1 \to 0} \dfrac{u(0, 0+h_1) - u(0, 0)}{h_1} = \lim_{h_1 \to 0} \dfrac{\sqrt{0(0+h_1)}}{h_1} = 0$

$\dfrac{\partial v}{\partial x} = 0,\ \dfrac{\partial v}{\partial y} = 0$

∴ C.R. equations are satisfied at origin.

To show that f(z) is not analytic at origin, consider

$$f'(z) = \lim_{h \to 0} \frac{f(z+h) - f(z)}{h} \qquad [\because h = h_1 + ih_2]$$

$$f'(0) = \lim_{h \to 0} \frac{f(0+h) - f(0)}{h} = \lim_{h \to 0} \frac{f(h) - f(0)}{h}$$

$$= \lim_{z \to 0} \frac{f(z) - f(0)}{z}$$

$$= \lim_{\substack{x \to 0 \\ y \to 0}} \frac{\sqrt{xy} - 0}{x + iy}$$

To find the limit, consider the path $y = mx$

$$f'(0) = \lim_{x \to 0} \frac{\sqrt{x \times mx}}{x + imx} = \lim_{x \to 0} \frac{x\sqrt{m}}{x(1 + im)}$$

$$= \frac{\sqrt{m}}{1 + im}$$

As $f'(0)$ depends upon the value of m, limit is not unique. Therefore $f'(0)$ does not exist. Hence f(z) is not analytic at origin.

Ex. 15 : *A function f(z) is defined as*

$$f(z) = \frac{x^3(1+i) - y^3(1-i)}{x^2 + y^2}, \qquad z \neq 0$$

$$= 0, \qquad z = 0$$

Show that Cauchy-Riemann equations are satisfied at origin but f(z) is not analytic there.

Sol. : First we shall prove that C.R. equations are satisfied at origin.

Here, $\quad f(z) = \dfrac{(x^3 - y^3) + i(x^3 + y^3)}{x^2 + y^2} = u + iv$

$\therefore \quad u(x, y) = \dfrac{x^3 - y^3}{x^2 + y^2}, \quad v(x, y) = \dfrac{x^3 + y^3}{x^2 + y^2}$

Also $u(0, 0) = 0$, $v(0, 0) = 0$ as $f(z) = 0$ at $z = 0$.

$$\frac{\partial u}{\partial x} = \lim_{h_1 \to 0} \frac{u(x + h_1, y) - u(x, y)}{h_1}$$

$$\left.\frac{\partial u}{\partial x}\right]_{(0,0)} = \lim_{h_1 \to 0} \frac{u(0 + h_1, 0) - u(0, 0)}{h_1}$$

$$= \lim_{h_1 \to 0} \frac{\frac{h_1^3}{h_1^2} - 0}{h_1} = \lim_{h_1 \to 0} \frac{h_1}{h_1} = 1$$

$$\frac{\partial u}{\partial y} = \lim_{h_2 \to 0} \frac{u(x, y+h_2) - u(x, y)}{h_2}$$

$$\left.\frac{\partial u}{\partial y}\right]_{(0,0)} = \lim_{h_2 \to 0} \frac{u(0, h_2) - u(0, 0)}{h_2}$$

$$= \lim_{h_2 \to 0} \frac{\frac{-h_2^3}{h_2^2}}{h_2} = -1$$

Similarly, $\left.\dfrac{\partial v}{\partial x}\right]_{(0,0)} = \lim_{h_1 \to 0} \dfrac{v(h_1, 0) - v(0, 0)}{h_1} = \lim_{h_1 \to 0} \dfrac{\frac{h_1^3}{h_1^2}}{h_1} = 1$

$$\left.\frac{\partial v}{\partial y}\right]_{(0,0)} = \lim_{h_2 \to 0} \frac{v(0, h_2) - v(0, 0)}{h_2} = \lim_{h_2 \to 0} \frac{\frac{h_2^3}{h_2^2}}{h_2} = 1$$

∴ C.R. equations $\dfrac{\partial u}{\partial x} = \dfrac{\partial v}{\partial y} = 1$ and $\dfrac{\partial u}{\partial y} = -\dfrac{\partial v}{\partial x} = -1$ are satisfied at origin.

Now to show that f(z) is not analytic at origin, we shall show that f'(0) does not exist.

$$f'(0) = \lim_{z \to 0} \frac{f(z) - f(0)}{z}$$

$$= \lim_{\substack{x \to 0 \\ y \to 0}} \frac{(x^3 - y^3) + i(x^3 + y^3)}{(x^2 + y^2)(x + iy)} \qquad (\because f(0) = 0)$$

Here $z \to 0$ via any path. Let us consider the path $y = mx$.

∴ $$f'(0) = \lim_{x \to 0} \frac{(x^3 - m^3 x^3) + i(x^3 + m^3 x^3)}{(x^2 + m^2 x^2)(x + imx)}$$

$$= \lim_{x \to 0} \frac{x^3 \{(1 - m^3) + i(1 + m^3)\}}{x^3 (1 + m^2)(1 + im)}$$

$$= \frac{(1 - m^3) + i(1 + m^3)}{(1 + m^2)(1 + im)}$$

f'(0) is obtained in terms of m i.e. f'(0) is not unique (it can take different values for different m).

∴ f'(0) does not exist or f(z) is not analytic at origin.

Ex. 16 : *f(z) is defined as*

$$f(z) = \frac{x^2 y^5 (x + iy)}{x^6 + y^{10}}, \quad z \neq 0$$

$$= 0, \quad z = 0$$

Show that f(z) is not analytic at origin, eventhough Cauchy-Riemann conditions are satisfied there.

Sol. : $u(x, y) = \dfrac{x^3 y^5}{x^6 + y^{10}}, \ v(x, y) = \dfrac{x^2 y^6}{x^6 + y^{10}}$

$u(0, 0) = 0, \quad v(0, 0) = 0$

$\left.\dfrac{\partial u}{\partial x}\right]_{(0,0)} = \lim_{x \to 0} \dfrac{u(x, 0) - u(0, 0)}{x} = 0 \text{ as } u(x, 0) = 0$

$\left.\dfrac{\partial u}{\partial y}\right]_{(0,0)} = \lim_{y \to 0} \dfrac{u(0, y) - u(0, 0)}{y} = 0$

$\left.\dfrac{\partial v}{\partial x}\right]_{(0,0)} = \lim_{x \to 0} \dfrac{v(x, 0) - v(0, 0)}{x} = 0$

$\left.\dfrac{\partial v}{\partial y}\right]_{(0,0)} = \lim_{y \to 0} \dfrac{v(0, y) - v(0, 0)}{y} = 0$

Thus C.R. equations are satisfied at origin.

To show that f(z) is not analytic at origin, we show that f'(0) does not exist.

$f'(0) = \lim_{z \to 0} \dfrac{f(z) - f(0)}{z} = \lim_{\substack{x \to 0 \\ y \to 0}} \dfrac{x^2 y^5 (x + iy)}{(x^6 + y^{10})(x + iy)}$

$= \lim_{\substack{x \to 0 \\ y \to 0}} \dfrac{x^2 y^5}{x^6 + y^{10}}$

Consider the path $x = y^2$.

$f'(0) = \lim_{y \to 0} \dfrac{y^4 \cdot y^5}{y^{12} + y^{10}} = \lim_{y \to 0} \dfrac{y^9}{y^{12} + y^{10}}$

$= \lim_{y \to 0} \dfrac{y^9}{y^{12}\left(1 + \dfrac{1}{y^2}\right)} = \lim_{y \to 0} \dfrac{1}{y^3\left(1 + \dfrac{1}{y^2}\right)}$

$= \lim_{y \to 0} \dfrac{1}{y^3 + y} = \infty$

∴ f'(0) does not exist. Therefore f(z) is not analytic at origin.

Note : To show that f'(0) does not exist we have to choose a path by trial, such that f'(0) does not exist.

Ex. 17 : *Show that analytic function f(z) with constant modulus is constant.*

(Dec. 2004, 2006, 2012)

Sol. : Let $f(z) = u + iv$ and $|f(z)| = c$ then $u^2 + v^2 = c^2$.

Differentiating partially w.r.t. x and y respectively,

$2u \dfrac{\partial u}{\partial x} + 2v \dfrac{\partial v}{\partial x} = 0 \text{ or } u \dfrac{\partial u}{\partial x} + v \dfrac{\partial v}{\partial x} = 0$ ... (1)

Similarly, $u \dfrac{\partial u}{\partial y} + v \dfrac{\partial v}{\partial y} = 0$ ... (2)

Using C.R. equations (1) and (2), take the form

$$u\frac{\partial u}{\partial x} - v\frac{\partial u}{\partial y} = 0 \qquad \ldots (3)$$

$$u\frac{\partial u}{\partial y} + v\frac{\partial u}{\partial x} = 0 \qquad \ldots (4)$$

Hence, $\left(u\dfrac{\partial u}{\partial x} - v\dfrac{\partial u}{\partial y}\right)^2 + \left(u\dfrac{\partial u}{\partial y} + v\dfrac{\partial u}{\partial x}\right)^2 = 0$

Or $\quad u^2\left(\dfrac{\partial u}{\partial x}\right)^2 + v^2\left(\dfrac{\partial u}{\partial x}\right)^2 + v^2\left(\dfrac{\partial u}{\partial y}\right)^2 + u^2\left(\dfrac{\partial u}{\partial y}\right)^2 = 0$

Or $\quad (u^2 + v^2)\left\{\left(\dfrac{\partial u}{\partial x}\right)^2 + \left(\dfrac{\partial u}{\partial y}\right)^2\right\} = 0$

but $\quad u^2 + v^2 = c \quad$ (given) $\qquad \ldots (5)$

$\therefore \quad c^2\left\{\left(\dfrac{\partial u}{\partial x}\right)^2 + \left(\dfrac{\partial u}{\partial y}\right)^2\right\} = 0 \qquad \ldots (6)$

If $c = 0$ then from (5), $u = 0$, $v = 0$.

If $c \neq 0$ then by (6), $\left(\dfrac{\partial u}{\partial x}\right)^2 + \left(\dfrac{\partial u}{\partial y}\right)^2 = 0$ i.e. $\dfrac{\partial u}{\partial x} = 0, \dfrac{\partial u}{\partial y} = 0$ and by C.R. equations, $\dfrac{\partial v}{\partial y} = 0, \dfrac{\partial v}{\partial x} = 0$.

Integrating $\dfrac{\partial u}{\partial x} = 0$ w.r.t. x, treating y as constant,

$u = f(y)$. Differentiating $\dfrac{\partial u}{\partial y} = f'(y) = 0 \therefore f(y) = c$ or $u =$ constant.

Similarly, $v =$ constant. Hence, $f(z) =$ constant.

Ex. 18 : *Show that analytic function f(z) with constant amplitude is constant.*

(Dec. 2008)

Sol. : Let, $\quad f(z) = u + iv$

$$\text{Amp }\{f(z)\} = \tan^{-1}\frac{v}{u} = c$$

Or $\qquad \dfrac{v}{u} = \tan c = k \qquad \ldots (1)$

Differentiating (1) partially w.r.t. x,

$$\frac{u\dfrac{\partial v}{\partial x} - v\dfrac{\partial u}{\partial x}}{u^2} = 0$$

Or $\qquad u\dfrac{\partial v}{\partial x} - v\dfrac{\partial u}{\partial x} = 0 \qquad \ldots (2)$

Similarly, differentiating (1) partially w.r.t. y,

$$u \frac{\partial v}{\partial y} - v \frac{\partial u}{\partial y} = 0 \qquad \ldots (3)$$

Or $\qquad u \dfrac{\partial u}{\partial x} + v \dfrac{\partial v}{\partial x} = 0 \qquad$ [using C.R. equations] ... (4)

Multiplying (2) by v and (4) by u, subtraction gives

$$(u^2 + v^2) \frac{\partial u}{\partial x} = 0 \text{ but } u^2 + v^2 \neq 0$$

$$\therefore \qquad \frac{\partial u}{\partial x} = 0.$$

Similarly, $\dfrac{\partial v}{\partial x} = 0$ and by C.R. equations, $\dfrac{\partial v}{\partial y} = 0, \dfrac{\partial u}{\partial y} = 0.$

As per the procedure of the previous problem, $u = c$, $v = c$ or $f(z) =$ constant.

Ex. 19 : *Express Laplace equation* $\dfrac{\partial^2 \phi}{\partial x^2} + \dfrac{\partial^2 \phi}{\partial y^2} = 0$ *in terms of variables z and $\bar{z}$.*

Sol. : $z = x + iy$, $\bar{z} = x - iy$

Or $x = \dfrac{1}{2}(z + \bar{z})$, $y = \dfrac{1}{2i}(z - \bar{z})$ $\quad \therefore \quad \phi(x, y) = \phi(z, \bar{z})$

$$\frac{\partial \phi}{\partial x} = \frac{\partial \phi}{\partial z} \cdot \frac{\partial z}{\partial x} + \frac{\partial \phi}{\partial \bar{z}} \cdot \frac{\partial \bar{z}}{\partial x}$$

$$\frac{\partial z}{\partial x} = 1, \quad \frac{\partial \bar{z}}{\partial x} = 1$$

$$\therefore \qquad \frac{\partial \phi}{\partial x} = \frac{\partial \phi}{\partial z} + \frac{\partial \phi}{\partial \bar{z}}$$

$$\therefore \qquad \frac{\partial}{\partial x} = \frac{\partial}{\partial z} + \frac{\partial}{\partial \bar{z}}$$

$$\frac{\partial^2 \phi}{\partial x^2} = \frac{\partial}{\partial x}\left(\frac{\partial \phi}{\partial x}\right) = \left(\frac{\partial}{\partial z} + \frac{\partial}{\partial \bar{z}}\right)\left(\frac{\partial \phi}{\partial z} + \frac{\partial \phi}{\partial \bar{z}}\right)$$

$$= \frac{\partial^2 \phi}{\partial z^2} + 2 \frac{\partial^2 \phi}{\partial z \partial \bar{z}} + \frac{\partial^2 \phi}{\partial \bar{z}^2} \qquad \ldots (1)$$

$$\frac{\partial \phi}{\partial y} = \frac{\partial \phi}{\partial z} \cdot \frac{\partial z}{\partial y} + \frac{\partial \phi}{\partial \bar{z}} \cdot \frac{\partial \bar{z}}{\partial y}$$

Now, $\dfrac{\partial z}{\partial y} = i, \quad \dfrac{\partial \bar{z}}{\partial y} = -i$

$\therefore \quad \dfrac{\partial \phi}{\partial y} = i\left(\dfrac{\partial \phi}{\partial z} - \dfrac{\partial \phi}{\partial \bar{z}}\right)$

$\therefore \quad \dfrac{\partial}{\partial y} = i\left(\dfrac{\partial}{\partial z} - \dfrac{\partial}{\partial \bar{z}}\right)$

$\therefore \quad \dfrac{\partial^2 \phi}{\partial y^2} = \dfrac{\partial}{\partial y}\left(\dfrac{\partial \phi}{\partial y}\right) = i\left(\dfrac{\partial}{\partial z} - \dfrac{\partial}{\partial \bar{z}}\right)\left\{i\left(\dfrac{\partial \phi}{\partial z} - \dfrac{\partial \phi}{\partial \bar{z}}\right)\right\}$

$= -\left[\dfrac{\partial^2 \phi}{\partial z^2} - 2\dfrac{\partial^2 \phi}{\partial z \partial \bar{z}} + \dfrac{\partial^2 \phi}{\partial \bar{z}^2}\right]$ ...(2)

Adding (1) and (2),

$$\dfrac{\partial^2 \phi}{\partial x^2} + \dfrac{\partial^2 \phi}{\partial y^2} = 4\dfrac{\partial^2 \phi}{\partial z \partial \bar{z}}$$

Ex. 20 : *If $f(z)$ is analytic, show that $\left(\dfrac{\partial^2}{\partial x^2} + \dfrac{\partial^2}{\partial y^2}\right) |f(z)|^2 = 4 |f'(z)|^2$.*

Sol. : Let $\quad f(z) = u + iv \quad \therefore \quad |f(z)|^2 = u^2 + v^2$

$\dfrac{\partial}{\partial x} |f(z)|^2 = \dfrac{\partial}{\partial x}(u^2 + v^2) = 2uu_x + 2vv_x \qquad \left[u_x = \dfrac{\partial u}{\partial y} \text{ etc.}\right]$

$\dfrac{\partial^2}{\partial x^2} |f(z)|^2 = \dfrac{\partial}{\partial x}[2uu_x + 2vv_x] = 2uu_{xx} + 2u_x^2 + 2vv_{xx} + 2v_x^2$

Similarly, $\quad \dfrac{\partial^2}{\partial y^2} |f(z)|^2 = 2uu_{yy} + 2u_y^2 + 2vv_{yy} + 2v_y^2$

$\therefore \quad \left(\dfrac{\partial^2}{\partial x^2} + \dfrac{\partial^2}{\partial y^2}\right) |f(z)|^2 = 2[u(u_{xx} + u_{yy}) + v(v_{xx} + v_{yy}) + u_x^2 + v_x^2 + u_y^2 + v_y^2]$

... (1)

Since $f(z)$ is analytic, u, v satisfy Laplace equation.

$\therefore \quad u_{xx} + u_{yy} = 0 \quad \text{and} \quad v_{xx} + v_{yy} = 0$

Also $\qquad f'(z) = \dfrac{\partial u}{\partial x} + i\dfrac{\partial v}{\partial x} = \dfrac{\partial v}{\partial y} - i\dfrac{\partial u}{\partial y}$

$\therefore \qquad |f'(z)|^2 = u_x^2 + v_x^2 = v_y^2 + u_y^2$

Using these results, (1) becomes

$\left(\dfrac{\partial^2}{\partial x^2} + \dfrac{\partial^2}{\partial y^2}\right) |f(z)|^2 = 2[2|f'(z)|^2] = 4|f'(z)|^2$

Alternative method :

In example 19, we have established that

$$\frac{\partial^2 \phi}{\partial x^2} + \frac{\partial^2 \phi}{\partial y^2} = 4 \frac{\partial^2 \phi}{\partial z \, \partial \bar{z}}$$

$$\therefore \quad \frac{\partial^2}{\partial x^2} + \frac{\partial^2}{\partial y^2} = 4 \frac{\partial}{\partial z} \frac{\partial}{\partial \bar{z}}$$

Let $\quad \phi = |f(z)|^2 = f(z) \cdot \bar{f}(\bar{z})$

where $\bar{f}(\bar{z})$ is conjugate of $f(z)$.

$$\therefore \quad \left(\frac{\partial^2}{\partial x^2} + \frac{\partial^2}{\partial y^2}\right) |f'(z)|^2 = 4 \frac{\partial}{\partial z} \frac{\partial}{\partial \bar{z}} \{f(z) \cdot \bar{f}(\bar{z})\}$$

$$= 4 \frac{\partial}{\partial z} \{f(z) \cdot \bar{f}'(\bar{z})\}$$

$$= 4 f'(z) \cdot \bar{f}'(\bar{z})$$

$$= 4 |f'(z)|^2$$

Ex. 21 : *If $f(z)$ is analytic, show that* $\left(\frac{\partial^2}{\partial x^2} + \frac{\partial^2}{\partial y^2}\right) |f(z)|^n = n^2 |f(z)|^{n-2} |f'(z)|^2.$

(May 2008, Dec. 2010)

Sol. : $\quad |f(z)|^n = \{|f(z)|^2\}^{n/2}$

$$= \{f(z) \cdot \bar{f}(\bar{z})\}^{n/2}$$

L.H.S. $= \left(\dfrac{\partial^2}{\partial x^2} + \dfrac{\partial^2}{\partial y^2}\right) \{f(z) \cdot \bar{f}(\bar{z})\}^{n/2}$

$$= 4 \frac{\partial}{\partial z} \frac{\partial}{\partial \bar{z}} \{f(z) \cdot \bar{f}(\bar{z})\}^{n/2}$$

$$= 4 \frac{\partial}{\partial z} (f(z))^{n/2} \cdot \frac{\partial}{\partial \bar{z}} (\bar{f}(\bar{z}))^{n/2}$$

$$= 4 \cdot \frac{n}{2} f(z)^{\frac{n}{2}-1} \cdot f'(z) \cdot \frac{n}{2} \bar{f}(\bar{z})^{\frac{n}{2}-1} \cdot \bar{f}'(\bar{z})$$

Now, $\quad f'(z) \cdot \bar{f}'(\bar{z}) = |f'(z)|^2$

and $\quad \{f(z)\}^{\frac{n}{2}-1} \cdot \{\bar{f}(\bar{z})\}^{\frac{n}{2}-1} = \{f(z) \cdot \bar{f}(\bar{z})\}^{\frac{n-2}{2}}$

$$= \{|f(z)|^2\}^{\frac{n-2}{2}} = |f(z)|^{n-2}$$

$\therefore \quad$ L.H.S. $= 4 \cdot \dfrac{n^2}{4} |f(z)|^{n-2} |f'(z)|^2$

$$= n^2 |f(z)|^{n-2} |f'(z)|^2 = \text{R.H.S.}$$

Ex. 22 : $$f(z) = \frac{2xy(x-iy)}{x^2+y^2}, \quad z \neq 0$$
$$= 0, \quad z = 0$$

Show that C.R. equations are satisfied at origin, but still the function is not analytic there.

Sol. : $$u(x, y) = \frac{2x^2 y}{x^2+y^2}, \quad v(x, y) = \frac{-2xy^2}{x^2+y^2}$$

$$u(0, 0) = 0, \quad v(0, 0) = 0$$

$$\left.\frac{\partial u}{\partial x}\right]_{(0,0)} = \lim_{x \to 0} \frac{u(x, 0) - u(0, 0)}{x} = \lim_{x \to 0} \frac{0-0}{x} = 0$$

$$\left.\frac{\partial u}{\partial y}\right]_{(0,0)} = \lim_{y \to 0} \frac{u(0, y) - u(0, 0)}{y} = \lim_{y \to 0} \frac{0-0}{y} = 0$$

$$\left.\frac{\partial v}{\partial x}\right]_{(0,0)} = \lim_{x \to 0} \frac{v(x, 0) - v(0, 0)}{y} = \lim_{y \to 0} \frac{0-0}{x} = 0$$

$$\left.\frac{\partial v}{\partial y}\right]_{(0,0)} = \lim_{y \to 0} \frac{v(0, y) - v(0, 0)}{y} = \lim_{y \to 0} \frac{0-0}{y} = 0$$

Thus C.R. equations are satisfied at origin

$$f'(0) = \lim_{z \to 0} \frac{f(z) - f(0)}{z} = \lim_{\substack{x \to 0 \\ y \to 0}} \frac{\frac{2xy(x-iy)}{x^2+y^2} - 0}{x+iy}$$

$$= \lim_{\substack{x \to 0 \\ y \to 0}} \frac{2xy(x-iy)}{(x^2+y^2)(x+iy)}$$

Choosing the path $y = m$,

$$f'(0) = \lim_{x \to 0} \frac{2mx^2(x - imx)}{(x^2 + m^2 x^2)(x + imx)}$$

$$= \lim_{x \to 0} \frac{2mx^3(1 - im)}{x^3(1 + m^2)(1 + im)} = \frac{2m(1 - im)}{(1 + m^2)(1 + im)}$$

$f'(0)$ depends upon m. Limit is not unique.

$\therefore$ $f'(0)$ does not exist at origin.

Ex. 23 : If $f(z) = u + iv$ is analytic and $u - v = e^x \{(x-y)\cos y - (x+y)\sin y\}$. Find $f(z)$ if $f(0) = 1$.

Sol. : $$u - v = e^x \{(x-y)\cos y - (x+y)\sin y\}$$

$$\frac{\partial u}{\partial x} - \frac{\partial v}{\partial x} = e^x \{(x-y)\cos y - (x+y)\sin y\} + e^x \{\cos y - \sin y\} \quad \ldots (1)$$

$$\frac{\partial u}{\partial y} - \frac{\partial v}{\partial y} = e^x \{-x \sin y - \cos y + y \sin y - x \cos y - \sin y - y \cos y\}$$
$$\ldots (2)$$

$$= e^x \{-(x+y)\cos y + (y-x)\sin y\} - e^x \{\cos y + \sin y\}$$

Using C.R. equations $\dfrac{\partial u}{\partial y} = -\dfrac{\partial v}{\partial x}$, $\dfrac{\partial u}{\partial x} = \dfrac{\partial v}{\partial y}$

$$-\dfrac{\partial v}{\partial x} - \dfrac{\partial u}{\partial x} = e^x\{-(x+y)\cos y + (y-x)\sin y\} - e^x\{\cos y + \sin y\} \ldots (3)$$

Subtracting (3) from (1)

$$2\dfrac{\partial u}{\partial x} = e^x\{2x\cos y - 2y\sin y\} + 2e^x\cos y$$

Adding (1) and (2)

$$-\dfrac{\partial v}{\partial x} = e^x\{-2y\cos y - 2x\sin y\} - 2e^x\sin y$$

$$f'(z) = \dfrac{\partial u}{\partial x} + i\dfrac{\partial v}{\partial x} = e^x$$

$(x\cos y + iy\cos y - y\sin y + ix\sin y) + e^x(\cos y + i\sin y)$

Replacing x by z and y by 0, by Milne Thomson method,

$$f'(z) = z\,e^z + e^z$$

Integrating $\quad f(z) = z\,e^z + c$

$\quad\quad\quad f(0) = c = 1$

$\therefore\quad\quad f(z) = z\,e^z + 1$

Ex. 24 : If $v = -\dfrac{y}{x^2 + y^2}$, find u, such that $f(z) = u + iv$ is analytic and determine $f(z)$ in terms of z. **(May 2009, 2011)**

Sol. : $\quad v = -\dfrac{y}{x^2 + y^2}\quad \therefore\ \dfrac{\partial v}{\partial x} = \dfrac{2xy}{(x^2+y^2)^2},\quad \dfrac{\partial v}{\partial y} = \dfrac{y^2 - x^2}{(x^2+y^2)^2}$

By C.R. equation $\dfrac{\partial u}{\partial y} = -\dfrac{\partial v}{\partial x} = \dfrac{-2xy}{(x^2+y^2)^2}$

Integrating w.r.t. y, treating x as constant.

$$u = \dfrac{x}{(x^2+y^2)} + f(x)$$

$$\dfrac{\partial u}{\partial x} = \dfrac{(x^2+y^2) - 2x^2}{(x^2+y^2)^2} + f'(x) = \dfrac{y^2 - x^2}{(x^2+y^2)^2} + f'(x)$$

$\therefore\quad u = \dfrac{x}{(x^2+y^2)} + f(x) = \dfrac{x}{x^2+y^2} + c$

$$f(z) = u + iv = \dfrac{x}{x^2+y^2} + c + i\dfrac{(-y)}{x^2+y^2}$$

Replacing x by z and y by zero, by Milne Thomson method,

$$f(z) = \dfrac{z}{z^2} + c = \dfrac{1}{z} + c$$

Ex. 25 : If $f(z)$ is an analytic function of z, and $f(z) = u + iv$, prove that

$$\left(\frac{\partial^2}{\partial x^2} + \frac{\partial^2}{\partial y^2}\right) |\text{Re } f(z)|^2 = 2 |f'(z)|^2.$$
(May 2006)

Sol. : L.H.S. $= \left(\dfrac{\partial^2}{\partial x^2} + \dfrac{\partial^2}{\partial y^2}\right) u^2 = \dfrac{\partial}{\partial x}\dfrac{\partial}{\partial x}(u^2) + \dfrac{\partial}{\partial y}\dfrac{\partial}{\partial y}(u^2)$

$= \dfrac{\partial}{\partial x}\left(2u\dfrac{\partial u}{\partial x}\right) + \dfrac{\partial}{\partial y}\left(2u\dfrac{\partial u}{\partial y}\right)$

$= 2\left(\dfrac{\partial u}{\partial x}\right)^2 + 2u\dfrac{\partial^2 u}{\partial x^2} + 2\left(\dfrac{\partial u}{\partial y}\right)^2 + 2u\dfrac{\partial^2 u}{\partial y^2}$

$\because$ u is harmonic $\dfrac{\partial^2 u}{\partial x^2} + \dfrac{\partial^2 u}{\partial y^2} = 0$

L.H.S. $= 2\left[\left(\dfrac{\partial u}{\partial x}\right)^2 + \left(\dfrac{\partial u}{\partial y}\right)^2\right] = 2\left[\left(\dfrac{\partial u}{\partial x}\right)^2 + \left(\dfrac{\partial v}{\partial x}\right)^2\right]$

$= 2|f'(z)|^2 \qquad \left[f'(z) = \dfrac{\partial u}{\partial x} + i\dfrac{\partial v}{\partial x} \quad |f'(z)|^2 = \left(\dfrac{\partial u}{\partial x}\right)^2 + \left(\dfrac{\partial v}{\partial x}\right)^2\right]$

Ex. 26 : Find the analytic function, whose real part is $\dfrac{\sin 2x}{\cosh 2y - \cos 2x}$. (Dec. 2008)

Sol. : $f(z) = u + iv \quad$ where $\quad u = \dfrac{\sin 2x}{\cosh 2y - \cos 2x}$

$f'(z) = \dfrac{\partial u}{\partial x} + i\dfrac{\partial v}{\partial x} = \dfrac{\partial u}{\partial x} - i\dfrac{\partial u}{\partial y}$

$\dfrac{\partial u}{\partial x} = \dfrac{2\cos 2x (\cosh 2y - \cos 2x) - 2\sin^2 2x}{(\cosh 2y - \cos 2x)^2}$

$\dfrac{\partial u}{\partial y} = \dfrac{-2\sin 2x \sinh 2y}{(\cosh 2y - \cos 2x)^2}$

$f'(z) = \dfrac{\partial u}{\partial x} - i\dfrac{\partial u}{\partial y}$

$= \dfrac{2\cos 2x (\cosh 2y - \cos 2x) - 2\sin^2 2x + 2i \sin 2x \sinh 2y}{(\cosh 2y - \cos 2x)^2}$

By Milne Thomson method, replace x by z and y by zero.

$\therefore \quad f'(z) = \dfrac{2\cos 2z - 2}{(1 - \cos 2z)^2} = \dfrac{-2}{(1 - \cos 2z)} = \dfrac{-2}{2 \sin^2 z}$

$= -\text{cosec}^2 z$

By integrating $\quad f(z) = \cot z + c$

Ex. 27 : If $f(z)$ is analytic, show that $\left(\dfrac{\partial^2}{\partial x^2} + \dfrac{\partial^2}{\partial y^2}\right) |f(z)|^4 = 16 |f(z)|^2 |f'(z)|^2$. (May 09)

Sol. : $|f(z)|^4 = [|f(z)|^2]^2 = (f(z))^2 (\overline{f(\bar z)})^2 \qquad [\because |f(z)|^2 = f(z)\,\overline{f(\bar z)}]$

$$\frac{\partial^2}{\partial x^2} + \frac{\partial^2}{\partial y^2} = 4\frac{\partial^2}{\partial z \partial \bar{z}}$$

$$\text{L.H.S.} = 4\frac{\partial^2}{\partial z \partial \bar{z}} (f(z))^2 (\bar{f}(\bar{z}))^2$$

$$= 4\frac{\partial}{\partial z}\frac{\partial}{\partial \bar{z}} (f(z))^2 (\bar{f}(\bar{z}))^2 = 4\frac{\partial}{\partial z} (f(z))^2 \frac{\partial}{\partial \bar{z}} (\bar{f}(\bar{z}))^2$$

$$= 8\frac{\partial}{\partial z}\frac{\partial}{\partial \bar{z}} f'(z) + 2\bar{f}(\bar{z}) \bar{f}'(\bar{z})$$

$$= 16\, f(z)\, f(z)\, \bar{f}(\bar{z})\, f'(z)\, \bar{f}'(\bar{z}) = 16\, |f(z)|^2\, |f'(3)|^2$$

EXERCISE 11.1

1. Show that following functions are analytic : (i) z^3, (ii) e^z, (iii) sinh z.
   [**Hint** : Express in terms of u + iv and show that C.R. equations are satisfied etc.]

2. If $f(z) = u + iv$ is analytic, show that, family of curves u = constant, v = constant are orthogonal.
   [**Hint** : For orthogonality, product of the slopes = –1]

3. Show that following functions are harmonic and find their harmonic conjugates. Also find corresponding analytic functions in terms of z.

   (i) $u = x^4 - 6x^2y^2 + y^4$ [**Ans.** $v = 4x^3y - 4xy^3,\ f(z) = z^4$]

   (ii) $v = \dfrac{-y}{x^2 + y^2 + 2x + 1}$ $\left[\textbf{Ans. } u = \dfrac{x+1}{x^2 + y^2 + 2x + 1},\ f(z) = \dfrac{1}{z+1}\right]$

   (iii) $u = \cosh x \cos y$ [**Ans.** $v = \sinh x \sin y,\ f(z) = \cosh z$]

   (iv) $v = \dfrac{-y}{x^2 + y^2}$ $\left[\textbf{Ans. } u = \dfrac{x}{x^2 + y^2},\ f(z) = \dfrac{1}{z}\right]$

   (v) $u = e^x [(x^2 - y^2) \cos y - 2xy \sin y]$ (Dec. 2005)
   [**Ans.** $v = -e^x \{2xy \cos y + (x^2 - y^2) \sin y\},\ f(z) = z^2 e^z$]

4. If $f(z) = u + iv$ is analytic function, find f(z) if

   (i) $u + v = e^{-x} (\cos y - \sin y)$ (Dec. 2006) [**Ans.** $f(z) = e^{-z}$]

   (ii) $u - v = \dfrac{\cos x + \sin x - e^{-y}}{2\cos x - e^y - e^{-y}}$, given $f\left(\dfrac{\pi}{2}\right) = 0$ $\left[\textbf{Ans. } f(z) = \dfrac{1}{2}\left(1 - \cot\dfrac{z}{2}\right)\right]$

5. Find the analytic function f(z) whose imaginary part is $r^n \sin n\theta$.   [**Ans.** $f(z) = z^n$]

6. Find the analytic function $f(z) = u + iv$, where $u = \left(r + \dfrac{1}{r}\right) \cos\theta,\ r \neq 0$. (May 08)

   $\left[\textbf{Ans. } f(z) = z + \dfrac{1}{z}\right]$

7. Examine for analyticity, the functions

   (i) $3xy + i(x^2 - y^2)$, (ii) $\dfrac{x + iy}{x^2 + y^2}$ [**Ans.** (i) not analytic, (ii) not analytic]

8. An electrostatic field in the xy plane is given by the potential function $x^3 - 3xy^2$. Find the stream function. **[Ans. $3x^2y - y^3 + c$]**

9. Find the orthogonal trajectories of
   (i) $\tan^{-1}\frac{y}{x} = c$, (ii) $\frac{x}{x^2 + y^2} = c$. $\left[\text{Ans. (i) } \frac{1}{2}\log(x^2 + y^2), \text{ (ii) } \frac{-y}{x^2 + y^2}\right]$

10. Determine k such that the function
    $$f(z) = \frac{1}{2}\log(x^2 + y^2) + i\tan^{-1}\frac{ky}{x} \text{ is analytic.}$$ **[Ans. $k = 1$]**

11. Show that the function defined as
    $$f(z) = e^{-z^{-4}}, \quad z \neq 0$$
    $$= 0, \quad z = 0$$
    is not analytic at origin, eventhough Cauchy-Riemann equations are satisfied there.

12. If $f(z)$ is defined as
    $$f(z) = \frac{x^2y(y - ix)}{x^6 + y^2}, \quad z \neq 0$$
    $$= 0, \quad z = 0$$
    show that Cauchy-Riemann equations are satisfied at origin but still $f(z)$ is not analytic at origin. What is the possible reason?

13. If $f(z)$ is analytic, show that
    $$\left(\frac{\partial^2}{\partial x^2} + \frac{\partial^2}{\partial y^2}\right)\{R(f(z))\}^n = n(n-1)\{R(f(z))\}^{n-2}|f'(z)|^2.$$

14. If s and t satisfy Laplace equation, show that $f(z) = u + iv$ is analytic, where
    $$u = \frac{\partial s}{\partial y} - \frac{\partial t}{\partial x}, \quad v = \frac{\partial s}{\partial x} + \frac{\partial t}{\partial y}.$$

15. Show that $u = x^3 - 3xy^2$ and $v = \frac{x - y}{x^2 + y^2}$ are both harmonic functions but $u + iv$ is not analytic.

16. If the function $f(z) = u + iv$ is analytic, find $f(z)$ if $u + v = \sin x \cosh y + \cos x \sinh y$. **(May 2007)**
    [Ans. $f(z) = \sin z + c$]

17. If $f(z) = u + iv$ is analytic, find $f(z)$ if $u + v = 3(x + y) + \frac{x - y}{x^2 + y^2}$. **(Dec. 2007]**
    [Ans. $f(z) = 6z + \frac{1}{z} + c$]

18. If $u = 3x^2 - 3y^2 + 2y$, find v such that $f(z) = u + iv$ is analytic. Determine $f(z)$ in terms of z. **(Dec. 2007) [Ans. $v = 6xy - 2x + c$, $f(z) = 3z^2 - 2iz + c$]**

CHAPTER TWELVE

COMPLEX INTEGRATION AND CONFORMAL MAPPING

12.1 INTRODUCTION

In this section, we shall consider the integration of function f(z) along a given curve 'c' in the region of a complex plane.

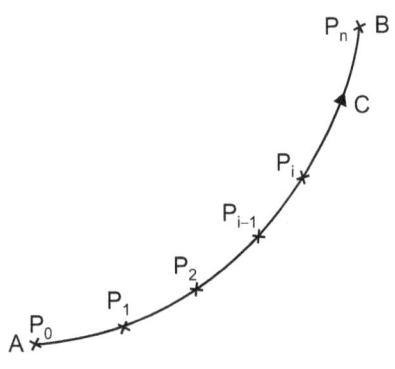

Fig. 12.1

Let 'c' be the curve in the region R of the complex plane (xoy plane).

$$f(z) = u + iv$$

is continuous function and is defined in this region.

$A = P_0(z_0), P_1(z_1), P_2(z_2), \ldots, P_{i-1}(z_{i-1}), P_i(z_i) \ldots P_n(z_n)$ are points located on the curve.

δz_i is the length of arc of the curve joining $P_{i-1}(z_{i-1})$ and $P_i(z_i)$. ζ_i is any point on this arc joining P_{i-1} and P_i. $f(\zeta_i)$ represents the value of the function f(z) along this arc.

Limit of the sum $\sum_{i=1}^{n} f(\zeta_i) \, \delta z_i$ as $n \to \infty$ or $\delta z_i \to 0$ is called the line integral of f(z) taken along the curve c, and is denoted by

$$I = \int_c f(z) \, dz$$

Since $f(z) = u + iv, \; z = x + iy \;\text{or}\; dz = dx + i\,dy$

$$I = \int_c (u + iv)(dx + i\,dy) = \int_c (u\,dx - v\,dy) + i \int_c v\,dx + u\,dy$$

As u(x, y), v(x, y) are real, evaluation of I is equivalent to evaluation of real integrals, and the value of I will depend upon the path of integration or the equation of the curve c.

ILLUSTRATIONS

Ex. 1 : *Evaluate* $\int_c f(z) \, dz$ *where* $f(z) = z^2$ *and 'c' is the path joining the points* $A(z = 0), B(z = 1 + i)$, *where*
  (i)   *'c' is a parabola* $y = x^2$ *joining the points A and B.*
  (ii) *'c' is a straight line* $y = x$, *joining the points A and B.*
  (iii) *'c' is the path* $A(0, 0), M(1, 0), B(1, 1)$.

(12.1)

Sol. :

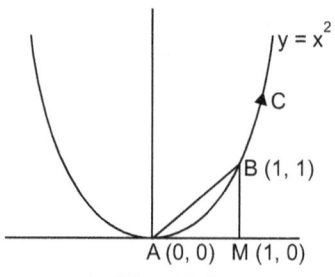

Fig. 12.2

$$I = \int_c f(z)\, dz = \int_c z^2\, dz$$

$$= \int_c (x + iy)^2 (dx + i\, dy) = \int_c \{(x^2 - y^2) + 2i\, xy\} \{dx + i\, dy\}$$

$$I = \int_c \{(x^2 - y^2)\, dx - 2xy\, dy\} + i \int_c 2xy\, dx + (x^2 - y^2)\, dy$$

(i) $y = x^2$, $dy = 2x\, dx$

$$I = \int_0^1 \{(x^2 - x^4) - 4x^4\}\, dx + i \int_0^1 (2x^3 + 2x^3 - 2x^5)\, dx$$

$$= \int_0^1 (x^2 - 5x^4)\, dx + i \int_0^1 (4x^3 - 2x^5)\, dx$$

$$= \left[\frac{x^3}{3} - \frac{5x^5}{5}\right]_0^1 + i\left[\frac{4x^4}{4} - \frac{2x^6}{6}\right]_0^1 = \left(\frac{1}{3} - 1\right) + i\left(1 - \frac{1}{3}\right) = -\frac{2}{3} + \frac{2}{3}i$$

(ii) $y = x$, $dy = dx$

$$I = \int_0^1 \{(x^2 - x^2) - 2x^2\}\, dx + i \int_0^1 \{2x^2 + (x^2 - x^2)\}\, dx$$

$$= \left[-\frac{2x^3}{3}\right]_0^1 + i\left[\frac{2x^3}{3}\right]_0^1 = -\frac{2}{3} + \frac{2}{3}i$$

(iii)
$$I = \int_{AM} \{(x^2 - y^2)\, dx - 2xy\, dy\} + i \int_{AM} 2xy\, dx + (x^2 - y^2)\, dy$$
$$\quad y = 0,\, dy = 0 \qquad\qquad\qquad y = 0,\, dy = 0$$

$$+ \int_{MB} (x^2 - y^2)\, dx - 2xy\, dy + i \int_{MB} 2xy\, dx + (x^2 - y^2)\, dy$$
$$\quad x = 1,\, dx = 0 \qquad\qquad\qquad x = 1,\, dx = 0$$

$$I = \int_0^1 x^2\, dx + i \int_0^1 0\, dx - \int_0^1 2y\, dy + i \int_0^1 (1 - y^2)\, dy$$

$$= \left[\frac{x^3}{3}\right]_0^1 - \left[\frac{2y^2}{2}\right]_0^1 + i\left[y - \frac{y^3}{3}\right]_0^1 = \frac{1}{3} - \frac{2}{2} + i\left(1 - \frac{1}{3}\right) = -\frac{2}{3} + \frac{2}{3}i$$

It is seen that values of I in all the three cases are same i.e. $-\frac{2}{3} + \frac{2}{3} i$.

It is to be noted that the value of $\int_{c_{AB}} f(z)\, dz$ is independent of the path joining the points A and B if the function f(z) is analytic.

Ex. 2 : *Evaluate $\int_c f(z)\, dz$ where $f(z) = \bar{z}$ and c is the path joining the points O (0, 0), A (1, 1) where*

(i) *'c' is the straight line y = x, joining the points O (0, 0) and A (1, 1).*

(ii) *'c' is the path O (0, 0), M (1, 0), A (1, 1).*

Sol. : $\quad I = \int_c f(z)\, dz = \int_c \bar{z}\, dz = \int_c (x - iy)(dx + i\, dy)$

$\qquad = \int_c (x\, dx + y\, dy) + i \int_c (x\, dy - y\, dx)$

(i) y = x, dy = dx

$\qquad I = \int_0^1 x\, dx + x\, dx + i \int_0^1 x\, dx - x\, dx$

$\qquad = \int_0^1 2x\, dx + i\,(0) = \left[2\frac{x^2}{2}\right]_0^1 = 1$

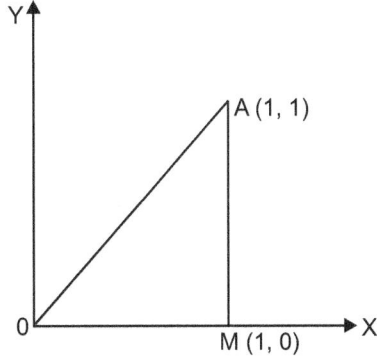

Fig. 12.3

(ii) $\quad I = \int_c x\,dx + y\,dy + i\int_c x\,dy - y\,dx + \int_c x\,dx + y\,dy + i\int_c x\,dy - y\,dx$

$\underset{y=0,\,dy=0}{\text{OM}} \qquad \underset{y=0,\,dy=0}{\text{OM}} \qquad \underset{x=1,\,dx=0}{\text{MA}} \qquad \underset{x=1,\,dx=0}{\text{MA}}$

$$I = \int_0^1 x\,dx + \int_0^1 y\,dy + i\int_0^1 dy$$

$$= \left[\frac{x^2}{2}\right]_0^1 + \left[\frac{y^2}{2}\right]_0^1 + i\,[y]_0^1$$

$$= \frac{1}{2} + \frac{1}{2} + i = 1 + i$$

Note that in this case, $f(z) = \bar{z}$ is not analytic function and the values of two integrals along different paths joining same two points are different.

Ex. 3 : *Evaluate* $\int_c \dfrac{dz}{z - z_0}$, *where c is the upper arc of the circle* $|z - z_0| = a$.

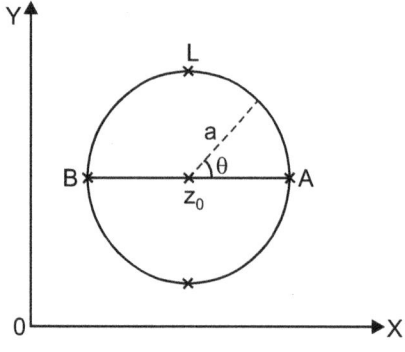

Sol. : Here we have to integrate along the semi-circular arc ALB.

Consider the parametric equation of the circle

$z - z_0 = ae^{i\theta}$, where θ varies from 0 to π as z describes the arc ALB.

$dz = ai\,e^{i\theta}\,d\theta$

Fig. 12.4

$$I = \int_c \frac{dz}{z - z_0} = \int_0^\pi \frac{ai\,e^{i\theta}\,d\theta}{a\,e^{i\theta}} = i\,[\theta]_0^\pi = \pi i$$

Ex. 4 : *Evaluate* $\int_{2+4i}^{5-5i} (x + iy + 1)\,dz$

(i) along the path $x = t^2 + 1$, $y = 3t + 1$ **(May 2011)**

(ii) along the straight line joining $2 + 4i$ and $5 - 5i$.

Sol. : (i)
$$I = \int_{2+4i}^{5-5i} (x + iy + 1)(dx + i\,dy)$$

$$= \int_c (x + 1)\,dx - y\,dy + i \int_c (x + 1)\,dy + y\,dx$$

where c is the path $x = t^2 + 1$, $y = 3t + 1$ joining the points $2 + 4i$ and $5 - 5i$.

As $x = 2$, $y = 4$, $t = 1$; $x = 5$, $y = -5$, $t = -2$, $dx = 2t\,dt$, $dy = 3\,dt$.

$$I = \int_1^{-2} (t^2 + 2)\,2t\,dt - (3t + 1)\,3\,dt + i \int_1^{-2} (t^2 + 2)\,3\,dt + (3t + 1)\,2t\,dt$$

$$= \int_1^{-2} (2t^3 - 5t - 3)\,dt + i \int_1^{-2} (9t^2 + 2t + 6)\,dt$$

$$= \left[2\frac{t^4}{4} - 5\frac{t^2}{2} - 3t\right]_1^{-2} + i\left[9\frac{t^3}{3} + 2\frac{t^2}{2} + 6t\right]_1^{-2}$$

$$= 9 - 42i$$

(ii) Straight line joining $2 + 4i$ and $5 - 5i$ is given by

$$\frac{x - 2}{3} = \frac{y - 4}{-9} = t$$

$\therefore$ $x = 3t + 2$, $y = -9t + 4$, $dx = 3\,dt$, $dy = -9\,dt$.

$$I = \int_0^1 \{(3t + 3)\,3 - (-9t + 4)(-9)\}\,dt + i \int_0^1 \{(3t + 3)(-9) + (-9t + 4)\,3\}\,dt$$

$$= \int_0^1 (-72t + 45)\,dt + i \int_0^1 (-54t - 15)\,dt$$

$$= \left[-72\frac{t^2}{2} + 45t\right]_0^1 + i\left[-54\frac{t^2}{2} - 15t\right]_0^1$$

$$= 9 - 42i$$

Note that in this example, $f(z) = x + iy + 1 = z + 1$ being analytic, values of the integrals, which involve two different curves joining same two points, have the same values.

Ex. 5 : *Evaluate* $\int_c (z + z^2) \, dz$, *where c is the upper arc of the circle* $|z| = 1$.

Sol. : Taking parametric equation of the circle $z = e^{i\theta}$,

$$\therefore \quad dz = i e^{i\theta} \, d\theta$$

$$I = \int_0^\pi (e^{i\theta} + e^{2i\theta}) \, i e^{i\theta} \, d\theta$$

$$= i \int_0^\pi (e^{2i\theta} + e^{3i\theta}) \, d\theta = i \left[\frac{e^{2i\theta}}{2i} + \frac{e^{3i\theta}}{3i} \right]_0^\pi$$

$$= \frac{1}{2} [e^{2i\pi} - 1] + \frac{1}{3} [e^{3i\pi} - 1]$$

$$= 0 - \frac{2}{3} = -\frac{2}{3}$$

EXERCISE 12.1

1. Evaluate $\int_{1+i}^{2-3i} \bar{z}^2 \, dz$ along the straight line joining the points $(1 + i, 2 - 3i)$.

$$\left[\text{Ans. } \frac{11}{3} (4 + i) \right]$$

2. Evaluate $\int_0^{1+i} (z^2 + 1) \, dz$

   (i) along the arc of the parabola $x = t$, $y = t^2$.

   (ii) along the straight line. $\left[\text{Ans. } \frac{1}{3} (1 + 5i) \right]$

3. Evaluate $\int_{1-i}^{2+i} (2z + 4) \, dz$ along the path $x = t + 1$, $y = 2t^2 - 1$. [**Ans.** $7 + 14i$]

4. Evaluate $\int_c \frac{2z - 1}{z} \, dz$, where c is lower half of the circle $|z| = 3$, described in anticlockwise direction. [**Ans.** $12 + \pi i$]

5. Evaluate $\int_c (z^2 - 3z\bar{z} + 1) \, dz$ where c is the circle $|z| = 4$. [**Ans.** 0]

6. Evaluate $\int (x^2 - 2iy) \, dz$ along the square, joining the points $(0, 0), (1, 0), (1, 1), (0, 1)$ in anticlockwise sense. [**Ans.** i]

7. Prove that (i) $\int_c \frac{f(z)}{z - a} \, dz = 2\pi i$ where $c : |z - a| = r$

   (ii) $\int_c (z - a)^n \, dz = 0$, (n any integer $\neq -1$), $c : |z - a| = r$

12.2 CAUCHY'S THEOREM

If f(z) is analytic on and within a closed curve c then

$$\int_c f(z)\, dz = 0$$

When c is a closed curve, $\int_c f(z)\, dz$ is denoted by $\oint_c f(z)\, dz$ and is called contour integral. The direction of description of c is taken as anticlockwise. Closed curve c is called closed contour c or simply contour c.

To prove Cauchy's theorem, we use Green's theorem, which we state here without proof.

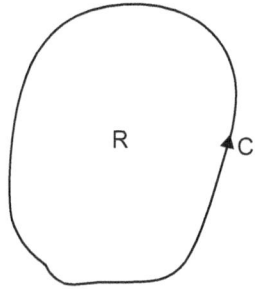

If c is a closed curve, enclosing the region R and P (x, y), Q (x, y) are continuous on and within c, then

$$\oint_c P\, dx + Q\, dy = \iint_R \left(\frac{\partial Q}{\partial x} - \frac{\partial P}{\partial y}\right) dx\, dy$$

Fig. 12.5

Consider $\quad \oint_c f(z)\, dz = \oint_c (u + iv)(dx + i\, dy)$

Or $\quad \oint_c f(z)\, dz = \oint_c (u\, dx - v\, dy) + i \oint_c v\, dx + u\, dy \quad \ldots (1)$

Applying Green's theorem on both the integrals on R.H.S. of (1),

$$\oint_c f(z)\, dz = \iint_R \left\{-\frac{\partial v}{\partial x} - \frac{\partial u}{\partial y}\right\} dx\, dy + i \iint_R \left(\frac{\partial u}{\partial x} - \frac{\partial v}{\partial y}\right) dx\, dy$$

By virtue of C.R. equation, $\dfrac{\partial u}{\partial y} = \dfrac{-\partial v}{\partial x}$ and $\dfrac{\partial u}{\partial x} = \dfrac{\partial v}{\partial y}$ both the integrals on R.H.S. become equal to zero.

$$\therefore \quad \oint_c f(z)\, dz = 0$$

This proves the Cauchy's theorem.

Corollary 1 : Using Cauchy's integral theorem, we shall prove that $\int_{z_1}^{z_2} f(z)\, dz$ is independent of the path joining the points z_1 and z_2, if f(z) is analytic function.

Proof : Any curve c_1 joins z_1, z_2 and c_2 joins z_2 and z_1.

Consider the contour c which consists of c_1 and c_2.

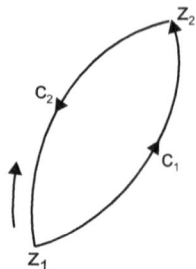

Fig. 12.6

$$\therefore \quad \oint_c f(z)\,dz = \int_{c_1} f(z)\,dz + \int_{c_2} f(z)\,dz = 0,$$

by Cauchy's theorem.

$$\therefore \quad \int_{c_1} f(z)\,dz + \int_{c_2} f(z)\,dz = 0 \quad \text{or} \quad \int_{c_1} f(z)\,dz = -\int_{c_2} f(z)\,dz$$

If we reverse the direction of description of c_2 then $-\int_{c_2} f(z)\,dz = \int_{c_2} f(z)\,dz$, where c_2 is now the curve joining z_1 and z_2.

$$\therefore \quad \int_{z_1(c_1)}^{z_2} f(z)\,dz = -\int_{z_2(c_2)}^{z_1} f(z)\,dz = \int_{z_1(c_2)}^{z_2} f(z)\,dz$$

Since c_1 and c_2 are arbitrary, it is proved that $\int_{z_1}^{z_2} f(z)\,dz$ is independent of the path connecting the points z_1 and z_2, if f(z) is analytic function. Line integrals evaluated earlier have already demonstrated this result.

Corollary 2 : If f(z) is analytic in the region R between two simple closed contours c and c_1 then $\oint_c f(z)\,dz = \oint_{c_1} f(z)\,dz$ (where c and c_1 are described in a same direction).

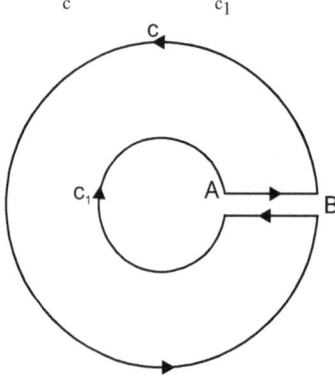

Fig. 12.7

Proof : To prove the result we introduce the cross-cut BA.

Consider now the closed path consisting of c in anticlockwise sense, path BA, c_1 in clockwise sense and AB described in opposite sense of BA. AB and BA are the same paths described in opposite directions.

∴ By Cauchy's theorem,

$$\oint_c f(z)\,dz + \int_{BA} f(z)\,dz + \oint_{c_1} f(z)\,dz + \oint_{AB} f(z)\,dz = 0$$

Now, $\int_{BA} f(z)\,dz + \int_{AB} f(z)\,dz = \int_{BA} f(z)\,dz - \int_{BA} f(z)\,dz = 0$

∴ $\oint_c f(z)\,dz + \oint_{c_1} f(z)\,dz = 0$

∴ $\oint_c f(z)\,dz = -\oint_{c_1} f(z)\,dz$

Reversing the direction of description of c_1 i.e. making it same as that of c (anticlockwise)

∴ $\oint_c f(z)\,dz = \oint_{c_1} f(z)\,dz$

that proves the result.

12.3 CAUCHY'S INTEGRAL FORMULA

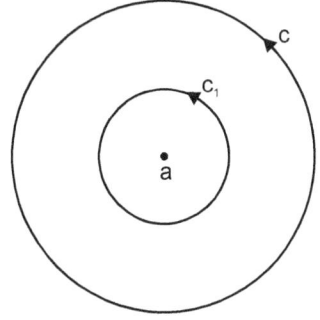

Fig. 12.8

If $f(z)$ is analytic on and within closed contour c and if 'a' is any point within c then $f(a) = \dfrac{1}{2\pi i} \oint_c \dfrac{f(z)}{z-a}\,dz$.

Proof : $\dfrac{f(z)}{z-a}$ is analytic everywhere within 'c' except at the point 'a'.

Let us draw a small circle of radius 'ρ' surrounding the point 'a' with the point 'a' as centre.

Now, $\dfrac{f(z)}{z-a}$ is analytic in the region enclosed within 'c' and 'c_1'.

By virtue of corollary 2 of Cauchy's theorem,

$$\oint_c \frac{f(z)}{z-a}\,dz = \oint_{c_1} \frac{f(z)}{z-a}\,dz \qquad \ldots (1)$$

Now consider, $\oint_{c_1} \dfrac{f(z)}{z-a}\,dz$ where $z - a = \rho\, e^{i\theta}$ [c_1 is a circle with centre 'a' and radius ρ]

$$dz = \rho\, i\, e^{i\theta}\, d\theta$$

$$\therefore \quad \oint_{c_1} \frac{f(z)}{z-a}\, dz = \int_0^{2\pi} \frac{f(a + \rho e^{i\theta})}{\rho e^{i\theta}}\, \rho i e^{i\theta}\, d\theta$$

$$= i \int_0^{2\pi} f(a + \rho e^{i\theta})\, d\theta \qquad \ldots (2)$$

Since c_1 is drawn just to enclose the point 'a' we take the limiting value of R.H.S. of (2) as $\rho \to 0$.

$$\therefore \quad \text{R.H.S. of (2) as } \rho \to 0 \text{ is } i \int_0^{2\pi} f(a)\, d\theta = i f(a)\, [\theta]_0^{2\pi} = 2\pi i\, f(a).$$

$$\therefore \quad \int_{c_1} \frac{f(z)}{z-a}\, dz = 2\pi i\, f(a)$$

Substituting in R.H.S. of (1), we get

$$\oint_c \frac{f(z)}{z-a}\, dz = 2\pi i\, f(a)$$

Or
$$f(a) = \frac{1}{2\pi i} \oint_c \frac{f(z)}{z-a}\, dz$$

which establishes Cauchy's-Integral formula.

Corollary :
$$f(a) = \frac{1}{2\pi i} \oint_c \frac{f(z)}{z-a}\, dz$$

Differentiating under the integral sign,

$$f'(a) = \frac{1}{2\pi i} \oint_c \frac{\partial}{\partial a}\left\{\frac{f(z)}{z-a}\right\} dz$$

$$= \frac{1}{2\pi i} \oint_c -\frac{f(z)}{(z-a)^2}(-1)\, dz = \frac{1}{2\pi i} \oint_c \frac{f(z)}{(z-a)^2}\, dz$$

Similarly,
$$f''(a) = \frac{1 \cdot 2}{2\pi i} \oint_c \frac{f(z)}{(z-a)^3}\, dz = \frac{2!}{2\pi i} \oint_c \frac{f(z)}{(z-a)^3}\, dz$$

$$f'''(a) = \frac{1 \cdot 2 \cdot 3}{2\pi i} \oint_c \frac{f(z)}{(z-a)^4}\, dz = \frac{3!}{2\pi i} \oint_c \frac{f(z)}{(z-a)^4}\, dz$$

Or, differentiating n times,

$$f^n(a) = \frac{n!}{2\pi i} \oint_c \frac{f(z)}{(z-a)^{n+1}}\, dz$$

ILLUSTRATIONS

Ex. 1 : *Verify Cauchy's theorem for $f(z) = z^2 + 1$ over the path of a rectangle whose vertices are the points $-2, 2, 2 + 2i, -2 + 2i$.*

Sol. :

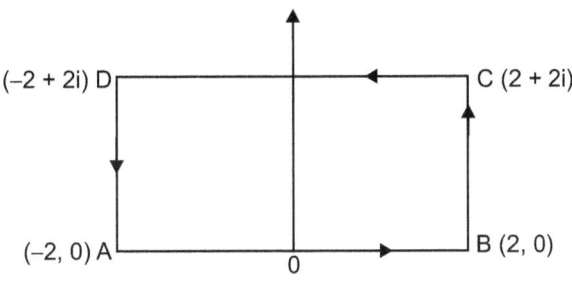

Fig. 12.9

Consider the closed path ABCDA as shown in Fig. 12.9.

$$f(z) = z^2 + 1 = (x + iy)^2 + 1$$
$$= x^2 - y^2 + 2ixy + 1$$

$$\oint_c f(z)\, dz = \int_{ABCDA} \{(x^2 - y^2 + 1) + 2ixy\}\{dx + idy\}$$

$$I = \int_{ABCDA} (x^2 - y^2 + 1)\, dx - 2xy\, dy + i \int_{ABCDA} (x^2 - y^2 + 1)\, dy + 2xy\, dx$$

We will consider evaluation of I along AB, BC, CD, DA separately and add these results.

$$I_1 = \int_{AB} (x^2 - y^2 + 1)\, dx - 2xy\, dy + i \int_{AB} (x^2 - y^2 + 1)\, dy + 2xy\, dx$$

Along AB, $y = 0$, $dy = 0$; x varies from -2 to 2.

$$I_1 = \int_{-2}^{2} (x^2 + 1)\, dx = 2 \int_{0}^{2} (x^2 + 1)\, dx = 2\left[\frac{x^3}{3} + x\right]_0^2 = \frac{28}{3}$$

$$I_2 = \int_{BC} (x^2 - y^2 + 1)\, dx - 2xy\, dy + i \int_{BC} (x^2 - y^2 + 1)\, dy + 2xy\, dx$$

Along BC, $x = 2$, $dx = 0$; y varies from 0 to 2.

$$I_2 = \int_0^2 -4y\, dy + i \int (5 - y^2)\, dy = \left[-4\frac{y^2}{2}\right]_0^2 + i\left[5y - \frac{y^3}{3}\right]_0^2$$

$$= -8 + \frac{22}{3} i$$

$$I_3 = \int_{CD} (x^2 - y^2 + 1)\, dx - 2xy\, dy + i \int_{CD} (x^2 - y^2 + 1)\, dy + 2xy\, dx$$

Along CD, $y = 2$, $dy = 0$; x varies from 2 to -2.

$$= \int_{2}^{-2} (x^2 - 3) \, dx + i \int_{2}^{-2} 4x \, dx$$

$$= -2 \int_{0}^{2} (x^2 - 3) \, dx + 0$$

$$= -2 \left[\frac{x^3}{3} - 3x \right]_{0}^{2} = -2 \left[\frac{8}{3} - 6 \right] = \frac{20}{3}$$

$$I_4 = \int_{DA} (x^2 - y^2 + 1) \, dx - 2xy \, dy + i \int_{DA} (x^2 - y^2 + 1) \, dy + 2xy \, dx$$

Along DA, $x = -2$, $dx = 0$; y varies from 2 to 0.

$$I_4 = \int_{2}^{0} 4y \, dy + i \int_{2}^{0} (5 - y^2) \, dy$$

$$= \left[4 \frac{y^2}{2} \right]_{2}^{0} + i \left[5y - \frac{y^3}{3} \right]_{2}^{0} = -8 - \frac{22}{3} i$$

$$I = \oint_{c} f(z) \, dz = I_1 + I_2 + I_3 + I_4$$

$$= \frac{28}{3} - 8 + \frac{22}{3} i + \frac{20}{3} - 8 - \frac{22}{3} i = 16 - 16 = 0$$

Here $f(z) = z^2 + 1$ which is analytic everywhere, hence Cauchy's theorem is verified for the closed path ABCDA.

Ex. 2 : *Evaluate $\oint_{c} \log z \, dz$, where 'c' is the circle $|z| = 1$.*

Sol. : Consider $\oint_{c} \log z \, dz$ and $z = e^{i\theta}$, $dz = ie^{i\theta} d\theta$

$$I = \oint_{c} \log z \, dz = \int_{0}^{2\pi} \log(e^{i\theta}) \, i \, e^{i\theta} \, d\theta$$

$$= \int_{0}^{2\pi} i\theta \cdot i \, e^{i\theta} \, d\theta = -\int_{0}^{2\pi} \theta \cdot e^{i\theta} \, d\theta$$

Integrating by parts,

$$I = -\left[\theta \cdot \frac{e^{i\theta}}{i} - \int 1 \cdot \frac{e^{i\theta}}{i} \, d\theta \right]_{0}^{2\pi}$$

$$= -\left[\theta \cdot \frac{e^{i\theta}}{i} - \frac{e^{i\theta}}{i^2} \right]_{0}^{2\pi} = -[\theta \cdot e^{i\theta}(-i) + e^{i\theta}]_{0}^{2\pi}$$

$$= [i \theta e^{i\theta} - e^{i\theta}]_{0}^{2\pi} = i \cdot 2\pi e^{2\pi i} - e^{2\pi i} + 1 = 2\pi i - 1 + 1 = 2\pi i$$

Note : Here $f(z) = \log z$, $f'(z) = \frac{1}{z}$, $f(z)$ is not analytic at origin and result is $2\pi i \neq 0$.

Ex. 3 : *Evaluate* $\oint_c \frac{1}{z^2} dz$, *where c is* $|z| = 1$.

Sol. : $z = e^{i\theta}$ ∴ $dz = i e^{i\theta} d\theta$

$$I = \oint_c \frac{1}{z^2} dz = \int_0^{2\pi} \frac{1}{e^{2i\theta}} i e^{i\theta} d\theta = i \int_0^{2\pi} e^{-i\theta} d\theta$$

$$= i \left[\frac{e^{-i\theta}}{-i}\right]_0^{2\pi} = -[e^{-2\pi i} - 1] = 0$$

Note : $f(z) = \frac{1}{z^2}$, $f'(z) = \frac{-2}{z^3}$ which shows that f(z) is not analytic at z = 0 which is a point inside the contour, but still $\oint_c f(z) dz = 0$.

This shows that converse of Cauchy's theorem is not necessarily true.

Ex. 4 : *Evaluate* $\oint_c \frac{z^2 + 1}{z - 2} dz$

where (i) c is the circle $|z - 2| = 1$, *(ii) c is the circle* $|z| = 1$. **(Dec. 2010)**

Sol. : (i) $\oint_c \frac{f(z)}{z - a} dz = \oint_c \frac{z^2 + 1}{z - 2} dz$

Here $f(z) = z^2 + 1$ is analytic everywhere and a = 2 is the point inside the contour $|z - 2| = 1$. ∴ By Cauchy's-integral formula,

$$\oint_c \frac{z^2 + 1}{z - 2} dz = 2\pi i \, f(2)$$

$$= 2\pi i \, (2^2 + 1) = 10\pi i$$

(ii) Here, $\oint_c \frac{z^2 + 1}{z - 2} dz = \oint_c f(z) dz$

$f(z) = \frac{z^2 + 1}{z - 2}$ is not analytic at z = 2, but this point lies outside the contour $|z| = 1$.

As f(z) is analytic on and within 'c', by Cauchy's theorem, $\oint_c \frac{z^2 + 1}{z - 2} dz = 0$.

Ex. 5 : *Evaluate* $\oint_c \frac{z + 4}{z^2 + 2z + 5} dz$, *where 'c' is the circle* $|z - 2i| = \frac{3}{2}$.

(Dec. 2004, 2005, 2007)

Sol. : $\frac{z + 4}{z^2 + 2z + 5} = \frac{z + 4}{(z + 1)^2 + 4} = \frac{z + 4}{(z + 1 + 2i)(z + 1 - 2i)}$

This function has two singularities at $z_1 = -1 - 2i$ and $z_2 = -1 + 2i$. Out of these two singular points, z_2 lies within the contour 'c' $|z - 2i| = \frac{3}{2}$.

$\therefore \quad f(z) = \dfrac{z+4}{z+1+2i}$ is analytic on and within 'c'.

$\therefore \quad I = \oint_c \dfrac{z+4}{z^2+2z+5} \, dz = \oint_c \dfrac{z+4}{(z+1+2i)(z+1-2i)} \, dz$

$\qquad = \oint_c \dfrac{f(z)}{z+1-2i} \, dz = \oint_c \dfrac{f(z)}{z-(-1+2i)} \, dz$

Here $f(z) = \dfrac{z+4}{z+1+2i}$ is analytic on and within 'c' and $a = -1 + 2i$ lies inside 'c'.

$\therefore$ By Cauchy-integral formula,

$\qquad I = 2\pi i \, f(a) = 2\pi i \left\{ \dfrac{-1+2i+4}{-1+2i+1+2i} \right\}$

$\qquad = 2\pi i \left(\dfrac{3+2i}{4i} \right) = \dfrac{\pi}{2}(3+2i)$

Ex. 6 : *Evaluate* $\oint_c \dfrac{4z^2 + z}{z^2 - 1} \, dz$, *where c is the contour* $|z - 1| = \dfrac{1}{2}$. **(May 12, Dec. 12)**

Sol. : Here $\dfrac{4z^2+z}{z^2-1} = \dfrac{4z^2+z}{(z-1)(z+1)}$ has singularities at $z = 1$ and $z = -1$, out of which $z = 1$ lies inside the contour and $z = -1$ lies outside the contour.

$I = \oint_c \dfrac{4z^2+z}{(z^2-1)} \, dz = \oint_c \dfrac{4z^2+z}{(z-1)(z+1)} \, dz = \dfrac{1}{2} \oint_c \dfrac{4z^2+z}{z-1} \, dz - \dfrac{1}{2} \oint_c \dfrac{4z^2+z}{z+1} \, dz$

$f(z) = 4z^2 + z$ is analytic everywhere and $z = 1$ lies inside 'c'. Therefore by Cauchy's-integral formula,

$\qquad \dfrac{1}{2} \oint_c \dfrac{4z^2+z}{z-1} \, dz = \dfrac{1}{2} \cdot 2\pi i \, f(1) = \pi i \, (4+1) = 5\pi i$

and $\qquad f(z) = \dfrac{4z^2+z}{z+1}$ is analytic on and within 'c'

$\therefore$ By Cauchy's theorem,

$\qquad \oint_c \dfrac{4z^2+z}{z+1} \, dz = 0$

$\therefore \qquad I = 5\pi i$

Alternative method :

$$I = \oint_c \frac{4z^2 + z}{z^2 - 1} \, dz = \oint_c \frac{(4z^2 + z)/z + 1}{z - 1} \, dz$$

Now, $f(z) = \dfrac{4z^2 + z}{z + 1}$ is analytic on and within 'c' and $z = 1$ is any point within 'c'.

∴ By Cauchy's-integral formula,

$$I = 2\pi i \, f(1) = 2\pi i \, \frac{(4 + 1)}{1 + 1} = 5\pi i$$

Ex. 7 : *Evaluate* $\oint_c \dfrac{4z^2 + z}{(z - 1)^2} \, dz$, *where 'c' is the contour* $|z - 1| = 2$.

(May 2005, Nov. 2014)

Sol. :
$$I = \oint_c \frac{4z^2 + z}{(z - 1)^2} \, dz = \oint_c \frac{f(z)}{(z - 1)^2} \, dz$$

Here $f(z) = 4z^2 + z$ is analytic on and within 'c', $z = 1$ is a point within c.

∴ By corollary to Cauchy's-integral formula,

$$I = 2\pi i \, f'(1), \quad f'(z) = 8z + 1 \quad \therefore f'(1) = 9$$

∴ $\quad I = 2\pi i \times 9 = 18\pi i$

Ex. 8 : *Evaluate* $\oint_c \dfrac{e^z}{(z + 1)^3 (z - 1)^2} \, dz$, *where 'c' is the contour* $|z + 1| = \dfrac{1}{2}$.

(May 2008)

Sol. :
$$I = \oint_c \frac{f(z)}{(z + 1)^3} \, dz, \text{ where } f(z) = \frac{e^z}{(z - 1)^2}$$

Here $f(z)$ is analytic on and within 'c' and $z = -1$ is a point within 'c'.

∴ By corollary to Cauchy's-integral formula,

$$I = \frac{2\pi i \, f''(-1)}{2!} \text{ where } f(z) = \frac{e^z}{(z - 1)^2}$$

$$f'(z) = \frac{e^z (z - 1)^2 - 2(z - 1) e^z}{(z - 1)^4} = \frac{e^z (z - 1) - 2 e^z}{(z - 1)^3}$$

$$= \frac{e^z (z - 3)}{(z - 1)^3}$$

$$f''(z) = \frac{\{(z - 3) e^z + e^z\} (z - 1)^3 - 3 (z - 1)^2 e^z (z - 3)}{(z - 1)^6}$$

$$= \frac{e^z [(z - 2)(z - 1) - 3(z - 3)]}{(z - 1)^4}$$

$$f''(-1) = e^{-1} \left[\frac{(-1 - 2)(-1 - 1) - 3(-1 - 3)}{(-1 - 1)^4} \right] = e^{-1} \left[\frac{6 + 12}{16} \right] = \frac{1}{e} \cdot \frac{9}{8}$$

∴ $\quad I = \dfrac{9\pi i}{8e}$

Ex. 9 : Evaluate $\oint_c \dfrac{\sin 2z}{(z + \pi/3)^4} dz$, where 'c' is $|z| = 2$. **(Dec. 2008, Nov. 2014)**

Sol. : Here sin 2z is analytic within 'c' and $z = -\pi/3$ is within c.

∴ By Cauchy's-integral formula corollary,

$$I = \oint_c \dfrac{f(z)}{\left(z + \dfrac{\pi}{3}\right)^4} dz = 2\pi i \dfrac{f'''(-\pi/3)}{3!}$$

where $f(z) = \sin 2z$, $f'(z) = 2\cos 2z$, $f''(z) = -4\sin 2z$, $f'''(z) = -8\cos 2z$.

$$f'''\left(\dfrac{-\pi}{3}\right) = -8\cos\left(\dfrac{-2\pi}{3}\right) = -8\cos\dfrac{2\pi}{3} = 8\cos\dfrac{\pi}{3} = 8 \cdot \dfrac{1}{2} = 4$$

∴ $\quad I = \dfrac{2\pi i}{6} \times 4 = \dfrac{4\pi i}{3}$

Ex. 10 : Evaluate $\oint_c \dfrac{2z^2 + z + 5}{\left(z - \dfrac{3}{2}\right)^2} dz$, where 'c' is the ellipse $\dfrac{x^2}{4} + \dfrac{y^2}{9} = 1$. **(May 2010)**

Sol. : $f(z) = 2z^2 + z + 5$ is analytic everywhere and $z = \dfrac{3}{2}$ lies within the ellipse.

∴ By corollary to Cauchy's-integral formula,

$$I = \int_c \dfrac{2z^2 + z + 5}{\left(z - \dfrac{3}{2}\right)^2} dz$$

$$= 2\pi i\, f'\left(\dfrac{3}{2}\right), \text{ where } f(z) = 2z^2 + z + 5$$

$f'(z) = 4z + 1$

$f'\left(\dfrac{3}{2}\right) = 4 \times \dfrac{3}{2} + 1 = 7$

∴ $\quad I = 2\pi i \times 7 = 14\pi i$

Ex. 11 : Evaluate $\oint_c \dfrac{(z^2 + \cos^2 z)\, dz}{\left(z - \dfrac{\pi}{4}\right)^3}$, where 'c' is $|z| = 1$. **(May 2009, 2014)**

Sol. : $z = \dfrac{\pi}{4}$ lies within the circle.

From deduction of Cauchy-integral formula,

$$\oint_c \dfrac{(z)}{\left(z - \dfrac{\pi}{4}\right)^3} dz = \dfrac{2\pi i\, f''\left(\dfrac{\pi}{4}\right)}{2i}$$

$f(z) = z^2 + \cos^2 z$, $f'(z) = 2z - \sin 2z$, $f''(z) = 2 - 2\cos 2z$

$f''\left(\dfrac{\pi}{4}\right) = 2 - 2\cos 2 \cdot \dfrac{\pi}{4} = 2 - 2\cos\dfrac{\pi}{2} = 2$

$$\therefore \quad \int_c \frac{z^2 + \cos^2 z}{\left(z - \frac{\pi}{4}\right)^3} dz = \frac{2\pi i \cdot 2}{2} = 2\pi i$$

EXERCISE 12.2

1. Verify Cauchy's theorem for the closed path of the triangle whose vertices are the points (0, 0), (1, 0), (1, 2).

2. Evaluate $\oint_c \frac{dz}{z - z_0}$, where

   (i) 'c' is the closed contour containing the point z_0.

   (ii) point z_0 is outside the contour 'c'.   **[Ans. (i) $2\pi i$, (ii) 0]**

3. Evaluate $\int_c f(z) \, dz$

   where (i) $f(z) = \frac{e^z}{(z + 2)}$ 'c' is the circle $|z + 2| = 2$

   (ii) $f(z) = \frac{e^z}{(z + 1)(z + 2)}$ 'c' is the circle $|z + 1| = \frac{1}{2}$.

   $$\left[\text{Ans. (i) } \frac{2\pi i}{e^2}, \text{ (ii) } \frac{2\pi i}{e}\right]$$

4. If $f(z_0) = \oint_c \frac{3z^3 + 5z + 2}{z - z_0}$ where 'c' is the ellipse $\frac{x^2}{4} + \frac{y^2}{9} = 1$, find (i) $f(1)$, (ii) $f''(1 - i)$.   **(May 2008)**

   [Ans. (i) $20\pi i$, (ii) $36\pi (1 + i)$]

5. Evaluate $\oint_c \frac{\sin^2 z}{\left(z - \frac{\pi}{6}\right)^3} dz$, where c is $|z| = 1$.   **(Dec. 2012) [Ans. πi]**

Hint : $\frac{2\pi i}{2!} f''\left(\frac{\pi}{6}\right) = \pi i \left[\frac{d^2}{dz^2} \sin^2 z\right]_{z = \frac{\pi}{6}} = \pi i [2 \cos 2z]_{z = \frac{\pi}{6}} = \pi i$

6. Use Cauchy's integral formula to evaluate $\oint_c \frac{\sin \pi z^2 + \cos \pi z^2}{(z - 1)(z - 2)} dz$ where c is the circle $|z| = 3$.   **(May 2006, Dec. 2008) [Ans. $4\pi i$]**

Hint : $\oint_c (\sin \pi z^2 + \cos \pi z^2) \left(\frac{1}{z - 2} - \frac{1}{z - 2}\right) dz = 2\pi i [f(2) - f(1)] = 4\pi i$

7. Evaluate $\oint_c \frac{e^z}{(z + 1)^2 (z + 2)^2} dz$, where c is the contour $|z + 1| = \frac{1}{2}$. **(Dec. 2011)**

   (Dec. 2006) $\left[\text{Ans. } \frac{-2\pi i}{e}\right]$

8. Evaluate $\oint_c \dfrac{z+3}{(z-2)(z+1)^2} dz$ where c is the boundary of the square with vertices ($\pm 1.5, \pm 1.5\,i$). (May 2007) $\left[\text{Ans. } \dfrac{-10\pi i}{9}\right]$

9. Evaluate $\oint_c \dfrac{z^2 - z + 1}{z - 1} dz$ where c is the circle (i) $|z| = 1$ (ii) $|z| = \dfrac{1}{2}$.

[Ans. (i) $2\pi i$, (ii) 0]

10. Evaluate $\oint_c \dfrac{e^{2z}}{(z-1)(z-2)} dz$ where c is the circle $|z| = 3$. [Ans. $2\pi i\,(e^4 - e^2)$]

Hint : $\oint_c e^{2z} \left(\dfrac{1}{z-2} - \dfrac{1}{z-1}\right) dz = 2\pi i\,[f(2) - f(1)] = 2\pi\,(e^4 - e^2)$

12.4 SINGULAR POINT, POLE, RESIDUE

It was earlier pointed out that the point z_0, where the function f(z) ceases to be analytic is called the singular point of the function f(z). If in the small neighbourhood of z_0, say $|z - z_0| < \epsilon$, there is no singular point of f(z) other than z_0, then z_0 is called isolated singular point. In such a case, f(z) can be expanded around $z = z_0$ in a series of the form

$$f(z) = a_0 + a_1(z - z_0) + a_2(z - z_0)^2 + \ldots$$
$$+ a_{-1}(z - z_0)^{-1} + a_{-2}(z - z_0)^{-2} + \ldots a_{-n}(z - z_0)^n \text{ called Laurent's series.}$$

This series contains two parts : (i) Series consisting of positive powers of $(z - z_0)$ is called analytic part of the Laurent's series. (ii) Series consisting of negative powers of $(z - z_0)$ is called principal part of the Laurent's series. a_n and a_{-n} are given by the integral

$$a_n = \dfrac{1}{2\pi i} \oint_c \dfrac{f(z)}{(z - z_0)^{n+1}} dz, \quad n = 0, \pm 1, \pm 2 \ldots$$

'c' is the circle surrounding the singular point z_0.

If the principal part of the Laurent's series contains n terms

$$a_{-1}(z - z_0)^{-1} + a_{-2}(z - z_0)^{-2} + \ldots a_{-n}(z - z_0)^{-n}$$

then singular point z_0 is called pole of the order n.

If the principal part of the Laurent's series contains only one term $a_{-1}(z - z_0)^{-1}$ then z_0 is called simple pole. If it contains two terms $a_{-1}(z - z_0)^{-1} + a_{-2}(z - z_0)^{-2}$ then z_0 is a double pole or the pole of the order 2. Like this we can have poles of various orders.

a_{-1} which is the residue of f(z) at isolated singular point z_0 is given by $a_{-1} = \dfrac{1}{2\pi i} \oint_c f(z)\,dz$. In practice, we calculate residues at the poles by different formulae.

12.5 CAUCHY RESIDUE THEOREM

If f(z) is analytic on and within a closed contour 'c' except at finite number of isolated singular points within 'c', then

$$\oint_c f(z)\,dz = 2\pi i\,(r_1 + r_2 \ldots r_n)$$

where $r_1, r_2 \ldots r_n$ are the residues at the singular points within 'c'.

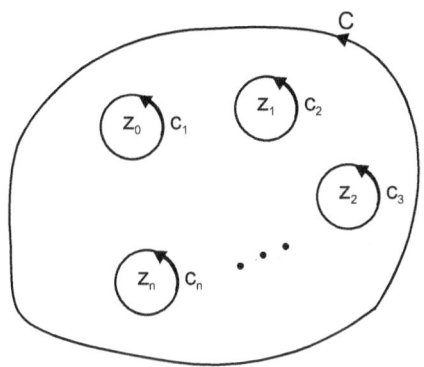

Fig. 12.10

Proof : Let us surround each of the isolated singular points $z_0, z_1, z_2 \ldots z_n$ within 'c' by circles $c_1, c_2 \ldots c_n$. 'c', 'c_1', 'c_2' ... 'c_n' are all described in anticlock-wise sense.

Since f(z) is analytic in a region included within 'c', 'c_1', 'c_2' ... 'c_n', by corollary (2) to Cauchy's theorem (article 12.2).

$$\oint_c f(z)\, dz = \oint_{c_1} f(z)\, dz + \oint_{c_2} (z)\, dz + \ldots \oint_{c_n} f(z)\, dz$$

$$= 2\pi i\, \{r_1 + r_2 \ldots r_n\}$$

$$\therefore \quad r_1 = \frac{1}{2\pi i} \oint_{c_1} f(z)\, dz, \text{ etc.}$$

In practice, to determine the order of the pole, if $\lim_{z \to z_0} (z - z_0) f(z)$ is finite and non-zero then $z = z_0$ is a simple pole, and this value of the limit also gives the value of residue at simple pole $z = z_0$.

If $\lim_{z \to z_0} (z - z_0)^2 f(z)$ is non-zero and finite, f(z) has z_0 as the pole of the order two. By observing the function f(z), we can easily decide the order of various poles.

$$f(z) = \frac{z + 2}{(z - 1)^3 (z - i)^2 (z + 1)}$$

has pole of the order 3 at $z = 1$. Pole of the order 2 at $z = i$ and $z = -1$ is a simple pole. General formula for calculating residue r at the pole $z = z_0$ of order n is given by

$$r = \frac{1}{(n-1)!} \left[\frac{d^{n-1}}{dz^{n-1}} \{(z - z_0)^n f(z)\} \right]_{z = z_0} \qquad \ldots (1)$$

ILLUSTRATIONS

Ex. 1 : *Find residues at each of the poles of*

$$f(z) = \frac{z^3 + 2}{(z + 1)^2 (z - i)(z + 2)}$$

Sol. : f(z) has simple poles at $z = i$, $z = -2$ and double pole at $z = -1$.

Let r_1, r_2, r_3 be the residues at $z = -2$, $z = i$ and $z = -1$ respectively.

$$r_1 = \left[(z+2) \cdot \frac{z^3+2}{(z+1)^2(z-i)(z+2)}\right]_{z=-2}$$

$$= \left[\frac{z^3+2}{(z+1)^2(z-i)}\right]_{z=-2} = \frac{-8+2}{(-2+1)^2(-2-i)}$$

$$= \frac{6}{2+i} \times \frac{2-i}{2-i} = \frac{6(2-i)}{4+1} = \frac{6}{5}(2-i)$$

$$r_2 = \left[(z-i)\frac{z^3+2}{(z+1)^2(z-i)(z+2)}\right]_{z=i}$$

$$= \left[\frac{z^3+2}{(z+1)^2(z+2)}\right]_{z=i} = \frac{i^3+2}{(i+1)^2(i+2)} = \frac{2-i}{2i(i+2)}$$

$$= \frac{2-i}{-2+4i} \times \frac{-2-4i}{-2-4i} = \frac{-4-4-6i}{4+16} = \frac{-8-6i}{20}$$

$$= -\frac{1}{10}(4+3i)$$

$$r_3 = \frac{1}{(2-1)!}\left[\frac{d^{2-1}}{dz^{2-1}}\left\{(z+1)^2 \cdot \frac{z^3+2}{(z+1)^2(z-i)(z+2)}\right\}\right]_{z=-1}$$

$$= \left[\frac{d}{dz}\left(\frac{z^3+2}{z^2+z(2-i)-2i}\right)\right]_{z=-1}$$

$$= \left[\frac{3z^2(z^2+z(2-i)-2i) - \{2z+(2-i)\}(z^3+2)}{\{z^2+z(2-i)-2i\}^2}\right]_{z=-1}$$

$$= \frac{3(1-2+i-2i) - (-2+2-i)(-1+2)}{(1-2+i-2i)^2}$$

$$= \frac{-2+3i}{2}$$

Ex. 2 : *Find the residues at each of the poles of* $\frac{1}{z^2+1}$.

Sol. : $f(z) = \frac{1}{z^2+1} = \frac{1}{(z+i)(z-i)}$

It has two simple poles at $z = i$, $z = -i$.

$r_1 = $ residue at $z = i = \left[(z-i)\frac{1}{(z+i)(z-i)}\right]_{z=i} = \frac{1}{2i} = \frac{-i}{2}$

$r_2 = $ residue at $z = -i = \left[(z+i)\frac{1}{(z+i)(z-i)}\right]_{z=-i} = \frac{-1}{2i} = \frac{i}{2}$

Ex. 3 : *Evaluate using residue theorem* $\oint_c \dfrac{2z^2 + 2z + 1}{(z+1)^3(z-3)} \, dz$, *where c is the contour* $|z+1| = 2$. **(Dec. 2006, 2010; May 2011)**

Sol. :
$$I = \oint_c f(z) \, dz$$

where
$$f(z) = \dfrac{2z^2 + 2z + 1}{(z+1)^3(z-3)}$$

has simple pole at $z = 3$ and the pole of the order 3 at $z = -1$. Out of these two poles, $z = -1$ lies in the circle $|z+1| = 2$ while $z = 3$ lies outside the contour.

$$\therefore \quad \oint_c f(z) \, dz = 2\pi i R$$

where R is the residue at $z = -1$.

$$R = \dfrac{1}{2!} \left[\dfrac{d^2}{dz^2} \left\{ (z+1)^3 \cdot \dfrac{2z^2 + 2z + 1}{(z+1)^3(z-3)} \right\} \right]_{z=-1}$$

$$= \dfrac{1}{2} \left[\dfrac{d}{dz} \left\{ \dfrac{d}{dz} \left(\dfrac{2z^2 + 2z + 1}{z-3} \right) \right\} \right]_{z=-1}$$

$$= \dfrac{1}{2} \left[\dfrac{d}{dz} \left\{ \dfrac{(4z+2)(z-3) - (2z^2 + 2z + 1)}{(z-3)^2} \right\} \right]_{z=-1}$$

$$= \dfrac{1}{2} \left[\dfrac{d}{dz} \left\{ \dfrac{2z^2 - 12z - 7}{(z-3)^2} \right\} \right]_{z=-1}$$

$$= \dfrac{1}{2} \left[\dfrac{(4z-12)(z-3)^2 - 2(z-3)(2z^2 - 12z - 7)}{(z-3)^4} \right]_{z=-1}$$

$$= \dfrac{1}{2} \left[\dfrac{(4z-12)(z-3) - 2(2z^2 - 12z - 7)}{(z-3)^3} \right]_{z=-1}$$

$$= \dfrac{1}{2} \left[\dfrac{50}{(z-3)^2} \right]_{z=-1} = \dfrac{-25}{64}$$

$$\therefore \quad \oint_c f(z) \, dz = 2\pi i \left(\dfrac{-25}{64} \right) = \dfrac{-25}{32} \pi i$$

Ex. 4 : *Evaluate* $\oint_c \cot z \, dz$, *where 'c' is the circle* $|z| = 4$.

Sol. :
$$I = \oint_c \cot z \, dz = \oint_c \dfrac{\cos z}{\sin z} \, dz$$

Poles of $f(z) = \cot z$ are given by $\sin z = 0$. i.e. $z = 0$, $z = \pm \pi$, $z = \pm 2\pi$.
Out of these poles, only $z = 0$, $z = \pi$, $z = -\pi$ lie within the contour $|z| = 4$.
To calculate the residues at these poles, we use the following result :

If $f(z) = \dfrac{f_1(z)}{f_2(z)}$ and $f_2(z) = (z - z_0) f(z)$, where $f(z_0) \neq 0$.

Residue of $f(z)$ at $z = z_0 = \dfrac{f_1(z_0)}{f_2'(z_0)}$.

In the present problem, $f(z) = \dfrac{\cos z}{\sin z}$.

$r_1 =$ residue at $z_0 = 0$ is $\dfrac{\cos z}{\dfrac{d}{dz}(\sin z)}\bigg|_{z=0} = \dfrac{\cos z}{\cos z}\bigg|_{z=0} = 1$

$r_2 =$ residue at $z_0 = \pi$ is $\dfrac{\cos z}{\dfrac{d}{dz}(\sin z)}\bigg|_{z=\pi} = \dfrac{\cos z}{\cos z}\bigg|_{z=\pi} = 1$

$r_3 =$ residue at $z_0 = -\pi$ is $\dfrac{\cos z}{\dfrac{d}{dz}(\sin z)}\bigg|_{z=-\pi} = \dfrac{\cos z}{\cos z}\bigg|_{z=-\pi} = 1$

∴ By residue theorem,

$$\oint_c \cot z \, dz = 2\pi i \, (r_1 + r_2 + r_3)$$

$$= 2\pi i \, (1 + 1 + 1) = 6\pi i$$

Ex. 5 : *Evaluate* $\oint_c e^z \sec z \, dz$, *where 'c' is* $|z| = 2$.

Sol. : $\quad I = \oint_c f(z) \, dz = \oint_c \dfrac{e^z}{\cos z} \, dz$

Poles of $f(z) = \dfrac{e^z}{\cos z}$ are given by $\cos z = 0$, where $z = (2n+1)\dfrac{\pi}{2}$, $n = 0, 1, 2 \ldots$

i.e. $z = \pm \dfrac{\pi}{2}, \pm \dfrac{3\pi}{2}$

Out of these, $z = \pm \dfrac{\pi}{2}$ lie within the contour $|z| = 2$.

$\text{Res } f\left(\dfrac{\pi}{2}\right) = \lim\limits_{z \to \pi/2} \dfrac{e^z}{\dfrac{d}{dz}(\cos z)} = \lim\limits_{z \to \pi/2} \dfrac{e^z}{-\sin z} = \dfrac{e^{\pi/2}}{-1}$.

$\text{Res } f\left(\dfrac{-\pi}{2}\right) = \dfrac{e^z}{\dfrac{d}{dz}(\cos z)}\bigg|_{z=-\pi/2} = \dfrac{e^z}{-\sin z}\bigg|_{z=-\pi/2} = \dfrac{e^{-\pi/2}}{+1}$

∴ By residue theorem,

$$\oint_c e^z \sec z \, dz = 2\pi i \left\{ \frac{e^{\pi/2}}{-1} + \frac{e^{-\pi/2}}{+1} \right\}$$

$$= -2\pi i \left\{ \frac{e^{\pi/2} - e^{-\pi/2}}{2} \times 2 \right\}$$

$$= -4\pi i \sinh \frac{\pi}{2}$$

Ex. 6 : *Evaluate* $\int_c \frac{\sin \pi z^2 + 2z}{(z-1)^2(z-2)} dz$, *where 'c' is the circle* $|z| = 4$.

Sol. : $I = \oint_c \frac{\sin \pi z^2 + 2z}{(z-1)^2(z-2)} dz = \oint_c f(z) \, dz$ **(May 05, 2014 Dec. 12)**

Here, $f(z) = \frac{\sin \pi z^2 + 2z}{(z-1)^2(z-2)}$ is analytic at all the points except $z = 1$, $z = 2$, where it has poles of the orders 2 and 1 respectively.

∴ $I = \oint_c f(z) \, dz = 2\pi i \{r_1 + r_2\}$

$r_1 = \text{Res } f(1) = \frac{d}{dz} \{(z-1)^2 f(z)\}_{z=1}$

$$= \frac{d}{dz} \left\{ \frac{\sin \pi z^2 + 2z}{(z-2)} \right\}_{z=1}$$

$$= \left\{ \frac{\{\cos \pi z^2 (2\pi z) + 2\}(z-2) - 1\{\sin \pi z^2 + 2z\}}{(z-2)^2} \right\}_{z=1}$$

$$= \frac{(2\pi \cos \pi + 2)(-1) - \{\sin \pi + 2\}}{1}$$

$$= -2 + 2\pi - 2 = 2\pi - 4$$

$r_2 = \text{Res } f(2) = \left[(z-2) \left\{ \frac{\sin \pi z^2 + 2z}{(z-1)^2(z-2)} \right\} \right]_{z=2}$

$$= \frac{\sin 4\pi + 4}{1} = 4$$

$I = 2\pi i \{r_1 + r_2\} = 2\pi i \{2\pi - 4 + 4\} = 4\pi^2 i$

We now consider, evaluation of some real definite integrals, by using contour integration.

Ex. 7 : *Evaluate* $\int_0^{2\pi} \dfrac{d\theta}{(5 - 3\cos\theta)^2}$.

Sol. : Consider the circular contour of radius unity, $|z| = 1$. Parametric equation being $z = e^{i\theta}$ or $\dfrac{1}{z} = e^{-i\theta}$, $dz = i\,e^{i\theta}\,d\theta$ $\therefore$ $d\theta = \dfrac{dz}{iz}$

$\therefore \qquad z + \dfrac{1}{z} = e^{i\theta} + e^{-i\theta} = 2\cos\theta$

$\therefore \qquad \cos\theta = \dfrac{1}{2}\left(z + \dfrac{1}{z}\right) = \dfrac{1}{2z}(z^2 + 1)$

$$I = \oint_c \dfrac{dz}{iz\left\{5 - 3\dfrac{(z^2+1)}{2z}\right\}^2} = \dfrac{1}{i}\oint_c \dfrac{4z^2\,dz}{z(10z - 3z^2 - 3)^2}$$

$$= \dfrac{1}{i}\oint_c \dfrac{4z\,dz}{(3z-1)^2(z-3)^2} = \dfrac{4}{i}\oint_c f(z)\,dz$$

$f(z) = \dfrac{z}{(3z-1)^2(z-3)^2}$ has double poles at $z = \dfrac{1}{3}$ and $z = 3$.

Out of these, $z = \dfrac{1}{3}$ lies within the contour.

$$\text{Res } f\left(\dfrac{1}{3}\right) = \left[\dfrac{d}{dz}\left\{\left(z - \dfrac{1}{3}\right)^2 \cdot \dfrac{z}{9\left(z - \dfrac{1}{3}\right)^2(z-3)^2}\right\}\right]_{z=\frac{1}{3}}$$

$$= \dfrac{1}{9}\left[\dfrac{d}{dz}\left\{\dfrac{z}{(z-3)^2}\right\}\right]_{z=\frac{1}{3}}$$

$$= \dfrac{1}{9}\left[\dfrac{(z-3)^2 \cdot 1 - 2(z-3)z}{(z-3)^4}\right]_{z=\frac{1}{3}} = \dfrac{1}{9}\left[\dfrac{(z-3) - 2z}{(z-3)^3}\right]_{z=\frac{1}{3}}$$

$$= \dfrac{5}{64 \times 4}$$

$\therefore \qquad I = \dfrac{4}{i} \cdot 2\pi i \times \dfrac{5}{64 \times 4} = \dfrac{5\pi}{32}$

Ex. 8 : *Evaluate* $\int_0^{2\pi} \dfrac{\sin 2\theta}{5 + 4\cos\theta}\,d\theta$.

Sol. : Put $z = e^{i\theta}$ $\qquad \therefore\ dz = i\,e^{i\theta}\,d\theta \qquad \therefore\ d\theta = \dfrac{dz}{iz}$

$z^2 = e^{2i\theta}, \qquad \dfrac{1}{z^2} = e^{-2i\theta}$

$$I = \frac{1}{2i} \oint_c \frac{\left(z^2 - \frac{1}{z^2}\right)}{5 + 4 \cdot \frac{1}{2}\left(z + \frac{1}{z}\right)} \frac{dz}{iz}, \text{ where 'c' is } |z| = 1$$

$$= \frac{1}{2i} \times \frac{1}{i} \oint_c \frac{z^4 - 1}{z^2(2z^2 + 5z + 2)} dz = -\frac{1}{2} \oint_c \frac{z^4 - 1}{z^2(2z + 1)(z + 2)} dz$$

Here $f(z) = \frac{z^4 - 1}{z^2(2z + 1)(z + 2)}$ has poles at $z = 0$, $z = -\frac{1}{2}$ and $z = -2$. Out of these, $z = 0$ is a double pole and $z = -\frac{1}{2}$ simple pole, lie within the circle $|z| = 1$.

$$\text{Res } f(0) = \frac{d}{dz}\left[\frac{z^4 - 1}{2z^2 + 5z + 2}\right] \text{ at } z = 0$$

$$= \frac{4z^3(2z^2 + 5z + 2) - (z^4 - 1)(4z + 5)}{(2z^2 + 5z + 2)^2}\bigg|_{z=0} = \frac{5}{4}$$

$$\text{Res } f\left(-\frac{1}{2}\right) = \left[\left(z + \frac{1}{2}\right) \cdot \frac{z^4 - 1}{z^2(2z + 1)(z + 2)}\right]_{z=-\frac{1}{2}} = \frac{1}{2}\left[\frac{\frac{1}{16} - 1}{\frac{1}{4} \times \frac{3}{2}}\right] = -\frac{5}{4}$$

$$I = 2\pi i \left(-\frac{1}{2}\right)\left[\frac{5}{4} - \frac{5}{4}\right] = 0$$

Ex. 9 : *Evaluate* $\int_0^{2\pi} \frac{\sin^2 \theta}{5 + 4 \sin \theta} d\theta.$ **(Dec. 2005)**

Sol. : Put $z = e^{i\theta}$, $z^{-1} = e^{-i\theta}$ ∴ $z - \frac{1}{z} = \frac{e^{i\theta} - e^{-i\theta}}{2i} \cdot 2i$

∴ $\sin \theta = \frac{1}{2i}\left(z - \frac{1}{z}\right)$

$$I = \oint_c \frac{-\frac{1}{4}\left(z - \frac{1}{z}\right)^2}{5 + 4 \cdot \frac{1}{2i}\left(z - \frac{1}{z}\right)} \frac{dz}{iz}, \text{ where c is } |z| = 1$$

$$= \frac{1}{i} \oint_c -\frac{1}{4} \frac{(z^2 - 1)^2}{z^3\left\{5 - 2i\frac{(z^2 - 1)}{z}\right\}} dz = -\frac{1}{4i} \oint_c \frac{(z^2 - 1)^2}{z^2\{-2i z^2 + 5z + 2i\}} dz$$

$$f(z) = \frac{(z^2 - 1)^2}{z^2\{-2i z^2 + 5z + 2i\}} = \frac{(z^2 - 1)^2}{(-2i) z^2 \left(z - \frac{1}{2i}\right)(z + 2i)}$$

has pole of the order 2 at $z = 0$ and simple poles at $z = \frac{-i}{2}$ and $-2i$.

Out of these, $z = 0$, $z = -\dfrac{i}{2}$ lie within the contour.

$$\text{Res } f(0) = \dfrac{d}{dz}\left[\dfrac{(z^2-1)^2}{-2iz^2 + 5z + 2i}\right]_{z=0}$$

$$= \left[\dfrac{\{2(z^2-1)\,2z\}(-2iz^2+5z+2i) - (-4iz+5)(z^2-1)^2}{(-2iz^2+5z+2i)^2}\right]_{z=0}$$

$$= \dfrac{5}{4}$$

$$\text{Res } f\left(-\dfrac{i}{2}\right) = \left[\left(z+\dfrac{i}{2}\right)\left\{\dfrac{z^2-1}{(-2i)\,z^2\left(z+\dfrac{i}{2}\right)(z+2i)}\right\}\right]_{z=-\frac{i}{2}}$$

$$= \left[\dfrac{z^2-1}{-2i\,(z^2)\,(z+2i)}\right]_{z=-\frac{i}{2}} = -\dfrac{25}{12}$$

$$I = -\dfrac{1}{4i}\,2\pi i\left\{\dfrac{5}{4} - \dfrac{25}{12}\right\} = \dfrac{5\pi}{12}$$

Ex. 10 : *Evaluate* $\displaystyle\int_0^{2\pi}\dfrac{d\theta}{1-2a\cos\theta + a^2}$ $(0 < a < 1)$.

Sol. : Put $z = e^{i\theta}$ $\therefore \cos\theta = \dfrac{1}{2}\left(z+\dfrac{1}{z}\right)$ $|z| = 1$, $d\theta = \dfrac{dz}{iz}$

$$I = \oint_c \dfrac{dz}{iz\left\{1 - 2a\cdot\dfrac{1}{2}\left(z+\dfrac{1}{z}\right) + a^2\right\}}$$

$$= \oint_c \dfrac{dz}{iz\left\{1 - a\left(\dfrac{z^2+1}{z}\right) + a^2\right\}}$$

$$I = \oint_c \dfrac{dz}{i\{z - az^2 - a + a^2 z\}}$$

$$= \dfrac{1}{i}\oint_c \dfrac{dz}{\{-az^2 + z(a^2+1) - a\}}$$

$$= -i\oint_c \dfrac{dz}{-a\left(z-\dfrac{1}{a}\right)(z-a)}$$

Here $f(z) = \dfrac{1}{\left(z - \dfrac{1}{a}\right)(z-a)}$ has simple poles at $z = \dfrac{1}{a}$, $z = a$ and as $0 < a < 1$,

$z = a$ lies within the contour $|z| = 1$.

$$\text{Res } f(a) = \left[(z-a) \dfrac{1}{\left(z - \dfrac{1}{a}\right)(z-a)}\right]_{z=a} = \dfrac{1}{\left(a - \dfrac{1}{a}\right)} = \dfrac{a}{a^2 - 1}$$

$$I = 2\pi i \left(\dfrac{i}{a}\right)\left[\dfrac{a}{a^2 - 1}\right]$$

$$= \dfrac{2\pi}{1 - a^2}$$

EXERCISE 12.3

1. Find the residues of the poles of the following functions :

   (i) $\dfrac{z+1}{z^2+1}$ (ii) $\dfrac{z^2+2z}{(z+1)^3(z^2-9)}$ **(Dec. 2004)**

   (iii) $\dfrac{1-e^{2z}}{z^3}$ (iv) $\sec z$

   (v) $\cot z$ [**Ans.** (i) $-\dfrac{1}{2}(-1+i)$, $\dfrac{1}{2}(1+i)$, (ii) $-\dfrac{13}{128}$, $\dfrac{5}{128}$, $\dfrac{1}{16}$, (iii) -2,

   (iv) $\pm \dfrac{\pi}{2}, \pm \dfrac{3\pi}{2}$ ..., (v) $n\pi$, $n = 0, \pm 1, \pm 2$ ......]

2. Applying residue theorem, evaluate the following integrals :

   $\displaystyle\oint_c \dfrac{z^2+2z}{(z+1)^3(z^2-9)}$, where 'c' is $|z-3| = 5$.   **(May 2009)** $\left[\text{Ans. } -\dfrac{\pi i}{8}\right]$

3. $\displaystyle\oint_c \dfrac{z+2}{z^2+1}\, dz$, where c is $|z-i| = \dfrac{1}{2}$.   [**Ans.** $\pi(2+i)$]

4. $\displaystyle\oint_c \dfrac{z^2\, dz}{(z^2+1)^2(z^2+2z+2)}$, where 'c' is the semi-circular contour $|z| = 2$, $I(z) \geq 0$.

   $\left[\text{Ans. } \dfrac{7\pi}{50}\right]$

5. $\displaystyle\oint_c^{2\pi} \dfrac{d\theta}{5+4\sin\theta}$. $\left[\text{Ans. } \dfrac{2\pi}{3}\right]$

6. $\int_0^{2\pi} \dfrac{\cos 3\theta}{5 - 4\cos\theta}\, d\theta$ (May 2006) $\left[\text{Ans. } \dfrac{\pi}{12}\right]$

7. $\int_0^{2\pi} \dfrac{d\theta}{1 - 2a\sin\theta + a^2}$, $0 < a < 1$ $\left[\text{Ans. } \dfrac{2\pi}{1 - a^2}\right]$

8. $\int_0^{2\pi} \dfrac{\sin^2\theta\, d\theta}{3 + 2\cos\theta}$ [Ans. 0]

9. $\int_0^{2\pi} \dfrac{16\cos 2\theta\, d\theta}{16 - 8\cos\theta + 1}$ $\left[\text{Ans. } \dfrac{2\pi}{15}\right]$

10. $\int_0^{2\pi} \dfrac{\cos^2 3\theta}{5 - 4\cos 2\theta}\, d\theta$ $\left[\text{Ans. } \dfrac{3\pi}{8}\right]$

11. Evaluate $\oint_c \dfrac{z^3 - 5}{(z+1)^2(z-2)}\, dz$ where c is the circle $|z| = 3$.

           (Dec. 07) [Ans. 0]

12. Evaluate $\oint_c \dfrac{2z + 3}{z^2 + z + 1}\, dz$, where c is the circle $\left| z + \dfrac{\sqrt{3}\, i}{2} \right| = 1$.

           (Dec. 07) $\left[\text{Ans. } \dfrac{2\pi}{\sqrt{3}}(i\sqrt{3} - 2)\right]$

12.6 CONFORMAL TRANSFORMATION

Consider the function of complex variable $w = f(z)$ where $z_0, z_1, z_2 \ldots z_n$ is set of points in z-plane. In view of relation $w = f(z)$, we get, $w_0 = f(z_0)$, $w_1 = f(z_1)$, $w_2 = f(z_2) \ldots w_n = f(z_n)$. Thus the points $z_0, z_1, \ldots z_n$ are associated with the points $w_0, w_1, \ldots w_n$.

Since $z = x + iy$, any point z is represented in complex plane xoy, by cartesian coordinates of a point (x, y).

Now, $w = f(z) = u(x, y) + iv(x, y)$
           $w_0 = f(z_0) = u(x_0, y_0) + iv(x_0, y_0)$

w_0, which corresponds to z_0, is represented by a point whose coordinates are $u_0 = u_0(x_0, y_0)$, $v_0 = v_0(x_0, y_0)$ in another complex plane uov. Point whose coordinates are (u_0, v_0) represents the point w_0 in plane uov. Likewise the points $z_n = x_n + iy_n$, $n = 1, 2, 3 \ldots$ are represented in the complex plane xoy and corresponding points $w_n = u_n + iv_n$, $n = 1, 2, 3 \ldots$ are represented in the complex plane uov.

As an example, consider $w = z^2 = (x + iy)^2$

$\therefore$ $w = u + iv = (x + iy)^2 = x^2 - y^2 + 2ixy$

or $u = x^2 - y^2$, $v = 2xy$

$z_0 = 1 + i$ corresponds to $w_0 = (1 - 1) + i\, 2\,(1 \times 1) = 2i$

$z_1 = 2 - 3i$ will correspond to $w_1 = (2 - 9) + i\, 2\,(2 \times -3) = -7 - 12i$

likewise other points. We say that $w_0, w_1, w_2 \ldots$ etc. are the maps of the points $z_0, z_1, z_2 \ldots$ etc. under the transforming relation (mapping relation) or merely under the transformation $w = f(z)$. In particular, if $z_0, z_1, z_2 \ldots z_n$ lie on some curve 'c' in xoy plane or z-plane and corresponding points $w_0, w_1, w_2 \ldots w_n$ lie on the curve c' in uov or w-plane, we say that curve c in z-plane is mapped on to the curve c' in w-plane.

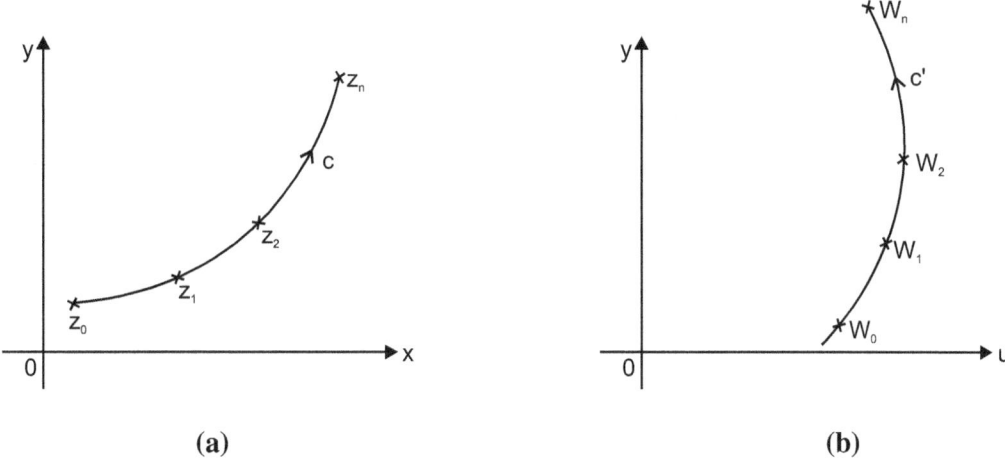

Fig. 12.11

Curve c' of Fig. 12.11 (b) is map of the curve c in Fig. 12.11 (a).

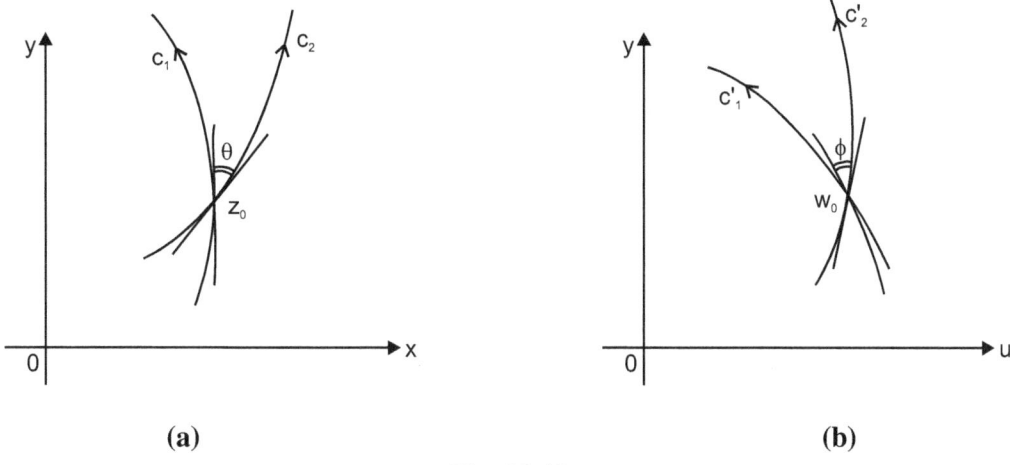

Fig. 12.12

Consider curves c_1 and c_2, intersecting at the point z_0, in xoy plane [Fig. 12.12 (a)]. Curve c_1' in w-plane is the map or transform of the curve c_1 and curve c_2' in w-plane or uov plane is the map or transform of the curve c_2. w_0 is the intersection of the curves c_1', c_2' and is the transform of the point z_0. θ is the angle between tangents to the curves c_1 and c_2, and ϕ is the angle between the tangents to the curves c_1' and c_2'.

If $\theta = \phi$, both in magnitude and sense, the mapping or transformation $w = f(z)$ is said to be conformal.

If $w = f(z)$ is analytic function, then the transformation $w = f(z)$ is conformal at all points of the z-plane where $f'(z) \neq 0$. In particular, if $f'(z_0) = 0$, mapping (or transformation) $w = f(z)$ will cease to be conformal at z_0, that is angle preservation property will not be satisfied for the curves intersecting at z_0. This angle preservation property is important from physical point of view. In the flow of incompressible fluid in a plane, $\phi(x, y)$ and $\psi(x, y)$ represent velocity potential and stream function and $w = f(z) = \phi(x, y) + i\psi(x, y)$ is analytic. As we had seen earlier, curves $\phi(x, y) = c_1$, $\psi(x, y) = c_2$ are orthogonal and their transforms $x = A$ and $x = B$ are also orthogonal. Conjugate functions $\phi(x, y)$, $\psi(x, y)$ under the conformal transformation remain conjugate and satisfy Laplace equation.

12.7 SOME IMPORTANT TRANSFORMATIONS

(1) Translation : Consider the transformation $w = z + h$, where $w = u + iv$, $z = x + iy$, $h = h_1 + ih_2$.

$\therefore \quad u + iv = x + iy + h_1 + ih_2 = (x + h_1) + i(y + h_2)$

or $\quad u = x + h_1, \quad v = y + h_2$

Thus the map of the point $z = x + iy$ or (x, y) is the point $w = u + iv$ or (u, v) i.e. $(x + h_1, y + h_2)$. This is true for all the points (x, y), which shows that the image of region in z-plane is simply translated in w-plane. Figures in the z-plane and their maps or images in w-plane will have same shape, size and orientation. Under the transformation $w = z + h$ rectangles in z-plane will be transformed into rectangles in w-plane or circles in z-plane will be mapped onto circles in w-plane.

(2) Rotation and Magnification : Consider the transformation $w = cz$

where $c = c_1 + ic_2 = a(\cos\alpha + i\sin\alpha) = a e^{i\alpha}$

Here $a\cos\alpha = c_1$, $a\sin\alpha = c_2$ or $a = \sqrt{c_1^2 + c_2^2}$, $\tan\alpha = \dfrac{c_2}{c_1}$.

Similarly,
$$z = x + iy = r(\cos\theta + i\sin\theta) = re^{i\theta}$$
$$r = |z| \text{ and } \theta = \text{amp}(z)$$
$$|w| = |cz| = |c||z| = ar$$

and
$$\text{amp}(w) = \text{amp}(cz) = \alpha + \theta = \text{amp } c + \text{amp } z$$

w which is a map of z is obtained by magnification of z by the amount a i.e. by ar and rotation of z through an angle α i.e. by amount amp c.

Consider the transformation $w = (1 + i\sqrt{3})z$ i.e. $c = 1 + i\sqrt{3}$
$$|c| = \sqrt{1+3} = 2, \text{ amp } c = \tan^{-1}\sqrt{3} = 60°$$

∴
$$|w| = |c||z| = 2|z|$$
$$\text{amp } w = \text{amp } c + \text{amp } z = 60° + \theta$$

Thus modulus of z is magnified two times and rotation of z is through 60°.

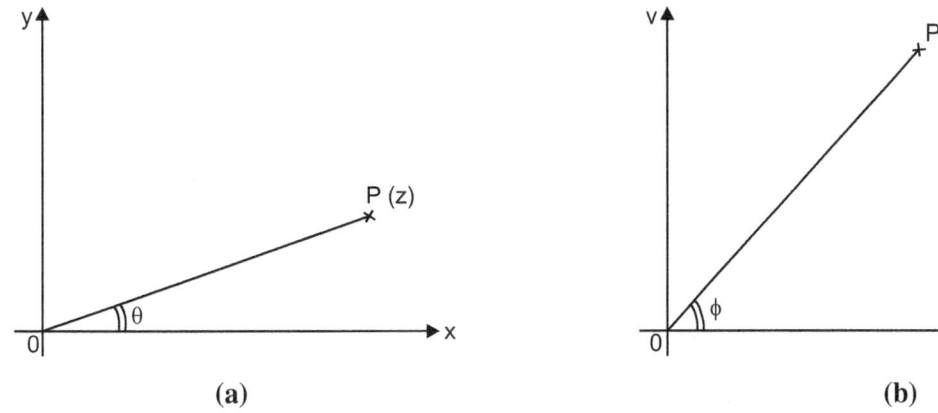

(a)   **(b)**

Fig. 12.13

Here $OP' = |w| = 2 \, OP = 2|z|$ and $\phi = \theta + 60°$

With this transformation, a rectangle in z-plane will be rotated through 60° in w-plane, with lengths of all the sides doubled.

(3) Inversion : Consider $w = \dfrac{1}{z}$.

Let $w = u + iv = \rho e^{i\phi}$, where $\rho = \sqrt{u^2 + v^2}$ and $\phi = \tan^{-1}\dfrac{v}{u}$ and $z = x + iy = re^{i\theta}$, where $r = \sqrt{x^2 + y^2}$ and $\theta = \tan^{-1}\dfrac{y}{x}$.

∴
$$\rho e^{i\phi} = \frac{1}{r}e^{-i\theta} \text{ or } \rho = \frac{1}{r} \text{ and } \phi = -\theta$$

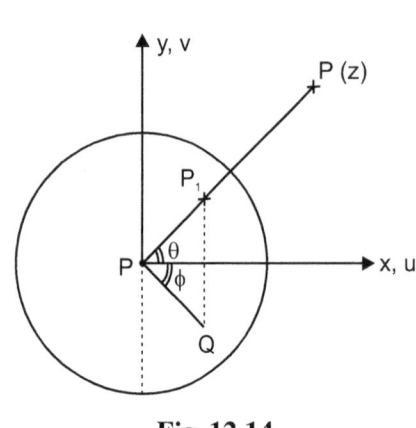

Let P (r, θ) be the point in xoy plane and P_1 be $\left(\frac{1}{r}, \theta\right)$ i.e. P_1 is inverse of P w.r.t. the unit circle. Then we take Q as the image of the point P_1 in real x-axis.

Q is the image of point P under the transformation $w = \frac{1}{z}$. Thus, this transformation $w = \frac{1}{z}$ is an inversion of z w.r.t. the unit circle $|z| = 1$ and then the reflection of this inverse into the real axis. So $w = \frac{1}{z}$ is the combination of two successive transformations $w = \bar{z}'$ and $z' = \frac{1}{r} e^{i\theta}$.

Fig. 12.14

(4) Bilinear transformation : Consider $w = \frac{az+b}{cz+d}$ or $\frac{a+bz}{c+dz}$ which is linear in w and z, and hence it is called bilinear transformation. Writing the transformation as

$$czw + dw = az + b$$

$$z(cw - a) = b - dw \quad \text{or} \quad z = \frac{b - dw}{cw - a}$$

which expresses z in terms of w.

$$w = \frac{az+b}{cz+d} = \frac{a(z+b/a)}{c(z+d/c)}$$ shows that there are three constants $\frac{a}{c}, \frac{b}{a}, \frac{d}{c}$ to be determined. If any three points in z-plane and corresponding points in w-plane are given, then the bilinear transformation can be completely determined.

It can be easily seen that bilinear transformation is a combination of three basic transformations : (i) translation, (ii) magnification and rotation, (iii) inversion, discussed earlier.

Main properties of bilinear transformation are
(i) it maps circles onto circles, including straight lines in limiting case,
(ii) the cross ratio is constant, that is if (z_1, z_2, z_3, z_4) and (w_1, w_2, w_3, w_4) are the corresponding points under $w = \frac{a+bz}{c+dz}$ then

$$(w_1, w_2, w_3, w_4) = (z_1, z_2, z_3, z_4) \qquad \ldots (1)$$

or

$$\frac{(w_1 - w_3)(w_2 - w_4)}{(w_1 - w_4)(w_2 - w_3)} = \frac{(z_1 - z_3)(z_2 - z_4)}{(z_1 - z_4)(z_2 - z_3)}$$

We can determine the bilinear transformation $w = \dfrac{a + bz}{c + dz}$ when z_1, z_2, z_3 and corresponding points w_1, w_2, w_3 are given, by determining $\dfrac{a}{c}, \dfrac{b}{a}, \dfrac{d}{c}$ directly or using the cross-ratio property. In this case, we take fourth points as z and w. We write (1) as

$$(w, w_1, w_2, w_3) = (z, z_1, z_2, z_3)$$

or $\dfrac{(w - w_2)(w_1 - w_3)}{(w - w_3)(w_1 - w_2)} = \dfrac{(z - z_2)(z_1 - z_3)}{(z - z_3)(z_1 - z_2)}$ ... (2)

Now, we substitute the values of z_1, z_2, z_3 and w_1, w_2, w_3 in (2) and find the relation between w and z or vice-versa. In particular, if one of the points $z_1 = \infty$, then we take the ratio $\dfrac{z_1 - z_3}{z_1 - z_2} = 1$ and R.H.S. of (2), is $\dfrac{z - z_2}{z - z_3}$. This considerably simplifies the calculations to find bilinear transformation.

We shall now discuss some conformal transformations, which are widely used.

(1) $w = z^2$.

Here $\qquad w = u + iv = (x + iy)^2 = x^2 - y^2 + 2ixy$

i.e. $\qquad u = x^2 - y^2, \ v = 2xy$

Consider the maps of lines $u = c$ and $v = d$, which are two perpendicular lines in uov plane. Their maps in xoy plane are the hyperbolas $x^2 - y^2 = c$ and $2xy = d$.

$$2x - 2y \dfrac{dy}{dx} = 0 \text{ or } \dfrac{dy}{dx} = \dfrac{x}{y}, \text{ slope} = \dfrac{x}{y}$$

Similarly, differentiating w.r.t. x, $2xy = d$

$$x\dfrac{dy}{dx} + y = 0 \text{ or slope} = -\dfrac{y}{x}$$

Product of the slopes $= \dfrac{x}{y} \times -\dfrac{y}{x} = -1$.

Hence, these hyperbolas cut each other at right angles, and their maps $u = c, v = d$, which are two straight lines intersecting at right angles. This clearly exhibits conformality.

Now consider the two perpendicular straight lines $x = a$ and $y = b$. To obtain the map of $x = a$, $u = a^2 - y^2$, $v = 2ay$ or $y = \dfrac{v}{2a}$

$\therefore \qquad u = a^2 - \dfrac{v^2}{4a^2} \text{ or } u - a^2 = \dfrac{-v^2}{4a^2}$ ... (1)

which represents the parabola with vertex $(a^2, 0)$. Differentiating w.r.t. u, we get

$$1 = -\frac{2v}{4a^2}\frac{dv}{du}$$

i.e. $$\frac{dv}{du} = -\frac{2a^2}{v} \qquad \ldots (2)$$

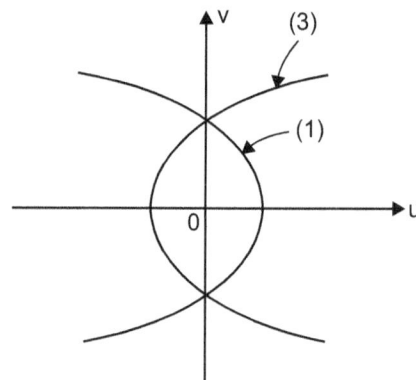

Fig. 12.15

To obtain map of $y = b$,

$$u = x^2 - b^2, \quad v = 2bx \quad \text{or} \quad u = \frac{v^2}{4b^2} - b^2$$

i.e. $$u + b^2 = \frac{v^2}{4b^2} \qquad \ldots (3)$$

which represents the parabola with vertex $(-b^2, 0)$.

Parabolas as (1) and (3) are as shown in Fig. 12.15.

Now, differentiating w.r.t. u equation (3),

$$1 = \frac{2v}{4b^2}\frac{dv}{du} \quad \text{or} \quad \frac{dv}{du} = \frac{2b^2}{v} \qquad \ldots (4)$$

Product of the slopes given by (2) and (4) $= \frac{-2a^2}{v} \cdot \frac{2b^2}{v}$.

$$P = \frac{-4a^2b^2}{v^2} \quad \text{but for } x = a, \ y = b, \ v = 2ab \ \text{or} \ v^2 = 4a^2b^2$$

$\therefore \qquad P = \frac{-4a^2b^2}{4a^2b^2} = -1$

Thus the two straight lines at right angles $x = a$, $y = b$ meeting at (a, b) are mapped onto two orthogonal parabolas meeting at $(a^2 - b^2, 2ab)$.

Now, consider the maps of $x = 0$, $y = 0$, which are two perpendicular coordinate axes passing through origin, in xoy plane.

Map of $x = 0$ is $u = -y^2$ and $v = 0$ i.e. negative part of u-axis in uov plane.

Map of y = 0 is u = x², v = 0 i.e. positive part of u-axis in uov plane, while the angle between x = 0, y = 0 is $\frac{\pi}{2}$, angle between positive u-axis and negative u-axis is π. Here angle preservation property is not satisfied. The reason is w = f(z) = z² and f'(z) = 2z = 0 at z = 0 i.e. at (x = 0, y = 0). Mapping ceases to be conformal at z = 0.

This transformation can represent the electrostatic field near a corner conductor.

(2) w = e^z.

Here $\qquad$ w = u + iv = e^{x + iy}

Considering w in polar form,

$$w = \rho(\cos\phi + i\sin\phi) = \rho e^{i\phi}$$

we have, $\qquad \rho e^{i\phi} = e^x \cdot e^{iy}$

This gives $\rho = e^x$, $\phi = y$ ... (1)

Consider the two perpendicular straight lines x = a, y = b.

From (1), map of x = a is ρ = e^a = constant.

ρ = constant represents a circle with centre at origin in uov plane. If 'a' takes different values, x = a represents lines parallel to y-axis in xoy plane. This means the lines parallel to y-axis in z-plane, are mapped onto concentric circles with centre at origin in w-plane. Relation φ = y gives the map of y = constant as the radial line φ = constant. That is lines parallel to x-axis in z-plane are mapped on to radial lines, φ = constant in w-plane. As y varies from y = 0 to y = 2π, φ varies from φ = 0 to φ = 2π. That is a semi-infinite strip of height 2π is mapped on to the entire w-plane. [Fig. 12.16 (a) and (b)]. Rectangular region given by a ≤ x ≤ b, c ≤ y ≤ d, in w-plane is mapped on to the region e^a ≤ ρ ≤ e^b, c ≤ φ ≤ d. Lines x = constant, y = constant are at right angles, similarly ρ = constant, φ = constant are at right angles, exhibiting the conformal character of the mapping.

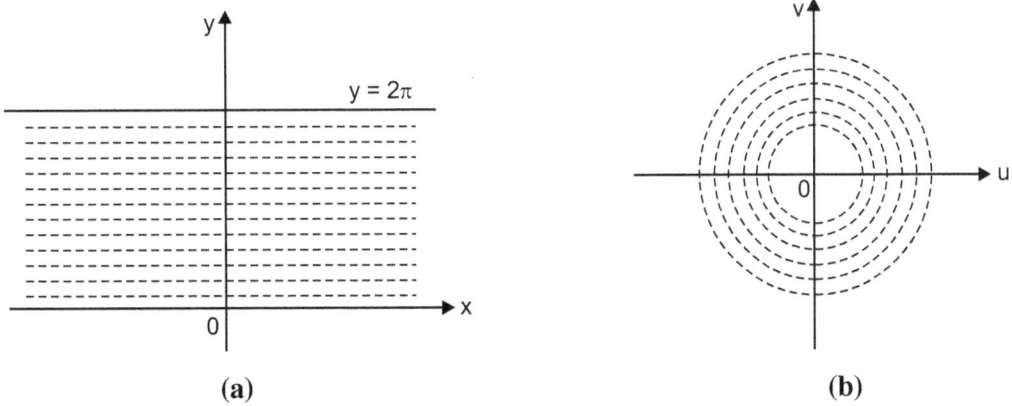

Fig. 12.16

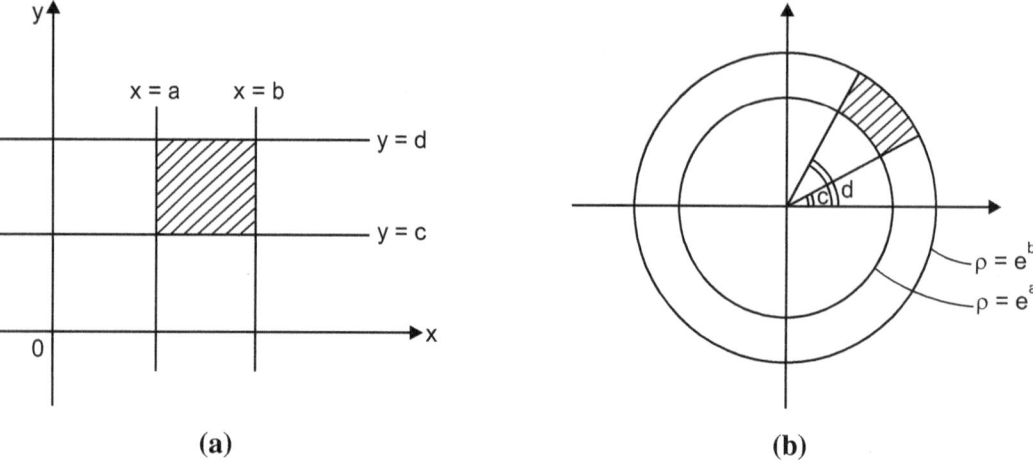

Fig. 12.17

(3) $w = z + \dfrac{1}{z}$.

This transformation is called Joukowski's transformation named after Russian mathematician.

Consider $w = u + iv = z + \dfrac{1}{z} = r(\cos\theta + i\sin\theta) + \dfrac{1}{r}(\cos\theta - i\sin\theta)$

∴ $u = \left(r + \dfrac{1}{r}\right)\cos\theta$ and $v = \sin\theta\left(r - \dfrac{1}{r}\right)$ ... (1)

∴ $u^2 = \left(r + \dfrac{1}{r}\right)^2 \cos^2\theta$ and $v^2 = \left(r - \dfrac{1}{r}\right)^2 \sin^2\theta$

or $\dfrac{u^2}{\left(r + \dfrac{1}{r}\right)^2} + \dfrac{v^2}{\left(r - \dfrac{1}{r}\right)^2} = 1$ ... (2)

If we consider the circle $|z| = c$ or $r = c$ in z-plane, then from (2), map of $r = c$ is the ellipse $\dfrac{u^2}{\left(c + \dfrac{1}{c}\right)^2} + \dfrac{v^2}{\left(c - \dfrac{1}{c}\right)^2} = 1.$ [$c \neq 1$]

The family of circles in z-plane are transformed into family of ellipses. These ellipses are confocal as $\left(c + \dfrac{1}{c}\right)^2 - \left(c - \dfrac{1}{c}\right)^2 = 4 =$ constant.

In particular, if the radius of the circle in z-plane is $c = 1$, then it's transform is given by $u = 2\cos\theta$ and $v = 0$, which represents real axis (or u-axis) in w-plane.

$\theta = 0, u = 2; \theta = \dfrac{\pi}{2}, u = 0; \theta = \pi, u = -2; \theta = \dfrac{3\pi}{2}, u = 0; \theta = 2\pi, u = 2.$

That is, as the arc of the circle r = 1 is described from $\theta = 0$ to $\theta = 2\pi$, real axis in w-plane is described from u = 2 to u = −2 and then u = −2 to u = 2.

From (1), we get,

$$\frac{u^2}{\cos^2\theta} - \frac{v^2}{\sin^2\theta} = \left(r+\frac{1}{r}\right)^2 - \left(r-\frac{1}{r}\right)^2 = 4$$

or $\quad \dfrac{u^2}{4\cos^2\theta} - \dfrac{v^2}{4\sin^2\theta} = 1 \hfill \ldots (3)$

From (3), we see that maps of radial lines θ = constant (except $\theta = 0$ and $\theta = \pi$) are the confocal hyperbolas given by (3).

Family of circles r = c (c ≠ 1) and θ = constant ($\theta \neq 0$ or π) in z-plane are orthogonal and their maps in w plane, family of ellipses and family of hyperbolas are also orthogonal.

Mapping ceases to be conformal at z = ± 1, where $f'(z) = 1 - \dfrac{1}{z^2} = 0$.

(4) w = sinh z $\hfill$ **(May 2005, 2014, Dec. 2011)**

Here $\quad w = u + iv = \sinh(x + iy)$

∴ $\quad u + iv = \sinh x \cosh iy + \cosh x \sinh iy$

$\quad\quad\quad\quad = \sinh x \cos y + i \cosh x \sin y$

Equating real and imaginary parts,

$\quad u = \sinh x \cos y \text{ and } v = \cosh x \sin y \hfill \ldots (1)$

∴ $\quad \dfrac{u}{\sinh x} = \cos y \text{ and } \dfrac{v}{\cosh x} = \sin y$

or $\quad \dfrac{u^2}{\sinh^2 x} + \dfrac{v^2}{\cosh^2 x} = 1 \hfill \ldots (2)$

Again $\quad \dfrac{u}{\cos y} = \sinh x \text{ and } \dfrac{v}{\sin y} = \cosh x$

∴ $\quad \dfrac{v^2}{\sin^2 y} - \dfrac{u^2}{\cos^2 y} = 1 \hfill \ldots (3)$

Map of x = c is the ellipse.

$$\frac{u^2}{\sinh^2 c} + \frac{v^2}{\cosh^2 c} = 1 \qquad \ldots (4)$$

Map of y = c is the hyperbola.

$$\frac{v^2}{\sin^2 c} - \frac{u^2}{\cos^2 c} = 1 \qquad \ldots (5)$$

Family of straight lines parallel to y-axis and x-axis, which are orthogonal, are mapped onto family of ellipses and hyperbolae respectively in w-plane, which are also orthogonal.

ILLUSTRATIONS

Ex. 1 : *Find the bilinear transformation, which maps the points $0, -1, i$ of the z-plane on to the points $2, \infty, \frac{1}{2}(5+i)$ of the w-plane.* **(Dec. 2005, May 2011)**

Sol. : Let the transformation be $w = \dfrac{a+bz}{c+dz}$.

$z = 0$ $\qquad w = 2 \qquad \therefore \dfrac{a}{c} = 2 \qquad \therefore a = 2c$

$z = -1 \qquad w = \infty \qquad \therefore c - d = 0 \quad d = c$

$z = i \qquad w = \dfrac{1}{2}(5+i) \quad \therefore \dfrac{1}{2}(5+i) = \dfrac{a+bi}{c+di} = \dfrac{2c+bi}{c+ci}$

or $\qquad \dfrac{c}{2}(1+i)(5+i) = 2c + bi \quad \therefore \dfrac{c}{2}(4+6i) = 4c + 2bi$

$\therefore \qquad b = 3c$

$\therefore \qquad w = \dfrac{2c + 3cz}{c + cz} = \dfrac{2+3z}{1+z}$

Alternative method : Using the cross-ratio property,

$$(w, w_1, w_2, w_3) = (z, z_1, z_2, z_3)$$

$$\dfrac{(w-w_2)(w_1-w_3)}{(w-w_3)(w_1-w_2)} = \dfrac{(z-z_2)(z_1-z_3)}{(z-z_3)(z_1-z_2)} \qquad \ldots (1)$$

$z_1 = 0, \; z_2 = -1, \; z_3 = i; \; w_1 = 2, \; w_2 = \infty, \; w_3 = \dfrac{1}{2}(5+i)$.

Since $z_2 = -1$ corresponds to $w_2 = \infty$, we take the ratio $\dfrac{w-w_2}{w_1-w_2} = 1$ (this property can always be used when one of the points w or z is equal to ∞).

Putting the values of w_1, w_3, z_1, z_2, z_3 in (1),

$$\dfrac{2 - \dfrac{1}{2}(5+i)}{w - \dfrac{1}{2}(5+i)} = \dfrac{(z+1)(-i)}{(z-i) \cdot 1}$$

Cross multiplying,

$$\left(-\dfrac{1}{2} - \dfrac{1}{2}i\right)(z-i) = \left(w - \dfrac{5}{2} - \dfrac{1}{2}i\right)(-iz - i)$$

On simplification,

$$w(-iz-i) = -3iz - 2i \quad \text{or} \quad w = \dfrac{3z+2}{z+1}$$

Ex. 2 : *Find the bilinear transformation which maps the points $z = 1, i, 2i$ on the points $w = -2i, 0, 1$ respectively.* **(Dec. 2010)**

Sol. : Let the transformation be

$$w = \frac{a + bz}{c + dz}$$

$z = 1, w = -2i$ $\therefore$ $-2i = \dfrac{a+b}{c+d}$ or $a + b = -2ic - 2id$ ... (1)

$z = i, w = 0$ $\therefore$ $a + bi = 0$ or $a = -bi$ ... (2)

$z = 2i, w = 1$ $\quad 1 = \dfrac{a + 2ib}{c + 2di}$ or $c + 2di = a + 2ib$ ... (3)

or $\quad c + 2di = -bi + 2ib = bi$ ... (4)

Combining (1), (2), (4), we get

$$a = -bi, \quad c = \frac{2bi}{2i + 4}, \quad d = \frac{b + bi}{2i + 4}$$

$\therefore \qquad w = \dfrac{-bi + bz}{\dfrac{2bi}{2i+4} + \dfrac{b+bi}{2i+4}z} = \dfrac{(2-4i)+(2i+4)z}{2i+(1+i)z}$

which is the required transformation.

Ex. 3 : *Find the bilinear transformation, which sends the points $1, i, -1$ from z-plane into the points $i, 0, -i$ of the w-plane.* **(Dec. 2004, 2012, May 2005, 2012, 2014)**

Sol. : Let the transformation be

$$w = \frac{a + bz}{c + dz}$$

$z = 1, w = i$ $\qquad \therefore i = \dfrac{a+b}{c+d}$ or $a + b = ic + id$ ... (1)

$z = i, w = 0$ $\qquad \therefore a + ib = 0$ or $a = -bi$ ... (2)

$z = -1, w = -i$ $\quad \therefore -i = \dfrac{a-b}{c-d}$ or $-ic + id = a - b$ ... (3)

Combining (1), (2) and (3), we get

$$w = \frac{i - z}{i + z}$$

or $\qquad w = \dfrac{1 + iz}{1 - iz}$

which is the required transformation.

Ex. 4 : *Find the bilinear transformation, which maps the points $z = -1, 0, 1$ on to the points $w = 0, i, 3i$.* **(Dec. 2012)**

Sol. : Let the transformation be

$$w = \frac{a + bz}{c + dz}$$

$z = -1, w = 0 \therefore a - b = 0$ or $b = a$ ... (1)

$z = 0, w = i \quad\quad i = \frac{a}{c}$ or $c = -ai$ ... (2)

$z = 1, w = 3i \quad\quad 3i = \frac{a+b}{c+d}$ or $a + b = (c + d)\, 3i$ ...(3)

Putting $b = a,\ c = -ai$ in (3), $d = \frac{ai}{3}$

$$\therefore \quad w = \frac{a + az}{-ai + \frac{ai}{3} z} = \frac{3z + 3}{i\,(z - 3)} = \frac{3i + 3iz}{3 - z}$$

which is the required transformation.

Ex. 5 : *Show that the map $w = \frac{2z + 3}{z - 4}$ transforms the circle $x^2 + y^2 - 4x = 0$ into the straight line $4u + 3 = 0$.*

Sol. :
$$w = u + iv = \frac{2(x + iy) + 3}{(x + iy) - 4} = \frac{(2x + 3) + 2iy}{(x - 4) + iy}$$

$$u + iv = \frac{(2x + 3) + 2iy}{(x - 4) + iy} \times \frac{(x - 4) - iy}{(x - 4) - iy}$$

$$u + iv = \frac{\{(2x + 3)(x - 4) + 2y^2\} + i\,\{2y(x - 4) - y(2x + 3)\}}{(x - 4)^2 + y^2}$$

Equating real parts,

$$u = \frac{(2x + 3)(x - 4) + 2y^2}{(x - 4)^2 + y^2} = \frac{2x^2 - 5x + 2y^2 - 12}{x^2 + y^2 - 8x + 16}$$

$$4u + 3 = \frac{4(2x^2 + 2y^2 - 5x - 12)}{x^2 + y^2 - 8x + 16} + 3 = \frac{11x^2 + 11y^2 - 44x - 48 + 48}{x^2 + y^2 - 8x + 16}$$

Map of $4u + 3 = 0$ is

$11x^2 + 11y^2 - 44x = 0$ or $x^2 + y^2 - 4x = 0$

$\therefore$ Circle $x^2 + y^2 - 4x = 0$ is transformed into the straight line $4u + 3 = 0$.

Ex. 6 : *Find the map of the straight line $y = x$ under the transformation $w = \dfrac{z-1}{z+1}$.*

(Dec. 2004, 2007)

Sol. : $\qquad w = \dfrac{z-1}{z+1}$

$\therefore \qquad zw + w = z - 1 \text{ or } z(w-1) = -1 - w$

$\therefore \qquad z = x + iy = \dfrac{w+1}{1-w} = \dfrac{u+iv+1}{1-(u+iv)} = \dfrac{(u+1)+iv}{(1-u)-iv} \times \dfrac{(1-u)+iv}{(1-u)+iv}$

$\therefore \qquad x + iy = \dfrac{(1-u^2-v^2) + i\{v(1-u) + v(u+1)\}}{(1-u)^2 + v^2}$

$\qquad x = \dfrac{1-u^2-v^2}{(1-u)^2+v^2}, \quad y = \dfrac{2v}{(1-u)^2+v^2}$

Map of $y = x$ is

$\qquad 1 - u^2 - v^2 = 2v \quad \text{or} \quad u^2 + v^2 + 2v = 1$

or $\qquad u^2 + (v+1)^2 = 2$

which is a circle in w-plane with centre $(0, -1)$ i.e. $w = -i$ and radius $= \sqrt{2}$.

Ex. 7 : *Show that the transformation $w = \dfrac{z-b}{z+b}$ maps the right half of the z-plane into the unit circle $|w| < 1$ (b is real positive number).*

(Dec. 2008)

Sol. : $\qquad w = \dfrac{z-b}{z+b} \quad \therefore \quad zw + bw = z - b$

or $\qquad z(w-1) = -b - bw \text{ i.e. } z = -b\dfrac{(w+1)}{w-1}$

$\therefore \qquad x + iy = b\dfrac{(1+u+iv)}{(1-u-iv)} \times \dfrac{(1-u)+iv}{(1-u)+iv}$

$\therefore \qquad x + iy = b\left[\dfrac{\{(1-u^2) - v^2\} + i\{v(1+u) + v(1-u)\}}{(1-u)^2 + v^2}\right]$

$\therefore \qquad x = b\dfrac{(1-u^2-v^2)}{(1-u)^2+v^2}$

$x > 0$ gives $b(1 - u^2 - v^2) > 0$

$\because$ b is positive and real, $1 - u^2 - v^2 > 0$

or $\qquad u^2 + v^2 < 1$

i.e. $\qquad |w| < 1$

$\therefore$ Map of $x > 0$ i.e. right half plane is mapped on to the circle $|w| < 1$.

Ex. 8 : Show that under the transformation, $w = \frac{1}{2} \log \frac{1+z}{1-z}$, circle $|z| < 1$ is mapped on to the strip $-\frac{\pi}{4} < v < \frac{\pi}{4}$ of the w-plane.

Sol. : $\quad w = \frac{1}{2} \log \frac{1+z}{1-z} = \frac{1}{2} \log(1+z) - \frac{1}{2} \log(1-z)$

$w = u + iv = \frac{1}{2} \log\{1 + x + iy\} - \frac{1}{2} \log\{1 - x - iy\}$

$= \frac{1}{2} \left[\log \sqrt{(1+x)^2 + y^2} + i \tan^{-1} \frac{y}{1+x} - \log \sqrt{(1-x)^2 + y^2} - i \tan^{-1} \left(\frac{-y}{1-x}\right) \right]$

$\therefore \quad u = \frac{1}{4} \log \frac{(1+x)^2 + y^2}{(1-x)^2 + y^2}$

$v = \frac{1}{2} \left[\tan^{-1} \frac{y}{1+x} + \tan^{-1} \frac{y}{1-x} \right]$

$\therefore \quad 2v = \tan^{-1} \frac{y}{1+x} + \tan^{-1} \frac{y}{1-x}$

$= \tan^{-1} \left\{ \frac{\frac{y}{1+x} + \frac{y}{1-x}}{1 - \frac{y^2}{(1+x)(1-x)}} \right\} = \tan^{-1} \left\{ \frac{y(1-x) + y(1+x)}{1 - x^2 - y^2} \right\}$

$= \tan^{-1} \frac{2y}{1 - x^2 - y^2}$

For $|w| < 1$ i.e. $x^2 + y^2 < 1$, $1 - x^2 - y^2$ is positive.

$\therefore \quad \tan 2v = \frac{2y}{1 - x^2 - y^2}$

For $v = \frac{\pi}{4}$, $\tan 2v = \infty$ when $|w| = 1$ and y is positive.

For $v = -\frac{\pi}{4}$, $\tan 2v = -\infty$ when $|w| = 1$ and y is negative.

$\therefore \quad |w| < 1$ corresponds to $-\frac{\pi}{4} < v < \frac{\pi}{4}$.

Ex. 9 : Show that the transformation $w = z + \frac{1}{z} - 2i$ maps the circle $|z| = 2$ into an ellipse. Find the centre of the ellipse and its semi-major and minor axes. **(May 08)**

Sol. : $\quad w = u + iv = x + iy + \frac{1}{x + iy} - 2i$

$= x + iy + \frac{x - iy}{x^2 + y^2} - 2i$

$= \left(x + \frac{x}{x^2 + y^2}\right) + i\left(y - 2 - \frac{y}{x^2 + y^2}\right)$

For the circle $|z| = 2$, $x^2 + y^2 = 4$

$\therefore \quad u = x + \dfrac{x}{4} = \dfrac{5x}{4}, \quad v = y - 2 - \dfrac{y}{4} = \dfrac{3y}{4} - 2$

$\therefore \quad x = \dfrac{4u}{5}, \quad y = \dfrac{4}{3}(v + 2)$

Now, $x^2 + y^2 = 4 \quad \therefore \dfrac{16u^2}{25} + \dfrac{16(v+2)^2}{9} = 4$

$\therefore \dfrac{u^2}{25/4} + \dfrac{(v+2)^2}{9/4} = 1$, which represents the ellipse with centre $(0, -2)$ and semi-major axis $= \dfrac{5}{2}$ and semi-minor axis $= \dfrac{3}{2}$.

Ex. 10 : *Show that, under the transformation* $w = \dfrac{i-z}{i+z}$, *x-axis in z-plane is mapped onto the circle* $|w| = 1$. **(Dec. 2006, 2010)**

Sol. : $wi + wz = i - z \quad \therefore z(w + 1) = i(1 - w)$

or $\quad z = i\dfrac{1-w}{1+w} = i\dfrac{1-u-iv}{1+u+iv} = i\dfrac{(1-u)-iv}{(1+u)+iv} \times \dfrac{(1+u)-iv}{(1+u)-iv}$

or $\quad z = x + iy = i\left[\dfrac{\{(1-u)(1+u) - v^2\} - i\{v(1+u) + v(1-u)\}}{(1+u)^2 + v^2}\right]$

Equating imaginary parts, $y = \dfrac{1 - u^2 - v^2}{(1+u)^2 + v^2}$

$\therefore$ Map of x-axis i.e. $y = 0$ is $u^2 + v^2 = 1$ or $|w| = 1$.

EXERCISE 12.4

1. Find the bilinear transformation which maps the points $-i, 0, 2+i$ of the z-plane on to the points $0, -2i, 4$ of the w-plane. $\left[\text{Ans. } w = \dfrac{2(z+i)}{z-1}\right]$ **(May 2009)**

2. Find the bilinear transformation which maps the points $1, 0, i$ of the z-plane on to the points $\infty, -2, -\dfrac{1}{2}(1+i)$ of the w-plane. **(Nov. 2014)** $\left[\text{Ans. } w = \dfrac{iz+2}{z-1}\right]$

3. Find a bilinear transformation which maps the circle $|z - 2| = 2$ on to the straight line $4u + 3 = 0$. $\left[\text{Ans. } w = \dfrac{2z+3}{z-4}\right]$

4. Find a bilinear transformation which maps the circle $|z| \leq 1$ on to the interior of the circle with centre $(1, 0)$ and radius 1 in w-plane. $\left[\text{Ans. } w = 2\dfrac{z(i-1) + 1 + i}{z(-1+2i) + 1}\right]$

5. Find the invariant points of the transformation $w = \dfrac{2z-6}{z-2}$. [**Ans.** $2 \pm \sqrt{2}\,i$]

6. Find the map of the circle $|z - i| = 1$ under the mapping $w = \dfrac{1}{z}$, into the w-plane.

   (May 2012, Dec. 2012) $\left[\textbf{Ans. } v = -\dfrac{1}{2},\ -\dfrac{1}{2} \le u \le \dfrac{1}{2}\right]$

7. Show that under the transformation $w = z + \dfrac{4}{z}$, the circle $|z| = 2$ is mapped on to the straight line, but the circle $|z| = 3$ is mapped on to the ellipse.

8. Show that under the transformation $w = \cosh z$ lines parallel to x-axis are mapped on to the hyperbolas in w-plane. **(May 2009)**

9. Find the image of the hyperbola $x^2 - y^2 = 1$ under the transformation $w = \dfrac{1}{z}$.

   [**Ans.** $\rho^2 = \cos 2\phi$]

10. Find the map of the strip $x > 0$, $0 < y < 4$ under the transformation $w = iz + 2$.

11. Find the image of the triangular region bounded by $x = 0$, $y = 0$, $x + y = 1$, under the transformation $w = z^2$. **(May 2008)**

12. Show that $\omega = \dfrac{z-i}{1-iz}$ maps upper half of z-plane onto interior of the unit circle in ω-plane. **(May 2007, Nov. 2014)**

13. Find the bilinear transformation which maps the points 0, 1, 2 from z-plane on to the points 1, 1/2, 1/3, of the ω-plane. **(May 2007)** $\left[\textbf{Ans. } \omega = \dfrac{1}{z+1}\right]$

14. Find the bilinear transformation, which maps the points $0, \dfrac{1}{2}, 1+i$ from z-plane into the points $-4, \infty, \dfrac{(13-12i)}{5}$ of the w-plane. **(Dec. 07)** $\left[\textbf{Ans. } \omega = \dfrac{2z+4}{2z-1}\right]$

MODEL QUESTION PAPER
(Theory)

1. (a) Solve any two : (08)
   (i) $(D^2 + 1)y = \sin x \sin 2x$
   (ii) $(D^2 - 2D + 2) y = e^x \tan x$ (By method of variation of parameters)
   (iii) $x^2 \dfrac{d^2y}{dx^2} - 3x \dfrac{dy}{dx} + 5y = x^2 \sin(\log x)$

   (b) Obtain $f(k)$, given that $12f(k+2) - 7f(k+1) + f(k) = 0$; $k \geq 0$, $f(0) = 0$, $f(1) = 3$. (04)

   OR

2. (a) An electric current consists of an inductance 0.1 henry, a resistance R of 20 ohms and a condenser of capacitance C of 25 microfarads. If the differential equation of electrical circuit is $L\dfrac{d^2q}{dt^2} + R\dfrac{dq}{dt} + \dfrac{q}{C} = 0$ then find the charge q and current i at any time t, given that $t = 0$, $q = 0.05$ coulombs, $i = \dfrac{dq}{dt} = 0$ when $t = 0$. (04)

   (b) Find the Fourier sine transform of $\dfrac{e^{-ax}}{x}$ and hence evaluate (04)

   $$\int_0^\infty \tan^{-1} \dfrac{x}{a} \sin x \, dx$$

   (c) Attempt any one : (04)
   (i) Find the z-transform of $f(k) = \sin\left(\dfrac{k\pi}{4} + \alpha\right)$; $k \geq 0$
   (ii) Find the inverse z-transform of $\dfrac{1}{(z-3)(z-2)}$, $2 < |z| < 3$

3. (a) The first four moments of a distribution about the value 5 are 2, 20, 40 and 50. From the given information obtain the first four central moments, mean, standard deviation and coefficient of skewness and kurtosis. (04)

   (b) Between 2 p.m. and 3 p.m. the average number of phone call coming into company are 2. Find probability that during one particular minute their will be :
   (i) No phone at all.
   (ii) Two or less phone call.

   (c) Find the directional derivative of $\phi = 4xz^3 - 3x^2y^2z$ at $(2, -1, 2)$ along the tangents to the curve $x = e^t \cos t$, $y = e^t \sin t$, e^t at $t = 0$. (04)

   OR

4. (a) Establish any one of the following : (04)
   (i) $\nabla\left(\dfrac{\bar{a} \cdot \bar{r}}{r^n}\right) = \dfrac{\bar{a}}{r^n} - \dfrac{n(\bar{a} \cdot \bar{r})}{r^{n+2}} \bar{r}$
   (ii) $\nabla^4 e^r = e^r + \dfrac{4}{r} e^r$

   (b) Show that $\bar{F} = (ye^{xy} \cos z)\bar{i} + (xe^{xy} \cos z)\bar{j} - (e^{xy} \sin z)\bar{k}$ is irrotational. Also determine ϕ such that $\bar{F} = \nabla\phi$. (04)

(c) If two line of regression are $9x + y - \lambda = 0$ and $4x + y = \mu$ and the means of x and y are 2 and -3 respectively, find the values of λ and μ and the coefficient of correlation between x and y. **(04)**

5. (a) Find the work done by the force $\bar{F}\,(y^2 \cos x + z^3)\,\bar{i} + (2y \sin x - 4)\bar{j} + (3xz^2 + 2)\,\bar{k}$ in taking a particle from $(0, 1, -1)$ to $(\pi/2, -1, 2)$. **(04)**

(b) Apply Stoke's theorem to calculate $\int_C (4y\,dx + 2z\,dy + 6y\,dz)$ where C is the curve of intersection of $x^2 + y^2 + z^2 = 6z$ and $z = x + 3$. **(04)**

(c) Evaluate $\iint_S (x^3 i + y^3 j + z^3 k) \cdot d\bar{S}$ where S is the surface of the sphere $x^2 + y^2 + z^2 = 16$ **(04)**

OR

6. (a) Using Green's lemma evaluate $\oint_C x^2 dx + xy\,dy$ over the region R enclosed By $y = x^2$ and line $y = x$. **(04)**

(b) Evaluate $\iint_S (\nabla \times \bar{F}) \cdot d\bar{S}$ where $\bar{F} = y\bar{i} + z\bar{j} + x\bar{k}$ and S is the surface of paraboloid $z = 1 - x^2 - y^2$, $z \geq 0$. **(05)**

(c) Maxwell's equations are $\nabla \cdot \bar{E} = 0$, $\nabla \cdot \bar{H}$, $\nabla \times \bar{E} = -\dfrac{\partial \bar{H}}{\partial t}$, $\nabla \times \bar{H} = \dfrac{\partial \bar{E}}{\partial t}$ then show that $\bar{E}$ and $\bar{H}$ satisfy $\nabla^2 u = \dfrac{\partial^2 u}{\partial t^2}$. **(04)**

7. (a) If $v = -\dfrac{y}{x^2 + y^2}$, find u such that $f(z) = u + iv$ is analytic and determine $f(z)$ in terms of z. **(04)**

(b) Use Cauchy's integral formula $\oint_C \dfrac{(z^2 + \cos^2 z)}{\left(z - \dfrac{\pi}{4}\right)^3}\,dz$ where, C is the circle $|z| = 1$. **(05)**

(c) Find the bilinear transformation, which maps the points $1, 0, i$ of the Z-plane on the points $\infty, -2, -\dfrac{1}{2}(1 + i)$ of the W-plane. **(04)**

OR

8. (a) If $f(z)$ is analytic, then show that $\left(\dfrac{\partial^2}{\partial x^2} + \dfrac{\partial^2}{\partial y^2}\right)|f(z)|^2 = 4|f'(z)|^2$ **(04)**

(b) Evaluate by using Residue theorem $\int_C \dfrac{\sin \pi z^2}{(z-1)^2(z-2)}\,dz$ where, C is the circle $|z| = 4$. **(05)**

(c) Show that the map $w = \dfrac{2z + 3}{z - 4}$ transform the circle $x^2 + y^2 - 4x = 0$ into the straight line $4u + 3 = 0$. **(04)**

Engineering Mathematics – III
(SE Comp. Engg. & I.T)
May 2014

1. (a) Solve any two of the following: (8)
   (i) $(D^2 + 4) y = \cos 3x \cos x$
   (ii) $(D^2 + 6D + 9) y = e^{3x}/x^2$ (by variation of parameters method)
   (iii) $x^3 \left(\dfrac{d^3y}{dx^3}\right) + 2x^2 \left(\dfrac{d^2y}{dx^2}\right) + 2y = 20(x + 1/x)$

   (b) Obtain $f(k)$ given that, (4)
   $f(k+2) + 5f(k+1) + 6f(k) = 0$, $k \geq 0$, $f(0) = 0$, $f(1) = 2$ by using Z transform.

   OR

2. (a) An emf $E\sin(pt)$ is applied at $t = 0$ to a circuit containing a condenser 'C' and Inductance 'L' in series. The current 'x' satisfies the equation (4)
   $L(dx/dt) + \dfrac{1}{c}\int x\, dx = E\sin(pt)$ where $= \dfrac{-dq}{dt}$. If $p^2 = \dfrac{1}{LC}$ and initially the current x and charge q is zero than show that current in the circuit at any time t is $\dfrac{E}{2L} t \sin(pt)$

   (b) Solve the integral equation (4)
   $\int_0^\infty f(x) \cos \lambda x\, dx = \begin{cases} 1 - \lambda & 0 \leq \lambda \leq 1 \\ 0 & \lambda > 1 \end{cases}$ and hence show that $\int_0^\infty \dfrac{\sin^2 z}{z^2} dz = \dfrac{\pi}{2}$

   (c) Attempt any one: (4)
   (i) Find the Z-transform of $f(k) = e^{-2k} \cos(5k + 3)$
   (ii) Find the inverse Z-transform of $\dfrac{z(z+1)}{z^2 - 2z + 1}$, $|z| > 1$

3. (a) The first four moments of a distribution about 2 are 1, 2.5, 5.5 and 16. Calculate the first four moments about the mean, A.M., S.D., β_1 and β_2. (5)

   (b) In a certain examination 200 students appeared. Average marks obtained were 50% with standard deviation 5%. How many students do you expect to obtain more than 60% of marks, supposing that the marks are distributed normally? (4)
   (Given $z = 2$; $A = 0.4772$)

   (c) Find the directional derivatives of: (4)
   $\phi = xy^2 + yz^2 + zx^2$ at $(1, 1, 1)$ along the line $2(x-2) = y + 1 = z - 1$

   OR

4. (a) Calculate the coefficient of correlation for the following data (5)

x	1	2	3	4	5	6	7	8	9
y	9	8	10	12	11	13	14	16	15

   (b) Prove the following (Any one) (4)
   (i) $\nabla^4 r^4 = 120$
   (ii) $\nabla \cdot \left[r\nabla \dfrac{1}{r^5}\right] = \dfrac{15}{r^6}$

   (c) Show that $\bar{F} = (x^2 - yz)\bar{i} + (y^2 - zx)\bar{j} + (z^2 - xy)\bar{k}$ is irrotational. Also find ϕ such that $\bar{F} = \nabla\phi$. (4)

5. (a) Find the work done in moving a particle along (4)

$x = a \cos\theta$, $y = a \sin\theta$, $z = b\theta$ from $\theta = \frac{\pi}{4}$ to $\theta = \frac{\pi}{2}$ under a field of force given by

$\bar{F} = -3a \sin^2\theta \cos\theta \hat{i} + a(2\sin\theta - 3\sin^3\theta)\hat{j} + b \sin 2\theta \hat{k}$

(b) Evaluate $\iint_S (yz\hat{i} + zx\hat{j} + xy\hat{k}) \cdot d\bar{s}$ where s is the curved surface of the cone $x^2 + y^2 = z^2$, $z = 4$. (4)

(c) Using Stokes theorem to evaluate $\int_C (4y\hat{i} + 2z\hat{j} + 6y\hat{k}) \cdot d\bar{r}$ where C is the curve of intersection of $x^2 + y^2 + z^2 = 2z$ and $x = z - 1$ (4)

OR

6. (a) A vector field is given by $\bar{F} = (2x - \cos y)\hat{i} + x(4 + \sin y)\hat{j}$, evaluate $\int_C \bar{F} \cdot d\bar{r}$, where c is the ellipse $\frac{x^2}{a^2} + \frac{y^2}{b^2} = 1$, $z = 0$. (4)

(b) Prove that $\iiint_V \frac{1}{r^2} dv = \iint_S \frac{1}{r^2} \bar{r} \cdot d\bar{s}$ where s is closed surface enclosing the volume v.

Hence evaluate $\iint_S \frac{x\hat{i} + y\hat{j} + z\hat{k}}{r^2} \cdot d\bar{S}$ where s is the surface of the sphere $x^2 + y^2 + z^2 = a^2$. (4)

(c) If $\bar{E} = \nabla\phi$, and $\nabla^2\phi = -4\pi\rho$, (4)

prove that $\iint_S \bar{E} \cdot d\bar{s} = -4\pi \iiint_V \rho \, dv$

7. (a) Find the value of p such that the function $f(x) = r^2\cos 2\theta + ir^2\sin p\theta$ becomes analytical function. (4)

(b) Evaluate $\oint_C \frac{z^2 + \cos^2 z}{\left(z - \frac{\pi}{4}\right)^3} dx$ where c is a circle $x^2 + y^2 = 1$ (5)

(c) Find the bilinear transformation which maps 1, i, –1 from z plane into i, 0, –i from the w plane. (4)

OR

8. (a) Determine the analytic function f(z) whose real part is (4)
$U = x^3 - 3xy^2 + 3x^2 - 3y^2 + 1$

(b) Evaluate $\oint_C \left[\frac{\sin\pi z^2 + 2z}{(z-1)^2(z-2)}\right] dz$ (5)

where c is a circle $x^2 + y^2 = 16$.

(c) Show that the transformation $w = \sin z$ transforms the straight line $x = c$ of z plane into hyperbolas in the w plane. (4)

Nov. 2014

1. (a) Solve any two : (8)
   (i) $(D^2 + 6D + 9)y = x^{-3} e^{-3x}$
   (ii) $(D^2 - 2D + 2)y = e^x \tan x$ (by variation of parameters method).
   (iii) $x^2 \dfrac{d^2y}{dx^2} - 3x \dfrac{dy}{dx} + 5y = x^2 \sin(\log x)$

   (b) Find the Fourier sine and cosine transforms of e^{-mx}, $m > 0$ (4)

   OR

2. (a) The currents x and y in the coupled circuits are given by :
   $(LD + 2R)x - Ry = E$
   $(LD + 2R)y - Rx = 0$
   Find the general values of x and y in terms of t. (4)

   (b) Find the inverse z-transform (any one) : (4)
   (i) $F(z) = \dfrac{10z}{(z-1)(z-2)}$ (by inversion integral method)
   (ii) $F(z) = \dfrac{z}{\left(z - \dfrac{1}{4}\right)\left(z - \dfrac{1}{5}\right)}$, $|z| > \dfrac{1}{4}$

   (c) Solve the difference equation : (4)
   $f(K+1) - f(K) = 1$, $K \geq 0$, $f(0) = 0$

3. (a) The first four moments about 44.5 of a distribution are –0.4, 2.99, –0.08 and 27.63. Calculate moments about mean, coefficients of Skewness and Kurtosis. (4)

   (b) The incidence of a certain disease is such that on the average 20% of workers suffer from it. If 10 workers are selected at random, find the probability that : (4)
   (i) exactly 2 workers suffer from disease.
   (ii) not more than 2 workers suffer

   (c) Find the directional derivatives of : $\phi = 4xz^3 - 3x^2y^2z$ (4)
   at (2, –1, 2) along a line equally inclined with coordinate axes.

   OR

4. (a) A random sample of 200 screws is drawn from a population which represents size of screws. If a sample is normally distributed with a mean 3.15 cm and S.D. 0.025 cm, find expected number of screws whose size falls between 3.12 cm and 3.2 cm. (4)
   [Given : For z = 1.2, area = 0.3849, for z = 2, area 0.4772]

   (b) Show that (any one) : (4)
   (i) $\nabla \cdot \left(\dfrac{\overline{a} \times \overline{r}}{r}\right) = 0$
   (ii) $\nabla^4 (r^2 \log r) = \dfrac{6}{r^2}$

   (c) A fluid motion is given by : (4)
   $\overline{v} = (y \sin z - \sin x)\hat{i} + (x \sin z + 2yz)\hat{j} + (xy \cos z + y^2)\hat{k}$
   Is the motion irrotational ? If so, find the scalar velocity potential. (4)

5. (a) Find the work done by the force :

$\overline{F} = (x^2 - yz) i + (y^2 - zx) j + (z^2 - xy) k$

in taking a particle form (1, 1, 1) to (3,–5, 7)

(b) Use divergence theorem to evaluate :

$\iint_S (y^2 z^2 i + z^2 x^2 j + x^2 y^2 k) \cdot d\overline{s}$ where s is the upper half of the sphere $x^2 + y^2 + z^2 = 9$ above the xoy plane. (5)

(c) Apply Stoke's theorem to evaluate : (4)

$\int_c (4y\, dx + 2z\, dy + 6y\, dz)$ where C is the curve $x^2 + y^2 + z^2 = 6z$, $z = x + 3$.

OR

6. (a) Find the work done in moving a particle form (0, 1, –1) to $\left(\frac{\pi}{2}, -1, 2\right)$ in a force field (4)

$\overline{F} = (y^2 \cos x + z^3) i + (2y \sin x - 4) j + (3xz^2 + 2) k$

(b) Evaluate : $\iint_S [(x + y^2)i - 2xj + 2yzk] \cdot d\overline{s}$

where s is the plane $2x + y + 2z - 6 = 0$ considered as one of the bounding planes of the tetrahedron $x = 0, y = 0, z = 0, 2x + y + 2z = 6$. (5)

(c) Verify Stoke's theorem for : $\overline{F} = - y^3 i + x^3 j$ and the closed curved c is the boundary of the circle $x^2 + y^2 = 1$. (4)

7. (a) Find the condition under which :
$u = ax^3 + bx^2 y + cxy^2 + dy^3$ is harmonic. (4)

(b) Evaluate $\oint_c \frac{4z^2 + z}{z^2 - 1} dz$ where $c : |z - 1| = 3$ (5)

(c) Show that : $w = \frac{z - i}{1 - iz}$ maps upper half of z-plane onto interior of unit circle in w-plane. (4)

OR

8. (a) Find the harmonic conjugate of : (4)
$u = r^3 \cos 3\theta + r \sin \theta$

(b) Evaluate $\oint_c \frac{\sin 2z}{\left(z + \frac{\pi}{3}\right)^4} dz$ where $C : |z| = 2$ (5)

(c) Find the bilinear transformation which maps the points 1, 0, i of the z-plane onto the points $\infty, -2, -\frac{1}{2}(1 + i)$ of the w-pane. (4)

MODEL QUESTION PAPER
Online Examination (Phase-I)

Time : 30 Min.   Marks : 25

Unit 1 : Linear Differential Equations :

1. The solution of differential equation $\frac{d^3y}{dx^3} + 3\frac{dy}{dx} = 0$ is   (2)

   (A) $c_1 + c_2 \cos x + c_3 \sin x$ (B) $c_1 + c_2 \cos \sqrt{3}x + c_3 \sin \sqrt{3}x$

   (C) $c_1 + c_2 e^{\sqrt{3}x} + c_3 e^{-\sqrt{3}x}$ (D) $c_1 \cos x + c_2 \sin x$

2. Particular integral of differential equation $\frac{d^2y}{dx^2} + 2\frac{dy}{dx} + y = e^{-x} \cos x$ is   (2)

   (A) $e^x \cos x$ (B) $-e^{-x} \sin x$

   (C) $-e^{-x} \cos x$ (D) $(c_1 x + c_2) e^{-x}$

3. Particular integral of differential equation $(D^4 + D^2 + 1)y = 53x^2 + 17$ is   (2)

   (A) $53x^2 + 17$ (B) $3x^2 - 17$

   (C) $53x^2 + 113$ (D) $53x^2 - 89$

4. For the differential equation $(2x + 3)^2 \frac{d^2y}{dx^2} - 2(2x + 3)\frac{dy}{dx} - 12y = 6x$, complimentary function is given by   (2)

   (A) $c_1(2x + 3)^3 + c_2(2x + 3)^{-1}$ (B) $c_1(2x + 3)^{-3} + c_2(2x + 3)$

   (C) $c_1(2x + 3)^3 + c_2(2x + 3)^2$ (D) $c_1(2x - 3)^3 + c(2x - 3)^{-1}$

5. For the simultaneous linear DE $\frac{dx}{dt} + 5x - 2y = t$, $\frac{dy}{dt} + 2x + y = 0$, solution of y using $D \equiv \frac{d}{dt}$ is obtained from   (2)

   (A) $(D^2 + 6D + 9)y = -2t$ (B) $(D^2 + 6D + 9)x = 1 + t$

   (C) $(D^2 + 6D + 1)y = t$ (D) $(D^2 - 6D - 9)y = 2t$

6. The solution of differential equation $\frac{d^2y}{dx^2} - 4y = 0$ is   (1)

   (A) $(c_1 x + c_2)e^{2x}$ (B) $c_1 e^{4x} + c_2 e^{-4x}$

   (C) $c_1 \cos 2x + c_2 \sin 2x$ (D) $c_1 e^{2x} + c_2 e^{-2x}$

7. Particular integral $\dfrac{1}{\phi(D^2)} \cos(ax+b)$, where $D \equiv \dfrac{d}{dx}$ and $\phi(-a^2)=0$, $\phi'(-a^2) \neq 0$ is (1)

(A) $\dfrac{1}{\phi'(-a^2)} \cos(ax+b)$

(B) $\dfrac{1}{\phi'(-a^2)} \cos(ax+b)$

(C) $x \dfrac{1}{\phi'(-a^2)} \cos(ax+b)$

(D) $x \dfrac{1}{\phi'(-a^2)} \sin(ax+b)$

8. To reduce the differential equation $(x+2)^2 \dfrac{d^2y}{dx^2} - (x+2)\dfrac{dy}{dx} + y = 4x+7$ to linear differential equation with constant coefficients, substitution is (1)

(A) $x+2 = e^{-z}$

(B) $x = z+1$

(C) $x+2 = e^z$

(D) $x+2 = \log z$

Unit II : Fourier and Z-Transform

9. If $f(x) = \begin{cases} x, & 0 < x < 1 \\ 0, & x > 1 \end{cases}$ then Fourier cosine transform $F_c(\lambda)$ of $f(x)$ is given by (2)

(A) $\dfrac{\lambda \sin \lambda + \cos \lambda - 1}{\lambda^2}$

(B) $\dfrac{\cos \lambda - \lambda \sin \lambda - 1}{\lambda^2}$

(C) $\dfrac{\cos \lambda - \lambda \sin \lambda + 1}{\lambda^2}$

(D) $\dfrac{\lambda \sin \lambda + 1}{\lambda^2}$

10. The solution $f(x)$ of integral equation $\int_0^\infty f(x) \sin \lambda x\, dx = \begin{cases} 1, & 0 \leq \lambda < 1 \\ 0, & \lambda \geq 2 \end{cases}$ is (2)

(A) $\dfrac{2}{\pi}\left(\dfrac{1+\cos x}{x}\right)$

(B) $\dfrac{2}{\pi}\left(\dfrac{1+\sin x}{x}\right)$

(C) $\dfrac{2}{\pi}\left(\dfrac{1-\sin x}{x}\right)$

(D) $\dfrac{2}{\pi}\left(\dfrac{1-\cos x}{x}\right)$

11. $Z\{3^k e^{-2k}\}$, $k \geq 0$ is given by (2)

(A) $\dfrac{z}{(z-3e)^2}$

(B) $\dfrac{z}{z-3e^{-2}}$

(C) $\dfrac{z}{z-2e^3}$

(D) $\dfrac{z}{z+3e^2}$

12. If $|z| > 2$, $Z^{-1}\left[\dfrac{z}{(z-1)(z-2)}\right]$ is given by (2)

   (A) $1 - 2^k, k \geq 0$ (B) $2^k - 1, k \geq 0$

   (C) $\dfrac{1^k}{2} - 1, k \geq 0$ (D) $k - 1, k \geq 0$

13. For the difference equation $12 f(k+2) - 7 f(k+1) + f(k) = 0, k \geq 0, f(0) = 0, f(1) = 3$, $F(z)$ is given by (2)

   (A) $\dfrac{36z}{12z^2 - 7z - 1}$ (B) $\dfrac{36z}{12z^2 + 7z + 1}$

   (C) $\dfrac{36z}{12z^2 - 7z + 1}$ (D) $\dfrac{36z}{12z^2 + 7z - 1}$

14. The inverse Fourier transform $f(x)$ defined in $-\infty < x < \infty$ of $F(\lambda)$ is (1)

   (A) $\dfrac{1}{2\pi} \int\limits_{-\infty}^{\infty} F(\lambda) e^{1\lambda x} \, d\lambda$ (B) $\dfrac{2}{\pi} \int\limits_{-\infty}^{\infty} F(\lambda) e^{-1\lambda x} \, d\lambda$

   (C) $\dfrac{1}{2\pi} \int\limits_{-\infty}^{0} F(\lambda) e^{1x} \, d\lambda$ (D) $\dfrac{1}{2\pi} \int\limits_{0}^{\infty} F(\lambda) e^{1\lambda x} \, dx$

15. If $f(k) = 3^k$, $k < 0$, then Z-transform of $\{3^k\}$ is given by (1)

   (A) $\dfrac{z}{3-z}, |z| > |3|$ (B) $\dfrac{z}{z-3}, |z| < |3|$

   (C) $\dfrac{1}{3-z}, |z| > |3|$ (D) $\dfrac{z}{3-z}, |z| < |3|$

ANSWERS

| 1. (B) | 2. (C) | 3. (D) | 4. (A) | 5. (A) | 6. (D) | 7. (C) | 8. (C) |
| 9. (A) | 10. (D) | 11. (B) | 12. (B) | 13. (C) | 14. (A) | 15. (D) | |

MODEL QUESTION PAPER
Online Examination (Phase-II)

Time : 30 Min.   Marks : 25

Unit III : Statistics and Probability

1. The standard deviation and Arithmetic mean of three distributions x, y, z are as follow :

	Arithmetic mean	Standard deviation
x	18.0	5.4
y	22.5	4.5
z	24.0	6.0

   The more stable distribution is   (2)

   (A) x   (B) y

   (C) z   (D) x and z

2. If $\sum xy = 2800$, $\bar{x} = 16$, $\bar{y} = 16$, n = 10, variance of x is 36 and variance of y is 25 then correlation coefficient r(x, y) is equal to   (2)

   (A) 0.95   (B) 0.73

   (C) 0.8   (D) 0.65

3. Line of regression y on x is $8x - 10y + 66 = 0$. Line of regression x on y is $40x - 18y - 214 = 0$. The value of variance of y is 16. The standard deviation of x is equal to   (2)

   (A) 3   (B) 2

   (C) 6   (D) 7

4. The probability that a person hit a target in shooting practice is 0.3. If he shoots 10 times, the probability that he hits the target is   (2)

   (A) 1   (B) $(0.3)^{10}$

   (C) $(0.7)^{10}$ (D) $1 - (0.7)^{10}$

5. X is normally distributed. The mean of X is 15 and standard deviation 3. Given that for z = 1, A = 0.3413, $p(X \geq 18)$ is given by   (2)

   (A) 0.1587   (B) 0.4231

   (C) 0.2231   (D) 0.3413

(P.4)

6. Line of regression y on x is (1)

(A) $y + \bar{y} = r\dfrac{\sigma_x}{\sigma_y}(x + \bar{x})$

(B) $x - \bar{x} = r\dfrac{\sigma_x}{\sigma_y}(y - \bar{y})$

(C) $y - \bar{y} = r\dfrac{\sigma_y}{\sigma_x}(x - \bar{x})$

(D) $y - \bar{y} = r\dfrac{\sigma_x}{\sigma_y}(x - \bar{x})$

7. If z = np where n the number of trials is very large and p the probability of success at each trial, then in Poisson's probability distribution, p(r) the probability of r successes is given by (1)

(A) $\dfrac{e^z z}{r!}$

(B) $\dfrac{e^{-z} z^r}{r!}$

(C) $\dfrac{e^{-z} z^r}{r}$

(D) $\dfrac{e^z z^r}{r!}$

Unit IV : Vector Differential Calculus

8. A curve is given by $\bar{r} = 2t^2\,\bar{i} + (t^2 - 4t)\bar{j} + (2t - 5)\bar{k}$. Tangent vectors to the curve at t = 1 and t = 3 are (2)

(A) $2\bar{i} - 2\bar{j} + 2\bar{k},\ 3\bar{i} + 2\bar{j} + 2\bar{k}$

(B) $4\bar{i} + 2\bar{j} + 2\bar{k},\ 12\bar{i} - 2\bar{j} + 2\bar{k}$

(C) $4\bar{i} - 2\bar{j},\ 12\bar{i} + 2\bar{j}$

(D) $4\bar{i} - 2\bar{j} + 2\bar{k},\ 12\bar{i} + 2\bar{j} + 2\bar{k}$

9. The value of λ so that the vector field $\bar{u} = (2x + 3y)\bar{i} + (4y - 2z)\bar{j} + (3x - \lambda 6z)\bar{k}$ is solenoidal is (2)

(A) –6

(B) 1

(C) 0

(D) –1

10. The directional derivative of $\phi = e^{2x-y-z}$ at the point (1, 1, 1) in the direction of vector $\bar{u} = -\bar{i} + 2\bar{j} + \bar{k}$ is (2)

(A) $-\dfrac{5}{2}$

(B) $-\dfrac{1}{\sqrt{6}}$

(C) $-\dfrac{5}{\sqrt{6}}$

(D) $\dfrac{5}{\sqrt{6}}$

11. $\nabla \cdot [(\log r)\bar{r}]$ is equal to (2)

(A) $3 \log r + \dfrac{1}{r}$

(B) $3 \log r + \dfrac{1}{r^2}\bar{r}$

(C) $5 + 6 \log r$

(D) $1 + 3 \log r$

12. For irrotational vector field $\bar{F} = (x + 2y + 4z)\bar{i} + (2x - 3y - z)\bar{j} + (4x - y + 2z)\bar{k}$, scalar function ϕ such that $\bar{F} = \nabla\phi$ is (2)

   (A) $\dfrac{x^2}{2} + 2xy + 4xz - \dfrac{3}{2}y^2 - yz + z^2 + c$

   (B) $x^2 + xy + xz - y^2 - yz + z^2 + c$

   (C) $\dfrac{x^2}{2} + 2xy + 4xz - \dfrac{1}{2}y^2 - yz + c$

   (D) $\dfrac{x^2}{2} + y^2 + 4xz - yz + 2z^2 + c$

13. For vector functions $\bar{u}(t)$ and $\bar{v}(t)$, $\dfrac{d}{dt}(\bar{u} \times \bar{v}) =$ (1)

   (A) $\bar{v} \times \dfrac{d\bar{u}}{dt} + \dfrac{d\bar{v}}{dt} \times \bar{u}$

   (B) $\dfrac{d\bar{u}}{dt} \times \bar{v} + \bar{u} \times \dfrac{d\bar{v}}{dt}$

   (C) $\dfrac{d\bar{u}}{dt} \times \bar{v} - \bar{u} \times \dfrac{d\bar{v}}{dt}$

   (D) $\bar{u} \cdot \dfrac{d\bar{v}}{dt} + \dfrac{d\bar{u}}{dt} \cdot \bar{v}$

14. Magnitude of maximum directional derivative of scalar point function $\phi(x, y, z)$ in the given direction is (1)

   (A) $|\nabla\phi|$

   (B) $|\nabla^2\phi|$

   (C) $|\phi\nabla\phi|$

   (D) Zero

15. $\nabla^2 f(r)$ is equal to (1)

   (A) $\dfrac{f'(r)}{r}\bar{r}$

   (B) $\dfrac{d^2f}{dr^2} + \dfrac{df}{dr}$

   (C) $\dfrac{d^2f}{dr^2} - \dfrac{2}{r}\dfrac{df}{dr}$

   (D) $\dfrac{d^2f}{dr^2} + \dfrac{2}{r}\dfrac{df}{dr}$

ANSWERS

| 1. (B) | 2. (C) | 3. (A) | 4. (D) | 5. (A) | 6. (C) | 7. (B) | 8. (D) |
| 9. (B) | 10. (C) | 11. (D) | 12. (A) | 13. (B) | 14. (A) | 15. (D) | |

www.ingramcontent.com/pod-product-compliance
Lightning Source LLC
Chambersburg PA
CBHW081141290426
44108CB00018B/2401